Sozialistische Ökonomie im Spannungsfeld der Modernisierung

Hans-Jürgen Wagener · Maciej Tymiński ·
Piotr Koryś

Sozialistische Ökonomie im Spannungsfeld der Modernisierung

Ein ideengeschichtlicher Vergleich DDR – Polen

unter Mitarbeit von Udo Ludwig und Knut Richter

Springer VS

Hans-Jürgen Wagener
Europa-Universität Viadrina Frankfurt
Frankfurt (Oder), Deutschland

Maciej Tymiński
University of Warsaw
Warszawa, Polen

Piotr Koryś
University of Warsaw
Warsaw, Polen

ISBN 978-3-658-35044-4 ISBN 978-3-658-35045-1 (eBook)
https://doi.org/10.1007/978-3-658-35045-1

Die Deutsche Nationalbibliothek verzeichnet diese Publikation in der Deutschen Nationalbibliografie; detaillierte bibliografische Daten sind im Internet über http://dnb.d-nb.de abrufbar.

Planung/Lektorat: Jan Treibel
Springer VS ist ein Imprint der eingetragenen Gesellschaft Springer Fachmedien Wiesbaden GmbH und ist ein Teil von Springer Nature.
Die Anschrift der Gesellschaft ist: Abraham-Lincoln-Str. 46, 65189 Wiesbaden, Germany

Vorwort

Die Geschichte des Kommunismus ist gut erforscht. Das trifft allerdings weniger auf die Geschichte des wirtschaftlichen Denkens in den staatssozialistischen Ländern zu. Drei frühe vergleichende Projekte (Kovacs und Tardos 1992; Wagener 1998; Kaase et al. 2002) blieben ohne Nachfolger. Selbst Einzelländerstudien sind äußerst rar (Ausnahmen für die DDR: Krause 1998, für Polen: Łukawer 1996 und Czarny 2016). Der Vergleich der beiden Nachbarländer Polen und Ostdeutschland ist aufschlussreich. Zwar praktizierten beide Länder das gleiche Wirtschaftssystem sowjetischen Typs, doch Vorgeschichte, aktuelle politische und wirtschaftliche Entwicklung sowie die intellektuelle Atmosphäre wiesen erhebliche Unterschiede auf. So erlaubt der Vergleich, Systemeigenschaften von länderspezifischen Ausprägungen des Wissenschaftssystems, insbesondere in der Entwicklung der Ökonomie, zu unterscheiden und mit den realen gesellschaftlichen Verhältnissen in Bezug zu setzen.

In seinen Anfangsjahren galt das kollektivistische System als Verkörperung der Moderne. Die Weltwirtschaftskrise der 1930er Jahre ließ den Glanz der kapitalistischen Marktwirtschaft weiter verblassen. Am Ende des zweiten Krieges war die Ansicht weit verbreitet, der Markt habe abgewirtschaftet und Staat und Plan verkörperten die Zukunft. Doch im Laufe der Nachkriegsjahrzehnte entfaltete der Kapitalismus eine unerwartete Dynamik, während die sozialistischen Länder nach anfänglich eindrucksvollem Wachstum in eine zunehmende Stagnation verfielen und immer größere Modernisierungsrückstände aufwiesen. Das gilt es zu erklären.

Die vorliegende Studie wurde im Rahmen eines größeren Verbundprojektes erstellt, das Wissenschaftlerinnen und Wissenschaftler der Universität Bremen, der Europa-Universität Viadrina Frankfurt (Oder), der Technischen Universität Berlin und der Friedrich-Schiller-Universität Jena zusammenführt (https://www.uni-bremen.de/mod-block-ddr). Das diesem Buch zugrunde liegende Projekt wurde mit Mitteln des Bundesministeriums für Bildung und Forschung unter dem Förderkennzeichen 01UJ1806BY gefördert. Der Titel des Projektes lautet:

Modernisierungsblockaden in Wirtschaft und Wissenschaft der DDR. Entstehung und Folgen im innerdeutschen Vergleich und im Vergleich mit Nachbarländern in Ostmitteleuropa.

Die Autoren der vorliegenden Studie haben es sich zum Ziel gesetzt, die theoretischen Grundlagen der staatssozialistischen Wirtschaftsordnung und Wirtschaftspolitik in ihrer internen Entwicklung zu analysieren. Die umfangreiche ‚westliche' Literatur dazu bleibt unberücksichtigt, was nicht heißen kann, dass wir auf Argumente aus der allgemeinen Wirtschaftstheorie verzichten, auch wenn diese im Widerspruch zur marxistisch-leninistischen Doktrin standen. Denn in der rigiden Abschottung letzterer von äußeren Einflüssen wissenschaftlicher und wirtschaftlicher Natur ist, wie zu zeigen sein wird, eine der effektiven Modernisierungsbarrieren des Staatssozialismus zu sehen.

Ein Forschungsverbund ist ein hervorragender Resonanzboden für die laufende Diskussion der produzierten Texte. Wir haben deshalb unseren Kolleginnen und Kollegen in Bremen, Frankfurt (Oder), Berlin und Jena für Kritik und Anregungen zu danken. Das Gleiche gilt für einen zweiten Verbund, in den wir schon seit einigen Jahren eingebunden sind. 2014 wurde am *Institut für die Wissenschaft vom Menschen* in Wien ein theoriegeschichtliches Projekt gestartet:

Between Bukharin and Balcerowicz: A Comparative History of Economic Thought under Communism.

Ökonomen und Historiker untersuchen die Entwicklung des ökonomischen Denkens in neun sozialistischen Ländern: Bulgarien, China, DDR, Polen, Rumänien, Sowjetunion Tschechoslowakei, Ungarn und Jugoslawien (https://www.iwm.at/research/projects/bukharin-balcerowicz-comparative-history-economic-thought-communism/). Bislang ist einer von mehreren geplanten Bänden erschienen (Kovács 2018). Das Projekt hat nicht nur die Autoren des vorliegenden Buches zusammengeführt. Durch die breite geographische Streuung der Forschungsteams ergaben sich im kritischen Meinungsaustausch und in den regelmäßigen Workshops auch unerwartete Blickwinkel und Einsichten in den Gegenstand. Das trug dazu bei, allfällige Fehleinschätzungen zu korrigieren.

Schließlich hat uns an der Europa-Universität Viadrina Frankfurt (Oder) das *Zentrum für Interdisziplinäre Polenstudien* (ZIP) unter Leitung von Dagmara Jajeśniak-Quast Heimatrecht gewährt und die administrative Betreuung unseres

Teilprojekts im Forschungsverbund übernommen. Vor allem Falk Flade ist zu danken: Neben seiner eigenen Forschungstätigkeit hat er die gesamte Bürokratie von uns ferngehalten, die nun einmal mit einem Förderprojekt verbunden ist.

Wir waren deshalb in der Lage, uns ganz auf die Entwicklung der ökonomischen Theorie in der DDR und in Polen zu konzentrieren, was zu gewissen Zeiten von den Begleiterscheinungen der Corona-Pandemie wie Bibliotheks- und Archivschließungen behindert wurde. Ursprünglich war geplant, die Soziologie der beiden Länder in den Vergleich einzubeziehen. Doch das hätte den Umfang des Buches gesprengt. So beschäftigen sich Anna Schwarz und Konrad Walerski in einer eigenen Studie innerhalb des Teilprojekts mit diesem Thema. Doch sie haben uns nach besten Kräften bei unserer Arbeit unterstützt. Das gilt auch für István Takács, Judith Piotrowski und Agata Czarkowska, die bei Archiv- und Bibliotheksrecherchen, Übersetzungen und der Erstellung der Literaturlisten geholfen haben.

Dreißig Jahre nach Ende des Staatssozialismus liegt die Geschichte noch nicht so weit zurück, dass man hierzu nicht Akteure als Zeitzeugen befragen könnte. Innerhalb unseres Teams waren das Anna Schwarz, Udo Ludwig und Knut Richter, die alle drei zu jenen ostdeutschen Wissenschaftlern zählen, die in der Sowjetunion studieren konnten. Die Förderung durch das BMBF ermöglichte Gastaufenthalte von Till Düppe (Universität Montréal) am ZIP, dessen gründliche Studien zu Einzelphänomenen der ostdeutschen Wissenschaftsgeschichte unsere Arbeit fruchtbar ergänzten (Düppe im Erscheinen). Außerhalb des Teams wurden Interviews mit Paul-Dieter Kluge, Rolf Reißig, Franz Rudolph und Eberhard Schulze geführt, die Einblicke in ihr jeweiliges Arbeitsfeld vermittelten. In mehreren (Online-)Workshops des ZIP und des Gesamtprojekts diskutierten wir ausführlich einzelne Abschnitte des Buches. Besonderer Dank gebührt Frank Bönker, Sławomir Kamosiński, Detlef Pollack und André Steiner für die gründliche Lektüre einzelner Kapitel und daraus folgend eingehende Kommentare und Verbesserungsvorschläge.

Interviews, die wir in Polen vor einigen Jahren mit Zeitzeugen führen konnten, halfen uns, die Besonderheiten des akademischen Lebens und der Entwicklung der polnischen Ökonomie während der kommunistischen Periode besser zu verstehen. Dank geht hier an Włodzimierz Siwiński, Wojciech Maciejewski, Jacek Kochanowicz und Jerzy Wilkin. Wojciech Maciejewski und Maciej Bukowski waren bei der Materialsammlung für die Vorbereitung des Buches hilfreich. Wertvolle Hinweise und Kommentare erhielten wir von unseren Kollegen aus der Abteilung für Wirtschaftsgeschichte der Fakultät für Wirtschaftswissenschaften der Universität Warschau, insbesondere von Cecylia Leszczyńska.

Schließlich haben wir dem Springer Verlag mit seinem Cheflektor für Politik Jan Treibel zu danken, der unser Projekt ohne Einschränkungen in sein Programm aufgenommen hat, und dem Lektor für Forschungspublikationen Daniel Hawig, der den Herstellungsprozess im Einzelnen begleitet hat. Der Leser mag sich wundern, dass ein umfangreiches Werk zur Theoriegeschichte kein Personen- und Sachregister enthält. Ein Index wird in aktuellen Publikationen in aller Regel nicht mehr eingebunden, so wurde uns versichert, da alle elektronischen Ausgaben nach Erscheinen ohnehin im Volltext durchsuchbar sind.

Die DDR und die Volksrepublik Polen unterlagen beide in ihrer politischen und ökonomischen Entwicklung der Kontrolle Moskaus, die in den ersten Jahren ihrer Existenz sehr direkt ausgeübt worden ist. Später ließ Leonid Brežnev mit der nach ihm benannten Doktrin von 1968 keinen Zweifel daran, dass die Länder Ostmittel- und Südosteuropas auch weiterhin dem Herrschaftsbereich der Sowjetunion zugehörten. Das hat sie einerseits in den ordnungspolitischen Gestaltungsmöglichkeiten oder Reformoptionen beschränkt und ihre wirtschaftliche Entwicklung determiniert. Andererseits wiesen all diese Länder eine eigene Geschichte, eine eigene gesellschaftliche Realität und eigene wirtschaftliche Leistungen oder Schwächen auf. Dadurch gestaltete sich das tägliche Leben der Bürger, aber auch der Wissenschaftler, auf sehr unterschiedliche Weise. Das illustriert der kleine Witz von den beiden Hunden, die sich auf der Frankfurter Stadtbrücke, der Grenze zwischen beiden Ländern, trafen. Fragt der ostdeutsche erstaunt den polnischen Hund: „Was willst du denn bei uns?" „Endlich mal wieder in eine saftige Wurst beißen, aber was willst du denn in Polen?" „Endlich mal wieder lauthals bellen!".

Frankfurt (Oder) und Warszawa
Im Juli 2021

Piotr Koryś
Maciej Tymiński
Hans-Jürgen Wagener

Literatur

Czarny, Bogusław. 2016. *Szkice o ekonomii w Polsce w latach 1949-1989 (ekonomia w państwie totalitarnym)* (Skizzen zur Ökonomie in Polen in den Jahren 1949-1989 (Wirtschaft in einem totalitären Staat). Warszawa: Oficyna Wydawnicza SGH.

Düppe, Till. Im Erscheinen. The Closed World of East German Economists The Story of a Generation.

Kaase, Max, Vera Sparschuh und Agnieszka Wenninger Hg. 2002. *Three social science disciplines in Central and Eastern Europe: Handbook on economics, political science and sociology (1989-2001).* Berlin: Informationszentrum Sozialwissenschaften; GESIS Servicestelle Osteuropa; Collegium Budapest, Institute for Advanced Study. https://nbn-resolving.org/urn:nbn:de:0168-ssoar-278699.

Kovács, János Mátyás Hg. 2018. *Populating No Man's Land. Economic Concepts of Ownership under Communism.* Lanham: Lexington Books.

Kovács, János Mátyás und Márton Tardos Hg. 1992. *Reform and Transformation. Eastern European Economics on the Threshold of Change.* London: Routledge.

Krause, Günter. 1998. *Wirtschaftstheorie in der DDR.* Marburg: Metropolis.

Łukawer, E. 1996. *Z historii polskiej myśli ekonomicznej 1945-1995* (Aus der Geschichte des polnischen Wirtschaftsdenkens 1945-1995). Warszawa: Olympus.

Wagener, Hans-Jürgen Hg. 1998. *Economic Thought in Communist and Post-Communist Europe.* London: Routledge

Inhaltsverzeichnis

1 Einleitung: Im Spannungsfeld der Modernisierung

Die Sozialisten sind mit einem radikalen Modernisierungsanspruch angetreten, nämlich die menschliche Emanzipation voranzubringen und eine neue Gesellschaft zu schaffen, die dem Kapitalismus in allen Belangen überlegen ist. Das ist mit dem in Mittel- und Osteuropa über 70 bzw. 40 Jahre praktizierten ‚real existierenden Sozialismus' offensichtlich nicht gelungen. Wenn ein Insider wie der Soziologe Detlef Pollack (2016, Fn. 18) es für einen weitverbreiteten Irrtum hält, das System des Staatssozialismus überhaupt als Modernisierungsphänomen zu betrachten, dann hat er ein Bild der Moderne vor Augen, dem die politische, ökonomische und soziale Realität in diesen Ländern in keiner Weise entsprach. Damit steht er nicht allein, gilt doch der Kommunismus für viele „as a failed revolt against modernity" (Arnason 2000, S. 61). Die Geschichte der Wirtschafts- und Sozialpolitik und des dahinter liegenden sozio-ökonomischen Denkens in den staatssozialistischen Ländern war jedoch in den säkularen Modernisierungsprozess eingebettet. Dabei unterschieden sich das interne und das externe Verständnis von Modernisierung fundamental. Deshalb bedarf das Konzept einer gewissen Klärung vorab: Es ist verschwommen.

1.1 Liberale vs. kollektivistische Modernisierung

Modernisierung beschreibt den Zusammenbruch der traditionsbasierten Ordnungen, der mit der Aufklärung und den Revolutionen des 18. Jahrhunderts einsetzte und die Erwartung weckte, neue Ordnungen bewusst schaffen zu können. Soweit mit Hegel (1999 [1821]) in Identität, Autonomie und Freiheit zentrale Aspekte dieser Entwicklung gesehen werden, scheint es nur logisch, dass es bei Individuen und Gruppen verschiedene Interessen und Vorstellungen über das allgemeine

H.-J. Wagener et al., *Sozialistische Ökonomie im Spannungsfeld der Modernisierung*, https://doi.org/10.1007/978-3-658-35045-1_1

Wohl gibt, die dann zu unterschiedlichen Modernisierungspfaden führen können. Das sozialistische Modernisierungsprojekt weicht in wesentlichen Aspekten signifikant vom liberalen Modernisierungsprojekt ab. Schon diese Formulierung bringt ein Problem mit sich. „Die Moderne ist … gerade kein Projekt, wie Habermas … behauptet, sondern ein prinzipiell ergebnisoffener Prozess" (Pollack 2016, S. 232). Für Sozialisten ist sie jedoch ein Projekt mit einem klar definierten historischen Ziel, der Einführung des Kommunismus, was auch immer man sich konkret darunter vorstellt.

So reflektieren bereits die beiden Konzepte den fundamentalen Unterschied zwischen den Entwicklungsvorstellungen der beiden Systeme. Die liberale Modernisierung ist das Ergebnis einer säkularen technischen, institutionellen und kulturellen Evolution, die an ihrer Front von mehr oder minder spontan auftretenden Innovationen im weitesten Sinne vorangetrieben wird. Das sozialistische Projekt resultiert dagegen aus einem ideologisch begründeten Plan, der von oben vorgegeben und durchgeführt wird und sich von vorangegangenen bzw. noch bestehenden obsoleten politischen, ökonomischen und sozialen Formen abgrenzt.

Allerdings scheint es wenig sinnvoll, von ‚der Moderne' als einer Zustandsvariablen zu sprechen. Dieser Zustand beschreibt nur einen bestimmten historischen Zeitabschnitt, der am deutlichsten in der Kunst definiert ist und dann von der Postmoderne abgelöst wurde. Modernisierung als Prozess ist dagegen im liberalen Verständnis nicht auf einen konkreten Endzustand, die Moderne, gerichtet und insoweit, wie Pollack betonte, ergebnisoffen. Allerdings bedarf es bestimmter Zielvariablen, mit deren Hilfe sich beurteilen lässt, ob die jeweilige Entwicklung unter Modernisierung zu subsumieren ist oder nicht. Dazu zählen in der Regel wissenschaftlich-technischer Fortschritt, Produktivitäts- und Wohlfahrtssteigerung, Entfaltung der Zivilgesellschaft, individuelle Selbstverwirklichung und Freiheit.

1.2 Vergemeinschaftung und Vergesellschaftung

Der Modernisierung werden unterschiedliche Merkmale und institutionelle Voraussetzungen zugeschrieben. Diese Eigenschaften erlauben es nun, die beiden Diskurse, den liberalen und den kollektivistischen, voneinander abzugrenzen. Sie unterscheiden sich am deutlichsten in politischer und ideologischer Hinsicht auf Grund ihrer pluralistischen bzw. universalistischen Einstellung (Eisenstadt 2000,

S. 7): Geht man von der Existenz unterschiedlicher Werte und damit pluralistischer Interessen aus oder gibt es nur einen ‚wahren' Klassenstandpunkt?[1] Beiden Diskursen ist gemein, dass sie einen besonderen Akzent legen auf die gesellschaftlichen Teilbereiche von Politik, Wirtschaft und Wissenschaft. Doch während Politik, Wirtschaft und Wissenschaft im liberalen Kontext ausdifferenzierte Teilsysteme mit eigenen Rationalitätskriterien bilden, die intern wettbewerbsgesteuert sind und damit autonome Akteure voraussetzen, unterliegen diese Felder im sozialistischen Kontext einer organisatorischen Zusammenfassung und zentralisierter Planung und Leitung, wobei „die Partei" bzw. ihre Spitze die führende Rolle übernimmt und absolute Interpretations- und Entscheidungshoheit beansprucht.

Den ideologischen Hintergrund bildet Marxs radikal-utopische Vision der Postmoderne, in der er die drei Säulen der modernen Gesellschaft, die Hegel (1999 [1821]) postuliert hatte, Familie, bürgerliche Marktgesellschaft und Staat, stürzt – wohlgemerkt um endlich Identität, Autonomie und Freiheit zu verwirklichen. Familie, Marktgesellschaft und Staat werden aufgehoben bzw. verschwinden allmählich und werden von der freien Assoziation der Produzenten bzw. Individuen ersetzt. Daraus leitet der Staatssozialismus[2] den Anspruch ab, die liberale westliche Modernität zu überwinden: Kapitalismus, pluralistische Demokratie und bürgerliche Wissenschaft.

Während der Anti-Kapitalismus oberster Programmpunkt ist, macht der demokratische Zentralismus gewisse formale Konzessionen, die von der Opposition bei Gelegenheit genutzt wurden. Die wissenschaftliche Weltanschauung (wissenschaftlicher Kommunismus) öffnet den Weg zu ungebremstem wissenschaftlichem Fortschritt, der in der bürgerlichen Welt von regressiven Ideologien und Eigeninteressen (Apologetik) behindert wird. Dabei gehen Identität, Autonomie und Freiheit vor die Hunde. Wissenschaftsfreiheit, Vertragsfreiheit, Koalitionsfreiheit – sie müssen der Parteisouveränität, der Zentralplanung und unwandelbaren ideologischen Prinzipien weichen (Arnason 2000, S. 71–3). Den Raum, der den Individuen genommen wird, füllen die Massen aus, die – so die Erwartung – von der kommunistischen Idee ergriffen sind und sich selbst organisieren

[1] Der Gegensatz von Pluralismus und Universalismus wird allerdings im Kontext der Modernisierung auch noch auf einer anderen Ebene reflektiert, die nicht mit dem Diskurs-Unterschied liberal – kollektivistisch zusammenfällt, nämlich die kulturalistisch-pluralistische Interpretation und die universalistisch-strukturelle Interpretation der Moderne. Die aus letzterer hervorgehenden Modernisierungsmerkmale (Industrialisierung, Urbanisierung, Massenbildung und -konsum) sind in beiden Diskursen anzutreffen.

[2] Es war üblich, die historischen sozialistische Gesellschaftssysteme der Sowjetunion und Osteuropas als real existierender Sozialismus oder Staatssozialismus zu bezeichnen, wobei letzterer Begriff angesichts der Marxschen Utopie ein Paradox ist.

(Rosa Luxemburg) oder einer konsequenten, zielgerichteten Führung durch die politische Avantgarde bedürfen (Lenin).

Die liberale Vision räumt dem Individuum eine wachsende Autonomie ein, das sozialistische Projekt ist kollektivistisch. Ferdinand Tönnies (1979 [1887]) und Max Weber (2014 [1921], S. 29–31) haben den Gegensatz zwischen Vergemeinschaftung und Vergesellschaftung herausgearbeitet. Vergemeinschaftung meint eine Sozialbeziehung, die auf einem subjektiv erfahrenen Zusammengehörigkeitsgefühl beruht, was für traditionale Gesellschaften kennzeichnend ist, während Vergesellschaftung auf einer rational motivierten Koordinierung individueller Interessen basiert, die zwischen den autonomen Individuen kontraktuell oder marktvermittelt stattfindet. Darin manifestiert sich die globale Rationalisierung der Welt. Für beide Autoren bedeutet Modernisierung den allmählichen Übergang von Vergemeinschaftung zu Vergesellschaftung. Das kommunistische Dilemma besteht in dem Versuch, die globale Rationalisierung funktionaler Ausdifferenzierung mit kommunalen Sozialbeziehungen kombinieren zu wollen. Einen ähnlichen Modernisierungspfad erforschte und vertrat auch Karl Polanyi (1978 [1944]) in *The Great Transformation,* worin er sozusagen den Rückweg aus der marktwirtschaftlichen Vergesellschaftung in die korporative Vergemeinschaftung als historischer Tendenz antritt. Typisch für das marxistische Modernisierungskonzept – nach Luhmann (1990, S. 88) generell kennzeichnend für die ‚klassische' Moderne – ist die Erfüllung aller Erwartungen in der Zukunft, das ‚noch nicht', womit sich dann gegenwärtige Paradoxien und Widrigkeiten übertünchen ließen. Die Tatsache, dass recht wenig davon auch nur ansatzweise erreicht wurde oder stattgefunden hat, sollte uns nicht davon abhalten, den sozialistischen Modernisierungsdiskurs ernst zu nehmen.

1.3 Herrschaft und Innovation

War die russische Revolution nicht paradigmatisch ein Aufbruch in die Moderne? Ist die klassische Moderne, Futurismus und Suprematismus in Kunst, Musik und Literatur, die ihren Höhepunkt in den 1920er Jahren erlebte, nicht ein Versprechen auf die Zukunft und ohne die Russen denkbar? Galten Korporatismus, Kollektivismus und staatliche Planung nicht auch im Westen spätestens nach der Weltwirtschaftskrise als zukunftsträchtige Lösungen für die krisenbefallene kapitalistische Ordnung (siehe z. B. Schumpeters (1942) *Capitalism, Socialism, and Democracy,* Polanyis (1944) *The Great Transformation* und Beatrice und Sidney Webbs (1944) *Soviet Communism: A New Civilization,* aber auch Ernst Jüngers (1932) Studie zur Ablösung des bürgerlichen Individuums durch den

Typus des Arbeiters)? Die gesellschaftliche Umwälzung, die nicht ohne Schmerzen ablief, wurde als großer Sprung in die Zukunft gesehen: Kommunismus, das ist Sowjetmacht plus Elektrifizierung des ganzen Landes.[3]

Damit sind bereits zwei Modernisierungsfelder angesprochen: das Governance-Verfahren einerseits und Wirtschaftswachstum und Strukturentwicklung andererseits. „Die durchgeplante zentral gesteuerte Gesellschaft war nie das Modell einer modernen Gesellschaft", so allerdings Zapf (1990, S. 37). Hier taucht ein fundamentaler Widerspruch auf, der Widerspruch zwischen dem a-modernen Absolutismus des Parteistaats und den internen Modernisierungsprozessen. Die technisch-ökonomischen Eliten der sozialistischen Länder haben immer versucht, den Wirtschaftsmechanismus am Laufen zu halten und, wenn möglich, weiterzuentwickeln. Dabei wurden sie ständig von der politisch-ideologischen Elite ausgebremst. Diese Spannung zwischen eingeschränkter funktionaler Rationalität und dominierender politisch bedingter Funktionshemmung hat wesentlich zum Zusammenbruch des Systems beigetragen.

Was die zentralgeplante Wirtschaft betrifft, so sind an der Behauptung von Zapf Zweifel angebracht. Denn sowohl die Vorstellungen von Marx und Engels, als auch die Visionen der 1920er und 1930er Jahre gingen von einem Rationalitätspostulat aus, das zentrale Planung als den modernen, dem Markt überlegenen Koordinationsmechanismus implizierte. Und selbst die neoklassische Wirtschaftstheorie hielt Planung theoretisch dem Markt für äquivalent: Der Optimalzustand kann theoretisch auf beiden Wegen erreicht werden. Im Selbstverständnis der DDR war ihre Gesellschaft modern: "Die Gesellschaft, in der wir lebten und wie sie sich zu entwickeln schien, hielten wir damals nicht für einen Gegensatz zur Modernität", so der DDR-Soziologe Hansgünter Meyer (1990, S. 75). Die von der Propaganda immer wieder herausgestellte Versicherung, sich auf der fortschrittlichen Seite der Geschichte zu befinden, wurde lange Zeit auf breiter Basis akzeptiert.

---

[3] Allerdings deutete die radikale Abwendung von der Moderne seit Mitte der 1920er Jahre auf ein ambivalentes Verhältnis der Sowjetführung zur Modernisierung hin. 1928 folgte der Schachty-Schauprozess, der sich gegen die Heroen der sozialistischen Moderne, die Ingenieure, richtete. Schließlich wurde die fortschrittliche sowjetische Ökonomie der 1920er Jahre abgewürgt, was für viele ihrer Vertreter mit der Ermordung endete. Man propagierte enthusiastisch die Modernisierungsziele (Industrialisierung, Urbanisierung, Bildung der Massen), aber die diese Entwicklung tragenden technischen, wissenschaftlichen und kulturellen Eliten blieben Stalin und der Partei suspekt.

Die Einführung der sozialistischen Wirtschafts- und Gesellschaftsordnung fand allerdings in einem agrarisch geprägten Land statt, das weit hinter den entwickelten Industriestaaten zurücklag, der Sowjetunion. Vom Modernisierungspfad, den Marx vorgegeben hatte, d. h. über den voll entfalteten und hoch produktiven Kapitalismus zum Sozialismus, konnte hier keine Rede sein. Moshe Lewin (2016, S. 311) spricht deshalb völlig zu Recht von einem „non-modern modernizing state". Vieles, was damals in der Sowjetunion einsetzte, beschleunigte Industrialisierung, Bildungsrevolution, Urbanisierung, soziale Mobilität lässt sich unter nachholender Modernisierung subsumieren und hatte für die betroffene Masse der Bevölkerung durchaus emanzipatorischen Charakter. Das große Vorbild und in vielem der Lehrmeister waren die USA (siehe nicht nur Lenins Bewunderung für den Taylorismus, sondern auch die Reiseberichte von Majakowski 1925 und Ilf und Petrow 1937). „Thus, by the end of the Soviet era modernization had progressed quite far towards Western models" (Lewin 2016, S. 312).

Will man Modernisierung auf einen Punkt bringen, dann konzentriert sie sich im Begriff der Innovation. Traditionale Gesellschaften halten das Althergebrachte hoch. Moderne Gesellschaften suchen in allem das Neue: neue Musik, Kunst und Literatur, technischer und organisatorischer Fortschritt, neue Produkte, neues Design, neue Lebensformen u.s.w. Von der Intention her unterscheiden sich liberale und sozialistische Gesellschaften da wenig. Probleme tauchen auf, wenn man nach den Akteuren fragt, die diese Neuerungen voranbringen sollen: Wer sind die Innovationsagenten und welche Freiheitsräume gewährt man ihnen? Die traditionale Gesellschaft kennt zahlreiche Tabuzonen und Hüter des Althergebrachten, häufig die Priesterkaste. Die ist aber auch totalitären Regimen nicht fremd: ‚Sozialistischer Realismus' bzw. ‚entartete Kunst' ziehen Grenzzäune für das in der Kunst Erlaubte. Die Partei, sie hat immer recht.

Eine Grundvoraussetzung für Innovation ist erst einmal die Freiheit der Wissenschaft. Wenn einzelne Theorien oder ihre Vertreter der *damnatio memoriae* verfallen können, wie z. B. Nikolaj Bucharin, dann fördert das sicher nicht den freien Diskurs. Zudem braucht es Unternehmer im weitesten Sinn, die, wie Schumpeter beschreibt, neue Kombinationen ausprobieren und durchsetzen. Sind die neuen Kombinationen, wie im Produktionsbereich häufig der Fall, mit umfangreichen Investitionen verbunden, dann ist ein flexibles Finanzsystem erforderlich. Innovation ist materiell wie finanziell mit Risiko verbunden, d. h. die Innovationsagenten dürfen nicht risikoscheu sein, wozu eine gewisse Risikoprämie (Gewinn) Anreiz bieten sollte.

In vielen dieser Punkte wies der Staatssozialismus Defizite auf. Zum Beispiel wird die Streuung der unternehmerischen Initiative über zahllose Individuen in der Wettbewerbsgesellschaft im demokratischen Zentralismus der Partei bzw.

ihrer Führung aufgehoben – der Idee nach im Hegelschen Sinn. Aber das ist eine Illusion. Zum einen fehlt die Möglichkeit des multiplen *trial and error,* zum anderen können dezentrale Informationen einschließlich des *tacit knowledge* (Michael Polanyi) nicht optimal genutzt werden, und zum dritten lassen sich die Risiken nicht streuen. Innovation ist eine Achillesferse des staatssozialistischen Systems.

1.4 Institutionelle Voraussetzungen der Modernisierung

Modernisierung kann von zwei Seiten aus betrachtet werden. Es sind zu unterscheiden Modernisierung als Prozess und Modernität als institutionelle Gestaltung der Gesellschaft mit dem Ziel der Modernisierung. Der Prozess ist multidimensional: Demokratisierung, Emanzipation, demographische Entwicklung, Industrialisierung (allgemeiner Strukturwandel), Innovation, Urbanisierung, Bildung, Gesundheit, Wohlfahrt, Wachstum, Massenkonsum, soziale Mobilität, u. s. w. – alles Ziele, die, wie erwähnt, beiden Systemen gemein waren. Diesen im Prinzip evolutorischen Prozessen sind bestimmte Merkmale universeller Natur eigen, d. h. die entsprechenden Strukturen setzen sich früher oder später überall durch, wo Entwicklung stattfindet, und wo nicht, wird man von Modernisierungsbarrieren sprechen müssen. Der Staatssozialismus versuchte allerdings, all das dem planerischen Zugriff der Politik zu unterwerfen.

Zum anderen handelt es sich um eine Reihe von Institutionen und konkreten institutionellen Ordnungen, von denen angenommen wird, dass sich darin der Prozess struktureller Entwicklung besonders produktiv entfaltet und damit der erwartete Wohlstand produziert wird: selbständige Verfügungsgewalt über wirtschaftliche Ressourcen, offene Zustimmungsbedürftigkeit für das politische Mandat, geschützte Eigenräume individueller Bürgerrechte, Wissenschaftsfreiheit, freie Kunstausübung, öffentliche Meinung (Lepsius 1994, S, 19) oder die Governance-Verfahren von Demokratie, Rechtsstaat und Marktwirtschaft (Zapf 1990, S. 34–5). Das ist die westliche, liberale Vision der Modernisierung. Davon unterscheidet sich das östliche, sozialistische Konzept mit Diktatur des Proletariats, Primat der Politik, demokratischem Zentralismus und administrativer zentraler Planung. Während Demokratie und Rechtsstaat eigenständige Werte der liberalen Modernität verkörpern, die dem Individuum Selbstentfaltung ermöglichen sollen, sind Diktatur des Proletariats und der Primat der Politik nach der marxistisch-leninistischen Auffassung transitorische Notwendigkeiten, die die eigentliche Modernisierung sicherstellen sollen, den Übergang zum Sozialismus bzw. Kommunismus und seine Wahrung.

Die allgemeinen Merkmale der für die Moderne kennzeichnenden strukturellen Entwicklung sieht Pollack (2016, S. 236) in Anlehnung an Luhmann (1984) „in der Durchsetzung von Prinzipien der funktionalen Differenzierung, in der Auseinanderziehung sozialer Konstitutionsebenen sowie in der Einrichtung von Wettbewerbsforen".

- Moderne Gesellschaften sind horizontal in unterschiedliche Funktionsbereiche differenziert: Politik, Wirtschaft, Recht, Kunst, Bildung, Wissenschaft u.s.w. Sie gehorchen eigenen Prinzipien, benutzen eigene Kommunikationsmittel und Sprachen, sind von eigenen Werten geprägt. Sie sind nicht autark, aber weitgehend autonom. Typisch für den staatssozialistischen Ansatz ist die „Gegenläufigkeit von politischer Homogenisierung und funktionaler Spezifikation" (Pollack 2001, S. 15), d. h. die Unterordnung der Funktionsbereiche unter die marxistisch-leninistische Ideologie, die „wahre" allgemeingültige Weltsicht, und daraus abgeleitet der Primat der Politik, das Interpretations- und Machtmonopol der Partei.
  „Es fand ein machtpolitisch durchgesetzter sozialer Entdifferenzierungsprozeß statt, der die ökonomischen, wissenschaftlichen, rechtlichen oder kulturellen Subsysteme ihrer Eigenständigkeit beraubte, ihre spezifischen Rationalitätskriterien außer Kraft setzte" (Meuschel 1992, S. 10). Darin ist eine entscheidende Modernisierungsbarriere zu sehen. So war Sozialismus sicher nicht von Beginn an gedacht. Darin kann man eine leninistisch-stalinistische Degeneration sehen. Die hierarchische Unterordnung der gesellschaftlichen Funktionsbereiche unter die Politik muss zur Unfruchtbarkeit und Ineffizienz führen, denn die Politik, so wichtig sie für die Setzung von Rahmenbedingungen sein mag, verfügt nicht über die Instrumente und Kriterien und das Wissen, die die jeweiligen Bereiche funktionstüchtig machen.
  „Die Entdifferenzierung der Institutionen führt zu einer verminderten Geltung von differenzierten Rationalitätskriterien" (Lepsius 1994, S. 20). Bei einer Unterordnung aller Institutionen unter den Primat der Politik spielen die Rationalitätskriterien der Einzelbereiche eben auch eine untergeordnete Rolle. Es herrscht das Kriterium der politischen Zweckmäßigkeit, das vom Machtmonopol der Partei interpretiert und gehandhabt wird. Im Konfliktfall haben ökonomische Überlegungen zum Beispiel gegenüber politischen Entscheidungen zurückzustehen.
- Gemeinschaft verbindet die Gesellschaftsmitglieder. Die für die Modernisierung typische Technisierung der Welt schafft für den Einzelnen zahlreiche Funktionsebenen, die für ihn nicht mehr durchschaubar, sondern nur noch

Spezialisten zugänglich sind. Mit dem Auseinanderziehen sozialer Konstitutionsebenen meint Pollack (2016, S. 230), dass die Abstände zwischen der personalen, interaktionell-gemeinschaftlichen, institutionell-organisatorische und gesamtgesellschaftlichen Ebene zunehmen. Das ist der Tönnies-Webersche Prozess der Vergesellschaftung. (Die marxistisch-leninistische Theorie versteht unter Vergesellschaftung etwas völlig anderes, siehe Abschn. 3.2.1) Dieses Auseinanderziehen der einzelnen Aktionsebenen anonymisiert das Individuum und erschwert seine Kontrolle (Pollack 2001, S. 6). Das kann einem totalitären Regime nicht gefallen. Die Lösung der aus der Fragmentierung erwachsenden sozialen Isolierung, die allerdings gleichzeitig eine Privatsphäre sichert, sucht die moderne Gesellschaft in zivilgesellschaftlichen Gemeinschaften, die die Gräben überbrücken und individuell konstituiert und gewählt werden. Robert Putnam (1993) hat die Bedeutung dieser zivilgesellschaftlichen Gemeinschaften für eine funktionierende Demokratie aber auch für eine funktionierende Wirtschaft gezeigt, vor allem auch, weil sie mit Vertrauen den Kitt für die grundsätzlich fragmentierte Gesellschaft schaffen.

Diese Lösung lehnte der Staatssozialismus, wie andere totalitäre Regime, ab, da die Zivilgesellschaft sich eben seiner Kontrolle entzieht. An ihre Stelle setzte er von oben geschaffene und politisch kontrollierte Gemeinschaften mit mehr oder minder obligatorischer Mitgliedschaft. Spontane Vergemeinschaftung ist des Teufels. Der örtliche Schützenverein wurde verboten, die ‚Gesellschaft für deutsch-sowjetische Freundschaft' hatte am Ende über 6 Mio. Mitglieder. Bei aller ideologischen Überfrachtung und Kontrolle sollte man jedoch die integrative Wirkung der kollektivistischen Institutionen nicht unterschätzen: Der Betrieb, die Brigade waren mehr als nur technisch-organisatorische Produktionseinheiten, es waren Lebensbereiche. Doch der Versuch, eine einheitliche Gesellschaft mit vollständiger Interessenharmonie zu schaffen, wobei die Interessen der Partei die Richtschnur bildeten, stieß auch auf Widerstand. Daraus resultierten Perioden des Protests, des Aufstands, der Rebellion, solange bis die Gesellschaft entweder völlig uniformiert und an den ideologischen Vorgaben ausgerichtet war bzw. Furcht und Anomie weiteren Widerstand paralysierten. Oder das System, vor allem die Autorität der Partei, wurde dadurch destabilisiert, was letztendlich zu seinem Zusammenbruch führte.

- Die drei zentralen Funktionsbereiche moderner Gesellschaft, Politik, Wirtschaft und Wissenschaft, weisen ihre höchste Dynamik auf, wenn sie uneingeschränktem Wettbewerb ausgesetzt sind. Niemand anderes als Marx und Engels haben das für den Kapitalismus deutlich gemacht. Die sozialistische politische Ökonomie behauptet einerseits das Austrocknen dieser Dynamik im staatsmonopolistischen Kapitalismus und verzichtet andererseits selbst völlig auf Wettbewerb als Entwicklungsmotor. Die Wettbewerbsforen, die eine hohe Umweltanpassungsfähigkeit, selbstreferentielle Selektivität und Dynamik garantieren, Markt, Öffentlichkeit, Mehr-Parteien Demokratie, Wissenschaft, sind im Staatssozialismus, wenn überhaupt, schwach ausgeprägt (Pollack 2001, S. 4–5). Wettbewerb als Entdeckungsverfahren (Hayek) setzt jede Innovation, ob wirtschaftlich oder wissenschaftlich, der ständigen Überprüfung und damit möglicher Falsifizierung aus. Parteibeschlüsse sind da kein adäquater Ersatz. Die liberalen Institutionen Demokratie, Rechtsstaat und Marktwirtschaft sind der staatssozialistischen Parteiherrschaft fremd. Machen Defizite in diesem Bereich es nun unmöglich, eine Gesellschaft zu modernisieren? Modernisieren heißt sich an veränderte Umstände anpassen, lernen, sich wandeln und Neues entwickeln. Die Konzentration aller Entscheidungsbefugnisse auf ein einziges Zentrum macht es schwer, das zu leisten. Eine verbindliche, starre Ideologie erstickt jegliche Kreativität. Andererseits haben die Sowjetunion und einige andere sozialistische Länder über längere Zeit enorme Modernisierungsleistungen vollbracht. Aber auch Autokratien in den faschistischen Ländern Europas und in Ostasien konnten, sicher was die wirtschaftliche Entwicklung betrifft, ihre Länder grundlegend modernisieren. In einigen Bereichen hat das sogar zu einem Einholen und Überholen geführt, d.h. es blieb nicht bei einer rein nachholenden Modernisierung. Unter den staatssozialistischen Ländern ist China allerdings die einzige Ausnahme, der ein Anschluss an das Weltniveau und die Integration in die internationale Arbeitsteilung zu gelingen scheint.

Dies gelingt unter anderem deshalb, weil die institutionellen Strukturmerkmale der Moderne, Differenzierung und Wettbewerb, sich in China in der Zeit nach Mao entfalten konnten. Für die staatssozialistischen Länder Mittel- und Osteuropas entsprechen sie, zumindest in der Form, wie sie sich universell ausgeprägt haben, nicht den gesellschaftlichen Vorstellungen: „Der Kommunismus ist ein Programm zur Aufhebung der sozialen Differenzierung der Gesellschaft und zur Überwindung der Fragmentierung der Lebensführung des Individuums, zwei Tendenzen, die die Moderne charakterisieren" (Lepsius 1995, S. 359). Defizite in diesem Bereich sind deshalb eher als Modernisierungsblockaden zu diagnostizieren als der Mangel an Demokratie und Rechtsstaat. Um ein konkretes Beispiel zu geben: In den 1970er Jahre hat die DDR zuerst das verbliebene Segment der privaten bzw. halbstaatlichen Mittel- und Kleinbetriebe abgeschafft und dann die Industrie in rund 140 zentralgeleiteten und etwa 90 bezirksgeleiteten Kombinaten zusammengefasst. Das erleichterte die Aufgabe der zentralen Planung und Leitung erheblich, untergrub aber den Anreiz für Spezialisierung und Innovation und hatte monopolistische Verhaltensweisen zur Folge.

1.5 Multiple Modernisierungspfade

Das Modernisierungsparadigma stellt mit seinen allgemeinen Strukturmerkmalen einen Bezugsrahmen zur Verfügung, an Hand dessen Modernisierungsvorsprünge und –rückstände gemessen werden können. Das liberale institutionelle Konzept mit Demokratie, Rechtsstaat und Marktwirtschaft kann diese Funktion dagegen nicht ausüben, so produktiv es für die Modernisierungsziele auch eingeschätzt werden mag. Denn es geht auch anders. Wir haben es mit multiplen, parallel verlaufenden Modernisierungspfaden zu tun (Eisenstadt 2000). Der Kapitalismus lebte entgegen der Annahme sozialistischer Polit-Ökonomen munter fort und modernisierte sich weiter, der Sozialismus mühte sich redlich, damit Schritt zu halten. Und die dritte Welt ging auch dritte Wege. Der Kalte Krieg kann unter anderem als Auseinandersetzung zwischen den beiden Konzepten verstanden werden, die aggressiv in den Entwicklungsländern propagiert wurden. Chruščevs Wettstreit der Systeme liegt dem zugrunde, und auch Ulbrichts viel belächelte Parole „Überholen ohne einzuholen" wird vor diesem Hintergrund verständlich: Wir bewegen uns auf unterschiedlichen Trassen, sind aber schneller.

Das war, wie wir wissen, eine Illusion. *Ex post* haben sich die sozialistischen Institutionen nicht bewährt. Doch *ex ante* wurden sie von vielen lange Zeit den liberalen Institutionen für überlegen angesehen (so z. B. von Polanyi 1944). So hat man gedacht, geforscht und gehandelt. Wie lange das unter Gutgläubigkeit und Überzeugung fällt, und ab wann unter Naivität oder Dogmatismus, ist sicher eine wichtige Frage. Die institutionelle Ordnung der Gesellschaften sowjetischen Typs erwies sich sowohl politisch als auch ökonomisch als wenig produktiv und innovativ und hat die strukturelle Modernisierung verlangsamt. „Die politische Ordnung, die angetreten war, alles zu verändern und in Bewegung zu setzen, wurde zunehmend immobil" (Meuschel 1990, Fn. 12). Das gilt es offensichtlich zu analysieren. Die post-sozialistische Transformation ist damit ein Einschwenken auf den liberalen, westlichen Modernisierungspfad. Während es in Ostmitteleuropa einen breiten Konsens über diesen Schritt gab, hat sich in Russland, zumindest in Teilen der Ökonomie, die prinzipielle Ablehnung der liberalen Position und das staatssozialistische Überlegenheitsdenken bei gleichzeitiger Stagnation in der Entwicklung gehalten (Zweynert und Boldyrev 2017).

In diesem Zusammenhang wird die Hypothese von Alexander Gerschenkron (1962) wichtig, dass nämlich der Modernisierungsprozess kein homogener Entwicklungspfad ist, sondern je nach der Ausgangssituation in unterschiedlichen Bahnen verläuft. Frühentwickler, wie z. B. England im 19. Jahrhundert, machen einen langwierigen Innovations- und Akkumulationsprozess durch. An der technologischen Front herrschen *trial and error.* Die Produktionsstruktur wird von Konsumgütern bestimmt. Mag der Staat auch kein Nachtwächterstaat sein, ein Industrie- und Wohlfahrtsstaat war er noch lange nicht. Nachzügler profitieren von den Vorteilen der relativen Rückständigkeit: Sie können in die fortschrittlichen Branchen unter Anwendung der neuesten Technologie einsteigen und die Industrialisierung durch großbetriebliche Strukturen in der Schwer- und Investitionsgüterindustrie beschleunigen. Hier ist Raum für staatliche Wirtschaftspolitik, wie sie mit der Kameralistik schon früh einsetzte. „The higher the stage of growth already achieved by the industrialized part of the world, the greater and more decisive the role of central political forces in initiating the industrial type of development" (Bauman 1964, S. 205).

Die Risiken von Investition und Innovation sind in einem wenig entwickelten Umfeld individuell kaum zu tragen. Hier helfen kollektive Entscheidungen oder Garantien, die hohen Hürden zu überwinden. Nach Gerschenkron tritt bei den besonders weit zurückgebliebenen Ländern, wie eben Russland bzw. der frühen Sowjetunion, der Staat als Substitut für fehlendes Unternehmertum und finanzielle Infrastruktur auf. Die Ursachen für die Rückständigkeit sind nur aus den historischen Umständen zu erklären. Doch wird Unwissenheit, d. h. ein mangelhaftes Bildungsniveau, eine wesentliche Rolle spielen. Damit ist ein weiteres Modernisierungsfeld benannt.

1.6 Unterschiedliche Ausgangbedingungen in Ostdeutschland und Polen

Wenden wir diese Hypothese auf die beiden von uns untersuchten Länder an, dann ist deutlich: Ostdeutschland litt wie viele europäische Länder nach dem zweiten Weltkrieg unter den Kriegsfolgen, aber es war kein relativ rückständiges Land. Produktivität, Bildungsniveau, materielle und institutionelle Infrastruktur unterschieden sich zu Beginn nicht wesentlich von Westdeutschland. Beide Landesteile lagen gegenüber der führenden Industrienation, den USA, zurück, aber sie zählten zu den entwickelten Industrieländern. Vorteile relativer Rückständigkeit waren vielleicht im Vergleich zu den USA noch zu realisieren. Doch Modernisierung bedeutete für beide eine Herausforderung in Forschung und Entwicklung, raschem Strukturwandel und hohen Investitionen in Humankapital, aber eben auch die Institutionalisierung einer Ordnung, die unternehmerische Initiative und Risikobereitschaft stimuliert. Am Ende des Ritts war Ostdeutschland gegenüber dem Westen in vieler Hinsicht weit zurückgefallen: ein Produktivitätsrückstand von 50 % oder mehr, veraltete Industrieanlagen, eine schwache Infrastruktur, unzureichende Innovation und damit internationale Wettbewerbsfähigkeit und ein Konsumniveau, das dem Vergleich mit hochentwickelten Wirtschaften ebenso wenig standhielt. Die integrale Übernahme der sowjetischen Wirtschaftsordnung, die auf eine völlig andersgeartete Problemlage zugeschnitten war, und die Unfähigkeit, sich rechtzeitig aus diesen Fesseln zu befreien, haben zu dem Ergebnis geführt.

Entsprach das sowjetische Modell der Industrialisierung eher der polnischen Situation? Die Antwort darauf fällt nicht leicht und sie fiel auch der polnischen Wissenschaft nicht leicht. Vorkriegspolen war größtenteils ein noch immer ländlich und agrarisch geprägtes Land, allerdings mit großen regionalen Unterschieden, d. h. es wies einzelne industrielle Kerne auf. Am Ende des zweiten Weltkriegs war Polen ungleich stärker als andere europäische Länder von den Folgen des Krieges, der Besetzung und des Bevölkerungsverlustes betroffen. Der Wiederaufbau schloss Modernisierung ein, und Modernisierung bedeutete nachholende Modernisierung: Industrialisierung, Urbanisierung, Bildungsinitiativen (trotz einer breiten intellektuellen Elite). Hier stand der Staat vor größeren Herausforderungen als in Ostdeutschland, und die Vorteile der relativen Rückständigkeit ließen sich eher nutzen. Die Erwartungen an den sozialistischen Staat, die Rückständigkeit zu überwinden und einen schnellen zivilisatorischen Fortschritt zu verwirklichen, waren deshalb durchaus verständlich (Siewierski 1994, S. 179).

Der etatistische Ansatz und die zentralistische Steuerung der Wirtschaft hatten in Polen eine gewisse Tradition. Die Bewältigung der Folgen der Weltwirtschaftskrise in der zweiten Hälfte der 1930er Jahre basierte auf einer Politik der staatlichen Modernisierung. Und auch der Wiederaufbau Polens in der zweiten Hälfte der 1940er Jahre folgte Ideen, die in London, dem Sitz der Exilregierung, und in Moskau entwickelt worden waren. In Moskau galt das sowjetische Industrialisierungsmodell unter Bevorzugung der Schwerindustrie und mit allumfassender Zentralplanung als vorbildlich. In London ging es um die Schaffung einer multisektoralen Struktur, in der der staatliche Sektor als Promotor der Modernisierung die führende Rolle übernehmen sollte. Hier wurden die Grundlagen der modernen Entwicklungsökonomie gelegt (Rosenstein-Rodan 1943).

Der Wechsel der Eigentumsstruktur in der Industrie setzte lange vor der Sowjetisierung ein. In den 1930er Jahren kaufte der Staat zahlungsunfähige Unternehmen auf und gründete eigene Staatsbetriebe. Während der Besetzung durch die Nazis verstaatlichte Nazi-Deutschland (und vor 1941 in den östlichen Landesteilen auch die Sowjetunion) große, mittlere und einen Teil der kleineren Betriebe, die in privater Hand verblieben waren. Die Unternehmen in den deutschen Landesteilen, die auf der Konferenz von Yalta Polen zuerkannt wurden, gingen in die Hände des Staates.

Für die Vorkriegsperiode stellte der Soziologe Zygmunt Bauman (1964, S. 207) fest: „the direct cause of the absence of anything we may reasonably call economic growth, was the lack of a reliable social force capable of leading and organizing the effort to set the country moving along the path of industrial development“. In seiner Sicht trat nach dem Krieg die kommunistische Partei als eine solche soziale Kraft auf gestützt auf die Macht, die Ideologie und die materielle Hilfe der Sowjetunion.

Linksradikale Intellektuell wie Brus, Baumann und Kołakowski begrüßten die aufgeklärte Grundhaltung, die Fortschrittsvision, das Versprechen einer radikalen sozialen Modernisierung, die Abschaffung der Rückständigkeit und der kapitalistischen Ausbeutung. Die kommunistische Partei schien die Waffen in Händen zu halten, um eine moderne rationale (frei von religiösen und anderen Vorurteilen) und gerechte sozialistische Gesellschaft aufzubauen. Czesław Miłosz (1989 [1953]) nannte die Faszination durch das sowjetische Projekt, der er und seine Gesinnungsgenossen erlegen waren, den „hegelianischen Mückenstich“. In einem Zeitungsinterview (Edemariam 2007) hat Bauman Jahrzehnte danach diese Faszination noch einmal beschrieben:

> „Poland was a very backward country before the war, which was exacerbated by the occupation. In an impoverished country you expect deprivation, humiliation, human indignity and so on, a whole complex of social and cultural problems to be dealt with. If you looked at the political spectrum in Poland at that time, the Communist party promised the best solution. Its political programme was the most fitting for the issues which Poland faced. And I was completely dedicated. Communist ideas were just a continuation of the Enlightenment“.

Von einer allgemeinen Akzeptanz des neuen Systems konnte in Polen jedoch keine Rede sein, was sich in den tatsächlichen (im Vergleich zu den offiziellen) Ergebnissen des von den Kommunisten gefälschten Referendums 1946 zeigte (Paczkowski 1993). Die Methoden, mit denen das stalinistische Modell durchgesetzt wurde, führten bald zur Desillusionierung selbst bei der Mehrheit jener, die den sowjetischen Modernisierungsweg unterstützt hatten. Die Proteste von 1956, in denen sich anti-russische und anti-sowjetische Stimmungen äußerten (Machcewicz 1993), zeigten die Distanz zwischen der Gesellschaft und dem Sowjetmodell. Die allgemeine Haltung diesem Modell gegenüber wird am besten mit den Begriffen ‚widerstrebende Duldung und versuchsweise Anpassung' erfasst.

Die sogenannte revisionistische Kritik aus den Kreisen der „Parteiliberalen" untergrub allerdings nicht die Idee der Modernisierung im Rahmen des Sozialismus. Sie offenbarte nur die Enttäuschung über den Staat und die ‚Bürokratisierung' der Partei. Erst in den 1960er Jahren schwand der Glaube an die prometheische Rolle der Partei endgültig, und Leute wie Brus und Baumann mutierten zu ‚Revisionisten'. Diese Entwicklung verstärkte sich mit den Schriften der Revisionisten im Exil, z. B. dem letzten Band der *Hauptströmungen des Marxismus* von Kołakowski (1979, 1988 [1976-8]) und *Komunistyczny Leviatan* bzw. auf Englisch *Bureaucratic Leviathan* von Hirszowicz (1973, 1980).

Seit den 1960er Jahren trat an die Stelle der prometheischen Überzeugung und Rhetorik der politischen und intellektuellen Parteieliten eine technokratische Grundeinstellung, um die Gesellschaft zu steuern und das Risiko sozialer Spannungen zu vermindern. Dieser Prozess erfuhr in der ersten Hälfte der 1970er Jahre im Gierek-Boom einen Höhepunkt. Danach setzte eine schrittweise Ablehnung des Systems ein, doch kaum jemand konnte genau angeben, was an seine Stelle treten solle (Koryś 2018: S. 275–281; Koryś 2007).

1.7 Die Entwicklung der sozio-ökonomischen Theorie als Spiegelbild der Modernisierung

In Folgenden soll nun die Entwicklung der Wirtschafts- und Sozialtheorie in Ostdeutschland und Polen in ihrem akademischen und politischen Umfeld skizziert werden. Dabei stellt sich die Frage, ob die Geschichte des sozialistischen sozio-ökonomischen Denkens aus der Perspektive des Systemzusammenbruchs geschrieben werden muss, und das würde bedeuten mit dem liberalen Modernisierungskonzept als maßgeblichem Bezugsrahmen. Das halten wir, wie angedeutet, nicht für angebracht. Damit würde die Eigenlogik der geschichtlichen Ideenwelt des Sozialismus nicht mehr zur Geltung kommen: Man kann nicht von einer *a priori* Position ausgehen, was als ‚gute' oder ‚schlechte' Theorie anzusehen sei. Warum sollte Vertrauen in einen administrativen Wirtschaftsmechanismus *a priori* der *efficient market* Hypothese unterlegen sein? Warum sollte eine sozialistische Wachstumstheorie Solows faktenfreiem Wachstumsmodell unterlegen sein?

Theoretische Analysen werden üblicherweise am *state of the art,* dem augenblicklichen Wissensstand, gemessen. Und der war zu konkreten historischen Momenten (z. B. unmittelbar nach dem Kriege, Ende der 1950er Jahre, im Jahr 1980) in der liberalen und der sozialistischen Sozialwissenschaft nicht gleich. Beide Systeme arbeiteten mit unterschiedlichen theoretischen und wirtschaftspolitischen Paradigmen: verkürzt gesagt, dem neo-klassischen Mainstream bzw. dem keynesianischen und neo-liberalen Ansatz und der marxistischen politischen Ökonomie. Sie sind erst einmal in ihrem Kontext zu verstehen.

Allerdings werden sich zwischen Ostdeutschland und Polen erhebliche Unterschiede zeigen. Lehnte die DDR-Wissenschaft die bürgerliche Ökonomie in Bausch und Bogen ab, war die polnische Ökonomie, vor allem dank des Einflusses von Oskar Lange und Michał Kalecki, in diesem Punkt offener. Zum anderen bemühte man sich in Polen intensiver um einen adäquaten theoretischen Wissensstand in der marxistischen Ökonomie, während die DDR sich vor allem auf praktische Probleme konzentrierte. Je stärker die Ökonomie allerdings formalisiert wurde, und dieser Trend setzte sich in der von uns betrachteten Periode auf beiden Seiten des Eisernen Vorhangs durch, desto undeutlicher wurden die Grenzen zwischen den beiden Paradigmen: Der *state of the art* konvergierte, sehr zum Missfallen orthodoxer Politökonomen.

Kritik muss sich aus den Modernisierungsblockaden und -barrieren ergeben, die aufzuzeigen sind, d. h. aus den immanenten Konflikten oder Widersprüchen mit dem selbstgesteckten Ziel, der umfassenden Modernisierung. Was macht Institutionen (die Eigentumsordnung, die hierarchische administrative Planung) zu Modernisierungsblockaden? Doch wohl, dass sie nicht leisten, was sie leisten sollten: Wohlfahrt, Wachstum, Innovation. Das ist der Fall, wenn darüber weitgehender Konsens besteht, was unter der Kontrolle der Partei kaum möglich war (siehe die Revisionismusdebatte, Abschn. 3.3.1), oder wenn das selbstgewählte Ziel, Einholen und Überholen, evident verfehlt wird. Damit wird das internationale Niveau, oder für die DDR konkret die Entwicklung der BRD, zu einem externen Teil des Bezugsrahmens. Das war vor allem die Sichtweise der breiten Bevölkerung, die sich aber erst im Laufe der Zeit, d. h. mit der zunehmenden Stagnation des staatssozialistischen Systems, herausbildete.

Im Vergleich dazu bietet der Elfenbeinturm der theoretischen Ökonomie wenig eindeutige Anhaltspunkte, die für die Evaluation unterschiedlicher Ansätze ins Feld geführt werden könnten. Ein typisches Beispiel dieser Ambivalenz ist die Konvergenzhypothese, die der erste Ökonomie-Nobelpreisträgers Jan Tinbergen Anfang der 1960er Jahre formulierte: Wenn die Ziele gleich sind, dann wird eine rationale Systemgestaltung zu einer ähnlichen Ordnungs- und Wirtschaftspolitik führen (Tinbergen 1961). Für Tinbergen bedeutete das nicht die integrale

Übernahme der liberalen Ordnung als der evident erfolgreicheren. Denn das war sie 1961 noch nicht (man denke nur an den Sputnik-Schock von 1957 und den Gagarin-Flug von 1961) Auch schätzte Tinbergen, der Gründer und erste Leiter des *Centraal Planbureau* in Den Haag, die planungstheoretischen Fortschritte der sowjetischen mathematischen Ökonomen. Beide Seiten, die Liberalen und die Sozialisten, lernen aus ihren eigenen Erfahrungen und voneinander, so meinte er. Das Resultat wird eine mehr oder minder übereinstimmende optimale Ordnung sein, die rein aus der abstrakten Theorie abgeleitet werden kann (Tinbergen 1959). Aus heutiger Sicht mag das als naive Illusion erscheinen. Vom Klassenfeind lernen, das war vor allem in der DDR undenkbar (einen umgekehrten Lernprozess verweigerten die Westdeutschen nach der Vereinigung aber ebenso entschieden). Da hatten die Polen vielleicht ein entspannteres Verhältnis zum Westen. Vor allem aber widersprach die von Tinbergen unterstellte strikte Trennung von Ökonomie und Politik einem Grundprinzip des Marxismus-Leninismus: dem Primat der Politik.

Der politische und institutionelle Kontext

2

2.1 Kurzer historischer Abriss

2.1.1 Eine stabile Geschichte: Die DDR 1945–1990

Die Geschichte der DDR lässt sich von 1945 bis 1990 in unterschiedliche Perioden einteilen. Der auffälligste Einschnitt fällt in das Jahr 1971, als Walter Ulbricht (1893–1973) nicht ganz freiwillig vom Posten des Ersten Sekretärs des Zentralkomitees der Sozialistischen Einheitspartei Deutschlands (SED) zurücktrat und Erich Honecker (1912–1994) diese Funktion (ab 1976 nach sowjetischem Vorbild Generalsekretär genannt) übernahm. Der Wechsel hatte auch wirtschaftspolitisch tiefgreifende Folgen. Die DDR-Geschichtsschreibung bevorzugte eine andere, gesellschaftspolitische Zweiteilung: den Übergang vom Kapitalismus zum Sozialismus von 1945 bis Anfang der 1960er Jahre und die Entfaltung des Sozialismus danach (Weber 2012, S. 136–138). Der Bau der Berliner Mauer 1961 setzte hier den markanten Wendepunkt.

Die beiden Zweiteilungen wurden auch mit allerdings etwas anderen Bezeichnungen kombiniert (Badstübner 1987, S. 15):

1945–1949	Die antifaschistische demokratische Umwälzung
1949–1961	Die Schaffung der Grundlagen des Sozialismus
1961–1971	Die beginnende Errichtung des entwickelten Sozialismus
1971–	Die Gestaltung der entwickelten sozialistischen Gesellschaft

H.-J. Wagener et al., *Sozialistische Ökonomie im Spannungsfeld der Modernisierung*, https://doi.org/10.1007/978-3-658-35045-1_2

Darüber lässt sich im Einzelnen streiten. So endet für W. Brus (1977, S. 242) die antifaschistische demokratische Ordnung im Unterschied zu den osteuropäischen Volksdemokratien erst 1952, als Ulbricht schließlich den Aufbau des Sozialismus verkünden durfte. Aber noch das (sowjetische) Lehrbuch zur politischen Ökonomie erwähnt die DDR in seiner ersten Auflage von 1954 nicht unter den volksdemokratischen Ländern (Akademie der Wissenschaften 1955 [1954], Kap. XL): Ob sie dazu gehöre, wollte die Sowjetregierung aus außenpolitischen Gründen in der Schwebe halten. Am anderen Ende kann man von einer DDR-Geschichte nicht eine Periode *decline and fall* erwarten, wie das die westliche Geschichtsschreibung (Weber 2012) hervorhebt. Die Wirtschaftsgeschichte, die von der politischen natürlich nicht zu trennen ist, wird von A. Steiner (2004) in fünf Abschnitte unterteilt:

1948–1953	Die Etablierung der Planwirtschaft
1953–1961	Planung zwischen Mangel und Wachstum
1961–1971	„Goldene" Sechziger? Wirtschaft zwischen Aufbruch und Krise
1971–1982	„Einheit von Wirtschafts- und Sozialpolitik"
1982–1989	Fortgesetzter wirtschaftlicher Niedergang.

2.1.1.1 Die stalinistische Kontinuität

Die fünf Perioden machen die wechselvolle Entwicklung der DDR-Wirtschaft anschaulich. Alle Betrachtungen der ostdeutschen Wirtschaftsgeschichte heben zwei Startschwierigkeiten und ein Grundproblem hervor, die die DDR trotz der gemeinsamen Vorgeschichte von Beginn an in eine nachteilige Position gegenüber der Bundesrepublik versetzt hätten: ihre wirtschaftsgeographische Strukturschwäche, die Reparationen an die Sowjetunion und die Abwanderung der Fachkräfte in den Westen.

Die Herauslösung Ostdeutschlands aus dem gesamtdeutschen Wirtschaftsgebiet führte zu dem, was in der DDR ‚Spaltungsdisproportionen' genannt wurde, d. h. der Unterbrechung von traditionellen Liefer- und Kooperationsbeziehungen. Doch Rohstoffarmut und spezialisierte Industriestruktur sind nicht notwendigerweise ein Entwicklungshindernis. Die logische Konsequenz sind kleine offene Volkswirtschaften, wie z. B. Skandinavien, die Schweiz, Österreich und die Niederlande. Diese Strategie wurde von der DDR aus verschiedenen Gründen nicht gewählt. Zum einen herrschte Kalter Krieg mit Embargobeschränkungen für strategische Güter. Zum anderen tendieren zentralverwaltete Systeme zur Autarkie. Und dann glaubte man unter dem Eindruck des hohen Wirtschaftswachstums der 1950er Jahre in der DDR genauso wie in der Sowjetunion, zumindest kurzfristig Anfang der 1960er Jahre, den Westen bald einholen und überholen zu können und verlegte sich auf die sogenannte ‚Störfreimachung' der Wirtschaft, d. h. eine Importsubstitutionspolitik, die gerade für kleine Länder in der Regel kostspielig ist und nur zu *second best* Lösungen führt.

Mit der Zuteilung der Besatzungsmacht hatte Ostdeutschland kein Glück. Die vom Krieg schwer getroffene, aber siegreiche Sowjetunion versuchte, sich durch umfangreiche Demontagen und jahrelange Lieferungen aus der laufenden Produktion schadlos zu halten. Die alternative amerikanische Strategie war für gebrauchswertorientierte Marxisten wohl kaum zu verstehen: den raschen Wiederaufbau Westdeutschlands zu fördern (Marshallplan) und einen industriell hoch entwickelten und innovativen Handelspartner zu gewinnen. Die Reparationen waren aber wohl nicht der größte Schaden, der der DDR zugefügt wurde. Eine Diskussion über alternative Möglichkeiten, eine sozialistische Gesellschaft einzurichten, fand nicht statt. Im Nachhinein bedauern das neben anderen selbst die Professoren der Parteihochschule Wachowitz, Dippe und Durak: „Es hätte also nicht nur die eine Variante des ökonomischen Systems des Sozialismus geben müssen, wie sie sich in der SU entwickelt hat und die wir die ganze Zeit über für die einzig Denkbare hielten" (Wachowitz et al. 2006, S. 245).

Die Wirtschaftsgeschichte der DDR ist offensichtlich geprägt von den Zwängen, die der Kalte Krieg und die Abhängigkeit von der Sowjetunion verursacht haben. Andererseits spielte aber auch die geringe Flexibilität der Wirtschaftspolitik eine Rolle, die die Erfordernisse von Ordnungsreformen und Strukturwandel nicht oder nicht rechtzeitig erfasste. Inwieweit man hier der Wissenschaft, dem sozio-ökonomischen Denken einen Vorwurf machen kann, wird im Folgenden zu untersuchen sein. Den stärksten Einfluss auf die wirtschaftspolitische Trägheit hatte aber der mangelnde politische Wettbewerb, d. h. die unbedingte Priorität des Machterhalts der Partei oder genauer einer Gruppe von Parteiführern, die die Politik über die gesamte Existenz der DDR bestimmt haben. Diese Gesamtperiode wurde immer wieder von Ereignissen und Erschütterungen erfasst, die zu Machtwechseln und damit zu Politikwechseln Anlass hätten bieten können und die durchaus zu Nachbeben in der Politik geführt haben. Doch am Ende blieb immer alles beim Alten und den Alten. Dazu zählen:

1953 Stalins Tod und der Volksaufstand vom 17. Juni in der DDR, der vor allem auf eine Senkung der Reallöhne bzw. Anhebung der Arbeitsnormen folgte. Dieser Schock hat die Führung der SED schwer erschüttert. Die unmittelbaren wirtschaftspolitischen Konsequenzen („neuer Kurs") waren nur von kurzer Dauer. Langfristig blieb jedoch eine Kluft zwischen Partei und Gesellschaft. Vor allem Honecker betrachtete das 1961 durch die

Mauer und 1971 durch die Verbesserung des Lebensstandards einigermaßen gefestigte Gleichgewicht als grundsätzlich gefährdet und richtete seine Wirtschaftspolitik daran aus.

1956 Chruščevs Geheimrede vor dem 20. Parteitag der KPdSU und dann die Aufstände in Polen und Ungarn. Die gesamte Region erwartete eine Entstalinisierung, sowohl innerhalb der Partei als auch in Wissenschaft und Kultur. In Polen brachte das Władysław Gomułka (1905–1982) an die Spitze der Partei, in Ungarn János Kádár (1912–1989), beide keine Stalinisten. Auch in der SED regte sich Widerstand gegen Ulbricht, der es jedoch zwischen 1956 und 1958 verstand, sowohl diesen Widerstand als auch jegliche eigenwilligen Vorstellungen der wissenschaftlichen und kulturellen Intelligenz zu brechen und an der Macht zu bleiben.

1964 Absetzung Chruščevs und Übernahme der Parteiführung durch Brežnev. Das bedeutete nicht nur einen Politikwechsel in der Sowjetunion, sondern hatte auch für die DDR Folgen. Der reformpolitische wie auch der außenpolitische Spielraum für die DDR wurden von der vor allem auf Sicherheit bedachten Führung der KPdSU immer enger gezogen. Letztlich führte das zum Abbruch der Wirtschaftsreform und zur Absetzung Ulbrichts.

1968 Prager Frühling und seine Niederschlagung durch Truppen des Warschauer Pakts. Das alte Trauma der Orthodoxie – wissenschaftliche und kulturelle Liberalisierung mit entsprechenden politischen Folgen – gewinnt neue Nahrung. Zwar hatte die SED bereits 1965 auf dem sogenannten Kahlschlagplenum des Zentralkomitees der SED Chruščevs Tauwetter eine deutliche Absage erteilt. Doch die Ansteckungsgefahr mit dem tschechoslowakischen Bazillus forderte eine rigide Quarantäne.

1980 Regierungsabkommen zur Legalisierung von Solidarność in Polen. Das Überspringen des oppositionellen Denkens aus der Sphäre von Wissenschaft und Kultur auf die Gewerkschaftsbewegung sollte bei Sozialisten die Alarmglocken schrillen lassen. Stattdessen reagierte die SED wieder vor allem mit Abschottungsmaßnahmen gegenüber Polen.

1985 Gorbačev übernimmt den Vorsitz der KPdSU. *Glasnost* (Transparenz), *perestroika* (Transformation) und *uskorenie* (Beschleunigung) sollen das erstarrte Sowjetsystem reformieren. Die Reaktion aus dem SED Politbüro lautete: „Würden Sie, nebenbei gesagt, wenn Ihr Nachbar seine Wohnung tapeziert, sich verpflichtet fühlen, Ihre Wohnung ebenfalls neu zu tapezieren?" (Kurt Hager 1987 in einem Interview für den *Stern* und das *Neue Deutschland*. Zur Ehrenrettung Hagers sei aber erwähnt, dass dieser Satz von Honecker höchstpersönlich in das Interview hineingeschrieben worden war, so Hans Modrow in Dürkop und Gehler 2018, S. 160. Der Vorfall macht deutlich, dass selbst ein altgedientes Politbüromitglied und Leiter der Ideologischen Kommission der Partei wie Hager den Text eines wichtigen Interviews seinem Generalsekretär vorlegen musste.)

Schon diese knappe Zusammenstellung deutet auf eine große Kontinuität der ostdeutschen Politik. Sie wurde seit den frühen 1950er Jahren von den gleichen Personen gestaltet, und das heißt, dass ihre stalinistischen Wurzeln nie gekappt worden sind. Dafür stehen die sieben Gerontokraten, die 1989 noch im Zentralkomitee und im Politbüro der SED saßen:

Erich Mielke (1907–2000), ZK 1950–89, Kandidat (Mitglied) PB 1971 (1976–1989),
Erich Mückenberger (1910–1998), ZK 1950–1989, Kandidat (Mitglied) PB 1950 (1958–1989),
Erich Honecker (1912–1994): ZK 1949–1989, Kandidat (Mitglied) PB 1950 (1958–1989),
Kurt Hager (1912–1998): ZK 1950–1989, Kandidat (Mitglied) PB 1958 (1963–1989),
Willy Stoph (1914–1999): ZK 1950–1989, PB 1953–1989,
Horst Sindermann (1915–1990): ZK 1958–1989, PB 1967–1989,
Hermann Axen (1916–1992): ZK 1949–1989; Kandidat (Mitglied) PB 1963 (1970–1989).

Alter allein führt nicht zur Inflexibilität, wie Deng Xiaoping (1904–1997) bewiesen hat, der allerdings eine weniger störungsfreie politische Karriere im Sozialismus hatte als die sieben ostdeutschen Gerontokraten. Sie verfügten alle über einen fleckenlosen kommunistischen Hintergrund, keiner über einen akademischen oder gar eine Affinität zur Ökonomie. Kurt Hager hatte von 1955 bis 1989 das ZK Sekretariat für Wissenschaft und Kultur inne, und in der gleichen Periode war Johannes Hörnig (1921–2001) Leiter der Abteilung Wissenschaft im ZK der SED als Nachfolger von Hager, der diese Position zuvor bekleidet hatte.

2.1.1.2 Die Ära Ulbricht

Eine sozialistische Planwirtschaft konnte in Ostdeutschland, wie in anderen mitteleuropäischen Ländern, zur damaligen Zeit durchaus auf breite Zustimmung rechnen. Doch das von Stalin geprägte politische und ökonomische System, das vielleicht die Modernisierung der Sowjetunion vorangebracht hatte, war für die entwickelten Gesellschaften dieser Region mit Sicherheit völlig ungeeignet. Die liberale Strategie des Westens auf der anderen Seite war aus ideologischen Gründen keine Option: Das hätte bedeutet, die Voraussetzungen für eine funktionsfähige Marktwirtschaft (Währungsreform, Liberalisierung der Preise) zu schaffen. Beide Seiten, Ost- und Westdeutschland, haben die ihnen extern vorgegebenen Richtungsentscheidungen bereitwillig akzeptiert und implementiert. Wenn Willi Stoph (1948, S. 1138) ganz am Anfang feststellt: „Es gibt nur eine sozialistische Planwirtschaft, wie sie bisher nur in der Sowjetunion verwirklicht worden ist", ist das verständlich. Wenn Kurt Hager (1987, S. 34) es aber kurz vor dem Ende noch für eine der wichtigsten Aufgaben der Gesellschaftswissenschaftler hielt „... die Überlegenheit der Sowjetunion und des sozialistischen Weltsystems auf allen Gebieten des gesellschaftlichen Lebens in den vielfältigen Formen darzustellen", dann zeugt das von einem gewissen Starrsinn. Die absolute und dauerhafte (wenn auch vielleicht nicht immer ganz zwanglose) Präferenz der Partei für das Sowjetsystem hat den Spielraum der Gesellschaftswissenschaften für alternative Überlegungen entscheidend eingeschränkt, wie wir noch sehen werden.

In den 1950er Jahren waren die institutionellen Elemente des Sowjetsystems in Stellung gebracht worden. Trotz der Entstalinisierungsdynamik in der gesamten Region gelang es dem Ulbricht-Regime, sich erfolgreich gegen aufständische Arbeiter, dissidente Intellektuelle und innerparteiliche Widerstände zu behaupten. Die vom Stalinismus geprägte Führungsriege blieb an der Macht und konnte sich dort bis zum bitteren Ende halten.

Mit der Errichtung der Mauer wurde 1961 die demografische Destabilisierung unterbunden. Jetzt schien die Zeit für längerfristige wirtschaftspolitische Strategien gekommen. Als solche war bereits der hoch ambitionierte Siebenjahrplan für die Periode 1959–1965 formuliert worden, der schon bald aus der Spur lief und 1964 definitiv abgebrochen werden musste. Das hohe, vor allem extensive Wachstum der 1950er Jahre hatte sich in der Sowjetunion wie in der DDR und der CSSR abgeschwächt. Damit gerieten die stalinistische Wirtschaftsordnung und Wirtschaftspolitik in die Diskussion: Das Jahrzehnt der Wirtschaftsreformen begann.

Erstaunlicherweise nahm die DDR hier eine Vorreiterrolle ein. Schon 1963 verkündete Ulbricht das Neue Ökonomische System der Planung und Leitung (NÖS) (Steiner 1999). Die Namensanspielung auf Lenins Neue Ökonomische Politik (NÖP) von 1921, die eine ordnungspolitische Verbindung von Plan und Markt beinhaltet hatte, kann nicht zufällig gewesen sein. Doch anders als in der Sowjetunion, wo ein Pravda-Artikel von Evsej Liberman (1962) eine intensive und kontroverse Reformdebatte ausgelöst hatte, bevor 1965 dann der sowjetische

Reformversuch startete (Lewin 1991 [1974]; Sutela und Mau 1998), war in der DDR von einem ähnlich intensiven theoretischen Vorlauf wenig zu sehen, wenn man einmal von der Revisionismusdebatte 1957 absieht. Die Anspielung auf die NÖP war am Ende, auch in den Augen der sowjetischen Parteiführung, zu gewagt. Die Reform wurde nur halbherzig implementiert und 1967 in Ökonomisches System des Sozialismus (ÖSS) umbenannt, bevor man Anfang der 1970er Jahren vollständig zur administrativen Leitung zurückkehrte.

2.1.1.3 Die Ära Honecker

Der Machtwechsel von Ulbricht auf den fast 20 Jahre jüngeren Honecker weckte in der Bevölkerung wie auch unter den Intellektuellen die Hoffnung auf bessere Zeiten. Diese Hoffnung schien sich mit dem neuen wirtschaftspolitischen Konzept, Einheit von Wirtschafts- und Sozialpolitik genannt, zu bestätigen. Es folgte dem sowjetischen Vorbild, wo Leonid Brežnev (1906–1982) die Hebung des Lebensstandards an Stelle forcierten Wirtschaftswachstums zum vorrangigen Ziel erklärt hatte. Honecker ging es wie Brežnev um innere Stabilität in der Hoffnung, dass eine wachsende Befriedigung der Konsumbedürfnisse die Arbeitsproduktivität erhöhen werde, um so ausreichende Investitionen finanzieren zu können. Das war nicht der Fall. Und so geriet die Planung immer mehr in einen Konflikt zwischen dem Anspruch der Bevölkerung und Erfordernissen der Modernisierung des Produktionsapparats. Diesen Konflikt wusste das Honecker Regime nicht zu lösen. Aus Angst vor ‚polnischen' Zuständen blockierte es notwendige Maßnahmen zur Effizienzsteigerung, z. B. Preisreformen, die über einkommenspolitische Kompensationen hätten aufgefangen werden können.

Auch andere sozialistische Länder saßen in der gleichen Klemme. Ähnlich wie in Polen unter Edward Gierek (1913–2001) versuchte die DDR die Kluft durch Importe aus dem Westen und eine entsprechende Verschuldung zu überbrücken. Auf Grund unzureichender Exporterfolge geriet sie aber dadurch wiederholt in Liquiditätsschwierigkeiten, vor allem seit Ende der 1970er Jahre, als auf den internationalen Finanzmärkten die Zinsen drastisch stiegen. Zahlungsunfähigkeit konnte allerdings vermieden werden, zum Teil dank der Beziehungen zu Westdeutschland, das erhebliche Mittel außerhalb des Güterhandels zur Verfügung stellte (unter anderem pauschale Zahlungen für die Nutzung der Autobahn, Zwangsumtausch für Reisende, Freikauf von Gefangenen) und 1983 dann den berühmten, durch Franz Josef Strauß vermittelten Milliardenkredit. Doch auch die Sowjetunion trug ihr Scherflein dazu bei, vor allem mit ihren preisgünstigen Lieferungen von Erdöl. Da die Aufrechterhaltung des Lebensstandards Priorität hatte, reduzierten sich in der Folge die produktiven Investitionen, insbesondere zahlreiche Ersatzinvestitionen unterblieben, was sich auf Wachstum und Innovation auswirken musste.

Gewollt oder nicht, die DDR war außenhandelsabhängig. Auf der einen Seite stand da der RgW (Rat für gegenseitige Wirtschaftshilfe) mit der Sowjetunion als Haupthandelspartner, die vor allem Rohstoffe und Energieträger lieferte und dafür Industrieerzeugnisse erhielt. Der Handel wurde vertragsmäßig geplant und hauptsächlich in nicht-konvertierbarer Währung abgerechnet. Allerdings kam das sowjetische Angebot der wachsenden ostdeutschen Nachfrage häufig nicht nach. Auf der anderen Seite stand das sogenannte NSW (nicht-sozialistische Wirtschaftsgebiet), mit dem entweder Kompensationsgeschäfte (d. h. ebenfalls vertragsmäßig geplant) vereinbart werden konnten oder in harter Währung gehandelt wurde. In den 1970er und 1980er Jahren hat die DDR versucht, ihre Position zwischen beiden Gebieten auszunutzen, indem sie preisgünstige sowjetische Erdölimporte verarbeitete und die Produkte dann zu Weltmarktpreisen in den Westen weiterverkaufte. Einerseits war die Entwicklung von Import- und Exportpreisen nicht immer so günstig wie zu Beginn der Strategie. Andererseits kürzte die Sowjetunion ihre Lieferungen Anfang der 1980er Jahre, was die DDR in die erwähnten Devisenprobleme brachte. Um diese aufzufangen wurde das sogenannte ‚Heizölablösungsprogramm' dekretiert, d. h. der Ersatz von Erdöl durch heimische Braunkohle für die interne Energieversorgung. Ähnlich wie die Störfreimachung Anfang der 1960er Jahre war dieses Programm der Importsubstitution mit erheblichen Kosten und Effizienzverlusten verbunden, von der Umweltbelastung ganz zu schweigen.

Der Abbruch der Wirtschaftsreform bedeutete allerdings nicht eine Wiederaufnahme des *status quo ante*. Die in der Reformperiode vorgenommene Spaltung des Lenkungssystems in direktive Planung für strukturbestimmende Produkte und parametrische Planung für nicht-strukturbestimmende Produkte musste bei Auftreten von Problemen zu einer fast automatischen Re-Zentralisierung führen. Auf Grund der Verselbständigung der Betriebe für nicht-strukturbestimmende Produkte waren ohne eine effektive Kontrolle durch den Markt wiederholt unerwünschte Disproportionen aufgetreten. Die Wiederaufnahme der direktiven Zentralplanung erforderte allerdings eine Neugestaltung (‚Vervollkommnung' war das schöne Wort dafür) des Verfahrens. Die Lösung, die in der DDR schon Ende der 1960er Jahre gefunden wurde, die Bildung von Kombinaten, gewann in der zweiten Hälfte der 1970er Jahre Vorbildcharakter in der Sowjetunion und den übrigen sozialistischen Ländern (Nove 1980, S. 370–373).

Während Strukturwandel in Marktwirtschaften graduell, aber dann durchaus tiefgreifend erfolgt, kann die Zentralplanung ihn über längere Zeit aufschieben oder aber auch schlagartig durchführen. So hat die DDR darauf verzichtet, die sächsische Tradition im Automobilbau auszubauen und stattdessen in Zwickau ein von 1957 bis 1990 kaum verändertes Modell des Zweitakters *Trabant* gefertigt. Als Chruščev in der Sowjetunion klar wurde, dass eine moderne Wirtschaft nicht mehr auf Eisen und Stahl allein basiere, sondern die chemische Industrie entwicklungsbestimmend sein werde, legte auch die DDR 1958 ein Chemieprogramm auf, um die Rückstände gegenüber dem Westen aufzuholen. Das führte zu einer Konzentration der Investitionsmittel und entsprechenden Vernachlässigungen anderer Sektoren.

Ein weiteres Beispiel ist das Mikroelektronikprogramm. Undanks hervorragender wissenschaftlicher Kenntnisse in der Halbleiterphysik (Augustine 2013) hat die Planung diese Schlüsseltechnologie über Jahre vernachlässigt. Diese Kritik trifft vor allem auf Honecker zu, weniger auf Ulbricht.[1] Als dann Mitte der 1970er Jahre unübersehbar wurde, dass ohne diese Basisinnovation ein moderner Maschinenbau, der wichtigste Exportsektor, unmöglich sei, hat die sechste ZK-Tagung der SED 1977 die Mikroelektronik zu einem Planungsschwerpunkt erklärt und das Politbüro 1986 den Bau eines 1 MB Chips beschlossen. Das wurde nun mit gewaltigem Aufwand an Personal und Mitteln vorangetrieben.

Die Bedingungen waren aber alles andere als günstig. Auf der einen Seite verhinderten die Embargobestimmungen für strategische Güter wichtige Importe aus dem Westen. Auf der anderen Seite hielt die Sowjetunion ihr technologisches Wissen geheim und wollte oder konnte die DDR kaum unterstützen. Das meiste musste selbst entwickelt werden – wiederum eine kostspielige Form der Importsubstitution. Und tatsächlich konnte 1989 zum 40. Gründungstag der DDR das Musterexemplar eines 1 MB Chips dem angereisten Gast aus der Sowjetunion, Michail Gorbačev, präsentiert werden. Die wissenschaftliche und technische Leistung war beeindruckend (wovon nach der Wende der Standort Dresden profitierte). Ein ökonomischer Erfolg wäre es nie geworden: die Kosten viel zu hoch, der Rückstand gegenüber der japanischen Konkurrenz uneinholbar.

[1] Erich Honecker hat seine Kritik an Walter Ulbrichts Wirtschafts- und Technologiepolitik in einer strikt vertraulichen Politbüro-Vorlage noch 1989 zusammengefasst: „Unter Ausschaltung des Politbüros und der zuständigen Abteilungen des ZK sowie der Regierung“ habe er sich „bei seinen Entscheidungen mehr und mehr auf eine Reihe ausgewählter Wissenschaftler“ gestützt. Insbesondere „die Rolle der EDV für die gesellschaftliche Entwicklung wurde vom Genossen Ulbricht stark überschätzt“. Das äußerte sich „in der pompösen Planung bei Robotron“ und der Vision einer Stadt der Elektronik bei Tharandt im Bezirk Dresden, einer Art sächsisches Silicon Valley. Er habe sogar die Sowjetunion kritisiert, dass sie das Zeitalter des Computers nicht erkenne (Dokumentauszug im Anhang von Gutmann 1999, S. 53–4; Otto 1992).

Das Ende des ostdeutschen Staatssozialismus und der DDR ist oft beschrieben worden (z. B. Hertle 1996; Steiner 2004; Dürkop und Gehler 2018). In diesem Zusammenhang scheint es uns wichtig festzuhalten, dass die Partei dabei eine völlig passive Rolle gespielt hat. Auch die intellektuelle Opposition schaltete sich relativ spät aktiv in diesen Prozess ein. Doch nachdem im Laufe des Jahres 1989 in Polen und Ungarn die entscheidenden Schritte zum Systemwandel genommen worden waren, ergriff die ostdeutsche Bevölkerung die Initiative und ging auf die Straße. Ohne Rückendeckung aus Moskau sah sich das herrschende Regime nicht mehr in Lage, dem Widerstand und eine glaubhafte Perspektive zu bieten. Der Machtwechsel nach dem Mauerfall konnte nur noch zu einem geordneten Konkurs führen.

2.1.1.4 Die DDR – ein Wirtschaftswunder?

Bleibt noch zu klären: Was hat die DDR-Wirtschaft erreicht? Die Antwort darauf hängt von den Kriterien ab, die man einer Messung zugrunde legt, und von belastbaren Daten. Die Frage nach den Kriterien müsste für eine Planwirtschaft leichter zu beantworten sein als für eine Marktwirtschaft. Denn nur mit einer spezifizierten Zielfunktion, einem gewichteten Aggregat unterschiedlicher Zielvorstellungen, kann man einen sinnvollen Plan aufstellen. Wie noch zu zeigen sein wird, blieb die Zielfunktion ein vages Konzept. Man wird sich mit den allgemeinen Zielen Selbsterhalt und Wohlfahrtsmaximierung begnügen müssen. Ersteres ist offensichtlich gescheitert. Für Letzteres wird – wie üblich, wenn auch kaum umfassend aussagekräftig – der Output pro Kopf der Bevölkerung als Indikator verwendet, und zwar entsprechend der Devise „einholen und überholen" im Vergleich zu Westdeutschland. Inwieweit das ein fairer Vergleich ist, bleibe dahingestellt (warum nicht Großbritannien?). Doch die Bundesrepublik war nun einmal für die ostdeutsche Politik und Bevölkerung das Maß der Dinge.

Und da fangen die Datenprobleme an: unterschiedliche Praktiken der volkswirtschaftlichen Gesamtrechnung, ein uneinheitliches und ökonomisch wenig sinnvolles Preissystem, intransparente Preissteigerungsraten (Inflation ist „ein gesetzmäßiger Prozeß im staatsmonopolistischen Kapitalismus", Ökonomisches Lexikon 1979, S. 89) und ein genereller *bias,* der die Betriebe und die Politik dazu veranlasst, die Output Daten nach oben zu drücken, um zu Propagandazwecken Plan(über)erfüllung zu melden. Diese Probleme lassen sich nicht ohne weiteres ausräumen, und so werden wir die Leistung der DDR-Wirtschaft wohl nie exakt erfahren.

Die Diskussion geht zum einen um die Eckpunkte, d. h. das Niveau des BIP pro Kopf oder pro Beschäftigten(stunde) in den Jahren 1950 und 1988–1989. Je geringer das Ausgangsniveau und je höher das Endniveau, desto besser hat die DDR dazwischen gewirtschaftet. Zum anderen geht es um die Wachstumsraten. Am positivsten ist das Bild des ehemaligen Leiters der Forschung der Staatlichen Zentralverwaltung für Statistik der DDR Gerhard Heske (2009), der Ostdeutschland für die Periode 1950–1989 auf Basis der offiziellen Basisdaten (allerdings berechnet zu DM Preisen von 1995) ein höheres BIP Wachstum als Westdeutschland attestiert.

Die offiziellen, aber auch die intern verwendeten Zahlen sind beeindruckend und werfen die Frage auf, wieso die DDR-Wirtschaft international ständig an Wettbewerbsfähigkeit verlieren und den Anforderungen von Konsum und Investition nicht gerecht werden konnte. Noch 10 Tage vor dem Mauerfall legten G. Schürer (Vorsitzender der Staatlichen Plankommission), G. Beil (Außenhandelsminister) A. Schalck (Leiter der Kommerziellen Koordinierung), E. Höfner (Finanzminister) und A. Donda (Leiter der Zentralverwaltung für Statistik) dem Politbüro eine geheime, dramatische Analyse der wirtschaftlichen Lage der DDR vor (Schürer et al. 1989). Sie kamen zum Schluss, eine radikale Wirtschaftsreform und Änderungen der Wirtschaftspolitik seien unumgänglich, was jedoch ohne eine enge Zusammenarbeit mit dem Westen, vor allem Westdeutschland, nicht möglich sei; aus eigener Kraft könne die DDR ihre Probleme nicht mehr bewältigen. Gleichzeitig geben sie das durchschnittliche Wachstum für die Periode 1986–1989 mit 3,6 % für das Nationaleinkommen, was zwar unter den geplanten 4,8 % bleibe, aber eine Steigerung der Realeinkommen pro Kopf von 4,5 % ermöglicht habe. Nach westlichen Maßstäben sind das äußerst respektable Leistungen. Wie passt das zusammen?

Zwei Tage später war Egon Krenz in Moskau und klagte Gorbačev sein Leid, dass die Medienberichte über Planerfüllung und Übererfüllung nicht der Realität entsprächen. Und auf Gorbačevs Einwurf, in der Sowjetunion halte man die veröffentlichen Wachstumsraten der DDR schon immer für 2 Prozentpunkte zu hoch, stellte Krenz fest: „da habe man noch gut gerechnet. Vieles sei in diesem Bereich durch die Industriepreisreform verdeckt worden. Durch höhere Industriepreise konnten zwar die Zuwachsraten ausgewiesen werden, die realen Waren waren aber nicht vorhanden“ (Protokoll in Hertle 1996, S. 468). Damit werden die externen Schätzungen plausibel, die für das Jahrzehnt 1980–1989 praktisch eine Stagnation des BIP pro Kopf für die DDR feststellen (Ritschl und Spoerer 1997, S. 53; Sleifer 2006, S. 50). Die Sowjetunion und, wie gleich deutlich wird, auch Polen befanden sich in einer ähnlichen Situation.

Wir sehen davon ab, zusammenfassend die unterschiedlichen Eckdaten und durchschnittlichen Wachstumsraten anzugeben. Sie liegen bei aller Plausibilität der jeweiligen Berechnungsmethode zu weit auseinander, um ein sinnvolles Bild abzugeben. Wir müssen uns mit der Feststellung begnügen, dass die DDR sehr viel ungünstigere Startbedingungen als die BRD hatte, dass beide Teile dann längere Zeit ein ähnliches Wachstumsprofil aufwiesen, nämlich anfangs hohe und über die Jahrzehnte abnehmende Wachstumsraten, und dass Ostdeutschland den säkularen Strukturwandel langsamer vollzog, um am Ende mehr und mehr von der Substanz zu leben, was in die Stagnation führte.

2.1.2 Unruhige Zeiten: Polen 1944–1990

Der Staatssozialismus beherrschte Polen von 1944 bis 1989 und lässt sich vereinfacht in fünf Perioden unterteilen, die fast immer mit Massenaufständen und einem Machtwechsel an der Spitze begannen:

1944–1948 Machtübernahme durch die kommunistische Partei.
1949–1956 Die stalinistische Ära unter dem Triumvirat Bierut – Minc – Berman
1956–1970 Die Periode der sogenannten ‚kleinen Stabilisierung'[2] unter Władysław Gomułka
1970–1980 Die Zeit der Liberalisierung und des Investitionsaufschwungs von Edward Gierek
1980–1989 Die Jahre von Solidarność, des Kriegsrechts und der allmählichen Auflösung des Systems unter Wojciech Jaruzelski.

Die Periodisierung zeigt die politischen Änderungen an, die in Polen im Rahmen des Staatssozialismus stattgefunden haben. Gleichzeitig nahm in dieser Zeit jeder der wechselnden politischen Führer gewisse Änderungen der Wirtschaftsordnung und der Wirtschaftspolitik vor. In der ersten Periode bestand die Wirtschaft noch aus drei Sektoren (privat, genossenschaftlich, staatlich). Die Transformation zum sowjetischen Modell fand dann in der ersten Hälfte der 1950er Jahre statt, und nach 1956 setzte ein langsamer Liberalisierungsprozess ein. In den 1970er Jahren plante Gierek einen Investitionsschub, wofür er Kapital im Westen aufnahm. Der Versuch endete in einer tiefen Krise und dem Fall seiner Regierung. Jaruzelski schließlich versuchte den Zusammenbruch des sozialistischen Systems aufzuhalten, indem er Marktelemente und eine größere Selbständigkeit der Unternehmen (Arbeiterselbstbestimmung) zuließ. Doch dafür war es dann zu spät.

---

[2] Eine ironische Anspielung auf das Theaterstück von Tadeusz Różewicz *Die Zeugen oder unsere kleine Stabilisierung* von 1962.

2.1.2.1 Einführung des Systems

Das kommunistische System wurde in Polen, wie in den übrigen von der Sowjetunion dominierten Ländern, nicht mit einem Schlag eingeführt, sondern im Ergebnis eines mehrjährigen Prozesses, der sich in mehrere Stufen gliedern lässt (Kersten 1990): Grundlegung, Festigung und Ausbau des Systems. In der ersten Phase (1943–1945) übernahmen die Kommunisten der Polnischen Arbeiterpartei (PPR), die bislang eine politische Randexistenz geführt hatte, die leitende Rolle in der provisorischen Regierung. Von Moskau unabhängige Gruppen (die größte war die Polnische Volkspartei, PSL) blieben in der Minderheit. Gleichzeitig wurden mehrere Parteien und Organisationen, die der sowjetischen Vorherrschaft kritisch gegenüberstanden, aus der politischen Arena ausgeschlossen und von den Geheimdiensten und den sowjetischen Streitkräften verfolgt.

In der zweiten Phase (1945–1947), die mit einer getürkten Parlamentswahl endete, entfernte man legale politische Organisationen, die in Opposition zu den Kommunisten standen, schrittweise aus dem politischen Leben. Die größte war die Polnische Volkspartei (PSL). Im Ergebnis dominierte die PPR Ende 1947 die politische Szene (Paczkowski 1995, S. 205). Gleichzeitig richteten die von der PPR kontrollierten Geheimdienste und Armee-Einheiten zusammen mit der sowjetischen politischen Polizei und auf polnischem Gebiet stationierten Einheiten der Roten Armee militärische und polizeiliche Operationen gegen letzte Einheiten der polnischen Untergrundarmee, die noch unter Waffen standen und die die sowjetische Hegemonie nicht akzeptierten.

In der letzten Phase (1947–1948) neutralisierte die PPR die formell unabhängigen Parteien, mit denen die Kommunisten bislang kooperiert hatten. Das betraf vor allem die Polnische Sozialistische Partei (PPS), die zwar mit der PPR koalierte, aber organisatorisch selbständig war. Im Dezember 1948 fand die sogenannte Vereinigung beider Parteien zur Polnischen Vereinigten Arbeiterpartei (PVAP) unter der Führung von Bolesław Bierut statt.[3] Tatsächlich herrschte aber das Triumvirat Bolesław Bierut, Jakub Berman und Hilary Minc (Werblan 2009). Leute, die als ideologisch nicht gefestigt galten, wie der ehemalige Vorsitzende der PPR Władysław Gomułka, wurden während des Vereinigungsprozesses aus der PVAP ausgeschlossen. So konzentrierte sich an der Wende von 1948 auf 1949 die gesamte Macht, nicht nur in der Politik, sondern in allen Bereichen des gesellschaftlichen Lebens, in den Händen der PVAP. Die bewaffneten Operationen gegen die verbliebenen Einheiten der Untergrundarmee wurden fortgesetzt, und bis 1950 verband man die Pazifizierung der Ukrainischen Aufständischen Armee

[3] In Ostdeutschland hatte die entsprechende Vereinigung der Sozialdemokratischen und der Kommunistischen Partei zur SED bereits 1946 stattgefunden.

mit der Umsiedlung der ukrainischen Bevölkerung im Rahmen der sogenannten Wisła (Weichsel-)Aktion.

Auch die Wirtschaft erfuhr in dieser Periode schrittweise Veränderungen. Das begann unmittelbar nach dem Krieg. Die Reform der Landwirtschaft verteilte 1945 den Boden von Privatgütern über 50 ha (in den westlichen Landesteilen über 100 ha) an die Bauern. 1946 setzte die Verstaatlichung der Industrie ein, was sich sehr viel einfacher als in der Landwirtschaft durchführen ließ, da die meisten polnischen Privatunternehmer schon vor Kriegsende von der Nazi-Wirtschaftspolitik enteignet worden waren (Jezierski 1999). In dieser Situation brauchte die Regierung in der Mehrheit der Fälle nur den *status quo* zu bestätigen. Gleichzeitig verstaatlichte man private Finanzinstitute mit Hilfe von gesetzlichen Regulierungen aus der Vorkriegszeit, die mit nur geringen Anpassungen die Schließung oder Verstaatlichung privater Banken erlaubten (Jezierski und Leszczyńska 2001). Eine besonders weitreichende Aktion der neuen Herren war die sogenannte ‚Schlacht um den Handel', die seit 1947 ausgefochten wurde und die damit ausging, dass Ende der 1940er Jahre die meisten privaten Handelsgeschäfte aufgelöst waren. Sowohl der Groß- wie der Einzelhandel gingen in staatliches oder kooperatives Eigentum über (Kaliński 1970).

Im Prozess des Wiederaufbaus nach dem Kriege nahm der Drei-Jahres-Plan (1947 – 49) eine Schlüsselposition ein. Er beruhte weitgehend auf Vorstellungen von Ökonomen, die der sozialistischen Partei PPS nahestanden, einschließlich des damaligen Leiters des Zentralplanbüros, Czesław Bobrowski (Kowalik 2006b). Sie strebten eine Planwirtschaft an, allerdings nicht das sowjetische Modell. Die vorgeschlagenen Maßnahmen stimmten in vielen Punkten mit Plänen überein, die die polnische Exilregierung in London während des zweiten Weltkriegs entworfen hatte. Darin war die Verstaatlichung eines signifikanten Teils der Wirtschaft vorgesehen bei gleichzeitiger Aufrechterhaltung von drei Sektoren, dem privaten, genossenschaftlichen und staatlichen Sektor. Ziel war es, das polnische Wirtschaftspotential der Vorkriegsperiode wiederherzustellen und das Land schrittweise von einer Agrar- in eine Industriewirtschaft und von einer ländlichen in eine urbane Gesellschaft zu überführen. Der Hauptakzent lag auf der Beseitigung der Kriegsschäden: Wiedereinrichtung der Betriebe, Rekonstruktion des Schienen- und Straßenverkehrs und der städtischen Infrastruktur, Sicherstellung der Grundversorgung der Bevölkerung. Dieser Drei-Jahres-Plan kann als der erfolgreichste Plan der polnischen Nachkriegsgeschichte gesehen werden.

2.1.2.2 Die stalinistische Ära

Mit der Wende zum Jahr 1949 begann die intensive Sowjetisierung des politischen Systems in Polen. Die übriggebliebenen legalen Parteien wurden zu ähnlichen

Vereinigungen gezwungen wie die PPR und PPS. Die mit den Kommunisten verbündete Volkspartei (SL) absorbierte 1949 die geschwächte PSL, wodurch die Vereinigte Volkspartei (ZSL) entstand. Kleinere christliche Parteien erfuhren das gleiche Schicksal und gingen in der Demokratischen Partei (SD) auf. Beide Parteien (ZSL und SD) unterstanden einer strengen Kontrolle durch die Führung der PVAP (Paczkowski 1995, S. 169). Ähnlich erging es auch der Jugendbewegung, in der die Union polnischer Jugendlicher (ZMP) als Ableger der PVAP eine Monopolposition einnahm (Wierzbicki 2006).

Diese Politik wurde auf die meisten Organisationen und Vereinigungen ausgeweitet. In der Regel beschränkten sich die Autoritäten nicht auf Unterordnung, sondern führten wie in der Sowjetunion eine Vereinigungspolitik durch, indem sie alle Organisationen gleichschalteten und sie zu ‚Transmissionsriemen' der Partei machten. So wurde auch die Gewerkschaftsbewegung im Juni 1949 in den Zentralen Gewerkschaftsrat (CRZZ) unter der Führung des Politbüromitglieds Aleksander Zawadzki transformiert. In ihrer neuen Form waren die Gewerkschaften dem Aufbau einer neuen Gesellschaft verpflichtet: „Ihre Aufgabe war es vor allem, ihre Mitglieder zu agitieren, einen ‚neuen Menschen' zu schaffen und den Glauben an den ‚Sozialismus' in seiner stalinistischen Prägung zu stärken" (Chumiński 1999, S. 405–406).

Eine Gemeindereform nach stalinistischem Muster beseitigte die letzten Elemente von Selbstverwaltung. Eine Justizreform folgte 1949–1950: Das dreistufige Gerichtssystem der Vorkriegszeit wurde von einem zweistufigen System ersetzt. Gleichzeitig fand eine Sowjetisierung der Kultur statt, die sich durch Übernahme sowjetischer Modelle in Kunst, Wissenschaft und Bildung auszeichnete (Kołakowski 1988 [1976-8], S. 928). Dieser Trend gipfelte in der Übersetzung des Katechismus der stalinistischen Ideologie *Geschichte der KPdSU (B) – Kurzer Lehrgang* (1949), der als obligatorisches Lehrbuch für die Hochschulen vorgeschrieben war.

Die Armee wurde sowjetischer Führung unterstellt, und die meisten kommandierenden Stellungen nahmen sowjetische Offiziere ein einschließlich des obersten Befehlshabers und Verteidigungsministers Marschall Konstantin Rokossovski. Genauso verfuhr man mit der Geheimpolizei, in deren oberen Rängen aus der Sowjetunion delegierte ‚Berater' anzutreffen waren (Kemp-Welch 2008, S. 42). Die Spezialeinheiten der Armee und vor allem der Geheimpolizei (des Sicherheitsamtes) übten verbreitet Terror aus: „Das allgemeine Repressionssystem, die Verfolgungen selbst von Kommunisten, blieb eine Randerscheinung, allerdings eine nicht zu unterschätzende", denn es war „ein deutliches Signal, das den Parteiapparat dazu anhielt, absolut loyal zu sein" (Paczkowski 1999, S. 356). Höhepunkt und Symbol des Transformationsprozesses war dann die Verfassung der Volksrepublik Polen, die mit einigen von Stalin selbst vorgenommenen Änderungen am 22. Juli 1952 verabschiedet wurde (Persak 2003).

Der Transformationsprozess erfasste auch das Wirtschaftssystem, wobei die Debatte um das Zentralplanbüro einen Wendepunkt darstellte (s. Abschn. 3.1.2). Die Einführung des neuen Systems der Wirtschaftsverwaltung begleitete seit 1951 eine Politik der intensiven Industrialisierung und Kollektivierung der Landwirtschaft. Der Sechs-Jahres-Plan 1950–1955 konzentrierte sich auf die Akkumulation und dabei auf Investitionen in den Bergbau und die Schwerindustrie auf Kosten der Leichtindustrie und der Landwirtschaft. Ziel der Planer war ein Strukturwandel, der Übergang von einer Agrar- in eine Industriegesellschaft. Dazu bedurfte es einer großen Zahl neuer Arbeitskräfte, was eine Abwanderung aus den ländlichen in die städtischen Regionen und einen tiefgreifenden Wandel der Beschäftigtenstruktur auslöste. Die Ausführung des Plans brachte allerdings nicht die erhofften Resultate. Das geplante Niveau der Wirtschaftsentwicklung wurde nicht erreicht. Nach den offiziellen Angaben, die möglicherweise für Propagandazwecke schöngefärbt waren, erreichte der Zuwachs des Nationaleinkommens 73 % an Stelle der geplanten 112 %. Nur die Industrieproduktion übertraf mit 171 % den Plan (Bałtowski 2009, S. 169–175). Die Mobilisierung von Ressourcen für die Industrialisierung ging auf Kosten einer merklichen Reduzierung des Lebensstandards: Die Reallöhne fielen bis 1953 und in den folgenden beiden Jahren stiegen sie nur geringfügig (Paczkowski 1995, S. 157). Der niedrige Lebensstandard war dann einer der Gründe für den Ausbruch von Streiks und Arbeiterdemonstrationen im Jahr 1956.

2.1.2.3 Tauwetter und die ‚kleine Stabilisierung'

Erste Anzeichen für das sogenannte Tauwetter in Polen deuteten sich nach Stalins Tod an. 1954 floh ein hoher Offizier des Sicherheitsamts, Józef Światło, in den Westen, und *Radio Free Europe* sendete Interviews mit ihm. Das erschütterte die Allmacht des Sicherheitsapparats (Paczkowski 2009) und führte zur Freilassung einiger politischer Gefangener. In der Partei setzten Flügelkämpfe ein zwischen dem etwas liberaleren Flügel (später nach der Warschauer Straße, in der einige ihrer Hauptvertreter wohnten, pulawianische Fraktion, *puławianie,* genannt) und dem konservativen Flügel (nach ihrem Treffpunkt in Natolin die Natolin-Fraktion, *natolińczycy,* genannt) (Jedlicki 1962). Nach dem Tod von Bierut 1956 und Chruščevs Rede vor dem 20. Parteikongress der KPdSU, in der er Stalins Verbrechen anprangerte, nahmen diese Auseinandersetzungen zu, wobei sich die Parteiliberalen im Verband mit Gomułka durchsetzten.

Das Schlüsselereignis waren jedoch Streiks und Proteste der Arbeiter in Posen, die die Sicherheitskräfte im Juni 1956 blutig unterdrückten. Dieser soziale Aufstand trug eindeutig einen anti-kommunistischen und anti-russischen Charakter (Machcewicz 1993). In den größeren Betrieben, wie dem Warschauer Automobilwerk FSO, setzten die Arbeiter ihre eigenen Räte ein und übernahmen die Leitung. Auf der Woge der sozialen Proteste kehrte Władysław Gomułka zurück an die Macht in der Partei (er ersetzte Edward Ochab als Ersten Sekretär, der diese Position nach Bieruts Tod eingenommen hatte).

Die Ereignisse von 1956 brachten eine Liberalisierung des politischen Systems mit sich, häufig Tauwetter genannt. Das manifestierte sich in einer Verkleinerung des Sicherheitsapparats und dem Verzicht auf Terror als Herrschaftsinstrument, in größerer Meinungsfreiheit, der Beendigung des Kampfes gegen die katholische Kirche und der Zusicherung ihrer Autonomie, dem Abbruch der Zwangskollektivierung in der Landwirtschaft und der Duldung von Arbeiterräten in den Betrieben. Im Laufe der nächsten Jahre schraubte Gomułka jedoch die bescheidenen Freiheiten zurück, die er während des Tauwetters zugestanden hatte. Schon 1957 wurden Zeitschriften geschlossen, die für kritisch gegenüber der Parteilinie galten. Die wichtigste war das Wochenblatt *Po Prostu* (*Offen gesagt;* Rafalska 2008). 1958 schwächte man die Arbeiterräte und ordnete sie der Betriebsparteiorganisation unter (Tymiński 2001, S. 163–192). In den frühen 1960er Jahren traf schließlich die meisten Organisationen und Diskussionsklubs, die nicht auf der Parteilinie lagen, ein Verbot (Jedlicki 1963).

In der Partei brachen nach 1956 Konflikte aus zwischen dem liberalen Flügel, den sogenannten Revisionisten, und den orthodoxen Marxisten. Gomułka kündigte 1957 eine Politik an, mit deren Hilfe er der Partei die ‚Flügel zu stutzen' beabsichtigte. Im Ergebnis mussten allerdings die wichtigen Vertreter des liberalen Flügels ihre Parteiämter aufgeben, als letzte 1964 Matwin und Zambrowski (Szumiłło 2014).

Die Krise von 1956 hatte Hoffnungen auf Wirtschaftsreformen geweckt. In diesem Zusammenhang stellte der zweite Kongress polnischer Ökonomen (7.–10. Juli 1956) die Forderung auf, das Wirtschaftssystem zu dezentralisieren (Sadowski 2007). Damit verbunden war die sogenannte Modell-Diskussion (Dyskusja 1957; Dyskusji 1957), die das Wirtschaftssystem thematisierte (s. Abschn. 3.1.2). Die Aufgabe, eine tiefer gehende Wirtschaftsreform auszuarbeiten, übertrug man dem Wirtschaftsrat, der von Oskar Lange geleitet wurde und die meisten herausragenden Ökonomen zu seinen Mitgliedern zählte, z. B. Kalecki, Brus, Lipiński und Bobrowski. Doch das Projekt des Rats (Tezy 1957) trat nie in Kraft, und der Rat verlor mit der Zeit an Einfluss, bis er 1963 aufgelöst wurde.

Die Regierung Gomułka versuchte, von der Partei unabhängige Bewegungen und Organisationen ruhig zu stellen. Deshalb wird die Zeit auch ‚Ära der kleinen Stabilität' genannt, die bis zu der Studentenrevolte von 1968 ohne größere politische und soziale Unruhen verlief. Auslöser dieser Revolte waren frühere Äußerungen von Jacek Kuroń, Karol Modzelewski (1964–1965) und Leszek Kołakowski (1966) und die repressiven Reaktionen der Regierung darauf, und dann Aktivitäten einer revisionistischen Studentengruppe, die sich ‚Kommandos' nannte (ein Mitglied war Adam Michnik; Friszke 2002). Ein weiterer wichtiger Grund für die Krise von 1968 waren Konflikte innerhalb der Partei und der wachsende Einfluss der ‚Partisanen' Fraktion unter der Führung von Mieczysław Moczar, die mit nationalistischen Parolen hervortrat (der sogenannte Nationalkommunismus; Lesiakowski 1999).

Im März 1968 brachen Studentendemonstrationen und Streiks aus mit Schwerpunkt in Warschau. Die Parteiführung entschied sich, die Polizei auf dem Universitätsgelände einzusetzen, und schlug die Demonstrationen brutal nieder. Die Verantwortung für die Unruhen schrieb die Partei Leuten mit jüdischer Herkunft zu, die in der Vergangenheit hohe Positionen eingenommen hatten. Das diente als Vorwand, diese Leute aus ihren Positionen zu entfernen. Die antisemitische Kampagne löste eine Welle der Emigration aus Polen aus (Eisler 2006). Die Repressionen von 1968 griffen tief in das Leben der Universitäten ein, vor allem der größten, der Universität Warschau, aus denen viele eminente Wissenschaftler vertrieben wurden.

Die politische Krise von 1968 war nicht unmittelbare Ursache des Falls von Gomułka, sie schwächte aber seine Position. Streiks in Danzig, Gdynia und Stettin führten dann im Dezember 1970 das endgültige Aus der ‚Ära der kleinen Stabilität' herbei. Ausgelöst wurden die Streiks von Preissteigerungen für Nahrungsmittel, die Teil des selektiven Entwicklungsprogramms des ZK-Sekretärs für Wirtschaftsfragen Bolesław Jaszczuk waren. Das Programm beabsichtigte, Investitionen in moderne Industrien zu konzentrieren (Dwilewicz 2008). Diese Reform der Wirtschaftspolitik sollte durch Reallohnsenkungen finanziert werden, was eben zu Streiks und Aufruhr führte. Dagegen schritten Armee und Polizei mit brachialer Gewalt ein, ohne damit die Lage in den Betrieben zu beruhigen. Am Ende leitete der Arbeiteraufstand einen Wechsel in der Parteiführung ein: Gomułka wurde durch Edward Gierek ersetzt, den Ersten Sekretär des Provinzparteikomitees in Kattowitz (Eisler 2000).

2.1.2.4 Die Dekade Gierek

Die Machtübernahme Giereks brachte begrenzte Änderungen in der Wirtschaftspolitik, aber keinen Wechsel in der Ordnungspolitik. In den ersten Monaten des

Jahres 1971 zog Gierek die Preiserhöhungen der Gomułka Regierung zurück und versprach, die Löhne zu erhöhen. Das stellte die Arbeiter zufrieden (Dwilewicz 2011). In den folgenden Monaten rückten die engsten Mitarbeiter von Gierek in die führenden Positionen ein, z. B. wurde Piotr Jaroszewicz Premierminister an Stelle von Józef Cyrankiewicz, der dieses Amt seit den 1950er Jahren ausgeübt hatte. Die Partisanen-Fraktion verlor an Bedeutung und ihr Anführer Mieczysław Moczar musste die Parteiführung verlassen.

Die Politik von Gierek in den 1970er Jahren zeichnete sich durch eine schrittweise Abnahme der Parteikontrolle über die Gesellschaft aus. Die Polen erhielten mehr Möglichkeiten, ins Ausland, vor allem in den Westen zu reisen. Parteikritikern begegnete man relativ liberal und verzichtete auf die in der Stalinära aber auch noch unter Gomułka üblichen Repressionen. Nach den harten Reaktionen auf den März 1968 lockerte sich die Kultur- und Wissenschaftspolitik allmählich. Am wichtigsten war allerdings die neue Wirtschaftspolitik, die das unter Gomułka eingeführte selektive Entwicklungsprogramm aufgab und eine ‚harmonische Entwicklung' von Industrie und Konsum vertrat. Dieser Ansatz leitete eine Reihe neuer Investitionsprojekte ein, wie z. B. das Fiat Automobilwerk in Bielsko oder die Stahlwerke in Kattowitz, die weitgehend auf westlichen Lizenzen basierten und mit im Westen aufgenommenem Kapital finanziert wurden.

Die Autoren des Programms gingen davon aus, dass die Schulden mit der Produktion aus den neuen Fabriken zurückgezahlt werden könnten. Neben den Aufwendungen für neue Fabriken, ging allerdings ein bedeutender Teil des geliehenen Kapitals in den Wohnungsbau und die Konsumgüterindustrie. So konnte man in der ersten Hälfte der 1970er Jahre eine spürbare Verbesserung des Lebensstandards wahrnehmen, vor allem auch eine Verbesserung der Wohnungssituation (Bałtowski 2009, S. 222–225).

Mitte der 1970er Jahre zeichneten sich dann die Schwächen dieser Wirtschaftspolitik ab (Bień 2017; Kuczyński 1981 [1979]). Der Umfang der Investitionen überforderte die Kapazitäten des Bausektors, wodurch sich der Produktionsbeginn vieler Projekte und damit die Rückzahlung der Kredite verzögerten. Darüber hinaus blieb die Qualität der meisten in Polen hergestellten Güter gegenüber dem westlichen Niveau zurück, worunter die internationale Wettbewerbsfähigkeit zu leiden hatte. Im Lande verursachten die stetigen Lohnsteigerungen ohne Preisanpassungen einen wachsenden Inflationsdruck (rückgestaute Inflation). Auf Grund der geldpolitischen Änderungen in den führenden westlichen Ländern verschlechterten sich die Bedingungen für die Aufnahme von neuen Krediten und Ende der 1970er Jahre stieg dann das Zinsniveau dramatisch an.

Die Regierung reagierte 1976 mit einer signifikanten Anhebung der Preise. Damit löste sie im Juni 1976 eine neue Welle von Streiks und Demonstrationen aus. Es gelang zwar, die Gemüter zu besänftigen, aber die Regierung musste die Preissteigerungen zurücknehmen. Das folgende ‚ökonomische Manöver', um die Investitionspolitik neu zu gestalten, verbesserte die wirtschaftliche Situation nicht. Ende der 1970er Jahre geriet Polen in eine Rezession und fiel dann in eine langfristige Krise (Kuczyński (1981 [1979]). Der Lebensstandard sank, und es gab sogar Schwierigkeiten, Basisgüter zu erhalten. Das führte schließlich zum Ausbruch von Streiks im Sommer 1980, zum Fall Giereks und zur Bildung der unabhängigen Gewerkschaft *Solidarność* (Koryś 2018).

Die Repressionen der Regierung gegen die Teilnehmer der Proteste von 1976 waren unmittelbarer Anlass zur Bildung einer organisierten Opposition. In der Folge gründete man das Komitee zur Verteidigung der Arbeiter (KOR), in dem Jacek Kuroń, Adam Michnik, Antoni Macierewicz und Zbigniew Romaszewski eine wichtige Rolle spielten. Weitere Oppositionsorganisationen schlossen sich an: die Bewegung zur Verteidigung der Menschen- und Bürgerrechte (ROPCiO), die Vereinigung Unabhängiges Polen (KPN) und unabhängige Gewerkschaften. Die Opposition organisierte Kurse an der sogenannten ‚fliegenden Universität' *(Uniwersytet Latający)* und bei der Gesellschaft für wissenschaftliche Schulung *(Towarzystwo Kursów Naukowych).* Hinzu kamen unabhängige Verlage (Friszke 1994; Karpiński 2001).

Nach den Streiks von 1980 gegründet entwickelte sich die unabhängige Gewerkschaft *Solidarność* zu einer Massenbewegung. *Solidarność* wurde von Lech Wałęsa geleitet, und unter dem führenden Personal befanden sich Aktivisten der Opposition der 1970er Jahre (u. a. Jacek Kuroń, Adam Michnik, Antoni Macierewicz) zusammen mit Vertretern unabhängiger Gewerkschaften (wie Wałęsa und Andrzej Gwiazda) und katholischer Gruppen (z. B. Tadeusz Mazowiecki). Die Ideen von *Solidarność* verbanden Traditionen des Unabhängigkeitsdenkens, der christlichen Solidarität und säkularer, linksgerichteter Anschauungen. Gleichzeitig sind sie als ein letzter Versuch zu verstehen, die Wirtschaftspolitik von innen zu revidieren, den ‚sozialistischen Wohlfahrtsstaat' (ein Begriff des Soziologen Winicjusz Narojek, 1991) zu erhalten und das Grundkonzept zu bewahren, das die sozio-ökonomische Ordnung der Volksrepublik Polen geprägt hatte (Karpiński 2001; Brzechczyszyn 2010; Holzer 1990).

2.1.2.5 Dämmerung des Staatssozialismus und Morgenröte der Transformation

Gierek verlor die Macht in der Partei 1980, und nach einer kurzen Übergangsperiode übernahm Verteidigungsminister General Wojciech Jaruzelski die Führung.

Die kommunistische Ideologie war schon länger zu einer Fassade geworden. Das zeigte sich unter Jaruzelskis Herrschaft noch deutlicher, als das politische System Eigenschaften einer autoritären Militärjunta annahm (Dudek 2003; Paczkowski 2002, 2015). In der Wirtschaftspolitik setzte die Regierung nach ein paar halbherzigen Reformbemühungen Mitte der 1980er Jahre auf Deregulierung: Den Staatsunternehmen räumte man mehr Selbständigkeit und Selbstverwaltung ein. Gleichzeitig galt es, die wachsende Schattenwirtschaft und Korruption einzudämmen. Die zweite Hälfte der 1980er Jahre sah dann die Einführung von marktwirtschaftlichen Elementen, aber auch die Übertragung von staatlichen Eigentumsrechten auf Teile der Nomenklatura (Nomenklatura-Privatisierung; Staniszkis 1990).

Anfang 1982 musste die polnische Regierung ihre Zahlungsunfähigkeit gegenüber den internationalen Gläubigern erklären, was eine weitere Phase ökonomischer Destabilisierung einläutete (Marer und Siwiński 1988). Abgeschnitten von jeglichen Devisenzuflüssen dauerte die Stagnation bis zum Ende der 1980er Jahre an. Die monetären Probleme nahmen in Folge einer unfähigen Geldpolitik zu: Eine ungebremste Geldmengenvermehrung ließ die Inflation anschwellen. Schließlich geriet die Inflation, die seit Beginn der Dekade gestiegen war, außer Kontrolle.

So brach sich 1988–1989 eine neue Welle der Unzufriedenheit Bahn. Sie zwang die Regierung, mit der Opposition zu verhandeln (am Runden Tisch und in den Treffen von Magdalenka) und im Ergebnis eine kontrollierte Machtübernahme zu vereinbaren. Die wachsenden wirtschaftlichen und politischen Probleme der Sowjetunion, die nicht mehr in der Lage war, die Auflösung des kommunistischen Blocks aufzuhalten, öffneten hierfür den Weg. Nach vier Jahrzehnten Aufbau des Staatssozialismus brach das System unter seinem eigenen Gewicht zusammen (Bałtowski 2009; Slay 1994; Simatupang 2003).

Am 04. Juni 1989 fanden (nicht ganz) freie Wahlen statt, bei denen die von der Gewerkschaft *Solidarność* nominierten Kandidaten alle für sie erreichbaren Sitze im Sejm (35 % aller Sitze) und 99 von 100 Sitzen im neugebildeten Senat gewannen. Dank der Zusammenarbeit zwischen *Solidarność* und den Parteien, die bis vor kurzem als Blockparteien mit der PVAP verbunden waren, der Demokratischen Partei (SD) und der Vereinigten Volkspartei (ZSL), wurde die erste Regierung nach dem zweiten Weltkrieg gebildet, deren Zusammensetzung nicht die kommunistischen Partei bestimmte. Leszek Balcerowicz wurde Finanzminister und setzte sein Reformprogramm um (Dudek 2004, 2013, 2014; Balcerowicz et al. 2009).

2.1.2.6 Zusammenfassung

Die wirtschaftliche Entwicklung war in der Gesamtperiode 1944–1989 äußerst wechselhaft. In der unmittelbaren Wiederaufbauphase nach dem Krieg bis 1948 (oder sogar 1950) wuchs die Wirtschaft rasant. Es liegen keine exakten Angaben vor, aber das durchschnittliche Wachstum erreichte 10–15 % (wie in Deutschland und Österreich) von einem niedrigen Ausgangsniveau des Pro-Kopf BIP von 55–70 % im Vergleich zu 1950. Daran schlossen sich mehrere Jahre intensiver stalinistischer Industrialisierung an, die Mitte der 1950er Jahre in einen Abschwung und wachsende soziale Unruhen mündeten. Die Periode der sogenannten ‚kleinen Stabilität' erzielte wiederum ein moderates Wirtschaftswachstum, das sich in der zweiten Hälfte der 1960er Jahre abschwächte. In der ersten Hälfte seiner Dekade leitete Gierek einen ‚großen Sprung' ein (Kuczyński 1981 [1979]), um dem Wachstum neue Dynamik zu verleihen und der Bevölkerung Züge eines westlichen Wohlfahrtsstaates zu bieten. Diese letzte Wachstumswelle verebbte nach 1975. Die folgende Stagnations- und Rezessionsperiode, in der sogar die Industrieproduktion sank, dauerte bis in die frühen 1990er Jahre. Zwischen 1950 und 1989 betrug das durchschnittliche Wachstum 2 % (2,6 % zwischen 1950 und 1956, 3 % zwischen 1957 und 1969, 3.3 % zwischen 1970 und 1979 allerdings mit einer Rezession nach 1975, und 0 % zwischen 1980 und 1989; Koryś 2018; Fallenbuchl 1985; Landau 1969; Inklaar et al. 2018).

Das Versagen einer kontinuierlichen Wirtschaftsentwicklung war der ineffizienten Wirtschaftsorganisation zuzuschreiben, allgemeinem Missmanagement, der Zentralplanung und Ausschaltung der Märkte und einer Isolationspolitik gegenüber dem Westen, die sich allerdings im Laufe der Zeit abschwächte. Die Beziehungen zum Westen wurden nach 1970 intensiver, was wesentlich zum Zusammenbruch der Wirtschaft beitrug. Denn seit 1970 geriet die polnische Wirtschaft mehr und mehr in Abhängigkeit vom Handel mit dem Westen und von westlichen Krediten. Am Anfang des Jahrzehnts betrugen die polnische Auslandschulden 1 Mrd. $ (ca. 6,5 Mrd. in Preisen von 2011). Bereits 1976 war dieser Betrag auf 8,4 Mrd. $ und 1980 auf 24.1 Mrd. $ (66,3 Mrd. in Preisen von 2011) angestiegen. 1981 standen kurzfristigen Verpflichtungen in konvertiblen Devisen von 11 Mrd. $ Deviseneinnahmen von nur 8,5 Mrd. $ gegenüber. Damit war die Zahlungsunfähigkeit erreicht. Das hatte einen verheerenden Einfluss auf die Wirtschaft der 1980er Jahre.

Der Staatssozialismus hat in der Volksrepublik Polen, zumindest bis Ende der 1970er Jahre, eine industrielle Basis und eine Infrastruktur (Transport, Energie, Telekommunikation) entwickelt (Koziarski 1993; Leszczycki et al. 1974; Dwilewicz und Morawski 2015; Lijewski 1978). 1989 war Polen ein entwickeltes Land mit einem ausgebauten, wenn auch geschwächten Industriesektor und einer dank des fortschrittlichen Bildungssystems qualifizierten, wenn auch demoralisierten Arbeiterschaft. Doch die Träume der marxistisch-leninistischen Theoretiker, eine nationale Industrie im Staatseigentum zu schaffen, die nach Überwindung der relativen Rückständigkeit auf den Weltmärkten wettbewerbsfähig ist, diese Träume haben sich nicht verwirklicht. Nach 40 Jahren sozialistischer Wirtschaftspolitik musste dieser Prozess fast von Grund auf neu begonnen werden.

2.2 Entwicklung und Organisation von Lehre und Forschung in den Sozialwissenschaften

2.2.1 Durchsetzung und Stabilisierung des Marxismus-Leninismus in Ostdeutschland

2.2.1.1 Die Konstituierung einer marxistisch-leninistischen Wissenschaft

Als 1945 der Krieg zu Ende war, hieß Mitteldeutschland plötzlich SBZ (Sowjetische Besatzungszone), und diese Kennzeichnung blieb auch für die vier Jahre später konstituierte DDR bestimmend. Mit der Bodenreform setzte unmittelbar ein Transformationsprozess ein, der allerdings erst allmählich offen den Charakter eines Übergangs auf das sowjetische System des Staatssozialismus annahm. Vor allem im akademischen Bereich konnte das auch gar nicht anders sein. Denn schließlich waren an den Universitäten die sogenannten ‚bürgerlichen Kräfte' in der Überzahl, marxistisch geschulte Lehrkräfte dagegen Mangelware. Eine erste Säuberungs- bzw. Entnazifizierungswelle, auch erste Universitätsreform genannt, betraf vor allem nationalsozialistisch belastete Dozenten. Das waren nicht wenige. Sie konnten aber nicht unmittelbar durch Marxisten ersetzt werden, denen die notwendigen akademischen Qualifikationen fehlten. Zu den Ausnahmen zählten Jürgen Kuczynski, der bereits 1946 einen Lehrstuhl an der Universität Unter den Linden (Humboldt Universität) erhielt, und Fritz Behrens, der im gleichen Jahr an die Leipziger Universität berufen wurde.

Von Anfang an war klar, wohin die Reise gehen werde. Die erste antifaschistisch-demokratische Periode gab sich nach außen pluralistisch. An den Universitäten wurden die traditionellen sozialwissenschaftlichen Lehrinhalte angeboten. Das Ziel ihrer Ablösung durch die marxistisch-leninistische Politische Ökonomie und den Wissenschaftlichen Sozialismus blieb bis 1949 unausgesprochen, wenn auch unübersehbar (ausführlich zu dieser Periode Becker und Dierking 1989 und Krause 1998, S. 23–73). Dabei musste man sich nicht nur mit der ‚bürgerlichen' Theorie auseinandersetzen, die zur damaligen Zeit in Deutschland teilweise noch unter dem Einfluss der historischen Schule und ihres sozialpolitischen Engagements stand. Diese Verwandtschaft galt es zu verleugnen (Wagener 2004). Gleichzeitig waren Marxismus und Sozialismus, trotz der zwölfjährigen Unterbrechung der Nazi-Periode, noch eigenständige intellektuelle Bewegungen, die vor allem in der Sozialdemokratie variantenreiche Ausprägungen aufwiesen. Hier lag eine zweite Front, die durch die von der Besatzungsmacht angestoßene Vereinigung von KPD und SPD zur SED Anfang 1946 internalisiert und rasch zu Gunsten des Marxismus-Leninismus entschieden wurde. Die spätere hypersensible Allergie gegen Revisionismus, d. h. gegen alle Abweichungen von der jeweiligen offiziellen Parteilinie, widerspiegelt allerdings die Abgrenzungsprobleme.

Da die ideologische Hoheit an den traditionellen Universitäten nicht unmittelbar zu gewinnen war, gleichzeitig ein großer Bedarf an marxistisch geschulten Verwaltungs- und Justizbeamten, aber auch an akademischen Lehrkräften bestand, musste man eine kurzfristige Lösung im außeruniversitären Bereich suchen. Dazu wurde 1946 nach sowjetischem Vorbild die *Parteihochschule beim ZK der SED* ins Leben gerufen. Die theoretische Parteizeitschrift *Einheit,* die bald den Untertitel *Zeitschrift für Theorie und Praxis des wissenschaftlichen Sozialismus* erhielt, war bereits unmittelbar vor der Vereinigung von SPD und KPD erschienen, um diese zu fördern. 1948 folgte die *Deutsche Verwaltungsakademie* Forst Zinna (DVA), die 1953 mit der erst ein Jahr zuvor gegründeten *Deutschen Hochschule für Justiz* zur *Deutsche Akademie für Staats- und Rechtswissenschaft „Walter Ulbricht"* (der Namenszusatz fiel nach dem Tod Ulbrichts 1973 fort) in Potsdam Babelsberg zusammengelegt wurde. Daraus entstand die größte rechts- und verwaltungswissenschaftliche Ausbildungsstätte in der DDR. Gunther Kohlmey, 1947 aus der Sowjetunion zurückgekehrt, übernahm an der DVA die Lehre in politischer Ökonomie des Sozialismus. Zu Beginn 1949 nahm wieder nach sowjetischem Vorbild das *Institut für Marxismus und Leninismus* seine Arbeit auf. Erster Direktor war Joseph Winternitz, ein 1948 aus dem englischen Exil zurückgekehrter ausgewiesener Marx-Kenner, der gleichzeitig auch einen Lehrstuhl an der Berliner Universität erhielt. Schon 1950 wurde er wieder entlassen – er war wohl mit der stalinistischen Orthodoxie in Konflikt geraten – und kehrte nach England zurück.

Mit den neuen Herren war offensichtlich nicht gut Kirschen essen. Eine erste Zäsur ist in der Auswanderung von Studenten und Wissenschaftlern der Berliner Universität nach West-Berlin und die dortige Gründung der *Freien Universität Berlin* im Jahr 1948 zu sehen. Der Schritt wurde durch die ideologische Gleichschaltung der Universität und Repressionen gegen nicht-kommunistische

Studenten ausgelöst und von der zweiten Besatzungsmacht, den USA, tatkräftig unterstützt. Auch das war Kalter Krieg – die Gründung der FU erfolgte während der sowjetischen Berlinblockade. Das definitive Ende des Pluralismus kam dann mit der 2. Hochschulreform, die auf dem III. Parteitag der SED 1951 beschlossen wurde. Hier trennten sich die Wege des ökonomischen *mainstream* und der marxistisch-leninistischen politischen Ökonomie. Ersterer ist Apologet des Kapitalismus bzw. Imperialismus und kann nur noch im Rahmen der politischen Ökonomie des Kapitalismus behandelt werden, und zwar ausschließlich kritisch. Letztere ist die wahre fortschrittliche Lehre, die auf Grund dieser Tatsache Exklusivität beansprucht. Für ‚bürgerliche' Akademiker war da kein Platz mehr; sie konnten in den Westen abwandern. Die Kampagne gegen den Objektivismus der ‚bürgerlichen' Wissenschaft machte deutlich, dass die Webersche Norm der Werturteilsfreiheit der leninistischen Norm der Parteilichkeit oder dem Klassenstandpunkt zu weichen habe (Krause 1998, S. 96–97).[4] Die Etablierung einer Orthodoxie mit absolutem Deutungsmonopol und die rigorose Abschottung gegenüber allen alternativen Ansätzen und Ideen können nicht ohne Folgen bleiben für die wissenschaftliche Produktivität.

Die 2. Hochschulreform brachte eine administrative Zentralisierung der Hochschulen und eine neue Universität, eine Volksuniversität anstelle der elitären Bildungsanstalt (s. *Geschichte der Wirtschaftswissenschaften*). Das entsprach einem universalen Trend der Nachkriegszeit. Der Zugang wurde liberalisiert und finanziell gefördert, die Zahl der Studierenden, vor allem aus den unteren Gesellschaftsschichten, nahm rasch zu. Dieser Trend brach allerdings Anfang der 1970er Jahre, also mit Beginn der Honecker Periode, abrupt ab: Eine weitere Akademisierung war unerwünscht, während im Westen der Zulauf zur Universität unvermindert weiterwuchs. Mit der Universitätsreform erfuhr auch die politische Ökonomie eine ungeahnte Aufwertung. Sie wurde wesentlicher Bestandteil des gesellschaftswissenschaftlichen Grundstudiums, das als *Studium generale* für alle Fakultäten verpflichtend war.

Zu diesem Zeitpunkt, d. h. 1951, standen dafür weder ausreichendes Lehrpersonal noch entsprechende Lehrbücher zur Verfügung. So gerieten Rückkehrer

---

[4] Der Soziologe Kurt Braunreuther (1964) hat sich eingehend mit Max Weber beschäftigt und die ideologischen Hintergründe der Werturteilsfreiheit analysiert. Sie mag im vormonopolistischen Kapitalismus sinnvoll gewesen sein. Unter den Bedingungen des monopolistischen Kapitalismus und Imperialismus hat sie einen anderen Charakter als zur Zeit Max Webers: „Wenn unter diesem Aspekt Bemühungen zur Überwindung eines – werturteilsfreien – Objektivismus sichtbar werden, so ist das positiv zu bewerten. Das ist eine gewisse Annäherung an eine dem gesellschaftlichen Fortschritt dienende Parteilichkeit" (Ibid., S. 341).

aus der Sowjetunion und Absolventen der ersten Ausbildungswelle als Wahrnehmungsdozenten oder auch als Professoren rasch in hohe akademische Positionen. Die üblichen Qualifikationen (Promotion, Habilitation) wurden häufig später nachgereicht. Zur ersten Gruppe zählten Robert Naumann (1899–1978), der nach 30jährigem Aufenthalt in der Sowjetunion 1950 in die DDR übersiedelte und sofort eine Professur für politische Ökonomie an der Humboldt Universität erhielt, und Hanna Wolf (1908–1999), die von 1950–1982 die Parteihochschule leitete. Zur letzteren Gruppe sind beispielsweise Eva Altmann (1903–1991) zu rechnen, die nach einem Kurzlehrgang für marxistisch-leninistische Dozenten an der Parteihochschule bereits 1948 politische Ökonomie an der Berliner Universität unterrichtete und 1950 zur Gründungsrektorin der Hochschule für Ökonomie berufen wurde, und auch Otto Reinhold (1925–2016), der nach seinem Studium 1946–1950 neben seiner Tätigkeit als Redakteur der *Einheit* bereits 1951 eine Professur für politische Ökonomie an der Humboldt Universität vertrat, um dann über verschiedene Stationen zum Rektor der Akademie für Gesellschaftswissenschaften aufzusteigen (Müller-Engbers et al. 2009).

Die 2. Universitätsreform blieb nicht ohne Folgen für die Curricula. Traditionelle sozio-ökonomische Fächer wie Betriebswirtschaftslehre und Soziologie fielen fort. Warum gerade die? Betriebswirtschaftslehre behandelt den selbständigen Einzelbetrieb, den es im Rahmen der umfassenden direktiven Zentralplanung nicht mehr gibt. Sie wird in die Industrieökonomik integriert, die aber nichts mit der westlichen *industrial organization* (z. B. Tirole 1988) gemein hat. Sobald die Selbstständigkeit der Betriebe innerhalb der Planung wieder zum Thema wird, wie das im Zusammenhang mit den Reformen der 1960er Jahre der Fall war, wird auch die Betriebswirtschaftslehre als sozialistische Betriebsführung reaktiviert (s. Abschn. 4.3.1). Soziologie steht in Konkurrenz zum historischen Materialismus und wissenschaftlichen Sozialismus. Die Wiederaufnahme der Soziologie folgte zum Teil dem beständigen Drängen von unten, das sich in der Tauwetterphase der ersten Hälfte der 1960er Jahre artikulieren konnte. Zum anderen Teil waren dafür systemtheoretische und systempolitische Überlegungen verantwortlich, die sich ungefähr zur gleichen Zeit auch in den übrigen sozialistischen Ländern durchsetzen: ein „manifest gewordene[s] gesellschaftspolitische[s] Bedürfnis nach präzisen Informationen über gesellschaftliche Erscheinungen und Prozesse in der DDR“ (Steiner 2006, S. 21). Dieses Bedürfnis nach präziser Information kollidierte mit dem Bemühen, so wenig Information über die DDR-Gesellschaft wie möglich nach außen dringen zu lassen. Ein hoher Grad an Geheimhaltung sozialwissenschaftlicher Forschung war die Folge (GESIS 1998, S. 9). Das ZK der SED beschloss 1964 die Etablierung des Faches und richtete dafür einen Wissenschaftlichen Rat für Soziologische Forschung ein, der am Institut (später Akademie) für Gesellschaftswissenschaften beim ZK untergebracht wurde: Eine möglichst zentrale Kontrolle dieses noch immer suspekten Faches war wünschenswert.

Die 3. Universitätsreform zog sich über die gesamte zweite Hälfte der 1960er Jahre hin. Einerseits sollte sie die starre Ordinarien- und Institutsstruktur der deutschen Universität aufbrechen und mit den Sektionen anstelle der Fakultäten komplexe Wissenschaftseinheiten und Forschungskollektive bilden. Im Unterschied zu den gleichzeitigen Bestrebungen im Westen ging die Initiative allerdings nicht von der Basis aus. Denn andererseits war das Ziel der Reform ein einheitliches sozialistisches Bildungssystem, das nach den Prinzipien zentralistischer Planung und Kontrolle zu strukturieren war, und das bedeutete eine strikte Hierarchisierung. Die Forschung wurde auf die Partei- und Akademieinstitute konzentriert und noch stärker an den gesellschaftlichen Bedürfnissen ausgerichtet, worüber die neu eingeführten wissenschaftlichen Räte zu wachen hatten. An den Universitäten erhielt „die Aus- und Weiterbildung von wissenschaftlichen Fachkräften und leitenden Kadern für die Praxis, die sich als Klassenkämpfer und hochgebildete Fachleute bewähren“, eine Vorrangstellung – so der Rektor der Leipziger Universität 1968 (Universität Leipzig 2009).

Land und Possekel (1994) stellen typische Diskurse von drei Generationen der ostdeutschen Intelligenz vor, der Generation der Altkommunisten, der Aufbaugeneration und der dritten SED Reformergeneration. Sie eint alle das Bekenntnis zum Sozialismus, doch unterscheiden sie sich in dem, was sie darunter im Einzelnen verstehen und wodurch sie sich deshalb gegeneinander absetzen. Die Generation der Altkommunisten oder Gründergeneration, geboren zwischen der Jahrhundertwende und 1920, war zumeist in jungen Jahren bereits aktiv in der Partei und hatte die Naziperiode im Untergrund, im Zuchthaus oder in der Emigration verbracht. In der Politik blieb diese Generation bis zum Ende an der Macht und daher für die Inflexibilität des Systems verantwortlich (s. Abschn. 2.1.1). Und die, die aus dem Kreis der Mächtigen ausgeschieden wurden, hatten eine andere Story zu erzählen wie z. B. Ernst Wollweber (1898–1967), Rudolf Herrnstadt (1903–1966), Anton Ackermann (1905–1973) und Karl Schirdewan (1907–1998).

In den Sozialwissenschaften ist diese Gruppe eher schmal und ihr Diskurs weniger homogen. Die wenigen ostdeutschen Akademiker, die in der Vorkriegszeit zumindest zeitweise eine traditionelle Universitätsausbildung erfahren hatten, gerieten mit eigenen Ideen und Reformvorstellungen wiederholt in Konflikt mit der polit-ökonomischen Orthodoxie und der Partei. Der Wirtschaftshistoriker Jürgen Kuczynski (1904–1997), der Statistiker Fritz Behrens (1909–1980), der Geld- und Außenhandelstheoretiker Gunther Kohlmey (1913–1999) und auch der Agrarökonom Kurt Vieweg (1911–1976) sind hier zu nennen. Die Nicht-Akademiker hatten ihre Meriten in der Regel in der Partei und der Sowjetunion erworben bzw.

erst in der Nachkriegsperiode studiert. Sie waren deshalb für die Etablierung der Orthodoxie unersetzlich. Robert Naumann, Hanna Wolf und Eva Altmann wurden bereits erwähnt, Fred Oelßner (1903–1977), Alfred Lemmnitz (1906–1994) und Kurt Braunreuther (1913–1974) sind ebenfalls dazu zu rechnen.

Die Entwicklung der Sozialwissenschaften in der DDR wurde jedoch in erster Linie von der Aufbaugeneration getragen. Geboren um 1930, häufig aus dem nicht-akademischen Milieu stammend, erhielt sie in den ersten Nachkriegsjahren die Möglichkeit, eine höhere Bildung zu erwerben, zu studieren und rasch in anspruchsvolle Positionen aufzusteigen. Das war zweifellos ein Verdienst des neuen Gesellschaftssystems, dem sie deshalb treu verbunden blieben. Herbert Wolf (*1925), Otto Reinhold (1925–2016), Helmut Koziolek (1927–1997), Wolfgang Heinrichs (1929–1994), Arne Benary (1929–1971), Hans Knop (*1930), Dieter Klein (*1931), Harry Nick (1932–2014), Heinz-Dieter Haustein (*1932), Klaus Steinitz (*1932) und Harry Maier (1934–2010) sind nur einige herausragende Beispiele. Die 1960er Jahre mit ihren Reformansätzen waren die fruchtbarsten Jahre dieser Generation. Es gelang ihnen dann jedoch nicht, mit diesen Ideen in der zweiten Hälfte der DDR-Periode politisch durchzudringen und sie weiter voranzutreiben. Stattdessen hatten sie bei ordnungspolitischer Abstinenz die neue „Hauptaufgabe", die Einheit von Wirtschafts- und Sozialpolitik, zu vertreten und Strategien gegen den schleichenden Verfall von Effizienz und internationaler Wettbewerbsfähigkeit zu entwickeln.

Altersbedingt blieb die Aufbaugeneration jedoch bis zum Ende in ihren akademischen Positionen und für die Sozialwissenschaften dominierend. Für jene Schüler der Aufbaugeneration, die Land und Possekel (1994) die dritte oder Perestrojka Generation nannten und die zu einer neuen Reforminitiative ausholten (s. Abschn. 3.3.1), wäre der große Generationswechsel erst in den 1990er Jahren erfolgt.

2.2.1.2 Die wichtigsten Institute

Vor dem Krieg waren Volks- und Betriebswirtschaftslehre in Deutschland schmale akademische Disziplinen, häufig an juristischen Fakultäten und an Handelshochschulen untergebracht. Wer im Staat Karriere machen wollte, studierte in der Regel Jus, wer in der Wirtschaft etwas werden wollte, machte eine kaufmännische Lehre, wenn er nicht eine technische Ausbildung erwarb. Zwei Entwicklungen haben dieses Bild in der Nachkriegsperiode grundlegend geändert. Zum einen die Bildungsoffensive, die generell zu einer stürmischen Zunahme der akademischen Ausbildung geführt hat. Zum anderen der Bedeutungswandel, den die Wirtschaftswissenschaften innerhalb der Gesellschaftswissenschaften erfuhren. „Die

Ökonomie war in den Jahren des Wirtschaftswunders geradezu eine gesellschaftliche Leitwissenschaft geworden“ (Nützenadel 2005, S. 13). Das galt nicht nur für Westdeutschland, sondern ebenso für Ostdeutschland, wenn auch die Inhalte des Faches sich fundamental unterschieden. Inwieweit die Politik in beiden Teilen des Landes sich allerdings von dieser Leitwissenschaft beeinflussen ließ, ist eine andere Frage.

In Ostdeutschland war der Bedarf an ökonomisch und verwaltungstechnisch geschultem Personal, das auch noch den ideologischen Anforderungen der Partei entsprach, auf Grund der Systemtransformation groß. Auch wenn besonders in den Anfangsjahren die Techniken der Volkswirtschaftsplanung und ihre wissenschaftliche Begründung von der Sowjetunion übernommen wurden, bestand zusätzlicher Forschungsbedarf. Beides zusammen konnte durch die bestehende wissenschaftliche Infrastruktur nicht befriedigt werden. Wir beobachten deshalb eine rasche Erweiterung dieser Infrastruktur, vor allem die Gründung neuer Institute (Krause 1998, S. 82–95).

Nach ihrem Träger sind staatliche Institute von Partei-Instituten zu unterscheiden. Zur ersteren Gruppe zählen die Universitäten und Hochschulen, Akademieinstitute, die Staatliche Zentralverwaltung für Statistik und bei Ministerien und ähnlichen Institutionen angegliederte Forschungsabteilungen. Die Partei-Institute unterstehen dem Zentralkomitee (ZK) der SED. Einige dieser Einrichtungen seien hier kurz genannt. Sie waren mit Ausnahme der Universitäten alle in Berlin angesiedelt.

Die *Hochschule für Ökonomie „Bruno Leuschner“* (HfÖ) wurde 1950 als Hochschule für Planökonomie gegründet und unterstand lange Zeit der Staatlichen Plankommission, deren Vorsitzender Bruno Leuschner (1910–1965) von 1952 bis 1961 gewesen war. 1956 wurde sie mit der *Hochschule für Finanzen* (gegründet 1953) und 1958 mit der *Hochschule für Außenhandel* (gegründet 1954) zur Hochschule für Ökonomie vereinigt. Merkwürdigerweise wurde die finanzökonomische Fakultät dann im Rahmen der dritten Hochschulreform an die Humboldt Universität transferiert. Die HfÖ war praktisch die Wirtschaftsuniversität der DDR und mit Abstand die wichtigste Ausbildungsstätte für Ökonomen sowohl aus dem Inland als auch aus dem Ausland (aus den sozialistischen Staaten und den Entwicklungsländern). Sie gliederte sich in sechs Sektionen: Sozialistische Volkswirtschaft, Sozialistische Betriebswirtschaft, Wirtschaftsinformatik, Außenwirtschaft, Marxismus-Leninismus und Militärökonomie (Kupferschmidt 2013, S. 12–13). Hier wie an allen anderen Hochschulen nahm die politische Ökonomie, versorgt durch die Sektion Marxismus-Leninismus, im Curriculum einen zentralen Platz ein. Daneben hat man aber sehr früh großen Wert auf eine solide technische Ausbildung (Mathematik, Statistik, Informatik) gelegt. Das erste deutschsprachige

Lehrbuch *Mathematik für Ökonomen* (Bader und Fröhlich 1964) wurde mit Hinweis auf die Anforderungen des Neuen ökonomischen Systems der Planung und Leitung (NÖS) an der HfÖ entwickelt.

Die Hochschule hatte eine wissenschaftliche Zeitschrift *HfÖ. Beiträge aus Forschung und Lehre,* wobei die Lehre primäre Aufgabe der Hochschule war. Einheit von Forschung und Lehre nach Humboldts Prinzipien galt nicht mehr als Grundeinstellung für die ostdeutschen Hochschulen, ebenso wenig wie die Freiheit von Lehre und Forschung. Der „Monopolanspruch der SED-Parteiorgane auf die Deutungshoheit in Fragen der sozioökonomischen Theorie und ihr restriktiver Einfluss auf die ökonomische Forschung" wurde im Nachhinein wie an allen vergleichbaren Instituten bedauert. Ein weiteres Problem für die Forschung und die Kommunikation ihrer Ergebnisse war der „Geheimhaltungsgrad vieler grundlegender Daten der Volkswirtschaft". Denn „als Folge dieser Geheimhaltung mussten immer mehr Studien, Dissertationen und Diplomarbeiten zu Vertraulichen Dienstsachen (VD) und Vertraulichen Verschlusssachen (VVS) erklärt werden" (Kupferschmidt 2013, S. 22–23; s. auch Mertens 2004, S. 40–49).

Das *Zentralinstitut für Wirtschaftswissenschaften der Akademie der Wissenschaften der DDR* sollte zusammen mit seinen Direktoren, die Akademiemitglied waren (Behrens, Kohlmey, Oelßner, später Heinrichs), entsprechend der in der Sowjetunion etablierten wissenschaftlichen Hierarchie den höchsten Rang und die höchste Autorität in der ostdeutschen ökonomischen Forschung einnehmen. Das war die erklärte Absicht, als der Gründungsdirektor Gunther Kohlmey 1953 das erste marxistisch-leninistische Institut an der traditionsreichen, damals noch als *Deutsche Akademie der Wissenschaften* firmierenden Institution konzipierte. Parallel dazu hatte er auch die Zeitschrift *Wirtschaftswissenschaft* aus der Taufe gehoben, das wichtigste ökonomische Journal der DDR. Trotz der Qualität der vom Institut gelieferten Forschung, blieb die Haltung ihm gegenüber jedoch ambivalent. Das lag daran, dass Leute wie Kohlmey und sein Stellvertreter Behrens bei aller Parteisolidarität eigene, wissenschaftlich fundierte Meinungen hatten, die sich auch auf die übrigen Mitarbeiter übertrugen. Diese Ambivalenz eskalierte im Revisionismusstreit 1957 (s. Abschn. 2.3.1 und 3.2.1), was zu einer „wissenschaftspolitische[n] Rückstufung des Akademie-Instituts" und zum endgültigen Verlust seiner Leitfunktion in den Wirtschaftswissenschaften führte (Steiner 2000, S. 100).

Als Fred Oelßner 1958 aus dem Politbüro entfernt und an das Institut als Nachfolger Kohlmeys in der Direktion abgeschoben wurde, erfolgte das mit dem ausdrücklichen Auftrag Ulbrichts, sich nicht in die Wirtschaftspolitik, und das hieß vor allem nicht in die Ordnungspolitik der Partei einzumischen (Ibid., S. 108). Die 3. Universitätsreform, die sich auch auf die Akademie erstreckte, und der Schock des Pragers Frühlings verschärften die zentrale Kontrolle und Planung der Forschung mittels der wissenschaftlichen Räte für die gesellschaftswissenschaftlichen Einzeldisziplinen. Es ist bemerkenswert, dass der wissenschaftliche Rat für die wirtschaftswissenschaftliche Forschung bei der AdW, aber nicht bei ihrem Institut für Ökonomie, eingerichtet wurde und nicht bei einem der Partei-Institute wie die meisten anderen Räte. Allerdings war sein Vorsitzender Helmut Koziolek Direktor eben eines solchen Partei-Instituts, nämlich des Zentralinstituts für sozialistische Wirtschaftsführung beim ZK.

Ende der 1960er Jahre regte Ulbricht ein eigenes deutsches Lehrbuch zur politischen Ökonomie des Sozialismus an wohl auch, um seine Vorstellungen vom entwickelten Sozialismus und die darauf abzielende Reform zu propagieren. Es war als Ersatz für das bis dahin tonangebende sowjetische Lehrbuch gedacht, das vom Institut für Ökonomie der sowjetischen Akademie der Wissenschaften herausgegeben worden war (Akademie 1955 [1954]). Alle wichtigen Parteiinstitute und die HfÖ trugen zu diesem Projekt bei, nur die Universitäten und das Akademieinstitut blieben ausgeschlossen (Politische Ökonomie 1969, S. 20). Deutlicher könnte der Bedeutungsverfall des Akademieinstituts nicht zum Ausdruck kommen.

Ein Problem war nur, dass Kohlmey, Behrens, Oelßner oder auch der jüngere Harry Maier als Ökonomen im Ausland hohe Wertschätzung genossen und dass die Akademie der Wissenschaften, wie erwähnt, in den meisten sozialistischen Ländern die wissenschaftliche Institution mit der höchsten Reputation war. Es gab in der DDR keine wissenschaftliche Vereinigung der Ökonomen, wie z. B. die Geographische Gesellschaft der DDR und die Gesellschaft für Psychologie der DDR oder den Verein für Socialpolitik in Westdeutschland. Erst unmittelbar nach der Wende schlug man die Bildung einer Ökonomischen Gesellschaft der DDR vor (*Wirtschaftswissenschaft* 38 (1990), S. 2–3). Vor allem für Auslandskontakte trat das Nationalkomitee für Wirtschaftswissenschaften der DDR in Erscheinung, dessen Vorsitz beim Zentralinstitut für Wirtschaftswissenschaften der AdW lag. Fred Oelßner, Gunther Kohlmey und Wolfgang Heinrichs lösten sich in dieser Funktion ab. Nach außen sichtbar wurde das Nationalkomitee beispielsweise mit der prestigeträchtigen Round Table Conference der *International Economic Association,* die es 1976 in Dresden organisieren durfte (Watts 1978). Das war eine Folge der Aufnahme der DDR (und der BRD) in die UNO im Jahr 1973.

Nicht unerwähnt bleiben darf die Bildung einer eigenen Arbeitsgruppe für Soziologie im Akademieinstitut für Ökonomie im Jahr 1963, also noch ein Jahr vor der offiziellen Anerkennung des Faches. Sie wurde innerhalb des von Kohlmey geführten Bereichs Politische Ökonomie des Sozialismus eingerichtet (Steiner 2000, S. 103). Ihre Leitung übernahm Kurt Braunreuther, der an der

Humboldt Universität einen Lehrstuhl für politische Ökonomie innehatte. Einige Jahre später wurde die Arbeitsgruppe an das Zentralinstitut für Philosophie der Akademie überführt, d. h. der strengen Kontrolle seines orthodoxen Direktors, Manfred Buhr, unterstellt und nach einigen Jahren aufgelöst. Braunreuther hatte man 1969 seiner Funktion in der Forschung beraubt und in die Gewerkschaftsleitung der Akademie versetzt (Wollmann 2010, S. 14). Erst 1978 kehrte die Soziologie mit dem *Institut für Sozialpolitik und Soziologie* an die Akademie zurück. Trotz des am Institut für Gesellschaftswissenschaften (später Akademie für Gesellschaftswissenschaften) eingerichteten Lehrstuhls (später Instituts) für marxistisch-leninistische Soziologie gewährte die Philosophie der Soziologie gewisse „Asylrechte": Da eine eigene wissenschaftliche Zeitschrift für Soziologie nicht genehmigt wurde, erschienen viele soziologische Publikationen in der *Deutschen Zeitschrift für Philosophie.*

Unter den staatlichen gesellschaftswissenschaftlichen Einrichtungen seien noch kurz das *Ökonomische Forschungsinstitut der Staatlichen Plankommission (ÖFI)* und das *Institut für Internationale Politik und Wirtschaft (IPW)* erwähnt. Ersteres ist das wohl wichtigste Institut für angewandte Wirtschaftsforschung. Es erfuhr seine Hochzeit unter der stellvertretenden Leitung von Herbert Wolf in den Jahren der Wirtschaftsreform. Denn da ging es darum, den starren Rahmen der administrativen Lenkung durch Elemente der parametrischen Planung zu flexibilisieren, und das heißt konkret, das dafür erforderliche Instrumentarium zu entwickeln. Dieser Reformansatz fand sein jähes Ende mit dem Machtantritt Honeckers, und Herbert Wolf wurde von der Staatlichen Plankommission über einen unfreiwilligen Umweg in der Praxis auf eine Professur an der HfÖ versetzt. Auch in der Folgezeit gab es für das ÖFI genug zu tun. Das Dauerthema der 1970er und 1980er Jahre war die sogenannte Intensivierung der Volkswirtschaft, die wenn schon nicht über ordnungspolitische Reformen, dann doch wenigsten durch ökonomisch-technische Verbesserungen (Anwendung von Input-Output Bilanzen, Integration von Planung und wirtschaftlicher Rechnungsführung) angestrebt wurde.

Das IPW wurde 1971 durch Zusammenlegung des *Deutschen Instituts für Zeitgeschichte* (DIZ) und des *Deutschen Wirtschaftsinstituts* (DWI) geschaffen. Es nahm recht bald mit über 500 Mitarbeitern einen erheblichen Umfang an. Dabei war sein Arbeitsgebiet im Vergleich zum IMEMO, seinem Moskauer Vorbild, sehr viel eingeschränkter. Das 1956 gegründete IMEMO (*Institut mirovoj ekonomiki i meždunarodnich otnošenii,* Institut für Weltwirtschaft und Internationale Beziehungen) wurde seinem Namen gerecht. Das IPW konzentrierte sich dagegen auf die Imperialismusforschung am Beispiel der Bundesrepublik.

Innerhalb der Partei-Institutionen hatte die *Parteihochschule „Karl Marx" beim ZK der SED* (PHS) 1946 gegründet, den Vorrang des Alters. Wie der Name andeutet war sie gleichzeitig Partei-Institution und eine Einrichtung des ostdeutschen Hochschulsystems mit den entsprechenden Rechten. Sie gliederte sich in vier wissenschaftliche Bereiche (Möller und Preußer 2006, 14–15):

- Geschichte (der KPdSU, SED und der internationalen Arbeiterbewegung),
- Philosophie (Marxismus-Leninismus, wissenschaftlicher Kommunismus),
- Politische Ökonomie und (seit 1963, d. h. mit Eintritt der Reformen) Wirtschaftswissenschaften (politische Ökonomie des Kapitalismus und des Sozialismus, Ökonomik der Industrie und der Landwirtschaft),
- Lehre von der marxistisch-leninistischen Partei.
- 1973 wurde noch ein Institut für Ausländerstudium angefügt, das für Studierende aus sozialistischen Ländern der Dritten Welt gedacht war, die vor allem aus Kuba, Nicaragua und Äthiopien kamen.

Damit ist das Lehrprogramm für anfänglich Ein-Jahres-Lehrgänge, dann auch Drei-Jahres-Lehrgänge umschrieben. Die Studierenden wurden vom ZK an die Hochschule delegiert, ein notwendiger Schritt, um in höhere Positionen in Staat und Wirtschaft aufzusteigen. Der Besuch der PHS „diente zugleich der Parteierziehung" (Ibid., S. 13). Von außen betrachtet mag es erstaunlich erscheinen, welch großen Anteil die politische Ökonomie des Kapitalismus im Curriculum eines Lehrgangs einnahm, nämlich etwa ein Drittel (Wachowitz und Möller 2006, S. 107). Das betraf allerdings vor allem das Studium des *Kapitals* von Marx, was generell für die Curricula ökonomischer Studiengänge gilt. Die Erklärung ist jedoch einfach: „Zieh dem Marxschen ‚Kapital' die kapitalistische Jacke aus – drunter steckt zumindest eine Art Gerippe des Sozialismus" (Ibid., S. 111). Die einzig gültige Wirtschaftstheorie ist die marxistische und die steht im *Kapital.* Und was die Empirie betraf, so genügte auch dafür Marx, so dass „wir in den 50er und 60er Jahren … überzeugt waren, dass es mit dem Kapitalismus in absehbarer Zeit unwiderruflich zu Ende gehen würde" (Ibid., S. 116).

Die sich aus dem Doppelcharakter als Partei-Institution und Hochschule ergebende Notwendigkeit, eine „Balance zwischen wissenschaftlichem Anspruch und Beschlusstreue [zu] halten" galt im Prinzip für die gesamte ostdeutsche Sozialwissenschaft. Sie wurde hier nur rigoroser eingefordert, insbesondere unter der Leitung der ultra-orthodoxen Hanna Wolf: „Beschlüsse waren als Axiom zu nehmen, und der eigene Beitrag beschränkte sich darauf herauszuarbeiten, wie die Parteibeschlüsse am besten erklärt und realisiert werden können" (Möller und Preußer 2006, S. 12).

Gleichzeitig attackierte die PHS das Lehrbuch *Politischen Ökonomie des Sozialismus* (1969), an dessen Diskussion sie selbst beteiligt gewesen war, bereits Monate vor dem Rücktritt Ulbrichts wohl auf Grund von Hinweisen aus Moskau und aus dem Umkreis der Fronde um Honecker: zu wenig Lenin und sowjetische politökonomische Literatur, übertriebene Mathematisierung (kaum zu glauben, denn das Lehrbuch enthält kein formalisiertes Argument, sondern erwähnt die mathematische Ökonomie nur als vielversprechende Neuerung), Neuheitssucht, was immer Revisionismus implizierte (Ibid., S. 150–154). Der Angriff richtete sich auch gegen das Institut für Gesellschaftswissenschaften, das bei der Konzipierung des Lehrbuchs federführend gewesen war. Das Verhältnis der beiden Institute zueinander war immer gespannt.

Wiederum nach sowjetischem Vorbild wurde 1949 das *Marx-Engels-Lenin Institut* ins Leben gerufen, 1953 umbenannt in *Marx-Engels-Lenin-Stalin Institut* und schließlich 1956 in *Institut für Marxismus-Leninismus beim ZK der SED*. Das Institut hat gemeinsam mit seiner sowjetischen Schwestereinrichtung weltweit Anerkennung gefunden für die Herausgabe der Schriften der Klassiker, insbesondere der *Marx-Engels Werke* (MEW) und der *Marx-Engels-Gesamtausgabe* (MEGA). Der zweite Arbeitsschwerpunkt des Instituts war die Geschichte der Arbeiterbewegung inklusive der Parteigeschichte und des Parteiarchivs, wovon auch der Titel der seit 1959 publizierten Institutszeitschrift zeugt: *Beiträge zur Geschichte der deutschen Arbeiterbewegung,* ab 1969 Beiträge *zur Geschichte der Arbeiterbewegung* (SAPMO 2016). All das zählte zu den Gesellschaftswissenschaften, ist aber für die aktuelle sozio-ökonomische Forschung wenig relevant.

1951 wurde das *Institut für Gesellschaftswissenschaften beim ZK der SED* (1976 zum 25jährigen Jubiläum umbenannt in *Akademie für Gesellschaftswissenschaften beim ZK der SED,* kurz AfG oder Gewi-Akademie) gegründet. Da die Gesellschaftswissenschaften an der Deutsche Akademie der Wissenschaften, insbesondere ihr Institut für Philosophie, nicht so rasch wie gewünscht ideologisch umgepolt werden konnten, schien eine marxistisch-leninistische Paralleleinrichtung erforderlich. Sie behielt dann auch für die folgenden Jahre den Vorzug gegenüber der AdW, womit sich diese Konstellation von den übrigen sozialistischen Ländern unterschied, in denen die Akademie der Wissenschaften die höchste Reputation genoss. Erste Direktorin des Instituts war bis 1958 Helene Berg (1906–2006), eine verdiente Altkommunistin mit langer Sowjetunion Erfahrung. Von 1974 bis zu dessen Schließung 1979 leitete sie dann das *Institut für Meinungsforschung,* das 1964 vom ehemaligen Innenminister Karl Maron gegründet worden war. Nach einer Übergangperiode übernahm 1962 der studierte Ökonom Otto Reinhold die Leitung des *Instituts für Gesellschaftswissenschaften* und damit eine zentrale Stellung im Gefüge der ostdeutschen Gesellschaftswissenschaften.

Der Ausbildungsauftrag der Akademie unterschied sich nicht grundsätzlich von dem der Parteihochschule oder dem Institut für Marxismus-Leninismus. Eine gewisse Konkurrenzsituation zu diesen Instituten lag auf der Hand, wobei sich die AfG als stärker wissenschaftlich fokussiert begriff. Das äußert sich auch in der großen Zahl an Promotionen, die man als Aspirant (mit einem Stipendium) oder als wissenschaftlicher Assistent (auf einer Planstelle) in der Regel nach vier Jahren erreichen konnte, was 1700 Promovenden gelang (Mertens 2004, S. 127). 104 Promovierte wurden an der AfG habilitiert (Abschluss Dr. sc.).

In einer Art Doktorandenkolleg ging es in den Einführungskursen, insbesondere in den ‚Kapital-Seminaren', um die Kernthemen der marxistisch-leninistischen Weltanschauung und um ihre Geschichte, entsprechend dem Akademiecharakter der Einrichtung allerdings auf hohem theoretischem Niveau. So konnten die Absolventen in Funktionen der gesellschaftswissenschaftlichen Lehre, Forschung und Propaganda eingesetzt werden.

Die Institutsstruktur hat sich erst im Laufe der Zeit herausgebildet (Mertens 2004, S. 61–110). Am Ende gab es neun Institute, die sich um die drei Säulen des Marxismus-Leninismus, nämlich Philosophie, politische Ökonomie und wissenschaftlicher Kommunismus, gruppierten und kennzeichnend sind für das, was in der DDR unter Gesellschaftswissenschaften verstanden wurde:

Institut für marxistisch-leninistische Philosophie

Institut für marxistisch-leninistische Soziologie

Institut für marxistisch-leninistische Kultur- und Kunstwissenschaften

Institut für Geschichte der deutschen Arbeiterbewegung

Institut für internationale Arbeiterbewegung

Institut für Imperialismusforschung

Institut für Wissenschaftlichen Kommunismus

Institut für Politische Ökonomie des Sozialismus

Institut für Ökonomie und Politik sozialistischer Länder.

Mit über 500 Planstellen, davon über 200 Kadernomenklatur (Ibid., S. 17), war die Akademie personell gut ausgestattet. Die führenden Positionen in den Instituten wurden von der Aufbaugeneration eingenommen, so dass zu Ende der Periode eine gewisse Überalterung einsetzte. Typischerweise gehörte der Rektor der Wendezeit, Rudolf Reißig (*1940), nicht mehr vom ZK ernannt, sondern von den Mitarbeitern gewählt, einer etwas jüngeren Generation an.

Es war auch Reißig, der als Direktor des Instituts für Wissenschaftlichen Kommunismus dieses nur schwer zu definierende Fach in Politikwissenschaften umfunktionieren wollte. Das stieß auf entschiedenen Widerstand im ZK („brauchen wir nicht") und gelang ihm erst mit der Wende. Wissenschaftlicher Sozialismus oder Kommunismus ist im Gegensatz zum utopischen Sozialismus weder im *Philosophischen Wörterbuch* noch im *Ökonomischen Lexikon* ein Lemma. Das war wohl auch nicht notwendig. Denn Sozialismus, so wie er im real existierenden Sozialismus praktiziert wurde, war *per se* wissenschaftlicher Sozialismus. Die Philosophen verorteten die theoretischen Quellen des wissenschaftlichen Sozialismus in der englischen politischen Ökonomie, der klassischen deutschen Philosophie und im französischen Frühsozialismus (so in einer ost- und westdeutschen Gemeinschaftsstudie unter Leitung von Manfred Buhr, Direktor des Akademieinstituts für Philosophie und Vorsitzender des wissenschaftlichen Rates für Grundfragen des ideologischen Kampfes zwischen Sozialismus und Imperialismus; Buhr et al. 1975), d. h. sie setzten wissenschaftlichen Sozialismus schlicht mit Marxismus gleich. Doch hieraus müsste eine sozio-ökonomische Evolutionstheorie folgen und nicht der teleologische Konstruktivismus der Parteidoktrin. So verstand dagegen die Propaganda-Abteilung der Gewi-Akademie den wissenschaftlichen Sozialismus, indem sie ihn in der Geschichte der SED und der KPdSU und der Politik der Partei verortete (z. B. in von ihr verfassten Studienhinweisen für das 2. Parteilehrjahr; Studienhinweise 1985).

Schließlich ist das 1965 gegründete *Zentralinstitut für Sozialistische Wirtschaftsführung beim ZK der SED* (ZSW) zu nennen. Direktor war über die gesamte Existenzperiode Helmut Koziolek, der wohl einflussreichste Ökonom der DDR. Das Institut unterstand nicht dem ZK Sekretär für Wissenschaft und Kultur Kurt Hager, sondern dem Sekretariat für Wirtschaft, d. h. die längste Zeit Günter Mittag. Es war ein Produkt der Reforminitiativen Mitte der 1960er Jahre. Denn eines der Ziele der Reformen war es, die Betriebe selbständiger zu machen, bei der Planung weitgehend auf administrative Direktiven zu verzichten und indirekte Methoden einzusetzen. Dazu musste die bis dato vernachlässigte Betriebswirtschaftslehre aufgewertet werden bzw. wieder eingeführt werden. Das geschah mit erstaunlicher Offenheit gegenüber der westlichen *management science* und den modernen mathematischen Planungsmethoden, insbesondere dem Operations-Research (s. Abschn. 4.3.1).

Das ZSW war die *business school* der DDR. Dafür bestand Bedarf. Denn wie in Deutschland traditionell üblich waren die Werks- und Kombinatsdirektoren von Haus aus Techniker und Ingenieure. Neben der partei-ideologischen Festigung an einem der Partei-Institute, die vor dem Eintritt in höhere Funktionen die Regel war, erhielten sie in Kurzlehrgängen und Workshops am ZSW Grundlagen des wissenschaftlichen Managements. Das Institut beschränkte sich aber nicht auf Fragen der Betriebsführung, sondern dehnte seine Tätigkeit in Forschung und Lehre auch auf wirtschaftspolitische Themen und Probleme der Volkswirtschaftsplanung aus. Man kann es deshalb auch als *think tank* des ZK Sekretariats für Wirtschaft bezeichnen.

2.2.1.3 Forschungsplanung

Was die Forschungsplanung betrifft, so ist ein grundlegender Unterschied zu machen zwischen den Natur- und Technikwissenschaften und den Gesellschaftswissenschaften. Erstere haben eine objektive, international standardisierte Grundlage, bei letzteren scheint das eher nicht der Fall zu sein: Der Marxismus-Leninismus beanspruchte exklusive Gültigkeit und isolierte sich so von der internationalen Entwicklung in der Ökonomie und der Soziologie. Alle Industrieländer betreiben eine mehr oder minder umfangreiche Forschungsplanung in den Natur- und Technikwissenschaften allein schon auf Grund des langen Zeithorizonts der einzelnen wissenschaftlichen Entwicklungen und ihres zumeist enormen Mittelbedarfs. Plan- und Marktwirtschaften mögen hier im Einzelnen unterschiedliche Wege gehen. Doch ist eine gewisse Konvergenz der Systeme nicht zu übersehen (vgl. Seefried und Hoffmann 2018).

Die wirtschaftliche Wettbewerbsfähigkeit der nationalen Produktion hängt entscheidend von der Wahrnehmung und Umsetzung der wissenschaftlich-technischen Entwicklungen ab. Das wurde in der DDR recht bald erkannt, und so beschloss der Ministerrat bereits 1957 die Gründung eines Forschungsrates, des Beirates für naturwissenschaftlich-technische Forschung und Entwicklung beim Ministerrat der DDR. Zu einer Zeit, als Prognostik im sozialwissenschaftlichen Bereich noch völlig unbekannt war, haben Technik- und Naturwissenschaftler sich intensiv damit beschäftigt, mögliche oder wahrscheinliche Entwicklungen abzuschätzen, die auf längere Sicht von der wissenschaftlich-technischen Revolution zu erwarten waren. Denn um mit dieser Revolution Schritt zu halten, sind umfangreiche langfristige Investitionen in Forschung und Entwicklung erforderlich – ein typisches Planungsproblem.

Im zentralen Forschungsrat wurden die Prognosen über den wissenschaftlich-technischen Fortschritt zusammengeführt, die dann in die wirtschaftliche Perspektivplanung eingehen sollten. Erfolg oder Misserfolg sind in unserem Zusammenhang nur insofern relevant, als im Staatssozialismus einzig und allein die Politik über die Bedeutung konkreter Entwicklungstendenzen entscheidet und ihnen dann mehr oder weniger Mittel zuweist. Ein notorisches Beispiel war die Mikroelektronik, die bis zum Ende der 1970er Jahre vernachlässigt worden war, um dann in den 1980er Jahren mit großem Aufwand an personellen und finanziellen Mitteln forciert zu werden, so dass andere notwendige Investitionen zurückbleiben mussten. Derartige politisch-ökonomische Probleme hätten auch Gegenstand der Gesellschaftswissenschaften (Wirtschafts-, Sozial- und Politikwissenschaften) sein müssen. Das wurde allerdings von der Politik verhindert (Weidig 1997).

Eine unmittelbare Übernahme der Prognostik und der langfristig vorausschauenden Planung inklusive des damit notwendigerweise verbundenen Risikomanagements durch die Gesellschaftswissenschaften, vor allem die Planökonomie, wurde von zwei Momenten behindert. Zum einen determinierte der wissenschaftliche Sozialismus die gesellschaftliche Entwicklung: Der Weg in den Kommunismus war vorgezeichnet. Zum anderen beanspruchte die Parteielite das Interpretationsmonopol dieser vorgezeichneten Entwicklung und damit auch die Machtvollkommenheit, die damit verbundenen Prozesse nach eigenem Gutdünken zu lenken. In dem Maße, wie der Perspektivplan in Folge der Wirtschaftsreformen der 1960er Jahre an Bedeutung gewann, musste auch die sozio-ökonomische Prognostik an Bedeutung gewinnen (Haustein 1969, 1970). Ein zentral reguliertes kybernetisches System – so die große Illusion der 1960er Jahre – werde Prognose und Plan integrieren und das deterministische Planungsmodell ablösen. Gegen diese Vision gab es allerdings eine einflussreiche Opposition, da es die Autonomie der Politik zu untergraben schien.

Mit der Einführung des Neuen Ökonomischen Systems wurde schließlich 1964 ein „Beirat für ökonomische Forschung auf dem Gebiet der sozialistischen Wirtschaft bei der Leitung der SPK“ gegründet, dessen Leitung Herbert Wolf übernahm. Er brachte als Think Tank für die Planung die führenden Ökonomen der Republik zusammen und war in unterschiedliche Fachabteilungen gegliedert. Die Zeitschrift *Wirtschaftswissenschaft* berichtete regelmäßig über die Arbeit des Beirates. Dieses integrierte Modell der ökonomischen Beratung hatte nicht lange Bestand. Als das Politbüro 1968 beschloss, die Gesellschaftswissenschaften stärker auf aktuelle Probleme zu fokussieren und der zentralen Planung zu unterwerfen, richtete man ein System wissenschaftlicher Räte für die Forschung ein. Federführend als Leitinstitut wurde dabei in der Regel das in der jeweiligen Disziplin am höchsten und ideologisch am verlässlichsten eingeschätzte Institut. Dabei erhielten die Partei-Institute eindeutig den Vorzug gegenüber der Akademie der Wissenschaften. Allein die Akademie für Gesellschaftswissenschaften beim ZK leitete sechs derartige Räte.

Gleichzeitig fand eine Akademiereform statt, bei der die Sektionen der Akademie zugunsten der wissenschaftlichen Räte abgeschafft wurden. Dem Direktor des Instituts für Wirtschaftswissenschaften an der Akademie, Fred Oelßner, teilte man im November 1968 in knappen Worten mit, dass für die Disziplin ‚Politische Ökonomie des Sozialismus' künftig das Institut für Gesellschaftswissenschaften beim ZK und „für den Forschungsgegenstand Ihres Instituts 'Grundfragen der sozialistischen Wachstumstheorie und der Entwicklung einer effektiven Struktur der Volkswirtschaft' die Arbeitsgruppe zur Gestaltung des ökonomischen Systems des Sozialismus beim Ministerrat der DDR"[5] zuständig seien. Das international renommierte Akademieinstitut war nicht als Leitinstitut vorgesehen. Man liegt wohl nicht allzu falsch, wenn man darin eine Disziplinierung des Instituts sieht und in der Reformmaßnahme insgesamt einen Versuch, die sozialwissenschaftliche Forschung der verschärften Parteikontrolle zu unterwerfen. In 1986 vom Politbüro beschlossenen Richtlinien wurden die wissenschaftlichen Räte als „Instrument der Partei zur Verwirklichung der Parteibeschlüsse in den Gesellschaftswissenschaften" bezeichnet (Weidig 1997, S. 29).

Die Liste der wissenschaftlichen Räte ist lang, nämlich insgesamt dreißig, und ihre fachliche Abgrenzung und Zuordnung nicht immer transparent (Ökonomisches Lexikon Q–Z 1980, S. 676–80). Da gab es einen wissenschaftlichen Rat für Wissenschaftlichen Kommunismus und einen Rat für internationale Arbeiterbewegung (beide bei der Gewi-Akademie) und einen wissenschaftlichen Rat für Grundfragen der führenden Rolle der Arbeiterklasse und ihrer marxistisch-leninistischen Partei (bei der Parteihochschule). Bei der SPK verblieb nur der Wissenschaftliche Rat für die Vervollkommnung der Planung und wirtschaftlichen Rechnungsführung. Ein Rat für Fragen der Leitung der Wirtschaft (beim Zentralinstitut für Sozialistische Wirtschaftsführung) konkurrierte mit einem Rat für Fragen der sozialistischen Betriebswirtschaft (an der TH Leuna-Merseburg, der einzige Fall eines an einer universitären Einrichtung und nicht in Berlin beheimateten Leitinstituts). Der Rat für marxistisch-leninistische Philosophie war der Gewi-Akademie zugeteilt, während das Zentralinstitut für Philosophie der Akademie der Wissenschaften den Rat für Grundfragen des ideologischen Kampfes zwischen Sozialismus und Imperialismus zu verantworten hatte, wobei am IPW noch ein Rat für Imperialismusforschung bestand. Und der Rat für Geschichtswissenschaft befand sich am Institut für Marxismus-Leninismus. Auf der anderen Seite sucht man vergeblich einen wissenschaftlichen Rat für Fragen von Geld, Kredit und Banken oder für Umweltfragen.

Nach dem VIII. Parteitag 1971 und dem Machtwechsel von Ulbricht zu Honecker sollte die Zentralisierung der Forschungsplanung und damit die Rolle

---

[5] ABBAW: NSch., Nr. 510. Letzterer wissenschaftlicher Rat ist dann offensichtlich nicht gebildet worden.

der Räte wesentlich verstärkt werden. Dazu unterbreitete die SPK „Vorschläge zur Neubestimmung der Leitung und Planung der wirtschaftswissenschaftlichen Forschung“[6]. Dieser Entwurf sah praktisch eine Verstaatlichung und radikale Zentralisierung der ökonomischen Forschung vor. Forschungsaufträge erteilen Ministerien und andere staatliche Einrichtungen, die dann von den jeweiligen Forschungsinstituten ausgeführt werden (Universitäten und Hochschulen werden höchsten über Kooperationsverträge beteiligt). Alle Fäden der Leitung und Koordinierung laufen bei der SPK zusammen, deren Vorsitzender nach dem Prinzip der Einzelleitung weisungsbefugt ist. Schließlich ist die SPK der Hauptanwender der wirtschaftswissenschaftlichen Forschung.

Dieses radikale Modell, das die Wissenschaft jeglicher Selbständigkeit beraubt hätte, fand keine Zustimmung. Stattdessen richtete man 1972 den Rat für die wirtschaftswissenschaftliche Forschung als Koordinierungsorgan ein (zu unterscheiden vom Wissenschaftlichen Beirat für Wirtschaftswissenschaften beim Ministerium für Hoch- und Fachschulwesen, der sich hauptsächlich mit Fragen der Curriculumplanung beschäftigte). Er ressortierte bei der Akademie der Wissenschaften, allerdings nicht bei ihrem Zentralinstitut für Ökonomie. Denn als Dachorgan bedurfte er keines Leitinstituts. Damit war die Eigenständigkeit der Wissenschaft gewahrt. Diesem Rat waren neun weitere Räte mit unterschiedlichen Leitinstituten zugeordnet. Sein Vorsitzender, Helmut Koziolek, war, wie erwähnt, Direktor des Zentralinstituts für Sozialistische Wirtschaftsführung beim ZK, an dem zusätzlich ein wissenschaftlicher Rat für Fragen der Leitung der Wirtschaft bestand. Koziolek war ordentliches Akademiemitglied, Mitglied des ZK und des Forschungsrats, der Wirtschaftskommission des Politbüros und zahlreicher weiterer Kommissionen. Damit war er zweifellos der einflussreichste Ökonom der DDR. In der *Wirtschaftswissenschaft* erschienen dann auch nur Berichte über die Arbeit der Räte für die wirtschaftswissenschaftliche Forschung und für Fragen der Leitung der Wirtschaft. Neben der Transmission der Forschungsplanung und der fachlichen Diskussion – soweit in dem System möglich – hatten diese Räte auch die Funktion, eine „Volksaussprache“ über Parteitagsdokumente zu inszenieren.

Die Gesellschaftswissenschaften waren seit der dritten Universitätsreform Gegenstand der zentralen Planung geworden. Das heißt, die wissenschaftliche wurde wie die wirtschaftliche Produktion einer Fünf-Jahres Planung unterworfen, die am Ende der Planperiode inhaltlich und finanziell zu verantworten war. Dabei kam den wissenschaftlichen Räten eine Schlüsselfunktion in der Aufstellung

[6] ABBAW: NSch., Nr. 463. Bemerkenswert ist die Feststellung, dass sich die Leitung und Planung „auf die Forschung zur Politischen Ökonomie des Sozialismus und auf die wirtschaftswissenschaftliche Forschung des sozialistischen Reproduktionsprozesses der Volkswirtschaft“ bezieht (S. 1). Das sind zwei getrennte Forschungsfelder (s. Kap. 4.1).

und Ausführung des Zentralen Forschungsplans für die marxistisch-leninistischen Gesellschaftswissenschaften zu, des sogenannten Z-Plans. „Vor allem die Z-Planobjekte waren von nun an der Hebel, mit dem die Partei in die Produktion der gesellschaftswissenschaftlichen Institute hineinwirkte“ (Warnke 2017, S. 39). Dieser Plan ergab sich aus den Anforderungen der Parteitage, aber auch der staatlichen Organe und Ministerien an die gesellschaftswissenschaftliche Forschung, die vor allem darin bestanden, die jeweiligen Beschlüsse wissenschaftlich zu untermauern und verständlich zu machen.

Die Räte sollten die inhaltliche Leitung und Koordinierung der wirtschaftswissenschaftlichen Forschung leisten. Hauptaufgaben waren u. a.: „die Sicherung eines hohen theoretischen Niveaus … die ständige Festigung der marxistisch-leninistischen Positionen auf allen Gebieten der Gesellschaftswissenschaften … die zielgerichtete Auseinandersetzung mit allen Spielarten der reaktionären bürgerlichen Theorie und der Ideologie des Imperialismus“ (Ökonomisches Lexikon Q – Z 1980, S. 676) – wahrlich keine leichte Aufgabe. Die Hauptarbeit des Rates für die wirtschaftswissenschaftliche Forschung konzentrierte sich in vierteljährlichen Ratstagungen und einer in der Regel halbjährlichen zentralen Konferenz zu Kernthemen, die von Parteitagen vorgegeben und im Forschungsplan festgelegt waren und deren Ergebnisse in den *Abhandlungen der Akademie der Wissenschaften* publiziert wurden (z. B. Koziolek 1976).

„Die Kader entscheiden alles“ – aus dieser Binsenweisheit Stalins hat der Staatssozialismus eine allumfassende Parteibürokratie gefolgert: „Wir entscheiden alles über die Kader“. Alle höheren und mittleren Führungspositionen in Politik, Wirtschaft und Gesellschaft wurden in einem zentralisierten Stellenplan erfasst, dem sogenannten Nomenklatur System, verwaltet vom Zentralkomitee der Partei. Auswahl, Ausbildung und dann die Platzierung der Kandidaten erfolgten nach den Anweisungen der Kaderabteilung des ZK. Aus der Menge der durch Vorbildung oder Praxiserfahrung geeigneten Personen, dem Kaderreservoir, wurde der Kadernachwuchs ausgewählt und durch Weiterbildung an die politisch-ideologischen, aber auch die fachlichen Anforderungen herangeführt. Die so gebildete Kaderreserve kam dann nach den Entscheidungen der Partei zum Einsatz. Das heißt, die gesamte Führungsschicht des Staatssozialismus war eine einheitliche, zentral geleitete Bürokratie. Die darin zum Einsatz kommende Elite wies eine beispiellose Homogenität auf. Dieses System funktionsfähig zu machen und aufrecht zu erhalten, war die Hauptaufgabe der wissenschaftlichen Bildungseinrichtungen und, wie gezeigt, auf mehrere, sich in vielem allerdings überschneidende Institutionen verteilt. Das konnten auch Institute in Moskau sein: Sowohl für den akademischen wie den politischen Nachwuchs galt eine Ausbildung in der Sowjetunion karrierefördernd.

Kaderbildung dominierte eindeutig die Forschung. Die DDR verfügte über eine ausgebaute institutionelle Infrastruktur für die Lehre und Forschung in den Gesellschaftswissenschaften. Mehrere Tausend Wissenschaftler arbeiteten in diesen Einrichtungen. Die Grundpfeiler des Marxismus-Leninismus sind in Anlehnung an die drei Abschnitte von Engels' *Anti-Dühring* Philosophie, politische Ökonomie und wissenschaftlicher Sozialismus. Dabei fällt eine merkwürdige Gewichtsverteilung auf: Die politische Ökonomie des Kapitalismus und die Imperialismusforschung (mit Schwerpunkt auf Westdeutschland) nahmen einen besonders großen Raum ein. Wissenschaftlicher Kommunismus und die Geschichte der Arbeiterbewegung (einschließlich der Geschichte der kommunistischen Parteien) waren ebenfalls gut ausgestattet. Dagegen fielen die Ökonomie und die Soziologie ab. Die empirische Analyse von Wirtschaft und Gesellschaft musste eher im Verborgenen stattfinden: Weder die eigene Bevölkerung noch der Klassenfeind sollten Genaueres darüber erfahren.

2.2.2 Orthodoxie und akademische Autonomie in Polen

2.2.2.1 Siegeszug und Dominanz der marxistisch-leninistischen Sozialwissenschaften

In den ersten Jahren des Wiederaufbaus und der Etablierung des Staatssozialismus in Polen bewahrte das System akademischer Bildung und Forschung Züge von Pluralismus und einen gewissen Grad an Unabhängigkeit. Die Umgestaltung der sozialistischen Universität verlief in Polen in mehreren Phasen. Die stalinistische Periode setzte auf Massenbildung und eine Volksuniversität. Parallel dazu verlief der Prozess der Institutionalisierung einer kollektivistischen Wirtschaft, der sich in der Entwicklung des Bildungssystems widerspiegelte. Dieser Trend stabilisierte sich unter Gomułka, und Gierek brach dann die Weiterführung ab: Die akademische Beschäftigung ging zurück, die Zahl der wissenschaftlichen Einrichtungen nahm ab, und seit Mitte der 1970er Jahre stagnierte auch die Zahl der Studenten, um dann allmählich zu sinken, vor allem in den Gesellschaftswissenschaften. Dieser Trend machte sich im gesamten staatssozialistischen Raum bemerkbar.

Das Ende des Krieges offenbarte das ganze Ausmaß der materiellen und humanen Verluste der polnischen Gesellschaft, auch in den Reihen der intellektuellen Elite und des wissenschaftlichen Personals. Viele waren im Laufe des Krieges gestorben, viele emigrierten. Denn die unmittelbaren Nachkriegsjahre waren gekennzeichnet von Unsicherheiten hinsichtlich der Staatsgrenzen, der eigenen Existenz und des Charakters des politischen und wirtschaftlichen

Systems. Trotz alledem begann schon 1945 ein neues akademisches und wissenschaftliches Leben in Polen, oft in Fortführung von Bildungsaktivitäten im Untergrund während der deutschen Besetzung.

Der 1. polnische Wissenschaftskongress fand 1951 statt und etwas früher im Jahr 1950 der 1. Kongress der polnischen Ökonomen. Dort läutete man das Ende pluralistischer Forschung und Lehre ein, auch in der Ökonomie (Hübner 1992, 1983). Die Universitäten wurden zu Volksuniversitäten, doch anders als in vielen sozialistischen Ländern blieben ihnen einige Funktionen von Forschungsstätten erhalten (Connelly 2000; Connelly und Grüttner 2010; Zysiak 2016). Die höhere Bildung wurde für die Massen geöffnet, und die Wissenschaft hatte sich ideologischen Vorstellungen unterzuordnen als Instrument für den Aufbau des Sozialismus in seiner stalinistischen Form.

Die neue sozialistische Ökonomie erhielt den Status der wichtigsten Sozialwissenschaft. Auf dem Kongress der Wirtschaftswissenschaftler betonte Oskar Lange: „Das marxistische Programm der Wissenschaft muss konsequent durchgeführt werden, bei der Themenwahl und in den wissenschaftlichen Forschungsmethoden" (Lange 1951). Włodzimierz Brus forderte: „Die Waffe der Kritik und Selbstkritik muss in zunehmendem Maße zum Einsatz kommen. Es ist unerlässlich, den Einfluss der bürgerlichen Methodologie vollständig auszumerzen" (Brus 1951, S. 55). Forschung und Lehre für die jungen Generation hätten unter dem Mangel eines etablierten Lehrkörpers zu leiden „wenn dieser nicht gut gerüstet ist mit marxistisch-leninistischem Wissen" (Lange 1954, S. 76). Das führte unter den Jüngeren, einschließlich des genannten Włodzimierz Brus, zu raschen Karrieren und Beförderungen ohne die üblichen akademischen Titel. Sie nahmen in den akademischen Einrichtungen führende Positionen ein, bevor sie promoviert waren, so z. B. an der Warschauer Handelshochschule (*Szkoła Główna Handlowa,* SGH), die in Hochschule für Planung und Statistik (*Szkoła Główna Planowania i Statystyki,* SGPiS) umbenannt worden war. There I began to teach the most sensitive subject of 'Political Economy of Socialism', first as so-called ‚deputizing professor' (*zastępca profesora* – in Polish), and later – after obtaining my doctorate in 1951 […] – as an associate professor. (Brus 1993, S. 374).

Die Repräsentanten der älteren Generation – mit Ausnahme der absolut vertrauenswürdigen Leute wie Oskar Lange – verloren zur selben Zeit ihren Einfluss auf die Entwicklung des Fachs und oft auch ihre *venia legendi.* Einer unter ihnen, Jan Drewnowski, schrieb in seinen Memoiren: „Ehemaligen Professoren wurde der Einfluss auf die Leitung der Universität entzogen. […] Das ‚Abwickeln' von Lehrstühlen erfolgte im nächsten Jahr, 1950–1951, als man Gemeinschaftslehrstühle einrichtete. An einem solchen Lehrstuhl konnte der Professor Lehrstuhlinhaber, aber auch nur ‚dem Lehrstuhl zugeordnet' sein. So entfernte man Professor Edward Lipiński vom Lehrstuhl für politische Ökonomie und mich vom Lehrstuhl für Planwirtschaft. Jüngere Akademiker wurden unmittelbar entlassen, darunter fast alle Assistenten. […] An ihre Stelle traten ungefähr zwanzig Lektoren und einige Assistenten, zumeist Parteimitglieder aus verschiedenen Ministerien. Zusätzlich beförderte man zahlreiche politisch aktive Studenten des 3. Semesters zu Assistenten" (Drewnowski 1990, S. 462).

Die Stalinisierung der akademischen Wirtschaftswissenschaft ging mit Änderungen im Curriculum und mit dem Erscheinen neuer Lehrbücher einher, die das Sowjetmodell voll zur Geltung brachten. Grundlage für die Lehre waren die übersetzten vier Bände der sowjetischen „Vorlesungen über Politische Ökonomie" (*Wykłady z ekonomii politycznej,* 1951). Gleichzeitig kamen polnische Lehrbücher auf den Markt, das kurze „Wirtschaftsgespräche" (*Pogadanki ekonomiczne;* Schaff und Brum 1947) des Ökonomen Leon Brum und des Philosophen Adam Schaff und der ausführlichere „Grundriss der Politischen Ökonomie des Sozialismus" *(Zarys ekonomii politycznej socjalizmu)* von Włodzimierz Brus und Maksymilian Pohorille (1951). Seitdem dominierten bis in die 1980er Jahre polnische Lehrbücher die Curricula; doch sie hielten sich an die sowjetischen Vorlagen und machten nur vereinzelt Ausflüge in breitere internationale Mainstream-Debatten (Sobczak 2015; s. Abschn. 3.1.2).

Das neue System brauchte dringend Ökonomen, die im neuen Geist ausgebildet waren und nicht nur die Entwicklung und Erweiterung der alten, inzwischen von Stalinisten übernommenen Institutionen, sondern auch den Aufbau neuer voranbringen konnten. Seit den 1940er Jahren spielten Parteischulen der kommunistischen Partei eine wichtige Rolle, die geschlossene Doktrin der marxistischen Ökonomie zu etablieren. 1944 gründete die Polnischen Arbeiterpartei (PPR) die *Zentrale Julian Marchlewski Parteischule,* die dann 1948 zur *Zentralen Parteischule der Polnischen Vereinigten Arbeiterpartei (PVAP)* (*Centralna Szkoła Partyjna PZPR*) wurde. Sie arbeitete bis 1945 in Lublin, dann bis 1952 in Łódź und schließlich bis zu ihrer Liquidierung 1957 in Warschau. Daneben entstand 1950 nach dem Vorbild der sowjetischen Parteischulung das Ausbildungsinstitut für wissenschaftliches Personal (*Instytut Kształcenia Kadr Naukowych,* IKKN) beim ZK der PVAP mit dem Ziel, eine neue Generation marxistischer Wissenschaftler heranzubilden. Bogusław Czarny (2015, 2016) hat gezeigt, dass in der Anfangsperiode der Stalinisierung Absolventen des IKKN die Transformation der Wirtschaftswissenschaften wesentlich beeinflusst haben. Das IKKN wurde bereits 1954 in das *Institut für Gesellschaftswissenschaften beim ZK der PVAP* umgewandelt und 1957 nach der Schließung der Parteischulen als *Hochschule für Gesellschaftswissenschaften* unter der Leitung von Maksymilian Pohorille zum führenden Institut der Kaderbildung. Sie entwickelte sich neben der Fakultät für politische Ökonomie (WEP) der Universität Warschau zu einem Zentrum revisionistischer Anschauungen. 1968 wurde sie im Zusammenhang mit Gomułkas Abrechnung mit den Revisionisten und der anti-zionistischer Kampagne geschlossen und temporär durch die Zentrale Parteischule ersetzt, 1971 wiederbelebt und 1985 in die *Akademie für Gesellschaftswissenschaften* überführt.

1974 brachte in Anlehnung an das Sowjetvorbild das *Institut für Grundprobleme des Marxismus-Leninismus* (*Instytut Podstawowych Problemów Marsizmu i Leninizmu, IPPMiL*) als Parteiforschungsinstitut auf den Plan (zur Struktur der Partei-Institute siehe Janowski et al. 2000). Schließlich gab es in der Volksrepublik Polen Meinungsforschungsinstitute, das OBOP seit 1958 und das CBOS seit 1982, die vor allem dem Informationsbedürfnis der Partei dienten. In bemerkenswertem Gegensatz zu den meisten anderen sozialistischen Ländern blieb Wirtschaftsforschung aus dem Hause der Polnische Akademie der Wissenschaften unbedeutend.

Die Entwicklung des akademischen Lebens in der Volksrepublik Polen wurde von drei Generationen geprägt. Die Generation der alten Meister, vor dem 1. Weltkrieg geboren, hatte in den ersten Jahren noch einen gewissen Einfluss auf das Bildungssystem. Doch viele unter ihnen, die den 2. Weltkrieg überlebt hatten und in Polen geblieben waren, durften nicht weiter an Universitäten arbeiten oder nur unbedeutende Fächer unterrichten (z. B. Edward Taylor in Posen). Sie verbrachten die dunkle Nacht des Stalinismus in der inneren (wie Lipiński) oder äußeren Emigration (wie Kalecki als Beamter im UNO-Sekretariat). Kommunisten (oder Opportunisten), die so wie Lange bereit waren, mit dem Regime zusammenzuarbeiten, konnten dagegen die Struktur der ökonomischen Forschung und Lehre in den Jahren vor und während der stalinistischen Periode wesentlich mitgestalten.

Die folgende Generation hatte ihre Ausbildung bereits in der Nachkriegszeit erhalten, und zwar häufig auf sowjetischen oder polnischen Parteischulen für Wissenschaftskader. Diese jungen Adepten der kommunistischen Weltanschauung waren in den 1920er Jahren geboren, als Kinder und Jugendliche hatten sie den Zusammenbruch der Marktwirtschaft während der Großen Depression erlebt und dann den Irrsinn des 2. Weltkriegs. Zum Teil waren es Seiteneinsteiger in die akademische Welt, bisweilen mit einer Vergangenheit in der kommunistischen Armee oder den Sicherheitsdiensten. Ihre Karriere verlief stürmisch: Rasch erfolgte eine Ernennung zum wahrnehmenden Professor mit nur einem Diplom in der Tasche wie im Fall Brus. Die begabtesten unter ihnen, Brus, Zygmunt Bauman, Leszek Kołakowski oder Bronisław Baczko, hatten vor allem nach der stalinistischen Periode mit ihren revisionistischen Positionen prägenden Einfluss auf die Entwicklung der polnischen Geistes- und Sozialwissenschaften.

Sie und viele weitere Vertreter dieser Generation mussten Polen 1968 verlassen und wurden von Altersgenossen ersetzt, die sich nicht im revisionistischen Lager befanden. Zahlreiche der März-Emigranten setzten sich erfolgreich an akademischen Einrichtungen des Westens durch (Herczyński 2008). Ihr Erbe wurde dann von ihren Studenten aufgegriffen, die, soweit sie in die revisionistische Richtung schlugen, mit der demokratischen Oppositionsbewegung in Verbindung traten (z. B. Aleksander Smolar, Waldemar Kuczyński, Jadwiga Staniszkis). Sie bildeten die dritte Generation der polnischen Intellektuellen, die wichtig war für die Entwicklung der Sozialwissenschaften. Doch auch von ihnen emigrierten einige, sei es als junge Assistenten 1968–1970 (z. B. Stanisław Gomułka, Aleksander Smolar), sei es in den 1980er Jahren nach der Einführung des Kriegsrechts (z. B. Waldemar Kuczyński, Bartłomiej Kamiński).

2.2.2.2 Rekonstruktion des akademischen Potentials bis 1948 und Stalinisierung der Wirtschafts- und Sozialwissenschaften 1948–1955

Als erstes wurde 1944 in Lublin die *Maria Curie-Skłodowska Universität* gegründet. Ihr folgte im gleichen Jahr die *Katholische Universität von Lublin.* Und bereits 1945 wurden die *Universität Warschau,* die *Jagiellonische Universität* in Krakau und die *Adam-Mickiewicz-Universität* in Posen wiedereröffnet. Noch im gleichen Jahr gründete man die *Universität Łódź,* die 1946 mit einer rechts- und wirtschaftswissenschaftlichen Fakultät ihren Betrieb aufnahm. Schließlich öffnete die ehemalige Schlesische Friedrich-Wilhelms-Universität zu Breslau als polnische *Universität Wrocław* ihre Tore (Hübner 1992).

Die private Handelshochschule in Warschau nahm seit 1945 wieder Studenten auf. Nach ein paar Jahren wurde sie verstaatlicht und in *Hochschule für Planung und Statistik (SGPiS)* umbenannt. Ihr ebenfalls 1945 gegründeter Ableger in Łódź wurde 1950 zur Hochschule für Ökonomie und 1961 der Universität Łódź angegliedert. 1945 erhielt Gdynia eine Hochschule für Seehandel, die 1952 in der Hochschule für Ökonomie in Sopot aufging, die wiederum der *Universität Danzig* zugeschlagen wurde. Die privaten Vorkriegseinrichtungen der Akademie für Wirtschaft in Kattowitz und der Handelsakademien in Krakau und Posen konnten ebenfalls bereits seit 1945 wieder unterrichten (Morawski 2007). Gleichzeitig öffneten die ökonomischen Zeitschriften, sowohl die wissenschaftlichen wie die journalistischen, ihre Seiten für Publikationen: 1945 *Życie Gospodarcze,* 1946 *Gospodarka Planowa* (vor dem Krieg *Gospodarka Narodowa*) und 1947 *Ekonomista.*

Kurz nach Wiederaufnahme ihrer Tätigkeit setzte in den öffentlichen akademischen Institutionen die Verdrängung anderer als des kollektivistischen, marxistischen Paradigmas ein. Dabei gingen die neu gegründeten oder umgestalteten Hochschulen voran, vor allem die verstaatlichten Handelshochschulen bzw. Akademien. Bestes Beispiel ist die bereits erwähnte Umwandlung der Warschauer Handelshochschule in die Hochschule für Planung und Statistik, die sich zu einer Kaderschmiede für das neue System entwickelte. Um 1950 waren es Oskar Lange, Włodzimierz Brus und der gleichaltrige Kazimierz Łaski, die zusammen mit einer Gruppe jüngerer Akademiker hier ein neues Zentrum für ökonomische Forschung und Lehre aufbauten. Ältere Professoren verloren dabei an Einfluss und manchmal auch ihre Stellung (Morawski 2007). Ähnliche Veränderungen ereigneten sich auch anderenorts in Polen. 1949 beschloss das Bildungsministerium, die letzte nicht-marxistische ökonomische Fakultät an der privaten Katholischen Universität Lublin zu schließen (Hübner 1992).

Der Abbau der bestehenden Strukturen akademischer Bildung und die Idee einer breiten Bildungsinitiative machten eine rasche Schulung und Einarbeitung neuen Lehrpersonals unumgänglich (Zysiak 2016). Vor allem die Wissenschaftszentren in Warschau (Universität, SGPiS, IKKN) produzierten die Fachkräfte für neue Ausbildungsstätten in den Wirtschaftswissenschaften. Damit einher ging die Verbreitung der stalinistischen Doktrin im ganzen Land, nicht zuletzt durch die konzentrierte Aktivität der Polnische Vereinigung der Ökonomen (PTE; Wiącek-Orłowska und Orłowski 1987). Dazu trugen auch die Bildung von regionalen Ausbildungszentren bei und, in beschränktem Umfang, die Handelsakademien in Krakau, Kattowitz, Breslau, Łódź, Posen und Sopot.

2.2.2.3 Das institutionelle Auf und Ab zwischen Tauwetter, Repression und Liberalisierung 1956–1980

Das Tauwetter nach Stalins Tod, die Ereignisse vom Juni und Oktober 1956 und der Machtantritt von Władysław Gomułka brachten eine Wende in der Wissenschaftspolitik. Unter den Ökonomen regten sich immer mehr Zweifel am orthodoxen akademischen Programm und seinen Forschungszielen. Das schlug sich in den Debatten des 2. Kongresses der polnischen Ökonomen im Juni 1956 nieder (Witczak-Haugstad 2008), der in der Ökonomie eine wichtige Rolle spielte. Die dort gehaltenen Referate können als Beginn der revisionistischen Phase in der polnischen Ökonomie gelesen werden, auch wenn schon etwas früher interne Diskussionen und kritische Veröffentlichungen zum stalinistischen Konzept eingesetzt hatten (Koryś und Tymiński 2016).

Die Gründungswelle ökonomischer Institute war eigentlich zur Zeit des 2. Kongresses der Ökonomen abgeebbt. Doch was unter Ökonomie zu verstehen sei, erfuhr wesentliche Modifikationen, so dass manche Institute entsprechend den sich ändernden Anforderungen geschlossen oder neu eröffnet wurden. Beispielsweise begannen Warschauer Ökonomen in den 1960er Jahren, sich vermehrt für Entwicklungsökonomie zu interessieren und gründeten mit dem interuniversitären Institut für die Wirtschaft der Entwicklungsländer einen Kooperationsverbund. Darin fanden sich Vertreter der Sozialwissenschaften der Universität Warschau und der SGPiS unter der Leitung von Kalecki, Bobrowski, Brus und Ignacy Sachs mit einer jüngeren Generation zusammen, um diese Probleme zu studieren und an der internationalen Diskussion teilzunehmen. So entstand was zuweilen die polnische Schule der Entwicklungsökonomie genannt wurde (Popławski 2012).

Die Welt begann, sich für die polnische Wirtschaftswissenschaft zu interessieren, vor allem für die Ideen dieser polnischen Schule der Entwicklungsökonomie und der Revisionisten, die sich mehr und mehr kritisch zum realen Wirtschaftssystem äußerten. Warschau wurde das Zentrum der ökonomischen Debatten, oder mit den Worten von Edward Lipiński, eines der ‚alten Meister', dessen Karriere bereits vor dem Krieg begonnen hatte, Warschau wurde ein kleines „sozialistisches Cambridge" (Lipiński 1970). Gastdozenten aus dem linken Spektrum der westlichen Sozialwissenschaften traten auf, z. B. Maurice Dobb, Joan Robinson, James K. Galbraith, Harvey Leibenstein und Paul Baran (Wilkin 2013, S. 44). Man rezipierte im Westen die Arbeiten polnischer Ökonomen und Wirtschaftshistoriker. Sie waren als wirtschaftspolitische Berater in Ländern der Dritten Welt gefragt. Eine ähnliche Entwicklung betraf auch die Soziologie, die in immer näheren Kontakt zur westlichen Soziologie trat. Die Akademie der Wissenschaften empfing prominente westliche Soziologen, darunter Paul Lazarsfeld. Diesen Austausch zwischen Polen und dem Westen, vor allem den USA, unterstützte die *Ford Foundation* mit Stipendien für polnische Akademiker in den USA und Studienreisen für Amerikaner nach Polen (Kilias 2017; Czernecki 2013).

In den Jahren 1956–1968 gelang es den revisionistischen und oppositionellen Intellektuellen, ihre Aktivitäten gewissermaßen zu institutionalisieren: auf der linken Seite mit der Wochenzeitschrift *Po prostu* (Offen gesagt) dem *Klub Krzywego Koła* (Klub des schiefen Kreises) und revisionistischen Zirkeln um Kuroń und Modzelewski, auf der katholischen Mitte-Rechts-Seite mit den *Kluby Inteligencji Katolickiej* (Klub der katholischen Intelligenz)und den Krakauer Zeitschriften *Znak* (Zeichen) and *Tygodnik Powszechny* (Allgemeine Wochenzeitung). Unter den Intellektuellen, die sich in diesen Kreisen engagierten, tauchten mehr und mehr Sozialwissenschaftler auf, wie z. B. Brus, der mit der, revisionistischen Fraktion in der PVAP verbunden war, und Kurowski, der den katholischen Kreisen näher stand.

Nach den Demonstrationen vom März 1968 schaltete die Partei auf eine restriktive Politik für die Wissenschaft um. Sie griff mit repressiven Maßnahmen durch. Dann setzte die von der Parteiführung angezettelte antisemitische und anti-intellektuelle Kampagne ein. Dadurch verlor die Fakultät an der Warschauer Universität viele talentierte Mitarbeiter und Studenten, die in die Emigration gingen. Damit verlor sie auch die Position eines unabhängigen Zentrums ökonomischer Lehre und Forschung in Polen. Schließlich wurde sie geschlossen und im Herbst 1968 als eigenständige Einheit aufgelöst[7] und der großen Fakultät für Sozialwissenschaften als Institut einverleibt (Leszczyńska 2013; Koryś 2020). Das Schicksal dieser Fakultät ist symptomatisch für die gesamte Disziplin. Unter einem neuen Namen, Fakultät für Wirtschaftswissenschaften (*Wydział Nauk Ekonomicznych,* WNE), erhielt sie 1977 wieder den Status einer selbständigen Fakultät der Universität.

Die Verschärfung der Wissenschaftspolitik blieb temporär. Giereks Öffnung nach Westen beinhaltete auch eine Ausweitung der wissenschaftlichen Kontakte mit westlichen Universitäten. Doch der Transfer von Wissen und Theorien verlief (zumindest in den Sozialwissenschaften) mehr und mehr in einer Richtung, nämlich Richtung Polen. Die nächste Generation der Wirtschaftswissenschaftler war weniger einflussreich als ihre Vorgänger, hatte allerdings die Möglichkeit engerer Kontakte mit dem Westen. Die Zahl der Stipendien und Studienreisen nahm zu, der Zugang zur Literatur wurde erleichtert, und ein breites Veranstaltungsangebot ging auf die Entwicklungen in der westlichen Ökonomie ein. Mit Einsetzen der Transformation nach dem Juni 1989 erwiesen sich zahlreiche Ökonomen erstaunlich gut vorbereitet auf die Neuorientierung in Forschung und Lehre (Leszczyńska 2013; Koryś 2020).

Wissenschaftlich führend blieb Warschau mit der Universität, der Hochschule für Planung und Statistik und der Akademie der Wissenschaften. Für die Breitenwirkung der akademischen Ausbildung sorgten die Wirtschaftsakademien und -fakultäten im Lande, die zum Teil auf Einzelbereiche der Ökonomie beschränkt waren, z. B. Managementfakultäten in Warschau und Torún, Fakultäten für Transportwirtschaft in Stettin, Seehandel und Transportwirtschaft in Danzig und, bisher noch nicht erwähnt, eine Landwirtschaftsfakultät an der Warschauer Naturwissenschaftliche Universität (*Szkoła Główna Gospodarstwa Wiejskiego,* SGGW) und die Landwirtschaftsakademie in Krakau. Die Polnische Vereinigung der Ökonomen (PTE) brachte auf breitester Ebene Menschen mit unterschiedlichem Bildungsgrad zusammen (Wiącek-Orłowska und Orłowski 1987). Die Wirtschaftspolitik

[7] Ein ähnliches Schicksal ereilte auch die Abteilung für Wirtschaftswissenschaften der Polnischen Akademie der Wissenschaften.

bediente sich vor allem bei der Forschung der Plankommission und der Polnischen Nationalbank (NBP).

Auch die Bildungseinrichtungen der Partei unterlagen Änderungen. Die *Hochschule für Gesellschaftswissenschaften* startete 1971 von Neuem. 1974 richtete das ZK der PVAP das *Institut für Grundprobleme des Marxismus-Leninismus (IPPMiL)* ein. Dem Namen nach entsprach es bestimmten Instituten an der Akademie der Wissenschaft, wie z. B. dem Institut für Grundprobleme der Technologie aus dem Jahr 1952; doch es arbeitete außerhalb der Struktur der Akademie der Wissenschaften. Die dort versammelten Wissenschaftler widmeten sich unter anderem der Wirtschafts- und Sozialpolitik und den einschlägigen Forschungsmethoden. Ende der 1970er Jahre wurde das IPPMiL, allgemein bekannt als MarLena, ein Zentrum der Diskussionen um die Systemreform (Janowski et al. 2000). Vor allem Forscher aus dem Reformflügel der Partei fanden sich dort zusammen, unter ihnen der Assistenzprofessor der Hochschule für Planung und Statistik Leszek Balcerowicz.

In den 1970er Jahren fand Wissenschaft in Polen auch außerhalb der offiziellen Strukturen statt. So tauchten Institutionen auf wie das Erfahrungs- und Zukunftsseminar (Edward Lipiński zählte zu den Verfassern von Gutachten) oder die sogenannte Fliegende Universität und die Gesellschaft für wissenschaftliche Schulung, die Vorlesungen außerhalb der staatlichen akademischen Institutionen anboten. Dort engagierten sich Historiker und Soziologen, Ökonomen und Wirtschaftshistoriker wie Waldemar Kuczyński, Tadeusz Kowalik und Jerzy Jedlicki. Auch Jacek Kuroń behandelte in seinen Vorlesungen ökonomische Probleme. So bildete sich in jenen Jahren eine Opposition, der die bereits genannten Lipiński, Kowalik und Kuczyński angehörten. Zu ihnen stießen Krzysztof Hagemayer, Irena Wójcicka und Stefan Kawalec, die im Komitee zur Verteidigung der Arbeiter (KOR) aktiv waren, und Stefan Kurowski, der für die Untergrundpresse schrieb. Anzumerken ist, dass in den 1970er Jahren gegen Wissenschaftler, die außerhalb der Zensur publizierten, im Vergleich zu früheren Perioden ausgesprochen milde Maßnahmen ergriffen wurden (Koryś und Tymiński 2016).

2.2.2.4 Krise und Zusammenbruch der kollektivistischen Wirtschaft 1981–1989

Die Solidarność-Periode öffnete einen Diskurs über das Wirtschaftssystem, wobei sich Ökonomen auf beiden Seiten engagierten, der Regierungsseite und der Solidarność-Opposition. Leszek Balcerowicz und seine Mitarbeiter legten Konzepte für eine Wirtschaftsreform vor. Auf Seiten der Regierung sind Marek Belka und Dariusz Rosati zu erwähnen, d. h. Vertreter einer Generation, die unter dem Einfluss westlicher, marktwirtschaftlicher Ideen, wachsender Zweifel an den kollektivistischen Ideen und unter dem Eindruck der Wirtschaftskrise der 1980er Jahre standen.

So fanden vor allem in den führenden Zentren Ideen aus dem Westen in Lehre und Forschung Eingang. Insbesondere breiteten sich in Polen die mathematische Ökonomie und Ökonometrie aus. Zwar waren bereits in den 1950er Jahren Lehrstühle für mathematische Ökonomie errichtet worden und Ökonometrie als Planungsinstrument akzeptiert, doch bewahrten sich diese Fächer eine gewisse ideologische Neutralität. Fächer, die eng an das marxistisch-leninistische Dogma gebunden waren, verloren dagegen in den Curricula an Gewicht. Es setzte, vor allem in Warschauer Kreisen, ein Prozess der Delegitimierung kollektivistischer Ideen ein. Damit einher gingen ein abnehmendes Interesse an Ökonomie bei den Studienanfängern und sinkende Studentenzahlen (Leszczyńska 2013, S. 113–165; Domański et al. 2011, S. 112).

Dieser Delegitimierungsprozess machte sich auch in der Polnischen Vereinigten Arbeiterpartei (PVAP) breit. Späte Reformprojekte (z. B. von Wilczek) brachten den Markt und eine Privatisierung einzelner Bereiche der Wirtschaft auf die Agenda und ähnelten in gewisser Weise dem chinesischen Model. Zwar waren die großen staatlichen Unternehmen bis 1989 von solchen Maßnahmen ausgenommen, doch der Marktmechanismus und Privatisierung rückten in den späten 1980er Jahren in den Fokus der Diskussion (zur Geschichte der späten kommunistischen Reformen Grala 2005; s. Abschn. 3.3.2). Der Paradigmenwechsel in der Ökonomie fand unmittelbar nach dem Runden Tisch und dem 04. Juni 1989, d. h. der ersten weitgehend freien Parlamentswahl, statt. Fast alle Fächer, die sich auf die alte marxistische Denktradition beriefen, verschwanden noch im akademischen Jahr, das am 01. Oktober 1989 begann, aus den Curricula der SGPiS und der Universität Warschau.

2.2.2.5 Forschungsplanung

Konzepte der Wissenschafts- und Forschungsplanung wurden ausführlich auf dem 1. Wissenschaftskongress diskutiert, auch wenn es Ähnliches bereits zu früheren Zeiten gegeben hatte (Hübner 1983). In der Realität blieben diese Bemühungen allerdings beschränkt. Auch noch nach der stalinistischen Periode versuchten das Bildungsministerium und andere Organisationen, die zu diesem Zweck errichtet worden waren, den Wissenschaftsprozess zu steuern. In späteren Jahren gewannen die Geistes- und Sozialwissenschaften, einschließlich der Ökonomie, eine für sozialistische Verhältnisse große Forschungsfreiheit. Doch gleichzeitig blieben die Forschungsmittel äußerst knapp. Eine wichtige Position nahmen der Rat für Wissenschaft und höhere Bildung beim Ministerium und das Sekretariat für Wissenschaft und höhere Bildung bei ZK der PVAP ein. In den 1950er Jahren übte das Zentrale Qualifikationskomitee für Wissenschaftsangestellte eine straffe Kaderpolitik aus. Später schwächten sich die Kontrollmechanismen ab mit Ausnehme der Repressionsperioden 1968 und 1981 (Zasztowt und Schiller-Walicka 2015a, S. 39–122).

Um einen rationalen Einsatz der Mittel für die Forschung zu fördern, richtete die Regierung Komitees ein, so das Komitee für Wissenschaft und Technologie (1963–1972), das Komitee für Wissenschaft und technischen Fortschritt (seit 1985) und das Amt für Anwendung des wissenschaftlichen und technischen Fortschritts (ebenfalls seit 1985). 1972 errichtete man das Ministerium für Wissenschaft, höhere Bildung und Technologie. Drei nationale Wissenschaftskongresse (1950, 1973 und 1986) waren um die Stimulierung der Forschung bemüht, was allerdings auf Grund der beschränkten Mittel nur schwache Ergebnisse hervorbrachte. Die zentralisierte Mittelverteilung und Kontrolle förderten nicht die Entwicklung der Wissenschaft. Eine relativ sichere Finanzierung erfuhren nur die technischen Wissenschaften, vor allem soweit sie den Anforderungen der Industrie entgegenkamen (Hübner 1983, 1987, Zasztowt und Schiller-Walicka 2015b, S. 11–210). Die Gesellschaftswissenschaften einschließlich der politischen Ökonomie blieben unterfinanziert.

Die politische Ökonomie blieb lange Zeit eine dogmatische und theoretische Disziplin, und das bedeutete, dass die Mittel vor allem in die Ausbildung flossen. Auch die Institutionalisierung des Faches mit einer wachsenden Zahl wissenschaftlichen Personals trug nur geringfügig zur Verbesserung der Forschungsqualität bei. Nach 1956 galt eine große Zahl der Wissenschaftler für ideologisch unzuverlässig. Das hatte nicht gerade einen positiven Einfluss auf die finanzielle Ausstattung der theoretischen und empirischen Forschung. In den Memoiren von Jacek Kochanowicz wird diese Situation wie folgt beschrieben (er bezog sich dabei auf die Fakultäten der Universität Warschau, doch die Aussage gilt generell): „[…] die 70er- und 80er-Jahre sind auch aus einem anderen Grund wichtig, da sich damals das verfestigte, was bis heute auf der Fakultät lastet: Es wurde mehr und mehr üblich, dass die Leute außerhalb der Fakultät einen Nebenjob suchten. Schaut man sich die Karrieren verschiedener Mitglieder der Fakultät an, selbst wenn sie formell dort voll angestellt blieben, dann sind das häufig keine akademischen Karrieren“ (zitiert nach Leszczyńska 2013, S. 121). Die Forschungsmittel konzentrierten sich auf die nicht-akademischen staatlichen Zentren wie das Zentralamt für Statistik, die Plankommission und die Polnische Nationalbank und in geringerem Umfang auf MarLena, das IPPMiL. Doch die Arbeit außerhalb der akademischen Sphäre richtete sich in der Regel auf praktische Fragen der Wirtschaftspolitik und Planung.

2.3 Das akademische Umfeld im wechselhaften Verhältnis von Politik und Wissenschaft

2.3.1 Die Wirtschafts- und Sozialwissenschaften unter strenger Parteikontrolle in der DDR

2.3.1.1 Wissenschaft und Politik

Die Politik in der DDR, das war die Partei und innerhalb der Partei war es die Parteizentrale, das Zentralkomitee (ZK) mit seinem Politbüro. Im ZK lag die Macht bei den etwa zehn Sekretären und konzentrierte sich in Händen des Generalsekretärs (Walter Ulbricht, ab 1971 Erich Honecker), der in allen Fragen das letzte Wort hatte. Die staatliche Entscheidungsstruktur, der Ministerrat, war demgegenüber sekundär, was die Verfassung von 1968 in ihrem ersten Artikel festgeschrieben hatte: Die DDR „ist die politische Organisation der Werktätigen in Stadt und Land unter der Führung der Arbeiterklasse und ihrer marxistisch-leninistischen Partei“ (Verfassung 1968, Art. 1). Eine Entsprechung zu Art. 5 Abs. 3 im westdeutschen Grundgesetz „Kunst und Wissenschaft, Forschung und Lehre sind frei“ gibt es in dieser Verfassung nicht. Doch selbst wenn es sie *de jure* gegeben hätte, wäre die Lage der Wissenschaft *de facto* anders gewesen. Denn die Führungsrolle der Partei äußerte sich in ihrem Nomenklatursystem und der Kaderpolitik: Alle wichtigen Positionen wurden zentral von der Partei verwaltet, und die Partei duldete keine autonome Wissenschaft. Das heißt, Wissenschaftler, die Parteimitglied waren, und das war die große Mehrheit unter ihnen vor allem in gehobenen Positionen, sahen sich gebunden an die Parteilinie und die Parteidisziplin.

Für die Gesellschaftswissenschaften waren im ZK Sekretariat zwei Sekretäre zuständig: der Sekretär für Wissenschaft, Volksbildung und Kultur (ab 1955 Kurt Hager) und der Sekretär für Wirtschaft (ab 1962 Günter Mittag mit einer kurzen Unterbrechung von 1973 bis 1976, in welcher Zeit er als stellvertretender Vorsitzender des Ministerrates für die Wirtschaft verantwortlich war und es verstand, die Macht vom ZK auf den Ministerrat zu überführen, um sie dann bei der Rückkehr ins ZK wieder mitzunehmen, vgl. Janson 1991, S. 58–9). Während Mittag unter Ulbricht als treibende Kraft der Wirtschaftsreform aufgetreten war (und wohl deshalb kurzfristig in den Staatsapparat abgeschoben wurde, allerdings behielt er seinen Sitz im Politbüro bei), verfocht er unter Honecker dessen Präferenz für straffe Zentralplanung, etablierte sich als wichtigster ökonomischer Berater Honeckers und führte konsequent dessen fatale Wirtschaftspolitik aus.

In allen Systemen halten Politiker in der Regel wenig von Akademikern. Von ihrer Beratungsresistenz auf eine geringe politische Bedeutung der Wissenschaft zu schließen, wäre aber wohl zu kurz gedacht. Grundsätzlich gilt das auch für die DDR. Denn eine vielfältige Infrastruktur von wissenschaftlichen Instituten, wissenschaftlichen Räten und Beiräten und ökonomischen Kommissionen kann nicht ganz ohne Einfluss gewesen sein. Ein Organ wie der westdeutsche Sachverständigenrat, die sogenannten fünf Weisen, ist unter dem Primat der Politik und der Führungsrolle der Partei allerdings nicht denkbar. Denn seine herausragenden Eigenschaften sind Unabhängigkeit von Regierung, Parteien und Verbänden und Veröffentlichungspflicht seiner Gutachten. Das wurde in der langen Geschichte seiner Einrichtung (Nützenadel 2005, S. 152–76) von der Seite der Politik als durchaus problematisch gesehen und hat im Sachverständigenratsgesetz von 1963 (Gesetz über die Bildung eines Sachverständigenrates 1963, § 2) zu einer fast widersprüchlichen Aufgabenstellung geführt: „Der Sachverständigenrat soll Fehlentwicklungen und Möglichkeiten zu deren Vermeidung oder deren Beseitigung aufzeigen, jedoch keine Empfehlungen für bestimmte wirtschafts- und sozialpolitische Maßnahmen aussprechen."

Eine ähnliche Erwartung des ‚Wasch mir den Pelz, aber mach mich nicht nass' trug auch die politische Führung Ostdeutschlands an seine ökonomischen Experten heran, die sich allerdings nicht wie ihre westdeutschen Kollegen als „eine über den Interessen stehende Instanz" (Nützenadel 2005, S. 173) verstehen durften. Ein Beispiel (Hertle 1995, S. 312–313): Als sich die außenwirtschaftliche Situation 1973 durch den Ölpreisschock auf globalem Niveau radikal verändert hatte, gab Honecker den beiden höchstrangigen Ökonomen der DDR, Helmut Koziolek und Otto Reinhold, den Auftrag, die Auswirkungen dieser Veränderungen auf die Wirtschaftsentwicklung der DDR zu analysieren. Dem Team war klar, dass eine unveränderte Fortführung der 1971 beschlossenen ‚Einheit von Wirtschafts- und Sozialpolitik' in eine Krise führen müsse. Sie schlugen praktisch eine Rückkehr zu Maßnahmen der Wirtschaftsreform der 1960er Jahre vor, die sie ja selbst prominent vertreten hatten. Gleichzeitig regten sie eine Art Council of Economic Advisers an, eine „kleine Einrichtung, die unabhängig von anderen Organen Analysen und Expertisen zur wirtschaftlichen Entwicklung der DDR und anderer RGW-Länder" für den ersten Sekretär der Partei ausarbeiten sollte (zitiert in Hertle 1995, S. 313), um so, ähnlich wie unter Ulbricht, wieder direkten (und das heißt auch unter Umgehung von Mittag) Zugang zur Parteispitze zu erlangen. Honecker schob dieses sehr klarsichtige Gutachten nach Rücksprache mit Mittag missbilligend zur Seite. Es hatte „Empfehlungen für bestimmte wirtschafts- und sozialpolitische Maßnahmen" ausgesprochen, die im Widerspruch zu seiner Wirtschaftspolitik standen und damit zu Parteitagsbeschlüssen. Die Autoren wurden mit einer scharfen Rüge und mit der tröstlichen Versicherung „Euch passiert nichts“ nach Hause geschickt (Koziolek in Pirker et al. 1995, S. 266). So glimpflich kamen nicht alle davon, die vom Pfad der Orthodoxie und der Parteilinie abwichen, wie gleich zu zeigen sein wird.

Das Verhältnis von Politik und Wissenschaft in der DDR wird nur dann verständlich, wenn man dabei das Selbstverständnis der Politik in Betracht zieht. Das hat Herbert Wolf (1996, S. 38–9) prägnant beschrieben. Um den Sozialismus aufzubauen, standen zwei Prinzipien zentral, die Machtfrage und die Instrumentalisierung der Wirtschaft für die Politik. Die Machtfrage, Lenins Kurzformel „*kto – kogo*“ (wer – wen?), ist die „Hauptfrage der sozialistischen Revolution“ (Politische Ökonomie 1969, S. 87), woraus logisch folgt, dass die Wirtschaft kein zweites Machtzentrum neben der Politik bilden kann. Zwangsläufig wandelt sich die Diktatur des Proletariats in die Diktatur der Partei bzw. ihres führenden Kerns. „In einer solchen gesellschaftlichen Struktur ist es dann auch ziemlich gleichgültig, ob man von einem ‚guten‘ bzw. ‚klugen‘ Partei- und Staatschef sprechen kann – oder nicht. Der Sache nach ist diese Herrschaftsstruktur eine Diktatur. Diese ist folgerichtig auch nicht fähig, eine funktionsfähige sozialistische Demokratie und einen ausgebauten sozialistischen Rechtsstaat zu gestalten. Noch weniger ist sie fähig, in diesem Rahmen eine vorausschauende und effiziente gesellschaftliche Führung zu verwirklichen“ (Wolf 1996, S. 39). Neben allen übrigen gesellschaftlichen Bereichen hatte sich auch die Wissenschaft dem Diktat der Partei unterzuordnen.

2.3.1.2 Die Disziplinierung der Wissenschaft

Das fällt der Wissenschaft oder allgemein der Intelligenz nicht leicht. Deshalb muss man sie immer mal wieder an die realen Machtverhältnisse erinnern. So ist die Geschichte der DDR auch eine Geschichte der disziplinarischen Maßnahmen gegen unorthodoxe Auffassungen. Was Wissenschaftler diskutierten, wurde von der Partei auf Linientreue geprüft. Was Wissenschaftler publizieren wollten, hatten sie ihren Vorgesetzten vorzulegen. Es gab offiziell keine Zensur, wohl aber gut gemeinte Ratschläge und Diskussionen, an deren Ende Texte angepasst, Manuskripte zurückgezogen und selbst bereits gedruckte Schriften aus dem Verkehr gezogen wurden. Und bei ernsthaften Abweichungen drohten Rüge, Ausschluss aus der Partei, Degradierung (Bewährung in der Praxis), Verlust des Arbeitsplatzes, und am Ende Gefängnis. Die Furcht vor derartigen Maßnahmen schuf die Zensurschere im Kopf der Wissenschaftler: Selbst wenn sie nicht genau wussten, was erlaubt war und was nicht, scheuten sie riskante Aktivitäten und bewegten sich lieber im Rahmen des Hergebrachten.

Auch die westliche Wissenschaft kennt ihre Methoden, Konformität zu erzeugen. Im Unterschied zur Praxis in staatssozialistischen Ländern wird Konformität dort allerdings intern in der ökonomischen Profession hergestellt und nicht von außen oktroyiert. Fourcade, Ollion und Algan konstatieren ein „tight management of the discipline from the top down“ (Fourcade et al. 2015, S. 91), wodurch der Konsens besonders hoch ist (geradezu sprichwörtlich wurde der *Washington consensus*). Doch ist der Freiraum für heterodoxe Anschauungen ungleich weiter als beispielsweise in der DDR. Die Kohärenz und Komplexität der ökonomischen Theorie macht aus den westlichen Ökonomen fast eine platonische Philosophenkaste. Ihre Vertreter "believe in the ideal of an expert-advised democracy, in which their competence would be utilized and on display in high profile, non-elective positions in government and other institutions" (Ibid., S. 110). Vor allem John Maynard Keynes hat dieses Selbstbild geschaffen, was Roy Harrod (1951, S. 192–193) als „the presuppositions of Harvey Road“ (wo das Elternhaus von Keynes in Cambridge stand) bezeichnet hat. Die sozialistischen Politökonomen, ausgehend von einer völlig anderen theoretischen Basis, sahen sich auf ganz ähnliche Weise im Besitz der Wahrheit. Nur wurde ihnen nicht gestattet, eine vergleichbare herausgehobene Expertenposition in der Gesellschaft einzunehmen. Das wusste die Politik einen absoluten Primat beanspruchend zu verhindern.

Die Biographie mancher hervorragenden ostdeutschen Wissenschaftler kannte eine kürzere oder längere Periode der ‚Bewährung in der Praxis‘, was nach den obligaten Ritualen der Selbstkritik meistens eine Fortsetzung der wissenschaftlichen Arbeit erlaubte, wenn auch nicht gerade in Schlüsselpositionen. Hier eine erschöpfende Liste der disziplinarischen Maßnahmen zu erstellen, würde zu weit führen. Doch ein paar einschneidende Eingriffe sind erwähnenswert.

Die Kampagne gegen den Objektivismus 1951 haben wir bereits erwähnt. Sie richtete sich vor allem gegen ‚bürgerliche‘ Gelehrte. Die gab es später nicht mehr, so dass der Bannstrahl der Partei immer überzeugte Kommunisten bzw. Marxisten traf. Die entscheidende Wende im Verhältnis von Politik und Wissenschaft bzw. der Intelligenz im Allgemeinen fand in den Jahren 1956–1958 statt (ausführlich dazu Herzberg 2006). Gleichzeitig spielte sich im Zentralkomitee und im Politbüro ein politischer Machtkampf ab, die Wollweber-Schirdewan Affäre, bei der sich Ulbricht seiner Gegner in der Parteiführung entledigte. Diese Ereignisse sind im Zusammenhang mit den Aufständen in Posen und in Ungarn im Jahr 1956 und mit dem 20. Parteitag der KPdSU, d. h. der De-Stalinisierung, zu sehen. Sowohl in Teilen der Führungsschicht wie unter den Intellektuellen dachte man, die Zeit sei reif für mehr Eigenständigkeit und Freiheit und eine Abkehr vom Dogmatismus. Dem konnte sich Ulbricht erfolgreich widersetzen. Dabei traf es die oberste Wirtschaftsführung am härtesten: den Chefökonomen des Politbüros Fred Oelßner, der an die Akademie der Wissenschaften abgeschoben wurde, den ZK Sekretär für Wirtschaft Gernot Ziller, der Selbstmord beging, und Fritz Selbmann, stellvertretender Ministerpräsident und für Industrie und Verkehr verantwortlich, der mit einer Rüge und dem Ausschluss aus dem ZK davon kam (Schirdewan 1994). Ulbricht war für die nächsten Jahre unangefochten im Besitz der Macht, was ihm erlaubte, 1961 die Mauer zu bauen und 1963 eine Wirtschaftsreform einzuleiten, ersteres wohl mit Billigung der Sowjetunion, letzteres eher nicht.

Die Gleichschaltung der Intelligenz wurde an prominenten Wissenschaftlern mit eigenen Ansichten vorgeführt. Der Philosoph Wolfgang Harich formulierte einen deutschen Sonderweg zum Sozialismus, was ihm 1957 einen Schauprozess und zehn Jahre Gefängnis einbrachte. Der eminente ostdeutsche Philosoph Ernst Bloch fiel wegen Revisionismus und idealistischer Anschauungen in Ungnade, musste 1957 von seinem Leipziger Lehrstuhl zurücktreten und kehrte 1961 von einer Reise in die BRD nicht mehr zurück. Zwei Jahre später folgte ihm der Germanist Hans Mayer, der 1958 unter Revisionismusanklage geraten war. Der herausragende Rechtsphilosoph Hermann Klenner sah sich dem Vorwurf von Rechtsrevisionismus ausgesetzt, verlor 1958 seinen Lehrstuhl an der Humboldt Universität und fand sich für kurze Zeit als Bürgermeister in einem kleinen Dorf im Oderbruch wieder (Caldwell 2003).

Über die reine Machtfrage hinaus richtete sich der Revisionismusvorwurf gegen eine kritische Gegenüberstellung von Marxismus-Leninismus und den ursprünglichen Ideen von Marx und gegen eine Kritik an der totalitären sowjetischen Praxis der Diktatur des Proletariats in Politik und Wirtschaft. „Dabei wird im Rückgriff auf die Frühschriften von Marx", so das Philosophische Wörterbuch (Klaus und Buhr 1976, S. 1060), „die marxistische Philosophie in eine ‚Philosophie des Menschen' oder der ‚Praxis', in eine abstrakt-humanistische, klassenindifferente Konzeption von der Entfremdung des Menschen und deren Überwindung umgefälscht". (Das erklärt wohl, warum die Frühschriften von Marx in der Ausgabe der *Marx-Engels Werke* erst in einem Ergänzungsband veröffentlich wurden.). Der moderne Revisionismus „ist ein Modell, das ... auf die Aufnahme von Anleihen beim Kapitalismus hinausläuft – politisch bei der parlamentarischen bürgerlichen Demokratie und ökonomisch bei der bankrotten kapitalistischen Marktwirtschaft" (Ibid.). Er beschränkt sich allerdings nicht auf „Anleihen beim Kapitalismus", sondern darunter fallen auch alternative Marx Interpretationen, wie der Hinweis auf die (jugoslawische) Praxis-Philosophie verdeutlicht.

Der Vorwurf des Revisionismus richtete sich besonders scharf gegen die führenden Ökonomen Fritz Behrens, seinen Schüler Arne Benary und Gunther Kohlmey vom Akademieinstitut für Wirtschaftswissenschaften. Der Fall ist bereits ausführlich dokumentiert (Becker und Dierking 1989, S. 439–442; Krause 1996;

Krause 1998, S. 121–135; Caldwell 2003, S. 41–56; Herzberg 2006, S. 453–473; Düppe 2018). Deshalb genügt es hier festzustellen, dass es um zwei Dinge ging: eine Kritik am stalinistischen Modell der rigiden Zentralplanung, wie sie in jenen Jahren vielerorts in Ostmitteleuropa vorgebracht wurde, und um die Frage, was Sozialismus eigentlich bedeute (s. Abschn. 3.3.1).

Die Anti-Kritik kann in einem Punkt zusammengefasst werden: die Machtfrage. In Zeiten verschärften Klassenkampfes – immer die Hauptentschuldigung, wenn Fehler vertuscht werden müssen und die Autorität der Machthabenden in Frage gestellt wird – ist es anti-sozialistisch, die Parteiführung herauszufordern. Indem man dem Staat seine vorherrschende Rolle bestreitet, indem man die hierarchischen Beziehungen zwischen Staat und Wirtschaft löst, indem man den Betrieben und ihren Beschäftigten Selbstbestimmung und Eigenverantwortung gewährt und indem man die rigide Plandisziplin durch die Spontaneität des Marktes ersetzt, beraubt man Staat und Partei ihrer Macht und Kontrolle.

Die Reaktion auf diese Anschauungen begann relativ moderat und wurde im Laufe der Zeit immer heftiger. Am Ende wurden die genannten drei, Behrens, Benary und Kohlmey, neben einigen anderen als Revisionisten ihrer einflussreichen Positionen enthoben und der junge Benary zur Bewährung an die Basis geschickt. Behrens und Kohlmey verloren ihre Professuren in Leipzig und Berlin, Behrens die Präsidentschaft des Statistischen Amtes, Kohlmey die Leitung des Akademieinstituts für Wirtschaftswissenschaft und die leitende Herausgeberschaft der Zeitschrift *Wirtschaftswissenschaft.* Es waren die Partei und nicht wissenschaftliche Kriterien, die bestimmten, was akzeptable Forschung sei. Seitdem war der Kreativität in der Ökonomie und anderen Sozialwissenschaften die Luft zum freien Atmen abgeschnürt. Und die Bedrohung wurde stetig durch wiederholte Disziplinarmaßnahmen erneuert.

Die *causa* Havemann hatte bereits in der Disziplinierungskampagne 1956–1958 begonnen (Herzberg 2005 und 2006). Robert Havemann, Professor für physikalische Chemie an der Humboldt-Universität, griff die vom 20. Parteitag der KPdSU angeregte Kritik am Dogmatismus in Philosophie und Wissenschaft auf, um die stalinistische Gängelung der Wissenschaft zu überwinden. Das ließ sich nur so lange ertragen, bis die Dogmatiker in der Philosophie und der Partei merkten, dass eine autonome Wissenschaft unweigerlich die Scheuklappen der Parteilichkeit ablegen und sich damit der Kontrolle der Partei entziehen werde. In einer eleganten Volte wurde Dogmatismus, mit dessen Kritik sich Havemann eigentlich gegen die Verknöcherung des Marxismus in der Partei richtete, dem Revisionismus gleichgesetzt: Dogmatismus ist „eine spezifische Form der Abweichung vom Marxismus-Leninismus …, die zwar äußerlich im Gegensatz zum Revisionismus steht, in Wirklichkeit jedoch diesem in die Hände spielt“ (Klaus und Buhr 1976, S. 286). Damit wurden Dogmatismus und Revisionismus zu den inneren Feinden im Poststalinismus und entsprechend verfolgt (Kolář 2016, S. 219–237).

Für Havemann hatte das zur damaligen Zeit noch keine unmittelbaren Folgen, auch wenn die Fronten bereits klar abgezeichnet waren. Er ließ aber nicht locker, und das von Chruščev zugestandene Tauwetter machte zeitweise eine offenere Diskussion möglich. Als Havemann allerdings 1964 eine an der Humboldt-Universität gehaltene Vorlesung zu Fragen der Philosophie der Naturwissenschaften im westdeutschen Rowohlt Verlag unter dem Titel *Dialektik ohne Dogma?* veröffentlichte, war für die Partei eine Grenze überschritten: Er wurde aus der Partei ausgeschlossen und seines Lehramtes enthoben, kurz darauf erfolgte seine Entlassung aus der Akademie der Wissenschaften, womit er arbeitslos war.

In die gleiche Periode, nämlich vom 15.–18.12.1965, fiel das 11. Plenum des ZK der SED, das als ‚Kahlschlagplenum' eine historische Zäsur darstellte. Chruščev war ein Jahr zuvor durch Brežnev ersetzt worden, das milde Klima des Tauwetters wich kühleren Temperaturen, und auch die eigenen ostdeutschen Ansätze in der Ordnungspolitik, d. h. die Reformbemühungen des Neuen Ökonomischen Systems, wurden mit kritischerem Blick von Moskau aus verfolgt. Die Reformgegner um Honecker bekamen Aufwind. Doch das wurde auf dem Plenum kaum nach außen sichtbar, außer dass der Leiter der Staatlichen Plankommission und einer der wichtigsten Initiatoren der Reform, Erich Apel, unmittelbar vor dem Plenum Selbstmord beging. Was große Wirkung nach außen hatte, war die Disziplinierung der Intellektuellen *en bloc*. Zahlreiche Bücher, Theaterstücke, Filme, Musikbands wurden verboten, Auftrittsverbote ausgesprochen: Die Phase der kulturellen Liberalisierung der ersten Hälfte der 1960er Jahre war zu Ende.

1968 zog sich Gunther Kohlmey erneut den Vorwurf des Revisionismus und der Untergrabung der führenden Rolle der Partei zu. Sein alter Kollege Behrens war bereits ein Jahr zuvor zwangspensioniert worden, nachdem er auf der „100 Jahre Kapital" Konferenz in Frankfurt am Main (eine Todessünde, wie Havemann und später Biermann und Bahro, im imperialistischen Ausland kritische, dissidente Auffassungen zu vertreten und zu publizieren) das optimistische Bild einer modernen, vom Dogmatismus freien politischen Ökonomie entworfen hatte (Behrens 1968). Unter dem Eindruck der Reformbemühungen und der Mathematisierung der Wirtschaftstheorie hatte Kohlmey bereits 1964 die erste internationale Tagung „Mathematik und Kybernetik in der Ökonomie" mit einem Plädoyer für selbständige, gewinnorientierte Betriebe und mehr Markt im Sozialismus eröffnet. 1968 folgte dann sein Aufsatz „Planen als Regeln und Steuern" (Kohlmey 1968), ursprünglich ebenfalls vorgetragen auf einer Konferenz „100 Jahre ‚Das Kapital',

Erster Band von Karl Marx“, dieses Mal in Ost-Berlin. Darin vertiefte er seine Überlegungen (vgl. Abschn. 3.3.1).

Kohlmey war kein mathematischer Ökonom, aber er war wie Behrens fasziniert von dem kybernetischen Grundgedanken selbstgesteuerter Systeme. Die harsche Zurechtweisung von Günter Mittag auf dem 10. ZK-Plenum zwei Monate nach Niederschlagung des Prager Frühlings war zu erwarten. Sie richtete sich „gegen jegliche Erscheinung von Revisionismus und Dogmatismus“ (Mittag 1968, S. 4) und hob die Bedeutung von Plandirektiven und staatlichen Normativen als unerlässliche Mittel zum Erhalt der Macht der Partei hervor.[8] Die unterschiedliche Sanktionierung abweichender Auffassungen, öffentliche Schelte bzw. Zwangspensionierung, wird aus den unterschiedlichen Positionen von Kohlmey und Behrens verständlich: Kohlmey akzeptierte grundsätzlich das System des Staatssozialismus, wollte ihn nur durch Marktbeziehungen und Geld effektiver machen; Behrens lehnte das System rundheraus ab. Er neigte rätekommunistischen Ideen und dem jugoslawischen Selbstverwaltungsmodell zu. Das wird aus seinen posthumen Veröffentlichungen (Behrens 1992) deutlich, aber ein sensibler Zensor konnte es bereits aus seinen Schriften zu Lebzeiten ableiten. Beide setzten sich gleichzeitig von der mathematischen Vision einer optimal zentral geplanten Wirtschaft ab, wie sie in der DDR beispielsweise von Johannes Rudolph und in der Sowjetunion von Viktor Novožilov vertreten wurde, die Kohlmey und Behrens in diesem Zusammenhang anführten.

1976 sah die Ausbürgerung von Wolf Biermann. Der Sänger und Dichter gehörte zu jenen, die 1965 Auftrittsverbot erhalten hatten. Doch er reizte die Autoritäten fortwährend, indem er seine Gedichte in Westdeutschland veröffentlichte und sie heimlich im Osten verbreiten ließ. Seiner Maßregelung folgte eine Welle des Protests von Künstlern und Intellektuellen, von denen viele dann in den Westen emigrierten. Abschiebung in den Westen war im Fall Rudolf Bahros erst der letzte Schritt der Disziplinierung. Bahro (1977), studierter Philosoph aber in der Gummi-Industrie tätig, hatte die einzige international beachtete fundamentale Kritik des real existierenden Sozialismus in der DDR geschrieben und im Westen publiziert. In der DDR wagte niemand, die Existenz des Buches zu erwähnen, geschweige denn sich damit auseinander zu setzen. Nachdem *Der Spiegel*

---

[8] Darüber war man sich zu diesem Zeitpunkt überall in orthodoxen Kreisen einig. Ein ungezeichneter Leitartikel im Novemberheft von *Planovoe chozjajstvo* betonte, die volle wirtschaftliche Rechnungsführung sei nicht gleichbedeutend mit der sogenannten vollständigen Selbständigkeit der Unternehmen und ähnlicher Losungen voreingenommener, kleinbürgerlicher Marxisten, die nur in den Anarcho-Syndikalismus aber nicht in den Sozialismus führten. „Parteilichkeit, Ergebenheit den Idealen des Kommunismus gegenüber – das ist die wichtigste Eigenschaft unserer ökonomischen Wissenschaft“ (Ekonomičeskaja teorija 1968, S. 6).

Auszüge aus dem Buch veröffentlicht hatte, wurde Bahro festgenommen und 10 Monate später zu acht Jahren Gefängnis verurteilt. Zum 30. Jahrestag der DDR-Gründung 1979 amnestiert konnte er nach Westdeutschland ausreisen.

Der international renommierte Philosoph Peter Ruben hatte bereits einige Erfahrung mit Parteiverfahren. Denn er wurde im Zusammenhang mit den Angriffen auf Wolfgang Harich 1958 aus der Partei ausgeschlossen und zum Flughafenbau in Berlin Schönefeld abkommandiert. 1980–1981 geriet er erneut ins Kreuzfeuer der Partei. Inkriminiert wurden mehrere philosophische Arbeiten von Ruben, insbesondere aber ein zusammen mit dem Ökonomen Hans Wagner verfasster Artikel „Sozialistische Wertform und dialektischer Widerspruch" (Ruben und Wagner 1980), eine hoch abstrakte theoretische Arbeit. Der Artikel beruht, wie der Dogmenhistoriker Herbert Meißner in einem der kritischen Gutachten konstatierte, „auf der theoretischen und methodologischen Basis bürgerlicher politischer Ökonomie und kann daher auch nicht Gegenstand konstruktiven Meinungsstreites zur Weiterentwicklung des Marxismus sein" (Rauh 1991, S. 170). Die "theoretische Basis bürgerlicher politischer Ökonomie" war Piero Sraffas (1968 [1960]) *Production of commodities by means of commodities. Prelude to a critique of economic theory,* das auf Deutsch 1968, d. h. zu einer diskussionsfreudigeren Zeit, von Gunter Kohlmey und Johannes Behr in der DDR zum ersten Mal herausgegeben worden war. Sraffa hatte großen Wert auf eine ostdeutsche Übersetzung gelegt, da er an die Fruchtbarkeit seiner Kritik für eine klassisch fundierte, moderne politische Ökonomie glaubte.

Inkriminiert wurde aber eigentlich ein unabhängig denkender Philosoph, der im Westen auf einiges Interesse gestoßen war, vor allem bei „Pseudolinken" (Rauh 1991, S. 326), und dort gelegentlich publizierte. Der große Aufwand des Parteiverfahrens wird verständlich aus der Disziplinierungsabsicht nicht nur für eine Handvoll Personen (Rubens Co-Autor Wagner konnte sich z. B. durch rasche Selbstkritik aus der Schusslinie ziehen), sondern für die Wissenschaft generell. Entgegen den Behauptungen handelte es sich nicht nur um ein Parteiverfahren, sondern der wissenschaftliche Rat für philosophische Forschung der DDR war dabei ebenso betroffen wie das Akademieinstitut für Philosophie. Die Verschränkung von Partei und Wissenschaft ließ sich gar nicht trennen. Und so kam der Direktor des Instituts, Manfred Buhr, zu der fast schon klassischen Feststellung: „Unser Maßstab ist nicht das Urmeter von Paris, sondern die Beschlüsse der Partei" (Ibid., S. 247). Am Ende wurde Ruben 1981 aus der Partei ausgeschlossen und erhielt Lehrverbot, durfte aber – auch auf Grund vehementer internationaler Proteste – an der Akademie weiterarbeiten.

Ein letzter „Fall" sei noch kurz erwähnt. Im April 1989 veröffentlichte der Rechtsanwalt Rolf Henrich (1989) bei Rowohlt in Westdeutschland sein Buch

Der vormundschaftliche Staat. Vom Versagen des real existierenden Sozialismus: eine nüchterne Bestandsaufnahme der demokratischen, rechtsstaatlichen und ökonomischen Defizite der DDR. Auch hier waren wieder die Elemente des staatsfeindlichen und parteischädigenden Verhaltens gegeben: revisionistische Anschauungen und Publikation beim Klassenfeind. Doch zu mehr als einer Entlassung aus der Anwaltschaft und Berufsverbot führte es nicht mehr. Denn Ende des Jahres war dieser Staat am Ende und Henrich Gründungsmitglied des *Neuen Forums,* um die Wende mitzugestalten.

Liest man Biografien ostdeutscher Wissenschaftler, nicht nur aus den Geistes- und Sozialwissenschaften (Herzberg und Meier 1992), dann stellt man fest, dass sehr viele unter ihnen irgendwann einmal Disziplinierungs- und Kontrollmaßnahmen ausgesetzt waren. Diese strikte Kontrolle und Disziplinierung des sozio-ökonomischen Denkens war auch innerhalb des sozialistischen Lagers einmalig. Sicher, einzelne Länder waren liberaler (ganz allgemein Polen und Ungarn) oder weniger liberal (Sowjetunion und nach 1968 die Tschechoslowakei), und ebenso verhielt es sich mit einzelnen Perioden (Chruščevs Tauwetter, Gorbačevs Perestrojka und Brežnevs Stagnation). Aber selbst in der Sowjetunion existierten – einmal ganz abgesehen von den theoretisch besonders fruchtbaren 1920er Jahren – unterschiedliche Schulen (Leningrad, Moskau, Novosibirsk), Richtungen (Politökonomie, Optimalplanung, *tovarniki, ne-tovarniki*[9]), und folglich miteinander streitende Wissenschaftler. Ostdeutsche Studierende und Wissenschaftler, die eine Zeit in der Sowjetunion verbracht hatten, berichteten einmütig über das freiere geistige Klima.

2.3.1.3 Wissenschaftliche Kommunikation

Isolation nach außen und Gleichschaltung nach innen ist auch das Bild der DDR, das eine komparative Befragung von Wirtschaftswissenschaftlern in den 1990er Jahren ergab (Wagener 1997). Das Bild ist *ex post* aufgenommen, was sicher nicht ohne Einfluss auf die Antworten blieb. Trotzdem sind die Unterschiede zwischen den vier betrachteten Ländern (SU, CSSR, Ungarn, DDR) bezeichnend. Auf die Frage nach den bedeutendsten Ökonomen in Mittel- und Osteuropa wird in den drei übrigen Ländern kein ostdeutscher Wissenschaftler genannt. In Ungarn und der CSSR sind die ersten sechs Plätze gleich besetzt: Kornai, Lange, Brus, Kantorovič, Kalecki, Šik, von denen Kornai und Kalecki in der DDR gar nicht genannt werden. Das hat nur bedingt etwas mit der Übersetzungspraxis zu tun.

[9] *Tovarniki*, abgeleitet vom russischen Wort *tovar'* für Ware, halten die Warenwirtschaft für vereinbar mit dem Sozialismus. Die *ne-toverniki* lehnen das grundsätzlich ab bzw. akzeptieren Warenwirtschaft nur als Übergangsphänomen.

Nach seinem Buch über mathematische Planung von 1967 (Kornai 1967), das die ostdeutsche Planungsliteratur sehr positiv aufgenommen hatte, galten Kornais weitere Arbeiten zweifellos als revisionistisch und in der DDR nicht mehr publikabel.

Doch da das meiste auf Englisch vorlag, hätte man sich entsprechend informieren können. In Berlin, wo sich die wichtigsten Institute befanden, waren ausländische Zeitschriften (zumindest beschränkt) zugänglich. Davon wurde im Unterschied zur CSSR und Ungarn nur wenig Gebrauch gemacht: „Es gab nur eine ökonomische Zeitschrift, die man regelmäßig lesen konnte, die *Wirtschaftswissenschaft*“ (Wagener 1997, S. 174), lautete eine typische Feststellung. Und da wurde, mit Ausnahme der ersten Hälfte der 1950er und der 1960er Jahre, eine orthodoxe Variante der marxistisch-leninistischen politischen Ökonomie hochgehalten. Alternative Paradigmata innerhalb des Marxismus und schon gar außerhalb davon waren tabu. Es gab sie auch nicht in der ‚Schattenwissenschaft‘, so wie das in Polen, Ungarn und zeitweise der CSSR der Fall gewesen war. In Polen war ein Abtauchen in den Untergrund nur für renitente Revisionisten notwendig: Oskar Lange wusste die marxistische politische Ökonomie mit der Neoklassik zu verbinden, Michał Kalecki mit keynesianischen Ideen. Einzig von Fritz Behrens existieren Arbeiten aus der Schublade, die erst nach der Wende, d. h. lange nach seinem Tod veröffentlicht werden konnten (z. B. Behrens 1992).[10]

Eine freie Entfaltung der ökonomischen Wissenschaft war in der DDR, mehr als in den übrigen staatssozialistischen Ländern, strukturell unmöglich. Vier kritische Punkte wurden von den Interviewpartnern hervorgehoben (Wagener 1997, S. 177):

- die Unterbindung des freien Meinungsaustauschs,
- die Isolierung von der internationalen Entwicklung der Wissenschaft,
- eine politisch motivierte Geheimniskrämerei,
- und der Anspruch des Marxismus-Leninismus auf Exklusivität.

So nimmt es wenig Wunder, dass die ostdeutschen Ökonomen sich vor allem auf praktische Planungsfragen konzentrierten – allerdings mit einer vergleichsweise geringen empirischen Orientierung. Teilnahme am internationalen Wissenschaftsbetrieb gehörte dann auch nicht zu den Leistungszielen der Forschungsplanung.

[10] Hansgünter Meyer (1991, S. 1) hat für die Soziologie festgestellt, was für die Ökonomie genauso gültig war: „Die Schubladen könnte man sich gefüllt denken mit Manuskripten, die früher schlicht verboten waren, man nehme die nun heraus und wähle das Beste aus. Aber gerade so war es bei der Wende in der Soziologie nicht“.

Das wichtigste Informations- und Publikationsorgan für ostdeutsche Ökonomen war die *Wirtschaftswissenschaft.* Neben den wissenschaftlichen Beiträgen enthielt sie umfangreiche Tagungsberichte und Rezensionen, eine Liste der wichtigsten Neuerscheinungen und die Inhaltsverzeichnisse in- und ausländischer ökonomischer Zeitschriften (natürlich neben den ostdeutschen vor allem die wichtigsten sowjetischen mit Ausnahme von *Ekonomika i matematičeskie metodi*). Eine knappe bibliometrische Stichprobe der Zeitschrift scheint deshalb durchaus angebracht. Zwei Fragen stehen dabei im Zentrum: Wer veröffentlichte dort und auf welche Literatur beziehen sich die Autoren? Wir haben vier Jahrgänge ausgewählt, 1956, 1966, 1976 und 1986, und uns ans Erbsenzählen gemacht, wobei uns sicher Fehler in der Zuordnung und den exakten Zahlen unterlaufen sind. Doch die allgemeine Tendenz scheint deutlich zu sein (Tab. 2.1).

Die Universitäten und die Hochschule für Ökonomie stellen erwartungsgemäß die meisten Autoren, auch wenn ihr Gewicht nach 1956 abgenommen hat. Das Institut (Akademie) für Gesellschaftswissenschaften beim ZK und das (Zentral-)Institut für Ökonomie bei der Akademie der Wissenschaften liegen gleichauf. Die Zentrale Plankommission (einschließlich ihres ökonomischen Forschungsinstituts) wurde erst in den 1960er Jahren auch wissenschaftlich aktiv. Erstaunlich ist die geringe Aktivität des Zentralinstituts für sozialistische Wirtschaftsführung beim ZK. 1966 war es noch jung, aber 1976 hat sich daran nichts geändert.

Tab. 2.1 Autoren der Wirtschaftswissenschaft 1956–1976[11]

	Univ.	*HfÖ*	*Gewi-Inst.*	*ZIÖ der AdW*	*ZPK incl. ÖFI*	*ZSW*	*PHS und IML*	*Außer-akad.*	*Rest*	*Total*
1956	24	15	4	7	0	0	1	6	4	61
in %	39,3	24,5	6,5	11,4	0	0	1,6	9,8	6,5	100
1966	35	29	12	10	13	4	4	14	6	127
in %	27,6	22,8	9,4	7,9	10,2	3,1	3,1	11,2	4,7	100
1976[12]	50	29	15	17	20	5	14	11	4	165
in %	30,3	17,6	9,1	10,3	12,1	3,0	8,5	6,7	2,4	100

[11] Für 1986 lassen sich keine Daten finden, da die Autorenliste am Ende der Zeitschrift 1981 eingestellt worden ist.

Tab. 2.2 Zitate in der Wirtschaftswissenschaft 1956, 1966, 1976, 1986[12]

	1	2	3	4	5	6	7	8	9	10	11	12	
	1956 (958 Seiten)												
	76	57	37	58	2	14	21	113	0	191	5	38	612
in %	12,4	9,3	6,0	9,4	0,3	2,3	3,4	18,4	0	31,2	0,8	6,2	100
	1966 (1408 Seiten)												
	173	190	107	88	38	142	39	96	20	255			1 148
in %	15,1	16,6	9,3	7,7	3,3	12,4	3,4	8,4	1,7	22,2			100
	1976 (1920 Seiten)												
	88	124	113	234	18	235	68	344	21	353	59		1 657
in %	5,3	7,5	6,8	14,1	1,1	14,2	4,1	20,8	1,3	21,3	3,6		100,1
	1986 (1892 Seiten)												
	102	190	132	134	6	248	26	177	8	160	55	59	1297
in %	7,9	14,6	10,2	10,3	0,4	19,1	2,0	13,6	0,6	12,3	4,2	4,5	99,7

[12] Mehrfachverweise in einem Artikel werden auch mehrfach gezählt.

Auf der anderen Seite sind die Parteihochschule und das Institut für Marxismus-Leninismus deutlich aktiver geworden. Da mag ein Parteiauftrag dahinterstehen, wie auch die Auswertung der Zitate vermuten lässt (Tab. 2.2).

1. Wirtschaftswissenschaft
2. Andere DDR-Zeitschriften
3. DDR-Fachbücher
4. Sowj. Autoren
5. Ostmitteleuropäische Autoren
6. Parteiveröffentlichungen[13]
7. Staatl. Verordnungen usw.
8. Marx-Engels-Lenin
9. Diplomarbeiten, Dissertationen usw.

[13] Einzelne Artikel können die Zahlen aufblähen (z. B. Hans Müller und Karl Reißig. Das neue ök. System der Planung und Leitung – Ergebnis der kontinuierlichen Wirtschaftspolitik der SED. Wirtschaftswissenschaft 14, 353–79, ein Versuch, mit viel Ulbricht-Zitaten das „Neue" aus der Reform herauszunehmen.).

10. Westl. Literatur
11. Klassiker (außer MEL)
12. Dritte Welt

Hierzu einige Bemerkungen. Auffällig ist die Zunahme der Zitierung sowjetischer Autoren und von Marx, Engels und Lenin von 1966 bis 1976. In den 1950er Jahren, d. h. in der Phase der Etablierung der marxistisch-leninistischen politischen Ökonomie, waren die drei Klassiker (genau genommen alle vier, da Stalin erst 1956 in Verschiss geriet) besonders wichtig. Wir erinnern uns allerdings (s. Abschn. 2.2.1), dass die Parteihochschule dem Lehrbuch *Die Politische Ökonomie des Sozialismus und ihre Anwendung in der DDR* (1969) den Vorwurf gemacht hatte: zu wenig Lenin, zu wenig sowjetische Autoren. Da an der Abfassung des Lehrbuchs mehr als 40 führende DDR-Ökonomen beteiligt waren, zeigte diese Kritik breite Wirkung. Das Ergebnis sehen wir hier. Was die sowjetischen Autoren anbelangt, so stützte man sich häufig auf monatlich in der Zeitschrift *Sowjetwissenschaft – Gesellschaftswissenschaftliche Beiträge* erschienene Übersetzungen. Diese Zeitschrift wurde 1948 von Jürgen Kuczynski und dem Sprachwissenschaftler Wolfgang Steinitz gegründet und bis 1953 geleitet. Danach übernahm die Gesellschaft für Deutsch-Sowjetische Freundschaft die redaktionelle Verantwortung, was eine gewisse Betonung des ideologisch-propagandistischen Aspekts der Artikelauswahl zur Folge hatte (Damaschun et al. 1993). Sie erschien bis 1989. Außerdem gab es Rohübersetzungen, die von einem Leipziger Institut angefertigt und in der *Wirtschaftswissenschaft* angekündigt wurden. In den 1970er Jahren waren die Sprachkenntnisse offensichtlich besser. Es werden russische Originaltexte zitiert und an die Stelle der Liste der Rohübersetzungen tritt eine Sparte Importliteratur. Allerdings wurden viele KPdSU Parteitagsdokumente, auf die man vor allem in den 1970er Jahren häufig zurückgriff, auf Deutsch bei Dietz veröffentlicht. Die hervorragenden Übersetzungen führender sowjetischer mathematischer Ökonomen (z. B. Kantorovič, Novožilov, Nemčinov, Aganbegjan, Valtuch, Dadajan, Granberg) spielen dagegen als Referenz kaum eine Rolle.

Auf der anderen Seite ist die geringe (und abnehmende) Bedeutung der *Wirtschaftswissenschaft* für die wissenschaftliche Arbeit auffällig. Das betrifft in noch größerem Maße das Jahrbuch des Akademieinstituts für Ökonomie *Probleme der politischen Ökonomie,* von dem man erwarten würde, dass es einen signifikanten Impact gehabt hätte. Das war keineswegs der Fall. Das Jahrbuch erschien 1957 zum ersten Mal, also in dem Jahr, in dem das Akademieinstitut und seine prominentesten Mitglieder, Behrens und Kohlmey, scharf kritisiert und gemaßregelt worden waren und Kohlmey als Chefredakteur der *Wirtschaftswissenschaft* abgelöst wurde. Ob darin eine Kompensation zu sehen ist, lässt sich nicht feststellen. Das Jahrbuch hatte ein anspruchsvolles Niveau und bot auch weiterhin unter anderen den beiden ‚Revisionisten' Publikationsmöglichkeiten. Der 13. Band für 1970 war der letzte. Ab 1971, also dem politischen Wechsel zu Honecker, erschien das Jahrbuch nicht mehr. Erst 1986 trat es als *Jahrbuch für politische Ökonomie* erneut in Erscheinung, um nach 1989 wieder eingestellt zu werden. Gleichzeitig startete 1972 der wissenschaftliche Rat für die wirtschaftswissenschaftliche Forschung bei der Akademie der Wissenschaften – allerdings nicht bei ihrem Institut für Wirtschaftswissenschaften (s. Abschn. 2.2.1) – seine in der Regel halbjährlichen Tagungen, deren Proceedings fast ausschließlich unter der Herausgeberschaft seines Vorsitzenden Helmut Koziolek im Akademieverlag veröffentlicht wurden. Auch diese Publikationen finden in den wissenschaftlichen Artikeln in der *Wirtschaftswissenschaft* keinen Widerhall.

Unter den anderen DDR-Zeitschriften wird am häufigsten die theoretische Parteizeitschrift *Einheit* angeführt, was auch mit dem großen (und zunehmenden) Gewicht der unmittelbaren Parteiveröffentlichungen übereinstimmt – ganz der bereits zitierten Devise des Philosophen Manfred Buhr entsprechend. Würde man die angeführten Fachbücher nach Verlagen aufteilen, dann zeigte sich zusätzlich die herausragende Stellung des Parteiverlags *Dietz* und des Verlags *Die Wirtschaft,* der ebenfalls unter unmittelbarer Parteikontrolle stand. Was das implizierte, macht das Beispiel des Buches von Klaus und Liebscher (1974) über Kybernetik und Systemtheorie deutlich, das ursprünglich im Dietz Verlag erscheinen sollte. Dort stieß es auf unüberwindliche Schwierigkeiten, um dann fast unverändert im *VEB Verlag Technik* zu erscheinen: „Aber ein Buch aus einem Technik-Verlag – welcher Funktionär las das schon?" (Liebscher 1995, S. 91).

Fünf oder sechs Jahre zuvor hätte ein Buch über Systemtheorie und Kybernetik wohl problemlos veröffentlicht werden können. Die wirtschaftswissenschaftliche Redaktion des Akademie Verlags verstand sich zwar als Publikationsorgan des Akademieinstituts für Wirtschaftswissenschaften und damit in erster Linie für Fragen des Wachstums und der Strukturentwicklung zuständig. Doch eine 1968 verfasste Vorausschau für das kommende Jahrzehnt widerspiegelt noch ganz den Reformenthusiasmus der 1960er Jahre und engagiert sich auch für die neuen Fächer Organisationswissenschaft, ökonomische Kybernetik, Modelltheorie, Operationsforschung, Soziologie und Wissenschaftstheorie.[14] Ein Standardwerk zum ökonomischen System des Sozialismus wird da gefordert, das mit den Unklarheiten über die Funktion des Marktes und die Wertmodifikation im Sozialismus aufräumt. Das konkretisierte sich ein Jahr später – allerdings nicht mit den

[14] ABBAW: Akad.-Verl., Nr. 1926.

gewünschten Klärungen und im Dietz Verlag – in der *Politischen Ökonomie des Sozialismus und ihre Anwendung in der DDR* (1969; s. Abschn. 3.1.1 und 3.3.1). Schließlich plante der Verlag, die begonnene Praxis zu erweitern und ausländische Standardwerke zu übersetzen oder nachzudrucken. Der Anspruch wird deutlich an den Übersetzungen von Sraffa (1968) und Oskar Lange (1966–1969). Dieser frische Wind legte sich mit dem Machtwechsel 1971.

Das absolute Desinteresse an wirtschaftswissenschaftlichen Veröffentlichungen aus den anderen osteuropäischen Ländern unterstreicht noch einmal: Es geht nicht um Theorie oder Innovation, sondern um Konformität und Orthodoxie. Die Gesellschaftswissenschaften Polens, Ungarns und der Tschechoslowakei waren im Rahmen des Systems durchaus eigenständig und produktiv (Wagener 1998). Allerdings haben sie – zumindest zeitweilig – Kritik geäußert und Reformvorstellungen entwickelt, die in der DDR eher unter den Revisionismusvorwurf gefallen wären. Der Prager Frühling, Ungarns Neuer ökonomischer Mechanismus, Solidarność – das waren rote Tücher, und überall standen dabei führende Ökonomen an vorderster Front. Kurzum, mit demonstrativer Sympathie für osteuropäische Ansätze, von jugoslawischen ganz zu schweigen, konnte man sich leicht in die Nesseln setzen, so dass man derartige Sympathien, wenn sie bestanden, eher für sich behielt.

Umso erstaunlicher ist die konzentrierte Publikation von Oskar Langes – er war bereits 1965 gestorben – späten Büchern 1966–1969. Das Interesse daran kam eindeutig aus dem Institut für Wirtschaftswissenschaften der Akademie der Wissenschaften. 1966 erschien *Ganzheit und Entwicklung in kybernetischer Sicht*“ (Lange 1966), 1967 *Quantitative Relationen in der Produktion* (Lange 1967a). 1968 folgten *Optimale Entscheidungen* (Lange 1968a [1964]), *Einführung in die ökonomische Kybernetik* (Lange 1968b [1965]) und die *Einführung in die Ökonometrie* (Lange 1968b [1965]), 1969 schließlich die zwei Bände der unvollendeten *Politischen Ökonomie* (Lange 1969 [1959]) – alle im Akademieverlag. Zum Teil waren das Übernahmen von Übersetzungen des polnischen Verlags der Wissenschaften. Denn in Polen sah man offensichtlich in der DDR des NÖS einen Markt für moderne ökonomische Fachliteratur. Das war wohl ein Irrtum. Denn außer der *Einführung in die Ökonometrie* lässt sich keinerlei Wirkung feststellen: Die Zeit der Kybernetik und auch der gesamtwirtschaftlichen Optimierungsrechnung war in der DDR 1968 bereits vorbei. Und die originäre DDR-Übersetzung der *Politischen Ökonomie* löste 1968 eine scharfe Rüge aus, die die Herausgeber (Peter Hess und Harry Maier vom Akademie-Institut) dazu zwang, sich im Vorwort von Langes „Entapologetisierung und Entideologisierung der heutigen bürgerlichen Ökonomie“ (Lange 1969 [1959], S. 18) zu distanzieren. Skurril sind nicht nur die Begriffe, skurril wird es vor allem, wenn man Lange, dem Mitbegründer der modernen Wohlfahrtstheorie (Lange 1942), vorwirft, „Richtungen wie die Wohlfahrtstheorie im wesentlichen immanent und ungenügend in ihrer apologetischen Funktion zu kritisieren" (Ibid., S. 19). Die *Politische Ökonomie* ließ sich dann erfolgreicher über einen westdeutsch-österreichischen Verlag im Westen vermarkten, wo Langes Name einen guten Klang hatte. In der DDR war sie tabu.

Die hohe Zitierfrequenz westlicher Quellen erklärt sich aus den kritischen Arbeiten zum kapitalistischen bzw. imperialistischen, insbesondere zum bundesdeutschen Wirtschaftssystem. Die politische Ökonomie des Kapitalismus war als Kontrastmittel zur Herausarbeitung der Vorzüge des Sozialismus in den ersten Jahren besonders wichtig. Solche Arbeiten waren mit zahlreichen Verweisen unterlegt, u. a. aus Tageszeitungen, Zeitschriften, Verbandsnachrichten und anderen offiziellen Verlautbarungen, was auf eine gut geführte Presseausschnittsammlung schließen lässt, die beim Institut für internationale Politik und Wirtschaft (IPW) geführt wurde.[15] Das Streben nach ausführlicher empirischer Untermauerung der kritischen Analyse stand in auffälligem Gegensatz zu den geringen empirischen Anstrengungen bei der Analyse der sozialistischen Wirtschaft.

2.3.1.4 Auslandskontakte

Auslandskontakte – das hieß für die DDR-Wissenschaft in erster Linie Kontakte zur Sowjetunion. Nicht nur war das Wissenschaftssystem institutionell, kurrikular und in seinen Karrieremustern und -titeln ganz am sowjetischen Vorbild ausgerichtet. Es war auch durchgängige Praxis, begabte Studenten für ein oder mehrere Jahre in die Sowjetunion zu schicken. In diesen Vorzug kamen Hunderte junger Akademiker.[16] Das galt übrigens auch für politische Kader. So hat Honecker 1955–1957 die Parteihochschule der KPdSU in Moskau besucht. Die Erfahrungen der ostdeutschen Studenten an den russischen Universitäten und im wissenschaftlichen Milieu der Sowjetunion waren rundheraus positiv: Bei allem offiziellen Dogmatismus war die akademische Luft dort erheblich freier als in der DDR. Natürlich gab es auch Kontakte zu Forschungszentren und Wissenschaftlern in anderen sozialistischen Ländern. Sie waren aber entweder offiziell, und das heißt rein formaler Natur, oder persönlich, wie z. B. zum Ökonometriker Welfe an

[15] Ein Ausreißer – und deshalb nicht mitgezählt – ist ein Artikel von Elke Kopf (1976), der mit 116 Fußnoten historisch interessant sein mag, aber das Bild völlig verzerren würde.

[16] Alle Die beiden an diesem Buch beteiligten ehemaligen DDR-Wissenschaftler haben in der Sowjetunion studiert.

der Universität Łódź. Wie die bibliometrische Analyse weiter oben verdeutlicht, spiegelte sich das nicht in der wissenschaftlichen Diskussion wider.

Im Gegensatz zu polnischen und ungarischen Ökonomen konnten ostdeutsche Sozialwissenschaftler nur in sehr beschränktem Umfang ins westliche Ausland reisen. Die Gewährung des Status als ‚Reisekader' und die Erlaubnis, konkreten Einladungen zu folgen, unterlagen strenger Kontrolle. Davon gab es Ausnahmen, die sich nicht nur dem notorischen Bemühen um internationale Anerkennung verdankten, sondern auch dem Bemühen um harte Devisen. Der deutsch-deutsche Grundlagenvertrag von 1972 beendete den Alleinvertretungsanspruch der BRD (Hallstein-Doktrin) und ermöglichte 1973 die Aufnahme beider deutschen Staaten in die UNO. Damit konnten DDR-Wissenschaftler in verschiedenen UNO-Organisationen und vor allem auch als Hochschuldozenten in Ländern der Dritten Welt (Syrien, Abessinien, Angola, Kuba z. B.) tätig werden, wobei die Gehälter von der UNO bezahlt wurden (sogenannter immaterieller Export, was eine statistische Komplikation darstellte, da diese Dienstleistungen eigentlich als unproduktiv galten).

Eine besondere Chance bot das von den USA und der Sowjetunion gemeinsam ins Leben gerufene *International Institute for Applied Systems Research* (IIASA) in Laxenburg bei Wien. In der langen Gründungsphase von 1967 bis 1972 bestand die Sowjetunion von Anfang an darauf, dass die DDR beteiligt werde, um die internationale Isolierung ihres Satelliten zu durchbrechen (Raiffa 1992). Das führte zu erheblichen Schwierigkeiten, die umsegelt werden konnten (kurz nach Gründung des IIASA 1972 löste sich das Problem mit dem deutsch-deutschen Grundlagenvertrag und der Aufnahme in die UNO von selbst auf). Ende der 1970er Jahre kamen auch ostdeutsche Ökonomen in den Genuss mehrjähriger Forschungsaufenthalte in Laxenburg (Heinz-Dieter Haustein und Hans Knop von der HfÖ und Harry Maier vom Akademie-Institut), wo sie in einem internationalen Wissenschaftsumfeld tätig werden konnten (s. Abschn. 4.1.1).

Ein weiteres Fenster zum Westen war das 1963 in Wien von der UNESCO gegründete *Europäischen Koordinationszentrum für Forschung und Dokumentation in den Sozialwissenschaften,* das über Jahre vom polnischen Philosophen Adam Schaff geleitet wurde. Obwohl seit Beginn zur Mitarbeit berechtigt konnten sich sozialwissenschaftliche Institute der DDR erst ab 1975 an Projekten des Zentrums beteiligen, weil es „lange Zeit als Einrichtung ideologischer Konvergenz und ‚Unterwanderung' des Sozialismus galt" (Weidig 1997, S. 103). Ähnliche Bedenken galten auch für das IIASA. Doch nach dem Beitritt der DDR zur UNO war es politisch angezeigt, internationale Präsenz zu zeigen.

2.3.2 Polen: der schmale Grat zwischen Politik und Wissenschaft

2.3.2.1 Die Sowjetisierung der Wissenschaft

Das neue System brachte insbesondere für die Human- und Gesellschaftswissenschaften einschneidende Veränderungen. In der Wirtschaftswissenschaft spielte die Auseinandersetzung um das Zentralplanbüro von 1949 eine Schlüsselrolle. In dieser Debatte wurden der Polnischen Sozialistischen Partei verbundene Ökonomen verurteilt, weil sie sich dem sowjetischen Planwirtschaftsmodell entgegenstellten (s. Abschn. 2.1.2; Drewnowski 1979; Kowalik 2006b). Anfang 1950 änderte man die Ökonomie-Curricula und ließ nur noch den sowjetischen Ansatz zu. Wissenschaftler, die als kritische Vertreter der ‚bürgerlichen Ökonomie' galten, wurden von den Universitäten entfernt (z. B. Edward Taylor in Posen, Adam Krzyżanowski in Krakau; Czarny 2014a). Politisch Unzuverlässige, wie der Breslauer Agrarwissenschaftler Wincenty Styś, durften nicht mehr in ihrem Spezialgebiet arbeiten (er fand sich auf einem Lehrstuhl für polnische Geschichte wieder; Urban 2010, S. 9). Der frühere Rektor der Warschauer Handelshochschule (*Szkola Główna Handlowa/SGH*), Aleksy Wakar, wurde trotz seiner aktive Unterstützung der Parteipolitik von seinem Posten entfernt, 1952 dann festgenommen und an die sowjetischen Autoritäten überstellt, die ihn zu 10 Jahren Arbeitslager verurteilten (Grzelońska 2006, S. 97–9. 8). Schließlich schloss man linke Ökonomen, deren Parteiloyalität man misstraute, von der Lehre in den wichtigen Fächern aus, vor allem der politischen Ökonomie (so z. B. Edward Lipiński an der SGPiS; Czarny 2014a).

Bis Mitte der 1950er Jahre blieben die Diskussionen in der Ökonomie fast ausschließlich beschränkt auf die Auslegung sowjetischer Doktrinen. Wissenschaftler wie Brus und Lange unterwarfen sich den politischen Autoritäten und führten die Prinzipien der sowjetischen Ökonomie in die polnische Wissenschaft ein. Typisch ist der Fall von Michał Kalecki, einem der eminenten linken Wirtschaftswissenschaftler seiner Zeit. 1946 versuchte er Hilary Minc zu beraten, den wirtschaftspolitischen Kopf der polnischen Regierung. Doch er galt als ideologisch unzuverlässig, als ‚ungefestigter Marxist', der nicht verstehe, worum es bei den sich abzeichnenden Veränderungen eigentlich gehe (Osiatyński 1982, S. 306–307; Osiatyński 1988, S. 9; Toporowski 2018, S. 161). Schließlich ging Kalecki zurück in den Westen, um für die Vereinten Nationen und dann in Kanada zu arbeiten, und kehrte erst 1955 nach Polen zurück.

Die Beziehungen zwischen Partei und Wissenschaft änderten sich grundlegend mit dem Tauwetter von 1956. Die Partei setzte zwar ihre Kontrolle der Wissenschaft fort, aber die Intensität schwächte sich ab, und der Charakter wandelte sich.

Ursache war die Krise des Parteiapparats 1956–1958. Die Universitäten gewannen ihre Bedeutung in der Forschung zurück. Das Gewicht der Akademie der Wissenschaften, die einer schärferen Parteikontrolle als die Universitäten unterlag, nahm ab. Doch auch dort ging die Überwachung durch die Partei zurück (Pleskot und Rutkowski 2013). Das Tauwetter von 1956 erlaubte es vielen der bisherigen Propagandisten des Sowjetmodells, vom orthodoxen Marxismus-Leninismus abzuweichen.

2.3.2.2 Tauwetter und wieder aufziehende Wolken

Eine der Hauptforderungen der Tauwetterperiode richtete sich auf eine grundlegende Wirtschaftsreform. Geschwächt durch die Arbeiterunruhen beschlossen die Parteioberen, Reformen des Wirtschaftssystems und der Unternehmensführung in Angriff zu nehmen. Die fachkundigen Ökonomen trugen mit ihrem Rat zur Vorbereitung dieser Reformen und zur Abfassung von Gesetzesentwürfen bei. Unter ihnen trat Kalecki als Berater des stellvertretenden Ministerpräsidenten Piotr Jaroszewicz hervor (Osiatyński 1982, S. 320 et seq.). Doch auch Brus, Lange und der frühere Leiter des Zentralplanbüros Czesław Bobrowski wurden aktiv. Als Ergebnis lagen Gesetze vor, die in den Betrieben Arbeiterselbstbestimmung vorsahen und die Autonomie der Betriebe stärkten.

Die Jahre 1956–1957 sahen heftige Diskussionen um die Wirtschaftsordnung, die sich aus den Reformen ergeben sollte. Zur Vorbereitung ernannte die Regierung einen Wirtschaftsrat, dem unter dem Vorsitz von Oskar Lange zahlreiche prominente Ökonomen angehörten, darunter Kalecki, Brus, Bobrowski, Lipiński, Pajestka und viele andere. Darüber hinaus gehörten dem Rat Vertreter der Regierung und der Wirtschaftsverwaltung an. Im Ergebnis entstand ein Programm für ordnungspolitische Veränderungen, das jedoch nie umgesetzt wurde (Tezy 1957). Der Wirtschaftsrat selbst überlebte bis 1963, doch blieb sein Einfluss auf politische Entscheidungen minimal und die beteiligten Wissenschaftler zogen sich schrittweise zurück. Brus z. B. sagte seine Mitgliedschaft des Rates 1958 auf, weil er jeglichen Einfluss auf die Wirtschaftspolitik vermisste (Brus 1993).

In den späten 1950er und frühen 1960er Jahren erfreuten sich die Sozialwissenschaften einer relativ großen Forschungsfreiheit. Zwar überwachte das ZK Sekretariat für Wissenschaft und Bildung und die entsprechenden regionalen (Woiwodschaft) Organe die Aktivitäten der wissenschaftlichen Einrichtungen, vor allem die Akademie der Wissenschaften und die Universitäten, doch diese Kontrolle war weitaus schwächer als zu Beginn der 1950er Jahre (Pleskot und Rutkowski 2013).

Doch die Forschungsfreiheit beschränkte sich auf einen breit verstandenen Marxismus. Nicht-marxistische Ökonomen, die Anfang der 1950er Jahre ihre

Stellung verloren hatten, durften zwar zurückkehren, doch ihre Position im akademischen Leben blieb marginal (z. B. Taylor in Posen). So verhinderten die Autoritäten 1959 die Wiederwahl von Wincenty Styś als Rektor der Breslauer Universität, nachdem er diese Position in der Tauwetterperiode von 1957 wiedergewonnen hatte (Urban 2010, S. 9). Ein weiteres Beispiel für Einschränkungen der Forschungsfreiheit durch die Partei war die Blockade der Habilitation von Stefan Kurowski, einem der aktivsten Teilnehmer der Debatten von 1956–1957 und einem der schärfsten Systemkritiker. In seiner Habilitationsschrift, die auf empirischer Datenanalyse beruhte, zeigte Kurowski in einem Kapitel, dass die sozialistische Wirtschaft niemals zu den entwickelten Wirtschaften des Westens aufholen könne (Kurowski 1963). Die Gutachter und die Habilitationskommission hatten 1963 Kurowskis Habilitation angenommen, doch Gomułka griff den Wissenschaftler persönlich auf dem 12. ZK Plenum an, so dass die Habilitation zurückgezogen werden musste. Dieser Vorfall zeigt den wachsenden Druck auf die Wissenschaft von Seiten der Partei und die schrittweise Unterdrückung von Ansichten, die nicht mit der Parteilinie übereinstimmten. Damit verbunden war auch die Liquidierung von unabhängigen Organisationen, in denen sich eine kritische Intelligenz zusammenfand (z. B. das Verbot des *Krzywe Kolo Club* im Jahr 1962; Jedlicki 1963).

Die allmähliche Änderung der Parteipolitik gegenüber der Wissenschaft wirkte sich auf die öffentliche Stellung der Ökonomen aus. Waren zu Beginn der 1960er Jahre die bekanntesten unter ihnen als Berater der Regierung tätig, gaben sie in den folgenden Jahren diese Aktivitäten auf. Typisch dafür ist die abnehmende Bedeutung Kaleckis in der Plankommission. Kalecki, der über viele Jahre hinweg eine Schlüsselposition in der Forschung der Kommission innehatte, verlor Jahr für Jahr seinen Einfluss auf die analytische Arbeit. Sein letzter Einsatz war eine Stellungnahme zum Plan 1966–1970, die von Gomułka so kommentiert wurde: „Professoren mit Titeln, erwachsene Leute, schreiben unsinnige Thesen auf, anstatt zu forschen und uns zu unterstützen" (Lopez und Assous 2010, S. 15). Damit brachte er Kalecki dazu, seinen Posten bei der Plankommission 1964 endgültig aufzugeben.

Einschränkung oder völlige Aufgabe der Beratertätigkeit bedeuteten nicht eine Behinderung der wissenschaftlichen Forschung. Zwar behielt die Partei ein Auge auf die Wissenschaftler, doch gestand sie ihnen relative Forschungsfreiheit zu, solange dadurch nicht die sozialistische Wirtschaftsordnung oder das System der sogenannten Volksdemokratie untergraben wurden. So konnten Ende der 1950er und in der ersten Hälfte der 1960er Jahre die bedeutendsten ökonomischen Arbeiten der gesamten kommunistischen Periode in Polen publiziert werden.

Kalecki veröffentlichte seine Wachstumstheorie (*Zarys teorii wzrostu gospodarki socjalistycznej* Kalecki 1982d [1963]) sowie methodische Arbeiten zur langfristigen Planung (Kalecki 1963, 1964a). Zusammen mit früheren Analysen der Dynamik in Marktwirtschaften trug die Wachstumstheorie wesentlich zur Herausbildung der post-keynesianischen Ökonomie bei (Osiatyński 2017). Lange arbeitete an seinem *opus magnum* und publizierte 1959 den ersten Band seiner „Politischen Ökonomie" (*Ekonomia polityczna,* Lange 1969 [1959]). Die Fertigstellung der beiden folgenden Bände wurde von seinem Tod 1965 verhindert. So blieb der Einfluss seines letzten Werkes im Vergleich zu den Arbeiten aus den 1930er Jahren eher bescheiden. Daneben machte Lange in seinen letzten Jahren große Anstrengungen, die Ökonometrie in Polen voranzubringen (Lange 1968c [1958], 1968b [1965]). Zentrum der ökonometrischen Forschungen war die Universität Warschau und ab der zweiten Hälfte der 1960er Jahre die Universität Łódź unter Leitung von Władysław Welfe.

Brus veröffentlichte in dieser Periode sein bedeutendstes Buch „Funktionsprobleme der sozialistischen Wirtschaft" (*Ogólne problemy funkcjonowania gospodarki socjalistycznej;* Brus 1971 [1961]). Es zählt zu den wichtigsten Studien zum sogenannten Marktsozialismus, die in kommunistischen Ländern erscheinen konnten.[17] Auch wenn sein unmittelbarer Einfluss auf die Ökonomie eher gering war, spielte es doch für die nächste Generation (vor allem in der Opposition) und ihre Überlegungen zu möglichen Reformen der Planwirtschaft eine Rolle. Eine weitere gründliche Analyse der zentral geplanten Wirtschaft stammte aus der Feder von Aleksy Wakar, der nach seiner Rückkehr aus der Sowjetunion ein starkes Forschungsteam an der Hochschule für Planung und Statistik (SGPiS) zusammenführte, dem unter anderen Jan Giedymin Zieliński, Urszula Libura-Grzelońska und Janusz Beksiak angehörten. Später wurde das Team die Wakar-Schule genannt. Bereits Ende der 1950er Jahre „gab Wakar ein für alle Mal den Versuch auf, den Marxismus zu zähmen, doch er unternahm es, die Planwirtschaft zu zähmen, indem er sie im Rahmen eines allgemeinen Gleichgewichts präsentierte" (Grzelońska 2006, S. 101). In den 1960er Jahren setzten sich Wakar und sein Team für die Idee der parametrischen Planung ein.

Mitte der 1960er Jahre verschärfte sich die Haltung der Partei gegenüber der Wissenschaft spürbar. Ursache war eine Zuspitzung der Fraktionskämpfe innerhalb der PVAP. Seit der Tauwetterperiode standen sich in der Partei der konservative Flügel und die Parteiliberalen (Revisionisten) gegenüber. Gomułka verfolgte mit seiner Politik das Ziel, beide Flügel zu schwächen, sah aber in den

[17] Eine ostdeutsche Übersetzung sucht man vergeblich, eine westdeutsche erschien 10 Jahre später.

Revisionisten die größere Gefahr für die Einheit der Partei. Ab 1960 wuchsen die Konflikte, nachdem sich eine neue Hardliner-Fraktion um Mieczysław Moczar gebildet hatte. Schließlich wurden 1963–1964 die letzten Vertreter der Revisionisten aus der Parteiführung entfernt (Roman Zambrowski, Władysław Matwin). Das wirkte sich auch auf die akademische Gemeinschaft aus, vor allem auf die größte Landesuniversität – die Universität von Warschau.

1964 verfassten Jacek Kuroń und Witold Modzelewski (damals ein junger Angestellter in der historischen Fakultät) einen ‚Offenen Brief an die Partei'. Darin kritisierten sie die mangelnde Demokratie innerhalb der Partei und die beherrschende Rolle des Parteiapparats. Als Reaktion auf diesen Brief, auf Leszek Kołakowskis Rede von 1966 und auf Studentenunruhen 1966–1967, die sogenannten ‚Kommandos', verschärfte die Partei den Druck auf die akademische Gemeinschaft. Dabei spielte das ZK Sekretariat für Wissenschaft und Bildung unter Andrzej Werblan die Hauptrolle. An der Universität Warschau führten die Parteigrundorganisation der Universität und die Warschauer Gebietsorganisation der Partei die Aktion durch (Friszke 2002).

Die Instabilität und politische Krise der zweiten Hälfte der 1960er Jahre versetzte die akademische Gemeinschaft, vor allem die Warschauer Intellektuellenkreise, in eine tiefe Depression. Manche waren gestorben wie Oskar Lange (1965) und Michał Kalecki (1970), manche waren emigriert wie Brus und Łaski und viele ihrer Studenten, z. B. Smolar und Bursztyn, manche wählten die innere Emigration und zogen sich so weit wie möglich aus dem aktiven akademischen Leben zurück.

Der wachsende Einfluss der Wirtschaftswissenschaft auf die polnische Wirtschaftspolitik kam in der zweiten Hälfte der 1960er Jahre auf Grund der politischen und sozialen Konflikte zu einem jähen Ende. Die Krise folgte aus der zunehmenden Kritik der Intelligenz an der Politik Gomułkas, der Enttäuschung über die unzureichende Fortführung der politischen Aufarbeitung des Stalinismus nach 1956 und aus der Etablierung einer Oppositionsbewegung unter den Revisionisten. 1968 gerieten die Studenten in Aufruhr. Der letzte Akt fand im März 1968 mit den Studentendemonstrationen statt, die brutal unterdrückt wurden. Und dann wurden die Institutionen von ‚fremden' Elementen gereinigt. Das wurde von einer antisemitischen Kampagne begleitet. Sie schob die Verantwortung für die Krise und für parteikritische Aktivitäten Personen jüdischer Herkunft (ehemaligen Spitzenfunktionäre und ihren Kindern) in die Schuhe. Das führte zu einer Emigrationswelle von polnischen Bürgern jüdischer Herkunft, die häufig wichtige akademische und politische Positionen innegehabt hatten. Die wirtschaftliche Stagnation mündete in eine politische Krise, die sich 1970 in Arbeiterunruhen manifestierte und schließlich Gomułkas Regime zusammenbrechen ließ.

Das Beispiel von Brus und seinen Studenten an der Universität Warschau verdeutlicht die Situation. Als prominentes Mitglied der Parteigrundorganisation an der Universität widersetzte sich Brus einer scharfen Disziplinierung von Kuroń, Modzelewski und Kołakowski und von der Studentengruppe der ‚Kommandos' (unter ihnen Adam Michnik). Doch sein Einfluss nahm Jahr für Jahr ab (Friszke 2002). Im Januar 1968 gab Brus schließlich seine Parteimitgliedschaft auf. Nach den Ereignissen vom März 1968 wurde er entlassen und nach wenigen Jahren verließ er Polen. Ein ähnliches Schicksal erfuhren viele weitere Ökonomen, die sich entweder aus der Universität zurückzogen (Bobrowski), relegiert wurden wie Brus' Studenten (Waldemar Kuczyński und Henryk Szleifer) oder in den Westen emigrierten wie Kaleckis Mitarbeiter Ignacy Sachs und Kazimierz Łaski, Aleksy Wakars begabtester Student Jan Giedymin Zieliński, Langes Student Stanisław Gomułka oder Aleksander Smolar, Student und dann Mitarbeiter von Brus.

Kalecki war zu berühmt, um ihn einfach von der Hochschule für Planung und Statistik (SGPiS) zu entfernen. Doch seine Wachstumstheorie verfiel einer strengen Kritik mit dem Vorwurf, er weiche von den Prinzipien des Marxismus-Leninismus ab. Wie Kowalik (2006a, S. 87) schrieb, blieb Kalecki „an der Hochschule für Planung und Statistik buchstäblich auf sich gestellt. So beschloss er zu gehen, und die einzige Person, die auf Wiedersehen sagte, wie er oft wiederholte, war der Hausmeister. Die Ereignisse von 1968 trafen Kalecki hart. [...] Kalecki selbst sagte das nicht (zumindest nicht zu mir), aber Frau Ada bemerkte oft, die Rückkehr nach Polen sei ein tragischer Fehler gewesen."

2.3.2.3 Liberalisierung und Aufweichung der orthodoxen Doktrin

Mit der Machtübernahme von Edward Gierek und mit seiner liberaleren Politik gegenüber Wissenschaft und Kultur stabilisierte sich in den 1970er Jahren das Potential der Ökonomie. Möglichkeiten für Stipendien und Reisen in den Westen erlaubten es den Wissenschaftlern, sich mit modernen Ansätzen in der Ökonomie vertraut zu machen, Kontakte mit westlichen Kollegen zu knüpfen und die neuesten Fachpublikationen zu lesen. Doch der Tod der bedeutendsten Ökonomen – Lange 1965, Wakar 1966 und Kalecki 1970 – und die Emigration vieler führender Forscher, wie Brus, Łaski, Sachs und Zieliński, hinterließen eine bleibende Lücke in der Disziplin, die nicht länger in der Lage war, Werke hervorzubringen, die sich mit Kaleckis Wachstumstheorie oder selbst Brus' Arbeiten zum Marktsozialismus messen konnten.

Die Krise von 1980–1981 schwächte die Kontrolle über die Forschungszentren. Auch die Rolle der Zensur nahm ab: Kuczyńskis Buch, das 1979 im Untergrund veröffentlicht worden war, konnte 1981 offiziell erscheinen. Nach Einführung des Kriegsrechts versuchte die Parteiführung zwar, die Kontrolle wiederzugewinnen. Forscher, die bei Solidarność besonders aktiv waren, wurden verhaftet (unter den Ökonomen z. B. Kurowski, Kuczyński und Bugaj). Der Versuch, das wissenschaftliche Personal zu disziplinieren, machte sich auch durch den Austausch des Managements der wichtigen Forschungszentren bemerkbar und durch die Entlassung von Wissenschaftlern (der prominenteste Fall war der Ausschluss des Historikers und Solidarność Beraters Bronisław Geremek aus der Akademie der Wissenschaften). Doch selbst die Einführung des Kriegsrechts und die Verschärfung des Gesetzes über Oppositionstätigkeit stoppten nicht die Weitergabe unabhängiger Publikationen. Untergrund-Zeitungen und Zeitschriften brachten Texte von Ökonomen, die völlig von der offiziellen Parteilinie abwichen.

Die geschwächte Parteiführung bemühte sich, ihre Glaubwürdigkeit wiederzugewinnen, und versuchte Leute als Berater aufzubieten, die innerhalb der Profession einen guten Namen hatten, wie z. B. Czesław Bobrowski, der für den Beirat des Premierministers und Parteiführers Wojciech Jaruzelski tätig wurde (Bobrowski 1985). Ein weiteres auffälliges Merkmal dieser Periode ist in der Toleranz, wenn nicht sogar Unterstützung zahlreicher Publikationen zu sehen, die die Wirtschaftspolitik der Regierung von Edward Gierek kritisch durchleuchteten (z. B. Müller 1985). Das entsprach dem Bemühen der Parteiführung, sich von ihren Vorgängern abzusetzen. Doch zeigten diese Analysen von Ökonomen und auch Organisationssoziologen (z. B. Iwanowska 1982) nicht nur Giereks Inkompetenz, sondern auch die nachhaltige Ineffizienz des Systems der Zentralplanung selbst. Die Lockerung der Parteikontrolle vor allem in der zweiten Hälfte der 1980er Jahre erlaubte es jüngeren Parteiökonomen sogar, sich für liberale Theorien zu interessieren, so z. B. Marek Belkas (1986) Arbeit zu Milton Friedman. Im Ergebnis gab es neben den Studien, die sich nach wie vor auf die marxistische Doktrin beriefen, auch Publikationen im offiziellen Verkehr, die nicht mehr auf die Klassiker zurückgriffen, auch wenn sie nicht explizit die Notwendigkeit betonten, die herrschende Wirtschaftsordnung aufzugeben.

Fassen wir die letzten beiden Abschnitte kurz zusammen. In der Periode des Staatssozialismus wechselten die Beziehungen zwischen der Partei und der Wissenschaft mehrmals, und zwar im Zusammenhang mit den zyklischen politischen und sozialen Krisen. Sowohl das Tauwetter nach dem Aufstand von 1956 als auch die Solidarność Periode 1980-1 führten zu einer Schwächung des Einflusses der Partei auf die Gesellschaftswissenschaften einschließlich der Ökonomie. Nach 1956 konnten neben Texten, die auf orthodoxem marxistisch-leninistischem Boden standen, auch Studien veröffentlicht werden, die sich mit dem sogenannten Marktsozialismus beschäftigten. Nicht dass die Partei volle Forschungsfreiheit gewährt hätte, wie Kurowskis Fall verdeutlicht, doch wurden unorthodoxe Interpretationen des Marxismus in den 1960er Jahren toleriert, wenn auch mit gewissen Einschränkungen. Die zweite Hälfte der 1960er Jahre brachte einen Rückfall. Die relative Freiheit der Universitäten nach 1956 verdankte sich der starken Position des liberalen Flügels in der Partei, der allerdings in den 1960er Jahren an Einfluss verlor. In Folge der Ereignisse von 1968 wurde die Kontrolle der Wissenschaften verschärft und Forscher, die man als Parteifeinde ansah, aus ihren Positionen entfern.

Giereks Machtübernahme 1970, seine relativ liberale Wissenschaftspolitik und seine gleichzeitige Öffnung nach Westen lösten eine langsame Wiederbelebung unorthodoxer Analysen der Wirtschaft aus. Das blieb allerdings noch im Rahmen unterschiedlicher Interpretationen aus der marxistischen Schule. Wendepunkt war der Ausbruch der Wirtschaftskrise Mitte der 1970er Jahre und die sozialen Aufstände von 1976, die eine organisierte Opposition mit unabhängigen Publikationsorganen ins Leben riefen. Diese Entwicklung erreichte mit den Streiks von 1980 ihren Höhepunkt. Die tiefe Krise der Partei, und vor allem ihrer Führung, die bis zum Ende des Jahrzehnts nicht zur alten Stärke zurückfand, erlaubten es ihr selbst zu Zeiten des Kriegsrechts nicht, die volle Kontrolle über die Wissenschaft zurückzugewinnen. Im Ergebnis wurden die Ideen einer dezentralisierten sozialistischen Wirtschaft wiederbelebt. Solche Überlegungen tauchten in Reformprogrammen auf, die in Kreisen von Solidarność aufgestellt und die teilweise sogar von der Parteiführung übernommen wurden. Nicht-marxistische Ansätze stießen in den 1980er Jahren auf immer größeres Interesse, vor allem in der jüngeren Ökonomen-Generation. Allerdings blieben sie noch in der Minderheit im Vergleich zu Projekten, die verschiedene Formen einer sozialistischen Wirtschaft vertraten.

2.3.2.4 Das akademische Umfeld

Als die Partei 1956 die straffen Zügel ihrer Überwachung des akademischen Feldes lockerte, wurde auch die Publikationspolitik liberaler. In der ersten Hälfte der 1950er Jahre hatten wirtschaftswissenschaftliche Veröffentlichungen entweder aus Neuausgaben sowjetischer Schriften bestanden oder aus polnischen Arbeiten, die sich strikt an die Anforderungen des Marxismus-Leninismus hielten. Hier setzte 1956 ein grundlegender Wandel ein. Neben Arbeiten im Rahmen des Kanons der politischen Ökonomie des Sozialismus gab es auch Veröffentlichung, die davon abwichen. Studien, die sich mit dem Marktsozialismus beschäftigten wie das bereits erwähnte Buch von Brus (1971 [1961]), konnten erscheinen. Kalecki legte zahlreiche Publikationen vor, darunter das ebenfalls erwähnte Buch zur Wachstumstheorie. Er war zwar von Marx beeinflusst, aber gleichzeitig weit entfernt vom Marxismus-Leninismus, wie ihn die Sowjets verstanden. Kalecki und Bobrowski gründeten ein Forschungszentrum zur Ökonomie der Dritten Welt, wo sich eine polnische Version der Entwicklungsökonomie herausbildete, die Kalecki, Sachs und ihre Mitarbeiter vertraten. Im Rahmen dieser Untersuchungen brachte die Serie *Prace i Materiały* (Arbeiten und Materialien) zahlreiche Publikationen heraus, unter anderen Kaleckis (1964b) Konzept der Übergangsgesellschaft.

In den folgenden Jahren änderte sich die Publikationspolitik nicht wesentlich. In den 1970er und 1980er Jahren konnten ökonomische und soziologische Managementstudien erscheinen, die auf eine informelle Dezentralisierung des Planungssystems hindeuteten, ebenso wie Analysen der sogenannten Planaushandlung oder Prinzipal-Agent Beziehungen (z. B. Beksiak et al. 1978–1982). Solche Bücher wurden vor allem beim wichtigsten wissenschaftlichen Verlag Polens (*Państwowe Wydawnictwo Naukowe (PWN)*) oder beim Verlag für Ökonomie (*Państwowe Wydawnictwo Ekonomiczne (PWE)*) verlegt. Daneben spielten Universitätsverlage auch eine Rolle. In diesem Zusammenhang zu erwähnen sind Arbeiten von Organisationssoziologen, die sich kritisch mit der Funktionsweise des politischen und ökonomischen Systems auseinandersetzten und die in den 1980er Jahren an der Universität Warschau veröffentlicht wurden (z. B. Morawski 1983, Morawski und Kozek 1988). Arbeiten, die seit Ende der 1970er Jahre auf Grund der Zensur nicht offiziell erscheinen durften, kamen bei illegalen Verlagen heraus. Beispiele sind die bereits erwähnten Studien von Kuczyński und Kurowski oder eine der bedeutendsten soziologischen Analysen des kommunistischen Systems, Jadwiga Staniszkis' *The ontology of socialism* (*Ontologia socjalizmu,* Staniszkis 1989).

Seit 1956 spielten populäre Zeitschriften eine wichtige Rolle bei der Verbreitung von Wissen über die Ökonomie. Unmittelbar nach 1956 legten bekannte Wissenschaftler wie Kalecki, Brus, Lipiński, Kurowski und andere ihre Ansichten über notwendige Veränderungen im Wirtschaftssystem in auflagenstarken Blättern dar, wie z. B. *Polityka* (Politik), *Za i Przeciw* (Für und Wider), *Tygodnik Powszechny* (Allgemeines Wochenblatt), aber auch in Spezialzeitschriften, insbesondere *Życie Gospodarcze* (Wirtschaftliches Leben). Einige Ökonomen schrieben auch in der Parteizeitschrift *Nowe Drogi* (Neue Wege).

Die liberale Publikationspolitik seit Mitte der 1950er Jahre manifestierte sich auch in der Veröffentlichung vieler Bücher prominenter westlicher Ökonomen. Schriften der österreichischen Schule oder von Milton Friedman konnten auf Grund der Zensur nicht offiziell erscheinen, doch Bücher aus der keynesianischen Richtung oder aus den Randgebieten zwischen der Ökonomie und anderen

Sozialwissenschaften wurden publiziert. Wir nennen nur Keynes (1956), Kuznets (1976), Solow (1967), Hicks (1975, 1978, 1988), Samuelson (1959), Simon (1976, 1982) und March und Simon (1964). In den 1980er Jahren erschienen Bücher, die vom Zensor nicht akzeptiert wurden, inoffiziell, so z. B. Friedman (1985), Friedman und Friedman (1985) und Hayek (1987). Neben westlichen Autoren sind auch Übersetzungen der interessantesten Arbeiten aus dem sozialistischen Lager anzutreffen, so z. B. von Kantorovič (1961), Kantorovič und Gorstko (1976) oder János Kornais wichtigste Bücher aus dieser Zeit, *Anti-Equilibrium* (1973) und *Economics of Shortage* (1985). Die Wissenschaftler hatten einen relativ guten Zugang zu Büchern und Zeitschriften aus dem Westen, die von den großen Bibliotheken importiert wurden, auch wenn die Nutzung dieser Publikationen Beschränkungen unterlag. Der mehr oder minder freie Zugang zu ausländischen Publikationen folgte aus der Liberalisierung des wissenschaftlichen Verkehrs mit dem Westen nach 1956.

Seit dieser Zeit nahm die Zahl der Auslandsaufenthalte polnischer Wissenschaftler vor allem im Westen erheblich zu. Nach Berechnungen von Pleskot und Rutkowski (2009, S. 17–18) betrug die Zahl der Westreisen im Rahmen der Polnischen Akademie der Wissenschaften 1953 – 1939, 1956 – 349 und 1959 – 549 Personen. Die Zahl stieg in den 1960er Jahren allmählich an. Dank der liberaleren Wissenschaftspolitik unter Gierek verstärkte sich der Trend im folgenden Jahrzehnt deutlich. Ähnliches galt in umgekehrter Richtung für westliche Wissenschaftler, die Polen besuchten. Eine Studie der Sicherheitsbehörden aus dem Jahr 1967 bezifferte für 1965 die Gesamtzahl der – nur im Rahmen der Akademie – aus- und einreisenden Wissenschaftler mit 4764 Personen. Darin enthalten sind auch kurzfristige Aufenthalte (Konferenzbesuche u.s.w.). 35,8 % davon betrafen Polen, die in kapitalistische Länder reisten, wobei dieser Prozentsatz im Vergleich zu 1960 bei steigender Gesamtzahl um 7 % gefallen war. Gleichzeitig wuchs die Zahl der einreisenden Westler jedoch von 40,1 % 1960 auf 43 % 1965.

Formell erforderte ein Auslandsaufenthalt neben der wissenschaftlichen Befürwortung eine Erlaubnis des Außenministeriums (und wahrscheinlich auch die Zustimmung der Sicherheitsbehörden, auch wenn das formell nicht sichtbar wurde). Doch wie Dokumente der Sicherheitsbehörden aus den 1960er und 1970er Jahren zeigen, war die Bewilligungspraxis für Auslandsreisen nicht sonderlich streng, was zu wiederholten Aufforderungen führte, sie zu reorganisieren. Diese scheinen aber keine große Wirkung gehabt zu haben. So erhielten neben Parteimitgliedern auch nicht mit der Partei verbundene Wissenschaftler Stipendien, ja selbst Forscher aus Oppositionskreisen. Hierfür ist ein Memorandum von 1980 bezeichnend, in dem die Sicherheitsbehörden empfehlen, man solle nicht

Stipendien für Leute blockieren, die an der Fliegenden Universität (TKN) beteiligt waren, aber sich nicht stärker für die Opposition engagiert hatten (Pleskot und Rutkowski 2009, S. 262–268).

Die Stipendien an westlichen Universitäten ermöglichten es den Wissenschaftlern, sich mit dem neuesten Stand der Ökonomie vertraut zu machen. Im Ergebnis kannte sich ein signifikanter Teil des akademischen Personals, vor allem an den großen Zentren (Warschau, Krakau, Posen und Breslau), nicht nur in der marxistischen politischen Ökonomie aus, sondern auch im neo-klassischen Mainstream. Wie Włodzimierz Siwiński, Professor für Makroökonomie und in den 1990er Jahren Rektor der Universität Warschau, sich erinnerte: „Ich habe ein Semester an der Kent State University dank einer Vereinbarung zwischen beiden Universitäten unterrichtet. […] Neue Lehrbücher erschienen. Für mich war das sehr wichtig, denn es erlaubte mir, das Makroökonomie-Programm grundlegend zu aktualisieren. Alle, die zurückkehrten, haben ihren Unterricht geändert" (zitiert in Koryś 2020, S. 55). Ähnlich äußerte sich auch Jerzy Wilkin, ebenfalls von der Universität Warschau: „In der Zeit Giereks war es leichter, mit der Welt in Kontakt zu treten. Die Leute besuchten verschiedene Länder, ausländische Literatur kam zu uns herein. Wir konnten unseren Unterricht ziemlich unabhängig gestalten" (Ibid.).

Neben den Beziehungen zum Westen gab es auch Verbindungen zu den übrigen sozialistischen Ländern. Die zitierte Quelle der Sicherheitsbehörden gibt an, dass die Zahl der Auslandsreisen in sozialistische Länder von 57.4 % im Jahr 1960 bis 1965 auf 64 % aller Ausreisenden gestiegen ist, während die Besuche aus den sozialistischen Ländern in Polen von 60 % 1960 auf 55 % aller Einreisenden im Jahr1965 fielen. Die Kontakte mit den wichtigen Forschungszentren der sozialistischen Länder waren nicht immer einfach. In seinen Memoiren berichtet Brus (1993), es sei schwierig gewesen, sowjetische Wissenschaftler zu treffen, als er 1960 in der Sowjetunion Material zur Neuen Ökonomischen Politik für sein Buch von 1961 sammeln wollte. Viele Akademiker wurden überraschend krank und konnten einen Kollegen nicht empfangen, der zu jener Zeit bereits als Revisionist bekannt war. Im Vergleich zu Westreisen waren Kontakte mit sozialistischen Ländern weniger attraktiv, und die wissenschaftlichen Leistungen von Ökonomen aus diesen Ländern galten mit wenigen Ausnahmen (vor allem Kornai) als wenig fruchtbar.

Für polnische Ökonomen spielten Kontakte zu den Ländern der Dritten Welt eine wichtige Rolle. Viele Wissenschaftler arbeiteten dort als Regierungsberater: Lange und Kalecki in Indien, Kalecki in Bolivien und Kuba, Bobrowski in Algerien und Drewnowski in Ghana. Solche Aktivitäten führten zur Gründung der Interuniversitären Fakultät für die Ökonomie der Unterentwickelten Länder, die

Tab. 2.3 Zahl der Zitate in Artikeln der Zeitschrift Ekonomista (1956, 1966, 1976, 1986)

		1	2	3	4	5	6	7	8	9	10	11	12	Σ
1956	**Anzahl**	42	39	92	67	14	5	10	109	1	171	20	0	570
	%	7,37	6,84	16,14	11,39	2,46	0,88	1,75	19,12	0,18	30,0	3,51	0,00	100
1966	**Anzahl**	53	47	241	113	19	5	34	77	6	367	23	7	992
	%	5,34	4,74	24,29	11,39	1,92	0,50	3,43	7,76	0,60	37,00	2,32	0,71	100
1976	**Anzahl**	37	83	228	52	6	15	30	43	1	622	112	3	1232
	%	3,00	6,74	18,51	4,22	0,49	1,22	2,44	3,49	0,08	50,49	9,09	0,24	100
1986	**Anzahl**	60	176	427	41	29	26	30	45	6	592	6	8	1446
	%	4,15	12,17	29,53	2,84	2,01	1,80	2,07	3,11	0,41	40,94	0,41	0,55	100

in Warschau auf Initiative von Kalecki, Bobrowski und Lange eingerichtet wurde. Studenten aus der Dritten Welt studierten an diesem von Ignacy Sachs geleiteten Zentrum. Nach Warschau kamen Forscher, die sich mit den Problemen wirtschaftlich zurückgebliebener Regionen beschäftigten, und die Mitarbeiter des Zentrums legten zahllose Gutachten für internationale Organisationen vor, einschließlich der Vereinten Nationen. 1968 wurde Sachs aus der Leitung der Fakultät entfernt, worauf Kalecki und Bobrowski sie ebenfalls verließen. Damit verfiel das Warschauer Zentrum für Entwicklungsökonomie, auch wenn es seine Tätigkeit nicht aufgab.

Die geschilderten Trends in der Entwicklung der polnischen Ökonomie werden von den bibliometrischen Daten der wichtigsten wirtschaftswissenschaftlichen Zeitschrift *Ekonomista* bestätigt, die wir für die Jahre 1966, 1976 und 1986 erhoben haben (Tab. 2.3). Die Liste erfasst Texte, die in den Rubriken *Artykuły* und *Miscellanea* (Artikel und Verschiedenes) erschienen sind.

1. *Ekonomista*
2. Andere polnische Zeitschriften und Serien
3. Polnische Buchpublikationen
4. Sowjetische Autoren (einschließlich Übersetzungen)
5. Autoren aus Ostmitteleuropa (einschließlich Übersetzungen)

6. Parteiveröffentlichungen und -dokumente
7. Staatliche Verordnungen und Publikationen
8. Klassiker des Marxismus-Leninismus
9. Dissertationen
10. Westliche Publikationen (einschließlich Übersetzungen)
11. Nicht-marxistische Klassiker
12. Dritte Welt

Die in der polnischen Ökonomie aufgetretenen Veränderungen zeigen sich auch in der Häufigkeitsverteilung der unterschiedlichen Zitatkategorien. In allen untersuchten Jahren stammen die am häufigsten zitierten Texte von polnische Autoren (Kategorie 1–3 zusammengenommen). Doch Texte aus dem Westen folgen dichtauf, wobei die Anzahl von 1956 bis 1976 deutlich steigt, danach aber konstant bleibt und prozentual sogar zurückgeht. Zitate aus der sowjetischen Literatur und den Klassikern des Marxismus-Leninismus weisen einen deutlich fallenden Trend auf. Parteiveröffentlichungen, einschließlich Artikel in der Parteizeitschrift *Nowe Drogi* sind unbedeutend für die Wissenschaft. (Die Zunahme 1986 ist auf einen einzelnen Artikel zurückzuführen, der die Einführung der Planwirtschaft in den späten 1940er Jahren untersucht und sich dabei auf zahlreiche Parteidokumente und Reden der damaligen Parteiführer bezieht.) Das Gleiche gilt für Dokumente staatlicher Institutionen, unter denen die Veröffentlichungen des Zentralamts für Statistik (GUS) am häufigsten vorkommen. Die restlichen Kategorien bleiben marginal, wobei die erhöhte Frequenz nicht-marxistischer Klassiker 1976 von zwei Adam Smith gewidmeten Texten stammt und die Zunahme bei den Autoren aus Ostmitteleuropa dem Impact der Arbeiten Kornais zuzuschreiben ist.

Die überwiegende Mehrheit der Texte stammt aus polnischer Feder. Nur ganz wenige ausländische Autoren sind da vertreten. *Ekonomista* gibt leider die institutionelle Herkunft der Autoren nicht an. Deshalb können wir nicht feststellen, aus welchen Forschungszentren die meisten Autoren stammten. Doch ein flüchtiger Überblick über die Namen deutet daraufhin, dass ein hoher Prozentsatz aus den großen Instituten stammte, der Hochschule für Planung und Statistik (SGPiS), der Akademie der Wissenschaften (PAN) und den Universitäten von Warschau, Łódź und Posen. Erwähnenswert ist auch noch, dass *Ekonomista* 1986 Texte von zwei emigrierten Ökonomen publizierte, die Polen in den 1960er Jahren verlassen hatten: Kazimierz Łaski, ein früherer Mitarbeiter von Kalecki, der inzwischen in Wien bzw. der Universität Linz arbeitete, und Stanisław Gomułka, ein Absolvent der Universität Warschau, der zu diesem Zeitpunkt an der London School of Economics beschäftigt war.

Die Daten unterstreichen den schon erwähnten Bedeutungszuwachs der Westkontakte für die polnische Ökonomie nach 1956 und die gleichzeitige schwache Rezeption osteuropäischer Forschung, vor allem seit den 1970er Jahren. Man kann in den untersuchten Jahrgängen des *Ekonomista* noch Artikel antreffen, die aus dem Blickwinkel der traditionellen marxistischen Doktrin sowjetischer Lesart geschrieben sind; doch selbst 1966 stellen sie eine Minderheit dar. Man kann auch Texte finden, die zeitgenössische wirtschaftspolitische Projekte der politischen Führung vorstellen oder verschiedene Aspekte von Wirtschaftsreformen vom Standpunkt der Regierung aus diskutieren. Aber auch sie machen nur einen geringen Teil des Ganzen aus (und verzichten dabei oft auf Quellenangaben). Die große Masse der Artikel behandeln unterschiedliche Aspekte der wirtschaftlichen Lage des Landes und der Weltwirtschaft, wobei sich die Autoren mehr oder weniger häufig auf die laufende polnische und ausländische Literatur berufen.

2.4 Zusammenfassender Vergleich: Ein System – zwei Kulturen

Die Entwicklung des Staatssozialismus in Polen und der DDR verlief nicht in den gleichen Bahnen. In der DDR begann unmittelbar nach dem Krieg die Vorherrschaft der sowjetischen Sieger. Allerdings wäre es falsch zu behaupten, diese hätten das Sowjetmodell in Politik und Wirtschaft nur auf der Spitze ihrer Bajonette in ihren neuen Herrschaftsbereich gebracht. Die sozialistische Wirtschaftsordnung traf dort durchaus auf Zustimmung. In Sachsen stimmten 1946 beim einem Volksentscheid 77 % für die bereits vollzogenen Enteignungen. Dass die Sieges- und Besatzungsmacht uneingeschränkt herrschte, nahm man mehr oder minder als selbstverständlich hin.

In Polen war die Situation anders. Die Beziehung zu den Russen war über eine lange historische Periode gründlich zerrüttet. Die polnischen Teilungen Ende des 18. Jahrhunderts, die zaristische Politik im russischen Teilungsgebiet im 19. Jahrhundert, der Krieg mit der Sowjetunion Anfang der 1920er Jahre, die Besetzung der östlichen Landesteile 1939–1941 mit ihren Verfolgungen und Morden an Zivilisten und Soldaten (das bekannteste Beispiel: Katyn 1940) – all das hat bei der polnischen Bevölkerung tiefe und dauerhafte Spuren hinterlassen. Die sowjetische Hegemonie in den ersten Nachkriegsjahren galt praktisch als Fortsetzung der Eroberungspolitik von Nazi-Deutschland.

In der Vorkriegsperiode war die kommunistische Partei schwach und verfügte nur über eine schmale soziale Basis. Ihre Führer waren der Bevölkerung völlig unbekannt im Gegensatz zu den Führern der Polnischen Bauernpartei (PSL;

Mikołajczyk war Ministerpräsident der Londoner Exilregierung) und auch der Sozialistischen Partei (PPS; der spätere Ministerpräsident Cyrankiewicz, galt in den Vorkriegsjahren als einflussreicher sozialistischer Politiker in Krakau, und im Krieg war er wichtiges Untergrundsmitglied im Konzentrationslager Auschwitz). Hier spielte die Sozialstruktur Polens eine bedeutende Rolle: Bis zum Ausbruch des Zweiten Weltkriegs war die polnische Gesellschaft vor allem bäuerlich mit nur einer schmalen Bourgeoisie. Das Wirtschaftssystem, das nach 1944 eingeführt wurde, entsprach dem im Exil entwickelten Programm der Sozialistischen Partei. Es sah zwar eine Planwirtschaft vor, doch sicher nicht eine, die vom sowjetischen Vorbild geprägt war.

1948–1956 war die Periode des Stalinismus im gesamten Sowjetimperium. Doch 1956 erfolgte ein Bruch. Die Destalinisierung manifestierte sich in Polen mit dem Machtantritt von Gomułka auch personell, nicht so in der DDR, wo Ulbricht sich an der Macht zu halten wusste. Wirtschaftspolitisch waren die Unterschiede in den 1960er Jahren allerdings nicht so groß: In beiden Ländern setzte man weiterhin auf forcierte Industrialisierung. Auch die Abkehr von dieser Politik ab 1970–1971 unter den beiden neuen Führern Gierek und Honecker verlief wieder mehr oder minder im Gleichschritt, wobei der Takt aus Moskau vorgegeben wurde: mehr Konsum bei gleichzeitiger Aufrechterhaltung der Strategie des Aufholens gegenüber dem Westen. Das Rätsel, wie das finanziell zu bewerkstelligen sei, lösten beide Länder auf ähnliche Weise: durch eine wachsende Verschuldung im Westen. Damit gerieten sie in der zweiten Hälfte der 1970er Jahre auch in die gleichen Probleme.

1976 erfolgte dann der zweite Bruch, nach dem die Wege auseinanderliefen. In Polen verbündeten sich die oppositionellen Intellektuellen mit den schon immer aufständischen Arbeitern nach niedergeschlagenen Demonstrationen, woraus kurz darauf die unabhängige Gewerkschaft Solidarność hervorging. Es gab – einmalig im sozialistischen Lager – eine organisierte Opposition, zu deren Bändigung eine neue Führung unter General Jaruzelski das Kriegsrecht einsetzen musste. Die Wirtschaftslage in der DDR war dagegen weniger krisenhaft. Die Arbeiterschaft konnte ruhig gehalten werden, und die oppositionellen Intellektuellen waren unter Kontrolle.

Nur das Ende der kommunistischen Periode erlebten beide Länder wieder gemeinsam im Jahr 1989, in dem sich zuerst Polen und Ungarn vom Staatssozialismus abwendeten und die DDR und Tschechoslowakei kurz darauf folgten. Hier hatte die Sowjetunion ein letztes Mal entscheidenden Einfluss, allerdings nur passiv. Denn wirtschaftlich geschwächt und politisch neu ausgerichtet *(Perestroika)* war sie weder Willens noch in der Lage, die ehemaligen Satelliten zu beherrschen oder zu bevormunden. Die Brežnev-Doktrin, die der sowjetische Generalsekretär

1968 nach dem Einmarsch in Prag auf einem Parteitag der Vereinigten Polnischen Arbeiterpartei verkündet hatte, wurde 1988 aufgegeben. In Polen führte das zur Transformation der politischen und wirtschaftlichen Ordnung, in der DDR zur Auflösung des Staates.

Das politische und wirtschaftliche Sowjetsystem stieß in beiden Ländern nicht auf ungeteilte Zustimmung. Vor allem im Laufe der Zeit stellte sich heraus, wie wenig es für Mitteleuropa geeignet war. Albert O. Hirschman (1970) hat die Optionen beschrieben, die in einer solchen Situation zur Verfügung stehen: *exit, voice, and loyalty*. Davon haben die Ostdeutschen und die Polen sehr unterschiedlichen Gebrauch gemacht. Die Einführung des stalinistischen Systems führte in allen betroffenen Ländern unmittelbar zur Abwanderung (*exit*). Am leichtesten hatten es die Ostdeutschen: Sie brauchten sich in Berlin nur in die U- oder S-Bahn zu setzen, und schon waren sie im Westen. Millionen wählten diesen Weg, bis 1961 die Berliner Mauer und das Grenzregime den Weg versperrten. Polen erlebte nach den 1940er Jahren 1968 eine zweite Emigrationswelle, die vor allem von anti-semitischen Repressionen ausgelöst wurde.

Die Folgen der Massenauswanderung sind für die Wissenschaft unterschiedlich zu bewerten, während sie für die Wirtschaft generell, vor allem in Ostdeutschland, katastrophal waren. In der ersten Transformationswelle verließen Leute das Land, die mit dem stalinistischen System nicht einverstanden waren. Das betraf vor allem ‚bürgerliche' Ökonomen, die die neuen Machthaber sowieso aus den Hochschulen entfernen wollten. In der DDR verblieben deshalb nur ganz wenige Sozialwissenschaftler der älteren Generation, die vor dem Krieg in Forschung und Lehre tätig gewesen waren. Es gab deshalb praktisch keine inhaltlichen und personellen Anknüpfungspunkte mit der Sozialwissenschaft der Vorkriegs-Periode.[18] Die Aufbaugeneration der marxistischen Ökonomen, die dann den wissenschaftlichen Neuanfang verkörperte, hatte ihre Position Staat und Partei zu verdanken und blieb weitgehend loyal von einzelnen Ausnahmen (z. B. Harry Maier) abgesehen. In Polen war die Schicht der im Lande verbliebenen älteren Generation sehr viel breiter (z. B. Lipiński, Bobrowski, Drewnowski, Wakar), was bei aller ideologischen Neuausrichtung doch eine gewisse wissenschaftliche Kontinuität garantierte. Die polnische Emigrationswelle von 1968 bedeutete für die Wissenschaft dagegen einen herben Verlust. Ein Kołakowski, Bauman, Baczko, Brus, Łaski, Sachs, Zieliński – das war nur die Spitze eines Eisbergs – ist nicht im Handumdrehen zu ersetzen.

[18] Die undifferenzierte Übernahme des sowjetischen Vorbilds überlagerte auch die reiche sozialdemokratische und sozialistische Tradition Deutschlands.

Widerspruch *(voice)* wurde im stalinistischen System nicht geduldet, vor allem nicht, wenn er sich in Streiks oder Demonstrationen äußerte. Das fand in Polen sehr viel häufiger statt als in der DDR. Zumeist waren solche Unruhen gegen bestimmte wirtschaftspolitische Maßnahmen (Preiserhöhungen, Normerhöhungen) gerichtet, die zu Reallohnsenkungen führten. Das zu vermeiden, war eines der Hauptziele von Honeckers Wirtschaftspolitik. Widerspruch aus akademischen Kreisen, d. h. wissenschaftlich fundierte Systemkritik, wurde in der DDR grundsätzlich als Revisionismus sanktioniert.

In Polen hatten die wiederkehrenden Unruhen nicht nur ökonomische, sondern auch politische Motive. Der Aufstand von 1956 z. B. war nicht nur eine Rebellion gegen die Politik von Partei und Regierung, sondern auch ein spontaner Protest mit anti-russischen und anti-sowjetischen Zügen. Ihm fehlte aber eine politische Repräsentation, die mit der Regierung hätte verhandeln können. Gomułka wusste die Organisierung, z. B. auf der Basis von Arbeiterräten, zu verhindern. Auch 1980-1 hatten die Proteste einen politischen Hintergrund. Nur war allen Beteiligten klar, dass radikale Systemveränderungen ausgeschlossen waren, und so beschränkte man sich darauf, Reformen innerhalb des Systems zu fordern. Gegenüber der akademischen Welt wechselten Perioden, in denen Revisionismus von der Partei verfolgt wurde oder in denen revisionistische Ideen geäußert werden konnten und sogar bis in die oberen Ränge der Partei vordrangen. Das polnische Klima war nicht nur in der Tauwetterperiode, sondern auch später liberaler als das ostdeutsche. Das musste notwendigerweise zur Abschwächung des ideologischen Zwangs führen. Andere Ideen, und das heißt in unserem Zusammenhang andere theoretische und wirtschaftspolitische Ansätze waren nicht grundsätzlich tabu.

Widerspruch findet demonstrativ und argumentativ statt. Ersteres ist das Feld, auf dem die Arbeiter bzw. die normalen Bürger aktiv werden können. Für letzteres ist die Intelligenz gefordert. Wo beide Strömungen sich vereinen, wird die Lage eines herrschenden Regimes prekär. Das war in Polen spätestens seit Mitte der 1970er Jahre der Fall, in der DDR erst Ende 1989. Die oppositionellen polnischen Intellektuellen hatten, abgesehen von größeren Freiheiten in zugelassenen Medien eine Infrastruktur im Untergrund aufgebaut (fliegende Universitäten, Untergrundverlage, Samizdat). Nach den Arbeiterunruhen 1976 in Ursus, Płock und Radom gründeten oppositionelle Intellektuelle das Komitee zur Verteidigung der Arbeiter (KOR), eine Verbindung der beiden Gruppierungen. Kurz darauf entstand die unabhängige Gewerkschaft Solidarność. Damit stand dem Regime eine organisierte Opposition gegenüber.

Zur gleichen Zeit regten sich auch in DDR die Intellektuellen, von einer organisierten Opposition konnte allerdings nicht die Rede sein. Man sammelte Unterschriften gegen die Ausbürgerung des Liedermachers Biermann und brachte damit das Regime in einige Schwierigkeiten. Die Reaktion war eine kleine Auswanderungswelle von Intellektuellen: Das Regime duldete lieber Abwanderung als offenen Widerspruch. Natürlich gab es in der DDR eine skeptische Intelligenz, die an den Irrationalitäten, Problemen und Verknöcherungen des Systems nicht vorbeischauen konnte. Es gab so etwas wie einen kritischen Konsens. Doch der äußerte sich die längste Zeit individuell oder in kleinen privaten Kreisen. Organisierter Widerspruch bildete sich in Ostdeutschland erst am 9. und 10. September 1989 mit der Gründung des neuen Forums. Jens Reich (1992, S. 11), einer der Gründer des Neuen Forums, stellt fest: „Der Herbst 1989 in der DDR war eine Protestbewegung der Intelligenz. Ihre Vertreter waren es, die das Führungspersonal stellten und die Proklamationen formulierten.“ Ja wer denn sonst, wenn die politische Klasse unfähig ist, die Erneuerung von innen heraus in Gang zu setzen? Der entscheidende Unterschied zu Polen ist der Zeitpunkt, zu dem dieser Prozess begann.

Hirschmans dritte Option, Loyalität *(loyalty)*, ist in einem mehr oder minder totalitären System schwer einzuschätzen. Sie war in beiden Ländern in der Anfangsperiode, zumindest unter den verbliebenen Intellektuellen, groß. Sie blieb wohl auch die längste Zeit insofern bestehen, als man den sozialistischen Weg für den fortschrittlichen Weg in die Zukunft hielt und eine Rückkehr zum Kapitalismus ausschloss. Aber auf Grund der einschneidenden Freiheitsbeschränkungen in der DDR und der wiederkehrenden Wirtschaftskrisen in Polen konnte die jeweilige politische Führung kaum Loyalität erwarten. Dafür wurde die Staatssicherheit zuständig.

Die institutionelle und organisatorische Infrastruktur des akademischen Feldes war in beiden Ländern stark vom sowjetischen Vorbild geprägt. Vor allem in der Beginnphase, als an den Universitäten noch der alte Lehrkörper vorherrschte und die traditionellen Curricula gelehrt wurden, gründete man in rascher Folge Partei-Institute, so wie sie auch in Moskau bestanden. Denn für die Transformation der akademischen Landschaft und für die Leitung einer sozialistischen Wirtschaft und Verwaltung benötigte man parteiloyale Kader. Die Transformation, d. h. der Elitentausch, verlief rasch. In der Folge nahm in Polen die Bedeutung der Partei-Institute im Vergleich zu den Universitäten wieder ab. Das war in der DDR nicht der Fall, wo die Partei-Institute mit hohem Personalaufwand und über die wissenschaftlichen Räte einen starken Einfluss auf die akademische Forschung ausübten. Die tonangebenden, wenn auch vielleicht nicht die besten ostdeutschen Ökonomen, Helmut Koziolek und Otto Reinhold, waren Vorsitzende zweier großer Partei-Institute.

Auch inhaltlich begann die neue Zeit mit Beratern und Lehrbüchern aus der Sowjetunion. In Polen währte diese Phase allerdings nur kurz. Spätestens mit dem Ende des Stalinismus setzten sich die auch mit westlicher Theorie vertrauten Ökonomen um Lange, Kalecki, Lipiński, Bobrowski, Wakar durch. Es entwickelte sich eine eigene Ökonomie des Sozialismus, die auch internationale Anerkennung fand. Der beste Beweis dafür ist die von Jean Piaget koordinierte UNESCO-Studie *Main trends of research in the social and human sciences* (1970). Für das Kapitel ‚Ökonomie' lud man Oskar Lange ein, der die Aufgabe zusammen mit Włodzimierz Brus, Tadeusz Kowalik und Ignacy Sachs übernahm. Sie produzierten einen Survey über die westliche und die marxistische Ökonomie, mit der deutlichen Tendenz, beide zusammenzuführen.[19] Es bedarf kaum der Feststellung, dass man sich für eine solche Aufgabe ein entsprechendes ostdeutsches Autorenteam nicht denken kann.

Das ist nun auch nicht erstaunlich. Die Umstände für ökonomische Theoriebildung und Forschung waren in Polen im Vergleich zur DDR besonders günstig. Mit Oskar Lange und Michał Kalecki lehrten und forschten dort zwei international herausragende Ökonomen, die nicht nur vertraut waren mit der westlichen, sogenannt ‚bürgerlichen' Theorie, sondern diese in entscheidender Weise vorangebracht hatten. Oskar Lange hatte in London und Harvard studiert und war dann von 1938–1945 in Chicago tätig, u. a. auch als Mitherausgeber von *Econometrica.* Überzeugt davon, dass die neo-klassische Mikroökonomie ein solides Fundament für eine sozialistische Planwirtschaft abgebe, hat er die Grundlagen der modernen Wohlfahrtstheorie mitgeschaffen (Lange 1942) und in ähnlicher Weise wie Abba Lerner die Kritik Hayeks widerlegt, die sozialistische Planwirtschaft scheitere an der notwendigen Informationszentralisierung (Lange 1936 und 1937; Lange und Taylor 1938). Der fünf Jahre ältere Michał Kalecki kam 1936 über Stockholm, London und Cambridge nach Oxford, wo er bis nach dem Krieg arbeitete. Als Makro-Ökonom hat er in der Wachstums-, Konjunktur- und Verteilungstheorie wichtige Beiträge geliefert, die Keynes' Theorie der effektiven Nachfrage vorwegnahmen und die die post-keynesianische Theorie wesentlich beeinflusst haben (z. B. Kalecki 1935 und 1938).

---

[19] Lange war schon 1965 zu Beginn der Ausarbeitung gestorben, und bis das umfangreiche Gesamtwerk dann 1970 erschien, waren seine drei Ko-Autoren durch „unglückliche Umstände", wie die westdeutsche Buchausgabe des Kapitels (Lange et al. 1972) bemerkt, daran gehindert, ihren Beitrag zu Ende zu schreiben, auch wenn die theoretische Ausrichtung erhalten blieb. Das Kapitel ist den Angaben der Originalausgabe (Lange et al. 1970) nach „based on the preliminary work of …". Man geht wohl kaum fehl in der Annahme, dass orthodoxe ideologische Bedenken und die Ereignisse von 1968 zu diesen „unglücklichen Umständen" geführt haben, nachdem die drei verbliebenen Autoren 1967 die wesentlichen Argumente in drei Artikeln auf Polnisch veröffentlicht hatten und sie der antisemitischen und antirevisionistischen Säuberung von 1968 zum Opfer gefallen waren.

Die beiden etwas jüngeren DDR-Ökonomen, Fritz Behrens und Gunther Kohlmey hatten noch vor dem Krieg in Leipzig, Freiburg und Berlin Volkswirtschaft studiert. Behrens hatte gerade angefangen, wissenschaftlich zu publizieren (Behrens 1938 und 1941). Sie waren aber weniger privilegiert und hatten nicht in Stockholm, Oxford, Cambridge, London, Harvard und Chicago gelernt und gearbeitet. Überzeugte Marxisten wie Lange und Kalecki gerieten sie rasch in Konflikt mit der marxistisch-leninistischen Orthodoxie und wurden bereits Ende der 1950er Jahre von ihren Lehrstühlen entfernt. Ihre Arbeitsbedingungen waren ungleich schwieriger als in Polen.

Das galt generell für die Profession. Abgesehen von den größeren Freiräumen, die man in Polen der Wissenschaft zugestand, mit Ausnahme kurzer repressiver Perioden, war es vor allem die im Laufe der Zeit zunehmende Offenheit dem Westen gegenüber, die der Ökonomie einen weiteren Horizont erschloss. Die ‚bürgerliche' Wirtschaftstheorie galt, mit Ausnahme der vor-marxschen Klassik, in der DDR als apologetisch und deshalb als unfruchtbar für eine Theorie des Sozialismus. Wissenschaftliche Kontakte zum Westen waren streng kontrolliert, Studienaufenthalte an westlichen Universitäten praktisch ausgeschlossen.[20] Ganz anders in Richtung Osten, d. h. Sowjetunion. Hunderte Studenten wurden an russische Universitäten delegiert. Die sowjetische politische Ökonomie war Richtschnur für die Theorieentwicklung in Ostdeutschland. Die Zitierung sowjetischer Quellen war neben der Berufung auf Parteibeschlüsse fast obligatorisch.

Hier ist die politische Situation zu berücksichtigen. Für die DDR hätte Offenheit dem Westen gegenüber automatisch Offenheit gegenüber West-Deutschland bedeutet. Das war unmöglich, musste die DDR doch jahrelang um internationale Anerkennung gegenüber dem Alleinvertretungsanspruch der Bundesrepublik kämpfen. Abgrenzung vom staatsmonopolistischen Imperialismus West-Deutschlands (Störfreimachung, anti-imperialistischer Schutzwall) war identitätsstiftendes Staatsziel. Unter diesen Bedingungen waren intensivere wissenschaftliche Kontakte ausgeschlossen. Solche Probleme hatte Polen nicht.

Auch die polnischen Ökonomen blieben mit der sowjetischen politischen Ökonomie, vor allem mit der mathematischen Schule in engem Kontakt. Auffällige Besonderheit im sozialistischen Lager waren jedoch ihre Beziehungen zum Westen, die durchaus zweiseitig verliefen. Ein Leszek Balcerowicz hat in den

[20] Die amerikanischen Stipendiengeber, Fulbright, Ford und Rockefeller Foundation, die viele ostmitteleuropäische Wissenschaftler in die USA brachten, wurden in Ostdeutschland nicht tätig. Das hielten sie wohl für westdeutsches Terrain. Doch westdeutsche Stipendien für ostdeutsche Studenten und Wissenschaftler? Ein politisches Unding für die Partei. Stipendien der Humboldt-Stiftung für polnische Wissenschaftler wurden dagegen mehr und mehr üblich.

Tab. 2.4 Publikationen osteuropäischer Autoren in 57 ökonomischen Qualitätszeitschriften, 1975–1989. (Quelle: Wagener 1997, 184)

Periode	*DDR*	*CSSR*	*Polen*	*Ungarn*	*SU*
1975–1979	11	–	6	19	14
1980–1984	7	5	53	41	15
1985–1989	14	9	77	59	35

1970er Jahren einen MBA in New York gemacht und in den 1980er Jahren in Marburg studiert, der damaligen Hochburg des Ordoliberalismus.

Das spiegelt sich im internationalen Publikationserfolg wider (Wagener 1997, S. 183–6). Zu diesem Zweck wurden die Daten der Datenbank *Social SciSearch* für 57 englischsprachige Zeitschriften (Publikationen in deutschsprachigen Organen waren, für DDR-Wissenschaftler existenzgefährdend) herangezogen, die die Front der wissenschaftlichen Diskussion repräsentieren. Die Publikationen osteuropäischer Autoren verteilten sich in den 1970er und 1980er Jahren wie folgt (Tab. 2.4):

Während die Arbeiten einiger Polen und vor allem Ungarn (Kornai, Bródy, Bauer) in theoretischen Topzeitschriften erschienen, sind die ostdeutschen Publikationen eher in Spezialgebieten zu finden (z. B. Operations-Research, Agrarökonomie, Wirtschaftsgeschichte). Die Liberalisierung des Wissenschaftsbetriebs in den 1980er Jahren in Polen und Ungarn und nach Antritt Gorbačevs in der Sowjetunion spiegelt sich in diesen Zahlen deutlich wider. Die tschechoslowakische Wissenschaft hatte unter den Folgen des Prager Frühlings 1968 besonders zu leiden.

Der Modernisierungserfolg in Ostdeutschland und Polen in der Periode des Staatssozialismus ist unterschiedlich zu bewerten. Wie auch im Westen, hat in den sozialistischen Ländern nach dem Krieg eine Bildungsrevolution eingesetzt. Ein wichtiges Element war der Wandel der Hochschulen von Eliteanstalten zu Volksuniversitäten. Der Trend zur wachsenden Akademisierung wurde in Polen und der DDR jedoch nach 1970 aus unklaren Motiven abgebrochen: Die Studentenzahlen stagnierten. Mit der Bildungsrevolution, aber auch mit den steigenden Anforderungen der wissenschaftlich-technischen Revolution musste die Bedeutung von Forschung und Entwicklung zunehmen. In diesem Punkt war der Erfolg der beiden Länder beschränkt, was sich ablesen lässt an der rückläufigen internationalen Wettbewerbsfähigkeit ihrer Produkte. Das gilt vor allem für die DDR, die als entwickeltes Industrieland in den Staatssozialismus eingetreten ist und in diesem System den höchsten Produktivitäts- und Wohlfahrtsstandard repräsentierte. Sie hat ihren Industriesektor unter Vernachlässigung des Dienstleistungssektors besonders stark ausgeweitet, wies aber am Ende einen gewaltigen Produktivitäts- und Wohlfahrtsrückstand gegenüber dem westlichen Landesteil auf. Polen war dagegen zu Beginn der Periode ein relativ armes Land mit einem besonders großen, wenig produktiven Agrarsektor. Hier hat die Industrialisierung eine Basis für die Modernisierung gelegt, die in verstärktem Maße dann nach der Systemwende einsetzte.

Die Bevölkerung misst den Erfolg an der Entwicklung des Lebensstandards. Der globale Trend zum Massenkonsum entfaltete sich im sozialistischen Lager mit einer gewissen Verzögerung: Der Aufbau des Sozialismus erfordert eine verstärkte Akkumulation. Einschneidende Veränderungen nimmt die Bevölkerung allerdings in der Regel nicht stillschweigend hin. Die DDR machte diese Erfahrung mit den Arbeiterunruhen am 17. Juni 1953, die sowjetische Panzer auf den Plan riefen. Die Lektion saß tief, und Honecker hat seine ganze Wirtschaftspolitik darauf ausgerichtet, dieses Ereignis nicht noch einmal zu erleben. Maßvolle Reallohnsteigerungen und ein aufwendiges Wohnungsbauprogramm stellten die Bevölkerung soweit zufrieden, dass sie zwar ‚meckerte', aber erst im letzten Jahr wieder auf die Straße ging. Anders in Polen, dessen Wirtschaft wiederholt in Krisen geriet, die zum Ausbruch von Unruhen und Streiks führten. Polen besaß keinen Nachbarn wie die Bundesrepublik, die der DDR immer wieder finanzielle Unterstützung bot. Und die Substanz, auf deren Kosten die DDR zum Teil lebte, war in Polen einfach viel geringer.

Ordnungspolitische Konzepte der sozialistischen Wirtschaft 3

3.1 Die ideologischen und ordnungstheoretischen Grundlagen: Politische Ökonomie

3.1.1 Die DDR als Hort der Orthodoxie[1]

3.1.1.1 Das Ende der Nationalökonomie als Wissenschaft?

Politische Ökonomie ist neben Philosophie und wissenschaftlichem Kommunismus eines der drei Fundamente des Marxismus-Leninismus. So lauteten die drei Kapitel von Engels‘ (1948 [1878]) *Anti-Dühring* (allerdings hatte Engels sein drittes Kapitel nicht mit „wissenschaftlicher Kommunismus" überschrieben, sondern einfach mit „Sozialismus"). Mehr noch als die Werke von Marx war dieses Buch der Katechismus des Marxismus und wurde als erste der Klassikerschriften bereits 1948 im Dietz-Verlag neu herausgegeben. Als solches war die politische Ökonomie eine Grundlage allen wissenschaftlichen Denkens und damit obligatorischer Bestandteil des *studium generale* an allen Hochschulen. Hunderte kompetenter Wissenschaftler waren auf diesem Gebiet tätig. Die Auflagen der Lehrbücher gingen in die Hunderttausende. Als das politische und ökonomische System des Staatssozialismus zusammenbrach, fiel auch die marxistisch-leninistische politische Ökonomie in sich zusammen und geriet in kürzester Zeit völlig in Vergessenheit. Doch lassen sich dieses politisch-ökonomische System und das darauf ausgerichtete sozio-ökonomische Denken nicht adäquat beschreiben, ohne auf seine ideologische Grundlage einzugehen.

Die marxistisch-leninistische politische Ökonomie beschäftigt sich mit drei historischen Gesellschaftsformationen, der vorkapitalistische, der kapitalistischen

[1] Wesentliche Aspekte dieses Abschnitts finden sich bereits in Wagener (2021).

H.-J. Wagener et al., *Sozialistische Ökonomie im Spannungsfeld der Modernisierung*,
https://doi.org/10.1007/978-3-658-35045-1_3

und der sozialistischen. Die ersten beiden wurden ausführlich von Marx und Engels behandelt, deren Analyse Lenin später um die Theorie des Imperialismus und des staatsmonopolistischen Kapitalismus ergänzt hat. Studium und Exegese der drei Klassiker beinhalteten automatisch die politische Ökonomie des Kapitalismus. Den Gesetzen des historischen Materialismus folgend ist die kapitalistische Gesellschaftsformation genauso dem Untergang bestimmt, wie es die vorkapitalistische war. Das zu untermauern und zu belegen, war Aufgabe des Faches politische Ökonomie des Kapitalismus. Während in den westlichen Sozialwissenschaften der Vergleich unterschiedlicher Wirtschaftssysteme nur eine Randdisziplin darstellte, in der man sich kaum wissenschaftliche Meriten verdienen konnte, nimmt dieses Fach, wie wir bereits sahen (vgl. Abschn. 2.2), im universitären Curriculum und in der wissenschaftlichen Forschung sozialistischer Länder eine hervorragende Stellung ein. Denn die politische Ökonomie des Kapitalismus lieferte die unabweisbare historische Legitimation für den Sozialismus: Ausbeutung, ungleiche Einkommensverteilung, Krisen, Arbeitslosigkeit, Stagnation – all das gibt es im Sozialismus nicht, der in der Sowjetunion zwar auf niedrigerem Niveau als in den hoch entwickelten kapitalistischen Ländern gestartet diese jedoch bald einholen und überholen werde. Je widerstandsfähiger und dynamischer sich der moderne Kapitalismus erwies, desto schwerer hatten es die Politökonomen, ihrer Erzählung Glaubwürdigkeit zu verschaffen. In der DDR taten sie es unverdrossen bis zum bitteren Ende. Denn das Schicksal des Kapitalismus war ein historisches Gesetz.

Zur politischen Ökonomie des Sozialismus auf der anderen Seite hatten sich Marx und Engels kaum geäußert. Auch Lenin blieb da sehr zurückhaltend. So konnte eine Diskussion aufkommen, ob es so etwas wie eine politische Ökonomie des Sozialismus überhaupt gebe. Schon Michail Tugan-Baranovskij meinte, dass das Ableben des Kapitalismus bzw. der bürgerlichen Marktgesellschaft auch die politische Ökonomie als theoretische Wissenschaft überflüssig machen werde. Klassenverhältnisse als zentrales Problem der politischen Ökonomie verschwinden in der klassenlosen Gesellschaft. Rosa Luxemburg (1925, S. 71) sprach vom „Ende der Nationalökonomie als Wissenschaft" und auch Nikolaj Bucharin war der Ansicht, die proletarische Revolution und die Überwindung der kapitalistischen Warenproduktion ließen für eine politische Ökonomie nichts mehr zu analysieren übrig. Sie werde von einer Theorie der Wirtschaftspolitik ersetzt (Lange 1970; Geschichte 1973 [1972], S. 14).

Marx hatte das Grundgesetz des Kapitalismus formuliert: Profitmaximierung und Akkumulation. Als „objektives" gesellschaftliches Gesetz operiert es hinter dem Rücken der Akteure. Etwas Vergleichbares konnte es für die sozialistische Gesellschaftsformation nicht geben: Eine unbewusste gesellschaftliche Kraft, die den Planer zwingt, die Wünsche der Konsumenten effizient zu erfüllen, was nach Stalins späterer Formulierung das unmittelbare Ziel war, das konnte es nicht geben. Grundgesetze des Sozialismus waren der Plan und die Diktatur des Proletariats. Ostrovitjanov und Lapidus schrieben 1930: „Da ... die bäuerliche Naturalwirtschaft und die kommunistische Wirtschaft durch den bewussten menschlichen Willen organisiert und geleitet werden, findet sich in ihnen kein Material, das von der politischen Ökonomie untersucht werden könnte" (zitiert in Geschichte 1973 [1972], S. 106; siehe auch Davies 1989, S. 155–162).

Kritiker dieser Sichtweise sprachen von subjektivem Voluntarismus, der die sozialistische Entwicklung gefährden könne. Die Ökonomen dieser Richtung begingen, so wurde vorgebracht (Geschichte 1973 [1972], S. 112), den methodischen Irrtum, das Objektive im Sozialismus mit dem Spontanen im Kapitalismus zu verwechseln. Es war Stalin, der unzufrieden mit dieser Situation 1937 anregte, ein maßgebliches Lehrbuch der politischen Ökonomie, einschließlich jener des Sozialismus, abzufassen. Nach vom Krieg verursachten Unterbrechungen und langen Diskussionen unter den Autoren, aber auch mit Stalin selbst, erschien das Werk, herausgegeben von Ostrovitjanov, Leontiev and Šepilov, ein Jahr nach seinem Tode und wurde unmittelbar ins Deutsche übersetzt und mit einer Erstauflage von 300.000 Exemplaren verbreitet (Akademie 1955 [1954]). Die dritte Auflage (Akademie 1959 [1958]) war dann entstalinisiert und in einigen Punkten neueren theoretischen Entwicklungen angepasst. Auch sie wurde unmittelbar ins Deutsche übersetzt, aber nur noch mit einer Startauflage von 100.000 in Umlauf gebracht.

Als Ende der 1950er das stalinistische Entwicklungsmodell in Frage gestellt wurde und man vor allem in Ostmitteleuropa Ansätze für ordnungspolitische Reformen diskutierte, tauchten auch neue Lehrbücher zur politischen Ökonomie auf, die den Veränderungen Rechnung trugen. So z. B. in Polen Oskar Langes (1969 [1959]) unvollendetes Werk und in der Tschechoslowakei Ota Šiks (1966 [1962]) *Ökonomie – Interessen – Politik*[2]. In der DDR erschien 1969 die *Politische Ökonomie des Sozialismus und ihre Anwendung in der DDR* (Politische Ökonomie 1969). Sie war sozusagen die *Summa* der Ulbrichtschen politischen Ökonomie. Das umfangreiche Werk wurde von den führenden ostdeutschen Ökonomen unter Leitung des Politbüromitglieds Günter Mittag verfasst und in einer Auflage von fast 1 Mio. Exemplaren gedruckt (Nick 2011, S. 26) – bei einer Bevölkerung von 17 Mio. Einwohnern. Doch als das Buch 1969 erschien, waren die Tage Ulbrichts

[2] Es wurde 1966 ins Deutsche übersetzt und vom Direktor des Instituts für Gesellschaftswissenschaften beim ZK der SED Otto Reinhold bearbeitet im Parteiverlag Dietz herausgegeben. Das nächste Buch von Šik (1967 [1965]) *Plan und Markt im Sozialismus* konnte dann in der DDR schon nicht mehr veröffentlicht werden.

gezählt. Nach zwei Jahren verschwand das Buch aus den Regalen.[3] Es durfte „nicht mehr zitiert werden, das wurde einfach totgeschwiegen, das war damals die Methode, nach Orwell, das hat es eben nie gegeben“ (Krömke in Pirker 1995, S. 42)[4].

Schon bei der Endredaktion des Buches hatte Mittag die Wende zu Honeckers Konservatismus antizipiert und die zentrale Rolle der Partei gegenüber der Eigenständigkeit der Betriebe hervorgehoben (Wolf 1991, S. 12). Die bereits erwähnte Kritik der Parteihochschule (zu wenig Lenin, zu wenig sowjetische Autoren, s. Abschn. 2.2.1) war ihm natürlich nicht entgangen. So reagierte er 1970 mit einer völligen Verzerrung der Intentionen des Buches (Mittag 1970), indem er immer wieder die Bedeutung Lenins, der KPdSU und der eigenen Partei hervorhob, das Wort Reform peinlich vermied und modernere Ansätze der ökonomischen Theorie abwertete (von der „sogenannten Wachstumstheorie“ ist da die Rede, Ibid., S. 37). Und „… mehr denn je gilt es, tiefgehend und gründlich, parteilich und mit Liebe Marx, Engels und besonders Lenin zu studieren“ (Ibid. S. 27). Das hat ihn vielleicht persönlich vor einem tieferen Fall bewahrt, das Buch aber nicht gerettet. Denn neben einer 12-seitigen Einleitung von Ulbricht enthielt es auf 893 Seiten Text 137 Fußnoten mit Verweisen auf Marx und Engels, 71 auf Lenin und 72 auf Walter Ulbricht. Die stalinistische *Politische Ökonomie* (Akademie 1955 [1954]) hatte Stalin nicht annähernd so prominent herausgestellt. Wie sollte man mit einem solchen Basislehrbuch den Politikwechsel von Ulbricht auf Honecker motivieren?

In der Lehre wurde das Buch wieder durch einen sowjetischen Text ersetzt (Lehrbuch 1972 [1970]). Der Leiter des Autorenteams, Nikolaj Cagolov, führte an der Moskauer Universität die Schule der *ne-tovarniki* an, d. h. jener Ökonomen, die für den Sozialismus die Warenproduktion in Frage stellten und dem Wertgesetz, Ware-Geld Beziehungen und dem Markt so wenig Raum wie möglich einräumten (Blagich und Dubjanskij 2014, S. 503–506). Dieser Ansatz kam der orthodoxen Einstellung von Honecker entgegen, die Mittag mit dem Wechsel voll übernommen hatte. Das Ulbrichtsche Lehrbuch war, wie die ostdeutsche Ökonomie generell, eindeutig durch die Gegenposition der *tovarniki* geprägt (wenn wir von Mittags ‚Sinneswandel‘ absehen).

---

[3] Nicht so in der Sowjetunion, wo eine Übersetzung ins Russische allerdings keine größere Beachtung fand.

[4] Claus Krömke war als Professor an der Hochschule für Ökonomie (HfÖ) und als persönlicher Referent Mittags Mitarbeiter des Lehrbuches.

1974 kam dann ein neues ostdeutsches Lehrbuch heraus (Richter et al. 1986), das vor allem Politökonomen des Franz-Mehring-Instituts der Karl-Marx-Universität Leipzig verfasst hatten. Unter den 18 Autoren befand sich mit Ausnahme von Harry Nick keiner der 44 Autoren des Lehrbuchs von 1969. Das neue Lehrbuch erschien in schöner Regelmäßigkeit mit einer jährlichen Neuauflage, der 15. und letzten 1989. Bei allem Bemühen, sich bis in die Einzelheiten an die Klassiker, vor allem Marx, zu halten, gehen die Autoren jedoch von der sozialistischen Wirtschaft als Warenwirtschaft aus, in der die geplanten Gebrauchswerte als Waren realisiert werden.[5] Damit tritt der Markt mit seinen Kategorien (Angebot, Nachfrage, Preis, Geld usw.), hier gleichgesetzt mit der Zirkulationssphäre, als eigengesetzliches Phänomen zwischen Produktion und Konsum. Doch „der Markt selbst ist Gegenstand der Planung" (Ibid., S. 710).

3.1.1.2 Politische Ökonomie und Wirtschaftswissenschaft

Der Begriff ‚politische Ökonomie' stammt aus dem frühen 17. Jahrhundert und hat unterschiedliche Sachverhalte abgedeckt je nachdem, welche Themenfelder und Probleme unter dieser Überschrift abgehandelt wurden. Als Karl Marx (1961 [1859]) in Fortführung der klassischen Schule seine Schrift *Zur Kritik der Politischen Ökonomie* vorlegte, ging er von Produktion, Verteilung, Tausch und Konsum aus, machte aber deutlich, dass er diese ökonomischen Prozesse in ihren sozialhistorischen Kontext stellt – in den Kontext der bürgerlichen Gesellschaft. Diese gesellschaftliche Mittellage hatte Hegel zwischen Staat und Haushalt (*polis* und *oikos*) angesiedelt. So ist die politische Ökonomie kein Amalgam von *politeia* und *oikonomia,* sondern eine Analyse der Beziehungen, die sich dazwischen entfaltet haben, eben der bürgerlichen Gesellschaft. „Die politische Ökonomie ist die theoretische Analyse der modernen bürgerlichen Gesellschaft und setzt daher entwickelte bürgerliche Zustände voraus" schrieb Engels (1961 [1859], S. 468) in seiner Besprechung der Marxschen Schrift. Hier setzen das marxistisch-leninistische Verständnis der politischen Ökonomie an und die entsprechenden Dispute.

---

[5] Auf dem Frankfurter Marx-Colloquium, das 1967 zum hundertsten Jahrestag des Erscheinens des *Kapital* veranstaltet wurde und zu dem eine offizielle Delegation aus der DDR anreisen durfte, zeigte sich Ernest Mandel sehr verwundert, mit welcher Unbekümmertheit sich die ostdeutschen Politökonomen über Marxs Definition der Ware und ihres Fetischcharakters hinwegsetzten (Euchner und Schmidt 1968, S. 343–58). Er vertrat praktisch den Standpunkt der *ne-tovarniki*, d. h. in der Beginnphase des Sozialismus sei Warenproduktion wohl unvermeidlich, aber wie der Staat müsse die Warenproduktion im Laufe der Entwicklung verschwinden und diese Phase sei in den sozialistischen Ländern bereits erreicht.

Während die politische Ökonomie bei Marx und Engels zwei Ziele verfolgt, die Analyse von Produktion, Verteilung, Tausch und Konsum und die Analyse ihrer sozial-historischen Bedingungen und Auswirkungen, beschränkte sich Lenin (1956 [1899], S. 51) auf den soziologischen Teil: „Die politische Ökonomie befaßt sich keineswegs mit der'Produktion', sondern mit den gesellschaftlichen Beziehungen der Menschen in der Produktion, mit der gesellschaftlichen Struktur der Produktion", wie die 3. Auflage des sowjetischen Lehrbuchs (Akademie 1959 [1958], S. 13) hervorhebt, die ein eigenes Einleitungskapitel zum Gegenstand der politischen Ökonomie enthält. „Die politische Ökonomie erforscht die Produktionsverhältnisse, die Basis der Gesellschaft in ihrer Wechselwirkung mit dem Überbau, das heißt mit der Ideologie, den politischen Anschauungen und Institutionen. Die politische Ökonomie ist eine historische Wissenschaft" (Ibid., S. 14).

Die „bürgerliche" Wirtschaftswissenschaft ist das nicht mehr. Fast zur gleichen Zeit, als Marx den ersten Band *Das Kapital* veröffentlichte, erschienen die richtungweisenden Bücher von Carl Menger, Stanley Jevons und Léon Walras, die den Paradigmenwechsel von der klassischen zur modernen, neo-klassischen Ökonomie einleiteten. Marx und Engels haben diesen Wechsel nicht wahrgenommen, und so wurde er auch nicht von der marxistisch-leninistischen politischen Ökonomie aufgegriffen. Der Unterschied wird deutlich, wenn man zwei Fragen stellt: Wer sind die Akteure und was sind die Leitprobleme? In der klassischen Ricardo-Marx Tradition werden Kollektive analysiert, die Klassen der Kapitalisten, Arbeiter und Landeigentümer mit ihren spezifischen Einkommenskategorien Profit, Lohn und Rente. Leitfragen sind Verteilung, Ausbeutung und Akkumulation. Die marxistisch-leninistische politische Ökonomie stellt historische Fragen ins Zentrum des Interesses: „Fragen, die die Lebensinteressen der Menschen, der Gesellschaft, der Klassen berühren. Ist der Untergang des Kapitalismus und der Sieg des sozialistischen Wirtschaftssystems unvermeidlich? Widersprechen die Interessen des Kapitalismus den Interessen der Gesellschaft und der progressiven Entwicklung der Menschheit? Ist die Arbeiterklasse der Totengräber des Kapitalismus?" (Akademie 1955 [1954], S. 14). Die moderne sozio-ökonomische Theorie geht von den Individuen aus: methodologischer Individualismus. Die Individuen werden zweifellos von sozialen Verhältnissen beeinflusst (Coleman 1990), doch ihre privaten Entscheidungen und Handlungen sind Ausgangspunkt der Analyse. Profit, Lohn und Rente werden zu Entlohnungskategorien der Produktionsfaktoren Kapital, Arbeit und Boden. Leitfragen sind Allokation und Wachstum. Klassen tauchen dabei nicht mehr auf.

Und so kann die marxistisch-leninistische politische Ökonomie die moderne Ökonomie in Bausch und Bogen als apologetisch ablehnen. Erst Oskar Lange

(1968d [1935], S. 72) hat in seinem Essay "Marxian Economics and Modern Economic Theory" mit diesem Missverständnis aufgeräumt: „It is obvious that Marshallian economics offers more for the current administration of the economic system of Soviet Russia than Marxian economics does, though the latter is surely the more effective basis for anticipating the future of Capitalism. In so far, modern economic theory, in spite of its undoubted 'bourgeois' origin, has a universal significance". Diese Erkenntnis wurde in den meisten sozialistischen Ländern erst Ende der 1950er Jahre mit dem Aufkommen der mathematischen Ökonomie und der Optimalplanung rezipiert und hat sich keineswegs allgemein durchgesetzt (s. Abschn. 4.1).

Bis zu dieser mathematischen ‚Revolution' war der Gegenstand der politischen Ökonomie, insbesondere jener der politischen Ökonomie des Sozialismus, zwar umstritten, aber es bildete sich doch ein gewisser Konsens heraus (Dittmann 1986). Es ging um die sozio-ökonomische Struktur der sozialistischen Produktionsweise, d. h.um ihre Produktionsverhältnisse, während die Entwicklung der Produktivkräfte den Naturwissenschaften überlassen wurde und die Frage der optimalen Ressourcenallokation außen vor blieb. „Die wissenschaftliche Erforschung der Produktivkräfte und ihrer Grundlagen im Wirken der Naturgesetze … ist also Gegenstand der Naturwissenschaften und ihrer Anwendung in den technischen Wissenschaften und nicht Gegenstand der politischen Ökonomie. Die wissenschaftliche Erforschung der Produktionsverhältnisse und der in ihnen wirkenden ökonomischen Gesetze – das ist Aufgabe und Gegenstand der politischen Ökonomie", so Eva Altmann im Jahr 1955 (zitiert bei Dittmann 1986, S. 1356). Das erscheint höchst einseitig, nicht nur weil Arbeit zu den Produktivkräften zählt, sondern auch weil die Akkumulation von Kapital, technischer und organisatorischer Fortschritt und Innovation genuin ökonomische Probleme darstellen.

Neben die politische Ökonomie traten die Zweigdisziplinen mit ihrer Ökonomik der Wirtschaftszweige.[6] Man konnte nun der Ansicht sein, zwischen beiden bestehe kein grundsätzlicher Unterschied, die Industrieökonomik sei einfach die politische Ökonomie der Industrie. Fritz Behrens z. B. stellte jedoch 1950 fest: „Nein, es gibt weder eine Betriebswirtschaftslehre volkseigener Betriebe, noch kann es sie geben. Die Wissenschaft, die die ökonomischen Gesetze erforscht und darstellt, ist die politische Ökonomie. … es kann neben der politischen Ökonomie

[6] In den 1950er Jahren wurde der Unterschied zwischen ‚Ökonomie' als Synonym für Wirtschaftswissenschaften und ‚Ökonomik' als Analyse der Entwicklung einzelner Wirtschaftszweige noch nicht konsequent betont, sondern Ökonomik auch zur Bezeichnung von Teildisziplinen der Wirtschaftswissenschaft verwendet (z. B. Industrieökonomik), was später als Fehlbezeichnung galt (Ökonomisches Lexikon H-P, 1979, S. 628).

keine Wissenschaft geben, die sich mit der Wirtschaft der Betriebe statt mit der Volkswirtschaft beschäftigt“ (zitiert bei Dittmann 1986, S. 1357). Im Hintergrund geistert hier Kautskys (1892) Vorstellung der vollständigen organisatorischen Integration, die auch Otto Neurath vertreten hatte und dann von Lenin (1948 [1918], S. 107) kanonisiert wurde: „Die gesamte Gesellschaft wird ein Büro und eine Fabrik mit gleicher Arbeit und gleichem Lohn sein“.[7]

Diese Vision geht auf Engels (1948 [1878]) zurück, der die sozialistische Wirtschaft nach einheitlichem Plan unmittelbar gebrauchswertproduzierend sah. Das schließt Warenproduktion aus und bewirkt, dass jegliche Arbeit auch unmittelbar gesellschaftlich notwendig ist. Die Übernahme dieser Vision liegt dem Gegensatz von *tovarniki* und *ne-tovarniki* zugrunde, bzw. dem jeweils angenommenen Grundmodell einer sozialistischen Wirtschaft. Auf der einen Seite haben wir es mit einem hierarchisch strukturierten System zu tun, das von der Spitze her zentral geplant wird. Ein Warentausch findet grundsätzlich nicht statt, sondern nur adressierte Lieferungen zwischen einzelnen Einheiten dieses Systems. Auf der anderen Seite haben wir es mit einem planenden Zentrum und ebenso planenden, mehr oder minder eigenverantwortlichen Betrieben zu tun. Das setzt nicht notwendigerweise Marktkoordination voraus. Die *tovarniki* glaubten an irgendeine Form der Marktsimulation, sie sprechen von Ware-Geld Beziehungen und Warenproduktion, wenn die reine Gebrauchswertrechnung zugunsten einer Tauschwertrechnung aufgegeben worden ist, wobei der Tauschwert nicht einen Marktpreis voraussetzt, sondern auch in geplanten oder vereinbarten Preisen oder Opportunitätskosten bestehen kann.[8] Das Problem dieses Ansatzes sind offensichtlich die Preise.

Die Mehrheit der ostdeutschen Ökonomen schrieb den Zweigdisziplinen die Aufgabe zu, die konkreten Aufgaben des jeweiligen Zweiges, die Praxis der Leitung dieses Zweiges und die Methoden seiner Planung zu beschreiben. Damit trennten sich in der Tendenz die politische Ökonomie des Sozialismus und die

---

[7] Das haben Bucharin und Preobraženskij (1920, S. 55) in ihrem *ABC des Kommunismus* noch einmal betont: „Wenn alle Fabriken, Werke, die ganze Landwirtschaft, eine riesengroße Genossenschaft bilden,“ dann braucht es einen allgemeinen Produktionsplan. Den erstellt aber nicht der Staat, der im Kommunismus verschwunden sein wird, sondern: „Die Hauptleitung wird in verschiedenen Rechnungskanzleien und statistische Büros liegen“ (Ibid., S. 58).

[8] Anzumerken ist, dass Engels (1948 [1878], S. 386] in eine ähnliche Richtung gewiesen hatte: „Die Nutzeffekte der verschiedenen Gebrauchsgegenstände, abgewogen untereinander und gegenüber den zu ihrer Herstellung nötigen Arbeitsmengen, werden den Plan schließlich bestimmen. Die Leute machen alles sehr einfach ab ohne Dazwischenkunft des vielberühmten ‚Werts'“. Die Abwägung von Kosten und Nutzen kann allerdings nicht in Naturaleinheiten erfolgen. Hierfür sind kommensurable Kosten- und Nutzeneinheiten, d. h. Preise notwendig.

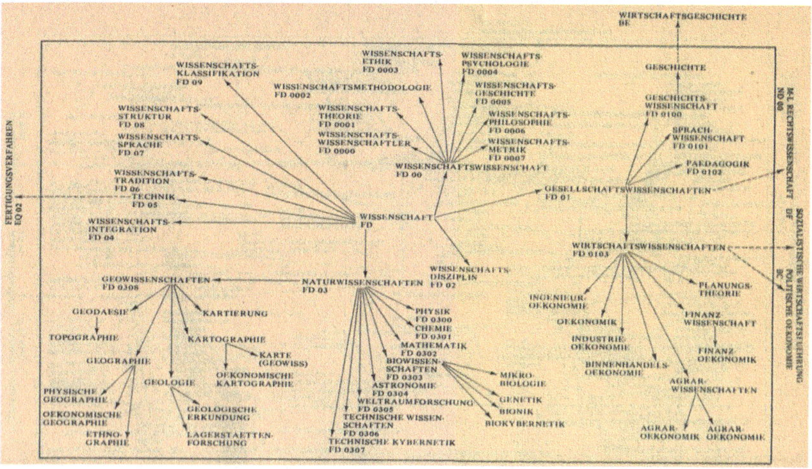

Abb. 3.1 Schematische Darstellung der Gesellschaftswissenschaften. (Quelle: Thesaurus Ökonomie 1973, S. 60)

Wirtschaftswissenschaften im engeren Sinn. Der vom Ökonomischen Forschungsinstitut der Staatlichen Plankommission herausgegebene *Thesaurus Ökonomie* (1973) erfasst den Wortbestand der Politischen Ökonomie des Sozialismus und der Wirtschaftswissenschaften (Abb. 3.1).

Danach gehören die politische Ökonomie und die Wirtschaftswissenschaften unterschiedlichen Feldern von Sachverhalten der sozialistischen Ökonomie an[9]. Dabei bietet die politische Ökonomie des Sozialismus die „allgemeingültige Grundlage für die anderen ökonomischen Wissenschaftsdisziplinen" (Schliesser und Schulz 1986, S. 121). Die schematische Darstellung der politischen Ökonomie (Abb. 3.2) macht deutlich, dass diese vor allem als Ordnungstheorie verstanden wurde.

Diese sehr beschränkte Sicht auf die Ökonomie wurde Ende der 1950er Jahre durch die mathematische Ökonomie und Optimierungstheorie aufgebrochen. Wenn wir von Oskar Lange und Michał Kalecki und ihren Schulen in Polen

[9] „Bei den außerhalb der Feldbegrenzung eines Pfeilschemas angegebenen Begriffen handelt es sich um aus anderen Gruppen stammende Deskriptoren, die mit bestimmten Deskriptoren innerhalb des betreffenden Feldes in assoziativer Beziehung stehen. Angedeutet wird diese Beziehung durch einen gestrichelten Pfeil" (Thesaurus (1973 I, S. IX).

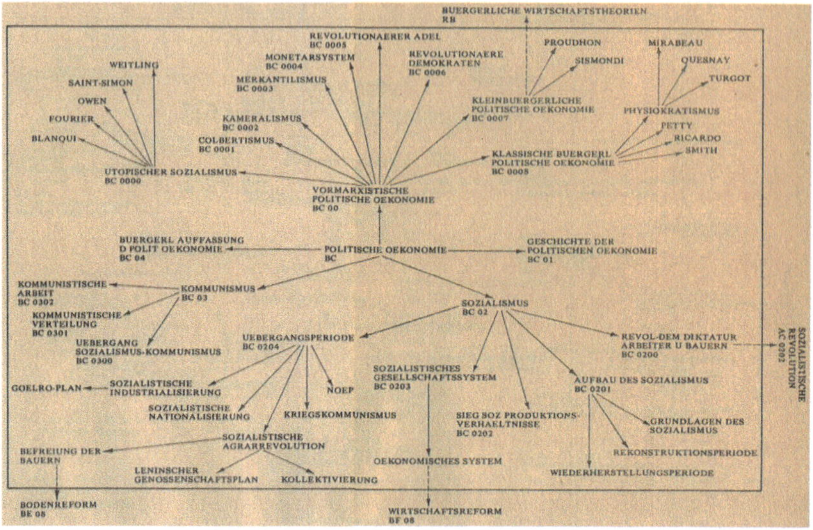

Abb. 3.2 Schematische Darstellung der politischen Ökonomie. (Quelle: Thesaurus Ökonomie 1973, S. 12)

absehen, nahm die mathematische Revolution ihren Ausgang in der Sowjetunion, wo sie eigentlich nur theoretische Entwicklungen der 1920er Jahren wiederaufgriff. Viktor V. Novožilov (1892–1970) z. B. personifizierte diese Kontinuität, die Stalins Säuberungen beinahe vollständig zerstört hatte. Das zentrale Puzzle der Optimalplaner war – wie in der neoklassischen Ökonomie, was sie bei den orthodoxen Politökonomen suspekt machte – die Ressourcenallokation, die in der politischen Ökonomie des Sozialismus unerwähnt blieb. Die Optimalplaner blieben dabei völlig innerhalb des zentralistischen Grundmodells der *ne-tovarniki*. Das heißt auch, die Preise, die sich aus der Optimierungsrechnung ergeben, sind Schattenpreise. Diskussionen einer sozialistischen Marktwirtschaft à la Lange-Lerner fanden nicht statt. Anfang der 1960er Jahre schickte die DDR zahlreiche junge Studenten nach Moskau und Leningrad, die sich dort mit den neuen Ansätzen und Techniken vertraut machten. Ihr Einfluss auf die ostdeutsche Wirtschaftstheorie – das sei hier bereits erwähnt (s. Abschn. 4.1.1) – blieb marginal.

Nun taucht die Frage auf, ob die politische Ökonomie und die Theorie des rationalen Handelns, d. h. die reine Ökonomie, unter einen Hut, nämlich den der sozialistischen Wirtschaftswissenschaften, gehören oder nicht. In den Pfeilschemata von Abb. 3.1 kommt eine Theorie des rationalen Handelns nicht vor (in Polen als Praxeologie z. B. vom Philosophen Tadeusz Kotarbiński entwickelt, auf den Oskar Lange wiederholt zurückgreift). Als mathematische Entscheidungsforschung oder Operationsforschung hatte sie bereits einen Platz als Hilfsmittel der Führungstätigkeit bzw. in der Planungstheorie gewonnen. Ihr gebührt aber auch ein Platz in der politischen Ökonomie, wie Hermann Lehmann (1968) mit deutlichem Bezug auf Oskar Lange meinte. Das erfordert eine Formalisierung und handlungstheoretische Fundierung der politischen Ökonomie. Dafür ist eine Ware-Geld Wirtschaft zu unterstellen. Denn dann unterscheidet sich die Rationalität von der aufwandsminimierenden Wirtschaftlichkeit des Naturalproduzenten „dadurch, daß der Warenproduzent mit Hilfe des Preises sowohl Mittel und Ziele untereinander als auch Mittel und Ziele miteinander vergleichen kann" (Ibid., S. 276). Das entspricht Engels' Kosten-Nutzen Vergleich, aber auch Lionel Robbins' berühmter Definition der Ökonomie als: „that science that studies the relationship between ends and means that have alternative uses".

Als politökonomische Handlungstheorie muss die Analyse des rationalen Wirtschaftens allerdings den engen Rahmen der Praxeologie verlassen und eine Beziehung zwischen tatsächlichem und rationalem wirtschaftlichem Handeln herstellen, so Lehmann (Ibid., S. 281). Solche Überlegungen sind typische Resultate der Reformökonomie der 1960er Jahre, die später nur unzureichend weiter verfolgt wurden (s. Abschn. 4.3.1). So blieben die politische Ökonomie des Sozialismus und die Theorie der optimalen Planung mehr oder minder unverbunden nebeneinander bestehen. Nichts steht der Marxschen Intention ferner, die politische Ökonomie als integrierte Wissenschaft der modernen Gesellschaft zu etablieren, oder Engels' Definition: „Die politische Ökonomie, im weitesten Sinne, ist die Wissenschaft von den Gesetzen, welche die Produktion und den Austausch des materiellen Lebensunterhalts in der menschlichen Gesellschaft beherrschen" (Engels 1948 [1878], S. 178).

3.1.1.3 Ökonomische Gesetze des Sozialismus

Wissenschaftliche Gesetze sind methodologisch ein schwieriges Problem, besonders in den Geistes- und Sozialwissenschaften. Sowohl in der klassischen wie der neoklassischen Ökonomie war und ist oberstes Ziel, stabile Beziehungen im Wirtschaftssystem aufzudecken (Zamagni 2008), so auch Marx (1962 [1867], S. 15–16), der „das ökonomische Bewegungsgesetz der modernen Gesellschaft zu enthüllen" bemüht war. Stalin (1952) hat Böhm-Bawerks (1914) berühmte Frage ‚Macht oder ökonomisches Gesetz' mit ‚Macht und ökonomisches Gesetz' beantwortet. In der naturrechtlichen Tradition der Klassik unterschied er historische Gesetze der Entwicklung der Produktionsweisen und natürlich-technische Beschränkungen. Beide sind objektiv, d. h. sie können nicht willkürlich verändert werden. Doch indem die progressive Klasse und der sozialistische Planer sie erkennen, können sie sie bewusst einsetzen. Der Wechsel der Produktionsverhältnisse ist eine Frage der Macht, die Tatsache, dass er stattfindet, ein historisches Gesetz.

Die meisten Theoreme der modernen Ökonomie sind abgeleitet von verallgemeinertem, in der Tendenz regelmäßigem Verhalten, das auf Nutzenmaximierung und Rationalität beruht. Diesem Ansatz folgte auch Oskar Lange (1969 [1959], S. 115), indem er unterstrich, die technischen und Gleichgewichtsgesetze der Produktion, die Gesetze des menschlichen Verhaltens und die Gesetze des Zusammenwirkens des Handelns seien in allen Wirtschaftssystemen wirksam. Das findet nur nicht spontan statt, sondern bewusst, wie Engels (1948 [1878], S. 351) es formuliert hatte: „Die Gesetze ihres eignen gesellschaftlichen Tuns, die ihnen bisher als fremde, sie beherrschenden Naturgesetze gegenüberstanden, werden dann von den Menschen mit voller Sachkenntnis angewandt und damit beherrscht." Die orthodoxe politische Ökonomie des Sozialismus hielt jedoch den Maximierungskalkül für eine Ausgeburt des bürgerlichen Idealismus: Individuelle Präferenzen und individuelles Verhalten bestimmen nicht das Wirtschaftshandeln im Sozialismus. Denn grundsätzlich besteht im Sozialismus eine Einheit von individuellen und gesellschaftlichen Interessen, wobei jedoch immer die Priorität der gesellschaftlichen vor den persönlichen Interessen betont wird (Politische Ökonomie 1969, S. 194–201; Lehrbuch 1972 [1970], S. 138).

Welches sind dann die ökonomischen Gesetze des Sozialismus? Marx (1993 [1857], S. 89) hatte das oft zitierte erste ökonomische Gesetz aufgestellt: „Ökonomie der Zeit, darein löst sich schließlich alle Ökonomie auf. … Ökonomie der Zeit, sowohl wie planmäßige Verteilung der Arbeitszeit auf die verschiedenen Zweige der Produktion, bleibt also erstes ökonomisches Gesetz auf Grundlage der gemeinschaftlichen Produktion."[10] Das entspricht der aufwandsminimierenden Wirtschaftlichkeit in der Naturalwirtschaft. Stalin (1952) hat darüber hinaus zwei ökonomische Gesetze des Sozialismus hervorgehoben, das ökonomische Grundgesetz des Sozialismus und das Gesetz der planmäßigen proportionalen

[10] „Die wirkliche Ökonomie – Ersparung – besteht in Ersparung von Arbeitszeit. … Die Ersparung von Arbeitszeit gleich Vermehren der freien Zeit, d. h. Zeit für die volle Entwicklung des Individuums" (Marx 1993 [1857], S. 599). „In einer höheren Phase der kommunistischen Gesellschaft … nachdem die Arbeit nicht nur Mittel zum Leben, sondern selbst das erste Lebensbedürfnis geworden" (Marx 1952 [1875], S. 17) löst sich der Gegensatz von Arbeitszeit und freier Zeit auf, und damit wird das Gesetz der Ökonomie der Zeit hinfällig.

Entwicklung der Volkswirtschaft. Das erste fordert "Sicherung der maximalen Befriedigung der ständig wachsenden materiellen und kulturellen Bedürfnisse der gesamten Gesellschaft durch ununterbrochenes Wachstum und stetige Vervollkommnung der sozialistischen Produktion auf der Basis der höchstentwickelten Technik“. Das ist offensichtlich die Vorgabe einer politischen Norm, ohne die das zweite Gesetz im luftleeren Raum hinge. Auch das zweite, an Marx angelehnte Gesetz ist eine Norm, nämlich diese Aufgabe effektiv und ressourcensparend zu erfüllen oder, nach den Worten von Lenin (zitiert nach Akademie 1955 [1954], S. 473) die „Umwandlung des ganzen staatlichen Wirtschaftsmechanismus in eine einzige große Maschine, in einen Wirtschaftsorganismus, der so arbeitet, daß sich Hunderte Millionen Menschen von einem einzigen Plan leiten lassen“. Anders als das Grundgesetz des Kapitalismus, Gewinnmaximierung und Akkumulation, das insofern hinter dem Rücken der Akteure operiert, als der treibende Wettbewerb und die steuernden Preise sich spontan auf dem Markt bilden, gibt es im Sozialismus keine unbewusste ‚objektive‘ Kraft, die den Planer zwingt, die Konsumnachfrage zu erfüllen oder effizient zu wirtschaften. Die einzige Macht, die ihn dazu anhält, ist die Partei.

Die beiden Gesetze lassen sich also als Aufforderung zur Optimalität und Effizienz des wirtschaftlichen Handelns interpretieren. Nur bleiben sie viel zu unspezifisch, um dem Planer Entscheidungskriterien an die Hand zu geben. Hier ist das Instrumentarium der neoklassischen Ökonomie konkreter, indem sie praxeologische Optimierungsbedingungen formuliert. Da setzte dann auch die mathematische Schule der Optimalplanung an. Sie griff das ökonomische Grundgesetz als Zielfunktion auf, die geplante proportionale Entwicklung als Effizienzkriterium und sah im Wertgesetz die Basis für die materielle Stimulierung der Produktion (Dadajan 1973 [1970]). Das gilt es mit konkreten Fakten und Zahlen auszuarbeiten, d. h. die Beziehungen modellmäßig zu erfassen, um sie dann in einem konkreten Plan zu spezifizieren.

Diese Erkenntnis drang Ende der 1960er Jahre im Ansatz sogar bis zu den Ökonomen der Parteihochschule durch, die vorsichtig anmerkten: „daß zum Beispiel der Wirkungsmechanismus jedes einzelnen Gesetzes untrennbar mit dem System der ökonomischen Gesetze verbunden ist, dessen umfassende Erforschung erst beginnt. Von hervorragender Bedeutung ist in diesem Zusammenhang die Erforschung und Präzisierung der allgemeinen ökonomischen Gesetze, die großenteils Funktionalbeziehungen, Funktionalgesetze darstellen“ (Ebert et al. 1969, S. 117). Diesem Ziel kommen sie allerdings mit ihrem Schema des Systems ökonomischer Gesetze (Abb. 3.3) nicht näher, denn mit ihren Pfeilen erfas-

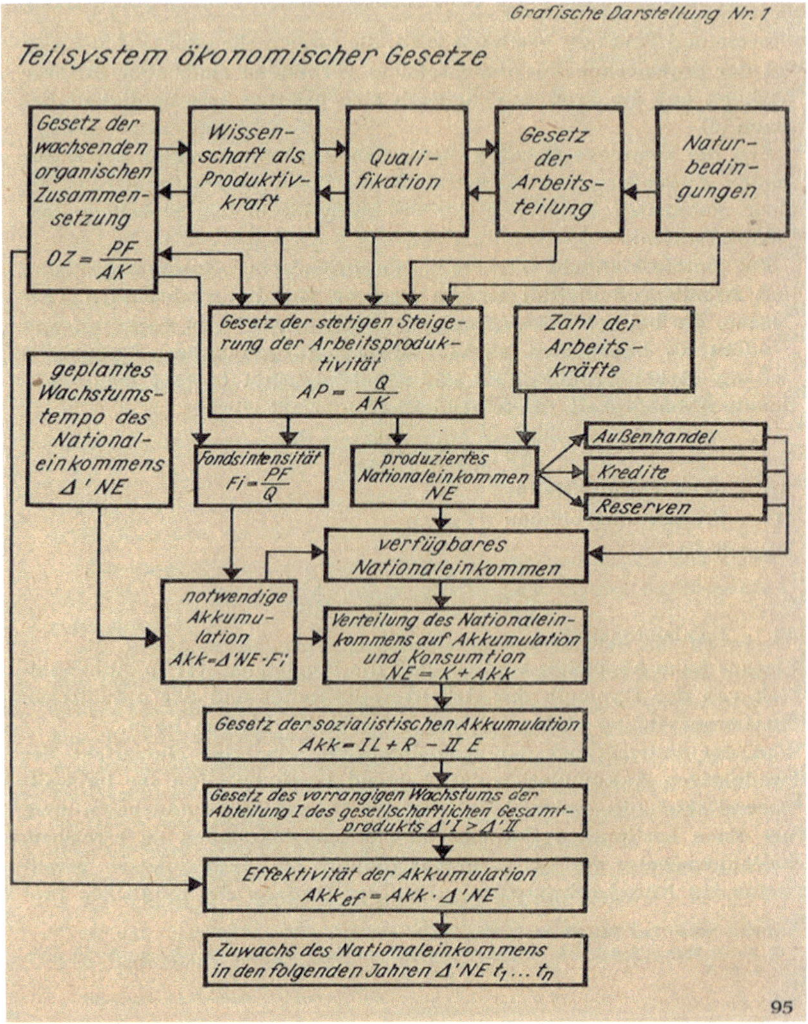

Abb. 3.3 Schema des Teilsystems der ökonomischen Gesetze des Sozialismus. (Quelle: Ebert et al. 1969, S. 95)

sen sie keine funktionalen Zuordnungen.[11] Die drei hauptsächlichen Gesetze (das Grundgesetz, das Gesetz der planmäßigen proportionalen Entwicklung und das Wertgesetz) kommen in diesem Schema interessanterweise nicht vor. Ihre Spezifizierung würde eine theoretische Herausforderung darstellen.

Das Schema macht aber deutlich, dass die Liste der ökonomischen Gesetze des Sozialismus mit den drei von Stalin herausgestellten nicht erschöpft ist: das Gesetz der wachsenden organischen Zusammensetzung, das Gesetz der Arbeitsteilung, das Gesetz der stetigen Steigerung der Arbeitsproduktivität, das Gesetz der sozialistischen Akkumulation, das Gesetz des vorrangigen Wachstums der Abteilung I, das Gesetz der Verteilung nach der Arbeitsleistung – soweit es sich nicht um Normen bzw. Trends handelt, müsste man die unterstellten Zusammenhänge theoretisch begründen und empirisch untermauern. Das leistete die politische Ökonomie des Sozialismus nicht.

Die politische Ökonomie des Sozialismus wurde jahrelang von der Frage der sozialistischen Warenproduktion und der Gültigkeit des Wertgesetzes verfolgt. Stalin hatte 1941 in der Diskussion mit dem Lehrbuchteam die Vorstellung kritisiert, das Wertgesetz sei im Sozialismus überwunden (Singh 1998, S. 11). Wir brauchen hier den Diskurs nicht im Einzelnen zu verfolgen (s. Geschichte 1973 [1972]; Pollock 2006; Kaser 2008). Lange Zeit drehte er sich um die Frage der sozialistischen Warenproduktion unter der Annahme, dass Warenproduktion das Wertgesetz impliziere. Das ist richtig, nur die Umkehrung, das Wertgesetz impliziere Warenproduktion, ist es nicht. Denn Preise haben zwei Funktionen: als Tauschrate zwischen Waren und als Opportunitätskosten für die Wahl zwischen alternativen Produktions- und Konsummöglichkeiten. Solche Entscheidungen sind, wie Marx und Engels betont hatten, auch in einer sozialistischen Planwirtschaft zu treffen. Pareto und Barone hatten die Äquivalenz dieser Entscheidungen unter *ceteris paribus* Bedingungen in beiden Systemen gezeigt (Wagener 1979, S. 82–92). Die Politökonomen sind die längste Zeit darüber gestolpert, dass sie den Unterschied zwischen Wert als Basis für den Tauschwert und als Basis für den Schattenpreis nicht gesehen haben. Ihr Problem, dass nämlich Marx und Engels gleichzeitig die Gültigkeit des Wertgesetzes und die Aufhebung der Warenproduktion im Sozialismus behaupteten, wurde damit fast unlösbar. Die Lösung, die sie, bzw. die *tovarniki* unter ihnen, endlich fanden, beruhte darin, auch für den Sozialismus Warenproduktion zu unterstellen.[12]

---

[11] Als 1972 eine Neuauflage ihres Buches geplant war, hatten sich die politischen Verhältnisse geändert, und die Autoren mussten die druckfertige Auflage zurückziehen. Eine spätere Neuauflage blieb wieder im orthodoxen Rahmen (vgl. Abschn. 2.3.1).

[12] Das beste Beispiel für eine effiziente geplante proportionale Produktionsentwicklung unter Verwendung von Ware-Geld Beziehungen ist der kontraktuelle Tausch *(relational exchange)*

In seiner Schrift zur Werttheorie im Sozialismus, die er nach der Maßregelung durch die Partei im Jahre 1957 verfasste, zeichnete Fritz Behrens (1961) diese Argumentation nach, wobei er neben den Klassikern vor allem auf sowjetische Autoren zurückgriff, soweit sie in der Zeitschrift *Sowjetwissenschaft. Gesellschaftswissenschaftliche Beiträge* zugänglich waren. Stalin (1952) und die erste Auflage des Lehrbuchs (Akademie 1955 [1954]) hatten der sozialistischen Warenproduktion nur einen beschränkten Wirkungsbereich zugewiesen, in dem der Gütertausch von einem Eigentümerwechsel begleitet wird. Das ist innerhalb des staatlichen Sektors offensichtlich nicht der Fall. Die dritte Auflage des Lehrbuchs (Akademie 1959 [1958], S. 581–590) erweiterte diesen Wirkungsbereich auf alle Güter, deren Verkehr mit Geldzahllungen verbunden ist. Die elegantere Lösung eines sowjetischen Ökonomen beruhte auf der damals innovativen Unterscheidung zwischen juristischen und ökonomischen Eigentumsrechten: „Die Warenbeziehungen zwischen den staatlichen Betrieben sind somit keine Beziehungen zwischen Eigentümern, aber Beziehungen zwischen Verfügungsberechtigten“ (Behrens 1961, S. 40). *Ne-tovarniki* wie Cagolov (Lehrbuch 1972 [1970], S. 252–268) hatten die größte Mühe, den Widerspruch zwischen der Produktion für die Gesellschaft als Ganze, und nicht für ‚andere‘, und der offensichtlichen Existenz von Ware-Geld Beziehungen im Sozialismus zu erklären.

Die Kontroverse um das Wertgesetz[13] entzündete sich an der Frage: Wer ist der ‚Regulator‘ in der sozialistischen Wirtschaft – das Wertgesetz oder der Staat? Hier hatten sich Behrens und Benary in ihren inkriminierten Arbeiten von 1957 zu weit vorgewagt. Deshalb musste Behrens in der Schrift von 1961 Selbstkritik üben.

---

kapitalistischer Großkonzerne wie z. B. Volkswagen. Ihre Zulieferungen werden langfristig über bilaterale Verträge vereinbart, die alle Konditionen einschließlich des Preises fixieren. Da geschieht nichts spontan hinter dem Rücken der Produzenten. Die Gebrauchswerte werden als Waren getauscht und möglichst *just in time* ans Band geliefert. Dieses System setzt Entscheidungsautonomie der Betriebe voraus, harte Budgetbeschränkungen und ein Rechtssystem, das Vertragstreue garantiert. Sozialistische Reformer haben sich nie ausführlich mit diesem System beschäftigt.

[13] Das Wertgesetz hat Marx (1962 [1867], S. 54) in einem schlichten Satz formuliert: „Der Wert einer Ware verhält sich zum Wert jeder anderen Ware, wie die zur Produktion der einen notwendigen Arbeitszeit zu der für die Produktion der anderen notwendige Arbeitszeit“. Von der Arbeitswertlehre können wir hier absehen, denn nach *Kapital III* (Marx 1964 [1894], S. 189) regelt das Wertgesetz auch die Produktionspreise. In den *Randglossen* (Marx 1952 [1875], S. 16) betont Marx, dass das Wertgesetz im Sozialismus auch im Verhältnis zur Arbeit gilt: „Was aber die Verteilung der [Konsumtionsmittel] unter die einzelnen Produzenten betrifft, herrscht dasselbe Prinzip wie beim Austausch von Warenäquivalenten, es wird gleichviel Arbeit in einer Form gegen gleichviel Arbeit in einer andern getauscht“. Deshalb gilt das Wertgesetz auch als Grundlage für die materielle Stimulierung der Beschäftigten.

Das Ganze bleibt jedoch theoretisch undeutlich. Denn es werden zwei Probleme unzulässigerweise miteinander verknüpft, die Frage nach dem Koordinationsmechanismus (‚Regulator') Plan oder Markt und die Frage nach der Existenz eines optimalen Gleichgewichts als der Zielvorgabe für den Plan. Der ‚Regulator' in der Planwirtschaft ist der Plan, und das muss Behrens ständig wiederholen. Denn die sozialistische Marktwirtschaft, zu der er neigte, ist tabu.

Was macht der Plan nun mit dem Wertgesetz? Er „nutzt es aus". Was kann das heißen? Sind die gesellschaftlichen Präferenzen, die Ressourcenausstattung und die Technik gegeben, dann existiert – unter bestimmten Voraussetzungen – ein optimales Gleichgewicht, dem das Wertgesetz entspricht. Die polnischen Ökonomen Brus und Łaski (1964, S. 47) haben das theoretische Problem der optimalen Ressourcenallokation vom institutionellen Problem der Entscheidungsinstanz, des ‚Regulators', getrennt: „Generally speaking, the operation of the law of value leads to a division of social labour between its various applications, in which the relation of its effects to (socially indispensable) outlays of labour, is the same for all of these applications."

Die mathematische Schule der Optimalplaner, die Behrens 1961 noch nicht wahrgenommen hatte, machte den Politökonomen klar, dass das Wertgesetz eine Gleichgewichtsbedingungen für die Wohlfahrtsoptimierung darstellt. „Die volle Ausnutzung des Wertgesetzes als objektiv notwendiges, durch zufällig bedingte Abweichungen nicht beeinflußtes Gesetz, setzt die optimale Organisation der sozialistischen Wirtschaft voraus, wodurch nicht nur gesichert wird, daß optimale Pläne aufgestellt, sondern daß diese auch verwirklicht werden. Diesem Sachverhalt entspricht die Dualitätstheorie der linearen Optimierung. Durch sie wird bewiesen, daß optimale Preise die andere Seite des optimalen Planes sind" (Novožilov 1970 [1967], S. 271). Will der ‚Regulator' entsprechend dem ökonomischen Grundgesetz des Sozialismus die Wohlfahrt maximieren, dann hat er noch immer einen Freiheitsgrad: die Verteilung. Das zweite Fundamentaltheorem der Wohlfahrtsökonomie stellt fest, dass fast jedes Pareto-optimale Gleichgewicht im Wettbewerb erreicht werden kann, wobei die gewünschte Verteilung über *lump sum* oder Pauschalsteuern und -übertragungen erzielt wird. Das gilt *a fortiori* für die Planwirtschaft.

Über die materielle Interessiertheit und das Wertgesetz kann der Planer sich die Kooperation aller Beteiligten sichern. Deshalb betonte Dadajan (s. oben) die Rolle des Wertgesetzes als drittes Element im System der ökonomischen Gesetze des Sozialismus. Die politische Ökonomie des Sozialismus betont gegenüber dem Leistungsprinzip ganz andere Mechanismen: „[Die ökonomischen Beziehungen] sind gekennzeichnet durch Beziehungen kameradschaftlicher Zusammenarbeit und gegenseitiger Hilfe der sozialistischen Produzenten. ... Im Sozialismus zu arbeiten, ist eine Sache der Ehre und des Ruhms“ (Politische Ökonomie 1969, S. 220–221).

Indem der Markt in der Marktwirtschaft idealerweise die optimalen Preise findet, passen die Akteure ihre Mengen daran an. Das geschieht keineswegs spontan, wie die politische Ökonomie des Kapitalismus behauptet, sondern durchaus bewusst dem nutzenmaximierenden Kalkül entsprechend. In der sozialistischen Wirtschaft à la Lange – Lerner ist es der Planer, der in einem iterativen Informationsaustausch mit den selbständigen Betrieben die Gleichgewichtspreise findet und vorgibt. In der Optimalplanung bestimmt ein Algorithmus die optimalen Preise. Es bleibt eine empirische Frage, welches Verfahren dem Idealzustand am nächsten kommt.

Dem strengen Regime des Wertgesetzes für die Wohlfahrtsmaximierung wollten sich die *ne-tovarniki* nicht unterwerfen. „Der Prozeß der Produktion und der Reproduktion wird [nach dem Sieg des Sozialismus] durch andere Gesetze reguliert, darunter durch das ökonomische Grundgesetz. … Der Wert ist eine objektiv existierende Kategorie. Der Preis aber als eine bestimmte Austauschproportion muß nicht allein Resultat objektiver Faktoren, sondern kann auch Ergebnis bewußter Einwirkung sein“ (Lehrbuch 1972 [1970], S. 283–284). Damit konnte Honecker seine alle Proportionen verzerrende Preispolitik legitimieren. Die resultierenden Wohlfahrtsverluste nahm er nicht zur Kenntnis. Und ein geräumter Markt ist noch kein Anzeichen für die Realisierung eines ökonomischen Gleichgewichts. In einer selten deutlichen Anspielung auf Marxs Gleichgewichtsanforderung, nämlich „die wirklich vorherbestimmende Kontrolle der Produktion‘ und die tatsächlichen Praktiken in der DDR stellte das ostdeutsche Lehrbuch fest: „Aber an die ‚wirklich vorherbestimmende Kontrolle der Produktion‘ werden viel höhere Anforderungen gestellt, als es bei der Verteilung eines ungenügenden Angebots an Erzeugnissen der Fall ist, das immer Absatz findet“ (Politische Ökonomie 1969, S. 272).

3.1.2 Aspekte der politischen Ökonomie des Sozialismus in Polen

In diesem Unterkapitel gehen wir ein auf die Entwicklung der politischen Ökonomie des Sozialismus in Polen nach 1945. Dabei ist es nicht mehr notwendig, die Fundierung des Paradigmas in den Klassikern des Marxismus bzw. Marxismus-Leninismus zu skizzieren. Das ist im Zusammenhang mit der Theorieentwicklung in der DDR im vorigen Unterkapitel geschehen. Bis auf die stalinistischen

Anfangsjahre nach dem Kriege sahen sich die polnischen anders als die ostdeutschen Ökonomen nicht als Sachwalter eines orthodoxen Marxismus-Leninismus. In ihren Texten spielte deshalb der Nachweis der Quellentreue eine geringere Rolle, wie wir bereits bei der bibliometrischen Analyse der ökonomischen Literatur (s. Abschn. 2.3.2) feststellen konnten.

Die polnischen Ökonomen waren engagierte Sozialisten. Doch gingen sie die Frage der Wirtschaftsordnung weniger starr an als ihre ostdeutschen Kollegen. Für das kapitalistische Wirtschaftssystem sah man deshalb nicht den unmittelbaren Untergang voraus, auch wenn die politische Ökonomie des Kapitalismus dessen Defizite offenlegte. Vor allem seit dem Tauwetter von 1956 wuchsen die Zweifel am Entwicklungspotential des Sozialismus nach sowjetischem Muster. In den frühen 1960er Jahren führte Stefan Kurowski (1963) in seiner Habilitationsschrift mit Hilfe eines unvoreingenommenen Systemvergleichs aus, dass Sozialismus als Strategie nicht effektiv sei, um mit dem Westen gleichzuziehen. Das entsprechende Kapitel fiel allerdings der Zensurschere zum Opfer und konnte ungekürzt erst nach der Wende offiziell erscheinen (Kurowski 2001).

Ähnliche Zweifel kamen in den folgenden Jahrzehnten auch bei jüngeren Ökonomen auf. Waldemar Kuczyński, ein Schüler von Włodzimierz Brus, wies in seinem im Samizdat erschienen Buch auf die Fehlerquellen der sozialistischen Reformversuche in den 1970er Jahren (Kuczyński 1981 [1979]). Berater der *Solidarność* formulierten Programme zur Krisenbewältigung, die den Grundgedanken der Zentralplanung, wenn auch nicht der sozialistischen Wirtschaft im Allgemeinen, in Frage stellten. In den späteren 1980er Jahren beschäftigten sich liberale Ökonomen der Universität Danzig, die in der Zeitschrift *Przegląd Polityczny* (Politischer Rückblick) publizierten, unter ihnen Jan Szomburg und Janusz Lewandowski, mit den Verfahren, wie eine zentral geplante Wirtschaft in eine Marktwirtschaft zu transformieren sei. Leszek Balcerowicz, ehemals Fakultätsmitglied des *Instituts für Grundprobleme des Marxismus-Leninismus* (s. Abschn. 1.3.3) bewerkstelligte dann den Übergang nach 1989 in der Praxis als Finanzminister und als einer der Architekten der Transformation. Vielleicht am deutlichsten manifestierte sich der Gesinnungswandel in dem Buch, das zwei prominente Vertreter der kollektivistischen Tradition in Polen im letzten Jahr der sozialistischen Periode im Exil veröffentlichten. Beide, Włodzimierz Brus und Kazimierz Łaski, waren prominent an der Einführung des stalinistischen Systems beteiligt, dann aktiv in der revisionistischen Bewegung und schließlich Emigranten von 1968. Sie beschreiben in dem Buch (Brus und Łaski 1989) ihren Weg „von Marx zum Markt" und stellen fest, dass sich die kapitalistische Wirtschaft bislang im Wettbewerb der Systeme besser geschlagen habe.

3.1.2.1 Das breite Spektrum der Lehrbuch-Literatur

Die politische Ökonomie fand ihre verbindliche Formulierung im sowjetischen Lehrbuch von 1954, dessen Ausarbeitung von Stalin selbst bis ins Detail begleitet worden war. Wie in allen Satellitenstaaten des Sowjetimperiums wurde es unmittelbar nach seinem Erscheinen auch ins Polnische übersetzt. Herausgeber waren Żurawicki und Pohorille (*Ekonomia Polityczna* 1955). Nach 1956 blieb Żurawicki ein orthodoxer Parteiökonom, während Pohorille als Leiter der neu gegründeten *Hochschule für Gesellschaftswissenschaften* der PVAP diese schrittweise zu einem Zentrum der revisionistischen Kritik umwandelte, was 1968 zu ihrer zeitweisen Schließung führte. Pohorille gab auch das erste ökonomische Lexikon Polens *Mała Encyklopedia Ekonomii* (Pohorille 1961) heraus.

Das stalinistische Lehrbuch erschien exakt übersetzt und ohne eine polnische Einführung zwischen 1955 und 1964 in sieben Auflagen. Die einzelnen Auflagen trugen der Entwicklung des Lehrbuchs in der UdSSR Rechnung. Die Auflagen von 1959 und 1960 waren zum Beispiel Übersetzungen der dritten sowjetischen, die eine Abkehr vom Stalinismus beinhaltete, was sich in Inhalt und Sprache des Buches niederschlug. Spätere Ausgaben Mitte der 1960er Jahre hatte man zusätzlich um bis zu einem Viertel gekürzt, wobei vor allem die Kapitel zur Wirtschaftsgeschichte und zur Geschichte des ökonomischen Denkens schmaler geworden sind.

Polnische Lehrbücher, die vor dem sowjetischen herauskamen, hatten im Wesentlichen die gleiche Struktur. Allerdings deckten sie nicht den gesamten Lehrinhalt ab. Besonders populär waren die ‚Ökonomischen Gespräche' (*Pogadanki ekonomiczne;* Schaff und Brum 1947), die der eminente Philosoph Adam Schaff anfänglich als alleiniger Autor und dann ab 1947 in mehreren Auflagen zusammen mit dem Ökonomen Leon Brum veröffentlichte. Schaff ist ein Beispiel für jene polnischen Intellektuellen, die in den Anfangsjahren überzeugte Anhänger der Orthodoxie waren, um dann ins Lager der Revisionisten umzuschwenken, ohne die Sache des Sozialismus ganz aufzugeben. Geschrieben in einer einfachen Sprache erschien das Buch im Verlag der polnischen Arbeiterpartei und wurde für die kommunistische Agitation verwendet.

Das ebenfalls noch vor dem sowjetischen Lehrbuch erschienene Buch von Brus und Pohorille (1951) ‚Übersicht über die politische Ökonomie des Sozialismus'*(Zarys ekonomii politycznej socjalizmu),* von dem nur der erste Band erschienen ist, basierte auf ihren Vorlesungen an der Hochschule für Planung und Statistik (SGPiS). Sie beschränkten sich auf die ökonomische Seite der politischen Ökonomie und gingen nicht auf die philosophisch-historischen Grundlagen ein. Hauptthema waren die Übergangsperiode und die Schlussfolgerungen, die sich aus der Erfahrung der Sowjetunion beim Aufbau des Sozialismus ziehen ließen.

Aus den wirtschaftlichen Grundgesetzen des Sozialismus entwickelten sie einzelne Probleme der politischen Ökonomie. Dabei gingen sie ähnlich wie Schaff und Brum nicht wesentlich über den kanonischen Ansatz hinaus, ergänzten ihn aber an verschiedenen Stellen mit polnischen Themen. Als sie die Vorlesungen abhielten und das Buch erschien, hatten beiden, Pohorille und Brus, noch nicht ihre Doktorarbeit verteidigt, ja, Pohorille war noch nicht einmal mit seiner Magisterarbeit fertig.

Zu der Propagandaschrift von Schaff und Brum und dem Lehrbuch von Brus und Pohorille kamen dann weitere Publikationen, die sich auf ähnliche Weise mit der politischen Ökonomie beschäftigten, zum Beispiel Zawadzkis ‚Materialien zum Studium der politischen Ökonomie' (*Materiały do studiowania ekonomii politycznej;* Zawadzki 1954) und Bronisław Mincs ‚Aktuelle Fragen der politischen Ökonomie des Sozialismus' (*Aktualne zagadnienia ekonomii politycznej socjalizmu;* Minc 1956). Alle diese Autoren arbeiteten am ‚Ausbildungsinstitut für wissenschaftliches Personal' (*Instytut Kształcenia Kadr Naukowych,* IKKN) beim ZK der PVAP (s. Abschn. 2.2.2), das von Adam Schaff geleitet wurde. Sie vertraten selbstverständlich die kanonische Version der stalinistischen Ökonomie (Czarny 2016).

Langes *opus magnum,* die 'Politische Ökonomie' (*Ekonomia polityczna;* Lange 1969 [1959]), ebnete, wie Zaręba (1985, S. 176) hervorhob, den Weg zu einer „völlig neuen Forschungsrichtung in der Ökonomie, indem er den Transfer theoretischer Ansätze zwischen den gesellschaftlichen Formationen anregte, was bislang als revisionistisch angesehen wurde", d. h. die neoklassische Theorie, zu der er selbst wichtige Beiträge geleistet hatte, war für ihn nicht tabu. Diese Arbeit blieb auf Grund des Todes von Lange unvollendet, und nur der erste Band und Fragmente des zweiten konnten erscheinen. Der Einfluss der Arbeit Langes auf andere polnische Ökonomen war unübersehbar. Seine *Politische Ökonomie* und seine Schriften aus der Vorkriegszeit regten in Polen zahlreiche Debatten von den späten 1950er Jahren bis zum Ende des Sozialismus an.

Die Publikationspolitik für Lehrbücher unterschied sich in Polen von der ostdeutschen Politik. Seit den frühen 1960er Jahren brachten viele Professoren aus unterschiedlichen Universitäten ihre eigene Fassung der politischen Ökonomie des Sozialismus heraus. Diese Lehrbücher wurden oft überarbeitet und erschienen in zahlreichen Auflagen. So änderte sich der Inhalt von einer Auflage zur nächsten. Zusammenstellung des Materials und seine Qualität hingen vom Geschick und Wissen des einzelnen Autors ab. Doch es gab ministerielle Mindestanforderungen an die Thematik und ihre generelle Ausrichtung, so wie es sie auch für Vorlesungen über politische Ökonomie gab. Der Wandel in der Grundeinstellung der Autoren lässt sich an einigen Beispielen zeigen.

Als einer der ersten ging Bronisław Minc, der Bruder des Planungschefs und Mitglieds des politischen Führungstrios in der Periode des Stalinismus Hilary Minc, mit einer eigenen Version der politischen Ökonomie des Sozialismus an die Öffentlichkeit (Minc 1961, wieder aufgelegt 1963, 1973 und 1980). Er wollte es aber nicht als Lehrbuch verstanden wissen, sondern als ökonomischen Traktat. Deshalb fehlt auch der philosophisch-historische Hintergrund. Das Buch beschreibt vor allem das Wirtschaftssystem des Sozialismus, wobei es sich in seinem Aufbau eng an diesen Teil des sowjetischen Lehrbuchs hielt. Allerdings bot Minc unterschiedliche Interpretationen der interessantesten Themen, wie z. B. des Wertgesetzes, und diskutierte zeitgenössische Auffassungen zu verschiedenen Fragestellungen. Er kritisierte beispielsweise Langes Kategorien des Eigentums im Sozialismus (s. Abschn. 3.2.2). Auch Włodzimierz Brus verfasste zusammen mit Kollegen der Warschauer Universität ein eigenes Lehrbuch (drei Auflagen 1964, 1965 und 1967). Wie Minc verzichtete er auf die ideologischen Teile zu Geschichte und Philosophie. Doch anders als Minc diskutierte er bereits Aspekte eines Marktsozialismus. Das Kapitel zur Funktionsweise der sozialistischen Wirtschaft enthielt das Modell einer Planwirtschaft unter Verwendung des Marktmechanismus (Brus 1967, S. 174–183).

Die Lehrbuch-Literatur zur politischen Ökonomie erweiterte sich in den 1970er Jahren. Einige Autoren berücksichtigten nicht nur die marxistische Theorie, sondern auch nicht-sozialistische Theorien. Die Anhänger der Wakar-Schule behandelten in ihren Büchern Kategorien wie Pareto-Effizienz und das Edgeworth-Box-Diagramm (Bauer et al. 1972, S. 127–139). Ein weiteres Beispiel sind die Bücher von Minc (1970 und 1975) aus diesen Jahren. Stankiewicz (2007, S. 407) weist darauf hin, dass Minc darin die politische Ökonomie im weitesten Sinn eines Vergleichs von Wirtschaftssystemen auffasste. Dabei machte er seine Leser vertraut mit den Grundlagen der Mikro- und Makroökonomie, z. B. mit der Theorie der Konsumwahl, der Marginalanalyse und dem keynesianischen Ansatz der Makroökonomie. Natürlich unterstrich er die Überlegenheit der sozialistischen Theorie.

Neben Lehrbüchern, die neue Themen und auch westliche Ansätze berücksichtigten, gab es weiterhin Texte, die sich an das kanonische Vorbild hielten. Ein Beispiel ist das von Nasiłowski herausgegebene Buch, der in seiner Einleitung betont, es handele sich dabei um den Versuch, die Funktionsweise der sozialistischen Wirtschaft, vor allem in Polen, synthetisch darzustellen. In vielem ähnelt der Text dem von Brus in den 1960er Jahren herausgegebenen Buch, allerdings ohne Hinweis auf den Marktsozialismus. Erwähnenswert ist ein Kapitel zur privaten Landwirtschaft (Nasiłowski 1977, S. 439–453), die in weiter oben erwähnten Lehrbüchern vernachlässigt wurde. Die theoretischen Schwächen der politischen

Ökonomie des Sozialismus hat Nasiłowskis 1981 zu der überraschend offenen Einschätzung provoziert: „Die gesamte Doktrin der EPS [politischen Ökonomie des Sozialismus] ist eine Anhäufung von *a priori* Behauptungen, die der Leser zu glauben hat" (zitiert in Tanewski 2014).

3.1.2.2 Die ‚Modell-Diskussion': Waren und Wert in der sozialistischen Produktion

Als 1956 die orthodoxe politische Ökonomie des Sozialismus in die Kritik geriet, entwickelte sich eine Debatte über die ökonomischen Gesetze. Dabei ging es um ihre Inkonsistenz und das Problem, inwieweit sie im Sozialismus Gültigkeit behalten. Das betraf vor allem das Wertgesetz (Czarny 2014b, S. 89): Muss es im Sozialismus gewahrt bleiben oder nicht. (Die Formulierung des Gesetzes folgte dem klassischen Vorbild: „die Höhe des Wertes wird bestimmt durch den gesellschaftlich notwendigen Arbeitsaufwand zur Herstellung des betreffenden Gutes" (Brus 1967, S. 155). Die Frage lautete also, ob „das Wertgesetz in der sozialistischen Wirtschaft als Regulator der Allokation durch das Gesetz der planmäßigen proportionalen Entwicklung ersetzt wird" oder nicht (Ibid., S. S. 154).

In Polen fand der Disput zwischen 1947 und den frühen 1960er Jahren statt. Er kann, ähnlich wie in der Sowjetunion und daran anschließend in der DDR, auf die Auseinandersetzung zwischen *tovarniki* und *ne-tovarniki* zurückgeführt werden. In einer ersten Phase zwischen 1947 und 1949 stand der Konflikt um die Plankommission zentral. Auf der einen Seite standen Ökonomen, die der PPR (der kommunistischen Polnischen Arbeiterpartei) und dem Ministerium für Industrie und Handel unter Hilary Minc verbunden waren. Auf der anderen Seite Ökonomen aus dem Kreis der PPS (der Polnischen Sozialistischen Partei, die später mit der PPR fusioniert wurde) und aus dem Stab des Zentralen Planbüros (CUP) geleitet von Czesław Bobrowski. Dabei ging es vor allem um die Methode der Wirtschaftsplanung: Das direkt aus der Sowjetunion übernommene stalinistische Model, das Minc und die PPR vertraten, war nicht vereinbar mit dem Konzept von Bobrowski, der eine Drei-Sektoren-Wirtschaft mit weitgehender Autonomie der Unternehmen vorsah.

Die Spannung zwischen beiden Seiten geriet 1948 auf einen Höhepunkt. Unter anderen warfen Minc und Brus Bobrowski und seinem Kollegen Jan Drewnowski vor, bürgerliche Planungsmethoden zu verwenden, außerdem bevorzuge das Planbüro den Konsum gegenüber Produktion und Akkumulation und schaffe unzureichende Anreize, den Plan über zu erfüllen (Drewnowski 1974). Die Genossenschaften würden in der Planung als separater autonomer Sektor behandelt, und schließlich rechne die Plankommission alle Dienstleistungen, einschließlich der nicht-materiellen, in die volkswirtschaftliche Gesamtrechnung ein, was nach

Ansicht der kommunistischen PPR-Ökonomen die Bedeutung der Arbeiterklasse herabsetze (Łukawer 1996, S. 8). Infolge der von der PPR angezettelten Kampagne wurden Bobrowski und seine Mitarbeiter aus der Planungsbehörde entfernt, und die Planung wurde vollständig der stalinistischen Doktrin unterworfen (Kowalik 2006b). In der Debatte kam das Wertgesetz nicht explizit zur Sprache. Denn die orthodoxe Meinung postulierte, dass im Sozialismus die Warenproduktion aufhöre zu existieren und das Problem der relativen Werte deshalb vernachlässigt werden könne.

Grundsätzlich setzte sich mit diesem Ereignis die marxistische Ökonomie in Polen durch. Die meisten Wissenschaftler hatten ihre Ausbildung vor dem Kriege erhalten und waren mit dem Jargon, der Doktrin und den analytischen Methoden des Marxismus wenig vertraut. Mit seinen Entscheidungen zur Arbeitsweise der Polnischen Nationalbank, einschließlich der Abwertung des Zloty (offiziell als Geldumtausch deklariert), und der Liquidierung des privaten Handels machte Minc deutlich, dass er eine rasche Abkehr von der Warenwirtschaft befürwortete. Diese Position wurde bald von jungen Marxisten, wie Brus und Łaski, übernommen. Hinzu kam die Überzeugung, dass die Akkumulation gegenüber dem Konsum über eine längere Periode den Vorrang habe und damit ein rascheres Wachstum der Produktionsmittelindustrie gegenüber der Konsumgüterindustrie notwendig sei, wie Kazimierz Łaski (1956) in seiner Dissertation ausführte.

Mit dem Tod Stalins nahm das Vertrauen in ein solches Entwicklungsmodell ab, und die Diskussion über die ökonomischen Gesetze des Sozialismus, vor allem das Wertgesetz, lebte wieder auf. Diese Diskussion, später ‚Modell-Diskussion' genannt, war ein Kernthema auf dem 2. Ökonomen-Kongress von 1956 und bildete den Anfang der revisionistischen Schule in Polen. Stefan Kurowski forderte, am Anfang der Debatte müsse klar sein: „das Ziel einer Gesellschaft, die den Sozialismus aufbaut, ist die Schaffung sozialistischer Verhältnisse" im Produktionsprozess (*Ekonomiści* 1956, S. 77)[14]. Das Wertgesetz, so stellte er fest, „beschreibt objektive Beziehungen, die in jeder Warenwirtschaft existieren" und genauer: „die Preise der Güter am Markt tendieren zu den Werten" (Ibid., S. 71). Włodzimierz Brus wurde deutlicher: "Marktpreise sind so zu gestalten, dass sie ein Gleichgewicht zwischen Angebot und Nachfrage herstellen […] die Planung des sozialistischen Staats darf diese Regel des Wertgesetzes nicht ignorieren, sondern muss sie so genau wie möglich respektieren" (Ibid., S. 16–18). Brus war davon überzeugt, dies stehe nicht in Konflikt mit planmäßiger (im Gegensatz zu spontaner, kapitalistischer) Entwicklung. „Wenn der Gleichgewichtsmarktpreis

[14] Der Band *Ekonomiści* (1956) enthält eine Auswahl von zeitgenössischen Artikeln aus wissenschaftlichen Journalen und Zeitungen.

höher ist als der durchschnittliche Produktionspreis eines Gutes, ist das ein Signal, dass die Nachfrage höher ist als das Angebot. […] Die Planer können auf dieser Grundlage entscheiden, die Produktion einer gegebenen Ware zu steigern oder einzuschränken, indem sie das Signal direkt an die Produzenten weitergeben. So können die Planer ein Tauschgleichgewicht sicherstellen, indem sie die Preise dem Niveau der Werte annähern" (Ibid., S. 19). Damit folgte Brus nach eigenem Dafürhalten den Spuren von Langes Vorkriegsmodell des Marktsozialismus, nur gestand er den Planern mehr Entscheidungsmacht zu: „der Staat kann die Preise einiger Güter über dem normalen Niveau, d. h. dem Wert, festlegen und andere darunter" (Ibid., S. 19).

Brus war sich im Klaren darüber, dass ein solches Verfahren die Idee der sozialistischen Planung untergrabe, „wenn wir unsere derzeitigen Planungsmethoden mit der Planung als solcher identifizieren" (Ibid., S. 23). Er schlug vor, die Unternehmensgewinne als Planungsinstrumente einzusetzen, aber gleichzeitig zu verhindern, „dass das Streben nach höchsten finanziellen Resultaten spontane Prozesse hervorruft, die dem Allgemeininteresse entgegenstehen" (Ibid., S. 38). Zu diesem Zweck seien ökonomisch gerechtfertigte Preise nicht vom Unternehmen, sondern vom Planer festzusetzen. Der Staat solle auch die Grundlöhne fixieren, um die Arbeit vom Gewinn unabhängig zu machen. Und der Investitionsfonds dürfe nicht den Unternehmensinteressen dienen, sondern sei für gesellschaftliche Ziele zu verwenden. Der Mechanismus, die Wirtschaft über die Preise zu steuern, werde vom Mechanismus der geplanten Entwicklung ergänzt. Das Prinzip des vom Staat repräsentierten gesellschaftlichen Eigentums an den Produktionsmitteln sichere die Wirtschaft vor dem Abgleiten in die reine Marktwirtschaft und dem Wertgesetz als alleinigem Regulator der Produktion. In der Lange-Festschrift haben Brus und Łaski (1964) dieses Modell noch einmal bekräftigt.

Brus Thesen lösten eine Diskussion aus, an der sich viele Ökonomen beteiligten. Unterstützung fand er unter anderen von Kurowski, Mujżel, Lipiński und Popkiewicz. Nach Jan Mujżel ist die selbstverwaltete Unternehmung eher als der zentralverwaltete Betrieb in der Lage, sich der Umwelt anzupassen. Lipiński meinte, der „Sozialismus einer forcierten Industrialisierung", also der Stalinismus, sei ein wichtiges Entwicklungsstadium. Doch bei einem bestimmten Komplexitätsgrad von Wirtschaft und Gesellschaft „begannen die gegebenen gesellschaftlichen Institutionen, das Wirtschaftssystem und fast der gesamte Überbau zu versagen" (*Ekonomiści* 1956, S. 166). Unter allen Diskussionsteilnehmern nahm Kurowski die wahrscheinlich radikalste Position ein. Er stellte das gesellschaftliche Eigentum als Staatseigentum in Frage und betonte, für sozialistische Produktion sei eine, „direkte und nicht nur indirekte Verfügungsgewalt über die Produktionsmittel der am Produktionsprozess Beteiligten" notwendig. Es gehe um "Demokratie der Produzenten", verbunden mit einer "direkten Beteiligung am Management der Produktionsmittel" durch ein "Kollektiv von Produzenten, die an eine bestimmte Gruppe von Produktionsmitteln gebunden sind“ (*Ekonomiści* 1956, S. 77–78). Das lief auf eine weitreichende Dezentralisierung der Produktionsleitung und des Eigentums hinaus: „Die Voraussetzung für die Herausbildung sozialistischer Produktionsverhältnisse ist, dass sich das soziale Eigentum in Form von getrennten, unabhängigen Wirtschaftseinheiten manifestiert“ (Ibid., S. 78).

Das Ziel der sozialistischen Produktion ist es nach Kurowski, gesellschaftliche Bedürfnisse bei einem gegebenen Niveau der Entwicklung der Produktivkräfte so vollständig wie möglich zu befriedigen, mit anderen Worten, die Wohlfahrt mit den vorhandenen Ressourcen und Technologien zu maximieren. Angesichts der Vielfalt und der Veränderlichkeit der Bedürfnisse bedarf es dafür eines Mechanismus, der „Signale zuverlässig und rasch von den Bedürfnissen auf die Produktion überträgt“ (Ibid., S. 79). Diese Signale stelle das Wertgesetz zur Verfügung. Gleichzeitig zweifelte Kurowski an der Möglichkeit, die Produktion über den Plan an den Konsum anzupassen: „der gute Wille und das Wissen der Planer [...] können niemals objektive Institutionen ersetzen, die die vorhandenen gesellschaftlichen Kräfte zum Ausdruck bringen sollen” (Ibid., S. 93). Sinn des Planes sei es, eine koordinierende Funktion auszuüben, die Anpassung der Wirtschaft an die Gegebenheiten zu erleichtern und, wenn notwendig, die Wirkung des Wertgesetzes zu korrigieren.

Damit stellte Kurowski faktisch das gesamte Wirtschaftssystem des Staatssozialismus in Frage und führte zum ersten Mal die Idee eines demokratischen Sozialismus als Demokratie der Produzenten und Konsumenten in die Diskussion ein. Diese Idee bildete die Grundlage für revisionistisches und oppositionelles Denken und fand sich schließlich im Konzept der selbstverwalteten ‚Republik Polen‘ und im Wirtschaftsprogramm von *Solidarność* wieder. Die ‚Modell-Diskussion‘ war offensichtlich eine Ordnungsdebatte, die das Verhältnis von Plan und Markt klären sollte bzw., so Andrzej Brzeski (*Dyskusji* 1957, S. 45–60)[15], das Verhältnis von Plan und Wertgesetz. Er deutete drei verschiedene Lösungsmöglichkeiten an:

1. Die Anwendung des Wertgesetzes in der administrativen Planung, indem man die materiellen Interessen als Anreize aktiviert, um so die Kosten zu senken und die Qualität zu heben.

---

[15] Der Band *Dyskusji o prawie wartości ciąg dalszy* (Die Fortsetzung der Diskussionen über das Wertgesetz, 1957) sammelt weitere Beiträge zur ‚Modell-Diskussion‘.

2. Pläne als allgemeinen Rahmen für die Produktion beizubehalten und mit einem zentralen Investitionsfonds zu ergänzen bei gleichzeitiger Dezentralisierung der Preisbildung und des Managements. Das würde im Wesentlichen dem Modell von Lange aus der Vorkriegszeit und den Vorstellungen von Brus entsprechen.
3. Die Konzipierung eines gemischten Modells der sektoralen Differenzierung, wobei die Schwerindustrie administrativer Planung unterliegt und die Konsumgüterindustrie einer indirekten Planung.

Das Lange-Modell mit Preisen als Verhaltensparameter für Produzenten und Konsumenten wurde auch von Wacław Wilczyński (*Dyskusji* 1957) befürwortet. Lange selbst meinte, der Wirtschaftsplan solle zwei Grundprobleme behandeln, die Verteilung des Nationaleinkommens auf Konsum und Investition und die Verteilung der Investitionen auf die unterschiedlichen Sektoren der Wirtschaft. Die Festsetzung der Preise habe in den Händen des Staates zu verbleiben mit Ausnahme von Handwerk und Kleinindustrie, wo dies der Markt leiste. Dezentralisierung sei möglich, wenn die Ziele der Unternehmen mit den zentral gesetzten gesellschaftlichen Zielen übereinstimmten (Lange 1961a, S. 141–144). Gegen Ende seines Lebens war Lange dann vom Computer begeistert, in dem er einen dem Markt analogen Servo-mechanismus sah, der den komplizierten *trial and error* Prozess des *tâtonnement* in Sekundenschnelle ausführen könne. „This statement, however, may be reversed: the market simulates the electronic analog computer" (Lange 1967b [1965], S. 159). Die stupende Leistungsfähigkeit des Marktes bleibe jedoch auf das statische Gleichgewicht beschränkt. Für die komplexen Probleme der langfristigen Planung werde der Computer sich als effektives Hilfsmittel erweisen.

In der Diskussion gab es auch eine Reihe von kritischen Stimmen, die zumeist aus der Ecke der *ne-tovarniki* kamen, d. h. der Leute, die mit Marx und Engels die Warenproduktion im Sozialismus für überwunden hielten. Maximilian Pohorille, Brus' Ko-Autor des ersten polnischen Lehrbuchs der politischen Ökonomie, meinte „keine staatliche Behörde ist in der Lage, Gleichgewichtspreise so flexibel festzulegen, wie das Konzept von Brus erfordert". Auch die Unternehmen könnten in der sozialistischen Wirtschaft nicht so unabhängig sein, wie Brus das gerne sehe, zumal er ihnen nicht das Recht zugestehe, über Investitionen und Beschäftigung zu entscheiden. Schließlich kann das Marktmodell nach Pohorilles Auffassung die Input-Preise in der sozialistischen Wirtschaft nicht bestimmen: „Die These, dass die Konsumgüterpreise die Preise für die Produktionsmittel generieren, hält der Kritik nicht stand" (*Ekonomiści* 1956, S. 55). Pajestka fügte hinzu, dass eine sozialistische Planwirtschaft „die blinden, spontanen Marktkräfte durch bewusste Planung und Leitung ersetzt“ (Ibid., S. 133). Die Anwendung des Wertgesetzes im Sozialismus stelle die marxistische Theorie und Praxis in Frage, die ihre Bedeutung empirisch unter Beweis gestellt hätten, nämlich durch die „beispiellosen Errungenschaften der sozialistischen Wirtschaft“. Gabriel Temkin warf Kurowski vor, sein Ziel sei es, „die Wirtschaft aus der Macht des Zentralplans zu lösen, so dass dessen Präferenzen nicht durchgesetzt werden können“ (*Dyskusji* 1957, S. 101). Das sei weder nötig noch möglich in einer Gesellschaft, in der das Privateigentum und damit der Profit als hauptsächliche Antriebsfeder für den „automatischen Mechanismus des Wertgesetzes“ abgeschafft worden sind.

Die Kritiker von Brus und Kurowski sahen die Lösung des Problems in der Beibehaltung von zentraler Preissetzung und Planung, allerdings auf demokratischem Wege; so z. B. Temkin und Józef Zawadzki. Letzterer betonte, eine demokratische Preiskontrolle durch die Konsumenten und Bürger sei „in allen möglichen Varianten unseres Wirtschaftsmodells unerlässlich“ (Ibid., S. 115). Doch die Unterstützer dieser Lösung beließen es bei der Feststellung und meldeten weiteren Diskussionsbedarf an.

Das Wertgesetz blieb bis in die Mitte der 1960er Jahre ein Thema. Viele Teilnehmer der ‚Modell-Diskussion‘ von 1956 verfassten Monografien (so u. a. Brus, Mujżel, Temkin, Wilczyński und Lange). Befürworter der traditionellen Planungsmethoden hörte man immer weniger. Mieszczankowski (1965, S. 417) kam zum Schluss: „Da die Erfahrung gezeigt hat, dass im Sozialismus Warenproduktion herrscht, kann man die Lehre von Marx nicht zum Beweis der Ungültigkeit des Wertgesetzes heranziehen“. Dem fügte er hinzu: „Es ist darauf hinzuweisen, dass in einem sozialistischen System die Periode der beschränkten Gültigkeit des Wertgesetzes sehr viel länger sein kann als gedacht“ (Ibid., S. 419). Danach ebbte die theoretische Diskussion ab. Die Wirtschaftspolitik versuchte wiederholt (in den späten 1960er, den 1970er und 1980er Jahren) mit diskreten Preisreformen ein Gleichgewicht zwischen Angebot und Nachfrage herzustellen. Damit stieß sie regelmäßig auf Widerstand.

In den folgenden Jahren arbeitete Brus das dezentralisierte Modell einer Planwirtschaft, in dem Elemente des Marktmechanismus zur Geltung kommen, weiter aus (Brus 1971 [1961]; Brus und Łaski 1964; Brus 1975a). Er räumte den Unternehmen weitgehende Autonomie ein, einschließlich des Rechts, mit anderen Unternehmen zu handeln. Die Rolle des Geldes in der Allokation der Ressourcen sei zu stärken. Doch was die Investitionen betrifft, teilte er Langes Vorbehalte: Sie sollten der staatlichen Zentralplanung vorbehalten bleiben. Noch in den 1970er Jahren (Brus 1975b; s. Łukawer 2008, S. 45) hob er die Zuständigkeit der Zentralregierung hervor, die Verhaltensregeln zu fixieren und die grundlegenden makroökonomischen Entscheidungen zu treffen. Jahre später gestand er die

Schwächen seines Modells ein, das statisch sei und vor allem den politischen Faktor nicht berücksichtige: Wie würden sich die politisch Verantwortlichen mit ihrer großen Machtvollkommenheit in einem Plansystem verhalten (Brus 1993)? Trotzdem ist davon auszugehen, dass das Modell von Brus Anregungen für das chinesische Reformmodell geliefert hat.

Auch innerhalb Polens blieb das Modell einflussreich. Nach Pajestka, der in der Modelldiskussion dem Vorschlag von Brus skeptisch gegenüberstand, kann sich die zentrale Planung auf einen *top-down* Prozess konzentrieren, um die Entwicklung voran zu bringen; doch es sei effektiver, dabei auch *bottom-up* Elemente der strategischen Planung zu berücksichtigen (Pajestka 1969; Pajestka und Secomski 1968). Anfang der 1980er Jahre schlug Pohorille (1981) vor, den Planungsprozess zu sozialisieren, indem man bei der Festlegung der Prioritäten die öffentliche Meinung berücksichtige und eine soziale Kontrolle der Planausführung einführe. Solche Vorschläge fielen mit der erneuten Diskussion des Ordnungsrahmens zusammen, in der es wieder um Dezentralisierung und Konzepte der Selbstverwaltung ging (Krawczyk 1981; Mujżel 1987; s. Abschn. 3.2.2 und 3.3.2).

3.1.2.3 Über die politische Ökonomie hinaus: Lange, Wakar, Kalecki

Anders als in DDR gab es in Polen keine klare Abgrenzung zwischen politischer Ökonomie und Wirtschaftstheorie. Das war dem bestimmenden Einfluss zu danken, den die führenden Ökonomen auf die Profession ausübten: Oskar Lange und Michał Kalecki, aber auch Aleksy Wakar und Edward Lipiński waren bereits in der Vorkriegszeit als Ökonomen aktiv. Vor allem Lange versuchte, beide Ansätze, die marxistische politische Ökonomie und die neoklassische Theorie, miteinander zu verbinden. Kalecki und Wakar hatten als Theoretiker wenig übrig für die orthodoxe politische Ökonomie des Sozialismus und gingen einen anderen Weg.

Nach der ‚Modell-Diskussion' hatte Lange (1969 [1959]) mit seiner *Politischen Ökonomie* eine wichtige Debatte zum Konzept der ökonomischen Rationalität angestoßen. Mit Bezug auf Kotarbinskis Praxeologie unterschied Lange (Ibid., S. 196) zwei Arten der Rationalität, die sachliche und die methodologische, man könnte auch sagen, die objektive und die subjektive Rationalität: „Die sachliche Rationalität ist [...] gleichbedeutend mit ihrem Nutzeffekt. Die zweite, d. h. die methodologische Rationalität besagt, daß die Handlung rational ist vom Gesichtspunkt des Wissens des Handelnden." Historisch hat der Kapitalismus das Prinzip des rationalen Wirtschaftens durchgesetzt, das darin besteht, mit gegebenen Mitteln einen maximalen Ertrag zu produzieren oder ein gegebenes Produktionsziel mit möglichst geringem Mitteleinsatz zu erreichen. „Die Rationalität des Handelns eines kapitalistischen Unternehmens hat privatwirtschaftlichen, aber nicht gesamtwirtschaftlichen Charakter" (Ibid., S. 210). Nur eine auf gesellschaftlichem Eigentum beruhende sozialistische Wirtschaft kann in beiden Bereichen rational sein. Damit erfasst das Wirtschaftlichkeitsprinzip in der geschichtlichen Entwicklung einen immer größeren Wirkungsbereich innerhalb der menschlichen Tätigkeiten. Die höchste formale Stufe hat diese Entwicklung in der Operationsforschung *(operations research)* und der Optimierungsrechnung erreicht. Langes Konzept der Rationalität mündet quasi automatisch in die Theorie der Optimalplanung.

Dieses Konzept wurde kurz nach Erscheinen des Buches ausführlich kommentiert und kritisiert (Dyskusja 1960). Langes Argument, die vor-kapitalistischen Systeme seien methodologisch irrational gewesen, weil das Verhalten der Akteure vor allem traditionsbestimmt war, hielten z. B. B. Minc und W. Kula für inkonsistent. Pohorille (Ibid., S. 121) fand das Ziel der sozialistischen Wirtschaft, nämlich die Maximierung des Volkseinkommens, unzutreffend. Denn im Sozialismus gebe es kein einzelnes, sondern viele verschiedene Ziele sehr unterschiedlicher Natur, die deshalb nur schwer zu aggregieren seien. Ein paar Jahre später bezweifelte Lipiński, dass das gesellschaftliche Eigentum der wesentliche Faktor sei, um Struktur und Wachstum des Volkseinkommens in Übereinstimmung mit den gesellschaftlichen Erwartungen zu bringen. Er vermisste eine Verbindung zwischen Rationalität und der Art und Weise, wie die Wirtschaft organisiert und geleitet wird (Czarny 2014b, S. 88, 92). Lipiński (1981) war schließlich der Meinung, das Rationalitätskonzept sei weniger angemessen als das Effektivitätskonzept, das die Beziehung zwischen Input und Ergebnis besser erfasse. Tadeusz Kowalik (1976) wies auf weitere Inkonsistenzen in Langes Argument hin. Einerseits könne man angesichts der empirischen Analysen von Unternehmen in einer Marktwirtschaft die Annahme, ihr Verhalten sei rational, nicht unbedingt aufrechterhalten. Anderseits führe das Verhalten des kapitalistischen Staates nicht notwendigerweise zu totaler Irrationalität auf dem Makroniveau.

Abgesehen von den kritischen Einwänden blieb Langes Wirtschaftlichkeitsprinzip in der Diskussion der 1970er und 1980er Jahre lebendig. Pajestka (1979) ersetzte das Volkseinkommen als Makro-Ziel durch eine Reihe von Zielen, die sich allerdings kaum aggregieren ließen. Dadurch erweiterte sich der Geltungsbereich der sozio-ökonomische Rationalität. Die Sichtweise von Pajestka auf die Rationalität des Sozialismus unterlag allerdings im Laufe der Jahre einem starken Wandel (Pajestka 1979, 1983, 1988). Teilte er anfänglich Langes Meinung der Rationalität der sozialistischen Wirtschaft auf dem Mikro- und dem Makroniveau, so wies er später auf Irrationalitäten hin, was wahrscheinlich der Entwicklung der polnischen Wirtschaft geschuldet war. Solche Einschätzungen wurden in jenen Jahren von vielen Ökonomen geäußert, z. B. von Łukaszewicz (1980), Sadowski (1978, 1987), Kamiński, Okólski, Baka, Rakowski (Kamiński und Łukaszewicz 1980). Die Diskussion blieb oft verschwommen und die dabei verwendeten Begriffe entbehrten zuweilen einer klaren Definition, ganz abgesehen davon, dass sich die Anschauungen der Teilnehmer rasch ändern konnten, wie das Beispiel von Pajestka zeigt (Czarny 2014b).

Lange hatte schließlich einen entscheidenden Einfluss auf die Entwicklung der mathematischen Ökonomie und Ökonometrie in Polen (s. Abschn. 4.1.2). Erste Ausführungen zur Reproduktionstheorie sind im zweiten Band der *Politischen Ökonomie* zu finden. Sie wurden dann erweitert in den Büchern von 1964 und 1965: *Optimale Entscheidungen. Grundriss der Optimierungsrechnung* (Lange 1968a [1964]) und *Einführung in die ökonomische Kybernetik* (Lange 1968b [1965]). In diesen Schriften weicht Lange von seiner Vorkriegsidee des Marktsozialismus ab, in dem die am Ende zentral fixierten Preise durch einen iterativen Informationsaustausch zwischen den Unternehmen und der Planungszentrale generiert werden, um dann als Parameter die unabhängigen Entscheidungen der rational handelnden Unternehmen zu bestimmen. Jetzt geht er von der Utopie einer allwissenden Zentrale aus, die detaillierte Pläne für die Gesamtwirtschaft entwirft und effektiv durchführt. Seine erwähnte Bewunderung der Rechenkapazitäten eines Computers (wohlgemerkt Mitte der 1960er Jahre) hat ihn dabei offensichtlich geleitet, aber wohl auch die sowjetischen Optimierungsmodelle, die einen zentralistischen Ansatz verfolgten und mit denen er wohlvertraut war.

Neben den Ansätzen und Debatten, die unmittelbar auf der politischen Ökonomie des Sozialismus fußten, gab es in Polen auch einflussreiche Wissenschaftler, deren Arbeit nicht in diese Strömung passte. Aleksy Wakar und seine Schüler (unter anderen Zieliński, Beksiak und Libura-Grzelońska), die sogenannte Wakar-Schule, vertraten eigene Ansätze der Wirtschaftsplanung. In den späten 1950er Jahren arbeitete Wakar ein Modell aus, das später Theorie der indirekten Planung *(teoria rachunku pośredniego)* genannt wurde. Damit zeigte er, dass die sozialistische Wirtschaft ein Gleichgewicht erzielen und effiziente Entscheidungen treffen kann. Diese Argumentation ist im Rahmen der Sozialismusdebatte der 1920er Jahre zu sehen, auch wenn Wakar sich nicht direkt auf Ludwig von Mises bezogen hat (Grzelońska 2006a).

In den Folgejahren legten Wakar und seine Mitarbeiter Modelle einer Theorie der direktiven Planung *(teoria rachunku bezpośredniego)* vor. Dabei nahmen sie die Zentralplanwirtschaft als politische Gegebenheit an und entwickelten dafür drei Planungsmodelle, das traditionelle (zentrale) Modell, ein parametrisches Modell und ein Mischmodell, das die beiden ersten miteinander kombinierte. Der Wirtschaftsprozess einer sozialistischen Wirtschaft teilt sich in zwei Entscheidungsprozesse auf, in Planung, d. h. die Aufstellung des Plans, und Leitung der Betriebe, d. h. die Planausführung (Bauer et al. 1965). Erstere findet zentral statt in der Form der Mengenplanung. Letztere kann zentral, dezentral oder in einem gemischten Verfahren erfolgen abhängig von den verwendeten Instrumenten: Anordnungen (Mengen), Parameter (zumeist Preise und Geld) oder eine Mischung aus beiden. Die Forschung der Schule richtete sich vor allem auf die Ausführungsphase, d. h. auf das Verhältnis zwischen Planern und Managern und das Verhalten der Manager. Dafür entwickelte man Methoden, eine zentral geplante Wirtschaft indirekt über geeignete Anreize für die Manager der staatlichen Unternehmen zu steuern. Im Unterschied zu Langes Ansatz und seinem Rationalitätspostulat richtete sich die Aufmerksamkeit auf Probleme unvollständiger Information und von Motivationsdefiziten bei Managern und Arbeitern. Dieser Ansatz entsprach der Problemstellung der Prinzipal-Agent Theorie (Grzelońska 2006a).

Auch nach dem Tod (1966) des Lehrers blieben seine Schüler aktiv und legten zahlreiche Arbeiten vor, vor allem empirische Studien über das Funktionieren sozialistischer Unternehmen in einem hierarchischen System (Beksiak et al. 1978–1990). Auf Grund ihres engen Forschungsfeldes blieb die Wakar-Schule außerhalb Polens relativ unbekannt (Czarny 2016, S. 113), während ihr Einfluss in Polen durchaus beachtenswert war. Wakar und seine Schüler nahmen auch Gelegenheiten wahr, amerikanische Universitäten zu besuchen und publizierten in renommierten internationalen Zeitschriften (z. B. Wakar und Zieliński 1963).

In den Arbeiten von Michał Kalecki fand die polnische Wirtschaftswissenschaft nach dem Kriege vielleicht ihren Höhepunkt. Zwar zählen seine Schriften zum Corpus der kollektivistischen Ökonomie, doch bezog er sich in seinen Hauptwerken nicht auf Doktrinen der marxistisch-leninistischen politischen Ökonomie. Er reagierte, wie Kazimierz Łaski sich erinnerte, allergisch auf die Debatte zum Wertgesetz (Lopez und Assous 2010, S. 242). Nach seiner Rückkehr nach Polen im Jahr 1955 befasste er sich mit verschiedenen Themen. Doch von bleibendem Einfluss sind seine Wachstumstheorie (für sozialistische und kapitalistische Wirtschaften), Arbeiten zur Entwicklungsökonomie und die Theorie der intermediären Systeme. Auf dem zweiten Ökonomenkongress 1956 präsentierte Kalecki theoretische Grundlagen der Wachstumstheorie und der Langfristplanung (Sadowski 2007). Sein Ansatz basierte auf dem Harrod-Domar Modell und hob die Bedeutung der Investition und des technischen Fortschritts hervor (Kalecki 1982d [1963]). Ihre wirtschaftspolitische Anwendung fand die Theorie dann in der langfristigen Planung für sozialistische Wirtschaften und Entwicklungsländer (Kalecki 1963, 1964a) (s. Abschn. 4.1.2).

Kaleckis Bücher erschienen in mehreren Ländern des Sowjetblocks (allerdings nicht in der DDR) und im Westen.[16] Seine Mitarbeiter untersuchten das Wachstum in zentral geplanten Wirtschaften und popularisierten die Theorie (z. B. Łaski 1965). Analysen zum Wirtschaftswachstum von Pajestka (1961), Sadowski (1968) oder Józefiak (1971) gehen theoretisch auf Kalecki zurück. Eine 1968 veröffentlichte Studie (Kalecki 1968) untersuchte die Auswirkungen des technischen Fortschritts auf die effektive Nachfrage, ein Thema, das er bereits in seiner britischen Periode behandelt hatte. Mit seiner Wachstumstheorie für kapitalistische Wirtschaften wurde Kalecki zu einer der Gründungsfiguren für die post-keynesianische Ökonomie (Osiatyński 2017).

Das zweite einflussreiche Forschungsfeld Kaleckis ist die Entwicklungsökonomie, die aus seiner Aktivität am Zentrum für die Länder der Dritten Welt, geleitet von Ignacy Sachs, und seiner Beratertätigkeit in den Entwicklungsländern hervorging. Mit der Theorie der intermediären Systeme in unterentwickelten Ländern löste er spannende Diskussionen aus (Kalecki 1964b). Sie verallgemeinerte empirische Untersuchungen zu Ägypten von Sachs (1964). Mit ‚intermediären Systemen‘ war die Situation vieler Entwicklungsländer gemeint, die in den frühen 1960er Jahren begannen, einen unabhängigen Staat und eine eigene Wirtschaft zu bilden. Wie Lopez und Assous (2010, S. 180) darlegen, geht es dabei um "einen Staatstypus, der sich aus der politischen Emanzipation entwickelt und in dem die Macht von Repräsentanten der Mittelschicht ergriffen wird“. Dieser Staatstypus „stellt sich als ‚intermediäres Regime‘ dar zwischen entwickelten kapitalistischen Wirtschaften und zentral geplanten sozialistischen Wirtschaften“.

Um an der Macht zu bleiben, müssen nach Kalecki (1964b) die intermediären Regime nicht nur politische, sondern auch ökonomische Emanzipation, d. h. Unabhängigkeit von ausländischem Kapital, erreichen, eine Bodenreform durchführen und kontinuierliches Wirtschaftswachstum erzielen. In diesem Zusammenhang wies Kalecki darauf hin, dass intermediäre Regime in einer Art Staatskapitalismus ihre Entwicklungspolitik auf Staatsinterventionismus gründen, einschließlich der Gründung von öffentlichen Betrieben. Sie können zusätzlich die Rivalität zwischen dem Sowjetblock und der entwickelten kapitalistischen Welt ausbeuten und Entwicklungshilfe erhalten, sei es von der einen oder der anderen Seite oder von beiden.

[16] Die definitive englischsprachige Ausgabe seiner *Collected Works* erschien in sieben Bänden 1990–1997 bei Clarendon Press in Oxford (Kalecki 1990–1997).

3.1.2.4 Kurze Zusammenfassung

Einer der Teilnehmer des Ökonomenkongresses von 1956 meinte, mit diesem Kongress sei der Marktsozialismus zum ordnungspolitischen Mainstream der polnischen Ökonomie geworden (Sadowski 2007). Das scheint uns übertrieben, auch wenn auf diesem Kongress Meinungen relativ offen geäußert werden konnten. Eine Besonderheit der polnischen Ökonomie nach 1956 ist nach unserem Dafürhalten die große Vielfalt der präsentierten Ansätze. Viele Wissenschaftler aus den wichtigen Universitäten und Wirtschaftsinstituten, wie Brus und Łaski, änderten ihre Anschauungen über das Wirtschaftssystem radikal und wurden Anhänger eines offenen Marxismus und des Marktsozialismus. Dabei folgten sie den Vorkriegsarbeiten von Lange und den Gleichgewichtskonzepten, die in der Wertgesetzdebatte entwickelt wurden. In den Diskussionen, wie z. B. über die ökonomische Rationalität, kamen sehr unterschiedliche Meinungen zur Geltung, die sich auch oft gegen den Ansatz von Lange stellten, so dass es schwer zu sagen ist, welche Richtung dominierte.

Die Meinungsfreiheit kannte allerdings auch nach 1956 ihre Grenzen. Nach Ansicht Rychlewskis führte der Durchbruch auf dem zweiten Ökonomenkongress „nicht zur Abschaffung des Monopols der marxistischen Ökonomie und stellte auch nicht die Wissenschaftsfreiheit wieder her" (Sadowski 2007, S. 16). Für Wissenschaftler, die nicht-marxistischen Anschauungen anhingen oder die Überlegenheit der sozialistischen über die kapitalistische Wirtschaft leugneten, gab es keinen Platz. Das traf auf Stefan Kurowski und seine Habilitationsschrift von 1963 zu, in der er die Ansicht vertrat, die sozialistische Wirtschaft sei nicht in der Lage, die kapitalistische zu überholen. Ignacy Sachs, Kaleckis Mitarbeiter und als Revisionist eines der Opfer der Säuberung von 1968, schrieb eine Rezension von Kurowskis Buch ganz im stalinistischen Stil: „Ist Kurowski naiv genug zu glauben, dass seine wahren Absichten nicht durchschaut würden und dass ein paar dialektische Zaubersprüche, unterstützt durch Zitate einiger marxistischer Autoren, ausreichen würden, um seine wahren Ideen zu verbergen". Sachs beschuldigte Kurowski eines "Mangels an elementarer wissenschaftlicher Zuverlässigkeit" und dass "er den dialektischen Materialismus nicht versteht" (Sachs 1963).

Einen scharfen, wenn auch kurzen Einschnitt stellt die Säuberungswelle von 1968 dar. Viele fähige Ökonomen verloren ihre Beschäftigung und emigrierten. In den Monaten danach warfen parteihörige Ökonomen tatsächlichen oder vermuteten Revisionisten vor, sie versuchten die ‚bürgerliche' in die marxistische Ökonomie einzuschmuggeln. Ein notorischer Fall betraf Kalecki und sein Buch zur sozialistischen Wachstumstheorie. Die Hochschule für Planung und Statistik (SGPiS) organisierte eine Konferenz, auf der die jungen Ökonomen Górski und Sokołow Kalecki anklagten „seine Theorie des Wachstums in der sozialistischen

Wirtschaft aus der Theorie des Wachstums in kapitalistischen Ländern abzuleiten" (Toporowski 2018, S. 254). Kalecki beschrieb diese Debatte mit eigenen Worten: „[Die Papiere] sind größtenteils weitschweifig, schwammig und ihre ökonomische Argumentation ist auf niedrigem Niveau. Die Kritik richtet sich unglücklich formuliert auf mich, Włodzimierz Brus und Jerzy Tepicht und kommt von ‚viel versprechenden jungen Leuten', die die auf sie gesetzten Erwartungen nicht erfüllt haben" (zitiert nach Toporowski 2018, S. 255). Ironischerweise hatte Górski, einer der Hauptankläger auf dieser Konferenz, zuvor das Buch positiv besprochen, und die kommunistischen Autoritäten, die 1968 die Säuberung in Szene setzten, hatten den Autor der Wachstumstheorie im Sozialismus zwei Jahre zuvor ausgezeichnet. Die Säuberung unterbrach die Diskussion in der Ökonomie für einige Jahre. In den 1970er Jahren wurde sie wieder aufgenommen; doch es fehlten viele fähige Wissenschaftler, die nach 1968 Polen verlassen hatten. Insgesamt war die ökonomische Diskussion in Polen, im Unterschied zu vielen anderen sozialistischen Ländern, vielfältiger und offener. Sie blieb allerdings auf verschiedene marxistische Ansätze beschränkt. Jede Mode war möglich, solange sie ein marxistisches Kleid trug, um Henry Ford zu paraphrasieren.

3.2 Eigentum als systembestimmende Kategorie[17]

3.2.1 Sozialistisches Eigentum in der Wirtschaftsordnung der DDR

3.2.1.1 Optionen des gesellschaftlichen Eigentums

Eigentum an den Produktionsmitteln gilt generell als zentrales Bestimmungsmerkmal für eine Wirtschaftsordnung. Jeder aufrechte Kommunist hält es für selbstverständlich, dass gesellschaftliches Eigentum an den Produktionsmitteln eine *sine qua non* Bedingung für Sozialismus und Kommunismus ist. Ein Privateigentumssozialismus wäre für ihn ein Widerspruch in sich. Doch in den hundert Jahren vor Gründung der sozialistischen Gesellschaften nach sowjetischem Muster in Ostmitteleuropa gab es vor allem in Deutschland eine Fülle von unterschiedlichen Überlegungen, wie der Grundgedanke gesellschaftlichen Eigentums konkret umzusetzen sei. Mit Bezug auf den ‚real existierenden Sozialismus' in Ostdeutschland sind drei Strömungen relevant: der Syndikalismus,

[17] Große Teile dieses Kapitels basieren auf früheren Arbeiten von Tymiński (2018) und Wagener und Rudolph (2018).

die sozialistischen und nicht-sozialistischen Genossenschaftsbewegungen und die Wirtschaftsdemokratie.

Nach dem ersten Weltkrieg hatte der Syndikalismus Hochkonjunktur (Bock 1973). Es gärte in Europa, und in keinem Land hatten die kommunistischen Parteien bereits die ideologischen und strategischen Kommandohöhen besetzt. Zahlreiche linke Gruppierungen vertraten anarchistische, syndikalistische, rätedemokratische und utopische Ideen. Gemeinsam war ihnen die entschiedene Ablehnung des kapitalistischen Privateigentums und einer Konzentration der Eigentumsrechte in den Händen des Staates bzw. einer hierarchischen politischen Bürokratie. Demokratie auf betrieblicher Ebene und Arbeiterselbstverwaltung, mehr oder weniger spontane Massenaktionen im Gegensatz zu einer konspiratorischen Parteidisziplin, derartige strategische Vorstellungen vertrat z. B. Rosa Luxemburg. Nach der Revolution wählte Sowjetrussland einen anderen Weg zum Sozialismus. Der offenkundige Konflikt wurde für das Sowjetimperium ein für alle Mal von Lenin (1959 [1920]) mit seinem Pamphlet *Der „Linke Radikalismus", die Kinderkrankheit im Kommunismus* und die Beschlüsse des 10. Parteikongresses der Bolschewiken im Jahr 1920 gelöst. Auf diesem Kongress erlitt die Arbeiteropposition eine Niederlage, die Bildung von Plattformen galt fortan als schweres Vergehen gegen die Parteidisziplin, und Staat und Partei wurden als führende Organisationen der sozialistischen Gesellschaft installiert. Das war eine Entscheidung gegen Arbeiterselbstverwaltung und für das exklusive Staatseigentum.

Die Genossenschaftsidee wurde 2016 von der UNESCO als erste deutsche Nominierung in die Liste des immateriellen Kulturerbes der Menschheit aufgenommen. Sie hat sozialistische und sozial-liberale Wurzeln, die Ferdinand Lasalle und Hermann Schulze-Delitzsch Mitte des 19. Jahrhunderts diskutiert hatten. Lasalle sah staatlich geförderte Produktionsgenossenschaften als Gegengewicht zu den großen kapitalistischen Unternehmen und damit als erste Stufe auf dem Weg in den vollen Sozialismus. Schulze-Delitzsch sprach sich für Großhandels- und Einzelhandelsgenossenschaften, Kreditgenossenschaften und ähnliche Zusammenschlüsse aus, um damit die Mittelklasse in Handwerk und Handel zu stärken und sie wettbewerbsfähig innerhalb der kapitalistischen Wirtschaft zu machen. Friedrich Wilhelm Raiffeisen trug diese Idee aufs flache Land, um den Bauern Kredite zu ermöglichen. Denn Banken gab es nur in der Stadt. Den ökonomischen Konflikt zwischen kleinem Privateigentum und positiven Skalenerträgen, und das hieß in der Landwirtschaft Großgüterwirtschaft, glaubte Franz Oppenheimer (1896) schließlich mit der Siedlungsgenossenschaft lösen zu können. Darauf berief sich später die Kibbuzbewegung in Israel.

Das Programm der industriellen Demokratie stammte ursprünglich aus England (Webb und Webb 1897). In Deutschland wurde es in den 1920er Jahren von der Gewerkschaftsbewegung unter dem Begriff ‚Wirtschaftsdemokratie' aufgenommen. Auch hier war das Endziel der Sozialismus. Doch der Weg dorthin sollte durch den organisierten Kapitalismus und nicht die Diktatur des Proletariats führen, die Fritz Naphtali (1928, S. 9), der Theoretiker dieser Bewegung, „die Herrschaft eines neuartigen aufgeklärten Absolutismus" nannte, wobei der „Versuch eine solche Lösung durchzusetzen eine furchtbare Vernichtung der Produktivkräfte und in letzter Linie einen sicheren Verlust für die Arbeiterschaft bedeuten würde". Wirtschaftsdemokratie sah Arbeitermitbestimmung im Betrieb vor und einen wachsenden Einfluss der Arbeiterschaft auf politischer Ebene, der die Macht des kapitalistischen Despotismus einschränken, Monopolkontrolle und soziale Gesetzgebung voranbringen und das Segment der öffentlichen Unternehmen stärken sollte. Kurz, die privaten Eigentumsrechte sollten nicht abgeschafft, sondern eingeschränkt werden. Die Weimarer Verfassung sah im Art. 165 Betriebsräte und ein System von korporatistischen Wirtschaftsräten vor, die im Betriebsrätegesetz von 1920 zögerlich umgesetzt und im Nationalsozialismus pervertiert wurden.

Diese Ideen und Modelle hatten keinen spürbaren Einfluss, als nach dem Krieg in Ostdeutschland der Sozialismus aufgebaut wurde. Als dann alles vorbei war, wurde das bedauert: „Die „Stunde 0" führte zur Übernahme des stalinistischen Sozialismusmodells, statt zur Rückbesinnung auf die eigene bürgerliche Tradition und zu deren wirklichen Aufhebung in einer neuen Gesellschaft." (Ettl et al. 1990, S. 166). Die Sowjetideologie und die sowjetischen Institutionen dienten als Vorbild, an dem sich das ostdeutsche System ausrichtete. Darin äußerte sich nicht nur der Glaube der herrschenden Elite an die Überlegenheit dieses Vorbilds, sondern auch ihre Einsicht in die politische Notwendigkeit: Viel stärker als die übrigen Volksdemokratien[18] Ostmitteleuropas existierte die DDR von Gnaden der Sowjetunion.

Das Eigentumsregime in Ostdeutschland war eng gekoppelt an die allgemeine historische Entwicklung, deren vier Phasen wir bereits in Abschn. 2.1.1 kennen gelernt haben:

1945–1949	Die antifaschistische demokratische Umwälzung
1949–1961	Die Schaffung der Grundlagen des Sozialismus
1961–1971	Die beginnende Errichtung des entwickelten Sozialismus
1971–	Die Gestaltung der entwickelten sozialistischen Gesellschaft

[18] Das Lehrbuch der politischen Ökonomie von 1954 (Akademie 1955 [1954]) erwähnte die DDR noch nicht unter den sozialistischen Volksdemokratien. Sie kam dort schlicht nicht vor.

Die erste Periode startete unmittelbar im September 1945 mit der Bodenreform, in der ungefähr ein Drittel des landwirtschaftlichen Bodens, vor allem der Großgrundbesitz und Güter der Nazi-Elite, vergesellschaftet wurden. Zwei Drittel davon verteilte man in kleinen Parzellen an Landarbeiter, arme Bauern und Flüchtlinge aus dem Osten. Der Rest ging hauptsächlich in Staatsgütern auf. Vorbild dieser Maßnahme war nicht etwa Oppenheimers Siedlungsgenossenschaft, sondern das sowjet-russische Landgesetz von 1917, das den nationalisierten Boden den Bauern zur ewigen Nutzung überließ. So erhielten auch in Ostdeutschland die Bauern nicht die vollen Eigentumsrechte am verteilten Boden. Das Verfügungsrecht *(abusus)* war ausgeschlossen: Der Boden konnte nicht verkauft, verpachtet oder hypothekarisch belastet, sondern nur an den staatlichen Fonds zurückgegeben werden. Das taten zahlreiche Neubauern, denn sie konnten mangels physischen und Humankapitals nicht wirtschaftlich überleben.

Man kann sich fragen, warum nicht von Beginn an die Kollektivierung in Angriff genommen wurde. Das hätte jedoch die Einführung des Sozialismus in der DDR bedeutet, was Stalin Ulbricht aus deutschlandpolitischen Gründen erst 1952 zugestand. Mit diesem Jahr begann dann auch die Kollektivierungskampagne. Sie stieß nicht nur bei den Bauern auf Widerstand, sondern auch bei ostdeutschen Agrarwissenschaftlern, die den landwirtschaftlichen Familienbetrieb als durchaus längerfristig gangbare und produktive Zwischenlösung beim Übergang zum Sozialismus sahen. Anders als in Polen, wo Władysław Gomułka die Kollektivierung abgebrochen hatte, stigmatisierte die Partei in der DDR die Vertreter solcher Ansichten, wie z. B. Kurt Vieweg, und verfolgte sie als ‚Revisionisten' (vgl. Abschn. 2.3.1 und 3.3.1).

In der Zwischenzeit waren auch zahlreiche Industriebetriebe nationalisiert worden. Zu Beginn demontierten die sowjetischen Besatzer große Fabriken. Doch bald wurde ihnen klar, dass diese *in situ* sehr viel produktiver arbeiteten. Deshalb überführten sie die wichtigsten in sowjetisches Eigentum in der Form von Sowjetischen Aktiengesellschaften (SAG), einer kapitalistischen Unternehmensform, was wieder auf deutschlandpolitische Motive zurückzuführen war (Stalin hielt sich die Option eines geeinten Deutschlands offen). Diese AGs wurden Anfang der 1950er Jahre zum Teil an die DDR verkauft, zum Teil einfach restituiert mit einer wichtigen Ausnahme, der Sowjetisch-Deutschen AG Wismut (SDAG Wismut), dem größten Uranlieferanten der Sowjetunion (Steiner 2004, S. 28–32). Die übrigen nationalisierten Unternehmen wurden Volkseigene Betriebe (VEB).

Mit der Wirtschaftsreform von 1963 (s. Abschn. 3.3.1) entwickelte sich ein Konflikt zwischen dem zentralisierten Staatseigentum und der intendierten Selbständigkeit der Betriebe. Eine klare eigentumsrechtliche Kompetenzzuweisung für die Betriebe ist dabei nicht erfolgt. Dieser Konflikt löste sich mehr oder minder auf, als die DDR unter Honecker zur traditionellen Zentralplanung zurückkehrte. Doch in die Periode nach 1971 fallen zwei Ereignisse, die das Eigentumsregime einschneidend beeinflusst haben: die Verstaatlichung von ca. 11.000 Handwerksbetrieben und halbstaatlichen und privaten Industriebetrieben und die Kombinatsbildung. Erstere betraf den Rest der industriellen Kleinbetriebe und immerhin fast 15 % der industriellen Beschäftigung (Steiner 2004, S. 177). Damit wurde ein flexibles Segment der DDR-Wirtschaft auf dem Altar der Ideologie und des Hangs zum Großbetrieb geopfert. Staatliche und genossenschaftliche Eigentumsrechte blieben so als exklusive Eigentumsformen der sozialistischen Gesellschaft allein übrig.

Diese Maßnahme wurde in der Verfassung von 1974 festgeschrieben. Während die Verfassung von 1968 in Art. 12.1 festlegte „... größere Industriebetriebe ... sind Volkseigentum. Privateigentum daran ist unzulässig“, strich die 1974 geänderte Version das Adjektiv „größere“ (Verfassung 1974). Bei dieser Gelegenheit entledigte man sich auch möglicher Hinweise auf die Wirtschaftsreform. So lautete Art. 9.3 nicht mehr „Das ökonomische System des Sozialismus verbindet die zentrale staatliche Planung und Leitung der Grundfragen der gesellschaftlichen Entwicklung mit der Eigenverantwortung der sozialistischen Warenproduzenten und der örtlichen Staatsorgane“, sondern „Die zentrale staatliche Leitung und Planung der gesellschaftlichen Entwicklung ist mit der Eigenverantwortung der örtlichen Staatsorgane und Betriebe sowie der Initiative der Werktätigen verbunden.“[19] Das ökonomische System des Sozialismus und die sozialistischen Warenproduzenten mussten der zentralen staatlichen Leitung und Planung weichen.

Dem Hang zur betrieblichen Konzentration folgte auch die Kombinatsbildung. Sie fasste die gesamte ostdeutsche Industrie in rund 220 zentralgeleiteten bzw. bezirksgeleiteten Kombinaten zusammen. Das waren vertikale oder horizontale Zusammenschlüsse von Vereinigungen volkseigener Betriebe (VVB) bzw. einzelner volkseigener Betriebe, die einer einheitlichen, d. h. zentralistischen Planung und Leitung unterworfen wurden. Die betriebswirtschaftliche Rationalität dieser Maßnahme bleibe hier dahingestellt. Damit kam man dem organisatorischen Ideal von Lenin, nämlich der gesamten Gesellschaft als einem Büro und einer Fabrik, näher und reduzierte die sozialistische Warenproduktion, da nun viele Vorprodukte kombinatsintern hergestellt wurden. Auch wenn das Vorbild für

[19] Eine neue Version der Verfassung war aus mehreren Gründen notwendig geworden. Nach der Aufnahme in die Vereinten Nationen und damit der internationalen Anerkennung im Jahr 1973 fasste man Art. 1 neu. An Stelle von „Die Deutsche Demokratische Republik ist ein sozialistischer Staat deutscher Nation“ hieß es nun "Die Deutsche Demokratische Republik ist ein sozialistischer Staat der Arbeiter und Bauern“.

die Kombinate westliche Industriekonzerne waren, die eine zum Teil noch viel umfangreichere Massenproduktion hervorbrachten als die Kombinate (Krömke 2006, S. 64), hatte man einfach übersehen, dass diese Großkonzerne in ein starkes Segment mittlerer und kleiner Betriebe eingebettet sind. Die bedingungslose Konzentration ging auf Kosten eines wesentlichen Modernisierungstrends, der Arbeitsteilung, Spezialisierung und Innovation.

3.2.1.2 Eigentum im Vergesellschaftungsprozess

Eigentum wird in der marxistisch-leninistischen politischen Ökonomie nicht als juristisches Konzept verstanden, sondern im Zusammenhang mit dem Prozess der Vergesellschaftung erklärt. Das gilt es kurz zu erläutern. Die fortschreitende Vergesellschaftung von Arbeit und Produktion und das Umschlagen in eine neue Qualität gehören zu den zentralen Kategorien der marxistischen politischen Ökonomie. Der zunehmend gesellschaftliche Charakter der Arbeit bildet die entscheidende Grundlage für die Ablösung des Kapitalismus durch den Sozialismus.

Die fortschreitende Vergesellschaftung ist ein kontinuierlicher, dialektischer Prozess, in dem die Zunahme der Teilung, Spezialisierung und Differenzierung der Arbeit auf der einen Seite einer gegenseitigen Abhängigkeit, Verflechtung, Kooperation und Konzentration auf der anderen gegenüber steht. Diese Entwicklung ist erst einmal ein geschichtlicher Trend mit universellen Eigenschaften und kommt weitgehend überein mit dem Modernisierungsbegriff der westlichen Soziologie (Zapf 1991). Er äußert sich jedoch nicht einfach in einer ständigen quantitativen Anreicherung, sondern beinhaltet auch das Erreichen qualitativ neuer Stufen. Das ist vor allem in der kapitalistischen Produktionsweise der Fall. Hier wird der kooperative Charakter des Arbeitsprozesses, die gemeinschaftliche Nutzung der Produktionsmittel, eine „durch die Natur des Arbeitsmittels selbst diktierte technische Notwendigkeit“ (Marx 1962 [1867], S. 407). Der Entwicklung der Produktivkräfte müssen dann aber auch entsprechende Produktionsverhältnisse, das sind unter anderem Verfügungsrechte, gegenüberstehen, um effizient zu wirken.

Marx (1964 [1894], S. 276–277) konstatierte eine säkulare Modernisierungstendenz:

„Drei Haupttatsachen der kapitalistischen Produktion:

1. Konzentration der Produktionsmittel in wenigen Händen, wodurch sie aufhören, als Eigentum der unmittelbaren Arbeiter zu erscheinen, und sich dagegen in gesellschaftliche Potenzen der Produktion verwandeln. Wenn auch zuerst

als Privateigentum der Kapitalisten. Diese sind Trustees der bürgerlichen Gesellschaft, aber sie sacken alle Früchte dieser Trusteeschaft ein.
2. Organisation der Arbeit selbst, als gesellschaftlicher: durch Kooperation, Teilung und Verbindung der Arbeit mit der Naturwissenschaft.
3. Herstellung des Weltmarkts."

Die Marxsche Vision einer stetig wachsenden Vergesellschaftung von Arbeit und Produktion, die er vor allem von Adam Smith übernommen hatte, erwies sich als starke Vorhersage. Die Zahl der Güter und Dienstleistungen hat sich seit seinen Tagen exponentiell vervielfacht. Die Arbeit ist hochgradig diversifiziert und spezialisiert. Forschung und Entwicklung sind für die moderne Produktion unerlässlich. Die Lieferketten wurden länger und länger, und die wechselseitige Abhängigkeit der Produzenten breitete sich über den gesamten Globus aus. Wo liegt das Problem?

Das Problem wird von Marx als Grundwiderspruch des Kapitalismus beschrieben, nämlich als Widerspruch zwischen der vergesellschafteten Produktion und der privaten Aneignung der Früchte. Das ist mehr als eine reine Verteilungsfrage. Denn das Privateigentum konstituiert die Machtverhältnisse im Produktionsprozess mit weit reichenden Folgen für den historischen Vergesellschaftungsprozess. Daraus leitet sich mit historischer Notwendigkeit, so die These, die Vergesellschaftung des Eigentums an den Produktionsmitteln ab.

Die politische Ökonomie kennt aber noch einen weiteren Grundwiderspruch des Kapitalismus, dessen „Lösung nur auf dem Weg der sozialistischen Revolution möglich ist" (Autorenkollektiv 1984, S. 110). Dabei handelt es sich um den Gegensatz zwischen dem planmäßigen, direkten Zusammenwirken der Produzenten innerhalb der kapitalistischen Fabrik und der indirekten, spontanen Vermittlung des Zusammenhanges der Produktion innerhalb der ganzen Gesellschaft. Im Sozialismus wird dieser Gegensatz aufgehoben: Die gesamte Arbeit erhält unmittelbar gesellschaftlichen Charakter. So zumindest hatte sich das Engels vorgestellt: „Sobald die Gesellschaft sich in den Besitz der Produktionsmittel setzt und sie in unmittelbarer Vergesellschaftung zur Produktion verwendet, wird die Arbeit eines jeden, wie verschieden auch ihr spezifisch nützlicher Charakter sei, von vornherein und direkt gesellschaftliche Arbeit" (Engels 1948 [1878], S. 385). Denn sie beruht auf einem gesamtgesellschaftlichen Plan, der bis in die Details optimal sein wird.

Auch dieser Grundwiderspruch gewinnt systembestimmende Bedeutung. Er unterstellt ein Unmöglichkeitstheorem: Arbeitsteilung in der Fabrik mit zentraler Planung und Leitung und gesellschaftliche, über den Markt vermittelte Arbeitsteilung können effektiv nicht nebeneinander bestehen. Das ist ein starkes Theorem, dem allerdings jegliche theoretische Begründung fehlt. Das Problem hat die ‚bürgerliche' Ökonomie lange Zeit beschäftigt. Es wurde auf zwei Wegen angegangen. Zum einen haben Pareto und Barone die theoretische Äquivalenz von Plan- und Marktkoordination nachgewiesen. Zum anderen hat Nobelpreisträger Ronald Coase (1988 [1937], S. 55) gezeigt, dass die Grenze zwischen Betrieb und Markt von den Kosten bestimmt wird, die bei innerbetrieblichen Transaktionen oder bei der ‚Organisation' über den Preismechanismus anfallen. Zumindest der Intention nach strebt die sozialistische Vergesellschaftung von Arbeit und Produktion zu vollständiger Zentralisation. Die sozialistische politische Ökonomie kennt deshalb keine Theorie der Firma und des Marktes. Coases Transaktionskosten tauchen in ihr nicht auf, obwohl Marx (1963 [1893], S. 131–153, 347) diesem Phänomen als *faux frais* bzw. Zirkulationskosten der Warenproduktion großes Gewicht beimaß. Das Konzept hatte er von Quesnay übernommen (Ibid., S. 133).

Wenn die gesamte Arbeit im Sozialismus unmittelbar gesellschaftlichen Charakter erhält, dann wird organisatorische Einheit impliziert, d. h. es kann keine warenproduzierenden, eigenverantwortlichen Betriebe geben – und damit auch keine eigene Betriebswirtschaftslehre, wie Fritz Behrens Anfang der 1950er Jahre konstatiert hatte (vgl. Abschn. 2.3.1). Die Ablehnung des Marktes und damit partikulärer Eigentumsrechte folgt aus der vor allem auf Engels und Lenin gegründeten Orthodoxie. Der Widerspruch zur sozialistischen Praxis, insbesondere aber zu dezentralisierenden Reformbemühungen, ist offensichtlich. Während *netovarniki* große Mühe hatten, die sozialistische Warenproduktion und Ware-Geld Beziehungen als normale Phänomene eines sozialistischen Wirtschaftssystems zu akzeptieren, fiel es den *tovarniki* schwer, diese Phänomene mit den heiligen Schriften der Klassiker in Einklang zu bringen.

Die reale Vergesellschaftung ist nicht mit dem revolutionären Akt der formellen Vergesellschaftung vollzogen. Denn sie ist ein langfristiger historischer Prozess mit dem vollen Kommunismus als Endstadium, dessen Erreichen verschiedene Zwischenstadien notwendig macht (Pokrytan 1973). Grundsätzlich war man sich über die formelle Vergesellschaftung einig, auch weil diese eher negativ interpretiert wurde: Aufhebung des Privateigentums an den Produktionsmitteln und Abschaffung der Marktkoordination. Sie wurde als der entscheidende Modernisierungsvorsprung gegenüber der bürgerlichen Gesellschaft gesehen.[20] Die institutionelle Ausgestaltung der sozialistischen Gesellschaft und damit die

[20] Dieser angenommene Modernisierungsvorsprung hatte identitätsstiftenden Charakter: „Wir fühlten uns mit der DDR im revolutionären Lager und grundsätzlich auf der Seite des Fortschritts" waren typische Aussagen auf die Frage nach der Identität. „Auch viele Oppositionelle gingen von einer Sozialismusvorstellung aus, die die Verstaatlichung der Produktionsmittel und die Planwirtschaft für die Grundlage einer humanen Gesellschaft

konkrete Vergesellschaftung der Produktion waren dagegen grundsätzlich offen. Da hätte es zahlreiche Optionen gegeben, die allerdings nur selten Gegenstand wissenschaftlicher Diskussion wurden, wie z. B. in der Reformdiskussion (vgl. Abschn. 3.3). Gesellschaftliches Eigentum in der Form von exklusivem Staatseigentum, direktive Zentralplanung, die beherrschende Rolle von Staat und Partei, das war in der DDR die Norm. Abweichungen davon fielen rasch unter Revisionismusverdacht. Die Tatsache, dass dieses System zu gravierenden Modernisierungsrückständen führte, wurde in der Öffentlichkeit verständlicherweise ausgeblendet, durfte aber auch intern nicht diskutiert werden.

Die wachsende Bedeutung des Staates für die Vergesellschaftung von Produktion und Arbeit äußert sich im modernen Staat als Industriestaat, Sozialstaat, Wohlfahrtsstaat, Bildungs- und Gesundheitsstaat. Die ostdeutsche politische Ökonomie des Kapitalismus nimmt diesen Funktionswandel nicht wahr, sondern verbreitete weiter Lenins (1964 [1918]) Charakterisierung des kapitalistischen Staates bzw. des staatsmonopolistischen Kapitalismus (z. B. Gündel 1967). Die politische Ökonomie des Sozialismus müsste ihrem Ahnherrn Marx folgend dem Staat gegenüber große Skepsis an den Tag legen, so wie es Behrens (1957) getan hatte. Das Gegenteil war der Fall: „Von einem Abbau der Rolle des sozialistischen Staates kann also keine Rede sein" (Politische Ökonomie 1969, S. 200). Die „Funktion des Staates als Herrschaftsinstrument der Arbeiterklasse" (Ibid., S. 200–201) hat Vorrang und muss im Zusammenspiel mit der Partei gesehen werden: „Das grundlegende Ordnungsprinzip der Vergesellschaftung der sozialistischen Arbeit ist die führende Rolle der marxistisch-leninistischen Arbeiterpartei" (Kohlmey 1973, S. 101) und nicht etwa der Wettbewerb wie im Kapitalismus. Wesentliche Elemente des universellen, langfristigen Vergesellschaftungs- oder Modernisierungstrends schließlich wurden allgemein als extern determiniert gesehen: Der wissenschaftlich-technische Fortschritt ist ein autonomer historischer Prozess, man muss damit Schritt halten. Die Globalisierung unterliegt politischen Beschränkungen (Kalter Krieg) und kann deshalb die Grenzen des sozialistischen Weltsystems nicht überschreiten.

Die einseitige Orientierung an Marx, Engels und Lenin verbot es der ostdeutschen politischen Ökonomie und Soziologie, Ferdinand Tönnies' Konzepte Gemeinschaft und Gesellschaft und ihre Weiterführung in Max Webers Modernisierungstheorie zu rezipieren. Tönnies (1979 [1887]) unterschied zwischen den sozialen Systemen des Kommunismus und des Sozialismus, wie der Untertitel

hielten" (Scherer 1991, S. 302, 304). Deshalb waren viele unter ihnen nach dem Zusammenbruch des Machtmonopols der Partei der Ansicht, nun könne man den ‚wahren' Sozialismus verwirklichen.

seiner ersten Auflage *(Abhandlung des Communismus und des Socialismus als empirischer Culturformen)* verdeutlicht. Gemeinschaft ist das historische *prius,* das sich im patriarchalischen Haushalt manifestiert, der in die lokale Gemeinschaft eingebettet ist. Typische Eigenschaften sind gesellschaftliches Eigentum und gesellschaftlicher Konsum, die Produktion von Gebrauchswerten, die Bildung eines Gemeinschaftswillens und, wo erforderlich, gemeinschaftliche Lenkung. Das entspricht der Vision von Marx und Engels und dem Vorbild für die unmittelbar vergesellschaftete Arbeit, nämlich „die ländlich patriarchalische Industrie einer Bauernfamilie“ (Marx 1962 [1867], S. 92).

Im Gegensatz dazu besteht Gesellschaft aus unabhängigen, eigen-interessierten Individuen, die über den Markttausch miteinander kommunizieren. Dessen Reichweite ist grundsätzlich unbegrenzt: Globalisierung. Nationale Grenzen und Nationalstaaten spielen eine untergeordnete Rolle, während Gemeinschaft nur im Verhältnis zu einem konkreten Zusammenschluss denkbar ist, dem Haushalt, dem Betrieb, der Gemeinde, dem Staat, was ein subsidiäres Gesamtsystem konstituiert. Gesellschaft setzt partikuläre, aber nicht notwendigerweise private Eigentumsrechte voraus. Eine sozialistische Verwirklichung von Gesellschaft, die Tönnies favorisierte aber nicht ausgearbeitet hat, muss dann eine Variante des Marktsozialismus sein. Gesellschaft ist Resultat einer historischen Entwicklung, die eine Emanzipation des Individuums zusammen mit fortschreitender Vergesellschaftung beinhaltet.

Max Weber (2014 [1921], S. 29–31) übernimmt von Tönnies die Gegenüberstellung von Gemeinschaft und Gesellschaft. In der Gemeinschaft beruht die Einstellung des sozialen Handelns auf subjektiv gefühlter Zusammengehörigkeit der Beteiligten, so wie sie für den Sozialismus unterstellt wird. Bei Vergesellschaftung gründet das Handeln dagegen auf rational motiviertem Interessenausgleich oder Interessenverbindungen. Markt und Vertragsrecht sind hier die grundlegenden Institutionen. Eine fortschreitende Rationalisierung der Welt ist für Weber dann der vorherrschende Modernisierungstrend.

Hier taucht ein sozialistisches Dilemma auf. Denn das marxistische Konzept der Vergesellschaftung enthält einerseits die universelle Rationalisierung. Doch versucht sie diese andererseits in einen gemeinschaftlichen Kontext einzubetten. Denn der Markt, so wie von Weber (2009 [1922], S. 55) charakterisiert, kann keiner gesellschaftlichen Idealvorstellung entsprechen: „Wo der Markt seiner Eigengesetzlichkeit überlassen ist, kennt er nur Ansehen der Sache, kein Ansehen der Person, keine Brüderlichkeits- und Pietätspflichten, keine urwüchsigen von den persönlichen Gemeinschaften getragenen menschlichen Beziehungen“. Der Versuch, Rationalität in der Gemeinschaft durch Planmäßigkeit zu erzielen, ist – zumindest im real existierenden Sozialismus – auf Kosten der individuellen Interessen und der Effizienz gegangen.

3.2.1.3 Produktionsverhältnisse und Eigentumsrechte

Eigentum ist ein äußerst komplexer Begriff der politischen Ökonomie des Sozialismus. Als juristisches Konzept definiert er die Verfügungsgewalt über materielle und immaterielle Güter. Als sozio-ökonomisches Konzept beschreibt er die Gesamtheit der gesellschaftlichen Beziehungen im Produktionsprozess (Ökonomisches Lexikon 1978–1980, A–G, S. 493–494), d. h. er wird synonym mit den Produktionsverhältnissen verwendet. Das lässt sich auf Marx zurückführen: „Das bürgerliche Eigentum definieren heißt somit nichts anderes, als alle gesellschaftlichen Verhältnisse der bürgerlichen Produktion darstellen" (Marx 1962 [1847], S. 165). Westliche Eigentumskonzepte richten sich auf ganz andere Tatbestände. Die Theorie der Produktionsverhältnisse und die Theorie der Eigentumsrechte befassen sich mit grundverschiedenen Gegenständen.

Produktionsverhältnisse setzen sich aus zahlreichen Elementen zusammen, die in den allgemeinen Vergesellschaftungsprozess eingebettet sind (Politische Ökonomie 1969, S. 216–217): die Beziehungen zwischen den Produzenten, den Klassen und sozialen Gruppen, die Arbeitsteilung und das Eigentum an den Produktionsmitteln, die Formen des Austauschs der Produkte, die Leitung des Produktionsprozesses und die materielle Interessiertheit der Beteiligten, u. s. w. Die polit-ökonomische Analyse dieser Ordnungselemente des Produktionsprozesses lehnt sich weniger an die eigentliche Ökonomie an als an die Philosophie (Pokrytan 1973; Friedrich 1981). Die andere, stoffliche Seite des Produktionsprozesses (Produktionsfunktionen, Input-Output Relationen, u.s.w.) liegt außerhalb der Produktionsverhältnisse und damit der politischen Ökonomie (Friedrich 1981, S. 52–53). Das ist Gegenstand ökonomischer Zweig- und Spezialdisziplinen, wird aber nicht in eine Theorie des wirtschaftlichen Handelns eingebettet (vgl. Abschn. 3.1).

Ob nun das Eigentum als die fundamentale ökonomische Eigenschaft der Produktionsverhältnisse gesehen werden kann, wie es die formale Vergesellschaftung vermuten lässt, war unter ostdeutschen Politökonomen umstritten (Friedrich 1981, S. 55). Deutlich ist, dass Eigentumsrechte als Fundament einer ökonomischen Ordnung nicht Gegenstand der politischen Ökonomie sind. Der in der DDR geschätzte sowjetische Politökonom Pokrytan (1973, S. 21) machte den Unterschied deutlich:

> „Die Betrachtung des Eigentums als besonderes, selbständiges Element würde letzten Endes zur Untersuchung des Eigentums als juristische Beziehung führen. Sie

> würde dazu führen, zu untersuchen, was wem gehört, wer worüber verfügt, wer was nutzt usw., d. h. zur Konstatierung bestimmter Beziehungen zwischen Subjekt und Objekt. Diese sind, wie bekannt, keine ökonomischen, sondern rechtliche Beziehungen. ... Aber wie wichtig es auch sei zu wissen, was wem gehört und wer sich was aneignet, so ist das doch nicht die Hauptaufgabe der ökonomischen Theorie, die die Gesetzmäßigkeiten des Entstehens und der Entwicklung verschiedener Typen von Produktionsverhältnissen zu untersuchen hat."

Damit die Produktionsverhältnisse nicht eine leere Hülse bleiben, würde man am Ende doch gerne wissen, „was wem gehört, wer worüber verfügt, wer was nutzt usw.". Die rechtlichen Institutionen des Eigentums regeln die wirtschaftlichen Entscheidungsbefugnisse, die Informationsströme und die Motivationsstrukturen im Produktionsprozess. Sie sind keineswegs reine Subjekt-Objekt Beziehungen, sondern eben der institutionelle Rahmen des wirtschaftlichen Handelns. Der ist bewusst gesetzt, aber als Überbauphänomen nicht unabhängig von der ökonomischen Basis. So stellte Marx (1952 [1875], S. 14) in den *Randglossen* die rhetorische Frage „Werden die ökonomischen Verhältnisse durch Rechtsbegriffe geregelt, oder entspringen nicht umgekehrt die Rechtsverhältnisse aus den ökonomischen?"

3.2.1.4 Eigentumsformen

In der ersten, der sozialistischen Phase des Kommunismus kann gesellschaftliches Eigentum in zwei Formen verwirklicht werden, in der Form von Volkseigentum und in der Form von genossenschaftlichem Eigentum. Nach der Revisionismuskampagne der späten 1950er Jahre (s. Abschn. 3.3.1) nahm der Begriff Volkseigentum in der DDR eine einheitliche maßgebliche Interpretation an: „Als gesamtgesellschaftliches sozialistisches Eigentum kann es nicht anders existieren als in der Form von Staatseigentum, da die sozialistische Gesellschaft immer staatlich organisiert ist. ... So ist das Volkseigentum im Sozialismus seinem Wesen nach gesellschaftliches und seiner Form nach staatliches sozialistisches Eigentum. Der sozialistische Staat ist juristisches und wirtschaftendes Subjekt des Volkseigentums" (Luft 1982, S. 826). Das scheint im Widerspruch zu den sozialistischen Produktionsverhältnissen zu stehen, die eine Einheit von Arbeitern und Eigentümern postulieren: „Im Sozialismus ist der Werktätige gesellschaftlicher Eigentümer der Produktionsmittel und Produzent der materiellen Güter in einer Person; Produzent und Eigentümer sind identisch" (Politische Ökonomie 1969, S. 217). Der Widerspruch löst sich auf durch das marxistisch-leninistische Postulat der Identität und Harmonie der Interessen im Sozialismus: „Individuum, Staat und Gesellschaft galten in unserer Theorie als prinzipiell widerspruchslose Einheit" (Koziolek 1996, S. 142).

Daraus sollte man allerdings nicht schließen, dass der sozialistische Arbeiter eine direkte Kontrolle über seine Produktionsmittel erhalte. „Das Volkseigentum ist in keiner Weise zwischen Staat und Betrieb aufteilbar" (Luft 1982, S. 826). Die orthodoxe These von der Unteilbarkeit des Volkseigentums ist ein tragender Pfeiler des Zentralismus und legitimiert jegliche Intervention des Staates im Produktionsprozess. Helmut Koziolek (1996, S. 139) sah darin eine der wesentlichen Ursachen für die geringe Effektivität der Wirtschaftsreformen und ihre reibungslose Liquidierung nach 1971. Wenn alle Eigentumsrechte in den Händen des Staates bzw. seiner Bürokratie konzentriert sind, dann brauchen die Arbeiter als gesamtgesellschaftliche Eigentümer ohne individuelle Eigentumsrechte ein besonderes Bewusstsein, um Leistungen zu erbringen und sich nicht zu drücken. „Was allen gehört, erfordert die fleißige Arbeit eines jeden, damit es für jeden auch von Nutzen sein kann" (Luft 1982, S. 833) – das war wohl kaum eine Beschreibung des tatsächlichen Verhaltens, sondern ein frommer Wunsch.

Reformvorstellungen, die auf die Unabhängigkeit der Betriebe gerichtet waren und substantielle Eigentumsrechte auf diese übertragen wollten, wurden im Widerspruch zum Wesen des gesellschaftlichen Eigentums gesehen und für revisionistisch erklärt. „Eine solche Unabhängigkeit der Betriebe von der zentralen staatlichen Leitung und Planung wäre gleichbedeutend mit der Verwandlung des gesamtgesellschaftlichen Volkseigentums in Gruppeneigentum der Betriebskollektive, wodurch sich die Interessen und Handlungen der Betriebe verselbständigen würden. Die Folge davon wären Konkurrenzkampf zwischen den Betrieben, volkswirtschaftliche Disproportionen, soziale Unsicherheit, Arbeitslosigkeit und inflationistische Preisentwicklung" (Ibid., S. 827). Der zähe Kampf der polnischen Arbeiter für Mitbestimmung und Selbstverwaltung galt in der DDR als ‚polnische Wirtschaft'. Das System Jugoslawiens diente als abschreckendes Beispiel. Kurzum, gesellschaftliches Eigentum schließt definitionsgemäß jede Form einer sozialistischen Marktwirtschaft aus und macht die zentrale Leitung und Planung zur unabdingbaren Voraussetzung für Sozialismus. Lenins Prinzip des demokratischen Zentralismus wird zur einzig möglichen Form des gesellschaftlichen Eigentums erklärt und verleiht so Staat und Partei die Schlüsselposition in den sozialistischen Produktionsverhältnissen (Politische Ökonomie 1969, S. 223). Die fundamentalen gesellschaftlichen Interessen finden ihren Ausdruck im zentralen Plan des Staates. Man muss sich hüten vor der „Gefährlichkeit der revisionistischen Auffassungen, die Interessenübereinstimmung als Haupttriebkraft dadurch zu paralysieren, indem von angeblich divergierenden Interessen der einzelnen Werktätigen und Betriebskollektive ausgegangen wird" (Ibid., S. 230).

Das Wesen des gesellschaftlichen Eigentums im Unterschied zum Privateigentum besteht in der Aneignung der Resultate des Produktionsprozesses durch die Gesellschaft als ganze. Die Aneignung knapper Produkte ist notwendigerweise verbunden mit Entscheidungen über ihre Allokation und Verteilung, und so ist es der Staat (bzw. die Partei) als Agent der Gesellschaft, der die entsprechenden Eigentumsrechte des *usus, usus fructus* und *abusus* in Händen hält. Der Staat entscheidet über die Einrichtung, den Zusammenschluss und die Liquidation von Betrieben. Der Staat ernennt ihre Direktoren. Der Staat bestimmt das Produktionsprogramm. Der Staat regelt die Lieferkanäle. Der Staat trägt das Verlustrisiko. Der Staat entscheidet über die Einkommensverteilung. Einzelaspekte dieser Entscheidungen können auf untere Ebenen, die aber grundsätzlich Ebenen der staatlichen Hierarchie bleiben[21], delegiert werden, wie es in der Reformdiskussion der 1960er Jahre thematisiert wurde. Doch der Staat behält das Recht, den Entscheidungsspielraum der Betriebe abzugrenzen und zu kontrollieren und einzugreifen, wo er das für notwendig erachtet. Gesellschaftliches Eigentum und sozialistische Produktionsverhältnisse sind nach ostdeutscher (und sowjetischer) Lehre prinzipiell mit der zentralen staatlichen Planung und Organisation verbunden.

Wie kann genossenschaftliches Eigentum unter solchen Umständen als gesellschaftliches Eigentum aufgefasst werden? Das hängt davon ab, über welche Eigentumsrechte die Genossenschaft verfügt. Die waren nicht klar definiert. Das Bodeneigentum lag formell noch in den Händen der Mitglieder, die es bei der Bildung der Genossenschaft eingebracht hatten. Das war ein schlafendes Recht, da sich damit keine konkreten Rechte verbanden[22]. Erst nach Auflösung des Systems lebten diese Rechte wieder auf und hatten einen wesentlichen Einfluss auf die Umgestaltung der ostdeutschen Landwirtschaft. Das Eigentum an den Produktionsmitteln lag bei der Genossenschaft, auch bei jenem Inventar, das die Mitglieder eingebracht hatten, wobei die Maschinen anfänglich in den staatlichen Maschinen-Traktoren-Stationen konzentriert wurden.

Doch wie sahen dann die konkreten Eigentumsrechte des *usus, usus fructus* und *abusus* aus? „Die Erzeugnisse der volkseigenen Betriebe sind Eigentum des gesamten Volkes, während die Erzeugnisse der Genossenschaften Eigentum der Mitglieder des jeweiligen genossenschaftlichen Betriebes sind“ (Luft 1981, S. 829). Soweit so gut. Die volle Aneignung des Produkts würde das Recht beinhalten, darüber frei zu verfügen. Stalin (1952) hatte die Warenproduktion als charakteristisch für die Genossenschaften erklärt. Das implizierte auch, dass die

[21] Sowohl die Betriebe als auch die Gemeinden sind Organisationen des Staates.

[22] In der ersten Zeit nach der Kollektivierung wurde ein kleiner Teil des Nettoeinkommens der Genossenschaft entsprechend den Bodenanteilen an ihre Eigentümer ausbezahlt. Der rechtliche Status dieser ‚Bodenrente‘ scheint unklar gewesen zu sein. Denn im Laufe der Zeit haben die Genossenschaften ihre Auszahlung unterlassen.

individuelle Arbeit der Genossen nicht automatisch gesellschaftlich notwendige Arbeit ist, wie das bei Volkseigentum und zentraler Planung unterstellt wird (vgl. Abschn. 3.1.1), sondern erst über die Realisierung der Produkte bestätigt werden muss. Daraus folgt: „daß die Genossenschaften im Unterschied zum Volkseigentum nicht von allein, nur aus sich selbst heraus sozialistischen Charakter annehmen können" (Politische Ökonomie 1969, S. 224). Nur unter der politischen Macht der Arbeiterklasse (d. h. der Partei) und der Existenz des Volkseigentums (d. h. der staatlichen Zentralplanung) können die Genossenschaften als sozialistische Eigentumsform angesehen werden. Damit sind ihre Eigentumsrechte erheblich eingeschränkt.

Solange die Genossenschaften Zwangsablieferungen unterworfen waren, ist ihr beschränkter Entscheidungsspielraum offensichtlich. Aber auch geplante und dann vertraglich vereinbarte Ablieferungen hatten obligatorischen Charakter. Die Preise wurden zentral festgelegt. Einen ‚freien' Markt für Genossenschaftsprodukte gab es nicht, nicht einmal eine Entsprechung des sowjetischen Kolchosmarktes. Was die Bürger in ihren Kleingärten produzierten, wurde vom staatlichen Handel aufgekauft und (häufig zu erheblich niedrigeren Preisen) an die Konsumenten abgegeben. Auf der Input-Seite waren die Genossenschaften völlig abhängig von staatlichen Lieferungen. In der ersten Phase der Sozialisierung der Landwirtschaft wurde die Technik von den Maschinen- und Traktoren Stationen (MTS) bereitgestellt. Sie waren Staatseigentum und galten als „Stützpunkt der Arbeiterklasse auf dem Lande" (Ibid., S. 149). Sie erfüllten nämlich nicht nur eine material-technische, sondern auch eine politische Funktion. In den 1960er Jahren überführte man sie in das Eigentum der Genossenschaften. Denn die Partei hatte eine vollständige Kontrolle über das platte Land erreicht, und die erheblichen Subventionen für die MTS ließen sich so sparen.

Privateigentum galt als abgelebte Institution der vor-kommunistischen Zeit. Im Sozialismus gab es persönliches Eigentum, das sich auf Konsumgüter und bestimmte Vermögensobjekte beschränkte wie Häuser und Wohnungen, Gärten, Ersparnisse, Versicherungspolicen u.ä. Eine bemerkenswerte Ausnahme bildeten intellektuelle Eigentumsrechte. Denn sie waren im Prinzip privat. Dafür gab es zwei Gründe: Einerseits war die DDR Mitglied internationaler Abkommen zum Schutz intellektuellen Eigentums, und andererseits galt es, die innovative Kreativität intern zu stimulieren.[23]

[23] Wer in staatlichen Institutionen oder mit staatlicher Unterstützung eine Erfindung machte, erhielt ein so genanntes Wirtschaftspatent. Die korrespondierenden Eigentumsrechte wurden geteilt: *usus* und *abusus* gehörten dem Staat, *usus fructus* zum Teil dem Erfinder, der eine Erfindervergütung erhielt (Ökonomisches Lexikon A-G, 1978, S. 561). Das Copyright für künstlerische Arbeit wurde mehr oder weniger zu Gunsten der Künstler geregelt.

Private Eigentumsrechte widersprechen sozialistischen Produktionsverhältnissen selbst in der Form der einfachen Warenproduktion, in der Produzent und Eigentümer der Produktionsmittel nicht voneinander getrennt sind. Allerdings hielt man es über einer längeren Übergangsperiode für unvermeidlich, Privateigentum in der Kleinindustrie, im Handwerk und im Handel zu dulden. Eine unmittelbare Verstaatlichung hätte die Wirtschaft erschüttert und die Planautoritäten überlastet. Diese Duldung ließ sich wie im Fall der Genossenschaften dadurch rechtfertigen, dass der Staat die Kommandohöhen kontrollierte, d. h. dass dieser Sektor innerhalb des staatlichen Systems der Planung, der Materialversorgung und des Absatzes operierte. Etwas größere Privatfirmen hatten eine staatliche Beteiligung in der Form der Kommanditgesellschaft zu akzeptieren, in der der Inhaber als voll haftender Kommanditist und der Staat als beschränkt haftender Komplementär fungierten. Diese Form der ‚Kohabitation' funktionierte recht gut, und so hatte die DDR über zwanzig Jahre einen substantiellen Privatsektor. Bis Erich Honecker 1972 erklärte, der Sozialismus habe jetzt ein voll entwickeltes Niveau erreicht und die privaten oder gemischten Betriebe müssten nationalisiert bzw. in Genossenschaften inkorporiert werden.

Schließlich verdient die Schattenwirtschaft eine kurze Anmerkung. Es gab sie auch in der DDR zusammen mit einer Parallelwährung, der DM. Es gab sie in unterschiedlichen offiziellen und weniger offiziellen Formen. Zum einen ist da die Kommerzielle Koordinierung (KoKo). Sie bestand aus einem Konglomerat von Außenhandelsbetrieben, die außerhalb der offiziellen Planungsstruktur und Finanzkontrolle dem Zweck diente, Devisen zu erwirtschaften, Embargoprodukte zu erwerben und vertrauliche Wirtschaftsinformationen zu beschaffen. Ihre Aktivitäten waren *Top Secret,* und ihr Budget, das sich auf mehrere Milliarden DM belief, war ein Schattenbudget. Dann ist *Intershop* zu nennen, ein Kettenladen, in dem knappe Importware gegen DM angeboten wurde. Ursprünglich für ausländische Touristen bestimmt, erhielten im Laufe der Zeit auch die DDR-Bürger Zutritt, was es erforderlich machte, das gesetzliche Verbot des Besitzes von Devisen aufzuheben (Wolle 2013, S. 79–84). Auch diese Aktivitäten fanden außerhalb der offiziellen Planung und Statistik statt. Schließlich gab es die ‚normale' Schattenwirtschaft in der Form von Tauschgeschäften unter den Betrieben und den Bürgern und von Schwarzarbeit, wie in Österreich ‚Pfuschen' genannt. Auch hier war die gängige Währung die DM.

All das hatte wenig mit dem sozialistischen Ideal zu tun und wurde deshalb nicht diskutiert. Anders als in Ungarn (vgl. z. B. Gabor 1979; Galasi und Sziráczki 1985) beschäftigte sich auch die Wirtschaftswissenschaft nicht damit. Erst nach dem Mauerfall griffen ostdeutsche Ökonomen das Thema auf (Manz 1990). Dabei setzt Manz den Begriff Schattenwirtschaft in Anführungszeichen, da diese Aktivitäten, mit Ausnahme von Schwarzarbeit während der offiziellen Arbeitszeit, von Materialdiebstahl und illegalen Währungsgeschäften, seiner Ansicht nach in der DDR legal waren. Das Hauptmotiv war der notorische Mangel an Gütern und Diensten und nicht Steuervermeidung, wie das in Marktwirtschaften der Fall ist. Sieht man jedoch die Vermeidung staatlicher Regulierungen als allgemeines Motiv der Schattenwirtschaft an, dann liegen die beiden Formen nicht so weit auseinander. Denn der Staatsplan ist die rigideste Form staatlicher Regulierung, wenn er nicht optimal ist.

3.2.1.5 Späte Einsichten

Diskussionen über Grundlagen der politischen Ökonomie wie auch der Eigentumsverhältnisse fanden in der DDR genauso wie in den übrigen staatssozialistischen Ländern in den 1950er Jahren statt. Die Namen von Behrens, Kohlmey und Benary und ihre Zurechtweisung sind bereits erwähnt worden, auch der des Direktors des Instituts für Agrarökonomie bei der Akademie für Landwirtschaftswissenschaften, Kurt Vieweg (s. Abschn. 2.3.1 und 3.3.1). Er hatte 1956 in einem Entwurf für ein neues Agrarprogramm eine grundlegende Revision der Landwirtschaftspolitik gefordert. Vorbild waren der Abbruch der Kollektivierung in Polen und vor allem die moderne skandinavische Landwirtschaft, die er in seinen Exiljahren kennengelernt hatte. Er schrieb dem bäuerlichen Familienbetrieb neben den Staatsgütern und LPGs eine wichtige Rolle für die mittelfristige Entwicklung der Landwirtschaft auch im Sozialismus zu. „Aufbauend auf den Traditionen der deutschen landwirtschaftlichen Genossenschaftsbewegung“ (Vieweg 1997 [1956], S. 235), d. h. unterstützt von Einkaufs-, Absatz- und Kreditgenossenschaften, sei dieser privatwirtschaftliche Sektor umfassend zu modernisieren. Wenn das nicht revisionistisch war, was dann? Die Maßregelung folgte auf dem Fuß (Scholz 1997). Nach der Revisionismuskampagne Ende der 1950er Jahre unterblieben solche Ansätze und Diskussionen in Ostdeutschland, während sie in den übrigen staatssozialistischen Ländern weitergeführt wurden. Fritz Behrens hat seine auf Rosa Luxemburg zurückgehenden rätekommunistischen Ansichten für die Schublade geschrieben. Sie wurden erst nach der Wende und zwölf Jahre nach seinem Tod veröffentlicht (Behrens 1992).

Erst nach dem Mauerfall und dem Verlust des Deutungsmonopols der Partei nahmen ostdeutsche Ökonomen – bevorzugt aus dem Zentralinstitut für Wirtschaftswissenschaften der Akademie der Wissenschaften, das von den Parteioberen in der Vergangenheit oft mit kritischen Augen betrachtet worden war (s. Abschn. 2.2.1) – einen Reformdiskurs auf und dabei auch die Frage nach dem Eigentum. Dabei identifizierten Ettl, Jünger und Walter wichtige Modernisierungsblockaden: „Die Fehlidentifikation von Vergesellschaftung und Verstaatlichung führt zur Monopolisierung der Eigentumsfunktionen durch den Staat. Da der Staat aber außerhalb des Produktionsprozesses steht und die Produzenten, da sie nicht über die Mittel zur Produktion verfügen und die Ziele der Produktion nicht bestimmen, eigentumslos bleiben, wird die Produktion ‚herrenlos' und der Produzent ökonomisch interessenlos" (Ettl et al. 1990, S. 166). Das hatte in krassem Gegensatz zur propagandistischen Hervorhebung der Werktätigen als aktive letztliche Eigentümer der Produktionsmittel zu einer für die sozialistischen Produktionsverhältnisse typischen Anomie geführt. Hier sollten Wirtschaftsreformen ansetzen: „Grundidee der Reform der Eigentumsverhältnisse ist die Zurückdrängung von Erscheinungen der Entfremdung, Anonymität, Interessenlosigkeit und Passivität" (Autorenkollektiv 1990, S. 330).

Auch die fatale letzte Nationalisierungswelle von 1972 und die damit einhergehende Unterschätzung mittlerer und kleiner Betriebe werden einer kritischen Analyse unterzogen (Espenhayn 1990). Dieser Sektor funktioniert nur auf der Basis von Privateigentum und das wiederum im Kontext einer Marktwirtschaft. Doch grundsätzlich blieben die ostdeutschen Ökonomen überzeugt, dass gesellschaftliches Eigentum konstitutiv für eine sozialistische Wirtschaft sei. Institutionen, die Ausbeutung ermöglichen, d. h. Privateigentum und Lohnarbeit, sind auszuschließen. „Unverzichtbar für eine planmäßige und an sozialen Belangen aller Produzierenden orientierte Entwicklungsperspektive erscheint uns nur die Vergesellschaftung (auch als Verstaatlichung, freilich mit einem anderen Charakter des Staates und einer Stärkung der Kommunen)" (Ettl et al. 1990, S. 171; ähnlich Peche et al. 1990, S. 31–32; Autorenkollektiv 1990, S. 321). Auch wenn viel von der Selbstorganisation der Produzenten die Rede ist, so bleibt Arbeiterselbstverwaltung ein Tabu. Unterschiedliche Interessen in der Gesellschaft werden zwar anerkannt, doch partikuläre Eigentumsrechte würde nur Gruppenegoismus hervorrufen (Peche et al. 1990, S. 36–37). Das war schon immer das Argument gegen eine Dezentralisierung der Eigentumsrechte. Vor die Alternative gestellt ‚Markt oder Plan?' behält der Plan eindeutig den Vorzug: „Die Marktregulation hat bei der Koordinierung moderner Wirtschaft und der Einbindung wirtschaftlicher Entwicklung in sozialen Progreß Grenzen. An diesen Grenzen muß ein System moderner Planwirtschaft, als höherer Typ ökonomischer und gesellschaftlicher Rationalität, als System der freien Selbstorganisation der Wirtschaftsordnung durch die Produzenten, ansetzen" (Ettl et al. 1990, S. 173). Die Autoren bleiben eine Erklärung schuldig, was sie unter freier Selbstorganisation der Wirtschaftsordnung durch die Produzenten verstehen, auf jeden Fall nicht die freie Selbstorganisation des Wirtschaftsprozesses durch die Produzenten.

Hans Luft (1990), dem wir weiter oben bereits begegnet sind, griff noch einmal das Problem des gesellschaftlichen Eigentums auf. Seiner Ansicht nach genüge es, Staat und Wirtschaft voneinander zu trennen, indem die Kombinate in Kapitalgesellschaften umgewandelt werden, deren Eigentum auf eine Treuhandanstalt übertragen wird. Die Umwandlung der volkseigenen Betriebe oder Kombinate in Kapitalgesellschaften war ohne weiteres möglich, da die DDR das GmbH-Gesetz von 1892 und das Aktiengesetz von 1937 nicht aufgehoben hatte. Die Treuhandanstalt wurde am 01. März 1990 von der Regierung Modrow genau zu diesem Zweck gegründet. An der Tatsache des uneingeschränkten Staatseigentums änderte diese Operation nichts, bis die frei gewählte Volkskammer der DDR am 17. Juni 1990 das *Gesetz zur Privatisierung und Reorganisation des volkseigenen Vermögens* verabschiedete. § 1.1 lautet: „Das volkseigene Vermögen ist zu privatisieren". Die ostdeutsche Theorie und Praxis des vollständig zentralisierten Volkseigentums fand in der Treuhandanstalt ihren logischen Höhepunkt. Denn die frei gewählte Regierung der DDR konnte damit die Privatisierung bzw. die Liquidierung der volkseigenen Betriebe beschließen, ohne auf eigene Vorstellungen und Interessen der Betriebe und ihrer Belegschaften Rücksicht nehmen zu müssen.

Das lief in der Landwirtschaft anders ab. Die Umwandlung der Landwirtschaftlichen Produktionsgenossenschaften wurde etwas später durch das Landwirtschaftsanpassungsgesetz vom Juli 1990 in Angriff genommen. Die ursprüngliche Vorstellung – vor allem der westlichen Politik – einer ‚Wiedereinrichtung' der bäuerlichen Familienbetriebe erwies sich auf Grund der damit verbundenen Kosten und der vergangenen Flurbereinigungen, aber vor allem wegen des Widerstands der Genossenschaftsmitglieder als illusorisch. Hier zeigte sich die exemplarische Bedeutung von Eigentumsrechten. Denn anders als das Staatseigentum an den volkseigenen Betrieben, das uneingeschränkt von der Treuhandanstalt ausgeübt wurde und den Beschäftigten keinerlei Einfluss auf die Transformation einräumte, waren die Genossenschaftsmitglieder bzw. der Teil unter ihnen, der Grund und Boden in die Genossenschaften eingebracht hatte, nach wie vor Eigentümer dieses Grund und Bodens. Damit hatten sie eine entscheidende Stimme bei der Umgestaltung der Landwirtschaft. So blieben die Großbetriebe erhalten, zumeist in der Form von eingetragenen Genossenschaften und GmbHs.

Grund und Boden lag also noch immer im Eigentum derer, die ihn bei der Kollektivierung eingebracht hatten. Waren die Eigentümer nicht (mehr) Genossenschaftsmitglieder bzw. Teilhaber der GmbH, musste er gepachtet oder käuflich erworben werden. Die eigentumsrechtliche Regelung bezüglich des Inventars war kompliziert und nicht problemlos. Die Betriebe wurden auf Kosten der Genossenschaftsmitglieder radikal saniert, wobei das Management zumeist in Händen der alten Genossenschaftsleitung blieb. Im Ergebnis hat Ostdeutschland heute eine moderne Landwirtschaft, die zum Teil genossenschaftlich, zum Teil kapitalistisch organisiert ist und die, auch auf Grund ihrer hohen Kompatibilität mit den Agrarkonzepten der EU, im internationalen Wettbewerb bestehen kann. Wir kommen zu dem paradoxen Ergebnis, dass die Modernisierung der ostdeutschen Landwirtschaft im genossenschaftlichen (oder kapitalistischen) Großbetrieb erst nach Abschaffung des sozialistischen Wirtschaftssystems ihre volle Produktivität erweisen kann.

3.2.2 Eigentum in der ökonomischen Diskussion des kommunistischen Polens

In den ökonomischen Debatten Polens waren Eigentumsverhältnisse oder Eigentumsrechte kein zentrales Thema. Man beschäftigte sich damit vor allem in drei Perioden:

- unmittelbar nach dem Krieg in der Einführungsphase des Sowjetsystems,
- nach dem Aufstand von 1956,
- und schließlich nach 1980, als Streiks und die Gründung von *Solidarność* das kommunistische System neuerlich in Frage stellten.

Die Diskussion über Eigentumsrechte bezog sich auf unterschiedliche Formen des Eigentums, worunter das gesellschaftliche Eigentum *(własność społeczna)* und seine Entwicklung besonders herausragten. In den letzten Jahren des kommunistischen Polens, als sich erste Zirkel einer liberalen Opposition formierten, rückte auch das Privateigentum wieder ins Zentrum des Interesses.

Dieses Teilkapitel geht auf die wesentlichen Punkte der Diskussion ein, die in den vierzig Jahren kommunistischer Herrschaft in Polen zu Eigentumsfragen geführt worden ist. Es geht auch um den Wandel in den Ansichten der polnischen Ökonomen, wobei sich die politischen und wirtschaftlichen Krisen als Wendepunkte in den Debatten erweisen, was am deutlichsten nach 1980 hervortritt, als liberale Kreise in die Diskussion eingriffen.

Das Kapitel teilt sich in fünf chronologisch angeordnete Abschnitte, die sich auf ausgewählte Probleme konzentrieren. Im ersten Abschnitt werden kollektivistische Ideen über Eigentum aus der Vorkriegszeit und ihre unterschiedliche Behandlung in den ersten Nachkriegsjahren vorgestellt. Danach kommen die Eigentumskategorien zur Sprache, die mit der Verfassung von 1952 eingeführt wurden. Dann geht es um die Debatten, die nach Stalins Tod und den Arbeiterprotesten von 1956 geführt wurden. Als viertes folgen Probleme der Selbstverwaltung im Zusammenhang mit Ideen zu Strukturveränderungen in den 1970er und 1980er Jahren. Der letzte Abschnitt geht auf den liberalen Ansatz ein und die von ihm ausgehenden Diskussionen der 1980er Jahre über Privateigentum und Privatisierung.

3.2.2.1 Vorkriegsansätze und Nachkriegskontroversen

Die Ideen zur Eigentumsfrage, die in den ersten Jahren nach dem Zweiten Weltkrieg diskutiert wurden, betonten die Rolle des Staates beim Wiederaufbau der Wirtschaft. Sie widerspiegelten vier unterschiedliche Vorkriegstraditionen: den Sozialismus, die Genossenschaftsbewegung, den Agrarismus und den Etatismus.

Die erste Tradition wurzelte in frühsozialistischen Ideen prominenter polnischer Intellektueller, wie Ludwik Krzywicki und Bołeslaw Limanowski, aus der Zeit vor dem Ersten Weltkrieg. In der Zwischenkriegszeit standen die polnischen Sozialisten unter dem Einfluss marxistischer Ökonomen wie Rosa Luxemburg. Sie plädierte für die Vergesellschaftung des Eigentums, betonte aber, dass das gesellschaftliche Eigentum von den Arbeitern erworben werden und von Basisorganisationen wie z. B. Arbeiterräten kontrolliert werden solle (Luksemburg 2005 [1922]). Eine führende Rolle unter den sozialistischen Ökonomen kam Oskar Lange zu, der die Notwendigkeit der Vergesellschaftung der Produktionsmittel hervorhob. Allerdings wies er auch auf Grenzen der Umwandlung von Privateigentum in gesellschaftliches Eigentum hin und schloss individuelles Eigentum, kleine Unternehmen und bäuerliche Betriebe von der Vergesellschaftung aus. Diese Eigentumsformen werden seiner Ansicht nach nicht zur Ausbeutung genutzt und stellen so kein Hindernis für sozialen Fortschritt dar. Nach Lange waren vergesellschaftete Unternehmen in öffentlichen Trusts zusammengefasst und von ihren Mitarbeitern verwaltet werden. In allen Wirtschaftseinheiten habe Selbstverwaltung zu herrschen. Die Koordinierung der Trusts erfolgt über eine zentrale Planungskommission (Lange 1973b [1938], S. 130–136).

Die zweite Tradition folgte der Genossenschaftsidee, in Polen von Edward Abramowski entwickelt. Seine Ansichten standen Eduard Bernsteins Konzept des evolutionären Wandels sozialer und wirtschaftlicher Systeme nahe. Die Vergesellschaftung des Eigentums in Genossenschaften sollte die kapitalistischen Ungleichheiten korrigieren und zur Demokratisierung der Wirtschaft führen (Abramowski 2012). Die dritte Tradition, die den Kollektivismus in Polen beeinflusste, war der Agrarismus der politischen und sozialen Bewegung der Bauern zu Beginn des 20. Jahrhunderts. Seine wichtigsten Theoretiker in der Zwischenkriegszeit waren Adam Doboszyński (1934) und Stanisław Miłkowski (1934). Für

Miłkowski stellte der Agrarsimus einen dritten Weg zwischen Kapitalismus und Sozialismus dar mit dem bäuerlichen Familienbetrieb als Basis des Systems.

Schließlich übten die Eigentumsvorstellungen und Schriften von etatistischen Theoretikern wie Eugeniusz Kwiatkowski und Stefan Starzyński Einfluss in der unmittelbaren Nachkriegszeit aus. Kwiatkowski war in den 1930er Jahren Vizepremierminister und Autor eines Programms zur staatlich gelenkten Industrialisierung. Er betonte, der Staat solle die Rolle eines Unternehmers in Branchen spielen, in denen privates Kapital fehle oder wo es nur begrenzten Nutzen für Staat und Nation habe (Kwiatkowski 1932).

Die Diskussionen während des Krieges und danach griffen diese Ansätze wieder auf. Allen beteiligten Parteien und Ökonomen war die Bedeutung des Staatseigentums für den Wiederaufbau der Wirtschaft klar. Die konkreten Vorschläge unterschieden sich jedoch, wobei die Vertreter der beiden regierenden linken Parteien, der Polnischen Sozialistischen Partei (PPS) und der kommunistischen Polnischen Arbeiterpartei (PPR), gegensätzliche Positionen einnahmen.[24]

Die PPS präsentierte den „polnischen Weg zum Sozialismus". Dahinter standen sozialistische Politiker und Ökonomen aus ihren Reihen bzw. ihr nahestehend wie z. B. Lange, Lipiński, Bobrowski und Drewnowski. Formulierungshilfe bot das Zentrale Planbüro (CUP) unter der Leitung von Bobrowski. Nach diesem Konzept gab es drei verschiedene Eigentumsformen, privates, genossenschaftliches und staatliches Eigentum. Staatliche Unternehmen sollten autonom bleiben, ihre Aufsichtsräte mit Arbeitnehmern besetzt werden. Privateigentum war für die Landwirtschaft, kleine Industrie- und Handwerksbetriebe und im Dienstleistungssektor vorgesehen. Die Eigentumsrechte waren hier gesetzlich zu garantieren und zu schützen. Ein Akzent lag auf der Entwicklung der Genossenschaften, die völlig unabhängig vom Staat bleiben sollten (Bałtowski 2009, S. 138). Der „polnische Weg zum Sozialismus" entwarf ein integrales Wirtschaftssystem und legte Art und Dauer des Übergangs dorthin fest. Denn die der PPS verbundenen Ökonomen waren sich im Klaren über die politischen, wirtschaftlichen und sozialen Risiken, die mit der Transformation der Eigentumsstruktur in Polen verbunden waren. Deshalb schlugen sie schrittweise Veränderungen vor. Das Ziel war eine sozialistische Wirtschaft, die aber nicht wie im sowjetischen System von einer Staatsbürokratie verwaltet wurde.

[24] Die dritte einflussreiche Partei, die Polnische Volkspartei (PSL), stellte sich offen gegen die kommunistische Herrschaft und unterstützte in ihrem Programm die Ideen des Agrarismus. Doch nach ihrer Marginalisierung im Jahr 1947 schwand ihr Einfluss auf Wirtschaft und Politik.

Diesen Ansatz lehnte die kommunistische PPR ab und trat für die Übernahme von Institutionen nach sowjetischem Vorbild ein. Am einflussreichsten in diesem Lager war Hilary Minc, eine der Schlüsselfiguren in der PPR-Führung (s. Abschn. 2.1.2). Unter den Ökonomen unterstützten Włodzimierz Brus und Bronisław Minc (der Bruder von Hilary) die Idee der Sowjetisierung Polens. Mit Bezug auf die Eigentumsverhältnisse forderte die PPR eine umfassende Verstaatlichung einschließlich des Handels und der übrigen Dienstleistungen. Die Staatsbetriebe waren einer zentralen Verwaltung zu unterstellen. In der Landwirtschaft förderte man kollektive und staatliche Betriebe auf Kosten der privaten Bauernhöfe (Kowalik 2006b). Die Autonomie der Genossenschaften sollte allerdings beschränkt werden. Die Auseinandersetzung zwischen der PPS und der PPR gipfelte in der CUP-Debatte von 1948, die zur Marginalisierung des Programms der Sozialisten und zur Einführung des sowjetischen Modells führte (S. Abschn. 3.1.2).

3.2.2.2 Eigentumsrechte in der stalinistischen Verfassung

Unmittelbar nach dem Zweiten Weltkrieg setzte ein Wandel im System der Eigentumsrechte ein. Die Industrie und das Bankensystem wurden nationalisiert. Landwirtschaftsreformen enteigneten Großgrundbesitzer und verteilten das Land an die Bauern. 1947 nahmen die staatlichen Behörden die sogenannte „Schlacht um den Handel" auf, der die Mehrheit der Privatunternehmen im Handel und den Dienstleistungen zum Opfer fiel. Im Ergebnis sah sich fast der gesamte private tertiäre Sektor in Staatsbetriebe oder in staatlich kontrollierte Genossenschaften umgewandelt. Ende der 1940er Jahre hielt der Staat die übergroße Mehrheit aller Betriebe in Händen. Zur gleichen Zeit begann die Kollektivierung (*de facto* Verstaatlichung) in der Landwirtschaft. Das allerdings erwies sich selbst in den Hochjahren der Stalinisierung nicht als Erfolg. Eigentum der katholischen Kirche und anderer Religionsgemeinschaften unterlag als letztes der Verstaatlichung.

In Folge der vollständigen Machtübernahme durch die Polnische Vereinigte Arbeiterpartei (PVAP) wurde 1948 ein zentral geplantes Wirtschaftssystem nach dem Muster der sowjetischen Kommandowirtschaft eingeführt. Damit setzte auch die Umwandlung der Eigentumsrechte nach sowjetischem Modell ein. Die Eigentumsverhältnisse sollten im neuen Zivilrecht bestimmt werden. Doch der Vorgang verzögerte sich, da „niemand wusste, wie ein solches Zivilrecht aussehen werde" (Skąpski 1992, S. 66). Schließlich wurden die ersten Festlegungen bezüglich der Eigentumsordnung formal mit der Verfassung von 1952 verabschiedet, obwohl sie praktisch bereits zuvor Gültigkeit erlangt hatten (Machnikowska 2010, S. 90).

Die Verfassung trennte nach sowjetischem Vorbild gesellschaftliches und individuelles (früher privates) Eigentum. Die Unterscheidung sollte „den realen sozioökonomischen Gehalt einer rechtlichen Institution hervorheben" (Ignatowicz 1972, S. 361). Gesellschaftliches Eigentum umfasste Volkseigentum *(własność narodowa)*, das *de facto* Staatseigentum war, genossenschaftliches Eigentum *(własność spółdzielcza)* und das Eigentum gesellschaftlicher Organisationen wie Gewerkschaften und anderer Vereinigungen. Das individuelle Eigentum wurde in kapitalistisches und handwerkliches Eigentum unterteilt.

Das Volkseigentum erfasste die natürlichen Ressourcen, die Produktionsmittel und die Infrastruktur. Der Staat hatte auch das Recht, in die Nutzung des polnischen Bodens als einer natürlichen Ressource einzugreifen, selbst wenn es sich um Privateigentum handelte. Diese Bestimmungen führten zum Grundsatz eines einheitlichen staatlichen Eigentums, das unteilbar war. Damit wurden die Nationalisierungsoperationen legalisiert, und eine Veräußerung von staatlichem Vermögen verboten. Betriebe hatten beispielsweise nicht das Recht, Vermögensteile ohne Zustimmung der Behörden zu verkaufen, ihnen stand nur ein Nutzungsrecht zu (Machnikowska 2010, S. 301–302).

Das Volkseigentum unterlag der Kontrolle des Parteistaates und seiner Verwaltung. Im Ergebnis „verfügte der Staat nicht nur über die Eigentumsrechte, sondern er war materiell auch Treuhänder von gesellschaftlichem Eigentum" (Ibid., S. 303). Das bestätigte sich bei der Handhabung des Eigentums der Genossenschaften und der gesellschaftlichen Organisationen. Diese Rechte waren nicht eindeutig definiert. Genossenschaften und gesellschaftliche Organisationen verfügten nur über Nutzungsrechte am gesellschaftlichen Eigentum, womit sie vom Staat abhängig blieben. Im Vergleich zum individuellen (privaten) Eigentum genoss das gesellschaftliche Eigentum Privilegien. Denn es war rechtlich besser geschützt. Eigentumsrechtsverletzungen riefen bei staatlichem Eigentum härteren Sanktionen hervor als bei Privateigentum.

Individuelles (privates) Eigentum „unterlag nach der Verfassung einschränkenden Bedingungen (soweit es als Kleineigentum definiert war) oder entbehrte jeglicher verfassungsrechtlichen Absicherung (kapitalistisches Eigentum)" (Ibid., S. 306). So hatte der Staat das Recht, Enteignungen vorzunehmen oder in die Sphäre des individuellen Eigentums im Namen des gesellschaftlichen Eigentums oder bestimmter wirtschaftspolitischer Ziele einzugreifen. Eine gesonderte Kategorie des individuellen Eigentums war das persönliche Eigentum *(własność osobista)*, das im Unterschied zu den übrigen Kategorien vollen Rechtsschutz genoss.

Zwei besondere Formen von Privateigentum sind erwähnenswert: die Agentur *(ajencja)*, bei der der Staat Eigentümer des Produktivvermögens bleibt und der private Agent *(ajent)* ein individueller Unternehmer ist, und das Privateigentum in der Kleinindustrie und den Dienstleistungen. Die erste Form stammte aus den 1950er Jahren und war eine Art langfristigen Leasings, das kleinen Dienstleistungsbetrieben und Läden eine staatlich lizensierte private Geschäftstätigkeit erlaubte. Diese Privatbetriebe wurden in der zweiten Hälfte der 1970er Jahre wieder populär. Die zweite Form gewährte der Kleinindustrie und Dienstleistungsbetrieben einen relativ weitgehenden Rechtsschutz ihrer Eigentumsrechte. Die (widerwillige) Duldung von Formen kleinbetrieblichen Unternehmertums verdankte sich seiner wirtschaftlichen Rolle. Kleinbetriebe in Industrie und dem Dienstleistungssektor reagieren üblicherweise auf Mangelerscheinungen auf dem Konsumgütermarkt, aber sie produzierten auch spezialisierte Einzelteile für die staatliche Industrie.

Seit den späten 1970er Jahren war die polnische Diaspora im Westen eine wichtige Quelle für Kapital und Technologie. In dieser Zeit eingeführte neue Regeln ermöglichten es Polen aus dem Ausland, in die Kleinindustrie zu investieren und Joint Ventures zu gründen. Die Politik schuf solche Möglichkeiten *ad hoc,* um das Güterangebot auf dem Markt zu stabilisieren, und dann, um ausländische Investoren anzulocken. Die theoretische akademische Debatte beschäftigte sich allerdings nicht mit diesen Eigentumsformen.

Trotz zahlreicher einzelner Anpassungen der Gesetze blieb die Situation bis in die 1980er Jahre unverändert, als infolge der Arbeiter- und Bauernunruhen bei den individuellen und den gesellschaftlichen Eigentumsrechten eine Reihe von Änderungen eingeführt wurden. 1983 erhielten die polnischen Bauern garantierte, unbegrenzte Eigentumsrechte an ihren Betrieben (Domińczyk 2008, S. 161). Nach den Streiks in der Industrie erließ man ein neues Gesetz für die Staatsbetriebe, mit dem Selbstverwaltung eingeführt wurde. Es erweiterte für die Unternehmen den Rechtsraum, über ihr Vermögen zu verfügen, und gewährte eine beschränkte Autonomie.

3.2.2.3 Eigentumsfragen in den Debatten der späten 1950er und der 1960er Jahre

Die Sowjetisierung der Wirtschaftswissenschaft in der ersten Hälfte der 1950er Jahre hat zu einer Verarmung der theoretischen Diskussion geführt (Kurowski 2007, S. 41–42; Rychlewski 2007, S. 12). Das zeigte sich besonders in Texten, die sich mit Eigentumsfragen beschäftigten, und blieb so bis in die 1980er Jahre.[25] Mit Stalins Tod, aber vor allem nach den Arbeiterunruhen von 1956 änderte sich die Lage. Die Diskussion unter Ökonomen, die 1953 einsetzte und auf dem 2. Kongress der Ökonomen an Fahrt gewann, beschäftigte sich auch mit Eigentum im Kommunismus, was jedoch kein zentraler Gegenstand war. Der im Zusammenhang mit Eigentumsrechten wohl wichtigste Punkt betraf die Selbstverwaltung in den Betrieben. Der Diskurs zu diesem Thema wurde von der Basisbewegung der Arbeiterräte angefacht, die Arbeiter und Angestellte im zweiten Halbjahr 1956 in den Betrieben ausgelöst hatten. Ein weiteres Thema dieser Zeit betraf die Position der Betriebsmanager. Es war im Zusammenhang mit den Protesten von 1956 akut geworden, auch wenn die Wissenschaft sich schon Ende 1955 und Anfang 1956 damit beschäftigt hatte.

Am radikalsten äußerte sich eine Gruppe junger Ökonomen, u. a. Stefan Kurowski und Józef Popkiewicz. Mit Bezug auf die Eigentumsrechte schlugen sie die Wiedereinrichtung einer Marktwirtschaft vor, ohne allerdings das Staatseigentum zu privatisieren. Ihrer Auffassung nach sollten „Arbeiterräte die Position der Privateigentümer einnehmen und so den sozialistischen Charakter der Wirtschaft sicherstellen" (Kloc 1997, S. 127; Kurowski 1957b). Solche Vorschläge trafen allerdings bei der Mehrheit der älteren Wissenschaftler auf Kritik. Die prominenten Ökonomen wie Kalecki, Lange, Brus, oder Lipiński gaben sich sehr viel weniger radikal. Lange und Brus wiesen auf die Bedeutung unabhängiger, selbstverwalteter Unternehmen und die Notwendigkeit, ökonomischen Anreizen einen breiteren Raum zu gewähren. Doch sie betonten auch die wichtige Rolle der Zentralplanung bei der Preissetzung, bei Investitionsentscheidungen und bei der Verteilung der Produktionsmittel u.s.w. Ganz ähnlich sahen das auch Kalecki und Bobrowski, die der Selbständigkeit der Betriebe allerdings weniger Raum geben wollten und weniger Änderungen in der Zentralplanung verlangten. Nach Kaleckis Meinung könnte die Übertragung von Kompetenzen an die Betriebe zur Zunahme der Arbeitslosigkeit führen (Kalecki 1956a), wie das in Jugoslawien ja auch der Fall war.

Die Debatte über Selbstverwaltung griff zu einem gewissen Grad frühere Positionen auf, die kollektivistische Ökonomen und sozialistische Politiker vor und unmittelbar nach dem Krieg vertreten hatten. In einem Ende 1956 veröffentlichten Aufsatz hob Oskar Lange hervor, dass „die Emanzipation sozialistischer Unternehmen mit einem Management, das aus den Arbeiterräten hervorgeht, das Grundelement des neuen Wirtschaftsmodells ist" (Lange 1956). Zur gleichen

[25] Ein Beispiel ist das Kapitel über Eigentum in Bronisław Minc (1963 [1961], S. 55–82), das im Ansatz eng an sowjetische Vorbilder angelehnt ist, wie das auch bei weniger bekannten Autoren der Fall ist (z. B. Rozwój i doskonalenie1982).

Zeit betonte Edward Lipiński, dass "ein sozialistisches Unternehmen nicht vom gesellschaftlichen Eigentum an den Produktionsmitteln zu trennen ist, denn das Unternehmen stellt eine Einheit dieser Eigentumsform dar. Doch sollte es eine dezentralisierte, autonome Einheit sein, die über weitreichende Entscheidungs- und Gestaltungsfreiheit verfügt und das Recht hat, Risiken einzugehen" (Lipiński 1956, S. 37). Einige Jahre später äußerte sich Brus (1971 [1961]) ganz ähnlich wie Lange und Lipiński. Er räumte den Unternehmen die Freiheit ein, über Umfang, Struktur und Methode der Produktion zu entscheiden, ihre Lieferanten selbst auszuwählen und auch den Absatz selbst zu gestalten. Ein Unternehmen kann seine Eigenmittel selbständig investieren. Das betraf nicht-staatliche Investitionen, und alle Anordnungen des zentralen Plans waren den Betriebsplänen übergeordnet, wobei Brus allerdings eine direkte hierarchische Unterordnung der Betriebe ablehnte.

Für Michał Kalecki (1956a) waren Arbeiterräte und Zentralplanung die beiden wichtigsten Elemente des neuen Wirtschaftsmodells: „sie scheinen unerlässlich für eine rasche Wirtschaftsentwicklung zu sein". Den Arbeiterräten kämen drei Funktionen zu:

- sie sollten Missstände im Bereich der Arbeitsbedingungen und der Entlohnung beseitigen,
- Zentralisierungsbestrebungen und das Anwachsen der Bürokratie verhindern und
- die Werktätigen zur Eigeninitiative anregen.

Daneben war Kalecki aber überzeugt, dass die sozialistische Wirtschaft eine Zentralplanung benötige: „die zumindest die Produktion, die Löhne und umfangreichere Investitionsprojekte erfasst und die Preise und Verteilung der wichtigsten Ressourcen kontrolliert".

Vom Standpunkt der Eigentumsrechte hätte die Einführung der betrieblichen Selbstverwaltung praktisch bedeutet, dass ein Teil dieser Rechte auf den Arbeiterrat und den Direktor des Unternehmens übertragen würde. Der Umfang der Rechtsübertragung würde vom Niveau der Autonomie abhängen, die man dem Unternehmen einräumt. Genau an diesem Punkt gingen die Meinungen der Wissenschaftler auseinander. Kurowski und seine Kollegen gaben sich am stärksten liberal, indem sie den Arbeiterräten die Position von Privateigentümern zugestanden, ohne allerdings zu privatisieren. Lange und Lipiński hielten sich an Ideen der sozialistischen Partei aus den Nachkriegstagen, die Demokratisierung und Sozialisierung des Eigentums vorgeschlagen hatte. Der Ansatz von Brus folgte im

Wesentlichen Lange und vertrat einen relativ weitgehenden Transfer von Rechten. Kalecki war da zurückhaltender.

Die Debatte über die Selbstverwaltung war eines der wichtigsten Themen in den späten 1950er Jahren, doch Eigentumsfragen machten dabei nur ein Teil der Diskussion aus. Großer Einfluss ging dabei von Oskar Langes 1959 zum ersten Mal erschienen Buch *Ekonomia polityczna* (Politische Ökonomie) aus. Lange führt darin einen Marxschen Grundgedanken aus: „Es geht dabei nicht um den zufälligen Besitz, sondern um den durch die Gesellschaft anerkannten Besitz, der durch die in der Gesellschaft anerkannten Normen des Zusammenlebens von Menschen und durch eventuelle Sanktionen bei der Verletzung dieser Normen, d. h. durch die Sitte oder das Gesetz, geschützt wird. Solcher Besitz wird als Eigentum bezeichnet. Das Eigentum an Produktionsmitteln ist ein gesellschaftliches Verhältnis, auf dem das gesamte komplizierte System von Beziehungen zwischen den Menschen basiert, die im gesellschaftlichen Produktionsprozeß hergestellt werden" (Lange 1969 [1959], S. 46–47). Lange unterteilte das Eigentum in zwei Hauptkategorien, gesellschaftliches und privates Eigentum. Dabei kann Letzteres von Individuen oder Gruppen (Familie, Aktiengesellschaft u.s.w.) ausgeübt werden. Abweichend von diesen verfassungsmäßigen Kategorien gibt es „schließlich noch eine Art des mittelbaren Eigentums zwischen dem gesellschaftlichen und dem Privateigentum, z. B. das Eigentum einer Genossenschaft oder anderer Vereinigungen, die nur einen Teil der Mitglieder der Gesellschaft umfassen" (Ibid., S. 47).

Langes Darstellung stieß auf Kritik. In einer Diskussion zu dem Buch, die unmittelbar nach seiner Veröffentlichung einsetzte, wies Bronisław Minc darauf hin, Langes Definition habe eine rechtliche Dimension und verfehle den ökonomischen Charakter des Eigentums. Dabei ging er auch auf Langes Kategorisierung ein und kritisierte die Kennzeichnung des genossenschaftlichen Eigentums als Zwischenform. Nach Minc müsse dieses als Form des gesellschaftlichen Eigentums behandelt werden (Dyskusja 1960, S. 124; s. auch Minc 1963 [1961], S. 55–82).

Besonders aufschlussreich waren Edward Lipińskis Bemerkungen zu Langes Buch. Dabei stellte er vor allem Langes Auffassung von Eigentum als einer organisatorischen Regel in Frage. Seiner Ansicht nach definieren die Eigentumsformen nicht vollständig die Produktionsverhältnisse zwischen den Menschen und legen die Verteilung des Produktes fest. Lipiński behauptete, dass "die Eigentumsform kein Merkmal ist, das die Beziehungen im Produktionsprozess festlegt; Eigentum bleibt gesellschaftliches Eigentum, wenn das Zielsystem aller an der Produktion beteiligten Einheiten mit dem Zielsystem der Produktionseinheit übereinstimmt und so mit dem gesellschaftlichen Zielsystem, nämlich die effektive Befriedigung der wachsenden gesellschaftlichen Bedürfnisse“ (Lipiński 1969, S. 43).

Lipiński griff auch Langes Konzept des intermediären Eigentums an. Seiner Ansicht nach müsse genossenschaftliches Eigentum (ebenso wie andere Formen des intermediären Eigentums) als gesellschaftliches Eigentum betrachtet werden (Ibid., S. 41–42).[26] Wenn auch von etwas anderen Annahmen ausgehend war er gleicher Meinung wie Minc. Die Diskussion fand in Kaleckis Beitrag zur Lipiński-Festschrift eine interessante Zusammenfassung. Nach Kalecki (1985 [1969], S. 268–270) war Langes Marx-Interpretation traditionell und stimmte mit jener von Karl Kautsky überein. „Für Lange,“ so Kalecki, „ist Eigentum an den Produktionsmitteln die Grundlage, die alle Produktionsverhältnisse und die gesamte Allokation bestimmt“. Demgegenüber „kann Lipińskis Sicht auf die Kategorie des gesellschaftlichen Eigentums als äußerst maximalistisch gesehen werden …, indem er annimmt, das gesellschaftliche Zielsystem, das Zielsystem der Grundeinheit der Produktion und die Ziele der Einheiten, die im Produktionsprozess zusammenarbeiten, würden übereinstimmen“.

Langes Ansatz und vor allem sein Konzept eines intermediären Eigentums entsprachen weitgehend seinen Arbeiten aus der Vorkriegszeit. In der kommunistischen Periode ging davon nur ein beschränkter Einfluss auf das ökonomische Denken aus, vielleicht noch am ehesten auf Ökonomen, die sich mit Genossenschaften beschäftigten (z. B. Boczar 1986).

Zu den wichtigsten Veränderungen in der Eigentumsordnung nach 1956 zählt die Aufhebung der Zwangskollektivierung in der Landwirtschaft. In der Folge lösten die Mitglieder der Genossenschaften, die Anfang der 1950er Jahre errichtet worden waren, diese in der Mehrheit spontan wieder auf. 1957 wurde die agrarwissenschaftliche Sektion der Polnischen Ökonomischen Gesellschaft wiedergegründet und veröffentlichte *Tezy Sekcji Ekonomiki Rolnictwa PTE w sprawie polityki rolnej w Polsce* (1957; Thesen der agrarwissenschaftlichen Sektion der PÖG zur Landwirtschaftspolitik in Polen)[27]. Die Thesen unterstützten generell die Sozialisierung der Landwirtschaft. Doch betonten sie auch die Freiheit, die

---

[26] Ähnlich äußerte sich auch Tomasz Piwowarun (1977, S. 30) in seinem Essay über Eigentumsregulierungen in Polen.

[27] Die Agrarökonomie konnte auf eine lange Tradition in Polen zurückblicken. Sie wurde in mehreren Zentren betrieben, vor allem in landwirtschaftlichen Hochschulen wie der *Szkoła Główna Gospodarstwa Wiejskiego* (Warschauer Naturwissenschaftliche Universität). Auch an der Polnischen Akademie der Wissenschaften wurde 1957 eine eigene Abteilung gegründet, das *Komitet Ekonomiki Rolnictwa* (das agrarökonomische Komitee). In der kommunistischen Periode konzentrierte sich die wissenschaftliche Arbeit auf die drei Betriebsformen Privathöfe, Genossenschaften und Staatsgüter. Ryszard Manteuffel und Juliusz Poniatowski zählten zu den bedeutenderen Vertretern der Disziplin. Doch auf Grund der Eigenheit des Gegenstands

Eigentumsform wählen zu können, genossenschaftliches oder individuelles (privates) Eigentum. Sie stellten die Bedeutung klar definierter Eigentumsrechte heraus und des Handels mit Land. Die Thesen unterstrichen die Notwendigkeit, Kleinbetriebe zu stärken, indem ihren Eignern Land zur Verfügung gestellt, bzw. der Erwerb von Land ermöglicht wird, und wandten sich gegen die Fragmentierung des Bauernlandes (*Tezy Sekcji* 1957, S. 122–123). Die Autoren beriefen sich auf die Tradition der Agrarbewegung, die den Familienbetrieb und die freiwilligen Genossenschaften förderte.

Im gleichen Jahr sprach sich die kommunistische Parteiführung für die Koexistenz unterschiedlicher Formen landwirtschaftlichen Eigentums aus: Staatsgüter, Genossenschaften und individuelles (privates) Eigentum. Die Partei gab jedoch die Sozialisierung der Landwirtschaft nicht auf, sie entschied nur, diese schrittweise zu transformieren (Dobieszewski 1977). Die Eigentumsrechte an Grund und Boden blieben allerdings strikten Restriktionen unterworfen. Land konnte nur an Bauern und eine sehr beschränkte Gruppe von Nicht-Bauern verkauft werden. Letztere Gruppe gewann in den 1970er Jahren mit dem Aufkommen privater Kleinunternehmen an Bedeutung. Daneben war auch die Größe der Parzellen reglementiert, die verkauft werden durften.[28] Eine dritte Einschränkung der Eigentumsrechte bestand in der Möglichkeit des Staates, bei Missmanagement in den privaten Betrieb einzugreifen und diesen gegen Entschädigung zu verstaatlichen. Dagegen lehnten sich die Bauern Anfang der 1980er Jahre auf. Neben *Solidarność* war auch eine *Solidarność rolników indywidualnych* (Solidarität der Privatbauern) entstanden, die solchen Forderungen Nachdruck verschaffte. Sie erreichte, dass 1983 die Unverletzlichkeit des Eigentums *(gwarancja trwałości)* garantiert wurde.

Ein gradueller Übergang zur kollektiven Eigentumsform wurde im Gegensatz zur unmittelbaren Zwangskollektivierung von vielen Ökonomen unterstützt. Zum Beispiel war Michał Kalecki der Ansicht, die Sozialisierung der Landwirtschaft müsse langfristig erfolgen. Dieser Prozess beinhalte zwei Entwicklungslinien. Zum einen wirke das „Überlagerungssystem“, das auf dem staatlichen Monopol der Absatzwege und der Dienstleistungen für die Privatbetriebe (z. B. Maschinenverleih) beruht. Auf diese Weise würden die Bauern zu Heimarbeitern oder *cottage worker (chałupnik)* und damit voll vom Staat abhängig. Zum anderen finde ein natürlicher Schwund der Einzelhöfe und freiwillige Kollektivierung statt

und seiner Unterbringung an den Landwirtschaftsschulen entwickelte sich die Agrarökonomie relativ unabhängig von anderen Sparten der Wirtschaftswissenschaft.

[28] Alteingesessene Bauern durften bis zu 50 ha erwerben, in den ehemals deutschen Gebieten sogar bis zu 100 ha. Für Newcomers lag die Obergrenze bei 15 bis 20 ha.

(Kalecki 1984 [1964], S. 232–233). Dieser Prozess wurde in den 1970er Jahren von der Gierek Regierung mit steuerlichen Instrumenten unterstützt, die zur allmählichen Übernahme bäuerlicher Betriebe führten. Bis dahin waren die Bauern von der staatlichen Wohlfahrts- und Rentenpolitik ausgeschlossen. Danach gab es für ältere Bauern die Möglichkeit, eine Rente im Tausch für ihr Land zu erhalten (Dobieszewski 1977). Davon machten viele von ihnen Gebrauch. Denn in einer Periode rascher Urbanisierung waren viele alte Leute allein auf ihrem Hof zurückgeblieben, und die Einkommen nahmen zusammen mit der Bewirtschaftung ab. Das hatte Folgen für die landwirtschaftliche Produktion. Denn auch große Teile des nationalisierten Bodens blieben ungenutzt. Daneben förderte man Formen der freiwelligen Zusammenarbeit in bäuerlichen Arbeitsgruppen (Szambelan 1982).

3.2.2.4 Die Wiederaufnahme der Selbstverwaltungsidee

Die Diskussion über Eigentumsrechte und allgemein über die Entwicklung des Wirtschaftssystems in Polen verlor in den späten 1960er und frühen 1970er Jahren an Fahrt. Das war nicht nur auf den Verlust der beiden einflussreichsten Ökonomen zurückzuführen (Oskar Lange starb 1965 und Michał Kalecki 1970), sondern auch Folge der politischen Krise jener Jahre. Diese Krise beinhaltete Flügelkämpfe innerhalb der Partei, die Studentenunruhen von 1968 und ihre Niederschlagung, und eine anti-semitische Kampagne. Nach 1968 wurden gesellschaftswissenschaftliche Fakultäten häufig von Leuten geführt, die die Parteipolitik unterstützt hatten, die aber kaum akademische Meriten vorweisen konnten.

Für die Eigentumsrechtsordnung wichtig stellte sich ein von den Behörden vorgelegter Reformplan heraus, der allerdings auf keinem neuen theoretischen Ansatz beruhte. Ende der 1960er Jahre schlug der Sekretär des Zentralkomitees der PVAP Bolesław Jaszczuk eine neue Unternehmensform vor, das vertikal integrierte Industriekonglomerat *(kombinat)*. Nachdem Edward Gierek 1970 Erster Sekretär der PVAP geworden war, wurde die Politik der industriellen Konzentration mit dem Projekt der WOG fortgesetzt, d. h. der großen Wirtschaftsorganisationen *(wielkie organizacje gospodarcze)*. Diese Organisationen brachten einander ergänzende oder ähnliche Betriebe unter einem einheitlichen Management zusammen, d. h. vertikale und horizontale Konzentration. Ihre Manager genossen größere Entscheidungsfreiheit innerhalb der Gruppe der unterstellten Betriebe.

Die Stärkung des WOG Managements folgte aus dem Transfer bestimmter Eigentumsrechte von staatlichen Autoritäten auf die neuen Organisationen. Eine WOG erhielt bis zu einem gewissen Grad das Recht, über die Verwendung der Unternehmensressourcen zu entscheiden und das Preis- und Lohnniveau zu bestimmen. Die neuen Organisationen lassen sich mit Reformen vergleichen, die in Ungarn 1968 (Neuer Wirtschaftsmechanismus) und in der DDR (Kombinatsreform) nach sowjetischem Vorbild *(obedinenie)* eingeführt wurden. Ein unmittelbarer Einfluss lässt sich allerdings nicht belegen. Überhaupt zeigte sich die wissenschaftliche Diskussion zu den eigentumsrechtlichen Implikationen der WOG weniger differenziert, als das im Zusammenhang mit der Selbstverwaltung der Fall war. Viele Studien zu den WOG beschränkten sich auf die Beschreibung des neuen Systems und einzelne Aspekte der Reform (z. B. Cholewicka-Goździk 1977). Die Geschichte der WOG blieb kurzlebig. Schon in der zweiten Hälfte der 1970er Jahre wurde ihre Autonomie zugunsten der Zentralplanung wieder beschnitten.

Der Wirtschaftspolitik Giereks (einschließlich der WOG) blieb der Erfolg versagt. Mitte der 1970er Jahre verlangsamte ich das Wachstum, und neue Arbeiterunruhen brachen aus. Auf die Unterdrückungsmaßnahmen gegen die Streikenden formierte sich eine organisierte Opposition. In ihren Reihen trafen sich zahlreiche Anhänger eines „Sozialismus mit menschlichem Gesicht", der auf die Dissidenten der 1960er Jahre zurückging (Karol Modzelewski, Jacek Kuroń, und Adam Michnik). Eine der Mentoren dieser neuen Organisation war Altmeister Edward Lipiński. Die Gruppe setzte sich verstärkt für die Wiederaufnahme der Idee der Selbstverwaltung ein als eines der Kernthemen in der ersten Phase der *Solidarność* (1980–1981).

Einflussreiche Unterstützung fand die Idee bei Brus, der sich seit den frühen 1970er Jahren in der Emigration befand. In seinem 1975 im Westen veröffentlichten Buch *Sozialisierung und politisches System* (Brus 1975a) hob er die elementare Bedeutung von Demokratisierung und Sozialisierung des Eigentums hervor. Indem er beides mit der Autonomie der Unternehmen verband, gelangte er zu einem Modell der selbstverwalteten Unternehmung. Sein Modell unterschied sich jedoch vom jugoslawischen Modell, das er weiterhin kritisierte: „dessen Logik führt zu einer grenzenlosen Fragmentierung des Eigentums an den Produktionsmitteln und zu uneingeschränktem Gruppeneigentum". Nach Brus hat die Gesellschaft als ganze das Recht, über Akkumulation, Allokation und Investitionen zu entscheiden. Seine „Haltung gegenüber der Selbstverwaltung ging davon aus, dass sie innerhalb der Grenzen einer zentral geplanten Wirtschaft mit einem regulierten Marktmechanismus operiere, in der das Zentrum demokratischer Kontrolle durch ein pluralistisches politisches System unterworfen ist" (Brus 1989, S. 207).

Die Diskussion über die selbstverwaltete Unternehmung setzte sich in den 1970er Jahren fort, vor allem in der Anfangsphase der *Solidarność,* als dieses Konzept bei der unabhängigen Gewerkschaft großen Anklang fand. Es wurde von einer jüngeren Generation von Ökonomen aufgegriffen, z. B. Leszek Balcerowicz,

Ryszard Bugaj, Rafał Krawczyk, und Waldemar Kuczyński (Krawczyk 1981). Mit einem Team junger Kollegen aus der *Hochschule für Planung und Statistik* entwarf Balcerowicz ein Programm für Systemreformen. Inzwischen war Selbstverwaltung von einem Thema akademischer Debatten aus den 1950er Jahren zu einem Gegenstand für den politischen Diskurs zwischen *Solidarność* und der Regierung geworden. Jahre später erklärte Balcerowicz, die Betonung der selbstverwalteten Unternehmung sei ein taktischer Schachzug gewesen, der sich aus den Beschränkungen des politischen Systems ergab. Da das System „Privatisierung als politisch inakzeptabel ausschloss, ließ der verbleibende Spielraum für Reformen nur Systeme zu, die auf ‚nicht-privatem' Eigentum basierten, aber trotzdem bis zu einem gewissen Grad marktgesteuert waren. Diese Überlegung führte uns zum Konzept der Selbstverwaltung" (Balcerowicz 1992b, S. 11; 1992a).

Der Diskurs zwischen *Solidarność* und der Regierung brachte Reformen, die Selbstverwaltung in den Unternehmen einführten. Die emigrierten Ökonomen Stanisław Gomułka und Jacek Rostowski stellten fest, in den Reformprinzipien „kann der Leser unschwer den Einfluss der Ideen von Oskar Lange und Włodzimierz Brus erkennen. Würden sie voll umgesetzt, vor allem das Prinzip der Selbstverwaltung, dann wären die polnischen Reformen radikaler als die ungarischen" (Gomułka und Rostowski 1984, S. 388). In den 1980er Jahren blieben die Bedeutung der Arbeiterräte und ihre Rolle in den Unternehmen Gegenstand der Forschung (z. B. Stypułkowski 1986). Solche Studien beschränkten sich aber eher auf empirische Untersuchungen und gingen weniger auf theoretische Analysen ein.

Ende der 1980er Jahre verlor die Idee des Marktsozialismus einschließlich der Selbstverwaltung an Strahlkraft. Selbst frühere Vorreiter dieses Ansatzes zeigten sich zunehmend skeptisch. Włodzimierz Brus und Kazimierz Łaski (1989) veröffentlichten gemeinsam ein Buch, das man als Abschluss einer langen Debatte betrachten kann.[29] Sie widmeten der Frage der Eigentumsrechte in der reformierten sozialistischen Wirtschaft ein eigenes Kapitel. Ihrer Auffassung nach war es äußerst unwahrscheinlich (oder ganz unmöglich), dass unabhängige Betriebe, und wichtiger noch Unternehmertum, im Zusammenspiel mit Staatseigentum funktionieren könnten. Sie wiesen auf die Aussichtslosigkeit, die Rolle des Staates als Eigentümer von seiner Rolle als Regelsetzer zu trennen. Selbst wenn eine solche Konstruktion machbar wäre, sei es unmöglich, das Problem des Unternehmertums

[29] Das Buch war 1988 geschrieben, 1989 in England und 1990 in Deutschland erschienen. Die polnische Ausgabe kam erst 1992 heraus. Da hatte es nur noch einen begrenzten Einfluss auf sozialdemokratische Transformationsvorstellungen (z. B. Kowalik) gegenüber den vorherrschenden liberalen Transformationsprojekten (Balcerowicz).

zu lösen „solange die Verantwortung für Verluste nicht an eine persönliche Haftung gekoppelt ist" (Ibid., S. 188). Marktsozialismus, das ist die Verbindung von Marktwirtschaft und Staatseigentum. Und da stellt sich die Frage: „Aus welchen Gründen müßte man überhaupt auf dem staatlichen Eigentum insistieren?" (Ibid., S. 194). Die Antworten darauf fallen nicht überzeugend aus. Falls Marktsozialismus eine Existenzberechtigung habe, dann wird „es aus Effizienzgründen und v. a. auch zur Förderung unternehmerischen Verhaltens notwendig sein, [...] größere Einkommens- und Vermögensdifferenzen zuzulassen" (Ibid., S. 196). Das führe allerdings zur Ablehnung von Grundeigenschaften des Sozialismus, vor allem der beherrschenden Stellung des Staatseigentums. Kurzum, Marktsozialismus ist die einzige Überlebenschance des Sozialismus. Doch ob er funktioniere, sei äußerst fraglich.

Auch wenn Ende der 1980er Jahre Selbstverwaltung nicht mehr so populär war wie in den späten 1950er oder 1960er Jahren, stand sie im Wirtschaftsprogramm von *Solidarność* noch immer an oberster Stelle bei den Verhandlungen am Runden Tisch im Frühjahr 1989. Marktsozialismus und andere dem Sozialismus verpflichtete Ansätze der Ordnungspolitik hatten unter linken Ökonomen – in Polen lebenden (Ryszard Bugaj, Tadeusz Kowalik) und Emigranten (Jan Drewnowski) – noch immer Vorkämpfer. Doch standen sie vermehrt im Wettbewerb mit liberalen Ideen, die die Diskussion der folgenden Jahre bestimmten.

3.2.2.5 Privateigentum

Selbstverwaltung war nicht die einzige Lösung für Probleme der Eigentumsrechte. Neben den üblichen Auseinandersetzungen über den Charakter der Staatsbetriebe in einer sozialistischen Wirtschaft beschäftigen sich einige Ökonomen auch mit der Rolle des Privateigentums im Sozialismus. Wie schon erwähnt gab es in Polen über die gesamte kommunistische Periode einzelne Formen privaten Unternehmertums, vorrangig in der Landwirtschaft, aber auch im Kleingewerbe und in den Dienstleistungen: *ajencija* Betriebe, Handwerksbetriebe und – seit den 1970er Jahren – kleinere Betriebe, die von Auslandspolen gegründet wurden. Daneben bestanden seit den 1960er Jahren Wohnbaugenossenschaften, deren Mitglieder mit der Zahlung des vollen Preises Eigentum erwarben. Doch das war ein Spezialfall genossenschaftlichen Eigentums.

Lange Zeit blieb Privateigentum in der sozialistischen Wirtschaft ein Randthema für die Wissenschaft und wurde bis in die zweite Hälfte der 1980er Jahre nicht näher untersucht. Erste Veröffentlichungen, die eine Stärkung der Privatunternehmen forderten, erschienen bereits nach den Unruhen von 1956 (Młynarski 1957, Kurowski 1957a). Doch das waren isolierte Auffassungen, die zur damaligen Zeit in den Reformdiskussionen keinen Niederschlag fanden. Danach gab es nur wenig Arbeiten zum Status des Privateigentums im Sozialismus, die allgemein für eine Stärkung des Privatsektors eintraten, aber keine tiefergehende Analyse über die Bedeutung des Privateigentums in der sozialistischen Ordnung boten (z. B. Mujżel 1961).

Das änderte sich in den 1970er Jahren, als einige Ökonomen (aber nicht nur Ökonomen) auf die Notwendigkeit verwiesen, den Status des Privateigentums zu stärken. Waldemar Kuczyński (1981 [1979]) z. B. unterstrich die Bedeutung des Privateigentums für die Landwirtschaft. 1981 arbeiteten Stefan Kurowski und Grzegorz Palka ein Reformprojekt für *Solidarność* aus, das eine Stärkung des privaten Unternehmertums vorsah, indem man Investitionskapital vom Staat auf private Unternehmen in Industrie und Landwirtschaft überträgt. Aber selbst diese Wissenschaftler schlugen nicht vor, Staatsunternehmen zu privatisieren (Luszniewicz 2007; 2009).

Das Ziel, Privateigentum und eine Marktwirtschaft wiedereinzuführen, war nicht völlig aufgegeben. Stefan Kisielewski wagte sich als erster mit liberalen Ideen vor. In seinen Memoiren (Kisielewski 2001, S. 114) nannte er Wilhelm Röpke und den westdeutschen Ordoliberalismus als Inspirationsquelle. In Artikeln, die nur im Untergrund oder im Ausland veröffentlicht werden konnten, kritisierte er die kommunistische Ausmerzung des privaten Unternehmertums und machte sich für die Abschaffung der Kommandowirtschaft und des Staatseigentums stark (Kisielewski 1978; 1979). Erste Stimmen zur Privatisierung wurden in den liberalen Kreisen Krakaus laut (Walasek 2005). Mirosław Dzielski beispielsweise schlug eine Art Nomenklatura-Privatisierung vor, die zu einer Schicht von Privateigentümern aus der kommunistischen Elite führen würde. Damit könne eine schrittweise Transformation vom Staatssozialismus zum Kapitalismus einsetzen (Dzielski 1980). Fast alle diese Ideen wurden in inoffiziellen oder Emigranten-Zeitschriften veröffentlicht und waren einem breiteren Publikum kaum zugänglich. Trotzdem ging von ihnen ein signifikanter Einfluss auf die jüngere Generation der Liberalen in den 1980er Jahren aus.

Experten der *Solidarność* (1980–1981) brachten das Problem des Privateigentums in der Landwirtschaft auf die Tagesordnung und wiesen darauf hin, dass die Bauernbetriebe als wichtigstes Glied in der Nahrungsmittelkette gestärkt werden müssten. In ihrem Anhang zum Wirtschaftsprogramm von *Solidarność* (Statut 1981) betonten Kurowski und Palka: „Es ist dringend erforderlich, einen Teil der Produktionsfaktoren [...] von den Staatsgütern auf Individualbauern zu übertragen, denn diese sind weitaus produktiver. Es ist unumgänglich, schlecht gemanagtes Produktivvermögen aus dem Staatssektor zu entfernen und an die Bauern zu verkaufen“. Das war vielleicht die erste offen geäußerte Anerkennung des Privateigentums verbunden mit dem Vorschlag, Staatseigentum zu privatisieren. Kurowski und Palka gingen noch weiter und regten auch Änderungen in der Eigentumsstruktur bei mittleren und kleinen Betrieben an: "Man sollte Ressourcen aus dem Staatssektor auf den nicht-agrarischen Privatsektor im Gewerbe und den Dienstleistungen übertragen, indem man nicht aktives Grund- und Umlaufvermögen verkauft oder verleast". Sie waren davon überzeugt, dass auf diese Weise passive Ersparnisse (Dollarbestände, Vermögens- und andere Wertgegenstände) zu aktivem Privatkapital umgewandelt werde. Während der Krise der öffentlichen Finanzen würden so die Investitionsmöglichkeiten in der Wirtschaft steigen. Durch die Wiederbelebung des Privateigentums gewinne der Privatsektor an Bedeutung und werde als flexibelster Teil der Wirtschaft zu einem Faktor der Krisenbekämpfung.

Denn in den 1980er Jahren brach der Staatssektor in Industrie, Landwirtschaft und den Dienstleistungen zusammen. Der Privatsektor entfaltete sich stürmisch, zum Teil dank der Nomenklatura-Privatisierung, aber auch auf Grund von Joint Ventures polnischer Unternehmer mit polnischem Kapital aus der Diaspora – die sogenannten Polonia-Firmen. Bis 1980 hatte die verbreitetste Form privaten Unternehmertums aus kommerziellen landwirtschaftlichen Betrieben, die vor allem Obst und Gemüse anboten *(badylarze),* und aus kleinen Einzelhandelsgeschäften auf Basis staatlicher Lizenzen (sogenannten Agenturen, *ajencja;* s. Abschn. 3.2.2) bestanden. Sie trugen dazu bei, den Warenmangel in Grenzen zu halten.

Im Laufe der 1980er Jahre wuchs dann das private Unternehmertum im verarbeitenden Gewerbe, z. B. in der Produktion von Autoteilen (für polnische und ausländische Hersteller), in der Bekleidungs-, Möbel- und der Nahrungsmittelindustrie. Diese neuen kleinen und mittleren Unternehmen gewannen immer größeres Gewicht in der Wirtschaft. Die Führung eines Privatunternehmens erforderte in dieser Periode nicht nur Managementtalent, sondern auch die Fähigkeit, mit staatlichen Stellen, einschließlich der Partei und der Geheimdienste, zu kooperieren und sie, wenn nötig, zu bestechen. Auf der anderen Seite bot der aufnahmefähige Markt in einer Mangelwirtschaft die Chance für raschen finanziellen Erfolg. Die Entwicklung der Unternehmen wurde nicht von Nachfrage und Wettbewerb beschränkt, sondern von einem unflexiblen rechtlichen Rahmen (Knyt und Wancerz-Gluza 2004; Nitschke 2011; Gorzelak 2010).

Radikalere Reformvorschläge, einschließlich der Privatisierung von Staatsunternehmen, kamen in der Mitte der 1980er Jahre auf. Für Rafał Krawczyk (1985) führte Selbstverwaltung zu Ineffizienz. Deshalb schlug er vor, den Kapitalmarkt wiedereinzurichten und die Unternehmensanteile an die Beschäftigten zu verteilen. Lesław Paga, später in den 1990er Jahren einer der Gründer der Warschauer

Börse, machte zusammen mit dem Journalisten Michał Zieliński geltend, „um die Produktivität zu steigern, ist es unerlässlich, die Sozialordnung aufzubrechen, in der der Staat als Monopolist das gesamte Vermögen in Händen hält, aber niemand wirklich verantwortlich dafür ist. So wird es am Ende Eigentum von niemandem. Deshalb sollte die Produktionsmittel allgemein verteilt werden“ (Paga and Zieliński 1987, S. 106). Derartige liberale Auffassungen fanden auch unter jungen Ökonomen der kommunistischen Partei Anklang (e.g., Marek Belka 1986). Doch das Interesse für liberale Ökonomie führte nicht zu weiteren Vorschlägen, die Eigentumsordnung zu ändern.

Als eine der ersten untersuchte Jadwiga Staniszkis (1984; 1989) die Eigentumsstruktur aus einem völlig neuen Blickwinkel, nämlich der neuen Institutionenökonomie. In ihrer soziologischen Analyse der Zentralverwaltungswirtschaft vertrat sie die These einer ontologischen Sonderstellung des Eigentums im Kommunismus. Sie beleuchtete die Schwächen der Eigentumstheorie im Standarddiskurs der politischen Ökonomie. Als erstes wird Eigentum als Kollektiveigentum betrachtet, was dazu führt, dass klar definierte ökonomische Interessen fehlen und es unmöglich wird, Eigentumsrechte optimal zu nutzen. Gleichzeitig wird Eigentum politisiert. Es hängt effektiv vom Verhalten der Bürokratie ab, das nicht rational ist und auch nicht sein kann. Die einzig sinnvolle Reform müsse die Struktur der Eigentumsrechte ändern und das führe wiederum direkt in den Systemwandel (Staniszkis 1989).

In den 1980er Jahren bildeten sich mehrere liberale Zirkel heraus, von denen drei größere Bedeutung erhielten. Der erste entstand in Krakau um Mirosław Dzielski. Der zweite war die ultra-liberale Gruppe um Janusz Korwin Mikke, den Gründer von *Ruch Polityki Realnej* (die Realpolitik-Bewegung). Der dritte Zirkel sammelte sich in Danzig um einige jüngere Ökonomen wie Jan Krzysztof Bielecki, Jan Szomburg und Janusz Lewandowski (Luszniewicz 2008; Koryś 2019). Diese Gruppe erwies sich als besonders produktiv in der Analyse von Eigentumsrechten und der Ausarbeitung eines Programms ihrer Transformation. Ende des Jahrzehnts setzten sie sich für eine grundlegende Neugestaltung der Eigentumsstruktur ein. Das sollte nicht nur über eine Stärkung des Privatsektors erfolgen, sondern auch durch ein weitreichendes Privatisierungsprogramm, womit sie das bei *Solidarność* Aktivisten populäre Konzept der Selbstverwaltung verwarfen. Lewandowski und Szomburg führten aus, dass eine Verteilung von Eigentumsrechten auf den Staat, die Manager und die Arbeiterräte weder ein effektives Eigentum noch klare Verantwortlichkeiten bei Entscheidungen schaffe (Lewandowski und Szomburg 1985, S. 49–50). 1988 schlugen die beiden Autoren dann ein innovatives Privatisierungsprogramm (die Voucher-Massenprivatisierung) vor, das die gesamte Eigentumsstruktur transformieren würde (Lewandowski und

Szomburg 1989). Man kann darin eine Erweiterung der Ideen sehen, die Krawczyk 1985 vorgestellt hatte.

Der Vorschlag von Lewandowski und Szomburg war liberal. Doch ließ sich dagegen anführen, dass das Konzept der Massenbeteiligung liberalen Prinzipien entgegenstand, weil der Markt am Privatisierungsprozess nicht beteiligt werde. Es ist bemerkenswert, dass Lewandowski als Minister für Privatisierung der Bielecki Regierung 1991 seine Idee der Voucher-Massenprivatisierung nicht umsetzte, während Russland und die Tschechoslowakei sie zur Förderung des Privateigentums nutzten. Das endgültige Programm, das Lewandowski 1993 vorstellte, ging von etwas abweichenden Annahmen aus, und seine Ausführung blieb der nachfolgenden Regierung überlassen, die von der ehemaligen kommunistischen Partei (SLD) angeführt wurde.

3.2.2.6 Schlussfolgerungen

Die Debatte unter kollektivistischen polnischen Ökonomen in der kommunistischen Periode weist eine Reihe von Besonderheiten auf. Arbeiten aus der Vorkriegszeit hatten Einfluss darauf und ebenso Ideen aus der unmittelbaren Nachkriegszeit. Im Ergebnis zeichnete sich als Haupttrend im Denken über Eigentum der Marktsozialismus ab unter besonderer Betonung der ‚Demokratisierung' des gesellschaftlichen Eigentums. Doch die Vorgaben des herrschenden politischen Systems setzten den Vorschlägen zur Änderung der Eigentumsstruktur klare Grenzen. Radikale Projekte konnten nicht weiter gehen, als eine großzügige Interpretation des Marktsozialismus erlaubte. Erst im letzten Jahrzehnt, als mehr und mehr Wissenschaftler eine integrale Systemänderung verlangten, fand ein Perspektivwechsel statt. Doch das liberale Programm blieb bis 1989 eine Randerscheinung.

Die theoretischen Beiträge polnischer Ökonomen zum sozialistischen Eigentum sind ungleich facettenreicher als in der DDR. Zwischen 1956 und 1980 tauchten unterschiedliche Konzepte des gesellschaftlichen Eigentums auf. Im Fall der Selbstverwaltung spiegelten die Projekte frühere theoretische Arbeiten wider, z. B. Langes Publikationen aus den 1930er Jahren, und lieferten theoretisch wenig Neues zum Verständnis der Probleme. Die neue Institutionenökonomie und die damit verbundene Theorie der Eigentumsrechte, die sich gleichzeitig im Westen entwickelten, wurden nur in Ausnahmefällen rezipiert (Jadwiga Staniszkis). Der Vorschlag des Philosophen Mirosław Dzielski, einen demokratischen Kapitalismus via Nomenklatura Privatisierung einzuführen, mag originell erscheinen, war aber in den späten 1970er Jahren nicht umsetzbar. Er zielte auf eine Transformation ohne Revolution, die von der sozialistischen Elite mitgetragen wurde. Am einflussreichsten waren vielleicht die Vorschläge von Lewandowski und Szomburg zur Massenprivatisierung.

Auf die Wirtschaftspolitik von Staat und Partei hatten die wissenschaftlichen Theorien nur einen geringen Einfluss. Es wäre kühn zu behaupten, dass die Politikwechsel von 1956 und 1981 aus den Debatten unter den Ökonomen hervorgegangen seien. Die Einführung von Elementen der Selbstverwaltung folgte eher aus dem sozialen Druck der aufständischen Arbeiter und der Furcht vor sozialen Unruhen.

3.3 Reformen der sozialistischen Wirtschaftsordnung: Ideen und Widerstand

3.3.1 Reformansätze in der DDR und ihr Scheitern

3.3.1.1 Frühe Kritik am zentralen Planungssystem

Nach Stalins Tod 1953 und verstärkt nach dem 20. Parteikongress der KPdSU setzten in den meisten Ländern Osteuropas heftige Diskussionen über die Zentralplanung ein. Das Stalinistische Wirtschaftssystem, das der Hegemon ihnen übergestülpt hatte, erwies sich rasch als wenig geeignet, ihre wirtschaftlichen Probleme in den Griff zu bekommen und ihre organisatorischen und kognitiven Fähigkeiten adäquat zu nutzen. Darüber hinaus gab es abweichende Meinungen darüber, was Sozialismus bedeuten könne, insbesondere welche Rolle die Arbeiter bei ökonomischen und sozialen Entscheidungen spielen sollten. War das erste Problem eher theoretischer Natur, richtete sich das zweite auf die Politik, und mit dem jugoslawischen Modell der Arbeiterselbstverwaltung gab es eine real existierende Alternative zu Lenins Modell der Diktatur des Proletariats und des demokratischen Zentralismus, d. h. der uneingeschränkten Parteiherrschaft.

Die theoretische Debatte analysierte Formen der Dezentralisierung und der parametrischen Planung. Die Kritik der Überzentralisierung hatte in Ungarn 1954 mit György Péter begonnen, war international aber erst mit der englischen Übersetzung der Dissertation von János Kornai (1959) bekannt geworden. In Ostdeutschland waren die polnischen Arbeiten von Oskar Lange und Włodzimierz Brus besser bekannt. Letzterer hatte 1955 an einer Konferenz des Zentralinstituts für Wirtschaftswissenschaften an der Akademie der Wissenschaften zum Thema „Die Übergangsperiode vom Kapitalismus zum Sozialismus in der DDR" teilgenommen und ein Papier zum Wertgesetz im Sozialismus vorgetragen (Brus 1955; s. auch Becker und Dierking 1989, S. 415–420, Krause 1989, S. 121–122). Evsej

Libermans (1966 [1956]) richtungweisender Artikel in der sowjetischen Parteizeitung *Kommunist* vom Oktober 1956 und die sich daran anschließende Diskussion wurden in Ostdeutschland ebenso genau verfolgt[30].

Kurzgefasst: Die Kritik am stalinistischen Planungsmodell war in der Region weitverbreitet, und es bestand eine Art Konsens darüber, welches die Minimalanforderungen seien, um die indizierten Mängel zu beheben. Diesen Konsens hat Brus (1986, S. 53) zusammengefasst:

> "It was generally accepted, in the first place, that it was necessary to devolve some decision-making to lower entities (enterprises or groups of them) and to reduce the role of vertical hierarchical links in favour of horizontal relationships. Secondly, it was common ground that the number of detailed plan-indicators should be reduced, even to zero, and that the direct physical allocation of factors of production should be replaced by financial indicators, above all of profitability, at least partially linking the use of material and labour with financial results. There was, thirdly, agreement that incentives be associated with the economic results of enterprises, if not exclusively at least to a degree which would make the work force respond to them."

In Ostdeutschland waren die wichtigsten kritischen Stimmen Fritz Behrens, Leiter des Zentralamts für Statistik, stellvertretender Vorsitzender der Staatlichen Plankommission und Mitglied des Ministerrats, sein Assistent aus Leipziger Tagen Arne Benary, der Direktor des Akademieinstituts für Wirtschaftswissenschaften Gunther Kohlmey und der Direktor des Instituts für Agrarökonomie Kurt Vieweg (s. Abschn. 2.3.1). Die Kritiker der mittleren 1950er Jahre stellten das sozialistische System nicht in Frage. Sie wiesen nur auf eine Reihe von Fehlentwicklungen, die die wirtschaftliche Effizienz negativ beeinflussten (Becker and Dierking 1989, S. 439–442; Krause 1996; Krause 1998, S. 121–135; Caldwell 2003, S. 41–56).

In erster Instanz ging es um die Rolle von Staat und Verwaltung bei der Leitung der Wirtschaft. Sind erst einmal sozialistische Produktionsverhältnisse etabliert, dann sollte der Staat sich im Hintergrund halten und nur noch die Grundlinien der wirtschaftlichen Entwicklung bestimmen. Die Produktion sollte von den ökonomischen Gesetzen bestimmt werden, dem Gesetz der geplanten proportionalen Entwicklung und dem Wertgesetz (vergl. Abschn. 3.1.1). Wenn wir unter dem Wertgesetz kostenminimierende Gleichgewichtspreise verstehen,

[30] Weiter gehende theoretische Überlegungen und Reformvorschläge von Brus (1971 [1961]) und Liberman (1974 [1970]) wurden in der DDR allerdings nicht mehr übersetzt und, soweit wir sehen können, mit Ausnahme von Behrens auch nicht rezipiert. Entsprechend gründliche theoretische Arbeiten von ostdeutschen Ökonomen liegen nicht vor. Das war Folge der Revisionismuskampagne gegen unter anderen Behrens, Benary, Kohlmey und Vieweg.

dann können diese entweder durch vollständige Konkurrenz oder durch Optimalplanung realisiert werden. Selbst wenn der Planer seinen Plan ausschließlich in Naturaleinheiten und Mengenvorgaben ausführt, benötigt er Preise für die Wirtschaftsrechnung und die Kontrolle. Das impliziert Waren-Geld Beziehungen, allerdings nicht notwendigerweise Märkte und Marktpreise. Doch wenn der Zentralplaner nicht in der Lage ist, eine optimale Mengenplanung aufzustellen, und das war eines der Hauptargumente der Kritiker, dann könnte er trotzdem in der Lage sein, zwar nicht optimale, aber doch näherungsweise realistische Preise zu formulieren, an die selbständige sozialistische Betriebe ihre dezentrale Detailplanung mit Hilfe ihrer lokalen Informationen anpassen. Für Behrens und Benary schien es allerdings realistischer, für die Preisbildung auf Marktbeziehungen zurückzugreifen.[31]

Damit kehrt der Markt zurück auf die Bühne und verursacht den orthodoxen Politökonomen Kopfschmerzen. Offen für Marktsozialismus einzutreten, wäre politisch gefährlich gewesen. Gunther Kohlmey tat es (z. B. Kohlmey 1956), und er tat es immer wieder. Ihm ging es darum, die bürokratische Verwaltung durch eine Ökonomisierung der Wirtschaft zu ersetzen. Genau das war auch das Ziel von Behrens und Benary gewesen. Ihre ordnungspolitische Vorstellung lautete: Wenn im Sozialismus ‚objektive' ökonomische Gesetze gelten, wie das Wertgesetz und das Gesetz der materiellen Interessiertheit, dann ist es Aufgabe des Staates, Bedingungen zu schaffen, unter denen sich diese Gesetze ungehindert entfalten können. Die Übergangsperiode wird von spontanen Aktivitäten der Betriebe und der Arbeiter gekennzeichnet. Dem ist Rechnung zu tragen. Anstelle eines Befehlssystems der Planung, verlangt das ein Regime, in dem die Initiative der Arbeiter genutzt wird, um den Plan oder die Politik der Zentrale zu verwirklichen: "Nur soweit die staatlichen Pläne der organisatorische Ausdruck des Willens der Werktätigen sind, garantieren sie einen maximalen Nutzeffekt der gesellschaftlichen Arbeit" (Behrens 1957, S. 125).

Dem entsprechen in zweiter Instanz Autonomie und Selbstbestimmung der Betriebe, damit die spontane Initiative der Arbeiter Raum greifen kann. Die Zentralisierung der Eigentumsrechte in den Händen des Staates, die der Marxismus-Leninismus für die vergesellschafteten Produktionsmittel forderte (s. Abschn. 3.2.1), steht im Widerspruch zu dieser Idee. Die politischen Implikationen der Vorstellungen von Behrens sind Wirtschaftsdemokratie, Arbeitermitbestimmung oder Arbeiterselbstverwaltung. Stirbt der Staat ab, dann bleiben nur noch Arbeitskollektive übrig, die sich autonom organisieren. Das war nicht,

[31] Die mathematische Schule der Ökonomie, die diese Zusammenhänge analysierte, hatte sich in der Sowjetunion erst in der zweiten Hälfte der 1950 Jahre formiert.

wie Lenin den Sozialismus sah, sondern entsprach eher den Ideen von Rosa Luxemburg. Gleichzeitig interessierte sich Behrens stark für die Entwicklung in Jugoslawien. Was die Parteiführer aber wirklich zur Weißglut bringen musste, war die Feststellung: „Die Auffassung, daß der Staat alles könne, und daß jede, auch die privateste Angelegenheit staatlich geleitet und kontrolliert werden müsse, ist nicht sozialistisch, sondern „preußisch", d. h. junkerlich-monopolistisch" (Behrens 1957, S. 125).

Ein wichtiges drittes Argument betraf den Planungsmechanismus selbst. Werden die direktiven Verwaltungsanordnungen abgeschafft, dann kann der Planer sich nur noch über allgemeine Regulierungen und finanzielle Hebel, oder sogenannte Wertformen, verständlich machen. Das sind Preise, Zinsen, Steuern, Wechselkurse usw. und setzt eine radikale Reform dieser Größen voraus. Indem man die Entlohnung der Arbeiter und Manager an den finanziellen Erfolg der Betriebe bindet, d. h. an den Gewinn, wird eine effiziente Unternehmenskontrolle *(corporate governance)* stimuliert. Vor allem Kohlmey plädierte nachdrücklich für monetäre und finanzielle Indikatoren in der Planwirtschaft und forderte in diesem Zusammenhang auch die Unabhängigkeit der Zentralbank, d. h. ihre Umwandlung von einem Verwaltungsorgan in eine ökonomische Institution.

Die ostdeutschen Kritiker des stalinistischen Regimes bewegten sich offensichtlich innerhalb des Konsenses in der osteuropäischen Region. Die orthodoxe Anti-Kritik, die unmittelbar einsetzte, verlief anfänglich in den zivilisierten Bahnen einer wissenschaftlichen Auseinandersetzung, um dann aber unter dem Vorwurf des Revisionismus in Amtsenthebung, Degradierung und Versetzung an die Basis zu enden (s. Abschn. 2.3.1).

Herbert Wolf, Behrens' ehemaliger Student und inzwischen Kollege an der Leipziger Universität, distanzierte sich vorsichtig von dem ‚revisionistischen' Standpunkt, dessentwegen er selbst unter Anklage stand (Wolf 1957). Es sei ein grundlegender Irrtum von Behrens und Benary, der spontanen wirtschaftlichen Aktivität den Vorrang vor der sozialistischen Planung zu geben. Dem Wertgesetz eine koordinierende Rolle für die Gesamtwirtschaft zuzuerkennen, sei gleichbedeutend mit der Etablierung von Marktbeziehungen. Selbstverwaltung von Betrieben im Zusammenspiel mit ‚ökonomischen' Planungsmethoden führe zu manipulierten Preisen, kollusivem Verhalten, Produktänderungen u.ä. und damit zu einer Verlangsamung des wirtschaftlichen Fortschritts. Man brauche sich nur das Beispiel Jugoslawiens vor Augen zu halten. Die Liberman-Diskussion in der Sowjetunion dagegen richte sich zwar gegen die Überzentralisierung und andere Defizite der traditionellen Planung, doch sie wahre den sozialistischen Charakter des Systems und gestehe dem Wertgesetz nur einen beschränkten Aktionsspielraum zu.

Herbert Wolf wurde kurze Zeit später zu einem der führenden Reformökonomen. Deshalb sind seine Darlegungen der Regulatorfunktion des Planes „im Rahmen der objektiv notwendigen, begrenzten ökonomischen Selbständigkeit der Betriebe“ (Ibid., S. 1046) von Interesse. Doch was ist objektiv notwendig, was macht die planmäßige Entwicklung der Volkswirtschaft[32] zu einem objektiven Gesetz? Objektiv notwendig bestimmt, wie sich „die Menschen in der Ökonomik verhalten müssen, wollen sie ihren eigenen materiellen Lebensinteressen nicht ins Gesicht schlagen“ (Ibid., S. 1042), mit anderen Worten objektiv notwendig ist nutzenmaximierendes Verhalten. Als praxeologische Norm ist das ok, als Verhaltenshypothese bedarf es einer empirischen Überprüfung. Was nun die zentrale Planung betrifft, so lautete die Hypothese von Behrens und Benary, dass sie nicht zum Nutzenmaximum führe, was praktisch nur bei dezentralen Entscheidungen möglich sei. Diesem „Behrens-Benaryschen Scheingefecht der abrupten Gegenüberstellung von Spontaneität und Reglementierung der Details“ (Ibid., S. 1047) stellt Wolf eine Planung gegenüber, die „die Beherrschung der Grundzusammenhänge bestmöglich verbindet mit der größten Beweglichkeit in der Masse der Details, in denen sie sich realisieren“ (Ibid., S. 1045). Denn die Beherrschung der Grundzusammenhänge garantiere die planmäßige Beherrschung des Gesamtprozesses. Die ständig zunehmende Vergesellschaftung der Produktion verstärke diese planmäßige Beherrschung, ganz im Gegensatz zur Auffassung von Behrens und Benary, die eine kontinuierliche Ausweitung der Selbständigkeit und Spontaneität, den Rückzug des Staates also, forderten.

Das Reizwort war Spontaneität. Darin äußerte sich der Gegensatz zwischen Zentralismus und bedingungsloser Autorität der Partei und der schöpferischen Spontaneität der Massen, d. h. der Gegensatz zwischen Lenin und Luxemburg. „Das Ablehnen der produktiven Spontaneität und das Überschätzen der möglichen Bewußtheit des wirtschaftlichen Handelns gehörten in der Folgezeit zu den stärksten antievolutorischen ideologischen Faktoren des Realsozialismus, mit deren Hilfe wirtschaftliche Reformansätze erstickt und Reformen ausgebremst wurden“ (Haustein 1998, S. 163).

Die Verschärfung der Anti-Kritik und die folgenden Disziplinierungsmaßnahmen müssen im Zusammenhang mit der Erklärung gesehen werden, die in Moskau von den Parteiführungen während der Feierlichkeiten zum 40. Jahrestag der Oktoberrevolution ausgearbeitet worden war. Sie ist um Stabilisierung nach den Ereignissen des Jahres 1956 bemüht, der anti-stalinistischen Politik des

---

[32] Wolf betont beim Gesetz der planmäßigen proportionalen Entwicklung (s. Abschn. 3.1.1) das Planmäßige, das aus der Vergesellschaftung der Produktion folge, während die Proportionalität als *ex ante* oder *ex post* realisierte Norm für alle Produktionsweisen gelte.

20. Parteikongresses, dem polnischen Oktober, dem Ungarn-Aufstand. Gesucht wurde ein Kompromiss zwischen Dogmatismus und Reformideen, den man in fünf Grundsätzen der sozialistischen Politik fand (Meuschel 1992, S. 136–137):

- die führende Rolle der Partei,
- die Diktatur des Proletariats,
- das gesellschaftliche Eigentum an den Produktionsmitteln,
- wirtschaftliche Planung und
- die Verteidigung der sozialistischen Errungenschaften.

Der Kompromiss war offensichtlich zugunsten des Machterhalts ausgefallen. Behrens, Benary, Kohlmey und einige andere hatten gegen diese Dogmata verstoßen, was ihre Disziplinierung rechtfertigte. „Von diesem Revirement sollte sich die Wirtschaftswissenschaft in der DDR nie wieder erholen" urteilte Thomas Kuczynski (2015, S. 42), der Sohn von Jürgen Kuczynski, der damals ebenfalls dem Revisionismusvorwurf ausgesetzt war. Ganz ähnlich sahen es auch die russischen Ökonomen Evstigneeva und Evstigneev (1996, S. 22) in ihrer Analyse der Theorieentwicklung in Ostmitteleuropa: „Seit dieser Zeit wurde die glatte Oberfläche der Wirtschaftswissenschaft nie mehr gekräuselt". Denn jedem Wissenschaftler stand von da an deutlich vor Augen, welchem Risiko er sich aussetzte, falls er die Parteilinie verlassen sollte. Damit stellt das Jahr 1957 eine Wasserscheide für das sozio-ökonomische Denken in der DDR dar. Die intellektuellen Strömungen wurden so reguliert, dass sie praktisch nur noch in eine Richtung fließen konnten. Modernisierung sieht anders aus. Doch hoppla: Kurz danach unternahm die DDR als erstes der sozialistischen Länder den Versuch einer Wirtschaftsreform.

3.3.1.2 Das Neue ökonomische System der Planung und Leitung (NÖS)

Der kritische Konsens der 1950er Jahre hatte gezeigt, dass die administrative zentrale Planung und Kontrolle der Produktion zu Ineffizienz, Wohlfahrtsverlusten und schließlich zu einem Zurückbleiben gegenüber dem Kapitalismus führte. Die Parteiführung war überzeugt, dass jede Dezentralisierung der Entscheidungsbefugnisse sie ihrer Machtinstrumente beraube und dass sie als absolutistischer Herrscher – nicht von Gottes Gnaden, aber von Gnaden der Geschichte – den künftigen Entwicklungspfad der Gesellschaft am besten kenne. Damit stand sie vor einem Dilemma, dem Konflikt zwischen Effizienz und Macht (Steiner 1999). Dieses Dilemma schien nur durch einen Kompromiss lösbar zu sein. Dieser Kompromiss war das 1963 ins Leben gerufene Neue ökonomische System der Planung und Leitung (NÖS). Es war von vornherein nicht als radikale Reform, z. B. in Richtung auf einen Marktsozialismus, gedacht.

Da war der persönliche Kompromiss zwischen den Betonköpfen, die jegliche Reform ablehnten, und den Reformern, die von ihrer absoluten Notwendigkeit überzeugt waren. Ulbricht zählte zu letzteren, Honecker zu ersteren. Die Tatsache, dass Honecker 1971 Ulbricht ablöste, zeigt bereits an, wie dieser Konflikt ausging. Und da war der materielle Kompromiss zwischen administrativer Steuerung und parametrischer Regelung, zwischen Planung in Naturaleinheiten und monetärer Planung, zwischen starren Normativen und Ermessensspielräumen, zwischen Zentralisierung und Dezentralisierung. Das Ergebnis dieser Kompromisse ist nicht einfach festzustellen: Jede Wirtschaftsordnung bewegt sich irgendwo zwischen den Extremen. Ob der mit dem NÖS gewählte Weg gangbar war, bleibt eine offene Frage. Denn die Reform erhielt weder die Zeit noch den politischen Rückhalt, die notwendig gewesen wären, um ein sinnvolles Resultat hervorzubringen.

Die 1963 in die Wege geleitete Reform verdankte vieles der Kritik der ‚Revisionisten' von 1957, Behrens, Benary und Kohlmey, die an ihrer Ausarbeitung aber nicht mitwirken durften. Doch mit zwei Behrens-Schülern, Herbert Wolf und dem persönlichen Referenten von Ulbricht Wolfgang Berger, als Protagonisten ist deren Einfluss unverkennbar. Allerdings war das Konzept, wie Steiner (1999, S. 63) bemerkt, „in geringerem Maße durch wissenschaftliche Überlegungen geprägt" als durch die Probleme der Praxis, die ja zur Kritik der ‚Revisionisten' geführt hatten. Der Titel eines ersten Entwurfs „Anwendung eines in sich abgestimmten Systems ökonomischer Hebel im ökonomischen System der Planung und Leitung der Volkswirtschaft" gibt an, worum es ging: weg von der direktiven Planung, hin zur parametrischen Planung. An die Öffentlichkeit gelangte dann die vom Politbüro beschlossene „Richtlinie für das neue ökonomische System der Planung und Leitung der Volkswirtschaft". Schon zwischen diesen beiden Dokumenten besteht eine erhebliche Diskrepanz, die sich darin äußerte, „daß man die Basis des dogmatisierten Marxismus kaum verließ, aber dennoch versuchte, marktwirtschaftliche Mechanismen zu simulieren" (Ibid., S. 68). Diese Kompromisshaltung, die den politischen Gegensatz zwischen Befürwortern und Gegnern der Reform reflektierte, kennzeichnete das Projekt und war wohl auch für sein ökonomisches Scheitern verantwortlich.

Die Grundzüge der Reform wurden von ihren politischen Vätern, Erich Apel und Günter Mittag[33], in einer populären Schrift „Ökonomische Gesetze und Neues Ökonomisches System" (Apel und Mittag 1964) dargestellt. Dabei bleibt

[33] Erich Apel war Politbüromitglied, stellvertretender Vorsitzender des Ministerrates und Leiter der Staatlichen Plankommission. Günter Mittag war sein Nachfolger als ZK Sekretär für Wirtschaft und seit 1963 Kandidat des Politbüros. Als Apel 1965 bei der Vorbereitung des

das Verhältnis von direktiver und parametrischer Planung völlig ungeklärt. Denn einerseits geht es um „das in sich geschlossene System ökonomischer Hebel" (Ibid., S. 85), worunter monetäre Instrumente wie wirtschaftliche Rechnungsführung, Geld, Preis, Selbstkosten, Gewinn, Handel, Kredit und Finanzen verstanden wurden. Darüber sollten die persönlichen materiellen Interessen der Menschen als treibende Kraft stimuliert werden. Zum anderen geht es um „ein in sich geschlossenes Modell des volkswirtschaftlichen Reproduktionsprozesses in seinen Hauptgrößen" und darum, „es in Bilanzform, insbesondere unter Ausnutzung der Methode der Verflechtungsbilanzierung sichtbar zu machen" (Ibid., S. 103). Moderne Methoden der Mathematik und Datenverarbeitung machen es möglich, Planauflagen für Output, Qualität, Kosten u.s.w. exakt zu errechnen. „In diesem Sinne dient das System ökonomischer Hebel dazu, in wirksamer Weise die grundlegenden Merkmale der wissenschaftlich begründeten Planungstätigkeit und der wissenschaftlich fundierten sozialistischen Wirtschaftsführung zu ergänzen und zu einem in sich abgeschlossenen, in seinen Gliedern wohl aufeinander abgestimmten Gesamtsystem der sozialistischen Planung und Leitung der Volkswirtschaft zusammenzuschließen" (Ibid., S. 117). Es genügt allerdings nicht, die Konsistenz nur zu beschwören, man muss sie auch praktisch sicherstellen können.

Planung sollte nicht wie üblich vom heutigen Zustand ausgehen, d. h. nur ein Anwachsen der gegebenen Größen anstreben, sondern als Perspektivplanung auf Basis der erwarteten Entwicklung der nächsten 15–20 Jahre erfolgen. Das erfordert eine Prognose der langfristigen Entwicklung und ihre Umsetzung in einer mittelfristigen Investitionsplanung über 5 bis 7 Jahre. Die operative Planung könnte man dann unter Einsatz der ökonomischen Hebel den Betrieben überlassen. Doch davon ist nicht die Rede. Vielmehr bleibt es bei den verbindlichen Jahresplänen.

Die Rhetorik ist durchgängig auffordernd, antragend, verlangend, beschwörend, es geht um das zwingend Erforderliche, ein ständiges Muss. Die Begründung wird nicht in analytisch gewonnenen funktionalen Zusammenhängen gesucht, sondern in den objektiven ökonomischen Gesetzen des Sozialismus, und die sind normativ, wie wir sahen (s. Abschn. 3.1.1). Diese Rhetorik und auch die Programmatik der Reform (wissenschaftliche Planung und Leitung, Perspektivplanung, Entwicklung von Schlüsselindustrien, ökonomische Instrumente) sind

---

11. ZK Plenums (des sogenannten Kahlschlagplenums) auf massiven (wohl auch aus der Sowjetunion veranlassten) Widerstand bei der Umsetzung der Reform stieß, beging er Selbstmord. Mittag setzte seinen politischen Aufstieg als autokratischer Wirtschaftsführer fort, unter Honecker allerdings unter Verleugnung seiner Vergangenheit als Reformer. Das *Ökonomenlexikon* (1989) enthält einen ausführlichen Artikel zu Mittag von Helmut Koziolek, dessen Literaturliste länger ist als im Beitrag zu Lenin. Doch sie enthält keinen Titel vor 1971.

weitgehend dem neuen Parteiprogramm der KPdSU von 1961 entlehnt (Ibid., S. 107). Schon die Bezeichnung NÖS ist eine deutliche Anspielung auf Lenins Neue Ökonomische Politik (NÖP) von 1921, und Apel und Mittag berufen sich ausführlich auf die Autorität von Lenin (Ibid., S. 69–70). Erst mit der Zeit merkte man wohl auch in Moskau, dass Lenins NÖP eine radikalere Reform war, als was man gegenwärtig im real existierenden Sozialismus akzeptieren konnte. So geriet das NÖS bei Brežnev in Diskredit und wurde Schritt für Schritt unter dem Einfluss der Hardliner entschärft und bereits 1967 in Ökonomisches System des Sozialismus (ÖSS) umbenannt. Das endgültige Aus erfolgte 1971 mit dem Wechsel von Ulbricht zu Honecker.

Zu den wissenschaftlichen Grundlagen des NÖS haben sich 1966 Wolfgang Berger und Otto Reinhold in einem schmalen Band geäußert (Berger und Reinhold 1966)[34]. Dabei sind die ‚wissenschaftlichen Grundlagen' im Kontext der politischen Ökonomie des Sozialismus zu verstehen. Stärker programmatisch-propagandistisch sind die 31 Thesen ausgerichtet, die Kalweit, Wolf und Friedrich[35] (1966) für eine Konferenz zum NÖS im gleichen Jahr aufgestellt haben.

Mit der technischen Revolution verändern sich die Produktivkräfte grundlegend, und nach dem Marxschen Gesetz der Übereinstimmung von Produktivkräften und Produktionsverhältnissen ist eine Anpassung der Wirtschaftsordnung unumgänglich. Das Wort ‚Wirtschaftsreform' oder ‚Reform' kommt in dem Text allerdings kein einziges Mal vor. Es handelt sich um „einen wichtigen qualitativen Umschlag" (Berger und Reinhold 1966, S. 7) in der kontinuierlichen Entwicklung zum eigentlichen ökonomischen System des Sozialismus. Die Schrift geht ein auf

---

[34] Otto Reinhold war Direktor des Instituts für Gesellschaftswissenschaften beim ZK (s. Kap. 2). Das heißt, man darf davon ausgehen, dass es sich um die autoritative Darstellung des NÖS handelt, was auch durch die zahlreichen Zitate aus Ulbrichts Reden untermauert wird. Darin ist vielleicht gar nicht so sehr Personenkult zu sehen als vielmehr der Hinweis, dass sich das neue System auf die höchste Autorität stütze. In einer Situation, in der die Reform keineswegs generell akzeptiert wurde, war das weder intern noch gegenüber der Sowjetführung überflüssig. Das NÖS als wichtiger Beitrag zur marxistisch-leninistischen Theorie, so der Untertitel des Bandes, forderte letztere geradezu heraus, was am Ende zu Ulbrichts Sturz und zum politischen Abwürgen der Reform geführt haben kann.

[35] Auch hier handelt es sich um prominente Wirtschaftswissenschaftler der DDR. Werner Kalweit war Finanzökonom, Professor an der HfÖ und Beiratsmitglied der SPK. Später wurde der Vizepräsident der Akademie der Wissenschaften. Herbert Wolf leitete zu jener Zeit das Ökonomische Forschungsinstitut der SPK. Gerd Friedrich war Industrieökonom und Professor an der HfÖ. Kurze Zeit später wurde er stellvertretender Direktor des Zentralinstituts für sozialistische Wirtschaftsführung beim ZK. Alle fünf Autoren waren ältere Vertreter der Aufbaugeneration: Berger war 1921 geboren, Reinhold und Wolf 1925, Kalweit 1926 und Friedrich 1928. Benary (1929) wäre auch noch dazu zu rechnen, während Behrens (1909), Vieweg (1911) und Kohlmey (1913) zur Gründergeneration zählten.

die Beschlüsse des 11. Plenums des ZK im Dezember 1965, das wir in anderem Zusammenhang als ‚Kahlschlagplenum' bereits kennengelernt hatten und das die sogenannte ‚zweite Phase des NÖS' einleitete (Steiner 1992, S. 118–125). Ulbricht kam dabei einerseits den Reformgegnern entgegen, indem das traditionelle Planungssystem weniger scharf kritisiert und die generelle Bedeutung der Planung hervorgehoben wurden. Andererseits blieb die Dezentralisierung, d. h. die Eigenverantwortung der Betriebe auf der Agenda. Hier ordnungspolitische Klarheit zu schaffen, setzte einiges Geschick voraus.

Die Ausgangshypothese lautete: Das überzentralisierte, administrative Planungssystem war in der ersten Wiederaufbau-, Transformations- und Konsolidierungsphase notwendig, in der der Primat der Politik absoluten Vorrang hatte. Für die Herausforderungen der technischen Revolution, als globales Modernisierungsphänomen der dominante externe Einflussfaktor, ist es nicht geeignet. Jetzt sind nicht mehr machtpolitische, sondern ökonomische Kriterien entscheidend. Die ordnungspolitische Neuausrichtung, nämlich „die Leitung der Wirtschaft mit hauptsächlich ökonomischen Mitteln", setzt mehrere Bedingungen voraus (Berger und Reinhold 1966, S. 29):

- Einen bestimmten Grad der ökonomischen Reife, worunter einerseits der Sieg der sozialistischen Produktionsverhältnisse 1961–1962 zu verstehen ist, d. h. der Abschluss der Kollektivierung der Landwirtschaft, andererseits eine stabile, kontinuierliche Versorgung der Wirtschaft, d. h. ein Ende der quasi kriegswirtschaftlichen Notmaßnahmen und administrativen Eingriffe. Hierfür sind Pläne mit Reserven, ‚weiche' Pläne, unabdingbar (Keren 1973). Helmut Koziolek (1996, S. 143) machte die überzogenen Pläne, die notwendigerweise zu Diskontinuitäten führten, für das Scheitern der DDR-Wirtschaft generell verantwortlich: „Wir hatten immer überreizte Pläne". Es ist nie gelungen, Kontinuität zu erreichen: Die Planer hatten ständig Löcher zu stopfen.
- Politische Stabilität: Sie war durch den Bau der Mauer 1961 sichergestellt. Der innerparteilichen Opposition hatte sich Ulbricht bereits in den 1950er Jahren entledigt.
- Wirtschaftsführer, vor allem auf der Ebene der Betriebe bzw. der Vereinigungen volkseigener Betriebe (VVB), die über ausreichende Managementfähigkeiten verfügten. Das war ein Problem, nachdem man in den ersten Jahren die Betriebswirtschaftslehre für obsolet erklärt hatte. Dieser Fehler wurde mit der Reform korrigiert. Unter der Leitung von Helmut Koziolek entstand das *Zentralinstitut für sozialistische Wirtschaftsführung beim ZK* (s. Abschn. 2.2.1), wo sich die Wirtschaftsführer vor allem in Kurzlehrgängen mit modernen

Managementmethoden auch unter Rückgriff auf die westliche Literatur vertraut machen konnten (vgl. Abschn. 4.3.1). Diese sonst eher verabscheuten Anleihen im Westen ließen sich rechtfertigen mit Lenins Aufforderung aus der Zeit der Neuen Ökonomischen Politik, sich in den Organisationstechniken bei den kapitalistischen Konzernen zu bedienen. Darauf wiesen Berger und Reinhold (1966, S. 124) dann auch hin, die dem Managementproblem ein ganzes Kapitel widmeten.
- Als letzte Voraussetzung für das Gelingen des Projekts wird „die Entschlossenheit der Führung" betont, keine Halbheiten zu dulden und die Reform bzw. „das Vorhaben" konsequent bis zu Ende durchzusetzen. Genau daran hat es dann schließlich gemangelt, denn die Führung, das Politbüro, stand keineswegs geschlossen hinter dem Projekt.

Das Grundkonzept des neuen ökonomischen Systems ist relativ einfach, nämlich der Übergang von der hierarchischen Organisationsstruktur, die der Leninschen Vision der Gesamtwirtschaft als *einer* Fabrik und *eines* Büros entspricht, zu einer Zwei- (oder Mehr-)Ebenen Struktur, in der der zentralen Planung eigenverantwortliche Betriebe gegenüberstehen. In der Monostruktur sind die Betriebe technische Einheiten, deren Beziehungen untereinander wie die Liefer- und Abnahmebeziehungen von Abteilungen einer Fabrik direkt geregelt sind. In der zweiten Struktur sind die Betriebe ökonomische Einheiten, deren Beziehungen untereinander „grundsätzlich Warenbeziehungen sind, die über den Markt unter Ausnutzung des Wertgesetzes realisiert werden müssen" (Ibid., S. 94). Unter Markt wird hier ganz allgemein die Zirkulationssphäre verstanden bzw. „der Markt als Instrument der planmäßigen Wirtschaftsführung" (Kalweit, Wolf und Friedrich 1966, S. 182), nicht etwa eine Menge von Institutionen, die freie Preisbildung und Wettbewerb generieren. Eine sozialistische Marktwirtschaft stand nicht zur Diskussion oder mit den Worten von Ulbricht: „Und was uns in der DDR betrifft, so haben wir noch nie ein Wort über sozialistische Marktwirtschaft verlauten lassen" (zitiert ibid., S. 98).

Die Betriebe sollen über eine „relative Selbständigkeit" verfügen, und das heißt, sie operieren einerseits im Rahmen des Planes, der wichtige, ökonomisch entscheidende Kennziffern vorgibt, andererseits gilt: „über alle ökonomischen Probleme haben die VVB und Betriebe selbständig zu entscheiden" (Ibid., S. 96–97). Damit wird die alte Planungspraxis der Vorgaben von oben umgekehrt und die VVB haben „ihre Plankonzeption den übergeordneten Staatsorganen anzubieten und ihr Planprojekt vor ihnen zu verteidigen" (ibid., S. 84). Ein entscheidender Punkt in diesem Zusammenhang ist die Eigenerwirtschaftung der Mittel, einschließlich der Mittel für Investitionen und für die materielle Stimulierung der

Belegschaft. Denn die ökonomischen Hebel des neuen Systems operieren nach dem Leistungsprinzip. Das setzt realistische Gleichgewichtspreise voraus, die sogenannte Ausnutzung des Wertgesetzes.

Herbert Wolf (1996, S. 60), einer der führenden Reformökonomen, hat *post festum* das angestrebte System beschrieben als „eine ganz neue Art geplanter Wirtschaft, die als eine markt- und rentabilitätsorientierte, entbürokratisierte Wirtschaft mit leistungsbegründeter materieller Interessiertheit funktioniert". Diese Charakterisierung entspricht dem ursprünglichen Entwurf, der von einem „in sich geschlossen[n] System ökonomischer Hebel" spricht, die über den Betriebsgewinn wirksam werden (Roesler 1998, S. 194). Wenn man nun erwartet, dass die institutionellen und ökonomischen Implikationen dieser Idee analysiert werden, wird man enttäuscht: Eine Theorie der Reform wird nicht geboten. Ein solches in sich geschlossenes System hat zwei Voraussetzungen: zum einen ein allgemeines Gleichgewichtssystem, das die entsprechenden Parameter identifiziert, zum anderen ein Verfahren, das die erforderlichen Informationen generiert. Das kann der Markt sein, der den Vorteil hat, mehr oder minder unmittelbar auf Informationsveränderungen zu reagieren. Das kann ein Verfahren sein wie der Lange-Lerner Mechanismus, der die notwendigen Informationen durch einen iterativen Prozess des Informationsaustauschs generiert. Das kann auch die Duallösung optimaler Planungsmodelle sein, wie sie zu jener Zeit gerade in der Sowjetunion entwickelt wurden. Aus der Literatur gewinnt man nicht den Eindruck, dass den Reformern diese Voraussetzungen bewusst waren.

Aus der Fülle von theoretischen und praktischen Problemen, die gelöst werden müssten, um ein solches System funktionsfähig zu machen, seien nur einige herausgegriffen:

- Die Monostruktur ist mit einem klassischen Prinzipal – Agenten Problem konfrontiert, in dem es vor allem darauf ankommt, exakte Informationen von unten zu generieren. Das Zwei-Ebenen System kann die Informationen grundsätzlich dort belassen, wo die jeweiligen Entscheidungen getroffen werden. Das Problem verlagert sich in die Sphäre der Interessen, die zwischen der Zentrale und den Betrieben divergieren können, wobei im Sozialismus die Zentrale für sich beansprucht, die höheren, nämlich die gesamtgesellschaftlichen Interessen zu vertreten. Das Axiom der prinzipiellen Interessenharmonie im Sozialismus hilft da nicht weiter.
- Die Interessen der Betriebe können, abhängig von der konkreten Zuweisung von Eigentumsrechten, in Einkommens- oder Gewinnmaximierung gesehen werden. Der Maximand der Zentrale wirft größere Probleme auf. Der wohlwollende Diktator wird eine Art sozialer Wohlfahrtsfunktion unterstellen, der

pragmatische Diktator wird seine Macht zu wahren versuchen. Ersteren trifft man in den Lehrbüchern an, letzteren in der Realität. Stalins ökonomisches Grundgesetz des Sozialismus (s. Abschn. 3.1.1), das in allen Lehrbüchern und auch bei Berger und Reinhold, ohne Nennung des Autors, hervorgehoben wird, bedarf zumindest einer weiteren Spezifikation, um als Zielfunktion für die Planung dienen zu können. Kalweit, Wolf und Friedrich nennen als Optimalitätskriterium „das Wachstum des je Kopf der Bevölkerung verfügbaren physischen Volumens des Nationaleinkommens" (Kalweit et al. 1966, S. 186), wohlgemerkt sie betonen das „Naturalvolumen", wie immer sie das berechnen wollen.

- Kernelement der neuen Ordnung ist die individuelle Verantwortung der sozialistischen Warenproduzenten. Dabei bleibt es völlig offen, welches die minimale Menge von Eigentumsrechten ist, die sozialistische Betriebe zu Warenproduzenten und diese dann effektiv individuell verantwortlich macht. Gewinnorientierung und Leistungsentlohnung gehören dazu. Insolvenz dagegen ist kaum vorstellbar. Denn der Staat als Eigentümer geht nicht in Konkurs. Das spätere Lehrbuch von 1969 (Politische Ökonomie 1969, S. 202–216) relativiert die Selbständigkeit der Betriebe erheblich und unterstreicht den demokratischen Zentralismus, das staatliche Eigentum an den Produktionsmitteln und die Wahrung der führenden Rolle der Partei. Eigenverantwortung und zentrale Kontrolle lassen sich allerdings nicht beliebig kombinieren: Welchen Entscheidungsspielraum und Aktionsradius benötigen die Betriebe, um optimal zu funktionieren und sich entwickeln zu können?
- Die Eigenerwirtschaftung der Mittel, nicht nur für die laufende Produktion, sondern auch für Investitionsvorhaben, wird immer wieder als Reformziel hervorgehoben. Was die Ersatzinvestitionen betrifft, hieße das, die Abschreibungen bei den Betrieben zu belassen. Das war nicht die Regel und daran änderte sich auch nichts, wodurch die kontinuierliche Erneuerung des Kapitalstocks in weniger wichtigen Sektoren empfindlich gestört wurde. Eigenerwirtschaftung der Mittel implizierte nicht etwa betriebliche Selbständigkeit, sondern erst einmal nur kostendeckende Preise, wodurch eine wirtschaftliche Rechnungsführung ermöglicht wird. Über die Verwendung der Mittel entschied nach wie vor die Planung. Da es keinen Markt für Produktionsmittel gab, waren die Betriebe sowieso auf Zuweisungen durch das Ministerium für Materialwirtschaft angewiesen, und die Reform beabsichtigte nicht, dieses Ministerium abzuschaffen. Der Umstand, dass die zwischenbetrieblichen Lieferungen durch Verträge zu unterlegen waren, macht daraus noch keine Marktbeziehungen.

- Dahinter verbirgt sich aber noch ein fundamentaleres Systemproblem. Denn Investitionen lassen sich zumeist nicht vollständig aus thesaurierten Gewinnen (schon das war ein Problem) finanzieren. Einen Kapitalmarkt konnte es bei uneingeschränktem Staatseigentum nicht geben. Die Funktion des Kapitalmarktes übte der Staatshaushalt aus, in den die Gewinne der Betriebe abgeführt und aus dem die Investitionsmittel verteilt wurden. Eigenerwirtschaftung der Mittel hätte bedeutet, auf diesen Umverteilungsmechanismus zu verzichten. Aber auch ein unabhängiger Kreditmarkt musste am Staatseigentum scheitern. Denn welche Sicherheiten hätten die Betriebe zu bieten, ganz abgesehen davon, dass die Staatsbank als Monobank der zentralen Planung unterlag und deshalb dezentrale Kreditbeziehungen undenkbar waren[36]. Ein zweistufiges Kredit- und Bankensystem mit einer unabhängigen Zentralbank würde bedeuten, dass der Staat einige seiner heiligen ‚Kommandohöhen' hätte verlassen müssen, so wie das Kohlmey bereits in den 1950er Jahren vorgeschlagen hatte. Erst ganz am Ende der sozialistischen Periode haben Brus und Łaski (1989) das Thema wieder zur Diskussion gestellt. Kurzum, die Eigenerwirtschaftung der Mittel war ein komplexes Reformziel, dessen theoretische Implikationen nicht hinreichend analysiert worden sind.
- Ökonomische Effizienz als Erfolgskriterium und daran anschließende ökonomische Hebel sind in der Regel monetäre Größen. Sie basieren auf monetären Parametern wie Preisen, Zinsen, Wechselkursen usw. Um effizient zu sein, müssen diese Parameter wahre Informationen transportieren, d. h. Informationen, die in Übereinstimmung mit dem angestrebten Optimalzustand des Systems stehen (s. Abschn. 4.2.1). Das ist ein schwieriges theoretisches Puzzle, das einerseits der Debatte um das Wertgesetz zugrunde liegt und anderseits die mathematischen Optimalplaner zu lösen versuchten. Dieses Problem stellte sich sowohl den Warenwirtschaftlern, die die Selbständigkeit der Betriebe anstrebten, wie den Optimalplanern, die ein voll zentralisiertes System für möglich hielten.
- Das System ist nicht stationär, sondern dynamisch – zumindest sollte es das sein. Wer erfasst die künftigen technischen, organisatorischen und sozialen Entwicklungen? Wer sollte über Entwicklungsrichtung und -tempo entscheiden? Wer trägt die entsprechenden Risiken?

---

[36] Selbstverständlich gab es Kredite. Doch die waren eben zentral geplant und dienten vor allem zur Entlastung des Staatshaushaltes, der prinzipiell ausgeglichen zu sein hatte. De facto stellten die betrieblichen Kredite eine Staatsverschuldung dar. Das hat man, nebenbei bemerkt, bei der Privatisierung nach der Wende nicht ausreichend berücksichtigt.

Schon Schumpeter (1942) hatte sich optimistisch gezeigt und die Ära des Unternehmers mit *animal spirits,* so die Charakterisierung von Keynes, für beendet erklärt. Die neue Zeit sei rational und damit rationaler Planung zugänglich. Die technische Revolution, der zentrale Auslöser für die Reformbemühungen in der DDR, hatte gerade in den Jahren 1940–1970 weltweit einen Modernisierungsoptimismus geweckt: Zukunftsforschung, Kybernetik und Planung. In den Augen der sozialistischen Politik stand damit das kommunistische Versprechen kurz vor seiner Verwirklichung. Hayeks (1969) „Wettbewerb als Entdeckungsverfahren", der sich gegen staatliche Pläne und Projekte richtete und auf dezentrale, unternehmerische Entscheidungen und den Markt setzte, fand erst sehr viel später Beachtung. Für das *trial and error* Verfahren der individuellen Initiativen im Wettbewerb miteinander gibt es im Staatssozialismus allerdings keinen Platz. Charakteristisch für die sozialistische Strategie ist die rationale Bestimmung *eines* für optimal gehaltenen Entwicklungspfades.

Berger und Reinhold (1966, S. 41–58) stellten die Modernisierungsanforderungen der technischen Revolution heraus:

- Internationalisierung der Wirtschaft,
- neue Planungsmethoden,
- eine moderne Theorie der sozialistischen Wirtschaftsführung,
- ein hoher Akkumulationsfonds.

Abgesehen davon, dass Planwirtschaften einen Hang zur Autarkie (‚Störfreimachung') haben, war Internationalisierung im Kalten Krieg nur eingeschränkt möglich. Modernes Management lernten die Wirtschaftsführer rasch. Aber da die Reformideen nicht konsequent ausgeführt wurden, konnten sie sich innerhalb der unflexiblen bürokratischen Planungshierarchie nicht entfalten. Der Akkumulationsfonds entwickelte sich schließlich zu einer entscheidenden Modernisierungsbremse Ostdeutschlands. Denn anders als Ulbrichts Wachstumsstrategie senkte Honeckers Einheit von Wirtschafts- und Sozialpolitik nach 1971 die Akkumulationsquote für produktive Investitionen drastisch ab, um Konsum und Wohnungsbau zu fördern. Das konnte nicht ohne Folgen für die Modernisierung der Wirtschaft bleiben.

Fritz Behrens hat sich 1966 in einem Akademievortrag knapp zu den Wirtschaftsreformen geäußert, die in allen sozialistischen Ländern der damaligen Zeit auf der Agenda standen (Behrens 1966). Im Großen und Ganzen weicht er dabei nicht wesentlich von Berger und Reinhold (1966) ab, auch wenn er keinen seiner ostdeutschen Kollegen zitiert, sondern Zdislaw Šulc und Joseph Goldmann aus der Tschechoslowakei, Włodimierz Brus aus Polen und Richard Lang und Milan

Mesoric aus Jugoslawien, alles Vertreter eines demokratischen Sozialismus und radikaler marktorientierter Reformen.

Das administrative stalinistische Modell sieht Behrens nicht als systemimmanent, sondern er erklärt es historisch. Doch von historischen Ausnahmesituationen abgesehen muss die sozialistische Wirtschaft mit ökonomischen Mitteln gelenkt werden. Für die erste Etappe der Vergesellschaftung der Produktionsmittel gilt allerdings, dass „der Staat als Repräsentant der Gesellschaft auch Leiter der Wirtschaft ist" (Behrens 1966, S. 6). Wann diese Etappe abgeschlossen ist, bleibt offen. Das wichtigste Instrument des Staates ist immer der Plan. Doch die Methoden, wie der Plan aufgestellt und wie er ausgeführt wird, können sehr verschieden sein. Im Zentrum des neuen Modells steht der Gegensatz von administrativen und ökonomischen Methoden. Beide Typen kommen grundsätzlich immer und überall zur Anwendung. Es geht nur darum, was vorherrscht, Regulierung und ökonomische Hebel (Parameter) oder Anordnung und direktiver Eingriff. Dabei sind die Entscheidungsebenen zu unterscheiden: makro, meso und mikro, d. h. gesamtwirtschaftliche, regionale und sektorale und individuelle betriebliche Entscheidungen. Der Plan im neuen Modell ist im Wesentlichen ein Perspektivplan der künftigen Entwicklung, der den Rahmen für die Warenproduktion und marktwirtschaftliche Beziehungen abgibt. Es bleibt auch hier, wie bei Berger und Reinhold, vieles im Nebel, vor allem, was unter Markt verstanden wird.

Die Problematik des neuen Modells sieht Behrens (1966, S. 10) in der Frage: „wie ist materielle Interessiertheit auf der Grundlage gesellschaftlichen Eigentums an den Produktionsmitteln möglich?". Zwei Aspekte sind ihm in diesem Zusammenhang wichtig, der wirtschaftspolitische und der wissenschaftspolitische. Wirtschaftspolitisch plädiert Behrens für optimales Wachstum an Stelle von maximalem Wachstum, wobei er Optimalität nicht nur in störungsfreier Kontinuität sieht, sondern vor allem in Abhängigkeit von jener Arbeitsproduktivitätssteigerung, die durch die ständige Verbesserung des materiellen und kulturellen Niveaus der Werktätigen verursacht wird. Hier klingt Stalins ökonomisches Grundgesetz des Sozialismus durch. Steigen der individuelle und der gesellschaftliche Konsum in ausreichendem Maße, dann bietet das nicht nur einen materiellen, sondern auch einen moralischen Anreiz, sich in der sozialistischen Produktion voll einzusetzen. Wirtschaftswachstum hängt vom Wachstum der Wohlfahrt ab, und zwar unmittelbar: Die Aussicht auf ein besseres Leben in Zukunft reicht nicht aus. Dies war dann auch ein Grundgedanke von Honeckers Einheit von Wirtschafts- und Sozialpolitik. Das Ganze darf aber nicht auf Kosten von Akkumulation und Innovation gehen. Die Wirtschaftspolitik muss auf Messers Schneide zwischen Akkumulation und Konsum operieren, eben ein Optimierungsproblem.

Rücken die materiellen Interessen der Individuen und Kollektive ins Zentrum der Aufmerksamkeit, dann wird offensichtlich, dass die politische Ökonomie die Erforschung des individuellen Verhaltens ausgeklammert hat. Weder die Arbeiter noch die Konsumenten noch die Manager der Betriebe und des Gesamtsystems wurden in ihrem Verhalten untersucht und modelliert. Demographie, Soziologie und Psychologie galten in den ersten Jahren genauso wie Management Science und Kybernetik als nutzlose, wenn nicht gar schädliche ‚bürgerliche' Pseudowissenschaften. Hier hat die Reform eine wissenschaftspolitische Wende gebracht: Diese Wissenschaften bekamen wieder einen Platz in der akademischen Welt. Wenn ökonomische Gesetze und ökonomische Hebel in der Planung und Lenkung der Wirtschaft zum Einsatz kommen sollen, dann kann das nur auf Basis von konkretem Wissen über das zugrundeliegende Verhalten erfolgen.

Der auf so heftige Reaktionen von Seiten des Politbüros gestoßene Aufsatz von Gunther Kohlmey (1968) „Planen als Regeln und Steuern" erläuterte die Grundintention des neuen Systems, wie wir sie bei Berger und Reinhold kennengelernt haben, in kybernetischem Jargon. Unter Steuern versteht Kohlmey die traditionelle Methode der direktiven Planung in einem hierarchischen System, unter Regeln die mit monetären Kategorien, dem Ware-Geld Mechanismus, operierende Lenkung innerhalb eines Zwei-Ebenen Systems. Dabei lässt er dem Kaiser durchaus, was des Kaisers ist. Doch die nötigen Entscheidungsspielräume für die Teilsysteme (Betriebe, Banken, Konsumenten, Beschäftigte) erhöhen die Flexibilität und Produktivität des Gesamtsystems. Wenn diese Beschreibung des neuen Systems als Revisionismus angeprangert wird, dann ist das ein sicheres Anzeichen dafür, dass das neue System seinen politischen Rückhalt verloren hat.

Diesen Eindruck gewinnt man auch aus dem Lehrbuch *Politische Ökonomie des Sozialismus und ihre Anwendung in der DDR,* das 1969 in hoher Auflage und mit voller Unterstützung von Ulbricht und anderen Politbüromitgliedern auf den Markt gebracht wurde. Günter Mittag war Leiter des Herausgeberkollektivs, Berger, Kalweit, Reinhold und Wolf zählten zu den acht Hauptautoren, auch Friedrich hatte mitgewirkt. Es sollte ein Dokument des ökonomischen Systems des Sozialismus (das ‚Neue' daran war schon 1967 gefallen) und ein deutscher Beitrag zur politischen Ökonomie des Sozialismus sein (Politische Ökonomie 1969). Wie schon erwähnt verfiel es mit dem Sturz Ulbrichts der *damnatio memoriae.* Ähnlich wie die Thesen von Kalweit, Wolf und Friedrich (1966) war es als Lehrbuch programmatisch-propagandistisch verfasst, während das Analytische entschieden zu kurz kam. Was uns hier interessiert, sind vor allem ordnungspolitische Aussagen.

„Die Behandlung der Machtfrage als "Nummer Eins" des ganzen sozialistischen Systems" (Wolf 1996, S. 38) wird auch hier unterstrichen: „das heißt, die

Frage ‚Wer – wen?' muß zugunsten des Sozialismus entschieden werden" (Politische Ökonomie 1969, S. 123). Lenins Kürzel für die Machtfrage *(kto – kogo?)* macht deutlich, dass es nur *eine* politische Macht geben kann: „Diktatur des Proletariats und ‚politischer Pluralismus' sind unvereinbar" (S. 113). Daran schließt sich „gesetzmäßig" die Herrschaft der marxistisch-leninistischen Partei an. Das in Frage zu stellen, ist Revisionismus: „Die Vertreter des modernen Revisionismus lehnen die führende Rolle der marxistisch-leninistischen Partei ab. … Sie wollen die Spontaneität und Anarchie zum Entwicklungsprinzip der sozialistischen Gesellschaft erheben" (S. 117). Was immer auch Marx gesagt haben mag: „Die ökonomische Funktion des Staates ist Ausdruck der Ausübung der politischen Herrschaft der Arbeiterklasse", und „Der demokratische Zentralismus durchdringt das ökonomische System voll und ganz" (S. 204). Behrens und Benary sind noch nicht vergessen: „Von einem Abbau der Rolle des sozialistischen Staates kann also keine Rede sein" (S. 200).

‚Objektive' Gesetze und ‚objektive' Notwendigkeiten werden ständig angeführt, wenn es keine Erklärung oder Motivation für bestimmte Organisationsformen oder Anforderungen gibt, so für die „Partei, deren führende Rolle sich aus den objektiven Gesetzmäßigkeiten der gesellschaftlichen Entwicklung ergibt" (S. 194). Eine weitere Diskussion ist unerwünscht. Dem Individuum ist zu misstrauen; denn allein gelassen wird sein Verhalten in Spontaneität und Anarchie münden. Was von den Individuen erwartet wird, ist „die bewußte Ausnutzung der ökonomischen Gesetze durch das gesellschaftlich richtige Verhalten der Werktätigen" (S. 207). Das heißt, die ökonomischen Gesetze verallgemeinern nicht etwa das Verhalten der Individuen (methodologischer Individualismus), sondern diese haben umgekehrt sich richtig gegenüber den ‚objektiven' Gesetzen zu verhalten (sozialistische Bewusstheit). Daraus folgt dann: „Das ökonomische System des Sozialismus ist und kann niemals ein ‚Wirtschaftsmechanismus' sein, in dem sozusagen automatisch durch ein System ökonomischer Hebel die Łaski der Menschen hervorgerufen wird" (S. 212). Das sollten sich die Kybernetiker hinter die Ohren schreiben, ist aber gleichzeitig gegen Ungarn gerichtet, wo 1968 ein „Neuer Wirtschaftsmechanismus" als Reformstrategie eingeführt worden war.

Was nun die Betriebe betrifft, so ist deutlich zu unterscheiden zwischen Eigenverantwortung und Selbstverwaltung. „Die Selbstverwaltung der Betriebe vereinbart sich jedoch nicht mit dem Charakter des sozialistischen Eigentums als gesellschaftliches, gesamtstaatliches Eigentum. … weshalb eine sogenannte Selbstverwaltung der Betriebe dem Sozialismus wesensfremd ist" (S. 214). Was Rosa Luxemburg sich vorgestellt hatte und was die Jugoslawen machten, hat nichts mit Sozialismus zu tun. Die Eigenverantwortung der Betriebe ist nicht in klaren Kompetenz- und Eigentumsrechtszuweisungen definiert. Sie kann nur aus der zentralen Planung abgeleitet werden. Die zentralen staatlichen Pläne und die Betriebe als objektiv existierende Warenproduzenten bilden in dieser Sichtweise eine Einheit. Dabei sorgen die verbindlichen Festlegungen des staatlichen Planes dafür, dass die Betriebe bei der Stange bleiben, d. h. den ‚objektiven' Anforderungen der ökonomischen Gesetze des Sozialismus und den gesamtgesellschaftlichen Interessen gerecht werden (S. 206–208). Damit ist auch das Schicksal des Marktes besiegelt: Für ihn ist da kein Raum. „Dem Sozialismus ist die Marktwirtschaft wesensfremd. … Jeder Versuch, im Sozialismus die Marktwirtschaft einzuführen, ist deshalb mit dem Versuch identisch, die bewußte Ausnutzung der ökonomischen Gesetze des Sozialismus durch ein spontanes Wirken ökonomischer Gesetze zu ersetzen, das dem Sozialismus wesensfremd ist" (S. 214). Die Autoren sehen das richtig: Markt setzt selbstverwaltete Betriebe voraus und selbstverwaltete Betriebe müssen über einen Markt koordiniert werden. Das entspricht nicht dem marxistisch-leninistischen Verständnis einer sozialistischen Gesellschaft.

Wir sehen die bleibende Wirkung der Moskauer Erklärung von 1957. Die ‚Revisionisten' mögen einen praktikablen Sozialismus im Visier gehabt haben. Ihre Ideen waren sicher kein Entwurf für eine Reform, die der herrschenden Parteiführung akzeptabel erschienen wäre. Aber selbst die zeitgenössische politische Opposition gegen Ulbricht konnte wenig mit den Anschauungen von Behrens, Benary, Vieweg und Kohlmey anfangen und stimmte in den Chor der Kritiker ein wie z. B. Fred Oelssner, der Anfang 1958 aus dem Politbüro ausgeschlossen wurde. Schwerer zu erklären ist der Rückzug aus den Ideen des NÖS, den Leute wie Berger, Reinhold, Wolf und Kalweit mit dem Lehrbuch zur politischen Ökonomie vollzogen haben. Herbert Wolf (1991, S. 12) schreibt die Verantwortung hierfür Günter Mittag zu, der die politische Leitung des Autorenteams an sich gezogen hatte und „zu dieser Zeit bereits allergisch gegen die spezifischen Reformpositionen in der Theorie" war. „Er drückte in der Endredaktion an zahllosen möglichen und unmöglichen, nötigen und unnötigen Stellen demgegenüber die spezifischen Stichworte des alten Systems durch, so daß fortwährend die ‚Staatlichkeit' und der ‚Zentralismus' der sozialistischen ‚Planwirtschaft' bis zum Überdruß wiedergekäut wurde".

3.3.1.3 Endspiel

Spätestens mit Antritt Honeckers 1971 war das NÖS tot. Das ÖSS (ökonomisches System des Sozialismus), wie es inzwischen genannt wurde, fristete zwar auf dem Papier noch ein Leben nach dem Tode: Es wurde ständig ‚vervollkommnet'. De facto kehrte man aber zu den traditionellen Formen der Zentralplanung zurück. Der Begriff ‚Reform' tauchte bis zum allerletzten Jahr der Existenz der DDR nicht auf. Allerdings fand in den 1970er Jahren noch eine einschneidende

Änderung der wirtschaftlichen Ordnung in der DDR statt: die Einführung der Kombinate. Hatte man Ende der 1960er Jahre mehr versuchsweise einige Kombinate in der Industrie eingeführt, d. h. vertikal und/oder horizontal konzentrierte Wirtschaftseinheiten, dann wurde ab 1978 die gesamte Industrie und das Bau- und Verkehrswesen in diese Organisationsform überführt. Die VVB (Vereinigungen volkseigener Betriebe) als Zwischenstufe zwischen Ministerium und Betrieb wurden abgeschafft. Der Planungsprozess wurde dadurch zweistufig und radikal verkürzt: Ende 1981 hatten die zentralen Ministerien nur noch mit 133 zentralgeleiteten Kombinaten und die Bezirke mit 93 bezirksgeleiteten Kombinaten zu tun (in denen vor allem auch die 1972 verstaatlichten restlichen privaten bzw. halbstaatlichen Betriebe aufgingen, sofern sie nicht Genossenschaften angegliedert wurden) (Richter 1986, S. 609). Die verbleibenden Kombinatsbetriebe galten zwar als rechtlich selbständig und rechenschaftspflichtig. Doch faktisch waren sie dem einzelverantwortlichen Kombinatsdirektor bzw. dem Leitbetrieb untergeordnet. Der Zentralplaner hatte nichts mehr damit zu tun.

Dieser Prozess hatte keinen in der Literatur sichtbaren theoretischen Vorlauf. Die entsprechenden Parteibeschlüsse basierten auf dem sowjetischen Vorbild, der Vereinigung (*obedinenie,* Nove 1980, S. 92–100), dem auch die Ordnungspolitik in den übrigen sozialistischen Ländern folgte.[37] Aufgabe der politischen Ökonomie war es dann, die Maßnahmen zu erklären. Dezentralisierende Reformen hätten es erlaubt, die Zahl der Betrieb, ihre Autonomie und ihre Spezialisierung zu vergrößern. Die Kombinatsbildung schlug genau die entgegensetzte Richtung ein: Konzentration, Zentralisierung und Standardisierung. Gab es 1971 noch 11 253 Industriebetriebe in der DDR, waren es 10 Jahre später nur noch 4332 (Richter 1986, S. 611). Darin sah man die fortschreitende Vergesellschaftung der Produktion (s. Abschn. 3.2.1). Die Zahl der Außenkontakte (d. h. der Warenlieferungen) der Wirtschaftseinheiten nahm erheblich ab. Die vertikale Konzentration verlegte viele Vorleistungen innerhalb des Kombinats. Dadurch verringerten sich auch die Lieferprobleme. Die horizontale Konzentration führte zur Reduzierung der konkurrierenden Produkte und erlaubt höhere Losgrößen (Skalenerträge), führte aber eben auch zur Monopolbildung.

Der Großbetrieb setzte sich generell durch. So etwas wie Start-ups konnte es nicht geben, allein schon aus dem Grund, dass Neugründung von Betrieben nicht Sache von Individuen war. Offensichtlich stand dies den hoch differenzierten, modernen Organisationsstrukturen im Kapitalismus entgegen, wo multinationale

---

[37] Die ersten Kombinate Ende der 1960er Jahre waren wohl eine eigene Idee der DDR. Die integrale Überführung der gesamten Industrie in diese Organisationsform in der zweiten Hälfte der 1970er Jahre stand dann unter sowjetischem Einfluss.

Großkonzerne und zahlreiche mittlere und kleine Betriebe miteinander konkurrieren und kooperieren. Das System der Zentralplanung tendiert generell zur Konzentration, um den Verwaltungsaufwand beherrschbar und die Kontrolle über die Wirtschaft effektiv zu machen. Eine der ersten Maßnahmen der Nazi-Wirtschaftspolitik war das Zwangskartellgesetz von 1933, mit dem die schrittweise Einführung einer Planwirtschaft eingeleitet wurde.

Als Gorbačev 1985 den Vorsitz der KPdSU übernahm und mit *glasnost* (Transparenz), *perestroika* (Transformation) und *uskorenie* (Beschleunigung) eine grundlegende Reform des erstarrten Sowjetsystems in die Wege zu leiten versuchte, wäre es auch in Ostberlin höchste Zeit gewesen, über eine ordnungspolitische Neuausrichtung nachzudenken. Doch das hielt man dort für überflüssig. Zur gleichen Zeit veröffentlichten Helmut Koziolek und Otto Reinhold, beide ZK-Mitglied und als Direktor des Zentralinstituts für sozialistische Wirtschaftsführung beim ZK der SED bzw. als Rektor der Akademie für Gesellschaftswissenschaften beim ZK der SED die ranghöchsten Politökonomen der DDR, einen Artikel „Über die schöpferische theoretische Arbeit in der politischen Ökonomie bei der Gestaltung des entwickelten Sozialismus in der DDR" im *Neuen Deutschland* (Koziolek und Reinhold 1987). Anders als in ihrem kritischen und von Honecker scharf kritisierten Gutachten nach der Ölpreiskrise von 1973 (s. Abschn. 1.3.1) sollte dieser Artikel die Lage in rosigen Farben schildern und klarmachen, warum ein ‚Tapetenwechsel' in der DDR nicht erforderlich sei: „Wir gestalten die entwickelte sozialistische Gesellschaft in unserem Lande – wie Genosse Erich Honecker auf der 3. Tagung des Zentralkomitees unterstrich – entsprechend unseren konkreten historischen Bedingungen, im Geiste des Programms unserer Partei" heißt es da, wobei großzügig konzediert wird, „daß jedes Land seinen Entwicklungsstand und seine spezifischen Gegebenheiten berücksichtigt, was natürlich mit sich bringt, daß es auch Unterschiede im Herangehen gibt".

In dem Artikel geht es zum einen um den Primat der Politik vor der Wissenschaft: „Weniger denn je können abseits vom praktischen Kampf der Partei neue theoretische Erkenntnisse gewonnen werden". Das Prinzip des demokratischen Zentralismus ist unabdingbar. Zum anderen geht es darum, die wissenschaftlich-technische Revolution, und nicht etwa ordnungspolitische Fragen, zum Kernthema der Wirtschaftspolitik zu machen: „Die Fragen des wissenschaftlich-technischen Fortschritts, der Verbindung der Vorzüge des Sozialismus mit der wissenschaftlich-technischen Revolution durchdringen alle Schwerpunkte der ökonomischen Strategie". Nicht weniger als 28-mal spricht der Artikel der Begriff der wissenschaftlich-technischen Revolution an. Dem Leser wird eingehämmert, dass die DDR sich hier auf dem rechten Weg befinde. Dabei bleibt die wissenschaftlich-technische Revolution ein exogenes historisches Phänomen, das die Produktivkräfte erfasst, wobei die Produktionsverhältnisse – was die marxistische Theorie ja erfordert – mit der Kombinatsreform für hinreichend angepasst erklärt werden. Probleme des ständig wachsenden Rückstandes gegenüber dem Westen gibt es nicht. Der Begriff ‚Innovation' taucht nicht auf (s. Abschn. 4.1.1). Im schönsten Parteitagsjargon heißt es nur: „Die Aufgaben der Politökonomen und Wirtschaftswissenschaftler bestehen darin mitzuwirken, den theoretischen Vorlauf für die ständige Vervollkommnung von Leitung, Planung und wirtschaftlicher Rechnungsführung zu liefern, Bewährtes zu verallgemeinern und auftretende ‚Reibungsverluste' aufzudecken, mit dem Ziel, die mobilisierende Wirkung der Maßnahmen zu sichern".

Erst als die Auflösung des Systems nicht mehr zu übersehen war, starteten 1988 mehrere Initiativen, um das politische und das wirtschaftliche Leben Ostdeutschlands zu demokratisieren und zu reformieren. Solche Initiativen entstanden innerhalb der sozialistischen Partei, aber auch außerhalb. Letzteres war schwierig, denn Bürgerbewegungen wie das *Neue Forum* (im September 1989 gegründet) wurden unmittelbar für verfassungswidrig und staatsfeindlich erklärt. Wir gehen im Folgenden kurz auf drei derartige Initiativen ein, die offizielle Reaktion der Partei auf die Herausforderungen, die ‚radikale' Reaktion innerhalb der Partei und auf die Ideen des *Neuen Forums.*

Die offizielle Reaktion auf die offensichtlichen wirtschaftlichen und auch politischen Schwierigkeiten der DDR kam unglaublich spät. Sie kann auf den 3. November 1989, zwei Wochen nach Absetzung Honeckers und eine Woche vor dem Mauerfall, datiert werden. Unter der Überschrift „Wirtschaftsreform – Element der Erneuerung des Sozialismus" publizierten Wolfgang Heinrichs und Wolfram Krause im *Neuen Deutschland* Vorstellungen zu einer Systemreform (Heinrichs und Krause 1989)[38].

Heinrichs und Krause versichern, dass die Profession sich bereits seit einiger Zeit intensiv mit den aktuellen Problemen und adäquaten Lösungsansätzen beschäftigt habe. In der Literatur ist davon nichts zu sehen. Aber die Flut von Wortmeldungen nach diesem Startschuss lässt vermuten, dass hinter verschlossenen Türen in der Tat Diskussionen stattgefunden hatten (Böick 2016). Heinrichs und Krause gehen sehr vorsichtig und umständlich vor. Sie benennen eine Reihe

[38] Wolfgang Heinrichs war Akademiemitglied und Direktor des Zentralinstituts für Wirtschaftswissenschaften an der Akademie der Wissenschaften, Wolfram Krause war 1974 als stellvertretender Direktor der SPK abgesetzt und in eine untergeordnete Parteiposition abgeschoben worden. Als Mitglieder der Aufbaugeneration waren beide vertraut mit den alten Reformdiskussionen und mit den Mängeln des alten Systems.

von systemtypischen Fehlentwicklungen. Auf Grund der forcierten Devisenerwirtschaftung steht der Exporterlös in keinem Verhältnis zum Inlandsaufwand. Das Prinzip der Eigenerwirtschaftung der Mittel existiert mehr oder minder nur auf dem Papier: Selbst wenn die finanziellen Mittel vorhanden sind, sind sie häufig nicht durch materielle Realisierungsmöglichkeiten abgedeckt. Ganz ähnlich verhält sich die Relation zwischen Kauffonds und Warenfonds der Konsumgüter: Das Wort Kaufkraftüberhang erwähnen sie lieber nicht. Effektive Innovation scheitert an bürokratischen Vorschriften.

Da „in der Regel … zugunsten der Zentralisierung entschieden“ wird, sind Veränderungen des ökonomischen Mechanismus an der Basis zu koppeln mit Veränderungen in der Funktionsweise der zentralen Regierungsebene. Gedacht wird dabei an einen schrittweisen Übergang auf die normative Steuerung ökonomischer Prozesse. „Hierfür ist auch ein funktionierender Marktmechanismus unverzichtbar“. Doch was verstehen die Autoren darunter? Die Wirkung des Wertgesetzes und Preise, die eine reale Messung von Aufwand und Nutzen ermöglichen. Konkrete Vorstellungen von der Institution ‚Markt‘ haben sie nicht. Die Sozialpolitik ist eigentlich eine Erfolgsgeschichte. Andererseits führte sie nicht zu der erwarteten Steigerung der Arbeitsproduktivität, so dass der Zusammenhang von Leistungen für die Gesellschaft und Leistungen von der Gesellschaft als wirksame Triebkraft geschärft werden muss.

Heinrichs und Krause greifen auf den Reformdiskurs Anfang der 1960er Jahre zurück. Die wesentlichen Stichworte tauchen wieder auf. Dabei analysieren sie aber nicht, warum das NÖS gescheitert ist, politisch und ökonomisch. ‚Keine Fehlerdiskussion‘ war ein alter Parteigrundsatz, wenn Probleme politische Änderungen notwendig machten (Schirdewan 1994, S. 54). Seit Stalins Zeiten galt ‚Fehler haben einen Namen und eine Adresse‘, und so sind auch hier wieder „subjektivistische Entscheidungen und Kommandos von einzelnen aus der Zentrale“ eine Hauptursache für unzureichende Resultate. Namen werden nicht genannt, aber es ist unschwer zu erraten, dass Günter Mittag gemeint ist, der am 18. Oktober abgesetzt worden war. Was das erforderliche Reformtempo betrifft, so vertreten die beiden Autoren eine gradualistische Strategie: Innerhalb der nächsten beiden Fünfjahrpläne werden die entscheidenden Schritte ausgeführt. „Unmittelbar geht es deshalb zunächst um die Ausarbeitung eines bilanzierten Planes für das Jahr 1990“. Business as usual.

Am 17. November gab Hans Modrow als neuer Vorsitzender des Ministerrates seine Regierungserklärung ab. Zur Wirtschaftsreform enthält sie genau einen Satz, der als Ziel vorgibt, die Eigenverantwortung der wirtschaftenden Einheiten zu erhöhen, die zentrale Planung auf das erforderliche vernünftige Maß zu reduzieren sowie das Leistungsprinzip mehr und mehr durchzusetzen (Dürkop und Gehler 2018, S. 497). Gleichzeitig wurde eine ‚Arbeitsgruppe Wirtschaftsreform' unter Leitung von Wolfram Krause eingesetzt, die am 1. Februar 1990 einen ersten Entwurf vorlegte (Böick 2016). Er reflektiert die Reformideen der Planungselite, die auf eine Marktwirtschaft hinauslaufen, die durch den Staat mit gesetzlichen und ökonomischen Instrumenten reguliert wird. Gesellschaftliches Eigentum bleibt vorherrschend. Nur die Nationalisierung der kleineren Betriebe von 1972 sollte rückgängig gemacht und ausländische Minderheitsbeteiligungen ermöglicht werden. Da hatte man wohl von Polen gelernt. Dazu bedurfte es der Umwandlung der volkseigenen Betriebe in Kapitalgesellschaften, was am 01. März 1990 durch das Treuhandgesetz erfolgte: ein erster Schritt zur Trennung von Wirtschaft und Staat.

Man kann darüber streiten, wann Diskussionen über eine Reform der sozialistischen Wirtschaft obsolet geworden sind. Am 01. Februar 1990 machte Hans Modrow seine Konzeption für eine Vertragsgemeinschaft zwischen der DDR und der BRD publik, „die bereits wesentliche konföderative Elemente enthalten sollte wie Wirtschafts-, Währungs- und Verkehrsunion sowie Rechtsangleichung" (Dürkop und Gehler 2018, S. 546). Die Bundesregierung war gleichzeitig zu einem ähnlichen Schluss gekommen und bot am 07. Februar 1990 Verhandlungen an über eine deutsch-deutsche Währungs-, Wirtschafts- und Sozialunion. Als diese dann am 18. Mai 1990 verabschiedet wurde, waren weitere Überlegungen zur Neugestaltung der sozialistischen Ordnung definitiv hinfällig. Mehr als ein halbes Jahr war dafür nicht Zeit gewesen.

Die ordnungspolitischen Vorstellungen der ‚radikalen' Reformgruppe innerhalb der Partei blieben insgesamt ziemlich vage. Diese Gruppe von Jungtürken rekrutierte sich aus der dritten Generation, um 1950 geboren, Kinder des akademischen Establishments, die sich als Intellektuelle verstanden und einem „konspirativen Avantgardismus" huldigten (Land und Possekel 1994).[39] Sie verteidigten den Primat der Politik: Zuerst müsse die Macht der Partei wiederhergestellt werden, dann könne eine Wirtschaftsreform erfolgen. In guter leninistischer Tradition stand die Machtfrage zentral, „weil die ‚Machtfrage' als Invariante für Reformen galt" (Ibid., S. 47). Die führende Rolle der kommunistischen Partei blieb unwidersprochen. Koalitionen mit oppositionellen Bürgerbewegungen wird es nicht geben. Letztere könne man zwar nicht unterdrücken, sie seien aber strikt zu begrenzen: „Opposition gegen den Sozialismus ist nicht zuzulassen" (A. Brie et al. 1990, S. 155).

---

[39] Avantgarde ist der leninistische Ausdruck für Elite, die, solange sie nicht an der Macht ist, konspirativ agieren muss. Denn die Bildung einer offenen oppositionellen Plattform ist eine schwere Parteisünde.

Ein moderner demokratischer Sozialismus und primär nicht eine Wirtschaftsreform waren das zentrale Anliegen der Jungtürken. Sie hatten sich bereits 1977 als interdisziplinäre Forschungsgruppe zu philosophischen und methodologischen Problemen der politischen Ökonomie um den Philosophen Peter Ruben und den Ökonomen Hans Wagner geschart. Beide wurden 1981 diszipliniert (s. Abschn. 2.3.1), womit man natürlich auch diese Gruppe traf. Mit Unterstützung des Prorektors für Gesellschaftswissenschaften an der Humboldt Universität, Dieter Klein, erhielten sie jedoch 1988 Mittel für ein Forschungsprojekt „Philosophische Grundlagen der Erarbeitung einer Konzeption des modernen Sozialismus". Da der politische Umbau (Perestrojka) der wirtschaftlichen Reform – zumindest Lenin zufolge – konzeptuell und historisch vorausgehe, sollte während einer ersten Phase der Grundbestand des herrschenden Wirtschaftssystems beibehalten werden: Planungsmodell, grundlegende Kennziffern, Bilanzierung, Preisbildung, Fondsreproduktion, Abführungsmodalitäten, Kreditmechanismus (M. Brie et al., 1989, S. 9). Aber auch längerfristig bleiben diese Autoren im Rahmen einer nur moderat ‚vervollkommneten' sozialistischen Ordnung: „die Propagierung automatischer Wirtschaftsregulatoren ohne eine starke gesellschaftliche Planung und Kontrolle ist nicht tragfähig" (Ibid., S. 51). Das hatte das Lehrbuch von 1969 schon gegen die Ideen der mutigeren Reformer vorgebracht. Was die Akteure der notwendigen Veränderungen betrifft, so steht die Gruppe zur führenden Rolle der Partei, obwohl der entsprechende Satz von der Volkskammer am 1. Dezember 1989 aus der Verfassung gestrichen worden war: „Reformprozesse müssen durch eine politische Kraft geführt werden, die Handlungsspielraum besitzt. Dies ist unter den Bedingungen des Sozialismus in der DDR heute allein die SED" (Ibid., S. 89).

Liest man die Papiere der Forschungsgruppe und die rückblickenden Betrachtungen ihrer Mitglieder (z. B. in Crome et al. o. J.), dann ist man beeindruckt von der sozialphilosophischen Kompetenz und der theoretischen Perspektive: „wie kommt eine dem Wesen des Sozialismus als Emanzipation der Arbeit gemäße Entwicklungsrichtung der Ökonomie, der Arbeits- und Lebensprozesse zustande" (Ibid., S. 29). Aber gleichzeitig wundert man sich darüber, dass die aktuelle Situation der sozialistischen Länder völlig unberücksichtigt bleibt. Hier wird am Rande des Abgrunds *sub specie aeternitatis* argumentiert. Die Einschätzung des Dresdener Sozialwissenschaftlers Siegfried Kost, der nur marginal an den Diskussionen beteiligt war, trifft wohl den Kern: „also ich würde sagen: sie waren immer ein bißchen blauäugig. Sie waren parteigläubig, schafften es doch irgendwie, sich auch in ihrem Denken einer Parteidisziplin zu unterwerfen, und begründeten es damit, daß manches eben so sein müsse, weil sonst der guten Sache generell Schaden erwüchse" (Ibid., S. 28–29).

Das Schicksal des Forschungsprojekts und seiner Studie ist in wenigen Worten erzählt. Als Dieter Segert, einer der Jungtürken, im Juni 1989 nach Budapest reiste, um ihre Ideen eines modernen Sozialismus mit ungarischen Kollegen zu diskutieren, musste er tief enttäuscht feststellen: In Budapest war niemand mehr daran interessiert (Segert 2008, S. 69). In Prag oder Warschau wäre es ihm sicher nicht besser ergangen. Bemerkenswert ist hier aber die Tatsache, dass diese und auch andere Reformvorstellungen aus dem Jahr 1989 sich überhaupt nicht mit den schon länger in Gang gekommenen Reformansätzen in Polen und Ungarn beschäftigt haben. Dort komme es wie in der UdSSR auf Grund des Reformchaos zur Destabilisierung der Gesellschaft und zu sozialen Konflikten. Die Produktionsverhältnisse in der DDR genügten dagegen „den Kriterien der sozialen Sicherheit und der leichten administrativen Regierbarkeit" (M. Brie und Land 1990, S. 1086).

Das Desinteresse an den Nachbarländern, das wir schon eher feststellen konnten (s. Abschn. 2.3.1), blieb vorherrschend: Der neue, moderne Sozialismus war als originärer DDR Beitrag zum Weltsozialismus gedacht: „Unsere Umgestaltung der Wirtschaftsorganisation kann, wenn sie gelingt, Impulse für demokratische und sozialistische Bewegungen in Europa überhaupt vermitteln" (M. Brie und Land 1990, S. 1086). Auch in Ost-Berlin zeigten die Parteispitze und das Zentralkomitee allerdings keinerlei Interesse. Als „Argumente gegen die Wiedervereinigung", so der Untertitel der Veröffentlichung 1990 in West-Berlin (Land 1990), hätte das Konzept bestimmt keine Zustimmung bei der breiten Bevölkerung gefunden, die es allerdings nicht mehr erreichte: Die mediale Auseinandersetzung konzentrierte sich längst auf andere Themen, das marxistisch-leninistische Sozialismusmodell war tot.

Zum Schluss ein kurzer Blick auf das *Neue Forum,* das zu den neuen Akteuren in Ostdeutschland aus der Bürgerbewegung zählte. Nach dem Mauerfall konnten sie offen operieren und organisierten bereits im November 1989 eine internationale Konferenz zu Fragen der Wirtschaftsreform (Neues Forum 1990). Neben Mitgliedern des Neuen Forums traten westdeutsche Wissenschaftler und Regierungsbeamte auf, zahlreiche ostdeutsche Ökonomen aus der Akademie der Wissenschaften und anderen Instituten – und Ota Šik. Sein Beitrag ist bemerkenswert wegen der vernichtenden Äußerungen über ostdeutsche Ökonomen: dogmatisch, ein Monopol der Marx Interpretation beanspruchend, arrogant gegenüber sogenannten Revisionisten, voreingenommen gegenüber dem Marktmechanismus. Kurz, man könne von ihnen nicht erwarten, dass sie eine wirklich neue und effiziente Wirtschaftsordnung im Sinn hätten; sie würden versuchen, so viel wie möglich von der alten Zentralplanung zu retten. Hier wurden offensichtlich alte Rechnungen beglichen, doch sind die Bemerkungen symptomatisch für die Reputation ostdeutscher Ökonomen, einzelne Vertreter ausgenommen, in den sozialistischen Nachbarländern.

Zu dieser Zeit zeichnete sich bereits deutlich ab, dass ein umfangreicher Transformationsprozess in Gang gekommen war. Die später heiß umstrittene Frage ‚Schocktherapie oder graduelle Reform' trat hier zum ersten Mal in den Vordergrund. Die meisten ostdeutschen Ökonomen hielten, ähnlich wie die offiziellen und ‚radikalen' Parteikonzepte, einen allmählichen Übergang für sinnvoll, der ohne momentane Wohlfahrtsverluste möglich sei. Die Forum Mitglieder und Šik bevorzugten rasche Reformen, schätzten aber erstaunlich realistisch die sozialen Folgen der Transformation ein. Einig war man sich darüber, dass die Betriebe unabhängig vom Staat operieren sollten. Gleichzeitig hielt man das gesellschaftliche Eigentum, in welcher Form auch immer, zumindest für größere Betriebe für unverzichtbar. Alle ostdeutschen Ökonomen sahen noch eine Rolle für die staatliche Planung, die allerdings eher indikativ und „unendlich viel kompetenter arbeitet als bisher" (Ibid., S. 52). Damit werden die Misserfolge wieder einmal der Inkompetenz der Akteure zugeschrieben und nicht der fehlkonstruierten Ordnung.

3.3.1.4 Kurze Zusammenfassung

Die beiden Wellen des Reformdenkens der 1960er Jahre und 1989–1990 liefen unter völlig verschiedenen politischen Bedingungen ab. Trotzdem haben sie vieles gemeinsam:

- Erstens ihr Schicksal: die Reformkonzepte der 1960er Jahre erfuhren zumindest kurze Zeit eine zögerliche Umsetzung, bevor sie abgewickelt wurden. Die Ideen von 1989–1990 fanden ein jähes Ende mit der Währungs-, Wirtschafts- und Sozialunion und der deutschen Wiedervereinigung im Oktober 1990.
- Zweitens: ein radikaler Übergang zur Marktwirtschaft unter kommunistischer Herrschaft, so wie in China nach 1979[40], wurde nie erwogen. In den 1960er Jahren bedeutete der Primat der Politik eine unverwässerte zentrale Kontrolle der Wirtschaft. 1989–1990 beabsichtigte man, Staat und Wirtschaft voneinander zu trennen. Aber der Sozialismus, d. h. gesellschaftliches Eigentum und bewusste gesellschaftliche Steuerung der Wirtschaft, sollten bewahrt bleiben. Unabhängigkeit, Selbstverantwortung und Selbstfinanzierung der Betriebe waren wesentliche Reformziele. Es blieb undeutlich, was das in

[40] Der chinesische Ein-Parteien-Staat hält weiterhin einige Kommandohöhen besetzt und besitzt vor allem im Finanzsektor entsprechende Kontrollmöglichkeiten. Doch die unternehmerischen Freiheiten sind für ein erklärtermaßen sozialistisches Land erstaunlich.

Bezug auf den Markt impliziert, auch wenn Marktwirtschaft 1989–1990 auf der Agenda stand.

- Das äußerte sich deutlich bei der Behandlung der Preisreform, die in beiden Wellen gefordert wurde. Preise sollten die realen Kosten reflektieren, doch das sei Aufgabe einer zentralen Preissetzungsbehörde, nicht des Wettbewerbs. Beide Wellen sprachen sich für Internationalisierung aus, um den Wettbewerbsdruck zu erhöhen. Rückwirkungen auf die Preise wurden aber nur indirekt erfasst.
- Viertens: Individuelle, Gruppen- und gesamtgesellschaftliche Interessen müssen aufeinander abgestimmt werden. Das leistet der Markt nicht allein, anderenfalls bestände kein Bedarf an Wirtschafts- und Sozialpolitik. Doch was sind die gesamtgesellschaftlichen Interessen? In der marxistisch-leninistischen Theorie ist die Gesellschaft als Ganze ein Subjekt mit eigenen Interessen. Es wird aber an keiner Stelle erklärt, wie sich diese bilden, wenn sie die Parteispitze nicht vorgibt. Das ist eine der Aufgaben, die aus der führenden Rolle der Partei folgt. Methodologischer Individualismus ist diesem Denken fremd.
- Fünftens: Auch ‚strukturbestimmende' Entscheidungen sind Aufgabe des Zentralplaners. Entsprechende Investitionen müssen über den Staatshaushalt finanziert werden. Das verlangt, dass der Kapitaltransfer (Fondstransfer) vom Staat und nicht von Kapital- und Kreditmärkten gelenkt wird. Das geringe Verständnis der Rolle von Unternehmern und Banken ist offensichtlich: Schumpeter kam nicht bis Ost-Berlin.
- Sechstens: Betriebe und Individuen sollten nach Leistung entlohnt werden, wobei Leistung sich am Gewinn bemisst (das komplizierte Accountingproblem, was Gewinn ist, einmal beiseitegelassen). Gleichzeitig wird das Profitmotiv als kapitalistisch getadelt und im Sozialismus für überwunden erklärt. Was fehlt, ist eine empirisch fundierte Theorie des menschlichen Verhaltens. Zu Recht verlangte der eminente ostdeutsche Wissenschaftler Manfred von Ardenne „die Anpassung der marxistischen Ideologie an den menschlichen Charakter und die modernen Zeitverhältnisse" (Neues Forum 1990, S. 57).

3.3.2 Wiederkehrende Debatten im polnischen Reformdiskurs

3.3.2.1 Reformkonzepte nach 1956

Bereits vor den politischen Änderungen des Jahres 1956 setzte eine Diskussion zur Reform des Wirtschaftssystems ein. Unmittelbarer Anlass dafür war, wie Jerzy Osiatyński (1982, S. 315) anmerkte, die Veröffentlichung von Stalins (1952) *Ökonomische Probleme des Sozialismus in der UdSSR,* worin dieser feststellte, das wichtigste ökonomische Gesetz sei das Wertgesetz. Włodzimierz Brus, ehemals ein stalinistischer Ökonom, unterstrich in seinen Arbeiten, die nach 1953 erschienen, die Notwendigkeit, die wirtschaftlichen Entscheidungen zu dezentralisieren und die Methoden der Zentralplanung zu ändern (Brus 1956). Anfang 1956 fand eine Konferenz statt unter Beteiligung von Oskar Lange und Michał Kalecki. In der Diskussion forderten Brus und seine Anhänger mehr Autonomie für die Betriebe und materielle Anreize für die Beschäftigten, zum Beispiel in der Form von Gewinnbeteiligungen. Kalecki blieb skeptisch und hob einige Nachteile dieses Vorschlags hervor. Seiner Ansicht nach könne er zu unerwünschten Folgen führen, wie unkontrollierte Kostenbegrenzungen, wogegen die Ausweitung der Produktion für die Entwicklung der Volkswirtschaft Priorität habe auch bei steigenden Kosten (Kalecki 1982a [1956], S. 90).

Die politische und wirtschaftliche Krise, die im Sommer und Herbst 1956 ihren Höhepunkt erreichte, beschleunigte die Diskussion über notwendige wirtschaftspolitische Änderungen. Den Anfang nahm der Zweite Kongress der polnischen Ökonomen. Unter den Teilnehmern herrschte Einigkeit über

- mehr Autonomie für die Betriebe,
- eine aktuelle Wirtschaftsrechnung auf Basis des Produktionswerts und der Kosten,
- Reformen des Planungssystems.

Man debattierte nur über „Änderungen der sozialistischen Ordnung, nicht ihre Abschaffung" und schlug einen Sachverständigenrat vor, der für die Regierung Konzepte der erforderlichen Reformen entwerfen solle (Bałtowski 2009, S. 330). In seinen Schlussbemerkungen skizzierte Oskar Lange die Grundzüge der anstehenden Reform des Wirtschaftsmodells, die auf zwei Kernpunkten beruhen müsse, der Dezentralisierung des Planungssystems und der Einführung einer wirtschaftlichen Rechnungsführung (Sadowski 2007, S. 218–224). Nach dem zweiten Kongress entwickelte sich die sogenannte Modelldebatte, in deren Verlauf die Teilnehmer sich auf Schwerpunkte einer künftigen Wirtschaftsordnung konzentrierten (s. Abschn. 3.1.2).

In seiner Übersicht machte Kazimierz Kloc (1997) drei Gruppen aus. Die radikalste bestand aus jungen Wissenschaftlern um Stefan Kurowski (1957b). Sie schlugen vor, den Wirtschaftsmechanismus auf gewinnmaximierende unabhängige Unternehmen zu basieren. Die Mehrheit der Ökonomen, die sogenannte ‚Modellgruppe', der auch Lange und Brus angehörten, plädierte für eine allgemeine Reform der Planung auf Grundlage der Vorstellungen von Brus. Sie hob die Bedeutung unabhängiger, selbstverwalteter Unternehmen und ökonomischer Anreize für die Beschäftigten hervor, aber gleichzeitig auch die Aufgaben der Zentralplanung wie die Bestimmung von Preisen und Löhnen, die Investitionsentscheidungen, die Verteilung der Produktionsmittel u.s.w. Der Unterschied zwischen der ‚Modellgruppe' und der dritten, von Kloc ‚Realisten' genannten Gruppe (Kalecki, Bobrowski) betraf das Ausmaß der Unternehmensautonomie und die Grenzen der Zentralplanung. Kalecki hatte seine Meinung schon 1956 wiederholt geäußert. Danach könnte die Übertragung von Kompetenzen auf die Unternehmen zu wachsender Arbeitslosigkeit führen.

Gegen Ende des Jahres 1956 führte der soziale Druck zur Einführung einer Reihe von Maßnahmen, die das Wirtschaftssystem transformierten. Michał Kalecki spielte dabei eine führende Rolle als Vizepräsident des regierungsoffiziellen 'Komitees zur Unterstützung der Arbeiter bei der Entwicklung von Initiativen im Unternehmensmanagement' *(Komisji na rzecz świadczenia pomocy pracownikom w rozwijaniu ich inicjatyw na obszarze zarządzania przedsiębiorstwem).* Er trug zur Formulierung von drei wichtigen Gesetzesakten bei. Der erste war ein Erlass über Arbeiterräte, „which gave the freely elected councils a role in many respects similar to that of Board of Directors in a Western company (voting on the annual plans, determining the long-run direction of development and organization of the enterprise, scrutiny of the results, distribution of the after-tax profits and of the incentive fund". Das zweite Gesetz enthielt Empfehlungen für die Regierung, die Betriebsautonomie zu erweitern und die Zahl der obligatorischen Plankennziffern auf acht zu beschränken. Das dritte hatte den Unternehmensfonds zum Gegenstand und legte die Regeln für die Beteiligung der Arbeiter am Betriebsergebnis fest (Brus 1993, S. 385).

Diese Maßnahmen wurden als Anfang einer umfangreicheren Wirtschaftsreform betrachtet, die vom Wirtschaftsrat ausgearbeitet werden sollte, der im Dezember 1956 eingerichtet wurde. Oskar Lange wurde Vorsitzender des Rats und Bobrowski, Brus, Kalecki und Lipiński zählten zu den Stellvertretern. Der Rat sollte ein Programm entwerfen, um die Planung auf allen Ebenen zu reformieren. Er befasste sich auch mit der augenblicklichen Wirtschaftslage. Im Mai 1957 legte er „Thesen zu ausgewählten Änderungen des Wirtschaftsmodells" (*Tezy w sprawie niektórych kierunków zmian modelu,* Tezy 1957) vor. Die Autoren gingen ausführlich auf die Funktionsweise der staatlichen Industrie ein. Doch die eigentliche Bedeutung lag in den vorgeschlagenen Änderungen für die Zentralplanung. Eine große Zahl der obligatorischen Plankennziffern sollte abgeschafft und durch Wirtschaftsrechnung und Prognosen ersetzt werden. Die *Thesen* sahen eine aktive Beteiligung der Unternehmen, der lokalen Regierungsstellen und des Parlaments bei der Auswahl aus den alternativen Plankonzepten und bei der definitiven Plangestaltung vor (Ibid., S. 265–267). Diese Forderung widerspiegelte den öffentlichen Druck und die Überzeugung, die Wirtschaft müsse stärker „demokratisiert“ werden.

Die Autoren der *Thesen* strebten eine Änderung des Status der staatlichen Betriebe an, indem sie ihnen substantielle Autonomierechte einräumten einschließlich einer wichtigen Rolle für die Arbeiterräte. „Handeln auf Plananweisungen sollte nicht die wirtschaftlichen Parameter ersetzen“, so das Dokument. „Ökonomische Anreize an materielle Resultate der Planauflagen zu binden“ solle aufgegeben werden. Stattdessen empfahlen die Ökonomen, die Prämien an den „dynamischen Änderungen der wirtschaftlichen Resultate“ und den Anreizfonds am Gewinn zu orientieren. Auch der Lohnfonds müsse reformiert werden. Er solle „nicht länger (wie bisher) vom Bruttoproduktionswert abhängen, sondern vom Umfang der Nettoproduktion“ (Ibid., S. 267–273). Die Regel, ein Unternehmen sei selbst verantwortlich „für das finanzielle Ergebnis seiner Tätigkeit“ hatte nach Bałtowski revolutionäre Bedeutung, denn danach sei „ein Unternehmen als eigene Wirtschaftseinheit zu betrachten“ (Bałtowski 2009, S. 332).

Ein eigener Abschnitt der *Thesen* war Fragen der Preisgestaltung und der staatlichen Finanzpolitik gegenüber der Industrie gewidmet. Die Autoren wiesen darauf hin, dass die von der Regierung festgelegten Preise „die realen in Produktion und Handel herrschenden Bedingungen“ zu berücksichtigen hätten. Es gehe nicht an, „völlig unterschiedliche Regeln für die Preise von Produktionsmitteln und die Konsumgüterpreise anzuwenden, was zu einem künstlich gedoppelten Preisniveau führt und es unmöglich macht, Geld als einheitliches Wertmaß zu verwenden“. Preise sollten, so der Rat, entweder direkt vom Staat festgelegt werden oder „in der Form indirekter Preisvorschriften, die Produktion und Markt beeinflussen“ (Tezy 1957, S. 273–276).

Die Vorschläge des Rats suchten einen Kompromiss zwischen unterschiedlichen Auffassungen über die Wirtschaftsreform. Sie gingen einerseits auf Erwartungen der Öffentlichkeit ein (mehr Autonomie für die Betriebe, Arbeiterselbstverwaltung). Gleichzeitig bauten sie Vorkehrungen ein, die dem Staat eine starke Position garantierte, z. B. bei der Fixierung der Preise und des Lohnfonds und der Investitionspolitik (Ibid., S. 265–267). Włodzimierz Brus, einer der Koautoren des Programms, merkte dazu an: „I viewed as natural the exclusion of the sphere of major investment projects from the general principles of the new model, as well as the need for government control over prices or for setting an overall limit on the pay-roll (‘wage fund’) in state enterprises“ (Brus 1993, S. 390). Auch blieb die Option gewahrt, auf bewährte Methoden der Zentralplanung zurückzugreifen: „Die Effizienz der Zentralplanung […] erfordert […] direktive Plananweisungen, wo solche Anweisungen notwendig und angemessen sind“ (Tezy 1957, S. 263). Die *Thesen* schlossen damit materielle Vorgaben für die Produktionsstruktur und die Ressourcenallokation nicht aus. In besonderen Fällen konnten sich diese Formen als notwendig erweisen.

Das Projekt kann als Versuch interpretiert werden, Elemente des Marktsozialismus einzuführen. Die *Thesen* wurden jedoch weder angenommen noch abgelehnt. Sie wurden einfach auf unbestimmte Zeit zurückgestellt, so wie das auch mit anderen Analysen des Wirtschaftsrats geschah. Andrzej Jezierski und Barbara Petz (1988, S. 17) stellten fest: “Ratsempfehlungen bezüglich der aktuellen Wirtschaftspolitik wurden üblicherweise nicht einmal in Erwägung gezogen“. Tatsächlich nahm die Politik die partiellen Änderungen zurück, die Ende 1956 eingeführt worden waren, jenem Jahr, das Brus (1993, S. 385) als „the highest point in the meanders of the Polish reform process until the 1980s“ sah.

Ende 1956 fanden allerdings einige wichtige Änderungen statt. An die Stelle der Staatlichen Kommission für Wirtschaftsplanung (PKPG) trat die Plankommission, deren Kompetenzen, ähnlich wie in anderen Ländern des Sowjetimperiums, beschnitten wurden – sie konnte keine Anweisungen mehr erteilen. Die Zahl der Industrieministerien wurde auf sieben beschränkt, wobei sie ihren Einfluss über ökonomische Instrumente ausüben sollten und nur im Notfall über administrative Eingriffe. Anstelle der kritisierten zentralen Branchenverwaltungen richtete man Industrievereinigungen ein, die im Gegensatz zu ihren Vorgängern wirtschaftliche Organisationen waren. Ende 1956 stärkte eine Regierungsverordnung die Unabhängigkeit der Betriebe, indem die Zahl der Kennziffern von einigen Dutzend auf acht reduziert wurde. In der Praxis blieben die Betriebe jedoch den Vereinigungen untergeordnet, so dass die Reformen von 1956 am Ende nur ein begrenztes Ausmaß hatten (Tymiński 2001, S. S. 28).

Teil der wirtschaftspolitischen Reaktionen auf die Ereignisse von 1956 war eine Verschiebung von Mitteln für den Konsum und von Investitionen in die Konsumgüterindustrie. Doch schon Ausgang der 1950er Jahre schwenkte die Regierung wieder zu einer Bevorzugung der Schwerindustrie über: Bergbau, Metallurgie, Maschinenbau und die chemische Industrie. Man rechtfertigte diese Politik mit der Notwendigkeit, den Modernisierungsprozess der Wirtschaft zu beschleunigen. Genauso wie vor 1956 flossen die meisten Mittel in die Rohstoff- und Produktionsmittelindustrie. Neueröffnete oder modernisierte Fabriken blieben in der Regel technisch rückständig im Vergleich zu westlichen Produktionsstätten, und ihre Produkte konnte auf den Weltmärkten nicht konkurrieren.

3.3.2.2 Reformieren ohne Reform (die 1960er und 1970er Jahre)

Der Wirtschaftsrat existierte formell bis 1963, doch seine tatsächliche Aktivität endete 1960. Die prominentesten Ökonomen, darunter Kalecki und Brus, reduzierten schrittweise ihre Tätigkeit als Regierungsberater. Der Fall Kaleckis, der viele Jahre lang aktiv in der Plankommission mitarbeitete, ist symptomatisch. Seit Januar 1957 war er als Berater des Vorsitzenden der Plankommission tätig. Er leitete ein Team mit der Aufgabe, einen langfristigen Plan für die Periode 1961–1975 zu entwerfen. 1958 und 1959 wurde ein Konzept dafür ausgearbeitet, dessen theoretischen Grundlagen Kalecki entwickelt hatte. Die politische Führung hielt die Vorschläge jedoch für nicht ehrgeizig genug und lehnte sie ab (Osiatyński 1982, S. 443). Die Entscheidung des Vorsitzenden der Plankommission war begleitet von einer Reduzierung des Einflusses von Kalecki auf die weitere Arbeit des Teams und seiner Entfernung aus dem Präsidium der Kommission. Seit den frühen 1960er Jahren ging Kaleckis Einfluss als Regierungsberater zurück, bis er schließlich 1964 aus der Plankommission ausschied (s. auch Abschn. 2.3.2 und 4.1.2).

Der Rückzug der prominenten Ökonomen aus der Beratertätigkeit für die Regierung war verbunden mit dem Rückzug der Regierung von den Änderungen des Wirtschaftssystems, die nach 1956 eingeführt worden waren. Am Ende des Jahrzehnts schob die Parteiführung der PVAP die Arbeiterräte der Betriebe ins Abseits (Tymiński 2001) und stärkte das Zentrum auf Kosten der Branchenministerien, der Industrievereinigungen und der Betriebe. Die Bedeutung der Plankommission, wieder vom stellvertretenden Ministerpräsidenten geführt, nahm zu (Kaliński 2007): Die Befehlswirtschaft, als „Führung durch Planung" charakterisiert, gewann erneut Priorität (Gruszecki 1984, S. 70).

In den 1960er Jahren übte Gomułka selbst einen entscheidenden Einfluss in der Wirtschaftspolitik aus, und er hielt nichts von der Meinung ökonomischer Experten (Bobrowski 1985). Es gab bescheidene Versuche, das Wirtschaftssystem zu reformieren, wobei hohe Staats- und Parteifunktionäre und nicht die professionellen Ökonomen solche Projekte ausarbeiteten. Die Parteioberen, wie Bolesław Jaszczuk und Eugeniusz Szyr, setzten sich nachhaltig dafür ein, die Wirtschaft über ein starkes Zentralplanungssystem zu leiten.

Die Verschlechterung der Wirtschaftslage (Absacken der Produktivität) seit Mitte der 1960er Jahre zwang die Partei jedoch, partielle Reformen zu versuchen. So kam es zu Vorschlägen, die industriellen Vereinigungen *(zjednoczenia przemysłowe)*, d. h. das intermediäre Niveau der Verwaltungs- und Planungshierarchie zu stärken, die Bedeutung der materiellen Output Indikatoren zu reduzieren und das Management der Betriebe zu verbessern. Diese Vorschläge blieben inkonsistentes Stückwerk, und es wurde nur selten versucht, solche ‚Reformen' umzusetzen. Manche Ökonomen sahen darin eine schrittweise Evolution des Wirtschaftssystems (Pajestka und Secomski 1968; auch Brus 1979). Doch tatsächlich handelte es sich nur um bescheidene Verbesserungsversuche ohne substantielle Systemänderungen (Rychard 1980).

1968 rief die Partei eine Kommission unter Führung des Sekretärs des Zentralkomitees Bolesław Jaszczuk ins Leben, die ein Reformprogramm entwerfen sollte. Grund dafür waren die unübersehbare Abschwächung der Wirtschaft und die wachsende technologische Lücke zwischen Polen und den entwickelten Industrieländern. Von ihren Vorgängern unterschied sich die Kommission dadurch, dass sie vor allem aus Vertretern der Partei und der Regierung bestand, während Wirtschaftswissenschaftler kaum vertreten waren (z. B. Pajestka). Das Programm der Kommission enthielt mehrere wichtige Punkte (Dwilewicz 2008; Kaliński 2011). Man führte neue Organisationsstrukturen ein (Kombinate *[kombinats]*, d. h. vertikal integrierte Konglomerate), um das Wachstums zu fördern. Das Konzept der selektiven Entwicklung konzentrierte die Investitionen auf moderne Industriezweige, die eine höheren Mehrwert produzieren. Damit sollte auch ihre Exportfähigkeit gesteigert werden. Ein weiteres wichtiges Element war eine Lohnreform, wobei die Löhne an das Betriebsergebnis gekoppelt wurden. Das führte in der Realität zu Lohnsenkungen. Gleichzeitig sollten die Preise realistischer werden, das hieß in Wirklichkeit steigen. Beides zusammen ließ die Reallöhne fallen und war unmittelbarer Anlass für die Streiks im Dezember 1970 und den Fall Gomułkas.

Als Edward Gierek im Dezember 1970 an die Macht kam, strich er die am meisten kritisierten Elemente der Reform Jaszczuks. Die Preissteigerungen wurden rückgängig gemacht, die Löhne erhöht, das Konzept der selektiven Entwicklung aufgegeben. Die neue Führung kündigte neue Wirtschaftsreformen an und benannte eine neue Kommission unter Leitung des nächsten Wirtschaftssekretärs des Zentralkomitees Jan Szydlak. Pajestka wurde einer der stellvertretenden Vorsitzenden, doch ähnlich wie in der Jaszczuk Kommission waren auch hier die Vertreter der Staats- und Parteibürokratie in der Überzahl. Im Vergleich zu ihrem Vorgänger war der Output der Szydlak Kommission sehr viel bescheidener. Zdzisław Rurarz (1990), der Wirtschaftsberater von Gierek, schrieb in seinen Memoiren, das Ergebnis sei kaum nennenswert gewesen und Pajestka außer Stande, es in Worte zu fassen. In ihrer Zusammenfassung, die Ende 1971 erschien, betonte die Kommission die Notwendigkeit, die Unabhängigkeit der Wirtschaftsorganisationen zu stärken. Doch ähnlich wie in den späten 1950er Jahren wurden solche Vorschläge nicht umgesetzt: Die Verbesserung der Wirtschaftslage hielt die Politik davon ab, sich für irgendwelche Reformen zu engagieren (Kuczyński 1981 [1979], S. 30–31).

Giereks Team versuchte, das Zentrum zu stärken und gleichzeitig den ausführenden Organen mehr Unabhängigkeit zu gewähren. Die neu eingerichteten großen Wirtschaftsorganisationen (WOG) waren Staatsholdings, die aus den früheren vertikal integrierten Kombinaten oder aus horizontal integrierten Betrieben der gleichen Branche, industriellen Vereinigungen *(zjednoczenia przemysłowe)*, gebildet wurden. Sie erhielten große Entscheidungsbefugnisse. Dadurch nahm die Monopolisierung der Wirtschaft zu. Hinzu kam die Einführung der ‚offenen Planung', die die Einführung neuer Aufgaben in die laufende Planung erlaubte. Damit geriet das gesamte Planungssystem aus dem Gleichgewicht, es wurde eine Fiktion. Das Zentrum reagierte darauf mit einer neuerlichen Konzentration seiner Macht und einer Schwächung des WOG Systems in der zweiten Hälfte der 1970er Jahre (Kaliński 2007).

Ein wichtiges Element der Wirtschaftspolitik Giereks war die deutliche Steigerung der Investitionsausgaben, die mit Krediten aus dem Westen finanziert wurden. Der Idee nach sollten sie mit den Exporterlösen der Produktion aus den neuen und modernisierten Betrieben zurückgezahlt werden (sogenannte Selbst-Rückzahlung). Diese Strategie führte im Zusammenspiel mit dem wachsenden Einfluss regionaler und Branchen-Interessengruppen zu einer unkontrollierten Zunahme der Investitionsausgaben, einem raschen Ansteigen des Schuldenstandes und einem Wirtschaftsabschwung Mitte der 1970er Jahre (Kuczyński 1981 [1979]; Fallenbuchl 1980, 1983; Ząbkiewicz 1992). Der 1976 erneut unternommene Versuch, die Preise realistischer zu gestalten, führte zu Arbeiterunruhen, und eine weitere Verschlechterung der Wirtschaftslage, 1980 dann zu Streiks und dem Fall des Gierek Teams.

Die in den 1960er und 1970er Jahren unternommenen Versuche, das System zu reformieren oder die Wirtschaftspolitik zu ändern, fanden mit nur geringer Beteiligung professioneller Ökonomen statt. Unter den namhafteren Wissenschaftlern beteiligten sich Józef Pajestka und Kazimierz Secomski, der erste stellvertretende Vorsitzende der Plankommission, an der Ausarbeitung der Programme von Gomułka und Gierek. Zu nennen sind auch die Wirtschaftsberater von Gierek Zdzisław Rurarz und Paweł Bożyk. Doch wie Rurarz (1990) in seinen Memoiren deutlich machte, blieb der Einfluss der Berater auf die Richtung der Politik zu vernachlässigen. In den Maßnahmen der Parteiführung sucht man in diesen beiden Jahrzehnten vergeblich nach Anregungen aus der Theorie. Man könnte die Einführung der Kombinate auf das Konzept der vertikal integrierten Unternehmen zurückführen, das Kalecki (1982b [1957]) in den späten 1950er Jahren entworfen hatte. Doch es gibt keinerlei Hinweise darauf, dass dieses Konzept die Politik beeinflusst hätte. Bałtowski (2009, S. 228) hat auf die Idee der parametrischen Planung verwiesen, die in Polen von Aleksy Wakar und seinen Schülern entwickelt worden war (Beksiak 1982). Doch auch in diesem Fall fällt es schwer unzweideutig festzustellen, ob die politische Führung Gebrauch von den Arbeiten der Wakar Schule gemacht hat – das scheint eher zweifelhaft.

In beiden Jahrzehnten erschienen Arbeiten, die *ex post* die Politik der Führung rechtfertigten, so z. B. Aufsätze von Pajestka 1970 und 1975. Grzelońska (2006) deutet zwei Gründe für diese Praxis mit Bezug auf die 1970er Jahre an. Zum einen bestand nach dem Tod von Lange, Kalecki und Wakar und der Emigration der talentiertesten Vertreter der jüngeren Generation ein Mangel an Persönlichkeiten, die als intellektuelle Führer hätten auftreten, wichtige theoretische Probleme formulieren und Forschungsfelder definieren können. Zum anderen passten sich viele Ökonomen auf Grund zunehmender bezahlter Auftragsstudien an die Erwartungen der Auftraggeber an, der Regierung oder einzelner Ministerien. Beides führte zu einem Boom an empirischen Studien und Veröffentlichungen, die Regierungsmaßnahmen erklärten, während die theoretische Forschung gleichzeitig stagnierte.

3.3.2.3 Die demokratische Opposition und die Renaissance revisionistischer Ideen

Die Arbeiterunruhen von 1976 lösten die Gründung von Aktionsgruppen aus, die sich gegen die Partei in Polen stellten. In diesen Bewegungen spielten Ökonomen eine wichtige Rolle (z. B. Lipiński und Kurowski). In der zweiten Hälfte des Jahrzehnts beschäftigte man sich mit der Wirtschaftslage in Polen und formulierte die Ausgangspunkte für Wirtschaftsreformen, die zumeist auf einen Marktsozialismus hinausliefen. Die Ursachen für die langfristige Wirtschaftskrise wurden analysiert, woraus sich zumeist Reformvorschläge ergaben. „Erste Ursache der sich vertiefenden strukturellen Wirtschaftskrise in der Volksrepublik Polen ist die Konzentration eines wachsenden Teils der gesellschaftlichen Arbeit auf Zwecke, die nicht den gesellschaftlichen Bedürfnissen dienen. Der größte Sektor, der die vitalen Produktivkräfte der Gesellschaft für sich in Anspruch nimmt, ist die Schwerindustrie, […] Vom Standpunkt der Bedürfnisse der Bevölkerung aus gesehen stellen all die Produkte der Schwerindustrie, d. h. die sogenannten Produktionsmittel, nur Kosten dar“ Kurowski (1977; s. auch Kurowski 1980).

Wissenschaftler aus dem Umkreis des KOR (*Komitet Obrony Robotników*, Komitee zur Verteidigung der Arbeiter) legten 1979 *Notizen zur Wirtschaftslage des Landes* (*Uwagi o sytuacji gospodarczej kraju*, Uwagi 1979) vor. Waldemar Kuczyński (1981 [1979]) publizierte im Untergrund seine Analyse *Nach dem großen Sprung nach vorn (Po wielkim skoku).* Aus dem halb-offiziellen Seminar *Erfahrung und Zukunft (Doświadczenie i Przyszłość)* gingen Tagungsberichte zur sozio-politischen Situation Polens hervor, die ausführlich die wirtschaftliche Situation behandelten.

Nach den Streiks von 1980 und der Gründung von *Solidarność* machten sich viele Ökonomen daran, oft in enger Verbindung mit Oppositionsgruppen, eigene Reformvorstellungen zu entwickeln. Unter anderen ist die Gruppe um Leszek Balcerowicz zu erwähnen, die ein Projekt für *Das Netz (Sieć)* ausarbeitete, eine Kooperationsstruktur von *Solidarność* Abteilungen in den größeren Unternehmen.[41] Auf dem ersten *Solidarność* Kongress wurden die Grundlagen für ein Wirtschaftsprogramm gelegt und in Thesenform im 3.–5. Kapitel des Abschlussdokuments gebilligt. Hinzukamen im Anhang konkurrierende Reformprojekte des niederschlesischen ‚Zentrums für wirtschaftliche und soziale Arbeit' (*Ośrodek Prac Społeczno-Zawodowych* Dolny Śląsk, OPSZ Dolny Śląsk) unter der Leitung von Leon Kieres, dann von Ryszard Bugaj und Waldemar Kuczyński und ihren Mitarbeitern und schließlich von einer Gruppe um Stefan Kurowski und Grzegorz Palka.[42]

Nach Bugaj und Kuczyński sollten Reformen behutsam vorgehen, die konjunkturelle Abschwungphase beenden und eine graduelle Transformation der Planung einführen. Kurowski und Palka plädierten für eine Wirtschaftspolitik, die nicht nur die Krisenfolgen auffing, sondern auch Wachstumsimpulse schuf, die zur raschen Verbesserung der ökonomischen Lage einfacher Leute führen. Dafür müssten unmittelbar die kurz- und mittelfristigen Wirtschaftsziele geändert werden, wodurch sich die vorhandenen Ressourcen besser nutzen ließen. Eine Preis- und Währungsreform sollte gleichzeitig den Inflationsdruck mildern. Vom wirtschaftspolitischen Standpunkt war der OPSZ (Kieres) Vorschlag weniger interessant. Denn er richtete sich vor allem auf Organisation, Management und Funktionieren der Unternehmen.

Die von *Solidarność* vorgeschlagenen Wirtschaftsreformen wurden von mindestens drei wichtigen Einflüssen bestimmt. Erstens sind die intellektuelle Erfahrung und der ideologische Hintergrund der *Solidarność* Berater zu nennen. Das Programm formulierten Schüler von Kalecki, Lange, Brus und Lipiński, nämlich Kowalik, Osiatyński, Bugaj, Kuczyński und andere. Ihre Sichtweise war typisch für die Mehrheit der damaligen Intelligenz, und die von dieser seit 1956 geäußerte Enttäuschung mit dem Staatssozialismus darf nicht als Rückkehr zu kapitalistischen Modellen verstanden werden. Einen zweiten Faktor bildete das soziale

---

[41] Eine detaillierte Beschreibung der Diskussion über Systemreformen in den späten 1970er Jahren und der Periode der *Solidarność* (1980–1981) ist bei Krawczyk 1981 und Grala 2004 zu finden.

[42] Alle Zitate in diesem Abschnitt stammen, wenn nicht anders vermerkt, aus diesem Abschlussdokument (Statut 1981).

Umfeld. Marktsozialistische Ordnungsvorstellungen stimmten mit den Erwartungen der Arbeiter überein, die 1980 noch nicht auf radikalere Änderungen des Wirtschaftssystems eingestellt waren. Als drittes hatten schließlich die geopolitischen Beschränkungen einen entscheidenden Einfluss auf die Diskussion. So kam eine grundlegende Systemtransformation auf Grund der vorherrschenden Überzeugungen und Erwartungen der wichtigen Akteure nicht in Frage.

Das Abschlussdokument des ersten *Solidarność* Kongresses enthielt allgemeine Bemerkungen zu einer neuen Wirtschaftsordnung, die Planung, Selbstverwaltung und ein Marktgleichgewicht miteinander vereinbaren sollte. Die Verhandlungsmacht der Parteibürokratie galt es einzuschränken, die Position der Unternehmen zu stärken, wobei letztere in gesellschaftlichem und nicht mehr in Staatseigentum stehen. Sie orientieren sich an den Interessen der Gesellschaft und ihrer Belegschaft und operieren frei unter Marktbedingungen. Auch die internationalen Märkte stehen ihnen offen. Anti-Monopol Gesetze verhindern Wettbewerbsbeschränkungen. Die zentrale Planung bleibt erhalten, aber ihre Funktion wird sich ändern: Sie nimmt im Ergebnis einer gesellschaftlichen Diskussion Rücksicht auf die Erwartungen und Nachfrage der Bevölkerung. Die Reformen werden begleitet von einer einmaligen Preisänderung, um die Kosten zu decken, und von einer Währungsreform einschließlich eines temporären Einfrierens der Ersparnisse. Damit wird der Inflationsdruck beseitigt.

Die Vorschläge des Dokuments zur Krisenbewältigung bezogen sich direkt auf die Vorstellungen von Kurowski und Palka. Danach waren alle Investitionen auszusetzen und die eingesparten Ressourcen (Kapitalgüter und Material) unmittelbar der laufenden Produktion zuzuführen. Eine solche Maßnahme folgte aus der Hypothese der Überinvestition im vorangegangenen Jahrzehnt, die von Kuczyński (1981 [1979]) gut belegt worden war. Sowohl Bugaj und Kuczyński wie Kurowski und Palka setzten sich für die Wiedereinrichtung eines internen Marktes und ein Marktgleichgewicht ein.

Der Anhang ging weiter ins Detail. Wie erwähnt gaben sich Bugaj und Kuczyński gemäßigt mit ihren ‚realistische Variante' genannten Ausführungen. Es ging ihnen um eine kurzfristige Wiederherstellung des Marktgleichgewichts, wobei die Interessen der unteren Klassen besondere Berücksichtigung finden sollten. Dafür würden institutionelle Vorkehrungen sorgen, die eine Zusammenarbeit von Regierung und Öffentlichkeit in der Wirtschaftspolitik ermöglichen. Die Konsumgüterpreise waren moderat zu steigern, die Preise von Luxusgütern dagegen stark. Auf höhere Einkommen werden Einkommenssteuern erhoben und auf Luxusgüter eine Verbrauchssteuer. Damit wird das ökonomische Gleichgewicht wiederhergestellt. Zusätzliche Maßnahmen zielen auf eine Beschränkung der Sozialkosten, womit auch eine Umverteilung des Einkommens von den reicheren auf die ärmeren Schichten erreicht wird. Im Ganzen strebten Bugaj und Kuczyński eine Reform an, die zwischen den größeren sozialen Gruppen vermittelte und allen erlaubte, die Reform mitzutragen. Der Mechanismus der staatssozialistischen Wirtschaft blieb im Wesentlichen erhalten, er sollte nur ‚kommunalisiert' werden. Es ging darum, die sozialistische Wirtschaft einer demokratischen Kontrolle zu unterwerfen, nicht um die Einführung eines kapitalistischen Systems.

Kurowski und Palka richteten ihr ‚Alternativprogramm: Umbau der Wirtschaft' etwas radikaler aus. Denn sie begnügten sich nicht mit der Wiederherstellung des makroökonomischen Gleichgewichts, sondern wollten dieses auch dynamisieren. Die notwendigen Wachstumsimpulse werden intern generiert, indem man vorhandene Ressourcen auf effizientere und konsumorientierte Verwendungen umorientiert. Das führt am Ende, so die Erwartung, zu einer Verbesserung der allgemeinen Wirtschaftslage.

Die Reformvorschläge von *Solidarność* stellten die Dominanz der staatlichen Wirtschaft nicht in Frage, sondern konzentrierten sich auf das makroökonomische Gleichgewicht. Neben dem vorherrschenden staatlichen und genossenschaftlichen Sektor sollte es aber auch Raum für privatwirtschaftliche Aktivität geben (s. auch Abschn. 3.2.2). In einer multisektoralen Ordnung würden einerseits die vom Markt ausgehenden Impulse geschaffen und andererseits die geschätzten Errungenschaften des Sozialismus bewahrt wie das niedrige Niveau der Ungleichheit und der hohe Grad der Industrialisierung. Die Experten von *Solidarność* strebten keine kapitalistische Transformation an. Im Gegenteil, sie suchten nach Wegen, die Eigentumsstruktur so zu ändern, dass ein sozial gerechtes System entsteht und gleichzeitig ein effizienter, dynamischer Marktsozialismus.

3.3.2.4 Späte Reformen und der Aufstieg des Liberalismus

Unter dem Druck von *Solidarność* warf die politische Führung erneut den Motor der Reformanstrengungen an. Das entsprechende Programm wurde von einer Kommission unter der Leitung des ZK Sekretärs Władysław Baka ausgearbeitet, Ökonomieprofessor an der Universität Warschau. Im Januar 1981 legte die Kommission den ersten Bericht unter dem Titel *Grundannahmen einer Wirtschaftsreform* vor, der sich auf die Verbesserung des Planungsprozesses und der wirtschaftlichen Leitung beschränkte (Komisja 1981). Dieser Vorschlag aus der Parteibürokratie traf auf verbreitete Kritik nicht nur der Wirtschaftsexperten von *Solidarność,* sondern auch von Ökonomen, die sich im März 1981 zum 4. Nationalkongress der Ökonomen trafen. In einem neuen Entwurf vom Juli 1981 (Kierunki 1981) akzeptierten Baka und seine Kollegen zahlreiche Elemente des *Solidarność* Programms. Die endgültige Version kam während der Verhandlungen der Regierung mit der unabhängigen Gewerkschaft zustande (Grala 2004). Darin wurde das Konzept eines Marktsozialismus zur allgemeinen Richtschnur erklärt entsprechend den Vorstellungen der *Solidarność* Wissenschaftler. Im September 1981 beschloss der Sejm dann das Gesetz ‚Über das Staatsunternehmen und die Arbeiterselbstbestimmung' (Grala 2005, S. 109).

Trotz der Einführung des Kriegsrechts im Dezember 1981 hielt die politische Führung an den vereinbarten Maßnahmen fest, um nicht die öffentliche Unterstützung zu verlieren. Anfang 1982 verabschiedete der Sejm Gesetze zur Planungsreform und neue Regeln der Unternehmensfinanzierung, des Bankwesens und des Außenhandels. Doch eine Fortsetzung des Reformprozesses, der den Unternehmen größere Unabhängigkeit hätte geben sollen, wurde vom Kriegsrecht blockiert und auch vom Widerstand größerer Gruppen in Partei und Staat. Ihr Anführer war laut Baka (1999, 2000) der stellvertretende Ministerpräsident und seit 1985 Ministerpräsident Zbigniew Messner, Ökonomieprofessor an der Wirtschaftsakademie Kattowitz. Der Konflikt zwischen Baka und Messner widerspiegelte die Meinungsverschiedenheiten innerhalb des Parteiapparats. Den Verfechtern einer Liberalisierung des Wirtschaftssystems mit dem Marktsozialismus als Ziel standen die Orthodoxen gegenüber, die auf ein starkes Zentrum und die Dominanz der Zentralplanung setzten. Der wachsende Einfluss von Messner in der Regierung brachte die Anfang der 1980er Jahre eingeführten Maßnahmen schließlich zu Fall.

Innerhalb von Partei und Regierung und unter den Wirtschaftspolitikern (Baka und Messner) spielten sich Kontroversen über die Ausrichtung der notwendigen Änderungen im Wirtschaftssystem ab. Auf Seiten der Opposition wuchsen dagegen Überlegungen, man müsse das sozialistische Wirtschaftssystem, in welcher Form auch immer, ganz aufgeben und Privateigentum als Grundelement der Wirtschaftsordnung wieder einführen (s. Abschn. 3.2.2). Als einer der Ersten wagte sich Rafał Krawczyk (1985) mit solchen Ideen vor. Er forderte die Transformation der sozialistischen Betriebe in Aktiengesellschaften, deren Anteile an die Beschäftigten zu übertragen waren. Eine Gruppe junger Ökonomen aus Danzig, angeführt von Janusz Lewandowski, holte sich Anregungen in den Arbeiten von Friedrich Hayek und Ludwig Mises wie auch bei den deutschen Ordoliberalen. Mitte der 1980er Jahre gingen sie davon aus, dass wirtschaftliche Effizienz nur durch Wiederherstellung von Privateigentum und einer Marktwirtschaft zu erreichen sei. Der Einfluss des deutschen Ordoliberalismus zeigt sich darin, dass sie einen radikalen Liberalismus verwarfen und einen moderaten Wohlfahrtsstaat akzeptierten (Lewandowski 1986). Die Danziger Liberalen sahen für den Staat eine aktive Rolle bei der Demokratisierung der Wirtschaft vor. Er sollte die Verteilung der Eigentumsanteile an die Arbeiter regeln und für die Demonopolisierung der Wirtschaft sorgen.

Doch nicht nur unter den Ökonomen der Opposition setzte sich die Überzeugung durch, die sozialistische Ordnung sei als Ganze zu verwerfen. In den 1980er Jahren wurde mehr und mehr Ökonomen bewusst, dass das System nicht reformierbar sei. Das zeigte sich unter anderem auf „einer wissenschaftlichen Konferenz, die Ende 1988 an der SGPiS [Hochschule für Planung und Statistik] organisiert wurde. Dort wurde zum ersten Mal [an der größten Wirtschaftsuniversität in Polen] der Sinn des Grundpfeilers der Zentralplanwirtschaft, des gesellschaftlichen Eigentums an den Produktionsmitteln, offen in Frage gestellt, und die Diskussion verlief ohne Rücksicht auf die politischen Bedingungen, die der reale Sozialismus auferlegte" (Grzelońska 2006b, S. 57).

Es ist kaum festzustellen, inwieweit die wachsende Überzeugung, das existierende Wirtschaftssystem nicht mehr reformieren zu können, die politische Führung in ihren Entscheidungen für radikalere Reformschritte beeinflusst hat. Wichtiger waren wahrscheinlich die weitere Verschlechterung der Wirtschaftssituation und die politischen Änderungen in der Sowjetunion nach dem Amtsantritt von Gorbačev. Unter diesen Bedingungen legte die Baka Kommission 1987 Vorschläge für eine zweite Stufe der Reformen vor. Der neue stellvertretende Ministerpräsident Zdzisław Sadowski, wie Baka Professor an der Warschauer Universität, war innerhalb der Regierung für die Maßnahmen verantwortlich. Sie gingen etwas über die 1981 eingeführten Änderungen hinaus. Zwar blieb die Vorherrschaft des staatlichen Sektors erhalten, doch der Entwurf enthielt Erleichterungen für die Aktivität privater Unternehmen einschließlich ausländischen Kapitals. Insgesamt sollte der Marktmechanismus gestärkt und der Bankensektor dezentralisiert werden, wobei mehrere Banken aus der Polnischen Nationalbank ausgegliedert wurden (Grala 2005). „Die neuen Elemente der Wirtschaftspolitik stießen auf vehementen Widerstand bei den Konservativen der Staatsführung", der sich in einem Gesetz niederschlug, das die zentrale Planung und Leitung der Wirtschaft und die „manuelle Steuerung" stärkte, wodurch die 1981 eingeführte Selbstverwaltung der Betriebe deutlich eingeschränkt wurde (Kaliński 2015, S. 4).

Das Programm der zweiten Reformstufe fiel bei einem Referendum im November 1987 durch, das die Regierung auf Grund ihrer geschwächten gesellschaftlichen Position durchführen musste. Eine weitere Verschlechterung der wirtschaftlichen Lage brachte die Messner Regierung zu Fall, worauf Mieczysław Rakowski die Führung übernahm und einen letzten Versuch unternahm, die bankrotte sozialistische Wirtschaft zu reformieren. Im Vergleich zu den bisher von der PVAP eingeführten Maßnahmen gingen die Änderungen jetzt am weitesten. Die Ende 1988 und Anfang 1989 verabschiedeten Gesetze erlaubten, Privatunternehmen einschließlich von Finanzinstitutionen zu gründen, ausländisches Kapital (bis zu 100 % des Eigentums) zu investieren und einen freien Devisenhandel.

Die Plankommission wurde in ein Zentralplanbüro bei reduzierten Kompetenzen umgewandelt. Ein weiteres Gesetz erlaubte den Erwerb von staatlichem Vermögen durch private Wirtschaftseinheiten, womit die Grundlage für die sogenannte Nomenklatura-Privatisierung geschaffen war (Kaliński 2015, S. 9). Die Reformen der Rakowski Regierung waren der letzte Versuch, die sozialistische Wirtschaft zu retten, und sei es auch nur in der Form eines Marktsozialismus unter Einschluss eines signifikanten Privatsektors und ausländischen Kapitals. Gleichzeitig zielten sie darauf, den Vertretern von Staat und Partei in der Zeit der Systemtransformation eine sichere wirtschaftliche Position zu garantieren.

3.3.2.5 Zusammenfassung

Wirtschaftsreformen wurden Polen als Reaktion auf sozio-politische Spannungen und gesellschaftliche Proteste eingeführt, die in der Regel auch zu Veränderungen an der Spitze der politischen Macht führten. Die neu installierten Parteiführer strebten mit der Einführung von Reformen nach Verbesserungen des Lebensstandards und der Produktionseffizienz. Gleichzeitig versuchten sie mit den eingeführten Maßnahmen den Volkszorn zu besänftigen. Sobald sich die politische und wirtschaftliche Lage beruhigte, gerieten die Versprechungen in Vergessenheit.

Die beiden großen Reformmomente 1956–1957 und 1980–1981 resultierten aus solchen Volksaufständen. In diesen Situationen wurden die Reformpläne von polnischen Ökonomen ausgearbeitet. In den 1950er Jahren stammte der Programmentwurf vom Wirtschaftsrat unter Beteiligung von Lange, Kalecki, Brus und Lipiński. In der Solidarność Periode legten Wissenschaftler von beiden Seiten, Regierung und Opposition, Vorschläge für eine Krisenbewältigungspolitik vor, wobei die Regierungsvertreter häufig auch Ökonomieprofessoren waren. Die radikalsten Vorschläge sind im Programm der *Solidarność* enthalten.

Sowohl 1956 wie 1980–1981 bezogen sich die Reformer auf die Idee des Marktsozialismus und forderten die Dezentralisierung des Planungssystems, die Autonomie der Unternehmen, die Einführung von Arbeiterselbstverwaltung und die Entbürokratisierung der Wirtschaft. Pläne, eine kapitalistische Marktwirtschaft wieder einzurichten, tauchten weder 1956–1957 noch 1980–1981 auf. Das Problem des Privateigentums fand nur marginale Aufmerksamkeit angesichts der großen Aufgabe, die staatliche Wirtschaft umzugestalten (s. Abschn. 3.2.2). In den Diskussionen der Solidarność Periode blieben solche Ideen Randerscheinungen. Die Tatsache, dass nur wenige Leute sich vorstellen konnten, das herrschende System zu verlassen, verdeutlicht eine Feststellung des Volksführers Lech Wałesa: „Wir [d. h. *Solidarność*] stellen den Sozialismus und unsere Verbündeten nicht in Frage. Wir respektieren die Realität, und das bleibt so. Sicher wollen wir weder zurück in den Kapitalismus noch irgendwelche westliche Lösungen kopieren.

Denn dies ist Polen und wir wollen polnische Lösungen“ (zitiert bei Holzer 1990, S. 131). Der Wandel in dieser Einstellung kam Mitte der 1980er Jahre mit der Vertiefung der Wirtschaftskrise, der wachsenden Popularität der liberalen Tradition und der zunehmenden Überzeugung, dass das herrschende Wirtschaftssystem nicht reformierbar sei.

3.4 Vergleichende Zusammenfassung: Die Dialektik des Reformdiskurses

Die Rezeption der marxistisch-leninistischen Orthodoxie unterschied sich in den beiden Ländern erheblich. Was ihnen jedoch bis zum Ende der sozialistischen Periode gemein war, ist der Glaube an die Überlegenheit der sozialistischen über die kapitalistische Ordnung. Bei aller Kritik, die sich vor allem in Polen offen äußerte und die die konkrete Ausprägung der beiden Grundelemente dieser Ordnung betraf, das gesellschaftliche Eigentum und die zentrale Wirtschaftsplanung, findet man in der Wissenschaft kein Plädoyer für das, was 1990 dann effektiv passierte: die Transformation von der sozialistischen Planwirtschaft in eine kapitalistische Marktwirtschaft. Diese Option stand nicht zur Debatte. Seit Mitte der 1980er Jahre diskutierten polnische Oppositionskreise, aber auch Ökonomen, die der Macht näherstanden, eine Dezentralisierung und Deregulierung der Wirtschaft sowie den Übergang zur Marktwirtschaft. Das spiegelte sich in der zweiten Stufe der Reformen von 1987–1989 wider. In der DDR konnten ähnliche Ideen erst nach dem Mauerfall öffentlich vorgebracht werden.

Das mag politische Gründe gehabt haben. Denn jedem denkenden Menschen war klar, dass sowohl die internen wie auch die externen Machtverhältnisse einer radikalen Systemtransformation entgegenstanden. Das labile Gleichgewicht im kalten Krieg beruhte unter anderem darauf, dass die nach dem zweiten Weltkrieg abgesteckten Einflusssphären der jeweiligen Führungsmacht nicht angetastet wurden. Schon die Moskauer Erklärung von 1957 hatte die Grenzen für die ideologischen und theoretischen Spielräume klar gemacht. Dieses Prinzip fand dann in der Brežnev-Doktrin von 1968 eine unzweideutige Formulierung (Meissner 1969, S. 79):

> „Und wenn innere und äußere dem Sozialismus feindliche Kräfte die Entwicklung eines sozialistischen Landes zu wenden und auf eine Wiederherstellung der kapitalistischen Zustände zu drängen versuchen, wenn also eine ernste Gefahr für die Sache des Sozialismus in diesem Lande, eine Gefahr für die Sicherheit der ganzen sozialistischen Gemeinschaft entsteht – dann wird dies nicht nur zu einem Problem für das Volk

dieses Landes, sondern auch zu einem gemeinsamen Problem, zu einem Gegenstand der Sorge aller sozialistischen Länder."

Damit wurde der Einmarsch in die Tschechoslowakei am 21. August 1968 legitimiert, und ein ähnliches Schicksal konnte Jaruzelski für Polen 1981 angeblich nur durch die Einführung des Kriegsrechts vermeiden. Inwieweit tatsächlich eine sowjetische Intervention drohte, ist in Polen nach wie vor umstritten. Denn die außenpolitische Situation der Sowjetunion war mit dem Krieg in Afghanistan prekär genug. Doch übte die Sowjetführung Druck auf Jaruzelski aus, mit eigenen Kräften wieder Ordnung zu schaffen. Erst Gorbačev hob 1988 die Breżnev-Doktrin offiziell auf und ließ sie durch die Sinatra-Doktrin (I did it my way) ersetzen. Die Folgen sind bekannt.

Es wäre wohl unzutreffend, die fast einmütige Akzeptierung eines sozialistischen Grundmodells nur den politischen Gegebenheiten zuzuschreiben. So paradox es klingen mag, dieses Grundmodell wurde allgemein als Manifestation der Modernisierung gesehen: Welche Formation sollte in der gesellschaftlichen Evolution schon auf den Kapitalismus folgen, wenn nicht der Sozialismus? Seine erklärten Eigenschaften, Freiheit von Ausbeutung, Arbeitsplatzsicherheit, hohe Einkommensgleichheit, Vergemeinschaftung, waren konkret erfahrbare Vorzüge und hoben sich positiv vom Kapitalismus ab mit seiner sozialen Fragmentierung, riesigen Einkommens- und Vermögensunterschieden, wiederkehrender Arbeitslosigkeit und wirtschaftlicher Abhängigkeit. Die erklärten Eigenschaften einer liberalen Ordnung blieben demgegenüber abstrakt: Demokratie, Rechtsstaatlichkeit, dynamische Effizienz, und sie wurden, gerade was letztere betraf, von der kommunistischen Ideologie entgegen aller Evidenz systematisch in Zweifel gezogen.

Jemand wie Kalecki nahm einer orthodoxen politischen Ökonomie solche Argumente nicht ab. Doch er hielt Planung und gesellschaftliches Eigentum an den Produktionsmitteln für rationale, moderne Ordnungselemente. Selbst bäuerliche und handwerkliche Betriebe wollte er in gesellschaftliches Eigentum überführen: „Handwerksgenossenschaften sind häufig verdeckte halb-private Unternehmen. Deshalb ist die Abschaffung des Privateigentums auf dem Lande zu erwägen, um die integrale Einführung des Sozialismus umzusetzen" (Kalecki 1984 [1964], S. 231). „Kalecki firmly believed in the advantages of socialism, but viewed with deep mistrust its Soviet-type embodiment" schrieb Brus (1999, S. 257) anläßlich seines hundertsten Geburtstags. Es gab auch Leute wie Wakar, der sich in der Überzeugung, das System könne auf Grund externer Faktoren nicht grundlegend geändert werden, auf eine neutrale Position zurückzog: Dann sollten wir wenigstens versuchen, es so wenig ineffizient wie möglich zu gestalten. Andere wandten sich rasch von ihrer stalinistischen Anfangsbegeisterung ab, wie Behrens und Brus, aber eben nicht vom Sozialismus. Brus verteidigte zum Beispiel eisern die sozialistische Planwirtschaft, indem er ihre idealtypische Rationalität für grundsätzlich implementierungsfähig hielt: allokative Effizienz, X-Effizienz, Vollbeschäftigung, Innovationsneigung und Internalisierung von externen Effekten – all diese Probleme mögen im konkreten Fall nicht optimal gelöst sein. Sie könnten aber befriedigend gelöst werden, und zwar befriedigender als in kapitalistischen Marktwirtschaften (Brus 1987). In der DDR löste die Lockerung der parteipolitischen Kontrolle Ende der 1980er Jahre vor allem ein Nachdenken über den „wahren" Marx und den „wahren", den modernen Sozialismus aus: „Man versteht sich gar nicht als Reformer; man will die Utopie festhalten" (Crome et al. o. J., S. 5).

Dass das sozialistische System weitgehend ineffizient war und – übrigens auch im politischen Bereich – den Anschluss an die Modernisierung mehr und mehr verpasste, blieb für die Bürger dieser Länder ein unerklärliches historisches Rätsel. Wer 1980 behauptet hätte, das sozialistische System werde das nächste Jahrzehnt nicht mehr erleben, wäre auf völliges Unverständnis gestoßen. Und trotzdem, die Transformation muss ihre Akteure gehabt haben, die diesen Schritt vielleicht nicht von langer Hand vorbereitet, aber doch die Möglichkeit in Betracht gezogen und für wünschenswert gehalten haben. Das können nicht nur die finsteren Mächte gewesen sein, die sich nach Ansicht vieler Ostdeutscher in der Treuhandanstalt versammelt hatten (Böik 2018). In allen ostmitteleuropäischen Ländern erfolgte der Übergang ohne nennenswerten Widerstand, wenn auch nicht problemlos. Die sozialistische Ordnung hatte nur noch wenige Fürsprecher. Doch selbst scharfe, seit langem im Westen ansässige Kritiker wie Brus und Łaski (1989) wollten ein Jahr vor dem Ende diese Ordnung noch nicht völlig aufgeben und begleiteten den „Sozialismus auf der Suche nach einem neuen Wirtschaftssystem", so der Untertitel ihres Buches. Die Diskussion einer wie auch immer reformierten sozialistischen Ordnung blieb noch über die 1990er Jahre hinweg aktuell in Polen, auch wenn sie eine Randerscheinung war. Ihre Protagonisten hatten bereits 1956 die Modell-Diskussion geführt: Neben Brus und Łaski sind Kurowski, Kowalik und Sadowski zu nennen.

Was dann 1989–1990 passierte, lässt sich möglicherweise mit Begriffen der Chaostheorie beschreiben: Ein scheinbar stabiles nicht-lineares dynamisches System kann völlig unerwartet auf Grund von minimalen Änderungen der Parameter seinen Zustand nicht nur marginal, sondern diskret verändern. Es brauchte nicht viel in den Köpfen der Akteure, um die radikale Transformation in Gang zu setzen. Die Modernisierungsblockaden, die das sozialistische System über die gesamte Region letztendlich in die Stagnation geführt hatten und die in ‚Modell-Diskussionen' seit den 1950er Jahren einzeln identifiziert worden waren, in der liberaleren Atmosphäre Polens sehr viel ausführlicher als in der ideologisch strenger geführten DDR, diese Modernisierungsblockaden verbanden sich zu einem jetzt offensichtlichen integralen Systemdefizit, das nur durch eine radikale Reform der politischen und ökonomischen Ordnung gebrochen werden konnte. Die Intelligenz und die oppositionellen Eliten – zwei Mengen, die sich überschnitten – hatten jedoch über Jahrzehnte die Erfahrung gemacht, dass die sozialistische Ordnung, trotz aller prinzipiellen Vorzüge, die man ihr zuerkannte, nicht reformierbar war. Alternative sozialistische Optionen, die wirtschaftliche Erfolge und politische Akzeptanz hätten vorweisen können, standen nicht zur Verfügung. So blieb die liberale Ordnung mit Demokratie und Marktwirtschaft, *faute de mieux,* als einzig gangbarer Weg offen. Der dritte Weg (Šik 1972), so hieß es damals, sei der direkte Weg in die Hölle. Doch abgesehen vom sozio-ökonomischen Diskurs der gesellschaftlichen und wissenschaftlichen Eliten, der radikale Systemwechsel wurde am Ende nachdrücklich auf der Straße und in den Betrieben gefordert.

Dem Systemwechsel gingen jahrzehntelange Reformdiskussionen voraus, die als Grundtenor die Idee einer sozialistischen Marktwirtschaft enthielten. In anderen sozialistischen Ländern wurde das Konzept offener angesprochen als in der DDR, wo Marktwirtschaft bis zum Schluss suspekt blieb. Die polnische Reformdebatte war inzwischen vor allem interessiert am Marktsozialismus und in diesem Zusammenhang an Reformen der Eigentumsrechte und an Deregulierung. Was eine sozialistische Marktwirtschaft allerdings beinhalten könne und welche Elemente oder Eigenschaften dafür konstitutiv wären, darüber bestand keineswegs Konsens. Dabei ist ‚Marktwirtschaft' das geringere Problem; denn dafür gibt es eine breite theoretische und empirische Evidenz in liberalen Gesellschaften. ‚Sozialismus' dagegen blickt zwar auf eine lange ideengeschichtliche Tradition zurück, doch werden darunter sehr verschiedene Gesellschaftsbilder verstanden. Diese Vielfalt materialisiert sich in einem breiten Spektrum von Reformideen, die einerseits von der Ausgangssituation, verkürzt dem stalinistischen System der Planung und Leitung, bestimmt wurden, andererseits von weit auseinanderlaufenden Zielvorstellungen. Das zeigt sich deutlich in der Diskussion über die sozialistische Marktwirtschaft, die die ungarische Ökonomiezeitschrift *Acta Oeconomica* am Ende des kurzen sozialistischen Jahrhunderts veröffentlichte (Discussion 1989). Bemerkenswert ist die Tatsache, dass zu dieser Diskussion kein einziger ostdeutscher Ökonom eingeladen wurde.

Die dort, aber beispielsweise auch bei Brus und Łaski (1989), vorgetragenen Positionen erlauben es, verschiedene Diskussionsebenen zu unterscheiden, die zwar eng miteinander verknüpft sind, doch auf jeweils eigene theoretische

Begründungen und empirische Erfahrungen zurückgreifen. Die parteioffizielle politische Ökonomie des Staatssozialismus in Osteuropa berief sich exklusiv auf die marxistische bzw. marxistisch-leninistische Theorie. Danach ist eine sozialistische Marktwirtschaft streng genommen eine *contradictio in adiectu.* Denn Marx und vor allem Engels postulierten für den Sozialismus die Abschaffung des Warentauschs und damit des Marktes und des Geldes.

Das eröffnete die erste Diskussionsebene zwischen *tovarniki* und *ne-tovarniki.* Auch wenn letztere die Klassiker auf ihrer Seite wussten, setzte sich, nachdem Stalin die ersten Schritte unternommen hatte, recht bald die Einsicht durch, dass die sozialistischen Betriebe Warenproduzenten seien. Das impliziert Ware-Geld-Beziehungen, wie sie in allen staatssozialistischen Ländern anzutreffen waren. Aber es impliziert nicht notwendigerweise den Markt. In einer Warenwirtschaft kann die in den Betrieben geleistete Arbeit nur im Gleichgewicht als unmittelbar gesellschaftliche Arbeit betrachtet werden, was nach Marx und Engels einer der Vorzüge eines sozialistischen Systems ist. Das ist in einer Marktwirtschaft praktisch unmöglich, da der gesellschaftliche Charakter der Arbeit sich erst *ex post* herausstellt. In einer Planwirtschaft setzt es einen optimalen Plan voraus.

Auf einer zweiten Ebene ging die Diskussion um das Wertgesetz. Die Kernfrage in diesem Zusammenhang lautet: Macht oder ökonomisches Gesetz? Hier sind sich Marx und Böhm-Bawerk (1914) einig. Böhm sprach dabei vom Gesetz des Preises, denn von Marxs Arbeitswerttheorie hielt er nichts. Im Gegensatz zu einigen orthodoxen Politökonomen, vor allem unter den *ne-tovarniki,* die dem Planer gestalterische Freiheiten in der Allokation zuerkannten, hat Marx die Gültigkeit des Wertgesetzes für den Sozialismus unterstellt. Solange man sich nicht in einer Überflusswirtschaft befindet, wird die optimale Allokation von den verfügbaren Ressourcen, der Technologie und den Präferenzen bestimmt. Es sind die letzteren, worin sich der sozialistische Charakter der Gesellschaft äußern kann. Sie wurden in der Regel von der Parteielite bestimmt. Reformanhänger verlangten eine demokratische Kontrolle der Planung.

Wenn die ökonomische Effizienz in Verbindung mit dem Wertgesetz eine konkrete Allokation verlangt, dann stellt sich als drittes die Frage: Markt oder Plan? Die neoklassische Wirtschaftstheorie hält seit Pareto (1966 [1909], S. 364) beide Verfahren für äquivalent, so überraschend das klingen mag. Da die Marktkoordination spontan (hinter dem Rücken der Beteiligten) erfolge, schreiben marxistische Theoretiker der bewussten Organisation des Plans einen höheren Grad an Rationalität zu. Die praktische Erfahrung hat das nicht bestätigt. Deshalb plädierten die meisten Reformvorschläge für mehr Markt. Markt und Plan bzw. Markt und Staat (Verwaltung) schließen einander jedoch nicht aus. So ist die konkrete Zuweisung der Wirkungsfelder ein Grundproblem der Gestaltung der Wirtschaftsordnung, und reale Wirtschaftssysteme sind immer gemischte Ordnungen.

Markt und Plan sind keineswegs wohldefinierte Regime für Management und Koordination eines Wirtschaftssystems. Sie können sehr unterschiedliche Ausprägungen annehmen und, wie gesagt, auf sehr unterschiedliche Prozesse angewendet werden. Soll das reformierte sozialistische System einen Arbeitsmarkt enthalten und einen Kapitalmarkt, ein wettbewerbliches Kreditsystem? Zwischen der sozialen Marktwirtschaft und dem Neoliberalismus amerikanischer Prägung liegen Welten. Das gleiche gilt für die stalinistische Befehlswirtschaft und die indikative Planung Frankreichs. Reformökonomen wie Kalecki und Brus haben sich immer für die Beibehaltung der staatlichen Investitionsplanung bzw. Investitionslenkung ausgesprochen. Schon Keynes hatte in seiner *General Theory* (1936, S. 378) „a somewhat comprehensive socialisation of investment" zur Stabilisierung des Wirtschaftssystems für notwendig gehalten. Das Problem, hier wie in anderen Bereichen, liegt immer in der konkreten institutionellen Ausgestaltung, die oft unerwartete und unbeabsichtigte Nebenwirkungen verursachen kann.

Wirtschaftliche Effizienz nach den Vorgaben des Wertgesetzes bedingt die Berücksichtigung von Kosten und Nutzen der Güter oder eine exakte Wirtschaftlichkeitsrechnung. Dieses Problem war bereits in den frühen 1920er Jahren Gegenstand der Sozialismusdebatte zwischen u. a. Otto Neurath und Ludwig von Mises. Die Debatte lebte in den 1930er Jahren in den Vereinigten Staaten als *socialist calculation debate* wieder auf und hatte in Hayek und Lange ihre Protagonisten. Wie bildet sich ein effektives Preissystem, wenn nicht über den Markt – so lautete die Kernfrage. Die einfache Gegenfrage der Reformökonomen lautete: ja, warum nicht über den Markt? Alternativ dazu wurden unterschiedliche Preisbildungsalgorithmen diskutiert: Langes iterativer Informationsaustausch zwischen den Betrieben und dem Zentralplaner, der häufig unzutreffend als Markt-Sozialismus bezeichnet wird, oder das Dual eines Optimalplans, das die mathematische Planungstheorie anbot. Beide Verfahren sind nie praktisch zur Ausführung gelangt.

Die nächste Diskussionsebene ist eng mit der Wirtschaftlichkeitsrechnung und dem Preisproblem verbunden. Planwirtschaft bedeutet nicht automatisch Mengenplanung und administrative Anweisung, d. h. eine Befehlswirtschaft. Anstelle der direktiven, zumeist mengenmäßigen Anordnungen können die Betriebe auch bestimmte Parameter als Vorgaben erhalten, an die sie ihr rationales Verhalten anpassen. Das sind in der Regel die Preise und Löhne. Ein solches System setzt einerseits unabhängig entscheidende Betriebe voraus und andererseits eine Zielfunktion, die rationales Verhalten impliziert (z. B. Gewinnmaximierung) und an deren Erfüllung die Betriebe materiell interessiert sind.

Hieran schließt unmittelbar die Diskussion um die Eigentumsordnung an. Die marxistisch-leninistische Theorie setzt Sozialismus mit gesellschaftlichem Eigentum und gesellschaftliches Eigentum mit Staatseigentum gleich. Genossenschaftliche Eigentumsrechte sind nur ein historisch bedingtes Übergangsphänomen. Fritz Behrens hat als einer der wenigen in der DDR Kritik an dieser Form des Staatsmonopolsozialismus geübt. Das ist ihm nicht gut bekommen. In Polen tauchten immer wieder Forderungen nach Wirtschaftsdemokratie, Mitbestimmung und Arbeiterselbstverwaltung auf, die am Ende zu einer Lockerung der staatlichen Eigentumsrechte führten. Die so gewonnenen Rechte gaben den polnischen Arbeitern im Transformationsprozess mehr Mitsprache als es die ostdeutschen Arbeiter haben konnten, die sich dem Eigentumsmonopol des Staates gegenübersahen. In beiden Ländern versuchten verschiedene Reformansätze, den Staatsbetrieben eine größere Selbständigkeit zuzugestehen, um die Informationsprobleme der Zentralplanung zu reduzieren und die Flexibilität der Wirtschaft zu erhöhen. Eine befriedigende Lösung der damit verbundenen Eigentumsrechtsprobleme ist auf theoretischer Ebene nicht gefunden worden.

Staat und Plan sahen sich einer immer komplexer werdenden Wirtschaft gegenüber. Um der damit verbundenen Aufgabenfülle Herr zu werden, führten alle staatssozialistischen Länder eine zunehmende Konzentration der Wirtschaft durch: Vereinigungen von Staatsbetrieben und dann Kombinate und Große Wirtschaftliche Organisationen (WOG). Das entsprach der Vision Lenins von der sozialistischen Wirtschaft als einer voll integrierten Organisation, in der die Betriebe jegliche Eigenständigkeit entbehrten und nur noch Unternehmensabteilungen darstellten. Es entsprach andererseits der praktischen Kontrollspanne innerhalb einer großen hierarchischen Organisation, die entweder auf viele Ebenen aufgespalten werden muss oder eben die Zahl der Einheiten der nächst unteren Ebene reduzieren muss. Damit fiel das innovative und flexible Segment der Mittel- und Kleinbetriebe fast völlig weg. Die DDR hat diesen Schritt Mitte der 1970er Jahre radikal vollzogen. In Polen entwickelten sich neben der privaten Landwirtschaft kleine Privatunternehmen, für die sogar ausländisches Kapital zugelassen wurde und die vor allem Versorgungslücken füllen sollten. Auch dieser Schritt erwies sich im Transformationsprozess als produktiv. Denn im Vergleich mit anderen Ländern des Sowjetblocks erfolgte die polnische Privatisierung zu einem Gutteil von unten in Kleinunternehmen und hat die Phase der Transformationskrise in diesem Land besonders kurz gehalten.

Der Reformdiskurs in den staatssozialistischen Ländern war eine unmittelbare Reaktion auf die unbefriedigenden Leistungen des administrativen Wirtschaftssystems. Seine Effizienz konnte offensichtlich mit den kapitalistischen Marktwirtschaften nicht Schritt halten. Das war jedoch das entscheidende Erfolgskriterium, das Lenin bereits 1919 formuliert hatte: „Der Kapitalismus kann endgültig besiegt werden und wird dadurch endgültig besiegt werden, daß der Sozialismus eine neue, weit höhere Arbeitsproduktivität schafft" (Lenin 1984 [1919], S. 416). Diesem Anspruch ist das System nicht gerecht geworden. Die soziale Seite des Sozialismus, die ihn gegenüber der Härte des marktwirtschaftlichen Wettbewerbs auszeichnet (Sicherheit, Solidarität, hohe Einkommens- und Vermögensgleichheit) blieb in den Diskussionen unterbelichtet: Man nahm sie für selbstverständlich hin und wollte sie allerdings auch nicht für eine höhere Effizienz preisgeben. Die marxistisch-leninistische Ideologie sah den *big tradeoff,* den Arthur Okun (1975) zwischen Gleichheit und Effizienz im kapitalistischen System formuliert hatte, für den Sozialismus nicht als Problem: Wir schaffen das. Das hat nach der Wende in manchen Köpfen zu einem überraschten Erwachen geführt.

Kurzum, der Reformdiskurs, der in den einzelnen staatssozialistischen Ländern auf Grund politischer Restriktionen mit sehr unterschiedlicher Intensität geführt wurde, legte offen, dass das Konzept eines sozialistischen Wirtschaftssystems, das Marx und Engels mehr angedeutet als ausgearbeitet hatten, interne Widersprüche enthält. Die administrative Koordination von Staatsbetrieben ohne Eigenverantwortung und ohne harte Budgetbeschränkungen kann nicht Effizienz und innovative Dynamik stimulieren. Selbst ein aufgeklärter und wohlmeinender Diktator, oder ein ebenso gesinntes Politbüro, ist durch die Komplexität des Systems und die Turbulenz seiner Umgebung überfordert. Die Administration, die seine Entscheidungen auszuführen hatte, wies die Eigenschaften einer wenig flexiblen Bürokratie auf. So verband sich mit Vorstellungen zur Reform des Wirtschaftssystems in der Regel auch der Ruf nach Reformen des politischen und des Verwaltungssystems. Die umfassende Transformation des gesamten Gesellschaftssystems schien am Ende die logische Konsequenz aus den unterschiedlichen Dilemmata und Blockaden.

4 Planung – das polit-ökonomische Experiment des 20. Jahrhunderts

4.1 Theorie und politische Ökonomie der zentralen Planung

4.1.1 Die Dominanz traditioneller Planungsmethoden in der DDR[1]

4.1.1.1 Planung – ein Kind der Kriegswirtschaft

Marx (in Band 1 und 3 des *Kapital*) und Engels (im *Anti-Dühring*) haben eine einfache Vorstellung der sozialistischen Wirtschaft entfaltet: Was Robinson oder die ländlich patriarchalische Bauernfamilie für die Planung und Leitung ihrer Ökonomie individuell geleistet haben, wird die sozialistische Gesellschaft kollektiv schaffen – nämlich ihre produktiven Ressourcen, vor allem die Arbeitskraft, auf alternative Verwendungen so zu verteilen, dass die Bedürfnisse und Präferenzen der Gesellschaft optimal befriedigt werden. Auf alles Drum und Dran einer kapitalistischen Wirtschaftsordnung wie Privateigentum, Märkte, Waren, Wert, Geld, Ausbeutung, Fetischismus usw. kann verzichtet werden. Für Sozialdemokraten, Sozialisten und Kommunisten war es eine Herausforderung zu zeigen, dass diese Vision praktisch ausführbar ist. Angefangen 1854 mit Gossen waren eminente Ökonomen, wie z. B. Böhm-Bawerk, Wieser und Cassel, vom Gegenteil überzeugt. Sie konzentrierten sich vor allem auf die Frage, wie optimale Allokationspläne errechnet werden können, und auf die Rolle von Geld und Preisen in einem komplexen Wirtschaftssystem (Chaloupek 2007).

Solche Zweifel konnte Kautsky (1902) mit seiner ziemlich naiven Beschreibung dessen, was am Tage nach der sozialen Revolution zu tun sei, kaum

---

[1] Koautor dieses Teils ist Udo Ludwig.

H.-J. Wagener et al., *Sozialistische Ökonomie im Spannungsfeld der Modernisierung*, https://doi.org/10.1007/978-3-658-35045-1_4

zerstreuen. Es war der Erste Weltkrieg, der die Diskussion neu belebte, zum einen durch die planmäßige Organisation der ökonomischen Kriegsanstrengungen und zum anderen durch die Erwartung, dass nach dem Kriege die unmittelbare Sozialisierung bevorstehe. Die rationale Beherrschung der Wirtschaft schien dem blinden Spiel der Marktkräfte für die Erreichung eines konkreten Ziels überlegen zu sein (Rathenau 1918; Neurath 1919).

Der Widerspruch aus der liberalen Ecke ließ nicht lange auf sich warten. Die extremen Positionen wurden von Otto Neurath, der Naturalplanung vertrat, und von Ludwig von Mises eingenommen, der mit seinem liberalen Standpunkt die neo-österreichische Theorie begründete und kategorisch erklärte: Zentrale Planung der optimalen Allokation ist mangels einer Wirtschaftlichkeitsrechnung, d. h. mangels realistischer Preise nicht möglich. Auch Max Weber (2014 [1921], S. 71–81) schaltete sich in die Diskussion ein und verglich in *Wirtschaft und Gesellschaft* die Kalkulation in Natural- und Geldeinheiten miteinander. Entscheidend für wirtschaftliche Rationalität sind nach Weber effektive Preise. Zu Neuraths Beispiel der Kriegswirtschaft bemerkte er, das sei vor allem eine „Bankerotteurswirtschaft" (ibid., S. 75): Auf ein kurzfristiges konkretes Ziel ausgerichtete technische Überlegungen könnten wohl *in natura* angestellt werden, doch längerfristige ökonomische Ziele, vor allem die Wahl unter alternativen Zielen, blieben so auf der Strecke.

Die deutschsprachige Sozialismusdebatte der 1920er Jahre (Wagener 1979, S. 80–119) hat zahlreiche Problemfelder einer zentralgeplanten sozialistischen Wirtschaft angesprochen. Kernproblem war die rationale Wirtschaftsrechnung. Neben Mises, Neurath und Weber traten Marschak, Polanyi, Halm und Zassenhaus hervor. Mit der Weltwirtschaftskrise geriet auch der Kapitalismus in eine Krise, und planwirtschaftliche Optionen hatten Anfang der 1930er Jahre Hochkonjunktur (es seien nur die Namen Landauer, Lederer, Heimann und Pollock erwähnt). Dem sowjetischen Experiment rechnete man dabei keinen paradigmatischen Charakter zu. Zu sehr war es von den besonderen Bedingungen jenes Landes bestimmt. Unter dem Titel *the socialist calculation debate* wurde die Diskussion in den 1930er Jahren im anglo-amerikanischen Raum weitergeführt mit Hayek und Lange und Lerner als den auffälligsten Kontrahenten (Lavoie 1985). Beide Phasen der Debatte fanden unter den ostdeutschen Ökonomen der Planwirtschaft kaum Widerhall. Nur Gunther Kohlmey (1960) hat sich Mises' Behauptung, eine Wirtschaftlichkeitsrechnung sei im Sozialismus unmöglich, vorgenommen und zurückgewiesen. Generell konzentrierte man sich ganz auf das sowjetische Vorbild.

Eine zweite Periode empirischer Erfahrung mit Planwirtschaft bot die Nazi-Kriegswirtschaft. Sie wurde in der DDR-Geschichtsschreibung zwar kritisch behandelt (Zumpe 1980; Eichholtz 2003 [1969–1996]), ohne allerdings auf die Planungsmethoden und ihre politischen, ökonomischen und sozialen Implikationen einzugehen. Das tat Walter Eucken (1990 [1952]), der auf dieser Erfahrung eine Theorie der Zentralverwaltungswirtschaft aufbaute. Im Unterschied zu Ökonomen wie Barone, Lange und später Tinbergen stellt Eucken einen wesentlichen Unterschied zwischen der Verkehrswirtschaft, d. h. der Marktwirtschaft, und der Zentralverwaltungswirtschaft fest, der es unmöglich mache, beide mit der gleichen Theorie zu verstehen. Dieser Unterschied bestehe im Gegensatz von Konsumentensouveränität und Planersouveränität, auf Grund dessen der Begriff der Knappheit eine unterschiedliche Bedeutung erhalte: „Dadurch, daß der ‚Tausch' durch die ‚Zuweisung' ersetzt wird, erhalten im übrigen alle Organisationen andere Funktionen", und: „Wer da glaubt, in die Zentralverwaltungswirtschaft die Lenkungsmechanik der Preise einbauen zu können, versucht die Quadratur des Kreises" (Ibid., S. 101).[2] Die Subsumierung der nationalsozialistischen Planwirtschaft und des Staatssozialismus unter dem Idealtyp Zentralverwaltungswirtschaft machte es den ostdeutschen Ökonomen unmöglich, die empirisch fundierte Analyse von Eucken zu rezipieren (Meißner1978, S. 508–516). Schon der Begriff Nationalsozialismus wurde peinlichst vermieden, und man sprach ausschließlich von Faschismus, wenn ersterer gemeint war.

Zwei Entwicklungen der 1930er Jahre sind in diesem Zusammenhang noch zu erwähnen. Schon Neurath hatte betont, dass die Statistik für den Erfolg der Planung von zentraler Bedeutung sei. Das wurde von Eucken (1990 [1952], S. 63) bestätigt, der vom „Primat der Statistik … für die zentralverwaltungswirtschaftliche Lenkung" spricht. Die Statistik nahm einen bemerkenswerten Aufschwung in Deutschland in der Zwischenkriegszeit (Tooze 2001). Und zwei bedeutende Wirtschaftswissenschaftler der DDR, Fritz Behrens und Felix Burkhardt, hatten in dieser Periode ihre Ausbildung als Statistiker erhalten. Gleichzeitig entwickelte sich die Makroökonomie, zum Teil unter dem Einfluss von Keynes (z. B. Grünig 1932; Föhl 1955 [1937]). Mit der volkswirtschaftlichen Gesamtrechnung eröffnete sich ein völlig neues Feld für staatliche Einflussnahme und Planung. Ähnliche Problemlagen führten auch zu parallelen Entwicklungen in der Sowjetunion (z. B. Goskomstat 1926; Feldman 1969 [1929]).

Man kann es fast als tragisch empfinden, wenn der langjährige stellvertretende Leiter der Staatlichen Plankommission *post festum* feststellte:

---

[2] Eucken stellte sich damit unbewusst auf die Seite der ne-tovarniki, d. h. jener Politökonomen, die die Warenwirtschaft und die Gültigkeit des Wertgesetzes für unvereinbar mit Sozialismus hielten (s. Abschn. 3.1).

> „Dabei zeigte sich eine kuriose Problematik, der in der bisherigen Literatur zur realsozialistischen Entwicklung kaum Aufmerksamkeit geschenkt wurde: Da es in der zentralen Verwaltungswirtschaft keinen wirklichen umfassenden Markt mit Angebot und Nachfrage gab, konnten sich die Wertkategorien nicht auf einer objektiven Basis herausbilden. Wie sollte unter diesen Bedingungen ihr objektiver Inhalt bestimmt werden? Es blieb nur übrig, z. B. bei der Preisbildung von der Entwicklung auf den kapitalistischen Weltmärkten auszugehen. … Oder anders gesagt: Ohne den kapitalistischen Markt konnte das viel beschworene Wertgesetz, konnten Werte und Preise im Sozialismus nicht funktionieren." (Wenzel 1998, S. 43–44).

Das hätte Mises nicht besser formulieren können.

4.1.1.2 Zentralplanung als Kernelement der politischen Ökonomie des Sozialismus

In den ersten Nachkriegsjahren setzten die Länder in Ost- wie in Westeuropa staatliche Planung ein, um mit den gigantischen Problemen der Kriegszerstörungen und des Wiederaufbaus ihres wirtschaftlichen Fundaments fertigzuwerden. Das war keine Frage ordnungspolitischer Prinzipien, sondern kann als transitorische politische Notwendigkeit gesehen werden. Als es dann klar wurde, dass Ostdeutschland unter sowjetischem Einfluss bleibt, war die konkrete Ausgestaltung des politischen und wirtschaftlichen Systems weitestgehend vorherbestimmt. „Es gibt nur eine sozialistische Planwirtschaft, wie sie bisher nur in der Sowjetunion verwirklicht worden ist" schrieb Willi Stoph (1948, S. 1139, zitiert bei Becker und Dierking 1989, S. 177), woraus der einfache Schluss folgte: „Planung ist, was die UdSSR macht" (Ibid.). Dieser Satz blieb für die ostdeutsche Planwirtschaft über die gesamte Periode ihrer Existenz gültig.

Die sowjetische Planungspraxis wurde jedoch noch nicht von einer ausgearbeiteten politischen Ökonomie des Sozialismus und Planungstheorie getragen. Die ostdeutsche Debatte der späten 1940er Jahre tat sich schwer mit der Unterscheidung der Wirtschaftsplanung im Kapitalismus und Sozialismus. Dabei bestanden die Marxisten darauf, dass „wahre" Planung nur im Sozialismus möglich sei. Andere Auffassungen, selbst eines so renommierten Sowjetökonomen wie Eugen Varga, wurden leidenschaftlich bekämpfte (Becker und Dierking 1989, S. 148–178; Krause 1998, S. 44–59).

Vor allem sowjetische Berater und aus der Sowjetunion rückkehrende Emigranten, konnten Wissen über die sowjetische Planungspraxis vermitteln. Der erste Marxist auf einem Lehrstuhl an der Berliner Universität, der aus Großbritannien zurückgekehrte Wirtschaftshistoriker Jürgen Kuczynski, war sicher kein Spezialist für Wirtschaftsplanung. Als dann Mitte der 1950er Jahre Lehrbücher zur politischen Ökonomie des Sozialismus auf den Markt kamen, übernahm die

DDR den offiziellen sowjetischen Text (Akademie 1955 [1954]). In der Reformperiode der 1960er Jahre ließ die Partei ein eigenes, deutsches Lehrbuch schreiben (Politische Ökonomie 1969), das aber erst 1969 vorlag, als die Reform bereits wieder in der Kritik stand. Das Lehrbuch verschwand 1971 aus den Regalen und wurde erneut von einem sowjetischen Text (Lehrbuch 1972 [1970]) ersetzt. (s. Abschn. 3.1.1).

Bis zum Erscheinen des ersten Lehrbuchs und Stalins (1952) begleitenden Anmerkungen galt als allgemein akzeptiert, dass die Diktatur des Proletariats das Bewegungsgesetz des Sozialismus darstelle und dass die ökonomischen Gesetze bewusst vom Proletariat, d. h. von der Partei in Kraft gesetzt werden (Kohlmey 1967; Wittenburg 1979, S. 36). Diese Überzeugung herrschte auch in Ostdeutschland vor: „Insofern ist der Plan das ökonomische Grundgesetz des Sozialismus" hatte Fritz Behrens 1949 festgestellt (zitiert bei Becker und Dierking 1989, S. 321).

Diese Auffassung wurde von Stalin (1952) als voluntaristisch kritisiert, der an ihrer Stelle ökonomische Gesetze des Sozialismus verkündete, die objektiv gegeben und unabhängig vom menschlichen Willen seien. Im Unterschied zum Kapitalismus, in dem die ökonomischen Gesetze hinter dem Rücken der Individuen operierten, müsse der sozialistische Planer diese Gesetze bewusst anwenden, so wie ein Ingenieur die Gesetze der Mechanik anwendet. Die beiden Gesetze, die Stalin dann formulierte, sind allerdings normativ: Wohlfahrtsmaximierung als Zielfunktion, das ökonomische Grundgesetz des Sozialismus, und die planmäßige proportionale Entwicklung der Wirtschaft als Effizienzkriterium (s. Abschn. 3.1.1).

Das Bewegungsgesetz des Kapitalismus ist nach Marx systeminhärent und als solches wirkt es spontan. Zwar sind nach der neo-klassischen Theorie Marktgleichgewicht und Planungsgleichgewicht äquivalent, was mathematischen Ökonomen im Sozialismus auch bekannt war. Aber einen optimalen Zustand kann die Marktwirtschaft nur indirekt und mit hohen Anpassungskosten erreichen. Der Sozialismus wird diesen Zustand über bewusste rationale Planung direkt herstellen. Das Wertgesetz als Dritter im Bunde gibt die Gleichgewichtsbedingungen wieder, die aus den Gegebenheiten folgen, den Präferenzen, den vorhandenen Ressourcen und dem technischen Wissen. Im Kapitalismus werden sie bestenfalls tendenziell erfüllt. Im Sozialismus dagegen ist es Aufgabe des Planers, ihnen Geltung zu verschaffen, womit er nach Ansicht seiner Kritiker überfordert ist.

Dagegen waren die Optimalplaner der Überzeugung, dass genau darin der Vorzug sozialistischer Planung bestehe:

> „Das heißt, die volle Ausnutzung des Wertgesetzes als objektiv notwendiges, durch zufällig bedingte Abweichungen nicht beeinflußtes Gesetz, setzt die optimale Organisation der sozialistischen Wirtschaft voraus, wodurch nicht nur gesichert wird, daß optimale Pläne aufgestellt, sondern daß diese auch verwirklicht werden“ (Novožilov (1970 [1967], S. 271).

Jede Wirtschaftsplanung hat drei Kriterien zu erfüllen: Machbarkeit, Konsistenz und Optimalität. Die Spezifizierung des ökonomischen Grundgesetzes des Sozialismus ist nicht trivial. Sie erfordert die Ausformulierung der Präferenzen, dabei auch die Bestimmung des optimalen Verhältnisses zwischen Konsum und Investition bzw. des optimalen Zeithorizonts. In der Praxis wurden solche Entscheidungen von der Parteiführung gefällt unter allgemeiner Berücksichtigung der Konsumentenwünsche, um die politische Stabilität abzusichern. Wir sahen bereits die von Breznev initiierte und von Honecker und Gierek nachvollzogene Hinwendung zu mehr Gegenwartskonsum Anfang der 1970er Jahre (s. Abschn. 2.1.1.3).

Für die täglich Planungspraxis stellte das Gesetz der planmäßigen proportionalen Entwicklung eine Herausforderung dar. Es sollte zumindest Machbarkeit und Konsistenz nicht nur auf dem Papier, sondern auch in der Realität garantieren. Die Liste der Proportionen, die in einer komplexen Wirtschaft zu berücksichtigen sind, ist nicht nur auf dem Mikroniveau der Güter und Dienste endlos, sondern auch auf dem Makroniveau der monetären und finanziellen Aggregate. Marxistisch-leninistische Politökonomen sind überzeugt, dass Zentralplaner diese Aufgabe besser bewältigen als die spontane Koordinierung über den Markt.

4.1.1.3 Eine ausgebremste Revolution

Der zweite Weltkrieg löste eine tiefgreifende wissenschaftliche Revolution aus, die auch in der Ökonomie radikale Umwälzungen verursachte. Hochkomplexe militär-technische Projekte wie die automatische Luftabwehr, die Atombombe oder die Weltraumfahrt konnten nur mit Hilfe neuer, mathematisch fundierter Instrumente ausgeführt werden: z. B. lineare Programmierung, Operationsforschung. Aktivitätsanalyse, Informationstheorie, Theorie der Algorithmen, Kontrolltheorie, Suchtheorie, Computerwissenschaft, Automatentheorie, künstliche Intelligenz, Spieltheorie, Input-Output-Analyse. Diese Entwicklungen führten zu neuen wissenschaftlichen Disziplinen, die – wie kaum anders zu erwarten – in den beiden militärischen Führungsmächten USA und UdSSR institutionell und finanziell besonders gefördert wurden. Ein Indiz sind die Ökonomie-Nobelpreise 1973 für den in Russland geborenen amerikanischen Ökonomen Wassily Leontief und 1975 für den Mathematiker Leonid Kantorovič und den mathematischen

US-Ökonomen Tjalling Koopmans. Die Entwicklung der Mikroelektronik und Informatik, die noch immer voll im Gange ist, ist Teil der Geschichte. Die DDR war nach dem Wechsel von Ulbricht auf Honecker aus dem fahrenden Zug ausgestiegen und musste später einen hohen Preis für den Aufholprozess bezahlen.

Die wissenschaftliche Revolution Mitte des 20. Jahrhunderts richtete sich vor allem auf die Organisation, Kommunikation und Kontrolle technisch-ökonomischer Prozesse. Sie hat dabei auch zwei interdisziplinäre Meta-Theorien angestoßen. Denn schon bald wurde deutlich, dass diese Methoden auch außerhalb der technisch-ökonomischen Sphäre auf zahlreiche Phänomene anwendbar waren. Der Mathematiker Norbert Wiener initiierte die Kybernetik, der Biologe Ludwig von Bertalanffy die Systemtheorie. Sie definierten mechanische, ökonomische und organische Prozesse als Systeme, die sich nach ähnlichen Prinzipien organisieren und kontrollieren und mathematisch modellieren lassen. Zentrales Element all dieser Systeme ist Information: "A core cybernetic insight was that any goal-directed system could be described alike, man or machine. Automation and intelligence were intersubstitutable" (Leeds 2016, S. 651). Hier kann es nicht um einen Überblick über diese Theorien gehen. Doch sollte deutlich sein, dass die Idee einer automatischen Kontrolle über Rückkoppelungsprozesse und Selbstorganisation besonderes Interesse gewinnt in Gesellschaften, die wirtschaftliche und soziale Prozesse planmäßig zu steuern beabsichtigen. Die Aussicht auf eine rationale wissenschaftliche Lösung des Planungsproblems musste faszinierend sein.

Die militär-technische Bedeutung der neuen Disziplinen erschloss sich in der Sowjetunion unmittelbar. Etwas länger dauerte es einzusehen, dass sie auch für das Wirtschaftssystem wichtig seien, so dass „ein Prozeß der Überwindung hemmender Vorurteile durchlaufen werden mußte“ (Schilar 1983, S. 257). Dafür gibt es gute Gründe. Mathematiker sind eine andere Gattung Wissenschaftler als marxistisch-leninistische Politökonomen, von Parteifunktionären ganz abgesehen. Da gab es Widerstände gegen einen Wechsel in den akademischen Eliten. Und die Idee der automatischen Kontrolle und Selbstorganisation roch verdächtig nach einem Angriff auf die politische Macht der Partei. So war die erste sowjetische, und in ihrem Schlepptau ostdeutsche, Reaktion auf die Kybernetik abweisend: eine bürgerliche Pseudowissenschaft.

Doch sehr bald machten die Mathematiker ihr Potential deutlich. Als Vassily Nemčinov 1960 eine hochrangige Konferenz über mathematische Methoden in der Ökonomie unter Hinzuziehung der brillantesten Mathematiker organisierte und die Sitzungsberichte in sieben Bänden veröffentlichte, konnte jedermann sehen, dass das Ereignis und seine Absichten politische Rückenddeckung genossen (Leeds 2016). Mit selten deutlicher Wortwahl ging auf dieser Konferenz der spätere Nobelpreisträger Leonid Kantorovič die deskriptive politische Ökonomie an: „Der Computer kann einige der wissenschaftlichen Produkte unserer Ökonomen nicht verdauen. … Jeder Versuch, sie in eine logisch-mathematische, algorithmische Form zu bringen und dann durchzurechnen, ist gescheitert. Entfernt man alles, was ‚allgemein' gesagt wird, … und gießt alles ‚Überflüssige' ab, dann bleibt offensichtlich entweder nichts mehr übrig oder nur ein großes Fragezeichen, die Formulierung eines ungelösten Problems" (zitiert in Boldyrev und Düppe 2020, S. 17). Es sei hier bereits angemerkt, dass der Konflikt zwischen mathematischer und politischer Ökonomie nicht eindeutig zugunsten der mathematischen Schule ausgegangen ist, nicht in der Sowjetunion und ganz sicher nicht in der DDR.

In der Folge wandelte sich auch die ostdeutsche Einstellung. Das bedeutete nicht, dass die Entwicklung der Kybernetik und der mathematischen Ökonomie dort mit der Sowjetunion hätte Schritt halten können. Weit davon entfernt, denn die Bedingungen waren völlig anders. Weder gab es die umfangreichen militärtechnischen Projekte, die die neuen Disziplinen angestoßen hatten, noch gab es Dutzende brillanter Mathematiker und ihrer Studenten, die solche Entwicklungen vorantreiben konnten. So ist es kein Wunder, dass die Geschichte der Kybernetik einen ganz anderen Verlauf genommen hat, der bei Segal (2001) und in dem Band von Dittmann und Seising (2007) beschrieben wird.

Kybernetik war in der DDR erst einmal ein philosophisches Thema. Das ist der zentralen Rolle zu danken, die Georg Klaus[3] dabei spielte. Er erfasste früh die Bedeutung von Kybernetik, Systemtheorie und Spieltheorie:

> „Die neue Wissenschaft der Kybernetik mit all ihren sozialen, einzelwissenschaftlichen und weltanschaulichen Konsequenzen ist neben der wissenschaftlichen Bewältigung der Atomenergie und der beginnenden Weltraumschiffahrt das wichtigste wissenschaftliche Ereignis der Gegenwart. … Was ihre revolutionäre Wirkung anbetrifft, kann sie in Parallele zu den Entdeckungen eines Kopernikus, eines Darwin und Marx gesetzt werden." (Klaus 1961, S. 5).

[3] Georg Klaus (1912–1974) nahm 1932 ein Studium der Mathematik und Philosophie auf, das er als aktiver Kommunist nach drei Semestern abbrechen musste und für fünf Jahre ins Gefängnis ging. Studium und akademische Karriere konnte er erst 1947 fortführen. Schon 1950 wurde er Professor für dialektischen und historischen Materialismus an der Universität Jena, ging dann an die Humboldt Universität und schließlich an das Institut für Philosophie der Akademie der Wissenschaften. Seine Forschungsinteressen konzentrierten sich auf formale Logik und Theorie und Geschichte der Wissenschaft und Philosophie. Sein Wörterbuch der Kybernetik erlebte auch in Westdeutschland mehrere Auflagen (Klaus 1969).

Als Philosoph hat Klaus keine Modelle und praktischen Anwendungen entwickelt. Doch hat er große Anstrengungen unternommen, die neue Disziplin durchzusetzen und sie gegen orthodoxe Kritiker zu verteidigen. Da er die sensiblen Stellen der Orthodoxie genau kannte, war er besonders bemüht zu zeigen, dass zwischen Marxismus-Leninismus und Kybernetik und Systemtheorie kein Widerspruch bestehe. Wogegen er sich wehrte, waren wissenschaftlich unbegründete ideologische Behauptungen, die zu irrationalen politischen Entscheidungen führten. Um ein Sozialsystem effektiv zu kontrollieren, brauche man solide ökonomische und soziologische Konzepte und Theorien. Nur auf Grundlage besserer Einsichten in das Funktionieren solcher Systeme ließen sich bessere Kontrollmechanismen konstruieren (Liebscher 2005). Wie Chruščev in der Sowjetunion setzte auch Ulbricht große Hoffnungen auf diese neuen Entwicklungen und machte das auf Parteiveranstaltungen deutlich. Kybernetik und Systemtheorie erfreuten sich in den 1960er Jahren politischer Unterstützung aus den höchsten Rängen.

Die kurze Reformperiode der 1960er Jahre erlebte auch einen Aufschwung der Theoriebildung. Junge Studenten wurden in die Sowjetunion geschickt, um sich dort mit den neuen Entwicklungen vertraut zu machen. Nach endlosen ideologischen Debatten atmeten Wirtschaft und Gesellschaft frischere Luft. Soziologen, Betriebswirtschaftler, Mathematiker und Ingenieure spannten sich ein, einen Beitrag zur Wissenschaft und zur Effizienz der Wirtschaft zu leisten. Neue Institute, Arbeitsgruppen, Lehrstühle schossen aus dem Boden. Ein herausragendes Ereignis war die Konferenz „Mathematik und Kybernetik in der Ökonomie" (1965), die bis 1989 neunmal stattfand.

An der ersten Veranstaltung nahmen unter anderen Vasily Nemčinov und János Kornai teil und zeigten das große Potential mathematischer Methoden für eine optimale Zentralplanung: „Die gesellschaftliche Produktion kann nur auf der Grundlage eines vollständig definierten Systems von makro-ökonomischen und mikro-ökonomischen Modellen bewußt geleitet werden" Nemčinov (1965, S. 23). Doch Kybernetik konnte auch anders interpretiert werden. Gunther Kohlmey, selbst weder Mathematiker noch Kybernetiker, nutzte die Eröffnung der Konferenz, um die Idee eines selbstregulierten Systems zu propagieren, das nur von einigen vom Planer fixierten Kontrollparametern gesteuert wird. Das impliziert eine voll monetarisierte Wirtschaft, eigenverantwortliche Betriebe, den Gewinn als Erfolgsindikator und den Markt: „Ohne ihn funktioniert das System selbstverständlich nicht" (Kohlmey 1965, S. 7–8). Offensichtlich versuchte er, die Reformidee von 1963 auf das Gleis einer sozialistischen Marktwirtschaft zu setzen (was sie nicht sein wollte, s. Abschn. 3.3.1) und sah in der Kybernetik ihre wissenschaftliche Grundlage. Kohlmey wie auch Behrens (1966) setzten sich allerdings von der mathematischen Vision einer optimal zentral geplanten Wirtschaft ab, wie sie in der DDR beispielsweise von Johannes Rudolph und in der Sowjetunion von Viktor Novožilov vertreten wurde, die in diesem Zusammenhang auch genannt wurden. Einen Seitenhieb auf die Parteipolitiker konnte Kohlmey (1965, S. 8) sich nicht verkneifen, indem er den „guten alten Bentham" zitierte: „Es ist allein die Aufgabe der Wissenschaftler aufzuzeigen, was die Menschen tun sollten und zu bestimmen, wie sie sich zukünftig verhalten sollten".

Das kybernetische Paradigma konnte offensichtlich unterschiedliche Visionen des Wirtschaftssystems unterstützen. Nemčinov vertrat die optimale Zentralplanung und war vor allem interessiert am Verhalten von Systemen. Kohlmey befürwortete Märkte und parametrische Planung und interessierte sich für das Verhalten von Menschen, die Rückkoppelung über den Markt.

> „Die Planwirtschaft ist keine administrative, mit Direktiven (womöglich überwiegend naturalwirtschaftlichen) und Normativen gelenkte zentrale Verwaltungswirtschaft. Planwirtschaft ist Geldwirtschaft. Die Lenkung erfolgt stark mittels monetärer Kategorien (als Führungsgrößen der Planungszentrale und als Sollwerte der Betriebe)" (Kohlmey 1968, S. 56).

Wir sahen bereits (Abschn. 2.3.1), das Eintreten für eine regulierte, aber nicht direktiv zentralgeplante Ordnung trug Kohlmey 1968 den erneuten Vorwurf des Revisionismus und des Angriffs auf die Führungsrolle der Partei ein.

Am Ende schienen die Bemühungen von Klaus vergeblich gewesen zu sein. Der dialektische Materialismus fühlte sich bedroht von der Kybernetik und so auch die Politökonomen und die weniger progressive Parteiführung. Die kybernetische Revolution verlief auch in der Sowjetunion (und übrigens auch im Westen) im Sande unter anderem deshalb, weil ihr unmittelbarer praktischer Nutzen sehr viel weniger spektakulär war als die großen Erwartungen bzw. „weil die Vertreter der neuen Richtung in der Aufschwungphase der neue Disziplin deren Möglichkeiten überschätzen" (Schilar 1983, S. 258). Mit dem Wechsel von Ulbricht auf Honecker setzte ein Rückfall in der ideologischen Einstellung ein. Das äußerte sich in einer kleinen sprachlichen Änderung: Ulbrichts Zielvorstellung des „entwickelten gesellschaftlichen Systems des Sozialismus" wurde ersetzt von der „entwickelten sozialistischen Gesellschaft", womit der Hinweis auf die Systemtheorie wegfiel (Dittmann 2007, S. 33). Auf dem VIII. Parteitag 1971 verkündete Honecker: "Es ist nun endlich erwiesen, daß Kybernetik und Systemforschung Pseudowissenschaften sind" (zitiert in Segal 2001, S. 64). Der Chefideologe der Partei Kurt Hager wiegelte ab, aber unterstrich die Bedeutung des Wandels 1971 in einem Artikel der *Einheit:*

> „So wichtig Kybernetik und Systemtheorie sind und bleiben, so können wir natürlich nicht zulassen, daß sie an die Stelle des dialektischen und historischen Materialismus, der politischen Ökonomie des Sozialismus, des wissenschaftlichen Kommunismus oder auch der sozialistischen Leitungswissenschaft treten, daß sie verabsolutiert werden und daß die Sprache einer Spezialwissenschaft die politische Sprache der Partei wird. Die Partei würde damit aufhören, eine marxistisch-leninistische Partei zu sein" (zitiert in Liebscher 2005, S. 169 Fn. 36).

Auch nachdem die mathematische Revolution der Zentralplanung versandet war, blieben mathematische Methoden, ökonomische Informatik und Operations Research in der Sowjetunion und der DDR weiter am Leben, und zwar auf dem dezentralen Niveau der Ministerien und Betriebe, d. h. „innerhalb der Wirtschaftspraxis dominierten wiederum die betrieblichen gegenüber den zweiglichen und volkswirtschaftlichen Prozessen, da Art und Weise der betrieblich gestellten Aufgaben einer Bearbeitung mit mathematischen Methoden, die um so schwieriger zu handhaben sind, je komplexer ein Sachverhalt ist, am ehesten entspricht" Schilar 1983, S. 258). So wurden die erforderlichen Informationssysteme entwickelt, um die modernen Instrumente dann in ihrem beschränkten Rahmen erfolgreich einzusetzen. "This resulted, quite naturally, in a transformation of the tool itself – from a vehicle of reform into a pillar of the status quo" (Gerovitch 2008, S. 347). Die kybernetische Revolution hat die Systemreform also nicht weitergebracht. Aber sie trug zum verbesserten Funktionieren des traditionellen Systems bei.

4.1.1.4 Die Ökonomie der Zentralplanung

Im Sozialismus ist die Wirtschaft kein eigenständiges, selbstreferentielles System, sondern unterliegt dem Grundsatz der Einheit von Politik und Wirtschaft, in der die Politik den Vorrang genießt (Primat der Politik) und demokratischer Zentralismus herrscht. Daraus resultiert ein strikt hierarchisches System der Entscheidungskompetenz und Verwaltung (Kinze et al. 1975, S. 29–37). Zentralplanung der Gesamtwirtschaft folgt aus dem Staatseigentum an den Produktionsmitteln und der führenden Rolle der Partei.

In diesem Rahmen wird Planung zu einer vornehmlich technischen Aufgabe. So stellen das die beiden tonangebenden Lehrbücher auch dar, die 1957 (Rudolph und Friedrich 1957) und 1975 (Kinze et al. 1975) veröffentlicht wurden. Letzterem ging eine Sammlung von Studientexten (Volkswirtschaftsplanung 1974) der großenteils gleichen Autoren, vor allem Mitarbeitern der Hochschule für Ökonomie, voraus, deren erste Auflage von 1971 noch weitgehend vom Geist der

Reform bestimmt war.[4] Das mussten die Autoren im Lehrbuch dann korrigieren, und Reformthemen wie Dezentralisierung, parametrische Planung und Marktelemente blieben unerwähnt. Dargestellt wird ein strikt hierarchisches System der Bilanzierung und Zentralplanung, wobei Methoden der Optimalplanung nur am Rande erwähnt werden.

Die gleichen Hauptautoren und ein ähnliches Team waren dann auch für das definitive Lehrbuch zur sozialistischen Volkswirtschaft verantwortlich, das in zweiter Auflage 1989 erschien (Kinze et al. 1989 [1983]). Darin wird die orthodoxe Wende im ökonomischen Denken während der Honecker-Periode noch konsequenter verfolgt. Im Jahr des Systemzusammenbruchs enthält es keinen Hinweis auf Reformzwänge oder Reformansätze; denn die gab es nicht (s. Abschn. 3.3.1). Die sozialistische Volkswirtschaft wird als ein komplexes Verwaltungssystem dargestellt. Die Literaturliste am Ende des Buches enthält 88 wissenschaftliche Titel, davon 20 von Marx, Engels und Lenin, und 108 Gesetzestexte und offizielle Verlautbarungen.

Das konventionelle Instrument einer direktiven Zentralplanung sind Materialbilanzen, die den Input und Output der Produktionsbetriebe ins Gleichgewicht bringen. Tatsächlich machen solche Bilanzen nur einen kleinen Teil des zentralen Gesamtplans aus, der nicht nur die Produktionssphäre kontrolliert, sondern alle übrigen Bereiche des wirtschaftlichen, sozialen und kulturellen Lebens, die Wissenschaft eingeschlossen. Neben den materiellen Input- und Output-Mengen verwendet er eine breite Skala von Indikatoren, Koeffizienten und Normen, um den gesellschaftlichen Entwicklungsprozess zu steuern und zu kontrollieren.

Bilanzen sind Instrumente, um materielle, finanzielle und personale Proportionen in Produktion, Umschlag und Verteilung der Ressourcen festzulegen und ihre Einhaltung zu überprüfen. Mit ihrer Hilfe soll das ökonomische Gesetz der geplanten proportionalen Entwicklung sichergestellt werden. Traditionell erstellt man Bilanzen für Einzelposten (doch häufig sind auch das bereits Aggregate), die Herstellung und Verwendung von Material, Ausrüstungen und Konsumgütern abbilden (Material-, Ausrüstungs- und Konsumgüterbilanzen, MAK-Bilanzen). Sie können an individuelle Produktionseinheiten adressiert werden und lassen sich so auch kontrollieren. Ihre Dimensionen beziehen sich auf materielle, finanzielle, räumliche und zeitliche Größen.

[4] Das Vorwort der dritten Auflage von 1974 kündigte noch optimistisch an, dass die Studientexte neben dem bereits in der Produktion befindlichen Lehrbuch weiterbestehen sollten (Volkswirtschaftsplanung 1974, S. 13). Das war dann nicht der Fall: Die dritte Auflage blieb die letzte, und das Lehrbuch vollzog konsequent den Politikwechsel von Ulbricht zu Honecker.

Angesichts der gewaltigen Zahl individueller Güter in einer modernen Wirtschaft können Materialbilanzen auf dem zentralen Niveau nur die Schlüsselprodukte erfassen. Mitte der 1970er Jahre war die Staatliche Plankommission für etwa 300 Positionen verantwortlich. Die Ministerien fügten etwa 500 zentrale Bilanzen hinzu. Damit wurden mehr als 60 % der verarbeitenden Industrie erfasst, wenn auch zum Teil auf hoch-aggregiertem Niveau. Das hat sich im Laufe der Zeit nicht wesentlich verändert (Kinze et al. 1975, S. 163; Rudolph und Friedrich 1957, S. 157). Eine sogenannte Bilanzpyramide brach dann den Umfang auf das untere Niveau der Regionen, Kombinate und Betriebe herunter, so dass am Ende mehrere tausend Produkte unter die Bilanzierung fielen.

Theoretisch am interessantesten ist die Frage, ob die Methode der Materialbilanzen den Test der Machbarkeit, Konsistenz und Optimalität bestehe. Es ist schon bemerkenswert, dass kein ostdeutsches Lehrbuch sich mit dieser Frage beschäftigte. Sie wurde in den 1950er Jahren von westlichen Ökonomen untersucht (Hensel 1954; Hirsch 1957 und Montias 1959), die, was Machbarkeit und Konsistenz betrifft, ziemlich optimistisch waren, während ein Optimalitätskalkül für Bilanzen in physischen Einheiten kaum denkbar ist, da Grenzkostenberechnungen realistische Preise voraussetzen.

Die mathematische Revolution der 1960er Jahre hatte das Lehrbuch von 1957 natürlich noch nicht beeinflusst. Ihr Hauptautor, Johannes Rudolph, erfasste allerdings sehr rasch das Potential der neuen Methoden (Rudolph 1962a und 1962b), Damit wurde das traditionelle System der Einzelbilanzen durch Bilanzmodelle ergänzt: Verflechtungsbilanzen, Input-Output-Modelle und makro-ökonomische Modelle auf Basis der volkswirtschaftlichen Gesamtrechnung. Sie verbessern die Konsistenz und ermöglichen eine Vorstufe der Optimierung sowie dynamische Berechnungen. Die Studientexte (Volkswirtschaftsplanung 1974) räumen solchen Modellen sehr viel mehr Platz ein als das definitive Lehrbuch, was wohl auf die noch nicht abgestorbenen Reformüberlegungen zurückzuführen ist.

Input-Output-Modelle bedingen eine andere Form der Planung als das traditionelle System. „Die Anwendung der Verflechtungsbilanz als aktives Planungsinstrument setzt nicht zuletzt die eindeutige Bestimmung ihrer Aufgaben und ihrer Stellung im Planungsprozeß voraus. Dieses Problem ist gegenwärtig noch nicht völlig geklärt“ (Ibid., S. 130). Für seine adressierten Direktiven an die Betriebe benötigt der Planer Einzelprodukt-Bilanzen, die mit der gesamtwirtschaftlichen Verflechtungsbilanz übereinstimmen sollten. Hier tauchen Dimensionsprobleme auf. Darüber hinaus werden Informationsprobleme erwähnt (Kinze et al. 1975, S. 184): Die für den ersten und zweiten Quadranten einer Input-Output Tabelle erforderlichen Daten sind bereits schwer zu bekommen. Die Daten für den dritten (Wertschöpfungs-) Quadranten leiden besonders unter den wenig realistischen tatsächlichen Preisen und wurden, wie in der Sowjetunion, eher nicht veröffentlicht.

Auch das Optimierungsproblem, das 1957 (Rudolph und Friedrich 1957) noch keine Erwähnung fand, wird in den Studientexten in einem 85 Seiten langen Kapitel behandelt, während das definitive Lehrbuch auf 7 Seiten sehr allgemein bleiben muss. Es wird vor allem auf die wohlbekannten Beiträge sowjetischer Wissenschaftler verwiesen, von denen viele ins Deutsche übersetzt waren, und auf die Monografie und den Artikel in der *Wirtschaftswissenschaft* von János Kornai (1967, 1968).[5] Das entsprechende polnische Buch zur Optimalplanung (Porwit 1970) war zwar ins Deutsche übersetzt worden, fand aber keine nähere Beachtung in den ostdeutschen Texten.

Eine Marktwirtschaft hat keine explizite Zielfunktion. Ihre wohlfahrtsmaximierende Eigenschaft ergibt sich indirekt aus dem Wettbewerb und der individuellen Nutzen- bzw. Gewinnmaximierung. Der Kollektivismus folgt eigenen Regeln. Methodologischer Individualismus, Nutzen, Marktverhalten und Wettbewerb tauchen in Lehrbüchern der politischen Ökonomie nicht auf. Der Vektor der Endnachfrage in Input-Output Modellen war ein politisches Datum. In der Sowjetunion, vor allem am Akademieinstitut in Novosibirsk, wurden hoch interessante Versuche unternommen, die Zielfunktion dynamischer Input-Output Modelle aus einer Analyse des Konsumverhaltens, Nutzenüberlegungen und der Bestimmung des Zeithorizonts abzuleiten. Einzelne dieser Arbeiten lagen auf Deutsche vor (z. B. Waltuch 1972).

Schon Kohlmey hatte 1966 angemerkt: „Erst nach der Wahl des Optimalitätskriteriums und der Formulierung einer Zielfunktion erhalten die Begriffe Optimum, Proportionalität, Gleichgewicht und Stabilität ihren Sinn“ (Kohlmey 1966, S. 5). Er musste feststellen, dass die Planung der DDR praktisch ohne diese Voraussetzungen ablaufe. Das Institut für Ökonomie an der Akademie der Wissenschaften nahm diesen Forschungsstrang auf (Anders und Schwarz 1974) und entwickelte einen eigenen Ansatz zur Schätzung einer Zielfunktion (Anders et al. 1976). Er resultierte in einer auf den Konsum gegründeten Nutzenfunktion, die zur Optimierung der Proportionen zwischen Konsum und Investition verwendet werden konnte. Das Modell wurde mit Hilfe von Daten der privaten Haushaltsbudgets und einer plausiblen Annahme des Zeithorizonts bzw. des Diskontierungsfaktors geschätzt. Die Bemühungen gingen allerdings nicht über ein Experimentierstadium hinaus.

---

[5] Spätere Veröffentlichungen von Kornai, vor allem seine *Economics of Shortage* (Kornai 1980), blieben unübersetzt und unerwähnt.

Das ökonomische Grundgesetz des Sozialismus definiert, wie wir sahen (Abschn. 3.1.1), das allgemeine Ziel, das es zu spezifizieren gilt: Wohlfahrtsmaximierung[6]. „Für die praktische Wirtschaftspolitik müssen die … allgemeinen ökonomischen Ziele jedoch in detaillierte, möglichst quantitativ bestimmbare, praktisch handhabbare, adressierbare und kontrollierbare Teilziele aufgelöst werden" (Volkswirtschaftsplanung 1974, S. 257). Wie bei der individuellen Nutzenmaximierung muss der kollektive Planer eine Präferenzordnung für diese möglicherweise konkurrierende Teilziele aufstellen. Ihre Zusammenführung in eine umfassende quantitative Zielfunktion ist schwierig, wenn nicht unmöglich (Ibid., S. 262). Das Grundgesetz des Sozialismus operiert darüber hinaus nicht automatisch ‚hinter dem Rücken der Individuen', sondern bedarf der Akteure, um spezifiziert und implementiert zu werden. Deshalb betont die politische Ökonomie des Sozialismus immer wieder den demokratischen Zentralismus und die führende Rolle der Partei als den angewiesenen Akteur der Planung.

Was das Optimalitätskriterium betrifft, so sind zahlreiche Varianten denkbar. Innerhalb von Optimierungsmodellen erlaubt das Dualitätsprinzip allgemein zwei Formulierung: Output-Maximierung oder Kostenminimierung. In allgemeinen Modellen spielt die Maximierung des Nationaleinkommens oder des Konsums eine wichtige Rolle (Kinze et al. 1975, S. 202–205). Intuitiv einsichtiger ist die Minimierung einer knappen Ressource, insbesondere der Arbeit, was mit Marxs erstem ökonomischen Gesetz, der Ökonomie der Zeit, übereinkommt. Unterschiedliche Projekte können relativ leicht hinsichtlich ihrer arbeitssparenden Eigenschaften überprüft werden. Doch da Arbeit nicht homogen ist, lauern auch hier einige Probleme (Granberg 1972, S. 55–58).

Wird den Betrieben die Maximierung des Nettogewinns als Ziel vorgegeben, was überhaupt nur bei rationalen Preisen sinnvoll ist (Volkswirtschaftsplanung 1974, S. 306)[7], dann können Zentralplan und die Interessen der Betriebe in Konflikt geraten. Das Problem wird dadurch gelöst, dass den Betrieben bindende Randbedingungen vorgegeben werden, vor allem Output Auflagen, die eine Bereitstellung von Ressourcen zugunsten des allgemeinen Optimums garantieren (Ibid., S. 263). Natürlich ist der Entscheidungsspielraum der Betriebe damit begrenzt, doch mit einem geeigneten Stimulierungssystem bleiben die Betriebe

[6] Kohlmey (1966, S. 10) wies auf die komplexe Natur dieses Ziels hin. Denn dazu gehörten nicht nur der Konsum von Gütern und Dienstleistungen, Bildung, Freizeit und Kultur, sondern auch Information und staatsbürgerliche Rechte. Das heißt, Optimalitätskriterien, die sich auf die Maximierung des Nationaleinkommens oder des Konsumfonds beschränken, seien grundsätzlich zu eng gefasst.

[7] Solche Erwägungen sind Mitte der 1970er Jahre als Relikt der Reformdebatte der 1960er Jahre zu sehen und wurden im definitiven Lehrbuch dann auch nicht aufgegriffen.

weiterhin am Gewinn interessiert und in Übereinstimmung mit dem zentralen Plan.

4.1.1.5 Innovation als Aporie der Zentralplanung

Die intensiv erweiterte Reproduktion, d. h. das Wirtschaftswachstum steht zum größten Teil unter dem Einfluss des wissenschaftlich-technischen Fortschritts. Ihn maximal zu nutzen wurde zum rhetorischen Mantra der wirtschaftspolitischen Deklarationen von Staat und Partei in der DDR. Die Entwicklung beschleunigte sich in der wissenschaftlich-technischen Revolution, von der ab den 1960er Jahren mehr und mehr die Rede war. Das Verständnis dieser Prozesse wurde in der DDR relativ eng auf die Produktion bezogen: „Kernprozeß der wissenschaftlich-technischen Revolution ist die Automatisierung der Produktion und weiterer Bereiche des gesellschaftlichen Lebens" (Heinrichs und Maier 1976, S. 227).

Die wissenschaftlich-technische Revolution erfordert nicht nur Umwälzungen in den Produktionsprozessen und der Produktionsstruktur, sondern sie erfasst gleichermaßen Individuum und Gesellschaft, wodurch neue Ordnungsmodelle, Planungsmodelle, Leitungsstrukturen, Sozialstrukturen und Bildungsinhalte entwickelt werden müssen. Kurzum, die wissenschaftlich-technische Revolution impliziert eine politisch-soziale, ökonomische und kulturelle Dimension der Modernisierung. Diese Erkenntnis fand ihren Niederschlag im sogenannten Prager Frühling, dem Versuch einer grundlegenden Reform des sozialistischen Wirtschafts- und Gesellschaftssystems (Richta et al., o. J.) Dieser Versuch stieß nicht nur in Moskau, sondern vor allem auch in der DDR auf geharnischten Widerstand der Partei. Damit waren Ansätze, die wissenschaftlich-technische Revolution im Zusammenhang mit Reformerfordernissen des herrschenden sozialistischen Systems zu diskutieren, diskreditiert. Das traf auch die ostdeutschen Reformbemühungen der 1960er Jahre, denen zu Ende des Jahrzehnts allmählich die Luft ausging.

Die Bedeutung der Wissenschaft für das sozialistische Modernisierungsprojekt hatte bereits 1957 Gerhard Kosel (1957; hierzu ausführlich Laitko 2005) in seinem Buch *Produktivkraft Wissenschaft* herausgestellt. Dem Konzept stand man bei aller offensichtlichen Aktualität eher zurückhaltend gegenüber. Denn es stellte eine offene Provokation der orthodoxen politischen Ökonomie dar, die ja die Tätigkeit der Wissenschaftler als unproduktive Arbeit klassifizierte. Der Vorwurf des Revisionismus ließ nicht auf sich warten: „Es sei gewagt und falsch, die Wissenschaft als eine selbständige Produktivkraft hinzustellen, Kosel … setze die führende Rolle der Arbeiterklasse durch die Aufwertung der technischen Intelligenz herab und betreibe gar eine Revision der marxistischen Politischen Ökonomie" (Laitko 2005, S. 488). Diese Position war nicht mehr haltbar, als der

Begriff ‚Produktivkraft Wissenschaft' 1961 Eingang in das neue Parteiprogramm der KPdSU gefunden hatte. Auch in der DDR ging der Begriff bald in den Jargon der Partei über, ohne dass damit Konsequenzen für die politische Ökonomie gezogen wurden.

Die wissenschaftlich-technische Revolution (WTR) nahm man lange Zeit als selbstverständliche Errungenschaft des Sozialismus hin: Der Kapitalismus kann sie vielleicht anstoßen, aber zur vollen Entfaltung bringt er sie nicht. Die Realität sah anders aus, und „an die Stelle der Versicherung, daß die WTR den Sozialismus braucht, um sich zu entfalten, tritt immer mehr die These, daß der Sozialismus die WTR meistern müsse, um entwicklungsfähig zu bleiben" (Laitko 1997, S. 49). Das setzt ein aktives Voranbringen der WTR, das setzt Innovation voraus – nicht nur wissenschaftlichen Fortschritt, sondern auch seine Umsetzung in marktfähige neue Produkte und neue Produktionsprozesse. Dass dafür ein spezifisches gesellschaftliches Umfeld erforderlich ist, war eine der Erkenntnisse des Prager Forschungsteams um Radovan Richta. Hier waren auch Innovationen in der politischen Ökonomie gefordert. Der Begriff ‚Innovation' fand erst sehr spät Eingang in das ostdeutsche ökonomische Vokabular. Noch das *Ökonomische Lexikon* (1978–1980) hatte kein entsprechendes Lemma. Da geht es nur um ‚Neuerungen', die dadurch gekennzeichnet sind, dass sie „nicht den Weltstand der Technik, sondern den betrieblichen Erkenntnisstand weiterentwickeln" (Ibid. Bd. 2, S. 600).

Die Zurückhaltung gegenüber dem Innovationsbegriff wird verständlich, wenn man sich die Kritik der ‚bürgerlichen' Innovationstheorien anschaut (Friedrich und Hartmann 1979). Im Westen war Innovation als Hauptquelle des intensiven Wachstums ein heißes Thema. Die westlichen Innovationstheorien sahen im Anschluss an Sombart und Schumpeter in der Figur des Unternehmers den herausragenden Akteur, der Ideen für „neue Kombinationen" entwickelt oder aufgreift, der sich über die Unsicherheit ihrer Realisierungschancen und ihrer Ertragsfähigkeit hinwegsetzt, der die finanziellen Mittel zu ihrer Implementierung zu beschaffen weis und die Ausführung dann organisiert. Diese aristokratische Lichtgestalt des Kapitalismus steht dem ausbeuterischen, rein profitorientierten Kapitalisten der marxistisch-leninistischen Theorie diametral gegenüber – ein klarer Fall vulgärökonomischer Apologetik, „da der Profit – nicht die Einheit von Wirtschafts- und Sozialpolitik – im Mittelpunkt innovationstheoretischer wie praktischer Aktivitäten steht" (Ibid., S. 26).

Auch das Objekt der Theorie, die Innovation, unterscheidet sich zwischen den beiden Ansätzen. „Die bürgerliche Innovationsforschung kann auf Grund der der kapitalistischen Gesellschaftsordnung immanenten Anarchie und Konkurrenz nicht zur wissenschaftlich fundierten planmäßigen Entwicklung eines dem gesellschaftlichen Bedarf entsprechenden Innovationspotentials gelangen" (Ibid.,

S. 28). Hier scheint das Rationalitätspostulat der sozialistischen Planwirtschaft durch: Innovationen sind planbar.[8] Auf Grund der enormen technologischen und kommerziellen Unsicherheiten braucht der Unternehmer jedoch eine große Risikobereitschaft und Überzeugung (*animal spirits* hatte Keynes das genannt). Der entscheidende Unterschied liegt tatsächlich in der „Anarchie" des Wettbewerbs, die einen *trial and error* Prozess zahlreicher konkurrierender Innovationsprojekte in Gang setzt, von denen nur wenige am Ende mit Erfolg gekrönt sind. Dem standen in der DDR die planende Zentralinstanz und das monopolistische Kombinat gegenüber, das eben nur *ein* Forschungs- und Entwicklungsprogramm ausführen konnte. *Trial and error* waren nicht möglich, *Start-ups* gab es nicht, nicht einmal das breite Spektrum mittlerer und kleiner Unternehmen, die ein großes Innovationspotential aufweisen.

Eigene innovationstheoretische Ansätze sucht man in Ostdeutschland lange Zeit vergeblich. Das änderte sich mit den Gastaufenthalten von Hans Knop (1974-6), Harry Maier (1977–1980) und Heinz-Dieter Haustein (1979–1982) am *International Institute for Applied Systems Analysis* (IIASA) in Laxenburg bei Wien. Dort hatten die ostdeutschen Gäste Zugang zur gesamten internationalen Literatur und standen im offenen Meinungsaustausch und in Zusammenarbeit vor allem mit westlichen Kollegen. Und sie beschäftigen sich bevorzugt mit Problemen der Innovation (z. B. Haustein und Maier 1980; Maier und Haustein 1980; Haustein et al. 1981; Haustein 1982). Diese Arbeiten blieben in der DDR einem engen Kreis von Forschern vorbehalten. Aber ihr Effekt war in den anschließenden Publikationen zur Innovation deutlich sichtbar (Haustein und Maier 1985; Kröber und Maier 1985; Haustein et al. 1988).

Für die Innovationsforschung lassen sich drei historische Phasen unterscheiden (Maier und Haustein 1980, S. 36)[9]:

- Die Produktion von Wissen und die Messung seines Beitrags zum Wirtschaftswachstum.

[8] Diese Vision hatte Schumpeter (1942) in seinem letzten Buch in Erwägung gezogen. Es sei absehbar, dass die Entwicklung stagniere und damit der Unternehmer und die ihn tragende Schicht der Bourgeoisie ausstürben. „Thus, economic progress tends to become depersonalized and automatized" (Ibid., S. 133). An die Stelle des Unternehmers tritt der „Wirt schlechthin" oder ein Optimierungsalgorithmus, wie die allgemeine Gleichgewichtstheorie und die Optimalplanung das gleichförmig vorsahen.

[9] Nach 1986 wurden Arbeiten, an denen Harry Maier beteiligt war, nicht mehr zitiert. Denn Maier war in diesem Jahr in den Westen abgewandert (Düppe 2020) und verfiel folglich der *damnatio memoriae*.

- Die Modellierung der einzelnen Stufen der Innovation: Forschung und Entwicklung, Technische Umsetzung der Ergebnisse und ihre kommerzielle Einführung,
- Die Verbindung dieser drei Stufen in einem einheitlichen sozio-ökonomischen Prozess.

In der DDR hatte sich die Innovationsforschung bis in die 1980er Jahre im Wesentlichen auf die erste Phase beschränkt: Innovation – das ist technischer Fortschritt. Doch das reicht nicht. Eine neue Technik ist erst dann eine Innovation, wenn sie sich auf dem Markt bewiesen hat. Für eine Ökonomie, in der Markt und Wettbewerb kaum eine Rolle spielen, ist das nicht unmittelbar einsichtig und zwingend. Deshalb wurde der Exportmarkt – vor allem im nicht-sozialistischen Wirtschaftsgebiet (NSW) – zu einem wichtigen Maßstab für Innovationseffizienz. Hier war man der internationalen Konkurrenz ausgesetzt.

„Das Potential des Neuen kann man nur entwickeln und ausnutzen, wenn man den Zeitfaktor beherrscht". Denn es geht um „die schnelle Umdisponierung der Ressourcen auf die zukunftsträchtigen Gebiete des schnellen Wachstums … Das erfordert eine große Ressourcenflexibilität, verbunden mit schnellen und risikofreudigen Entscheidungen" (Haustein et al. 1988, S. 62–63). Ressourcenflexibilität und Risikofreudigkeit sind jedoch endemische Probleme einer Planwirtschaft. Jedes Politbüromitglied, jeder Minister und Kombinatsdirektor ist darauf bedacht, in der neuen Planperiode keine Einbußen an Ressourcen für seinen Bereich hinnehmen zu müssen. Wo Planerfüllung oberstes Gebot ist, neigt man dazu, die Risiken unsicherer Entscheidungen so gering wie möglich zu halten und notwendige Umdisponierungen so spät wie möglich vorzunehmen. Und „dort, wo erneuert wird, wird zugleich das Effektivitätspotential der vorhandenen Technik unterminiert" (Ibid.). Das hatte Schumpeter *creative destruction* genannt und ist in jedem Wirtschaftssystem der Fall. Deshalb ist generell damit zu rechnen, „dass in der Reifephase starke Trägheitskräfte in Richtung auf weitere Rationalisierung des Vorhandenen wirken" (Ibid., S. 66). Kurzum, die sozialistische Planwirtschaft hat systemische Innovationsprobleme, die sich in einer notorischen Innovationsschwäche äußerten (Wagener 1996).

4.1.1.6 Prognose und Ökonometrie

Die traditionelle stalinistische Planung arbeitete unter der Annahme, die Parteiführung kenne die Zukunft und sei in der Lage, sie auf rationalem Weg herbeizuführen. Die Arbeiten von Heinz-Dieter Haustein (1969; 1970) lassen sich als implizite Kritik an diesem Ansatz lesen. Er betont die Einheit von wissenschaftlicher Prognose und Plan, wobei die Prognose realistische Entwicklungsmöglichkeiten und zu erwartende Einschränkungen als Grundlage für die strategische Planung angeben solle. Westliche Einflüsse haben in diesem Zusammenhang wahrscheinlich eine Rolle gespielt. Denn die Planungsexperimente der Nachkriegsjahre und insbesondere die makro-ökonomische Politik und Planung erforderten wissenschaftliche Vorhersagen der technischen, sozialen und ökonomischen Entwicklungen in ähnlichem Umfang, wie das auch im Sozialismus notwendig ist. Als in den 1960er Jahren dank der rasanten Ausweitung der Rechentechnologie große makro-ökonomische Modelle in Mode gerieten, wurde auch die Prognostik ein heißes Thema (z. B. Gerfin 1964; Rothschild 1969).

Prognosen blieben im Sozialismus nicht nur eine akademische Übung, sondern sie wurden auch institutionalisiert, um Information für die langfristige Planung zu gewinnen. 1966 richtete die Staatliche Plankommission eine Prognoseabteilung ein. 1968 gab es 17 feste Prognosegruppen, die Entwicklungen in unterschiedlichen Bereichen von Wissenschaft und Technologie, aber auch in der Wirtschaft und den sozialen Beziehungen abschätzen sollten. Eines der Motive war der Aufholprozess im Verhältnis zu Westdeutschland. Die Prognose-Welle war Teil der Reformansätze der 1960er Jahre. Sie gab Anstoß zu den grundlegenden Arbeiten von Haustein (1969, 1970). Doch nach 1971 verlor sie an Schwung, d. h. mit dem Übergang zu Honecker und seiner Abwendung von der Wirtschaftsreform (Steinitz und Walter 2014, S. 91).

Mathematische und statistisch basierte Planungsansätze mit unterschiedlichen Zeithorizonten wurden schon vor der Prognoseeuphorie verwendet. Anfänglich extrapolierte man Trend- und Regressionsfunktionen einzelner Variablen. In den frühen 1970er Jahren experimentierte die Staatliche Plankommission mit einem ökonometrischen Ein-Sektoren-Modell (DÖM 1). Es beschrieb den Güterkreislauf einer geschlossenen sozialistischen Wirtschaft. Die zentrale abhängige Variable, das Nationaleinkommen, wurde abgeleitet von der Bruttoproduktion, die wiederum vom Kapitalstock (‚Grundfonds' genannt, um kapitalistische Begriffe zu vermeiden) determiniert wurde. Das Modell bestand aus 7 Regressionsgleichungen und 4 Definitionsgleichungen und wurde zur Berechnung von Planvarianten verwendet (Bilow et al. 1974, S. 60).

Das Nachfolgemodell der Staatlichen Plankommission (DÖM 2) ist ein Mehr-Sektoren-Modell unter Einschluss des Außenhandels (Bilow et al. 1981). Die sektorale Verflechtung wird durch ein Input-Output Modell wiedergegeben, der Kapitalbedarf durch sektorale Kapital-Output Raten, der Arbeitskräftebedarf durch den Output und die Arbeitsproduktivität geschätzt. Das Modell bestand aus 115 Regressionsgleichungen und 117 Definitionsgleichungen. In Übereinstimmung mit der herrschenden Produktionstheorie deckte es nur den Güterkreislauf in der Sphäre der materiellen Produktion ab.

An der Humboldt Universität und bei der Zentralverwaltung für Statistik beschäftigten sich weitere Arbeitsgruppen mit ökonometrischen Modellen. Auch das Akademieinstitut für Ökonomie arbeitete ein Modell aus, das den Güterkreislauf in einer offenen Wirtschaft mit den für den Konsum relevanten Einkommensströmen verband. Neben dem Kernmodell gingen mehrere Untermodelle im Detail auf Produktion und Verwendung der Güter und der produktiven Ressourcen Kapital und Arbeit ein (Wölfling et al. 1977). Es handelte sich um ein Gleichgewichtsmodell mit 146 Regressionsgleichungen und 61 Definitionsgleichungen. Das Gleichgewicht wird erreicht, wenn die makro-ökonomische Arbeitsproduktivität auf einem Niveau realisiert werden kann, das erforderlich ist, um die verfügbaren Arbeitsressourcen mit der gesamtwirtschaftlichen Nachfrage auszugleichen. Mit Hilfe dieses Modells wurde das produzierte Nationaleinkommen für das erste Jahr nach der Stützperiode geschätzt.

Die beschränkte technische Kapazität, ökonometrische Untermodelle miteinander zu verbinden, und die Notwendigkeit, den Zeithorizont für Vorhersagen und Planung zu erweitern, regten das Forschungsteam des Akademieinstituts für Ökonomie dazu an, mit systemdynamischen Modellen zu experimentieren (Wölfling 1981). Ökonometrische Modelle nehmen eine gewisse strukturelle Stabilität des Wirtschaftssystems an, d. h. relativ unveränderte Beziehungen zwischen den Hauptindikatoren der Wirtschaft. Diese Eigenschaft macht sie für kurz- und mittelfristige Vorhersagen geeignet. Über längere Zeiträume müssen Planungsprozesse jedoch mit strukturellen Änderungen rechnen wie z. B. weitreichenden technischen Diskontinuitäten, Umwelteinflüssen und institutionellen politischen Interventionen.

Hier setzen Modelle dynamischer Systeme an, indem sie die Wirtschaft mit Hilfe von Bestands- und Stromgrößen abbilden Das schließt Rückkopplungsschleifen und Nichtlinearitäten ein, die dann die Simulierung alternativer Handlungsfolgen erlauben. Die Versuche des Akademieinstituts, mit solchen Modellen zu arbeiten, ließen sich aber nur zum Teil empirisch verifizieren (Biebler 1981). Erst am Ende der DDR-Periode konnte ein umfassendes systemdynamisches Modell entwickelt werden, das dann für die Simulation unterschiedlicher Szenarien für die ostdeutsche Transformationswirtschaft verwendet wurde (Fleissner und Ludwig 1992).

4.1.1.7 Die statistische Basis: Volkswirtschaftliche Gesamtrechnung und Input-Output- Analyse

Die Entwicklung und Anwendung quantitativer Methoden machte auch neue Daten- und Informationssysteme für die volkswirtschaftliche Gesamtrechnung und Input-Output Berechnungen notwendig. Damit weitete sich das Wissen über strukturelle Abhängigkeiten zwischen Produktion und Endnachfrage aus. Der Anstoß kam aus der Planungspraxis. Denn mit der Einführung der Mathematik in die Ökonomie stiegen auch die Erwartungen, die Gesamtwirtschaft effektiv zentral organisieren und planen zu können. Die mathematische Revolution führte, wie gezeigt, zur Entwicklung neuer Planungsinstrumente und neuer statistischer Informationssysteme. Die Revolution fand jedoch, wie ebenfalls gezeigt, vor allem in Forschung und Lehre statt. Auf Grund der dominanten Stellung traditioneller Planungsmethoden und gewisser Inkonsistenzen der neuen Instrumente mit diesen verlief der Transfer in die Planungspraxis schleppend. Darüber hinaus erschwerte die Abschottung zwischen den einzelnen Instituten den notwendigen Informationsfluss zwischen den Entwicklern und Nutzern der neuen Instrumente.

In der politischen Ökonomie geschulte Theoretiker und Praktiker zeigten sich eher zurückhaltend, wenn die neuen Methoden mit ihren gewohnten Aussagen und Vorgehensweise in Konflikt gerieten. Solche Konflikte wurden selten offen zur Diskussion gestellt und schon gar nicht ordentlich abgearbeitet. Die Mehrheit der mathematischen Ökonomen ließen das Problem links liegen, auch wenn kein grundsätzlicher Widerspruch zwischen den Ansätzen bestand. Doch der technische Jargon der Mathematiker und Statistiker verhinderte einen reibungslosen Wissenstransfer zwischen den Schulen.

Die volkswirtschaftliche Gesamtrechnung einschließlich der Input-Output-Rechnung stellt die Daten für makro-ökonomische Wachstums-, Konjunktur- und Strukturanalysen bereit. Auf Grund unterschiedlicher theoretischer und politischer Überlegungen gab es international kein einheitliches System. Die Vereinten Nationen hatten zwei fundamental verschiedene Systeme für nationale Gesamtrechnungen gebilligt: das *System of National Accounts* (SNA), das vor allem in Marktwirtschaften zum Einsatz kam, und das *Material Product System* (MPS) der sozialistischen Planwirtschaften, das auf der Annahme der ausschließlichen Produktivität von Arbeit beruhte, die im Bereich der materiellen Produktion eingesetzt wird.[10]

---

[10] Hierfür gab es auch ideologische Argumente. Denn schließlich waren die Arbeiter in der materiellen Produktion die führende Klasse der sozialistischen Gesellschaft, die jedoch auf Grund des säkularen Trends zum tertiären Sektor immer schmaler wurde.

Die Volkswirtschaftsbilanz sozialistischer Länder wurde nach dem MPS aufgestellt. Ihre Wurzeln gingen auf die Anfangsjahre der Sowjetunion zurück (Goskomstat 1926). Sie basiert auf der Marxschen Theorie der Reproduktion des Kapitals. Reproduktion ist der Marxsche Begriff für den Kreislauf von Gütern und Einkommen, der den Erhalt und die Entwicklung der Produktionsfaktoren ermöglicht. Um die Kontinuität des Kreislaufes aufrecht zu erhalten, sind im Produktionsprozess gewisse Proportionen zu wahren, die das bekannte Gesetz der planmäßigen proportionalen Entwicklung der Volkswirtschaft aufzeigt. Solche Proportionen (Gleichgewichte) werden für die Produktion und Verwendung von materiellen Gütern und die korrespondierenden Einkommensströme in einer stationären und einer wachsenden Wirtschaft (einfache und erweiterte Reproduktion) berechnet. Das gilt unabhängig von der herrschenden Wirtschaftsordnung (Akademie 1955, S. 611). 1956 veröffentlichte das erste Statistische Jahrbuch der DDR eine Volkswirtschaftsbilanz (Staatliche Zentralverwaltung 1956, S. 90 ff.) für die Jahre 1950-5. Sie war noch sehr lückenhaft, hielt sich aber strikt an die sowjetische Bilanzierungspraxis.

Die Wirtschaftsreform der 1960er Jahre löste gewisse Veränderungen im System der volkswirtschaftlichen Gesamtrechnung aus. Die Betriebe sollten einer Eigenerwirtschaftung ihrer Mittel unterliegen und zumindest versuchsweise auf Marktsignale reagieren. Damit geriet das Nationaleinkommen in den Fokus der Wirtschaftspolitik und der öffentlichen Wahrnehmung. Die wichtigste Erfolgskennziffer sollte von der Bruttoproduktion auf den Gewinn, ein Element des Nationaleinkommens, verlagert werden, was weitreichende Folgen für die Evaluation der wirtschaftlichen Tätigkeit nach sich ziehen musste. Diese Änderungen machten wiederum eine Reform der Produzentenpreise erforderlich, deren erhöhtes Niveau allerdings aus sozialpolitischen Gründen nicht auf die Konsumgüterpreise übertragen werden durfte. Damit stiegen die Subventionen in der zweiten Hälfte der 1960er und vor allem in den 1970er Jahren (s. Abschn. 4.2.1).

Die Öffentlichkeit erhielt nur spärliche Informationen über die Produktion und das Nationaleinkommen auf wenigen Seiten der statistischen Jahrbücher. Ein internes Jahrbuch zum Sozialprodukt und Nationaleinkommen (z. B. Statistisches Amt 1990) enthielt auf mehr als 100 Seiten zusätzliche Daten und Berechnungen. Dazu hatte allerdings nur eine kleine Gruppe von Spezialisten Zugang, und von 1966 bis 1989 war das Buch als vertrauliche Verschlusssache klassifiziert.

Die traditionelle Produktionsplanung ging nicht von Aggregaten aus, sondern, wie gezeigt, von Einzelprodukten, in erster Instanz von mehreren Hundert Schlüsselprodukten. Ihre Produktion und Verwendung wurde in Materialbilanzen registriert und geplant. Hinzu kamen Bilanzen für einige Kapital- und Konsumgüter. Von der Einführung der Input-Output Bilanzen erhofften sich die Planer mehr Konsistenz und eine höhere Genauigkeit, d. h. eine exakte und proportionale (gleichgewichtige) Planung der Gesamtwirtschaft. Bereits in der zweiten Hälfte der 1950er Jahre experimentierte die Zentralverwaltung für Statistik mit Input-Output Bilanzen, wobei sie vor allem auf sowjetische (Kindelberger 1970, S. 621) und ungarische (Rudolph 1962a, S. 4) Erfahrungen zurückgriff. Ein Team von Wissenschaftlern der Hochschule für Ökonomie, der Staatlichen Plankommission und der Zentralverwaltung für Statistik unter Leitung von Johannes Rudolph legte 1963 eine Input-Output Bilanz für 1959 vor (Jäger et al. 1963; Rudolph 1965).

Dieses Forschungsergebnis fiel zusammen mit Ulbrichts Ankündigung der Wirtschaftsreform auf dem VI. Parteikongress, die sich auf eine Verbesserung der Zentralplanung mit neuen Instrumenten richtete. Input-Output Ökonomen fanden sich auf einmal in einem freundlichen politischen Klima wieder. Verfechter der Zentralplanung sahen einen wissenschaftlichen Durchbruch. Der Wirtschaftshistoriker Jürgen Kuczynski und der Politökonom Helmut Koziolek popularisierten die Innovation im *Neue Deutschland:* „Die Verflechtungsbilanz ist die Generalstabslagekarte in unserem Kampf um den möglichst schnellen, richtig proportionierten Aufbau des Sozialismus“ (Kuczynski und Koziolek 1962, S. 4). Nur wenige Jahre zuvor hatte Koziolek (1959, S. 29) das mathematische Modell hinter der interindustriellen Verflechtungsbilanz für „Unsinn“ erklärt, da ihm eine klare Beziehung zur orthodoxen politischen Ökonomie fehle. Und er hatte Oskar Langes Auffassung als Fehleinschätzung abgelehnt, der dieses Modell als Erweiterung der Marxschen Theorie der Reproduktion präsentierte.

Input-Output Tabellen beschreiben in der Regel die Beziehungen zwischen Gruppen homogenisierter Produkte ohne Rücksicht auf die institutionelle Struktur. Pläne sind dagegen auf der oberen Ebene an Ministerien adressiert und auf der unteren Ebene an Betriebe. Produktgruppen und institutionelle Einheiten müssen also in Übereinstimmung gebracht werden. Das geschah in Planverflechtungsbilanzen, die darüber hinaus erlauben, die materielle und finanzielle Planung auf aggregiertem Niveau zu kontrollieren (Graichen 1980; Kinze et al. 1989, S. 558). Die Verbindung von Output, Endprodukt und erweiterter Reproduktion des Kapitals über eine gewisse Spanne von Jahren ist Gegenstand dynamischer Input-Output Bilanzen. Das Ökonomische Forschungsinstitut der Zentralplankommission arbeitete an solchen Modellen (Freimüller et al. 1972). Sie erreichten allerdings nie das Stadium der Anwendbarkeit und wurden später fallengelassen.

Input-Output Bilanzen der Gesamtwirtschaft weisen, selbst wenn sie mehr als 100 Posten enthalten, ein zu hohes Aggregationsniveau auf, um die individuellen Produkte der Bilanzpyramide über alle Organisationsstufen erfassen zu können. Als analytisches Instrument sind sie geeignet, für die täglich Planungsroutine sind sie zu abstrakt und komplex. Das verhält sich anders mit Teilverflechtungsbilanzen. Sie analysieren technisch bedingte Beziehungen innerhalb von Betrieben, Kombinaten, Branchen oder Produktionskomplexen in physischen Einheiten und können die Planungsaufgabe auf diesem Niveau deutlich verbessern (Autorenkollektiv 1965). Hier schließt sich auch das Arbeitsgebiet des Operations Research an, der in der sozialistischen Wirtschaft verbreitet Anwendung fand.

Die bisher erwähnten Modelle sind der Gruppe der Mengenmodelle zuzurechnen. Daneben gab es auch Bemühungen, Input-Output Preismodelle zu entwickeln (Kinze et al. 1975, 212–213). In der Zeit der Wirtschaftsreform 1963–1969 waren sie für die Planer im Zusammenhang mit der Preisreform wichtig. Denn damit ließen sich verschiedene Formen der Preisgestaltung auf den einzelnen Produktionsstufen vergleichen und ihre kumulativen Auswirkungen auf das Preisniveau insgesamt abschätzen (Weisheimer 1969).

Die zunehmende Komplexität der Wirtschaft machte es immer schwieriger, die richtigen Mengenproportionen der Bruttoproduktion zu fixieren, um ein hohes Nettoprodukt zu erzielen. Das führte zur ‚Entdeckung' des Endprodukts, das natürlich den Bauern von mathematischen Input-Output Modellen wohl vertraut war, das manche Politökonomen jedoch für eine Abweichung von der marxistischen Orthodoxie hielten. Das Endprodukt umfasst nicht nur Konsumgüter und Produktionsmittel für die erweiterte Reproduktion, sondern auch für die Ersatzbeschaffungen. In der Folge definierte die ostdeutsche volkswirtschaftliche Gesamtrechnung einen neuen Indikator ‚Nationaleinkommen plus Abschreibung', der dem westlichen Konzept des Bruttoinlandsprodukts sehr ähnlich ist, wenn man von der Vernachlässigung der nicht-materiellen Produktion absieht. Die Daten dafür wurden nicht veröffentlicht und selbst das interne Jahrbuch des Sozialprodukts enthielt erst in seiner letzten Ausgabe (Statistisches Amt 1990, S. 178 f.) eine Zeitreihe für 1970–1989. Mit einem ökonometrischen Gesamtrechnungsmodell wurde die Konsistenz der aktuellen Einzelberechnungen zum Nationaleinkommen geprüft und es wurden kurzfristige Vorausberechnungen vorgenommen (Höschel 1986).

Ein umfassendes Endprodukt, d. h. ein Bruttoinlandsprodukt, zu berechnen, wurde vom Dogma der physischen Materialität der Produktion verhindert. Die Trennung von materieller und nicht-materieller Produktion führte zu skurrilen Bestimmungen: „So ist die massenhafte Reproduktion der sachlichen Ausdrucksmittel des geistigen Nationalreichtums, wie Bücher, Filme, Konstruktionszeichnungen, Gemälde, Schallplatten usw., eine Funktion der materiellen Produktion und nicht der geistigen", während andererseits „die Vermittlung von Wissen,

Bildung, Kultur usw. ihrem Wesen nach selbst Bestandteil der geistigen Produktion" und wie diese zwar äußerst nützlich, aber nicht wertschaffend ist (Politische Ökonomie 1969, S. 526–527).

Aufwendungen für den nicht-materiellen Sektor werden nicht in diesem selbst erwirtschaftet, sondern sind aus dem gesellschaftlichen Reineinkommen zu finanzieren und umfassen:

- die Gesamtinvestitionen im nicht-produktiven Sektor,
- Wissenschaft, Forschung und Entwicklung (soweit die Betriebe nicht selbst Mittel dafür aufwenden),
- Bildung und Kultur,
- die sogenannte materiell-technische Territorialstruktur (u. a. das Verkehrsnetz und die kommunalen Versorgungsbetriebe),
- die Sozialausgaben (Gesundheit, Renten, Wohnungswesen usw.)
- die Verwaltung und Verteidigung.

Die soziale und ökonomische Bedeutung dieses Sektors ist evident. Das war auch den Politökonomen bewusst, die gelegentlich von ‚nichtmateriellen produktiven Bereichen' sprachen. Doch am Ende wird die Trennung in produzierende und nichtproduzierende Bereiche aufrechterhalten, z. B. bei der Unterscheidung von produktiver und nicht-produktiver Akkumulation (Politische Ökonomie 1969, S. 594; Richter et al. 1986, S. 590–591) und in der VGR.

Man könnte das als statistische Kuriosität abtun, würde daraus nicht eine gewisse Hierarchie der Ansprüche an das Reineinkommen folgen: „Das bedeutet also, daß letztlich der Zuwachs an Nationaleinkommen zusammen mit der Ausdehnung an individueller Konsumtion und dem Zuwachs der produktiven Akkumulation bestimmt, in welcher Größe überhaupt in den nichtmateriellen produktiven Bereichen Erweiterung der Reproduktion stattfinden kann" (Politische Ökonomie 1969, S. 554). Die Entwicklung des Sektors, von dem letztendlich die Modernisierung der Wirtschaft abhängt (Bildung, Wissenschaft), ist der materiellen Produktion nachgeordnet, die dann auch strukturell im Vergleich zu Marktwirtschaften ein Übergewicht (Überindustrialisierung) hatte. Es wäre „falsch, die gesamte Wissenschaft oder jegliche Arbeit, die Einfluß auf die Produktion hat (wie z. B. im Bildungswesen, Gesundheitswesen usw.), als produktive Arbeit zu bezeichnen" (Heinrichs und Maier 1976, S. 90). Die DDR verstand sich als Arbeiter- und Bauernstaat und pflegte damit eine schwindende Kultur. Die moderne, postindustrielle Gesellschaft ist eine Dienstleistungsgesellschaft, in der die materielle Produktion inzwischen weniger als ein Viertel der Gesamtproduktion ausmacht und Bildung und Wissenschaft die dynamischen Elemente darstellen.

In den 1970er Jahren hatten Ökonomen die Bedeutung von Bildung und Wissenschaft, der Gesundheit und Kultur für die wirtschaftliche Produktivität erkannt und darauf gedrängt, die Grenzen der produktiven Arbeit über die Materialität des Produkts zu erweitern (Meyer 1984, S. 267 ff.). In der theoretischen Diskussion machte man darauf aufmerksam, dass auch zwischen der materiellen und nichtmateriellen Produktion bestimmte Proportionen einzuhalten seien (Koziolek 1979, S. 192). Doch in der nationalen Rechnungslegung blieben die nicht-materiellen Wirtschaftszweige Konsumenten und wurden nicht zu Produzenten aufgewertet. Einige Statistiker berechneten trotzdem die Produktion beider Sektoren nach den gleichen Prinzipien und konstruierten einen neuen Indikator für die Wirtschaft als Ganze – die wirtschaftliche Gesamtleistung bzw. das Bruttoinlandsprodukt (Ludwig 1988, S. 22 ff.; Hein 1988, S. 171 ff.). Das Statistische Jahrbuch 1990 (S. 107) legte dann eine Berechnung des Bruttoinlandsprodukts nach SNA vor. Der langjährige Leiter der Zentralverwaltung für Statistik, Arno Donda, wies in seiner Einleitung zu diesem (letzten) Band des Jahrbuchs darauf hin: „Während in der Vergangenheit der Einfluß der Agitation nicht zu übersehen war", versuche man jetzt ein realistisches Bild der ostdeutschen Wirtschaft zu geben. „Völlig neugestaltet sind die Abschnitte Volkswirtschaftliche Gesamtrechnung, Umweltschutz, Preisstatistik und Außenhandel" (Statistisches Jahrbuch 1990, S. III). Das sind die Felder, auf denen Verschleierung und Geheimhaltung besonders ausgeprägt waren.

4.1.2 Theorie und Praxis der Planung in Polen

4.1.2.1 Theoretische Ansätze in der Zwischenkriegszeit und erste Nachkriegserfahrungen

Die Einführung der Zentralplanung nach dem 2. Weltkrieg in Polen bedeutete genauso wie in den übrigen Ländern des Sowjetblocks einen radikalen Wandel der Bedingungen, unter denen die Wirtschaft operierte. Das bedeutet jedoch nicht, dass es in der Zeit vor dem Übergang zum Sowjetmodell keine Ökonomen gegeben hätte, die sich mit Planungsproblemen und Theorien beschäftigten, in denen zumindest partiell von Planungsmethoden Gebrauch gemacht wurde. Im Polen der 1930er Jahre gab es eine kleine Zahl von Wissenschaftlern, die ihre Forschung auf den Einsatz von Planinstrumenten für die Regulierung der Wirtschaft richteten.

Größte Bekanntheit hat Oskar Langes Ansatz erreicht, der auf Léon Walras‘ Modell des allgemeinen Gleichgewichts beruht. Bei Lange simuliert der Zentralplaner den Markt, indem er Preise setzt, die bei gegebenen Ressourcen und gegebenem Stand der Technik ein optimales Produktionsniveau garantieren. Diese Preise generiert der Planer, indem er in einem iterativen Dialog mit den Betrieben ihre Angebots- und Nachfrageentscheidungen bei anfänglich willkürlich gesetzten Preisen abfragt und diese Entscheidungen miteinander bilanziert. Bei Ungleichgewicht werden die Preise entsprechend angepasst, bis sich ein Bilanzgleichgewicht einstellt. Nach Lange kann der Planer auf diese Weise alle Probleme einer kapitalistischen Wirtschaft vermeiden, vor allem Monopolisierung und Oligopolisierung: Die vorgeschlagene Lösung garantiert vollständigen Wettbewerb. Damit zeigten Lange und seine Anhänger, dass es entgegen den Behauptungen von Mises in der Debatte um die sozialistische Wirtschaftlichkeitsrechnung möglich sei, ein Sozialismusmodell zu schaffen, das wirtschaftlich effizient ist und soziale Wohlfahrt hervorbringt (Lange 1936, 1937).

Die Theorie einer Planwirtschaft wurde in den Jahren zwischen den Kriegen von Jan Drewnowski[11] vorangebracht. Ähnlich wie Lange bezog sich Drewnowski auf die Schule von Lausanne, doch den Angelpunkt für seine Arbeiten bildete Vilfredo Paretos Präferenztheorie. In seinem Ansatz ging er davon aus, dass Präferenzentscheidungen zugunsten Dritter getroffen werden können, und zwar sowohl bezüglich individueller Konsumbedürfnisse als auch bezüglich gesellschaftlicher Ziele.

Drewnowski unterschied fünf Typen politischer Systeme, die er in zwei Gruppen einteilte in Abhängigkeit von ihrer Einstellung zum Privateigentum: individualistische Systeme mit drei Typen (liberal, interventionistisch und geplant) und kollektivistische Systeme mit zwei Typen (partiell und vollständig). Der vollständig kollektivistische Systemtyp entspricht einer Befehlswirtschaft. In einem partiell kollektivistischen System verfügt der Staat über die Produktionsmittel, aber nicht über die Arbeit, die zusammen mit den Konsumgütern über den Markt verteilt wird. Nach Drewnowski kann man mit diesem Ansatz Gleichgewichtszustände unabhängig vom politischen System identifizieren. Doch dieser Zustand unterscheidet sich in den einzelnen Systemtypen. Zum Beispiel fällt er in einem kollektivistischen System anders aus als in einem liberalen, weil die Präferenzen der Autoritäten von denen der Konsumenten abweichen können und der Planer auf letztere keine Rücksicht zu nehmen braucht. In kollektivistischen Systemen

[11] Die Arbeiten von Drewnowski wurden 1937 und 1938 in zwei Teilen in der Zeitschrift *Ekonomista* veröffentlicht. Nach dem Krieg erschien dann eine Buchausgabe (Drewnowski 1947).

haben die Präferenzen der Planer, d. h. des Staates, Vorrang. Aus diesen Überlegungen zog Drewnowski Anfang der 1960er Jahre den Schluss, dass Oskar Langes Modell des Marktsozialismus nicht zur Beschreibung des herrschenden sozialistischen Systems geeignet sei, in dem die Zentralplaner ohne Rücksicht auf die Konsumenten ihre Präferenzen formulierten (Drewnowski 1961).

Neben diesen beiden tiefer gehenden theoretischen Ansätzen gab es einige weniger markante Veröffentlichungen zur Planungsidee. Vor allem aber fand der Planungsgedanke (allerdings nicht in seiner sozialistischen Fassung) Anhänger bei der Regierung. In den 1930er Jahren legte der stellvertretende Ministerpräsident und Finanzminister Eugeniusz Kwiatkowski zwei Wirtschaftspläne vor, einen Vierjahresplan und einen Fünfzehnjahresplan, die Polens Wirtschaftsentwicklung beschleunigen und rückständige Regionen modernisieren sollten. Ihre Ausführung wurde vom Ausbruch des zweiten Weltkriegs unterbrochen (Koryś 2015).

Während des Krieges arbeitete die Londoner Exilregierung einen Plan für den wirtschaftlichen Wiederaufbau des Landes aus. Der künftige Leiter des Zentralplanbüros (CUP), Czesław Bobrowski, war an diesen Arbeiten beteiligt. Gleichzeitig formulierte Michał Kalecki (1982c [1942]) seine Vorstellungen zur Planung im Sozialismus. Auch wenn sein Aufsatz ziemlich allgemein blieb, enthielt er doch unter anderem Hinweise auf das Verhältnis zwischen der Arbeiterselbstverwaltung und der Zentralplanung und machte unmissverständlich deutlich, dass sozialistische Planung etwas anderes ist als Planung und Interventionismus im Kapitalismus.

In den ersten Nachkriegsjahren wurde Planung mit Einführung einer sozialistischen Wirtschaft zum zentralen Steuerungsinstrument. Doch bis zum Übergang von den 1940er zu den 1950er Jahren befand sich dieses Instrument in Händen von Anhängern der Polnischen Sozialistischen Partei (PPS), die auf Vorkriegserfahrungen des Planungsprozesses zurückgreifen konnten wie z. B. der Leiter des Zentralplanbüros Bobrowski oder die sich wissenschaftlich mit Planung beschäftigt hatten wie Jan Drewnowski mit seiner erwähnten Theorie. Der Wiederaufbauplan entsprach eher dem sogenannten polnischen Weg zum Sozialismus als dem sowjetischen Planungsmodell. Das Hauptaugenmerk wurde auf den Wiederaufbau der Wirtschaft und das Konsumwachstum gelegt. Auch spielten die nicht-materiellen Dienstleistungen eine wichtige Rolle. Der Plan ging aus vom Nebeneinanderbestehen dreier Wirtschaftssektoren, d. h. unter Einschluss des Privatsektors, und er sah eine nachhaltige Entwicklung aller Wirtschaftszweige (Landwirtschaft, Industrie und Dienstleistungen) bei angemessenem Konsumwachstum vor. Dieser Ansatz stieß auf geharnischten Widerstand der Polnischen Arbeiterpartei (PPR). Das führte zur Entlassung von Bobrowski und seiner Mitarbeiter aus dem Zentralplanbüro und zur vollständigen Übernahme der Kontrolle über die Wirtschaft durch Hilary Minc von der PPR, der nach der Auflösung des Zentralplanbüros Leiter der neu geschaffenen Staatlichen Kommission für Wirtschaftsplanung (PKPG) wurde (Kowalik 2006b).

Im Gegensatz zu Bobrowski war Minc ein überzeugter Vertreter der sowjetischen Planung, was er wiederholt in seinen Veröffentlichungen deutlich machte (z. B. H. Minc 1948). Die in der Sowjetunion angewendeten Methoden wurden in Polen zusammen mit einer strikt zentralisierten Planung eingeführt, und die PKPG wurde mit Kompetenzen ausgestattet, die jenen des sowjetischen Gosplan glichen. Der erste Plan, den diese neue Institution vorlegte, der Sechsjahresplan, widerspiegelte die neuen Regel für die Planung (s. Abschn. 2.1.2). Gleichzeitig legten Parteiökonomen Studien vor, die für das sowjetische Planungsmodell werben, aber keinen Beitrag zur ökonomischen Theorie liefern sollten (z. B. B. Minc 1950; Pohorille 1953).

4.1.2.2 Tauwetter: Brus' Konzept der Dezentralisierung

Die politischen Veränderungen, die Mitte der 1950er Jahre das Tauwetter in Polen auslösten, erfassten auch den Planungsprozess. Die Reformen, die nach den Protesten von 1956 eingeführt wurden, betrafen unter anderem das Planungssystem, was zu einer Verringerung der obligatorischen Plankennziffern führte und zu einem Bedeutungsverlust der Staatlichen Kommission für Wirtschaftsplanung (PKPG), die in Plankommission des Ministerrates umbenannt wurde (s. Abschn. 3.3.3).

Schon vor 1956 setzten erste Diskussionen über das Planungssystem ein. 1954 machte Bronislaw Minc darauf aufmerksam, dass der technische Fortschritt kapitalsparend sein könne und dass unter bestimmten Bedingungen Abteilung II (die Produktion von Konsumgütern) sich in einer sozialistischen Wirtschaft schneller entwickeln könne als Abteilung I (die Produktion von Produktionsmitteln). Das widersprach dem Leninschen Dogma des Wachstums im Sozialismus, das im sowjetischen Herrschaftsbereich als unumstößlich galt. Minc erklärte, auf einem bestimmten Niveau der Entwicklung der Produktivkräfte tendiert die Akkumulationsrate im Volkseinkommen sich zu stabilisieren oder sogar zu sinken. Deshalb sei es bei diesem Entwicklungsstand möglich, das Wachstum von Abteilung II an das von Abteilung I anzugleichen oder es sogar zu übertreffen (Minc 1954).

Noch im gleichen Jahr veröffentliche Pajestka (1954) einen Artikel, in dem er sich hinter die Auffassung von Minc stellte. 1955 kritisierte Pohorille (1955) die beiden und unterstrich die traditionelle Lehre vom rascheren Wachstum der

Abteilung I[12]. In einem weiteren Artikel kam Sadowski (1956) dann wieder auf Minc und Pajestka zurück und machte deutlich, das vorrangige Wachstum von Abteilung I sei keine Bedingung für erweiterte Reproduktion (Wachstum), „sondern es bestimmt nur die Wachstumsrate, die im allgemeinen Entwicklungsprozess steigend sein kann. Unter anderen Entwicklungsbedingungen ist dagegen ein rascheres Wachstum der Produktion von Produktionsmitteln nicht notwendig" (Ibid.). Diese Ansicht teilten Minc und Kalecki auf dem Zweiten Ökonomenkongress. Sie äußerte sich auch in Kaleckis Ideen zur Wachstumstheorie und langfristigen Wirtschaftsplanung (s. weiter unten).[13]

Die Debatte unter Ökonomen, die während des Tauwetters 1956–1957 stattfand, richtete sich auf die Funktionsweise der Wirtschaft einschließlich des zentralistischen Planungssystems. Der Zweite Ökonomenkongress vom Juni 1956 war ein Durchbruch. Auf ihm wurden Forderungen laut, die sowohl die Entwicklung der Wirtschaftstheorie betrafen wie Änderungen des Planungssystems. Die Kritik richtete sich auf eine übertriebene Entscheidungszentralisierung, die Vielzahl minutiöser Plankennziffern, die überzogene Abhängigkeit der Betriebe u.s.w. (Sadowski 2007). Die geäußerten Reformvorschläge bezogen sich nicht nur auf den Planungsprozess im Einzelnen sondern auch auf die generelle Bedeutung der Planung für die Wirtschaft. Michał Kaleckis Ausführungen zur Dynamik und den Determinanten des Wachstums in einer sozialistischen Wirtschaft thematisierten unmittelbar die Richtlinien für die Aufstellung von Wirtschaftsplänen (s. Abschn. 4.1.2.3).

Zahlreiche der geäußerten Reformvorschläge implizierten radikale Veränderungen des Planungssystems. Die am weitesten gehenden Ideen (z. B. von Kurowski), die in vorangegangenen Kapiteln angeführt wurden, hätten die Zentralplanung auf eine strategische Planung reduziert: „Planung ist eine große Errungenschaft der modernen Wirtschaft. […] Allerdings sollte man […] Planung nicht fetischisieren. […] Deshalb sehen wir im neuen Modell eine Kooperation zwischen dem Markt und dem zentralen Plan vor. Der Zentralplan soll die Volkswirtschaft so koordinieren, dass die wesentlichen Marktprozesse störungsfrei ablaufen" (Kurowski 1957c). Dagegen formierte sich Kritik nicht nur von

[12] Pohorilles Aufsatz erschien nach einem Artikel in der *Pravda*, der deutlich gemacht hatte, die Idee, Abteilung II könne sich rascher entwickeln, sei falsch.

[13] Die Position von Minc wurde in anderen kommunistischen Ländern, wie der Sowjetunion und der Tschechoslowakei, scharf kritisiert. Nach Osiatyński (1982, S. 407–8) wurde das Problem in der polnischen Ökonomie endgültig von Lange in seiner *Teoria reprodukcji i akumulacji* (Theorie der Reproduktion und Akkumulation; Lange 1961b) gelöst. Nach Lange gibt es keinen Grund anzunehmen, Abteilung I müsse notwendigerweise schneller wachsen als Abteilung II.

Seiten der konservativen Ökonomen und den Repräsentanten des Apparats, sondern auch von moderaten Vertretern der Systemreform wie Brus (Dyskusje 1957). Im Ergebnis wurden gemäßigte Reformen vorgeschlagen, die sich in den Dokumenten des Wirtschaftsrates niederschlugen. Sie gingen zumindest teilweise auf die Ideen jener Ökonomen ein, die den Ansatz des sogenannten Marktsozialismus vertraten. Dieser Ansatz fand seine ausführlichste Formulierung in Włodzimierz Brus' (1971 [1961]) Buch *Funktionsprobleme der sozialistischen Wirtschaft.*

In seinem Buch sprach Brus die Planungstheorie oder die Verfahren bei der Aufstellung von Plänen nicht direkt an. Doch sein Konzept einer dezentralisierten sozialistischen Wirtschaft musste darauf eingehen, wie Pläne für die Wirtschaft in einem solchen System auszusehen hätten. Seiner Ansicht nach deckt der Zentralplan für eine dezentralisierte Wirtschaft eine ähnliche Bandbreite von Prozessen ab wie das traditionelle zentralisierte System.

„Wesentliche Unterschiede treten hingegen im Modus der Planrealisierung und in der Verbindung der Betriebspläne mit dem zentralen Plan hervor. Im zentralistischen Modell ist die Einführung einer Kennziffer in den Plan im Prinzip gleichbedeutend mit einer direkten Entscheidung, die in Form einer Planvorschrift übermittelt wird. Im dezentralisierten Modell dagegen hat die weit überwiegende Zahl der Kennziffern des zentralen Plans keinen obligatorischen Charakter und bedeutet nicht, daß eine direkte Entscheidung getroffen wurde" (Ibid., S. 216).

Der Zentralplaner treffe direkte Entscheidungen nur in genau festgelegten Bereichen wie die Proportionen in der Verteilung des Nationaleinkommens und die Bestimmung der Hauptrichtungen von Investitionen, für die zentralisierte Investitionsfonds zugeteilt werden (einschließlich der Bestimmung der allgemeinen Investitionsmethoden).

„Die genannten Bereiche der direkten Entscheidung sind von prinzipieller Bedeutung für die Gestaltung der Hauptproportionen in der Volkswirtschaft. Doch auch das bedeutet nicht, daß alle Probleme der Verteilung des Nationaleinkommens und der Wahl der Investitionsrichtungen – und noch viel weniger der Methoden – zentral gelöst werden: im dezentralisierten Modell fallen bestimmte Entscheidungen auch auf diesen Gebieten in die Kompetenz der Unternehmen" (Ibid., S. 217).

Der Zentralplan und die Betriebspläne ständen in keinem direkten Verhältnis zueinander. Das heißt, der Zentralplan sei autonom gegenüber den Betriebsplänen und so kein einfaches Aggregat dieser Pläne. Andererseits seien die Betriebspläne keine Art Ausschnitt aus dem Zentralplan wie im zentralisierten System. Doch betonte Brus die Dominanz des zentralen Planes.

„Mit der Entscheidung über den Wachstumsrhythmus und die Hauptproportionen in der Volkswirtschaft bestimmt die zentrale Stufe zugleich die

Grundelemente der zur Wahl stehenden Alternativen für die Betriebe“ (Ibid., S. 221–222).

Damit ließen sich vorrangige soziale Zielsetzungen realisieren. Denn indirekte Entscheidungen, die die direkten ergänzen, beeinflussten die Nettogewinne der Betriebe, indem sie sich auf Kosten und Erlöse auswirkten: Input-Preise und Löhne, Zinsen, Abschreibungssätze auf der einen Seite und auf der anderen Output-Preise und Abführungen an den Staatshaushalt.

„Die Dominanz des zentralen Plans resultiert also zweitens aus der Tatsache, daß die zentrale Stufe eine Anzahl von indirekten Entscheidungen trifft, die darauf abzielen, die ökonomischen Bedingungen so zu gestalten, daß die an der Gewinnmaximierung orientierten Entscheidungen der Betriebe sich in der Richtung der wesentlichen Planentscheidungen bewegen und die Realisierung des gesamtgesellschaftlichen Ziels begünstigen“ (Ibid., S. 223).

Brus nahm nicht an, dass die Bilanzierung in Naturalgrößen – typisch für das zentralisierte Modell – vollständig abgeschafft werden könne. Doch räumte er dieser Methode ein sehr viel geringeres Gewicht ein.

„Im Unterschied zum zentralistischen Modell, in dem die Bilanzierung eng mit der Verteilung verbunden ist, kommen im dezentralisierten Modell die Schlußfolgerungen aus der Konfrontation der Bedürfnisse und der Möglichkeiten ihrer Befriedigung in einem System ökonomischer Größen (vorab in einer Struktur der Preise) zum Ausdruck, die durch entsprechende Stimulierung der Lieferanten und der Abnehmer zu einem Instrument der Herstellung des Gleichgewichts im Einklang mit den Planprämissen werden“ (Ibid., S. 225).

Im Ergebnis ist der Plan sehr viel weniger detailliert, auch regelt er nicht erschöpfend die Verteilung der Ressourcen und schreibt nicht Planauflagen und Materialbilanzen bis in die letzten Einzelheiten vor.

Dieses Konzept wurde in Polen nie praktisch getestet. Nach Abschluss des Buches zog sich der Autor aus dem Wirtschaftsrat zurück und sein Einfluss in der Plankommission, wo er zuvor die Forschungsabteilung geleitet hatte, wurde deutlich schwächer. Auch sehr viel moderatere Vorschläge in den Dokumenten des Wirtschaftsrates fanden bei den Autoritäten keine Zustimmung. Diese waren nicht bereit, das Planungssystem einem grundlegenden Wandel zu unterziehen, was auch die Erfahrung des bekanntesten polnischen Ökonomen, Michał Kalecki, belegt.

4.1.2.3 Micha Kalecki: Langfristplanung.

Unter all den Ökonomen, die sich für Änderungen des Planungsprozesses aussprachen, nahm Michał Kalecki eine herausragende Position ein. Seinen Vorschlägen kamen frühere Erfahrungen zugute, die er bei der Ausarbeitung von

Wirtschaftsplänen in Großbritannien und im Rahmen seiner UN-Tätigkeit mit verschiedenen Regierungen erworben hatte. Als er 1955 nach Polen zurückkehrte, fand er eine Anstellung im Büro des Ministerrates. Doch auf Grund der Bemühungen von Czesław Prawdzic (Leiter des 1955 einberufenen Teams für Planprognosen) und von Włodzimierz Brus (zum damaligen Zeitpunkt Direktor der Forschungsabteilung der Plankommission) wechselte er zur Plankommission als Vorsitzender der Hauptkommission für Langfristplanung (Osiatyński 1982, S. 410–411). Zusammen mit Prawdzic[14] leitete er die Ausarbeitung des Perspektivplans 1961–1975, für den er die Hauptverantwortung trug.

Die Arbeit am Perspektivplan unterschied sich methodisch von der bislang in der Kommission angewendeten Praxis. Sie gründete sich nicht auf Formblätter, die von einzelnen Abteilungen ausgefüllt, sondern auf Analysen, die für die Hauptkommission angefertigt wurden. Der Idee nach sollte der Perspektivplan nicht genau vorgeben, wie Polen 1975 auszusehen habe. Er war nicht als direktiver Plan konzipiert, vielmehr sollte er anzeigen, in welcher Richtung sich das Land entwickeln werde, und war während der folgenden Planungsphasen ständig anzupassen. Diese sehr viel flexiblere Formel nahm auch auf die Planungstätigkeit im Westen Bezug, wo das Hauptziel darin bestand, einen Entwicklungspfad anzudeuten und nicht die einzelnen Indikatoren dieser Entwicklung präzise vorzugeben. Darin spiegelten sich Kaleckis internationale Erfahrungen aus den Kriegs- und unmittelbaren Nachkriegsjahren wider wie auch seine Beratertätigkeit zur Planung in sozialistischen und kapitalistischen Ländern (z. B. während der Reisen, die er in der zweiten Hälfte der 1950er Jahre nach Genf, Cambridge und Belgrad unternommen hatte).

Obwohl Kalecki, wie Osiatyński betonte, einer der Pioniere der Ökonometrie in Polen war, hielt er wenig davon, diese Methoden bei der Aufstellung des Perspektivplans anzuwenden. Er war der Ansicht, dass „ein ökonometrischer Ansatz ohne spezifisches methodologisches Konzept nicht von selbst ein solches Konzept hervorbringen wird" (Osiatyński 1982, S. 421). Der Plan beruhte auf der Verbindung des Volkseinkommenswachstums mit dem Wachstum des Kapitalstocks (Anlagevermögens), wie Kalecki (1956b) es in seinem Beitrag zum Zweiten Ökonomenkongress mit dem Titel *Dynamika inwestycji i dochodu narodowego w gospodarce socjalistycznej* (Die Dynamik der Investitionen und des Volkseinkommens in der sozialistischen Wirtschaft) dargestellt hatte. Die darin enthaltene Wachstumstheorie, die mit den Ansätzen von Feldman, Harrod und Domar vergleichbar ist, führt das Wachstum des Volkseinkommens auf die Investitionsquote

[14] Prawdzic leitete sein Team bis September 1959, als er für die Plankommission nach Moskau delegiert wurde.

und den technisch bedingten Kapitalkoeffizienten zurück. Diese Wachstumstheorie hat Kalecki (1982d [1963], englische Übersetzung 1993) später ausführlicher dargestellt.

Mit ihrem Plan wichen Kalecki, Prawdzic und ihr Team auch von den bislang von der Plankommission für die Aufstellung von Fünfjahr- und Jahresplänen eingesetzten Verfahren ab, bei denen es darum ging, das Volkseinkommen unmittelbar durch produktive Investitionen, vor allem in die Schwerindustrie, zu steigern. Schon in den Ausgangsannahmen für den Perspektivplan, die Anfang 1958 veröffentlicht wurden, betonte Kalecki (1958), das wichtigste Ziel des Plans sei es, den Lebensstandard in der Periode 1961–1975 zu maximieren. Das bezog sich sowohl auf den Verbrauch an Nahrungsmitteln wie auf die Wohnungssituation. Darüber hinaus betonte er die Notwendigkeit, Vollbeschäftigung zu sichern, was für seine generellen Überlegungen charakteristisch ist (s. Abschn. 3.3.3). Einige Monate später unterstrich er noch einmal: „das vorrangige Ziel ist es, den Lebensstandard in allen Bereichen des Konsums anzuheben". Das impliziere, die Ausgaben für nicht-produktive Investitionen und den Konsum zu steigern. „Wenn Leute behaupten, das Ziel seien nicht-produktive Investitionen und der Konsum, so ist das eine Vereinfachung. Das eigentliche Ziel sind der Konsum und die Dienstleistungen, die mit nicht-produktiven Investitionen geschaffen werden. Es geht also nicht darum, die nicht-produktiven Investitionen an und für sich zu erhöhen, sondern die mit solchen Investitionen geschaffenen Ressourcen (z. B. die Zahl der Wohnungen)" (Konferencja 1958).

Die Aufstellung des Perspektivplans erfolgte in mehreren Phasen, die sich jeweils in Dokumenten mit sukzessiven Annäherungen an den definitiven Plan niederschlugen. Die Ausgangshypothesen und die Planentwürfe wurden von der Wissenschaft und der Wirtschaftspolitik diskutiert. Kalecki und Prawdzic schlugen ein im Vergleich zu vorangegangenen Perioden moderates Wachstumstempo vor und wiesen auf eine Reihe von Schranken hin, die sich im Laufe der Jahre noch erhöhen würden. Es handelte sich dabei vor allem um die Außenhandelsbilanz, um unzureichende Möglichkeiten, Investitionen zu realisieren, und um ihre geringe Effektivität. Das rief bei einigen Ökonomen Kritik hervor, unter anderen bei Mieczysław Rakowski und Bronisław Minc. Rakowski führte an, der Plan hätte eine höhere Wachstumsrate annehmen müssen und der Mangel an Rohstoffen und Materialien könne durch Importe aus der UdSSR behoben werden (Rakowski 1958; Ogólnokrajowa 1958, S. 38). Auch B. Minc kritisierte, das Wachstum der Produktion und der Investitionen in die materielle Sphäre seien zu niedrig angesetzt und die Annahme bezüglich des technischen Fortschritts sei zu pessimistisch (Ogólnokrajowa 1958, S. 39). In seiner Reaktion auf diese Vorwürfe machte Kalecki deutlich, die laufende Planung der UdSSR sehe keine höheren Wachstumsraten als in Polen vor, weshalb die Annahme höherer Importe aus diesem Land unrealistisch sei. Auf die Kritik von Minc antwortete er: „Prof. B. Minc meint, wir könnten den technischen Fortschritt beschleunigen, wenn wir eine mobilisierende Kennziffer vorgeben. Es ist jedoch zu befürchten, dass mit der Angabe einer hohen Kennziffer Fortschritte bei der Manipulierung von Kennziffern erzielt werden aber kein technischer Fortschritt" (zitiert nach Osityński 1982, S. 437).

Die erwähnte Kritik an den Vorschlägen von Kalecki und Prawdzic fügte sich in einen breiteren Strom von Einwendung ein, wonach der Perspektivplan zu wenig Ehrgeiz zeige und eine zu niedrige Wirtschaftsentwicklung vorsehe. Solche kritischen Äußerungen wurden unter anderem während der Diskussion des Plans für 1959–1965 Ende 1958 auf dem 12. ZK-Plenum der Polnischen Vereinigten Arbeiterpartei (PVAP) laut. Der frühere Leiter der Plankommission Eugeniusz Szyr wies darauf hin, die Annahme des vorgeschlagenen Plans impliziere eine Verzögerung im Aufholprozess nicht nur gegenüber dem Westen, sondern auch gegenüber der Sowjetunion, der Tschechoslowakei und der DDR. Er forderte, die Wachstumsrate heraufzusetzen. Szyr meinte: „höhere Wachstumsraten der Produktion, höhere Investitionen und ein höherer Lebensstandard können gleichzeitig erzielt werden" (KC PZPR 1958, S. 66–67). Die Mehrheit der Parteiführung teilte diese Auffassung, während skeptische Auffassungen über die Erhöhung der Plankennziffern, z. B. von Piotr Jaroszewicz (damals stellvertretender Ministerpräsident und später Ministerpräsident) und Stefan Jędrychowski (Leiter der Plankommission) deutlich in der Minderheit blieben. Die Position von Szyr wurde dann in der Entschließung des dritten Parteikongresses der PVAP bestätigt.

Das Team versuchte in der ersten umfassenden Version des Plans von Anfang 1959 die Richtlinien zu berücksichtigen, die der dritte Parteikongress der PVAP vorgegeben hatte. Doch Kalecki wollten den Vorrang des Konsums und der Dienstleistungen (der nicht-produktiven Investitionen) beibehalten und erst dann Fragen des Produktionsvolumens in Betracht ziehen. Ihm ging es um gleichgewichtiges Wachstum und nicht um Wachstum um jeden Preis. Dieser Ansatz diente später als Grundlage für die Vorwürfe eines nicht-marxistischen Herangehens an den Plan (Osiatyński (1982, S. 442). Denn in der orthodoxen Wirtschaftstheorie galt nach wie vor das auf Lenin zurückgehende Dogma des rascheren Wachstums der Abteilung I (Produktion von Produktionsmitteln) gegenüber der Abteilung II (Produktion von Konsumgütern). Die Logik dahinter war, wie gezeigt, bereits von verschiedenen Seiten widerlegt worden.

Mit der Abreise von Prawdzic im Herbst 1959 begann sich Kaleckis Position bei der Ausarbeitung des Perspektivplans zu verschlechtern. Auf einem Treffen des Präsidiums der Plankommission Anfang des Jahres 1960, auf dem auch Vertreter der Regierung und des ZK der PVAP anwesend waren, wurde das unzureichende Wachstumstempo des Planentwurfs heftig kritisiert, vor allem das niedrige Wachstum der Industrieproduktion. Man "orientierte sich bei der Forderung nach einer Erhöhung der Planindikatoren an Schätzungen der Produktionskapazität und nicht am Verwendungszweck der daraus resultierenden Produktionssteigerungen", so Osiatyński (1982, S. 443). Gleichzeitig hieß es auch, der Autor des Planentwurfs habe sich von dem bürgerlichen Konzept der sogenannten ‚fallenden Kurve' leiten lassen, womit abnehmender Ertragszuwächse der Investitionsausgaben gemeint waren. Im Mai 1960 wurde Kalecki als Mitglied der Plankommission entbunden und blieb nur noch wissenschaftlicher Berater ihres Präsidenten. Damit verlor er seinen Einfluss auf den Entwurf des Perspektivplans, der entsprechend den Vorstellungen von Partei und Regierung angepasst wurde. Die Kommission zur Erstellung des Plans wurde abgeschafft und die weitere Arbeit an dem Plan war dann eine rein administrative Angelegenheit, indem man hauptsächlich die Kennziffern heraufsetzte.

Während seiner Tätigkeit für den Perspektivplan und auch als Berater des Präsidenten der Plankommission verfasste Kalecki wiederholt Gutachten zu den Langfristplänen (Fünfjahrplänen). Dabei wies er genauso wie im Zusammenhang mit dem Perspektivplan auf die Notwendigkeit hin, realistische Pläne zu entwerfen und vor allem die Investitionen so zu planen, dass sie einem klar definierten und rationalen Ziel dienen. Sein letztes Gutachten für die Plankommission betraf den Planentwurf für 1966 -70 (Kalecki 1964c). Darin sprach er das vorgesehene Konsumniveau an, das er für zu niedrig hielt, und kritisierte unter anderem zu hohe Investitionen in den Rohstoffsektor, vor allem kapitalintensive Aufwendungen für die Exploration von Öl und Gas. Der Schwerpunkt sollte seiner Ansicht nach auf den effektivsten Investitionen liegen und nicht einseitig auf der Steigerung der Arbeitsproduktivität. Gomułkas abschätzige Bemerkungen zur Arbeit der ökonomischen Fachleute haben wir bereits erwähnt (s. Abschn. 2.3.3).

Kaleckis Erfahrungen in der Plankommission fanden ihren Niederschlag in mehreren Publikationen (z. B. Kalecki 1963 und 1964a). Dabei ging es ihm um vier grundlegende Planungsregeln:

1. das Prinzip einer umfassenden Planbilanzierung,
2. das Prinzip effektiver geplanter Investitionen,
3. das Prinzip der Machbarkeit des Planes und
4. das Prinzip, die kurzfristige Entwicklung des Konsums nicht zu vernachlässigen.

Daneben stellte er verschieden Planpraktiken kritisch heraus, die sich negativ auf die Wirtschaftsentwicklung in Polen auswirkten: zu hohe, angeblich mobilisierende Wachstumsvorgaben und die daraus resultierenden überhöhten produktiven Investitionen, die nur eine geringe Effizienz aufwiesen. In einem seiner Hauptwerke *Zarys teorii wzrostu gospodarki socjalistycznej* (Einführung in die Wachstumstheorie der sozialistischen Wirtschaft; Kalecki 1982d [1963])[15] hat er seine Überlegungen theoretisch vertieft. Dafür erhielt er, wie bereits erwähnt, zuerst einen Preis, um dann als Vertreter der bürgerlichen Ökonomie während der Säuberungen von 1968 verdammt zu werden. Von bleibender Bedeutung erwiesen sich seine wachstumstheoretischen Konzepte und ihre Ausformulierung in der Sozialproduktsbilanz. Sie wurden nicht nur in Polen, sondern auch in anderen sozialistischen Ländern angewendet, was darauf zurückzuführen ist, dass er die polnische Delegation in der Permanenten Wirtschaftskommission des Rats für gegenseitige Wirtschaftshilfe (RgW) leitete (Osiatyński 1982, S. 448–450).

4.1.2.4 Langes Erbe: Optimalplanung und Ökonometrie[16]

Neben Michał Kalecki hatte Oskar Lange besonderen Einfluss auf die Entwicklung der Ökonomie in Polen. Seine Formulierung eines Sozialismusmodells auf der Basis von Walras' Gleichgewichtstheorie löste vor dem Krieg intensive Debatten vor allem in der angloamerikanischen Profession aus. Nach 1956 spielte Lange eine Schlüsselrolle bei der Verbreitung und Anwendung der Ökonometrie in Polen. Doch sein Einfluss beschränkte sich nicht auf den Einsatz quantitativer Methoden, er inspirierte auch die ersten Versuche mit Verfahren der Optimalplanung. Die Grundlage dafür hatte er in seiner *Politischen Ökonomie* (Lange 1969 [1959]) mit dem Konzept der Rationalität einer sozialistischen Wirtschaft gelegt, das auf Kotarbinskis Praxeologie zurückgeht (s. Abschn. 3.1.2). Ausgearbeitet wurde dieser Ansatz dann in dem Buch *Optimale Entscheidungen. Grundriss der Optimierungsrechnung* (Lange 1968a). „Ein Gutteil der quantitativen Wirtschaftsforschung, die polnische Ökonomen in den 1960er Jahren ausführten, basierte wenig überraschend auf Optimierungstechniken, die Lange propagiert hatte. Ein typisches Modell bestand aus zwei Elementen, einer Zielfunktion und den Beschränkungen. Dabei repräsentierte die Zielfunktion den Wert des privaten

[15] In der DDR wurde das Buch, wie die Arbeiten Kaleckis generell, nicht übersetzt. Im Gegensatz zu Lange blieb er dort weitgehend unbekannt. In Westdeutschland erschien 1982 eine bearbeitete Fassung (Kalecki (1982d [1963])).

[16] Dieser Abschnitt basiert in großen Teilen auf der im Druck befindlichen Arbeit von Bukowski und Maciejewski (2022). Wir danken beiden dafür, uns ihr Manuskript zur Verfügung gestellt zu haben.

und öffentlichen Verbrauchs oder das Investitionsniveau, das Wirtschaftswachstum generierte, während die Modellbeschränkungen die strukturellen Bilanzen der Produktionskapazität des Landes wiedergaben und die möglichen Veränderungen im Konsum und im Außenhandel" (Bukowski und Maciejewski 2022). Damit ging dieses Modell unmittelbar auf den Input-Output Ansatz von Leontief ein.

Die Arbeiten von Krzysztof Porwit (1966) und Paweł Sulmicki (1973) beschäftigten sich mit solchen Planungsverfahren. Die Autoren legten dabei Modellentwürfe vor, die die Konstruktion eines ‚optimalen Plans' erlaubten, der mit Hilfe einer Zielfunktion und der gegebenen Beschränkungen eine optimale Lösung schätzte. Porwit (1969) machte jedoch selbst deutlich, dass die Plankommission in ihrer praktischen Arbeit keinen Gebrauch von seinen Vorschlägen mache. Ganz ähnlich wurden auch die Außenhandelsmodelle, die Jerzy Mycielski und Witold Piaseczyński in den 1960er Jahren entwickelt hatten, nicht in der Praxis eingesetzt (Mycielski und Piaseczyński 1966; Maciejewski 1968).

Warum bestand auf Seiten der Plankommission ein so geringes Interesse, Modelle der Optimalplanung in die Realität umzusetzen? Dafür gibt es sehr unterschiedliche Erklärungen. Zum einen war die Kommission nicht in der Lage, genügend belastbare Daten zusammenzustellen, die für ökonometrische Modelle benötigt werden. Dann machte die große Zahl sich anbietender Ansätze es schwer, ein allgemein akzeptiertes Modell auszuwählen und zu realisieren. Schließlich heben Bukowski und Maciejewski (2022) hervor: "Ein ernstliches praktisches Problem warf die Definition einer Zielfunktion der Wirtschaft auf. Das generell unterstellte Ziel von Makromodellen, die Maximierung des Gesamtkonsums, war weit entfernt von den tatsächlichen Zielen der kommunistischen Partei". Die mathematische Modellierung nach den Vorstellungen von Lange entsprach kaum den deskriptiven Ansätzen der orthodoxen politischen Ökonomie und ihrer Umsetzung in der Planungspraxis. „Trotz der offiziellen Rhetorik setzten sie [die Führer in Staat und Partei] nicht nur kein Vertrauen in die ‚wissenschaftliche Methode' der Wirtschaftsplanung, sondern sie hatten auch kein politisches Motiv, ihre Meinung in dieser Hinsicht zu ändern". So kam es, dass die Plankommission kaum Versuche machte, Methoden der mathematischen Ökonomie in ihrer Praxis anzuwenden oder sich mit den Arbeiten der Wissenschaft vertraut zu machen.

Das schwache Interesse an Modellen der Optimalplanung auf offizieller Seite konnte die rasche Entwicklung der Ökonometrie in Polen nicht aufhalten. Eine der ersten Arbeiten in dieser Richtung war Józef Pajestkas (1961) Dissertation, in der er Produktionsfunktionen für das Nachkriegspolen schätzte. Ökonometrische Forschung fand unter anderem in der Zentralverwaltung für Statistik statt und in den wissenschaftlichen Instituten Warschaus. Schätzungen von Produktionsfunktionen, die dort vorgenommen wurden, fanden ihre Ergänzung in einer Analyse der Konsumnachfrage von Zbigniew Pawłowski (1961). Mit seinem Team an der Wirtschaftsakademie Kattowitz stellte Pawłowski in den 1960er Jahren das erste gesamtwirtschaftliche Modell zusammen (Barczak et al. 1964; Barczak et al. 1968). Neben diesen Zentren der quantitativen Forschung sind auch ökonometrische Arbeiten an anderen Wirtschaftsfakultäten zu erwähnen, z. B. Łódź, Danzig und Breslau.

In den 1970er Jahren, als große Makromodelle mit zahlreichen Gleichungen international in Mode kamen, fanden auch in Polen die ökonometrischen Methoden immer größere Verbreitung. 1972 entwickelte die Plankommission das erste aggregierte Jahresmodell. Im folgenden Jahr verbesserten Wojciech Maciejewski und Józef Zajchowski (1974; Maciejewski 1976) das Modell. Obwohl diese Arbeiten in der Plankommission erstellt wurden, ging man bei der Formulierung der Jahrespläne nur am Rande darauf ein. Ihre Bedeutung lag im wissenschaftlichen Bereich. Zu dieser Zeit übernahm das Zentrum an der Universität Łódź unter Führung von Władysław Welfe die führende Rolle in der ökonometrischen Forschung. Welfe und seine Mitarbeiter konzentrierten sich auf mittelfristige Prognosemodelle für die polnische Wirtschaft (Welfe 1973, 1983, 1986; Tomaszewicz 1983). Das Zentrum in Łódź organisierte jährliche Konferenzen, die von führenden Ökonometrikern besucht wurden, z. B. Lawrence Klein und Herman Wold. Diese internationalen Kontakte machten es Welfe möglich, seine Forschung zur polnischen Wirtschaft in Kleins LINK-Projekt zu integrieren, d. h. den Versuch, ein Gesamtmodell der Weltwirtschaft aufzustellen.

Ende der 1970er Jahre entwickelte Wojciech Charemza von der Universität Danzig eine neue Richtung der ökonometrischen Analyse, indem er ein Modell der polnischen Wirtschaft im Ungleichgewicht entwarf (Charemza 1981). Damit kam er in die Nähe der Überlegungen von Kornai (1980). Allerdings hielt Charemza wenig von Kornais Konzept der Mangelwirtschaft und zog ein genuines Ungleichgewichtsmodell vor (Davis und Charemza 1989), wobei er auf frühere Arbeiten zusammen mit Mieczysław Gronicki zur Theorie der rationalen Erwartungen zurückgriff (Charemza und Gronicki 1985). Auf Grund der andauernden Krise Polens zeigten Regierung und Planungsautoritäten jedoch wenig Interesse für solche späten Analysen der Probleme einer sozialistischen Wirtschaft.

4.1.2.5 Die Wakarschule und das Konzept der Mengenplanung

Einen eigenen Zugang zum Planungsproblem suchte die Wakarschule. Er beruhte auf einem Modell der Mengenplanung, das in der ersten Hälfte der 1960er Jahre entwickelt worden war. Wakar und seine Schüler gaben sich keiner Illusion hin, radikale Reformen im Planungssystem einführen zu können. Deshalb versuchten sie, ein System vorzuschlagen, das es ihrer Ansicht nach ermöglichte, die negativen Auswirkungen der zentralen Wirtschaftsverwaltung zu minimieren.

Nach Wakar (ein ähnliches Konzept hatte Jan Mujżel (1963) unabhängig von ihm vorgelegt) gibt es drei Typen der Wirtschaftsrechnung: mit Hilfe von Marktpreisen, mit Hilfe von Planpreisen oder in Mengengrößen. Erstere ist charakteristisch für kapitalistische Wettbewerbswirtschaften. Indirekte oder parametrische Planung nimmt Einfluss auf die Betriebsentscheidungen über Preise, die von den zentralen Planbehörden gesetzt werden. Die Idee der indirekten Planung, die Drewnowskis (1947) Theorie der Planwirtschaft recht nahekam, hatte Wakar in der zweiten Hälfte der 1950er Jahre entwickelt. Er konnte zeigen, dass ein solches System machbar und konsistent war, d. h. effektive Entscheidungen und ein Gleichgewicht erlaubte (Grzelońska 2006, S. 101).

Mit dem Verfahren der direkten Mengenrechnung beschäftigte sich Wakar in den 1960er Jahren, weil er sah, dass die vorliegenden Modelle der sozialistischen Wirtschaft – einschließlich der indirekten, parametrischen Planung, die er zuvor entwickelt hatte – der ökonomischen Realität nicht entsprachen und deshalb nur schwer in die Praxis umzusetzen waren. In zwei Büchern wurden die Prinzipien dargestellt. Im ersten legte Wakar (1963) selbst die Grundüberlegungen des Ansatzes auseinander. Im zweiten erfolgte dann eine umfassende Darstellung der direkten Wirtschaftsrechnung durch Wakar und seine Mitarbeiter (Bauer et al. 1965).

Ausgangspunkt war, wie gesagt, die Einsicht, dass es keine Chance gebe für einen grundlegenden Wandel des Systems der Zentralplanung. Der Prozess der Aggregierung und Bilanzierung findet deshalb in physischen Einheiten statt (Ressourcen, Endprodukte, technische Produktionskoeffizienten). Die Preise, die vom Zentrum festgesetzt werden, dienen nur der Aggregierung von Mengen im Plan. Nach diesem Ansatz muss der Plan strikt zentralisiert sein, um seine Konsistenz zu garantieren, und er muss so detailliert wie möglich sein, um möglichst viel Information zu enthalten.

Dieser Ansatz wurde von vielen Ökonomen kritisiert. Wie Sztyber (1967, 1973) hervorhob, sei die direkte Methode geeignet für die Bilanzierung (interne Konsistenz), aber nicht für die Optimierung des Plans. Das Verfahren der Mengenplanung, das in weiten Zügen zumindest formal dem herrschenden System der Zentralplanung entsprach, wurde von Kurowski (1972) in Frage gestellt, der ihm auf Grund der untergeordneten Rolle, die das Geld darin spiele, die Bezeichnung Wirtschaftsrechnung generell absprach. In der Mehrheit trat man jedoch dafür ein, die Verfahren zu mischen, wobei die Mengenplanung einen gewissen Vorrang erhielt (z. B. Wilczyński 1965; Madej 1963).

Die Ausarbeitung des Plans war jedoch nicht das zentrale Element des Vorschlags der Wakarschule, wie Grzelońska (2006), eine der Koautoren, betonte. Neben der Planaufstellung richtete sich das Hauptaugenmerk auf die Umsetzung des Plans, das Management-Verfahren, das je nach Systemgestaltung zentralisiert oder dezentralisiert sein konnte. Im ersten Fall verwendet die Zentrale direktive Anweisungen, um den Plan auszuführen, während sie im zweiten Fall Parameter verwendet (weshalb oft von einem parametrischen System gesprochen wird). Ein Mischsystem mit direktiven Anweisungen und Parametern ist ebenfalls denkbar.

Die vorgeschlagene Managementformel bestand aus drei Elementen: Preisen, Vorschriften für die Wirtschaftsrechnung (Decoder, wie sie Koźmiński nannte) und Anreizen. Die Vorschriften für die Wirtschaftsrechnung schlossen alle Regeln ein, die die wirtschaftliche Tätigkeit der Betriebe betrafen. Sie waren nicht-parametrischer Natur. Die Preise waren dagegen der parametrische Teil des Systems. In einem zentralisierten System blieben sie irrelevant und dienten nur der Aggregierung in der Planung. Die Planausführung, d. h. die Leitung der Betriebe, stützte sich nur auf nicht-parametrische Instrumente und verwendete top-down Anweisungen. In einem dezentralisierten System war der nicht-parametrische Teil fixiert, d. h. ein System von festen Regulierungen, und beeinflusste die Betriebe nur indirekt. Die Leitung der Betriebe erfolgte über die Parameter, d. h. die Preise. Im Ergebnis wiesen beide Systeme unterschiedliche Anreize auf. In einem dezentralisierten System gab es normalerweise nur ein vorherrschendes Kriterium (z. B. Gewinnmaximierung), während ein zentralisiertes System neben dem Hauptkriterium diskretionär weitere Anreizindikatoren enthalten konnte (Bauer et al. 1965, S. 163–170).

In der zweiten Hälfte der 1960er Jahre ergänzte die Wakarschule die Theorie der Mengenplanung und der Management-Verfahren durch Studien zu einzelnen Elementen des Wirtschaftsprozesses, z. B. zum Binnen- und Außenhandel oder der Geldtheorie. Ihr Ansatz rief viele kritische Stimmen auf den Plan. Zum einen wurde festgestellt, es sei nicht möglich die Leitung der Betriebe zu dezentralisieren, ohne gleichzeitig die Planung zu dezentralisieren, oder mit anderen Worten sei es nicht möglich, das parametrische Modell in die Praxis umzusetzen (Baka 1973). Das Bestreben, einen Plan aufzustellen, der möglichst viel Information enthalte, sei nicht nur unrealistisch, sondern führe auch zu Schwierigkeiten bei der Entscheidungsfindung (Sulmicki 1973). Und Lipowski (1991) meinte, das parametrische Modell führe auf Grund seiner Zusammensetzung eher zur indirekten Zentralisierung als zu einem dezentralisierten System. Łukawer verglich Wakars Vorschlag der Mengenplanung und das Modell von Brus miteinander und stellte fest: „Es wurden zwei unterschiedliche Kriterien für Dezentralisierung formuliert, ein Entscheidungskriterium und ein Instrumentkriterium. Deshalb hat die

Aufteilung in parametrische und direktive Steuerung [Wakar] einen völlig anderen Ursprung und Charakter als die Trennung in zentralisierte und dezentralisierte Systeme [Brus]" (Łukawer 1996, S. 25).

4.1.2.6 Planungsansätze in den 1970er und 1980er Jahren

Beide, der Ansatz der Wakarschule und das Brus Modell einer dezentralisierten Wirtschaft, haben die Planungsarbeit in den folgenden Jahren beeinflusst. Dank der Arbeiten von Wakars Studenten (unter anderen Libura-Grzelońska und Beksiak) gewann das parametrische System neue Aufmerksamkeit. Die interessantesten Aspekte betrafen allerdings nicht den Planungsprozess, sondern das Steuerungsverfahren für die Betriebe. Beksiak und Libura (1969) trafen ähnliche Feststellungen wie János Kornai bezüglich einer wachsenden Nachfrage nach Produktionsmitteln, die Inflationsdruck und dauerhafte Ungleichgewichte in der Wirtschaft verursache. Die Erklärung hatte Kornai in seinem Konzept der harten und weichen Budgetbeschränkungen gefunden.

Das parametrische System kann auch als eine der Inspirationsquellen gesehen werden für die Reformen, die die Autoritäten in der ersten Hälfte der 1970er Jahre angestoßen hatten, vor allem die WOG Reform, auch wenn es dafür keinen empirischen Beleg gibt (Bałtowski 2009). Einerseits hielten diese Reformen die Zentralplanung aufrecht, während sie andererseits eine Reihe von Befugnissen auf die *Wielkie Organizacje Gospodarcze* (WOG, Große Wirtschaftsorganisationen vergleichbar den ostdeutschen Kombinaten) übertrugen, in denen Management und Belegschaft über eine Gewinnbeteiligung motiviert werden sollten. Nach nur drei Jahren wurde die WOG-Reform allerdings aufgegeben, die Instrumente der Zentralplanung wieder gestärkt und die Unabhängigkeit der Betriebe, der WOG, beschnitten. Wie Mieszczankowski (1987) feststellte, gab es in der zweiten Hälfte der 1970er Jahre nur noch Reste dieser Reform (s. Abschn. 3.3.2).

Das Scheitern der Wirtschaftspolitik in der zweiten Hälfte der 1960er und in den 1970er Jahren ließ neue Debatten über die Art des Planungssystems und seine Effektivität aufleben. In der aufgeheizten Atmosphäre einer Kampagne gegen den ‚Revisionismus' kommentierte Kurowski (1968) Vorschläge für den 5. Kongress der PVAP: „Wir müssen feststellen, dass das Postulat der so genannten Vermarktlichung der sozialistischen Wirtschaft unter die revisionistischen Parolen gezählt wurde. Doch das ist nicht der Grund für die Hartnäckigkeit, mit der dieses Thema in der wirtschaftlichen Diskussion immer wieder auftaucht. Die Ursache liegt vielmehr in den echten Bedürfnissen der wirtschaftlichen Praxis. Wenn man in den Thesen für den Kongress die Notwendigkeit der Vertiefung der volkswirtschaftlichen Gesamtrechnung betont, die Einführung eines Maßes für die realisierte Warenproduktion, die Einführung eines Index für den Gesamtgewinn, also sehr wichtige Elemente des Marktmechanismus, dann kann man den Verfassern der Thesen nicht revisionistische Tendenzen vorwerfen."

Kurowski war nicht der Einzige, der mehr oder weniger deutlich auf die Notwendigkeit größerer Änderungen im Konzept der Planung hinwies. Dabei sind Forderungen der Rückbesinnung auf das Modell von Brus nicht zu überhören. Einer der führenden, mit der Partei liierten Ökonomen, Józef Pajestka (1969), hob hervor, dass zentralisierte Wirtschaftsverwaltung volle ökonomische Rationalität nicht sicherstellen könne. Mieczysław Nasiłowski (1977, S. 289–290) stellte fest, der Zentralplaner sei nicht in der Lage, alle für eine rationale Entscheidungsfindung erforderlichen Informationen verarbeiten zu können. Deshalb solle für zwischenbetriebliche Entscheidungen Marktkoordination erlaubt sein und die Zentralplanung dementsprechend eingeschränkt werden (Ibid., S. 290). Andere Forscher kamen zu ähnlichen Schlussfolgerungen (z. B. Wilczyński 1973). Doch alle diese Autoren waren der Meinung, dass der Einsatz des Marktmechanismus seine Grenzen habe und vor allem nicht die langfristigen Probleme lösen könne, wenn die individuellen nicht mit den gesellschaftlichen Präferenzen übereinstimmen.

Angesichts der sich verschärfenden Wirtschaftskrise und des Zusammenbruchs der wirtschaftlichen Steuerungsverfahren Ende der 1970er Jahre unterschied Pajestka (1979) zwei Konzepte der Zentralplanung, das zentralistische und das strategische. Nach dem ersten werden Produktionsvolumen und Allokation der Ressourcen im Detail zentral geplant und mit Hilfe von Anweisungen und Zuweisungen durchgesetzt. Nach dem zweiten legt die Zentrale Bedingungen und Regeln für die Tätigkeit der Betriebe fest und bestimmt die Entwicklungsstrategie, während die Koordinierung durch wirtschaftliche und finanzielle Instrumente stattfindet. Nach Pajestka hat sich das erste Modell als ineffizient herausgestellt und die Entwicklung steuert auf das zweite System zu.

Maximilian Pohorille (1981), Co-Autor (zusammen mit Brus) des ersten stalinistischen Lehrbuchs der politischen Ökonomie, schrieb dem herrschenden System der Zentralplanung ähnlich wie Kornai (1980) einen paternalistischen Charakter zu. Der Planer handele, als ob er alle Ansprüche und Bedürfnisse der Wirtschaft und alle effektiven Lösungsmöglichkeiten kenne. Das führe zu Ineffizienz und zu sozialen Konflikten. Der Ausweg aus diesem Problem sei die Vergesellschaftung des Planungsprozesses, indem vorrangig die öffentliche Meinung berücksichtigt und eine soziale Kontrolle über die Planausführung eingeführt würden. Ähnliche Vorstellungen formulierte auch Cezary Józefiak (1982), für den die Vergesellschaftung der Planung auf der Basis von Konsultationen und Verhandlungen stattfinden könne, an denen die gesellschaftlichen Organisationen teilnehmen. Czesław Bobrowski (1981) hielt einerseits die Berücksichtigung der öffentlichen Meinung für angezeigt, betonte aber andererseits, dass die Interessen unterschiedlicher sozialer Gruppen oft widersprüchlich sind und es sich deshalb als unmöglich erweisen könne, sie miteinander in Einklang zu bringen. Alle Erwartungen erfüllen zu wollen, könne zu ökonomisch irrationalen Lösungen führen. Solche Änderungen der Planungsidee sollten begleitet werden von einer größtmöglichen Autonomie der Betriebe. Józefiak (1982, 1984) machte sich schließlich für die Forderungen der Solidarność stark, den Betrieben den Status selbstverwalteter Unternehmen zu gewähren. Die allgemeine Geschäftsentwicklung solle von den Belegschaftsvertretern bestimmt, und die Tätigkeit des Direktors von diesen überwacht werden.

Druck aus der Solidarność-Bewegung führte dazu, dass einige der vorgeschlagenen Veränderungen als Teil der Reformen von 1981–1982 realisiert wurden. Insbesondere wurden einzelne Betriebe (mit Ausnahme der größten) in die Lage versetzt, Selbstverwaltung einzurichten, was die Reichweite der Zentralplanung einschränkte. Doch einen noch größeren Einfluss auf das Abgehen von den Prinzipien der Zentralplanung hatte die andauernde Wirtschaftskrise. Schließlich beschlossen Partei und Regierung, marktwirtschaftliche Prozesse in der Wirtschaft zuzulassen und so den Zugriff des zentralen Plans auf die Betriebe zu reduzieren.

4.1.2.7 Volkswirtschaftliche Gesamtrechnung

Erste Arbeiten zum Volkseinkommen (dem sogenannten gesellschaftlichen Einkommen) in Polen wurden vor dem zweiten Weltkrieg unternommen. Pioniere auf diesem Gebiet waren Michał Kalecki und Ludwik Landau am Institut für Ökonomie und Preise. Sie schätzten das Sozialeinkommen für 1929 und 1933 und veröffentlichten die Resultate in zwei Publikationen (Kalecki und Landau 1934, 1935). Das blieben nicht die einzigen Versuche, den Umfang der Ökonomie zu schätzen. Weniger umfassende Angaben, aber für eine längere Zeitreihe (1929–1936) legte Czesław Klarner (1937) vor.[17]

Untersuchungen zum Volkseinkommen im sozialistischen Polen setzten bereits in Verbindung mit der Durchführung des Wiederaufbauplans, des sogenannten Drei-Jahresplans, in der zweiten Hälfte der 1940er Jahre ein. Damit beschäftigte sich eine Gruppe von Wissenschaftlern aus dem Vorkriegsinstitut für Ökonomie und Preise, die Schätzungen des Volkseinkommens für 1947 und auch kleinerer Aggregate (z. B. der Industrieproduktion) veröffentlichte (Landau 1973). Eine Schlüsselrolle in der statistischen Nachkriegsforschung spielte der Co-Autor des Drei-Jahresplans und Leiter des Zentralplanbüros Czesław Bobrowski. Die dabei verwendete Berechnungsmethode des Volkseinkommens, die auch die von

[17] Zur Volkswirtschaftlichen Gesamtrechnung im Vorkriegspolen siehe Landau (1973).

der marxistischen Methodologie unberücksichtigten Dienstleistungen einbezog, wurde einer der Hauptanklagepunkte der stalinistischen Ökonomen in der Debatte um das Zentralplanbüro (Kowalik 2006b).

Weitere Arbeiten zum Volkseinkommen fanden an der Hochschule für Planung und Statistik (SGPiS) und am Zentralamt für Statistik (GUS) in der zweiten Hälfte der 1950er Jahre statt. Die Ausarbeitung des Perspektivplans, die in der Plankommission durch das Team von Kalecki erfolgte, trieb solche Bemühungen voran. Leszek Zienkowski wurde vom GUS delegiert und kooperierte mit Kalecki bei der Planvorbereitung und der Bildung von Indikatoren für die Industrieproduktion (Osiatyński 1982, S. 422). Die Zusammenarbeit zwischen Kaleckis Team und dem GUS führte zu einer Reihe von experimentellen Studien zu den interindustriellen Strömen (Bilans 1966) und zu Erfassungsmethoden für das Volkseinkommen in einer sozialistischen Wirtschaft. Diese Ansätze hatten auch Einfluss auf die in anderen sozialistischen Ländern angewendeten Methoden auf Grund von Kaleckis Mitarbeit in der Permanenten Wirtschaftskommission des Rats für gegenseitige Wirtschaftshilfe (Osiatyński 1982, S. 450).

Die Resultate der volkswirtschaftlichen Gesamtrechnung, die das Zentralamt für Statistik (GUS) und davor das Zentralplanbüro (CUP) aufgestellt hatten, fanden ihren Niederschlag in den statistischen Jahrbüchern, die seit 1948 erschienen. Anfänglich veröffentlichten das CUP und sein Nachfolger, die Staatliche Kommission für Wirtschaftsplanung (PKPG), Informationen zur Entwicklung des Volkseinkommens. 1951–1954 erschien das Jahrbuch nicht. 1955 gab es detailliertere Daten für das Jahr 1954, ebenso in den Jahrbüchern der folgenden Jahre.

Das GUS stellte genauere Analysen des Nationaleinkommens auf. Ihre Ergebnisse fanden sich allerdings nur in internen Schriften des Amtes wieder. Man kalkulierte das Volkseinkommen der einzelnen Provinzen für bestimmte Eckjahre. Man schätzte den Wert der nicht-materiellen Dienstleistungen, die in der MPS-Methodologie nicht erfasst werden, um ein Bruttosozialprodukt nach SNA berechnen und so das polnische Entwicklungsniveau auf gesamteuropäischem Niveau vergleichen zu können. Leszek Zienkowski, der ehemalige Mitarbeiter von Kalecki, war führend auf diesem Forschungsgebiet und arbeitete mit technisch immer ausgereifteren statistischen und ökonometrischen Methoden, die belastbare Vergleiche mit dem Westen erlaubten. Dank der Bemühungen von Zienkowski war Polen zusammen mit Ungarn das erste RgW Land, das die westliche SNA-Methodologie für die volkswirtschaftliche Gesamtrechnung verwendete. Allerdings blieben die Mehrheit der Publikation des GUS nur beschränkt zugänglich (z. B. GUS 1971, 1972a, 1972b, 1973a; GUS und Instytut Planowania 1976; GUS und Austrian Statistical Office 1982; Górska 1982; Gawroński 1988).

4.2 Preis- und Finanzplanung

4.2.1 DDR: Am Geld scheitert nichts

4.2.1.1 Die Überzentralisation von Geld und Finanzen

Sozialistische Zentralplanung ist in erster Instanz Naturalplanung bzw. Gebrauchswertplanung. Die Widerspiegelung in monetären Größen, die Bildung von Preisen und die damit mögliche Gewinn- und Kostenkalkulation sind unumgänglich, bleiben aber sekundär. Das äußert sich in der Behandlung von Geld und Preisen in der Theorie. Dabei brauchte man eigentlich nicht auf Marx und Engels zurückgreifen. Denn sie hielten Geld im Kommunismus für obsolet. Beide haben sie das Informationsproblem in einer komplexen Wirtschaft sträflich unterschätzt: „In der kommunistischen Gesellschaft wird es ein leichtes sein, sowohl die Produktion wie die Konsumtion zu kennen" (Engels 1957 [1845], S. 539). Trotzdem ging jede ostdeutsche Abhandlung über Geld von Marx aus – von seiner für eine kapitalistische Marktwirtschaft formulierten Geldtheorie.

Marx setzte Warengeld voraus, was für einen Ökonomen des 19. Jahrhunderts selbstverständlich war. Im System der Warenproduktion ist die Geldware, Gold, eine der vielen Waren, die allerdings im Tauschverkehr als allgemeines Äquivalent dient: Der Wert der individuellen Waren wird ins Verhältnis zum Wert des Goldes gesetzt. Da nach der Marxschen Theorie der Wert einer Ware von den durchschnittlichen gesellschaftlichen Arbeitsaufwendungen bestimmt wird, ist auch der Wert des Geldes definiert, und wir haben auf Grund des Wertgesetzes ein geschlossenes Gleichgewichtssystem der Warenwerte.

Neben der Marxschen Theorie war die Praxis der Sowjetunion bestimmend für die DDR. Der Kriegskommunismus unmittelbar nach der Revolution hatte den Versuch gemacht, das Geld abzuschaffen. Das führte ins Chaos, so dass es schon bald zur Wiedereinführung von Geld kam, und zwar in der Form von Zeichengeld (so hieß die Währung auch: *sovznak* oder „sowjetisches Zeichen"). Wie in vielen europäischen Länder der Zeit, unter anderem in Deutschland, löste das eine Hyperinflation aus. Die Stabilisierung der Währung erfolgte 1924 mit der Einführung des an das Gold gebundenen *Tscherwonez* oder Goldrubel. Seitdem galt der Rubel als Warengeld mit einem festen Goldgehalt. Das war eine Fiktion, denn es gab keine Eintauschpflicht, womit der tatsächliche Wert des Rubels von seinem offiziellen Goldgehalt beliebig abweichen konnte. Auch der sich bei einer goldbasierten Währung ergebende fixe Wechselkurs zu anderen gleichartigen Währungen, z. B. dem US-Dollar, war eine Fiktion und für den internationalen Handel irrelevant.

Hier setzte nun die Theorie des Geldes in der DDR ein (Zimmermann et al. 1957, S. 138–145). Ihr Ausgangspunkt sind Marx und das Warengeld. Auch die Mark der DDR basiert auf einem fiktiven Goldgehalt. Damit kann das Geld als Maß der Werte fungieren mit dem Wert des Goldes als allgemeinem Äquivalent. Nur Geld, das selbst einen Wert hat, kann als Maß der Werte dienen. „Als Maß der Werte und Maßstab der Preise verrichtet das Geld zwei ganz verschiedene Funktionen. Maß der Werte ist es als die gesellschaftliche Inkarnation der menschlichen Arbeit, Maßstab der Preise als ein festgesetztes Metallgewicht" (Marx 1962 [1867], S. 113). Dem Einwand, dass ja nur Zeichengeld (Papiergeld) zirkuliere, begegnete man damit, dass das Zeichengeld eben Zeichen für das „wahre" Goldgeld sei und nur in der Menge ausgegeben werden dürfe, die der erforderlichen Goldgeldmenge entspreche.

Damit kommen wir zum zweiten Teil der Marxschen Geldtheorie, seiner Quantitätstheorie. In Anlehnung an die englischen Klassiker stellt er eine Quantitätsgleichung auf, die ja erst einmal eine Identität ist:

$$M \times v = P \times W$$

wobei M die Geldmenge, v die Umlaufgeschwindigkeit und $P \times W$ die Preissumme der Waren repräsentieren.[18] Zu einer Theorie wird diese Identität durch die Bestimmung einer abhängigen Variablen. Bei David Hume und seither in der ‚bürgerlichen' Geldtheorie sind das die Preise P, bei Marx ist das die Geldmenge M, denn die Preise P sind durch den Wert, d. h. die durchschnittlichen Arbeitsaufwendungen der Waren einschließlich des Goldes gegeben (Marx 1962 [1867], S. 133–138). Das Geldumlaufgesetz, angeblich „von Marx entdeckt", ist Dreh- und Angelpunkt der sozialistischen Geldpolitik (Richter et al. 1986, S. 514), auch wenn Ehlert et al. (1982, S. 14) meinen: „Dieses Gesetz ist zurzeit weder quantifizierbar noch läßt es sich unmittelbar in die Planungspraxis umsetzen". Dem widersprechen sie allerdings noch auf der gleichen Seite: „Von der Wert- beziehungsweise Preisgröße des gesellschaftlichen Gesamtprodukts ist – wie es das Geldumlaufgesetz aussagt – die Höhe des in Zirkulation zu setzenden Geldvolumens abhängig". Der offensichtliche Widerspruch wird nur verständlich, wenn man $P \times W$ nicht als Preissumme versteht, sondern wie Marx als Summe der Arbeitswerte, die nicht zu quantifizieren sind. Das heißt der Widerspruch widerspiegelt einen Konflikt in der Geldtheorie.

[18] Die moderne Quantitätstheorie setzt seit Irving Fisher allgemeiner für die Waren W die Transaktionen T.

Als die Goldparität der Mark der DDR Anfang der 1970er Jahre nicht mehr ausgewiesen, die Fiktion also faktisch aufgegeben wurde[19], entstand eine geldtheoretische Diskussion (Ehlert et al. 1982, S. 20–24; Tannert 1990, S. 20–21; Buck 1990; Krause 1998, S. 218–230). Gegenüber der Fraktion der orthodoxen Goldgeld- (bzw. Papiergeld-)Theoretiker wurden Stimmen laut, die im zirkulierenden Geld auf staatlicher Autorität beruhendes Fiat-Geld oder Kreditgeld sahen, dessen Wert ausschließlich in seiner Kaufkraft bestehe. Das entsprach offensichtlich den Gegebenheiten, untergrub aber die Marxsche Werttheorie und die Annahme, die Preise seien, wenn auch in abweichender Form, ein Ausdruck der Werte. Der Meinungsstreit ließ sich offiziell kaum schlichten, ohne das Dogmengebäude der Werttheorie ins Wanken zu bringen[20]. Für die praktische Geld- und Währungspolitik ist dieser scholastische Streit wenig aufschlussreich. Und so enthält das bis zum Ende tonangebende Lehrbuch zur sozialistischen Volkswirtschaft (Kinze et al. 1989) kein Kapitel zum Geld.

Ob Goldgeld, Papiergeld oder Kreditgeld, die Geldpolitik des sozialistischen Staates muss auf die eine oder andere Weise das Geldumlaufgesetz berücksichtigen, wenn sie Disproportionen vermeiden will. Die notorische Disproportion einer sozialistischen Planwirtschaft ist in erster Linie nicht wie in der Marktwirtschaft die Inflation, sondern der Warenmangel bzw. der Kaufkraftüberhang. Das hatte Novožilov (1926) bereits in den ersten Jahren des Sowjetsozialismus festgestellt und Kornai (1980) gründlich untersucht. Die Hauptursache war für Novožilov die Inflexibilität der Preise und für Kornai die weichen Budgetbeschränkungen der Betriebe.

Die ostdeutsche Geldtheorie und Währungspolitik waren sich des Problems bewusst und forderten eine strikte Proportionalität der materiellen und monetären Prozesse, d. h. eine entsprechende Regulierung der Geldmenge. Sie analysierten aber nicht die Verhaltensweisen und systemischen Defizite, die zu diesen Disproportionen führten. Erst in der kurzen Phase zwischen Mauerfall und Auflösung der DDR konnten die Wissenschaftler sich frei äußern und die Probleme benennen (z. B. Tannert 1990; Busch 1990). Auf der anderen Seite steht das Phänomen des Nachfrageausfalls: „Werden monetäre Ansprüche auf materielle Fonds zeitweilig nicht realisiert, so ist ihre Umverteilung ein objektives Erfordernis der Kontinuität und Proportionalität der sozialistischen Reproduktion“ (Ehlert et al.

[19] Das geschah fast zeitgleich mit der endgültigen Aufgabe der Eintauschpflicht für den US-Dollar und damit der Entmonetisierung des Goldes im Westen. Die Sowjetunion hat demgegenüber die Fiktion des Goldgehalts des Rubels nie aufgegeben, wozu sicher auch ihre enormen Goldreserven beigetragen haben.

[20] Was eine grundlegende Voraussetzung für eine effektive Wirtschaftsreform gewesen wäre.

1982, S. 56). Bei weichen Budgetbeschränkungen und einem Kaufkraftüberhang ist das allerdings ein rein hypothetisches Problem.

Die Geldmengensteuerung hat nun auf zwei Ebenen zu erfolgen entsprechend den zwei Geldkreisläufen, in die sich die sozialistische Wirtschaft aufspaltet, den Konsumgüterkreislauf und den Produktionsmittelkreislauf (Kinze et al. 1975, S. 304–313).[21] Sinnvollerweise sollte man die Verkehrsgleichung wie folgt schreiben:

$$M_K \times v_K + M_{Pr} \times v_{Pr} = P_K \times W_K + P_{Pr} \times W_{Pr}$$

wobei K für Konsumgüter und Pr für Produktionsmittel stehen. Das bedeutet, der Kreislauf der Konsumgüter ist finanziell mehr oder minder rigoros vom Kreislauf der Produktionsmittel getrennt, wobei die Verbrauchsgüter natürlich in der Produktionssphäre hergestellt werden. Während in ersterem das Geld noch eine Tauschmittelfunktion hat, ist es in letzterem nur Zahlungsmittel. Eine unmittelbare Warenkonvertibilität ist dort nicht gegeben: Die Waren werden planmäßig zugeteilt, und der Zahlungsverkehr dient vor allem der Kontrolle.

In der Konsumsphäre zirkulierte fast ausschließlich Bargeld, in der Produktionssphäre Giralgeld. Es war den Betrieben verboten, Kassenbestände zu halten und Bargeldtransaktionen (über Minimalbeträge hinaus) vorzunehmen (Ehlert et al. 1982). Auch die Preise sind weitgehend unabhängig voneinander. Die Verbraucherpreise sind, was den Grundbedarf (einschließlich Mieten, Strom und Wasser und Verkehrstarife) betrifft, grundsätzlich fest. Die Produktionsmittelpreise sind das nicht. Die ständig gewachsenen Subventionen, die diese Diskrepanz verursacht, lassen auf unterschiedliche Preisbewegungen schließen. Nach offizieller Lesart war die Währung der DDR völlig stabil. Das streiten führende Geldtheoretiker allerdings ab: „Der im Statistischen Jahrbuch der DDR seit eh und je geführte Nachweis einer im wesentlichen stabilen Mark der DDR entspricht nicht den Tatsachen" (Tannert 1990, S. 12). Für die Periode 1975–1989 gehen sie von einer durchschnittlichen jährlichen Inflationsrate von mindestens 2 % für Konsumgüter und mindestens 4 % für Produktionsmittel aus.[22]

Einer Zentralplanwirtschaft stehen alle Mittel zur Verfügung, um die Proportionalität der materiellen und monetären Prozesse zu garantieren. Denn das einheitliche sozialistische Finanzsystem umschließt nicht nur die einheitliche

---

[21] Diese Bezeichnung trifft den Sachverhalt nicht genau. Die Trennung der beiden Kreisläufe findet dort statt, wo Waren und Dienste aus der Produktionssphäre in die Sphäre des Endverbrauchs übergehen mit den Industriepreisen auf der einen Seite und den Endverbraucherpreisen auf der anderen.

[22] Damit würde sich das ausgewiesene reale Wachstum erheblich verringern (s. Abschn. 2.1.1).

Staatsbank, der alle institutionell separaten Banken untergeordnet sind (im Westen Monobanksystem genannt), sondern auch den Staatshaushalt, die volkseigenen Betriebe und die Versicherungswirtschaft (Kinze et al. 1975, S. 223–224). Das bedeutet, die zentrale Planung verfügte über die gesamten in der Wirtschaft zirkulierenden Geldmittel (mit Ausnahme der Kassenbestände der Bevölkerung) und verteilt sie entsprechend ihren eigenen Vorstellungen. Trotzdem gelingt es nicht immer, die angestrebte Stabilität zu verwirklichen. ‚Am Geld scheitert nichts' war die Parole, die sich in weichen Budgetbeschränkungen manifestierte. In der Konsumsphäre traten Ungleichgewichte auf, weil die Geldeinkommen der Bevölkerung die Tendenz hatten, rascher zu steigen als der Warenfonds. Stetiges Einkommenswachstum legitimiert schließlich die politische Führung. Wo der Ausgleich nur begrenzt über Preissteigerungen erfolgen kann, muss ein Kaufkraftüberhang in der Form von wachsenden Bargeldbeständen und unfreiwilligem Sparen auftreten. Das war vor allem in den 1980er Jahren der Fall. Am Ende wurde der Geldüberhang auf 50–60 Mrd. Mark der DDR geschätzt (Busch 1990, S. 128).[23]

Auch in der Produktionssphäre waren Preissubventionen üblich, vor allem zur Stützung der Außenhandelspreise. Hinzu kamen Kredite, wenn beispielsweise Investitionsverzögerungen oder Liquiditätsprobleme auftraten. Jeder Kredit bedeutet eine Ausweitung der Geldmenge. Einen Kaufkraftüberhang kann es dort nicht geben, da das Geld nicht Tauschmittel ist und die Zentralplanung, wie gesagt, über die Geldmittel der volkseigenen Betriebe verfügen kann. Preiserhöhungen sind dagegen aus den unterschiedlichsten Gründen erforderlich: Lohnsteigerungen über das Wachstum der Arbeitsproduktivität hinaus, gestiegene Rohstoff- oder allgemein Importpreise, Effektivitätsschwächen, mit anderen Worten Kostendruck.

Der Staatshaushalt galt als das zentrale Instrument für die Umverteilung von Geldmitteln. Er alimentierte sich vornehmlich über Einnahmen aus der Wirtschaft, vor allem dem gesellschaftlichen Reineinkommen (d. h. den Gewinnen der Betriebe), das „zum überwiegenden Teil im Staatshaushalt zentralisiert" wird (Kinze et al. 1975, S. 329). Da der Staatshaushalt aber grundsätzlich ausgeglichen

[23] Die Furcht der Bundesbank vor einem massiven Inflationsschock nach Eintritt in die Wirtschaft-, Währungs- und Sozialunion und ihr Plädoyer für einen nicht-paritätischen Umstellungskurs für Sparguthaben werden daraus leicht verständlich.

zu sein hatte, um sich von defizitären kapitalistischen Staatshaushalten zu unterscheiden (Tannert 1990, S. 14), geriet er bei ständig wachsenden Ansprüchen[24] unter Druck. Damit kommt die Kreditfinanzierung ins Spiel.

Die volkseigenen Betriebe wurden veranlasst, ihre Investitionen weniger aus Haushaltsmitteln, sondern zu einem wachsenden Teil aus Krediten zu finanzieren.[25] Das erlaubt trotz ausgeglichenem Haushalt auch eine monetäre Finanzierung. Denn die volkseigenen Betriebe und der Staatshaushalt sind über die einheitliche Finanzbilanz des Staates direkt miteinander verbunden. Diese Finanzbilanz stellt das einzig relevante Steuerungsinstrument dar. Wenn das verfügbare Nationaleinkommen von 100 im Jahr 1967 auf 281 im Jahr 1988 gestiegen ist, das Geld- und Kreditvolumen jedoch auf 556 (Busch 1990, S. 136), dann scheint offensichtlich, dass von der monetären Finanzierung ausgiebig Gebrauch gemacht wurde. Andere sozialistische Länder, wie z. B. Polen waren allerdings bei der Wahrung der Stabilität noch sehr viel weniger erfolgreich.

Die zentrale Finanzplanung verfügt mit der einheitlichen Finanzbilanz des Staates über eine noch umfassendere Kontrolle als das in der Planung der materiellen Prozesse überhaupt möglich ist. Damit meinte die sozialistische Planungstheorie die Erwartungen an eine rationale Gestaltung der Wirtschaftsabläufe effektiv erfüllen zu können. Doch das ist in Frage zu stellen. Der Grund sind Unsicherheit und Risiko, zwei Begriffe, die in den ostdeutschen Lehrbüchern keinerlei Erwähnung finden. Dabei geht es uns nicht um das, was Ulrich Beck (1986) ‚Risikogesellschaft' genannt hat, sondern um die seit eh und je bekannten Unsicherheiten und Risiken, die mit ökonomischen Zukunftsentscheidungen verbunden sind. Wenn die oberste politisch-ökonomische Führung nicht gar Irrtumslosigkeit für sich in Anspruch nahm, dann bestand das sozialistische Risikomanagement in der prinzipiellen Übernahme aller entsprechender Kosten durch die Gesellschaft als ganze. Diese Form der kollektiven Risikoteilung ist bei extern verursachten Risiken eine effektive Versicherungsform. Sobald die Risiken nicht rein extern verursacht werden, sind damit allerdings Anreizprobleme *(moral hazard)* verbunden.

Unsicherheiten und Risiken, die aus unternehmerischen Zukunftsentscheidungen erwachsen, werden durch Entscheidungszentralisation nicht adäquat erfasst. Hier sind Formen der Risikodiversifikation angebracht. Der Zentralplaner wählt

---

[24] Neben den Subventionen für die Konsumsphäre sind da vor allem die Kosten des forcierten Wohnungsbaus und gestiegene Sozialausgaben zu nennen, die aus der programmatischen Einheit von Wirtschafts- und Sozialpolitik folgten.

[25] Das führte zu der hohen Verschuldung der Betriebe und zu Krediten, die ökonomisch nicht immer zu rechtfertigen waren. Dieses Erbe hat nach der Wende manchem Betrieb das Genick gebrochen.

als Gesamtunternehmer aus den Investitionsalternativen eine ihm optimal erscheinende Variante aus und finanziert sie über das einheitliche Finanzsystem des Staates. In der Marktwirtschaft entscheiden sich selbständige Einzelunternehmer für Projekte, die sie auf Grund ihrer Informationen, ihrer individuellen Präferenzen und Risikoeinschätzungen für erfolgversprechend halten. Für die Finanzierung stehen konkurrierende Banken und der Geld- und Kapitalmarkt zur Verfügung. Diese Institutionen gab es in der ostdeutschen Planwirtschaft genauso wenig wie selbständige Einzelunternehmen. Wir sahen bereits (s. Abschn. 4.1.1), dass dieser Mangel an institutionellen Vorkehrungen für die Entfaltung von *trial and error,* von innovativen *Start-ups,* und für die Bereitschaft, Risiken zu nehmen, die Innovation und Dynamik des Systems empfindlich behindert hat.

Erst ganz am Ende der sozialistischen Periode haben Brus und Łaski (1989) hier ein gravierendes Systemdefizit konstatiert. Und als sie sich frei äußern konnten, wussten auch die DDR-Ökonomen um das Problem: „Die Theorie vom einheitlichen Finanzsystem trug zur Entartung der Praxis auf dem Gebiet von Geld und Finanzen bei, in dem Sinne, als es praktisch eine Überzentralisation von Geld und Finanzen in den Händen des Staates bedeutete“ (Tannert 1990, S. 20–21).

4.2.1.2 Preisbildung – eine Spielwiese für die Planer?

Die Preise sind ein wunder Punkt der sozialistischen Wirtschaftspolitik. Es gelang in keiner Phase der 40 Jahre Sozialismus in der DDR, ein rationales Preissystem aufzustellen, das eine effektive Wirtschaftsrechnung ermöglicht hätte. Entsprechend groß waren die Effizienzverluste, die man damit in Kauf nahm. Einer der Hauptgründe für die mangelhafte Flexibilität war das vorrangige Prinzip der Preisstabilität als wesentliche Errungenschaft des Sozialismus. Jahrelang behielt man das Preisniveau und Preisgefüge der nationalsozialistischen Vorkriegsperiode bei. Später fanden dann vor allem bei den Industriepreisen diskrete Preisreformen statt, die sich aber möglichst nicht auf die Verbraucher- und Agrarpreise auswirken sollten.

Ein zweiter Grund für verzerrte Preise war die Idee, dass die Grundversorgung sowohl im Konsumsektor als auch im Produktionssektor besonders billig angeboten werden müsse. So wurden die Güter des Grundbedarfs der Bevölkerung (einschließlich der Mieten und Verkehrstarife) weit unter ihren Kosten zur Verfügung gestellt. In der Grundstoff- und Brennstoffindustrie deckten die Preise bis in die 1960er Jahre nicht die Produktionskosten. Folge waren Subventionen in diesen und Produktionsabgaben in anderen Sektoren, die sich in vermehrtem Umfang zwischen Preis und Kosten schoben. Das hat Auswirkungen auf die Effizienz. Das Realeinkommen der Arbeitenden bestand nur zu 57 % aus dem direkten Lohn und zu 43 % aus der sogenannten ‚zweiten Lohntüte', d. h. den gesellschaftlichen Konsumtionsfonds und den Subventionen.[26] Das heißt, das Leistungsprinzip hatte nur sehr beschränkte Geltung (Maier 1996, S. 294–295). Preise für Grundstoffe, Brennstoffe und Energie, die nicht den Knappheitsverhältnissen entsprechen, stimulieren keinen effizienten Umgang mit diesen Gütern. Entsprechend laut waren die Klagen über Verschwendung. Den Ökonomen waren die theoretischen Defizite durchaus bewusst. Ihre Einwände und Empfehlungen fanden jedoch bei der Politik kein Gehör.

Die krassesten Verzerrungen gab es bei den Verbraucherpreisen, deren weit unter das Kostenniveau abgesenktes Niveau und deren Stabilität trotz substanzieller Kostensteigerungen als Errungenschaft der Sozialpolitik des VIII. Parteitags (1971) gefeiert wurden. Nicht nur die Ökonomen, auch die Politiker, die täglich mit den Kosten dieser Politik (z. B. Kaufkraftüberhang, Bindung von Haushaltsmitteln, Zahlungsbilanzprobleme, Verschwendung im Verbrauch) konfrontiert waren, rieten wiederholt zu einer Preisreform. 1979 schlugen vor allem der Planungsamtschef Schürer, der Wirtschaftssekretär des ZK Mittag und der Finanzminister Böhme Alarm und drangen darauf, die Verbraucherpreise drastisch zu erhöhen. Dem stimmte Honecker anfänglich zu. Ähnliche Maßnahmen waren auch in Polen und Ungarn durchgeführt worden, allerdings nicht ohne Widerstand aus der Bevölkerung. Und dergleichen wäre auch in der DDR zu erwarten gewesen, wie das Ministerium für Staatssicherheit verdeutlichte. So blies Honecker die ausgearbeitete und bereits eingeleitete Reform im letzten Moment ab. Die ökonomische Vernunft wurde der politischen Stabilität bzw. dem Machterhalt geopfert (Malycha 2012).

Die Währungen sozialistischer Staaten sind grundsätzlich Binnenwährungen. Das Außenhandels- und Valutamonopol des Staates erlaubt eine wasserdichte Abschottung des Binnenmarkts von externen Einflüssen. Das heißt nicht, dass die Zahlungsbilanz zu vernachlässigen wäre. Im Unterschied zwischen produziertem und verfügbarem Nationaleinkommen manifestiert sich der Effekt der internationalen Wirtschaftsbeziehungen. Ein kompliziertes Problem in diesem Zusammenhang sind die Preise im Außenhandel und damit auch die Wechselkurse.

Die Preisbildung im internationalen Handel der sozialistischen Länder erscheint schizophren. Einerseits will man sich von den kapitalistischen Märkten

---

[26] Diese Kosten wurden bis 1983 aus dem an den Staatshaushalt abgeführten Gewinn der Betriebe finanziert. Dann entschied man sich, darin einen Teil der notwendigen lebendigen Arbeit zu sehen. Seitdem wurden 70 % des geplanten Lohnfonds als zusätzliche, für die Reproduktion des Arbeitsvermögens notwendigen Kosten in die gesellschaftlichen Fonds abgeführt, und der Gewinn verringerte sich entsprechend (Marx et. al. 1984, S. 127).

abgrenzen: „Unstrittig dürfte sein, daß die sozialistische ökonomische Integration zur Herausbildung eines spezifischen Gefüges sozialistischer internationaler Werte führt“ (Ambrée et al. 1977, S. 266), d. h. es gibt sozialistische und kapitalistische internationale Werte. Andererseits orientieren sich die Preise im RgW-Handel an den Preisen auf den Hauptwarenmärkten, und das sind vornehmlich kapitalistische Märkte. Für Massengüter sind internationale Preise leicht zu ermitteln. Dafür gibt es organisierte Märkte (Rohstoffbörsen). Für Industriewaren bedarf es einer qualifizierten „Valutapreisarbeit“ „mit Hilfe von Dokumentationen (Rechnungen, Angebotspreise, Katalogpreise, Preislisten, Auskunftspreise, Börsennotierungen, Auktionspreise, Preisindizes)“ (Faude et al. 1984, S. 194–197). So ausgerüstet ging man in die bilateralen Verhandlungen und fixierte die geplanten Mengen und die Preise in der Verrechnungseinheit transferabler Rubel. Der Handel mit den westlichen Industrieländern (NSW-Handel) wurde in konvertiblen Währungen abgewickelt. Hier waren die Preise noch stärker von den Weltmarktbedingungen oder den in Westdeutschland geltenden Preisen bestimmt.

Wechselkurse spielten im Sozialismus nur für interne Berechnungen der jeweiligen Länder eine Rolle. Und da waren die Planer frei, wie sie internationale in nationale Preise umsetzen.[27] Denn einen Devisenmarkt gab es nicht. Wo im RgW-Verkehr nationale Aufwendungen in Transferrubel umgerechnet werden mussten, hat man sich auf besondere Umrechnungskoeffizienten, d. h. leistungsspezifische Wechselkurse[28], verständigt, die nur die betreffenden Lieferungen und Leistungen berücksichtigen (Ibid., S. 111–112). Diese Praxis war auch im Verkehr mit den kapitalistischen Ländern verbreitet. Den für den Export produzierenden Betrieben wurden ihre Kosten vergütet, unabhängig davon wieviel Devisen man dafür erlöste. Den Betrieben, die Importwaren erhielten, wurden Preise in Rechnung gestellt, die sich am inländischen Preisniveau orientierten. Es ist über die gesamte

[27] Die Außenhandelsstatistik der DDR wurde in Valutamark berechnet, einer fiktiven Währungseinheit, die keinerlei praktische Bedeutung hatte, außer dass sie die empirischen Daten verschleierte. Relevant für den internen Verkehr war der Valutagegenwert in Mark der DDR. Es ist bezeichnend für die Geheimniskrämerei um den Außenhandel, dass das *Ökonomisches Lexikon Q–Z* (1980, S. 403) den Valutagegenwert als Devisengegenwert für die Ermittlung der Außenhandelsrentabilität „ausgedrückt in Valutamark“ angibt, was keinen Sinn ergibt. Das tonangebende Lehrbuch (Faude et al. 1984) enthält in seinem Sachwortverzeichnis kein Stichwort Valutamark und Valutagegenwert. Erst das *Statistische Jahrbuch 1990* hat hier etwas mehr Klarheit geschaffen, da es zum ersten Mal Export und Import in Valutagegenwerten angegeben hat, d. h. in Mark der DDR.

[28] Ihre Bezeichnung, Richtungskoeffizient‘ machte den Sachverhalt nicht gerade deutlicher. Weder im Lehrbuch von Faude, Grote und Luft (Faude et al. 1984) noch im *Ökonomisches Lexikon* (1980) gibt es ein entsprechendes Stichwort.

Periode nicht gelungen, sich von diesem Preisausgleichssystem zu trennen und damit sinnvolle Rentabilitätsberechnungen aufzustellen.

Ein illustratives Beispiel sei hier angeführt: die Spiegelreflexkamera *Practica.* Sie ließ sich gut auf dem westlichen Markt absetzen zu einem Preis, der mit ungefähr 200 DM weit unter der japanischen Konkurrenz lag. Die Produktionskosten beliefen sich etwa auf 900 Mark der DDR. Zu einem solchen Preis wurden Spiegelreflexkameras auf dem internen Markt auch verkauft (Umsatzwert je Mengeneinheit, Stat. Jahrbuch 1990, S. 311). Der Produzent, *Pentacon* in Dresden, erhielt eine Exportpreisvergütung in Höhe der Produktionskosten, d. h. die Devisenerlöse wurden mit dem sogenannten Richtungskoeffizienten, dem produktspezifischen Wechselkurs, multipliziert und als Valutagegenwert dem Betrieb gutgeschrieben. Für den Hersteller war damit die Rentabilität der Produktion gegeben. Für die Wirtschaft als ganze wohl eher nicht.[29] Das offenbarte sich 1990 mit Eintritt der deutsch-deutschen Währungsunion, in der die Löhne 1 zu 1 umgestellt wurden. Die Produktionskosten von ca. 900 Mark der DDR betrugen auf einmal ca. 900 DM. Jeder verkaufte Apparat lieferte einen exorbitanten Verlust. Der Betrieb musste umgehend geschlossen werden (Böick 2018, S. 300).[30]

Die Valutamark hatte einen Wechselkurs von 1 zu 1 – Mark ist Mark, lautete die Fiktion. Der effektive Wechselkurs, der durchschnittliche Richtungskoeffizient, stieg im Laufe der Zeit kontinuierlich an. 1970 hatte er noch 2,00 betragen, 1989 waren es 4,40 (Stat. Jahrbuch 1990, S. 275). Solche dramatischen Abwertungen sind in der Regel auf Inflationsunterschiede zurückzuführen. Auch die Kaufkraft der D-Mark ist im betroffenen Zeitraum gesunken. Dass die Kaufkraft der Mark der DDR (wohlgemerkt für Industriegüter, nicht für Verbrauchsgüter) entgegen allen Beteuerungen der Preisstabilität noch sehr viel stärker gesunken ist, kann man sich kaum vorstellen. Allerdings muss man hier unter Inflation nicht nur Preis- bzw. Kostensteigerungen verstehen, sondern auch relative Qualitätsminderungen, fehlende Produkt- und Sortimentserneuerungen, wachsende Innovationsrückstände und schließlich auch kommerzielle Defizite. Eine produktspezifische Differenzierung der Wechselkurse bzw. der Richtungskoeffizienten

---

[29] Genau ist das nicht zu sagen. Wenn der durchschnittliche Valutagegenwert einer DM 1989 4,40 Mark der DDR betrug, dann heißt das: Soviel war es den Planern nach der Devise „Liquidität geht vor Rentabilität" wert, eine DM zu erlösen, um damit Importe bezahlen und Schulden bedienen zu können.

[30] Das war kein Einzelfall. Doch die 5 700 Beschäftigten von *Pentacon* konnten das nicht verstehen. Schließlich hatten sie ein hochwertiges und im Westen nachgefragtes Produkt hergestellt. Über die Rentabilität ihrer Produktion ließ man sie im Dunkeln. Außenhandelsdaten wurden systematisch verschleiert.

macht eine sinnvolle Berechnung von Rentabilitätskennziffern unmöglich. Absolute oder komparative Kostenvorteile ließen sich nicht verifizieren. Das hier beschriebene Phänomen offenbart die zunehmenden Modernisierungsschwächen der DDR, die sich am deutlichsten im Außenhandel manifestierten.

Die ökonomische Ineffizienz der ostdeutschen Außenhandelsplanung war den Wirtschaftstheoretikern bald klar. Das Neue Ökonomische System (NÖS) sollte hier Abhilfe schaffen. In der Reformdiskussion stand die Steuerung der Wirtschaftstätigkeit über ökonomische Hebel zentral, d. h. letztlich über den Gewinn. Um das auch im Außenhandel effektiv zu machen, galt es, das Preisausgleichssystem ganz abzuschaffen und den Betrieben damit die volle Entscheidungsfreiheit und Verantwortung für den Export zu überlassen (Grote 1964, S. 1245–1246)[31]. Voraussetzung dafür waren ein realistisches Preissystem und ein einheitlicher Wechselkurs. Planung und Durchführung von Außenwirtschaftsprozessen den Betrieben anzuvertrauen, um sie effektiver zu gestalten, bedeutete aber eine „Trennung von Staat und Ökonomie in der Außenwirtschaft" und beabsichtige nur, „eine verbindliche zentrale Planung und Leitung der Außenwirtschaft … zu liquidieren" (Politische Ökonomie 1969, S. 463). Auch dieser Reformansatz war also zum Scheitern verurteilt.

4.2.1.3 Preistheorie – ein vermintes Feld

Nicht nur die Preispolitik, auch die Preistheorie hatte in der DDR einen schweren Stand. Die sozialistische Planwirtschaft plant in materiellen Größen. Damit lassen sich Machbarkeit und Konsistenz des Planes sicherstellen, nicht aber Optimalität. Für eine Wirtschaftsrechnung, die auf Optimalität zielt, müssen die Waren kommensurabel gemacht werden, wofür Geldpreise erforderlich sind. Die theoretische Erklärung der Preise in der DDR lässt sich in zwei Ansätze aufteilen, den Ansatz der politischen Ökonomie und den Ansatz der Theorie optimaler Planung. Fangen wir mit ersterem an.

„Der Preis ist nichts anderes als der Geldausdruck des Wertes" (Ambrée et al. 1977, S. 22). Nach der orthodoxen politischen Ökonomie besteht der Wert in den durchschnittlich notwendigen Arbeitsaufwendungen für die Herstellung der Ware, so wie es Marx im 1. Band des *Kapitals* dargestellt hatte. Im 3. Band hatte er diese Auffassung dann in der Form der Produktionspreise modifiziert. Die Optimalplaner verstehen unter Modifikation allerdings etwas anderes, nämlich die Ableitung des Preissystems aus einem gesamtwirtschaftlichen Gleichgewichtssystem (Novožilov 1970, S. 14–18). Das lehnen die politökonomischen

---

[31] Dieser Aufsatz ist zwei Jahre später auf Englisch in der westlichen Zeitschrift *Economics of Planning* erschienen (Grote 1966) – für die DDR-Ökonomie eine absolute Seltenheit.

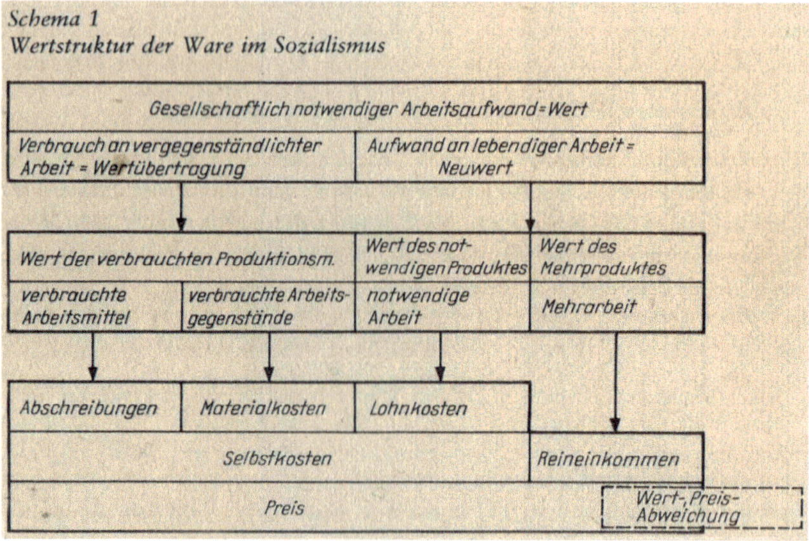

Abb. 4.1 Wert und Preis. (*Quelle:* Ambrée et al. 1977, S. 38)

Preistheoretiker ab (Ambrée et al. 1977, S. 37 und S. 80–86; s. weiter unten). Das Problem, ob es notwendig und möglich ist, die Produktionspreise des 3. Bandes aus den Werten des 1. Bandes abzuleiten, das leidige Transformationsproblem, soll uns hier nicht beschäftigen und hat auch die ostdeutschen Ökonomen nicht beschäftigt. Es taucht in keinem der von uns untersuchten Lehrbücher auf.

Die Erklärung des Güterpreises aus dem Warenwert sieht auf den ersten Blick einfach aus (s. Abb. 4.1).

Marx ging von einem existierenden System von Austauschrelationen, Preisen, aus und fand im gesellschaftlich durchschnittlich notwendigen Arbeitsaufwand die Substanz, die die Gebrauchswerte kommensurabel macht. Über den Arbeitsaufwand für das Warengeld, das Gold, und das Wertgesetz, d. h. Äquivalententausch, konnte er die Identität von Preissystem und Wertsystem zeigen. Zwei Umstände störten das Bild: Der Arbeitsaufwand für das Gold war unbekannt und das Gold blieb nicht Geldware, und zweitens entsprach das tatsächliche Preissystem einer kapitalistischen Warenwirtschaft nicht dem idealen Wertsystem, in dem die Mehrarbeit in einem festen Verhältnis zur notwendigen Arbeit steht. Deswegen gab er es im 3. Band auf und führte die Produktionspreise ein, die nur noch indirekt mit den Werten verbunden sind, wobei der Gewinn in einem festen

Verhältnis zum eingesetzten Kapital steht. Die Arbeitswerte erklärten nicht die Preise, zumindest nicht direkt.

Genau das suggeriert aber die Lehrbuchdarstellung, die eine Äquivalenz von Wert und Preis für die einzelne Ware postuliert. Nun betonen die Autoren (Ambrée et al. 1977, S. 27–28) wiederholt, dass „der gesellschaftlich notwendige Arbeitsaufwand bei der Existenz der Warenproduktion insgesamt nur mit Hilfe des Preises für die Planung erfaßt werden kann“, womit die Ableitung des Preises aus dem Wert in der Luft hängt. Die unterste Ebene des Schemas, d. h. die Bestimmung des Preises aus Selbstkosten plus Gewinn, ist die einzig relevante Ebene.[32] Sie gibt den „modifizierten Wert“ an, den „im Sozialismus real existierenden Wert“ (Ibid., S. 138). Das ist der Preis, der eben aus (in Preisen berechneten) Kosten plus Gewinn besteht.

Die Frage, wie das Reineinkommen, d. h. der Gewinn, bestimmt wird, bleibt allerdings offen. Bei Marx sind dafür die Länge des Arbeitstages und der Arbeitsaufwand für die Herstellung des notwendigen Produkts, des sozial determinierten festen Lohns, bestimmend. Fällt die Wertebene mangels Quantifizierbarkeit weg, muss das Reineinkommen aus dem Nettoprodukt oder Neuwert des Produktionssystems (*value added* in Preisen berechnet) folgen. So wird das allgemein von der Preistheorie gesehen, auch wenn sie gleichzeitig behauptet, das Reineinkommen sei der Geldausdruck des Mehrprodukts aus der Wertrechnung (Kinze et al. 1975, S. 320). Dabei ist der Anteil des Reineinkommens am Neuwert abhängig von der Einkommensverteilung zwischen Lohn und Profit bzw. gesellschaftlich zwischen Arbeitenden und Staat.[33] Denn „da der Betrieb dem Staat (der Gesellschaft) gehört ... gehört der Gewinn des Betriebes der Gesellschaft (dem Staat)“ (Lehrbuch 1972 [1970], S. 371). Das macht die ständige Betonung der Interessenharmonie zwischen Arbeitenden, Betrieben und Staat verständlich. Auf diese Problematik geht die polit-ökonomische Preistheorie allerdings nicht ein.

Das Wertgesetz (s. Abschn. 3.1.1) ist bei Marx ein positiver Satz: In einer Marktwirtschaft mit Wettbewerb tauschen sich die Waren in der Tendenz als

[32] Die obere und die untere Ebene dürften schon aus Dimensionsgründen nicht in das gleiche Schema aufgenommen werden: Die Werte werden in durchschnittlich notwendiger Arbeitszeit gemessen, die Preise in Geldeinheiten. Wertsumme und Preissumme sind nur dann kommensurabel, wenn man über die Arbeitsaufwendungen der Goldproduktion einen *numméraire* für das Wertsystem in Geldeinheiten erhalten würde. Bei einer gegebenen Geldmenge ist dann aber die Gleichheit der beiden Summen trivial. Die relativen Preise der unteren Ebene weichen jedoch grundsätzlich von den relativen Werten der oberen Ebene ab.

[33] Das heißt, sowohl der Preis wie die materielle Zusammensetzung des Endprodukts sind abhängig von der Einkommensverteilung.

Äquivalente, egal ob das Arbeitswerte sind oder Produktionspreise (das gilt übrigens auch für die Ware Arbeitskraft). In der sozialistischen Planwirtschaft ist das Wertgesetz ein normativer Satz: Die Waren sollten sich als Äquivalente, d. h. zu Gleichgewichtspreisen, tauschen (aber auch die Arbeitskraft sollte dem Wertgesetz unterworfen sein, d. h. Lohn und Leistung sollten äquivalent sein). Dieser Satz blieb keineswegs unumstritten. *Ne-tovarniki* wie Cagolov in seinem in der DDR führenden Lehrbuch schränken die Relevanz des Wertgesetzes im Sozialismus ein. Die staatliche Wirtschaftspolitik dominiert das Wertgesetz: „Die Abweichung des Preises vom Wert wird als Instrument der Wirtschaftspolitik eingesetzt" (Lehrbuch 1972 [1970], S. 284). Auch Ambrée et al. (1977) machen deutlich, dass es zahlreiche zufällige, aber auch intendierte Abweichungen gibt, die sie Wert-Preis-Abweichungen nennen, die aber nur Abweichungen vom Wertgesetz, d. h. von Gleichgewichtspreisen sein können. Bei festen Preisen und variablen Kostenentwicklungen sind solche Abweichungen unvermeidlich. Es ist ein empirisches Problem, wie lange die Vorteile des festen Preises den Nachteil der Abweichung vom Gleichgewicht aufwiegen.

Als Folge von technischem Fortschritt können Produkte gleichzeitig höhere Gebrauchswerteigenschaften (d. h. einen höheren Nutzen) haben und für ihre Produktion die gleichen oder sogar geringere Kosten als das Vorprodukt verursachen. Wenn man nun den Preis erhöht, um dem gestiegenen Nutzen und der wachsenden Nachfrage Rechnung zu tragen, akzeptiert man Angebot und Nachfrage als preisbildende Faktoren. „Dabei kann es nicht primär Aufgabe des Preises sein, die Übereinstimmung von Angebot und Nachfrage herbeizuführen" (Ibid., S. 23).[34]

Schließlich wird der Preis planmäßig zur wirtschaftspolitischen Steuerung eingesetzt. Denn der Staat besitzt die absolute Preissetzungsautorität. Die Produktionsmittelpreise für die Landwirtschaft und die Verbraucherpreise sind dafür nur die auffälligsten Beispiele. Auch in der Marktwirtschaft interveniert der Staat in die Preisbildung. Da er keine Preissetzungsautorität hat, benutzt er dafür das Instrumentarium von Steuern, Subventionen und Zöllen (vor allem bei Importen und Exporten und bei Kraftstoffen, Tabakwaren und Alkohol). Die implizierten Wohlfahrtsverluste werden in Kauf genommen. Die Häufigkeit solcher Abweichungen ist in der Marktwirtschaft jedoch geringer als in der Planwirtschaft (Dietzenbacher und Wagener 1999).

[34] Die Übereinstimmung von Angebot und Nachfrage kennzeichnet aber den Gleichgewichtspreis und damit die für sozialistische Planung zentrale Norm – Proportionalität. Sie herbeizuführen ist primäre Aufgabe der Planung, wobei gütermäßige und Preisplanung ineinandergreifen. „Im optimalen Zustand der Wirtschaft gleichen die Preise für die Ressourcen und das Endprodukt Angebot und Nachfrage aus" (Schilar 1983, S. 271.

Für Marx war der Übergang vom Arbeitswert zum Produktionspreis Konsequenz der Empirie: Der Wettbewerb der Kapitalisten untereinander bewirkte, dass die Kapitalrentabilität, und nicht die Mehrwertrate, die Tendenz hatte sich auszugleichen. Das Reineinkommen wurde nicht wie in der Wertrechnung im Verhältnis zum Aufwand an lebendiger Arbeit realisiert, sondern im Verhältnis zum eingesetzten Kapital. Für die sozialistische Preisplanung ergab sich das Problem, im Verhältnis zu welchen Aufwendungen das Reineinkommen berechnet werden solle. Drei Preistypen kamen zur Anwendung und wurden diskutiert:

- der Wertpreis, bei dem der Gewinnaufschlag im Verhältnis zur Lohnsumme berechnet wurde,
- der Kostenpreis mit den Selbstkosten als Grundlage,
- der fondsbezogene Preis, bei dem die produktiven Fonds (d. h. das Anlage- und Umlaufvermögen) die Berechnungsgrundlage bilden.[35]

Noch die Industriepreisreform von 1964-7 wurde mit dem Kostenpreis durchgeführt. Doch im Zusammenhang mit der von der Wirtschaftsreform angestrebten Eigenerwirtschaftung der Investitionsmittel durch die Betriebe setzte sich nach längerer Diskussion der fondsbezogene Preis durch (Nick 1968) und blieb auch nach Abbruch der Reform Grundlage der Preisplanung. Der Gewinn ist keine Residualgröße, die sich aus der Differenz von Nettoprodukt und Arbeitskosten ergibt. Sondern als Bestandteil des Preises – so die Argumentation für den fondsgebunden Preis – repräsentiert er die einmalige Beanspruchung der produktiven Fonds durch Investitionen, die gesellschaftlich notwendige Aufwendungen darstellen.[36]

Am ausführlichsten, und mit großem Aufwand an Marx-Engels Zitaten, hat Krüger (1984, S. 116–140) die Wertmodifikation im Produktionspreis dargestellt. Der Ausgleich der Profitraten sei schon im Kapitalismus nicht von der Konkurrenz der Kapitalisten auf dem Kapitalmarkt verursacht (die ja im Sozialismus bei Staatseigentum nicht stattfindet), sondern von der notwendigen Proportionalität der Wachstumsraten und damit der Nettoinvestitionen. Es läuft darauf hinaus,

[35] Die Fondsrentabilität unterscheidet sich von der Eigenkapitalrentabilität, die den kapitalistischen Unternehmer interessiert. Dieses Konzept würde bei weitgehender Selbständigkeit der sozialistischen Betriebe sinnvoll sein. Doch die Betriebe sind uneingeschränktes Staatseigentum, und das einheitliche Finanzsystem des Staates verwischt, wie gezeigt, die Unterschiede der Finanzierungsformen (Haushaltszuweisungen, Bankkredite und eigenerwirtschaftete Mittel).

[36] Diese Argumentation lässt sich nur schwer mit der Ableitung des Gewinns aus dem Mehrprodukt bzw. der geleisteten Mehrarbeit der direkten Arbeit in Einklang bringen.

dass die aus dem Reineinkommen (Gewinn) zu finanzierenden Neuinvestitionen von Betrieben nur dann getätigt werden können, wenn ihr Reineinkommen dem Kapitalumfang proportional ist, und der unterscheidet sich zwischen den Branchen.[37] Eine nicht-proportionale Realisierung von Reineinkommen würde zu nicht-proportionalen Wachstumsraten und entsprechenden Über- bzw. Unterangeboten führen, die über den Marktpreis korrigiert und damit die Profitraten auf das erforderliche Maß zurückführen würden.

Deshalb wird in der Preisplanung mit einem normativen Gewinnaufschlag auf das Kapital (die Fonds) gerechnet. Da die Fonds dem staatlichen Vermögensbestand zuzurechnen sind, sichert sich der Staat als Eigentümer einen wesentlichen Teil des Gewinns in der Form der Produktionsfondsabgabe und produktgebundener Abgaben. Auch aus dem verbliebenen Gewinn wird ein erheblicher Teil an den Staatshaushalt abgeführt, so dass die Eigenerwirtschaftung der Investitionsmittel nur einen sehr beschränkten Umfang einnehmen konnte.

Die Diskussion über die verschiedenen Preistypen war in der Sowjetunion vorgeprägt. Der sowjetische Ökonom Vladislav Dadajan (1973, S. 239–254) hat anschaulich bewiesen, dass keiner der drei Preistypen optimal ist, d. h. einen optimal unterstellten Plan bei den Betrieben über die Rentabilität stimuliert, was dem propagierten Reformgrundsatz ‚Was der Gesellschaft nützt, muss auch den Betrieben nützen' entsprechen würde. „Nicht zufällig verbindet keine der genannten Konzeptionen das Problem der Gestaltung des Preissystems mit der Ausarbeitung des Volkswirtschaftsplans" (Ibid., S. 254). Damit benennt Dadajan genau die Aufgabenstellung der Preisbildung im Rahmen eines optimalen Planes.

Die wichtigsten Beiträge zu diesem Problem stammen von sowjetischen Ökonomen: Leonid Kantorovič war der Pionier der Planoptimierung, wofür er 1975 als einziger sowjet-sozialistischer Ökonom den Nobelpreis erhielt[38] und in der Sowjetunion bereits zehn Jahre zuvor den Leninpreis zusammen mit Nemčinov und Novožilov. Ziel eines optimalen Plans ist es, die Arbeitsaufwendungen (oder die Kosten) eines vorgegebenen Endverbrauchs zu minimieren, wobei die vorhandenen Ressourcen eine Beschränkung darstellen. Aus dieser Optimierung resultieren objektiv bedingte Bewertungen der Ressourcen und der Produkte, die, als Parameter den Betrieben vorgegeben, gewinnmaximierende Betriebe dazu

---

[37] Das setzt voraus, dass Betriebe ihre Investitionen voll eigenfinanzieren, dass es also keinen zwischenbetrieblichen Kapitalverkehr gibt, sei es über einen Kapitalmarkt, sei es über den umverteilenden Staatshaushalt, und dass das Wirtschaftswachstum über die Betriebe gleichförmig ist, d. h. keine Strukturveränderungen oder Neugründungen stattfinden.

[38] Sein bahnbrechendes Werk (Kantorovič 1959), das er schon 1942 geschrieben hatte, aber erst 1959 veröffentlichen konnte, ist im Gegensatz zu zahlreichen anderen Arbeiten der mathematischen Schule nicht ins Deutsche übersetzt worden.

anhalten sollen, betriebliche Planvarianten zu wählen, die mit dem volkswirtschaftlichen Optimum übereinstimmen. In dieser Form des Optimalplans sind Volumen und Zusammensetzung des Endprodukts exogen vorgegeben.

Eine erweiterte Form des Optimalplans geht auf Novožilov zurück (Novožilov 1970, hierzu auch die Zusammenfassung bei Kotow 1974, S. 153–177). Er sieht die Proportionalität von Produktion und Bedarf, das eigentliche Ziel der sozialistischen Planung, nur dann gegeben, wenn die Produktionsbewertungen mit den Verbrauchsbewertungen übereinstimmen. Letztere spielen in der Theorie der optimalen Planung keine besondere Rolle, müssten aber, um den Bedarf nicht einfach exogen vorzugeben, in die Analyse einbezogen werden. In der Terminologie der Wohlfahrtstheorie würde man sagen: die relativen Preise müssen mit den Grenzraten der Transformation in der Produktionssphäre und den Grenzraten der Substitution in der Verbrauchssphäre übereinstimmen. Das Marginalprinzip ist eine universelle praxeologische Regel: „Es wurde klarer, daß die sozialistische Wirtschaft nicht auf Grenzgrößen verzichten kann, da sie ein immanentes Element von Optimierungsaufgaben sind" (Schilar 1983, 268).

Die marxistischen Ökonomen gaben sich allerdings große Mühe zu zeigen, dass Arbeitswerttheorie und Grenznutzentheorie grundverschiedene Ansätze sind (z. B. Kotow 1974, S. 29–60). „Ist im Rahmen der Arbeitswerttheorie der Nutzen eine Bedingung für die Wertproduktion, so erklärt die Grenznutzentheorie den Wert durch den Nutzen. Hierin zeigt sich der Gegensatz und die Unvereinbarkeit beider Theorien" (Schilar 1986, S. 54), was für die subjektivistische österreichische Schule ja zutrifft.[39] Die sozialistische Politökonomie hat sich aber nie eingehend mit Marshall und der Neoklassik auseinandergesetzt, die mit den Kosten die Angebotsseite und dem Nutzen die Nachfrageseite der Werttheorie erfassen. Doch hat man in den 1970er Jahren in den Preisbildungsvorschriften für neue oder verbesserte Produkte festgelegt: „daß der Gebrauchswert gemeinsam mit dem Aufwand ein preiskonstituierender Faktor ist" (Ibid., S. 48).

Novožilov rechnet jedoch nicht in Geld, sondern in Arbeitsaufwendungen, d. h. die Arbeit, die unter Produktionsbedingungen notwendig ist, muss gleich sein der Arbeit, die unter Konsumtionsbedingungen notwendig ist (Novožilov 1970, S. 354). Damit demonstriert er, dass Preise, die auf dem Differentialaufwand (Grenzaufwand) basieren, mit der Marxschen Arbeitswerttheorie in Übereinstimmung gebracht werden können. Der Differentialaufwand bezieht sich natürlich

[39] In der DDR hatte Hermann Lehmann (1968) eine kompetente Darstellung der Grenznutzentheorie vorgelegt, die sich in mehrfacher Hinsicht von den sonst üblichen Verzerrungen als „vulgärökonomische Apologetik" unterschied.

nicht nur auf die direkt aufgewendete Arbeit, sondern auch auf alle vorgelagerten Stufen. Das bedeutet, Grundlage der Berechnung ist eine Verflechtungsbilanz. Das angewendete Lösungsverfahren der linearen Optimierung besteht nun aus zwei Aufgaben: der primalen Aufgabe, bei der der Arbeitsaufwand für das Endprodukt minimiert wird, und der dualen Aufgabe, bei der das Endprodukt, das Nationaleinkommen, maximiert wird. Beide, das Minimum und das Maximum, sind im Optimum einander gleich (Dadajan 1973, S. 265).

Das kann hier nur eine grobe Charakterisierung der Überlegungen der Optimalplaner sein. In der DDR ist diese Entwicklung mit großer Aufmerksamkeit rezipiert worden. Das zeigt sich nicht nur an den zahlreichen Übersetzungen der Bücher der Hauptvertreter und in der Zeitschrift *Sowjetwissenschaft. Gesellschaftswissenschaftliche Beiträge,* sondern auch in dem Lehrbuch zur Volkswirtschaftsplanung (Volkswirtschaftsplanung 1974), in dem der HfÖ-Professor Hans Knop das Kapitel zur Optimierung verfasst hatte. Wir sahen aber bereits (s. Abschn. 3.1.1), wie in den folgenden Jahren diese theoretische Richtung immer mehr an Boden verlor, um am Ende ganz aus den Lehrbüchern zu verschwinden, obwohl mit Kinze, Knop und Seifert die gleichen Autoren beteiligt waren (Kinze et al. 1989). Der Primat der Politik hat absoluten Vorrang. Wichtig ist, „daß die Gestaltung der Preise im weitesten Sinne fest in der Hand des sozialistischen Staates liegt" (Ibid., S. 224).

Die Preise werden irgendwie vom ‚Wert' abgeleitet, wobei der Begriff der Wertmodifikation nicht mehr auftaucht. Dabei können sie aber aus den unterschiedlichsten Gründen vom ‚Wert' abweichen. Das ist besonders stark bei den Verbraucherpreisen der Fall, denn: „Die Verbraucherpreispolitik hat stets Klassencharakter" (Ibid., 244). Der Gewinnzuschlag wird als staatlich zu bestätigende kalkulatorische Größe (Ibid., 242) im Verhältnis zum produktiven Vermögen (Anlage- und Umlauffonds) fixiert, allerdings nicht einheitlich, sondern nach Branchen differenziert. Kurz, die wissenschaftliche Begründung von optimalen Preisen hatte einen zu vernachlässigenden Einfluss auf die staatliche Preispolitik in der DDR.

Diese Zurückweisung der Theorie der optimalen Preise ist bereits in den *Grundfragen der sozialistischen Preistheorie* (Ambrée et al. 1977) anzutreffen. Dabei stützen sich die Autoren auf die schon von sowjetischen Politökonomen vorgebrachte Kritik an der Optimalplanung. Die Tatsache, dass der optimale Preis zusammen mit der optimalen Planvariante bestimmt wird, beraube ihn seines eigentlichen Inhalts als Maßstab für den Aufwand an gesellschaftlicher Arbeit und liquidiere damit gleichzeitig das Wertgesetz. „Die genauere Betrachtung der Optimalpreise zeigt, daß sie im entscheidenden Punkt nichts mit dem Preis als ökonomischer Kategorie gemeinsam haben" (Ibid., S. 83). Die

Berücksichtigung der Nachfrage (des Nutzens) und die über Plan und Preis herzustellende Proportionalität von Angebot und Nachfrage, die Minimierung des Gesamtaufwands, die Stimulierung des technischen Fortschritts, all das könne der Optimalpreis nicht wirklich leisten, während die eigentliche sozialistische Planung mit Aufwandspreisen sich gezielt differenzierter Finanznormative, zeitweiliger Verluststützungen und produktgebundener Preisstützungen bediene (Ibid., S. 86).

4.2.1.4 Wirtschaftliche Rechnungsführung

Die finanzielle Informationsvermittlung zwischen der Zentrale und der einzelnen Wirtschaftseinheit erfolgt über die wirtschaftliche Rechnungsführung. Der Begriff wurde vom *chozrasčet* (*chozjajstvennij rasčet* oder eben wirtschaftliche Rechnungsführung) der Sowjetunion übernommen, wo Lenin schon Anfang der 1920er Jahre eine Betriebsführung nach dem kommerziellen Prinzip forderte. Um nichts anderes handelt es sich, d. h. um die Bilanzierung mit einer gewöhnlichen Gewinn- und Verlustrechnung.

Als erstes sind die bilanzierungspflichtigen Wirtschaftseinheiten, die Betriebe, zu bestimmen, die mit der Einführung der wirtschaftlichen Rechnungsführung 1952 als juristische Personen Rechtsträger von Volkseigentum wurden, das ihnen in der Form von Anlage- und Umlaufvermögen von ihrem Eigentümer, dem Staat, zugewiesen wurde. Ihr Status in der sozialistischen Wirtschaftsordnung wird mit ‚relativer Selbständigkeit' umschrieben, was aber eher ein Euphemismus für die strikte Unterordnung unter die Planungs- und Verwaltungsbürokratie ist. Ein Gewinn an relativer Selbständigkeit, zumindest im Inneren, stellt die Kombinatsbildung der 1970er Jahre dar. Dabei taucht die Frage auf, ob die Kombinate eine konsolidierte Bilanz der ihnen untergeordneten Betriebe aufstellen, die formell als juristische Personen weiter bestehen und damit bilanzierungspflichtig blieben, oder nicht. Je stärker sich die Kombinate intern integrierten, desto sinnvoller wurde die erste Variante (Marx et al. 1984).

Der wirtschaftlichen Rechnungsführung werden vier Funktionen zugeschrieben (Ibid., S. 58):

- eine Messfunktion (Gewinn- und Verlustrechnung)
- eine Hebelfunktion (materielle Stimulierung)
- eine Verteilungsfunktion (Steuerung der Fonds- (Kapital-)Bewegungen)
- eine Kontrollfunktion (Kontrolle durch die Mark).

Das sind die üblicherweise genannten Funktionen von Geld und Preisen im Sozialismus. Die wirtschaftliche Rechnungsführung kann ihre Aufgaben nur dort erfüllen, wo das Geld voll funktionsfähig ist, d. h. harte Budgetbeschränkungen herrschen, und die Preise Knappheitsrelationen wiedergeben. Das war genau das Kernproblem der Debatte um die sozialistische Wirtschaftlichkeitsrechnung bzw. die *socialist calculation debate* im Westen (s. Abschn. 3.1.1). Die damals geäußerten Bedenken stehen in krassem Gegensatz zu Lenins Parole „Sozialismus ist Rechnungsführung". (Er hatte auch weniger plakativ die Notwendigkeit kommerzieller Rechnungsmethoden hervorgehoben.)

Marx et al. (1984, S. 68–69 Fn. 37) zitieren, allerdings nur in einer Fußnote, die Feststellung von Novožilov (1970, S. 36): „Die Übereinstimmung der wirtschaftlichen Rechnungsführung mit dem Plan, ihre Zusammenfassung zu einem einheitlichen Regelmechanismus der Produktion, ist das schwierigste Problem. ... Es ist so kompliziert, daß seine Lösung nur schrittweise und annähernd erfolgen kann, und so wichtig, daß der Grad seiner Lösung als Kriterium für die Vollkommenheit des Leitungssystems der Wirtschaft angesehen werden muß". Was das nach Novožilov impliziert, nämlich die simultane Erstellung eines optimalen Planes und eines optimalen Preissystems, darüber verlieren sie kein Wort. Dass das ostdeutsche Preissystem diesem Ideal nicht annähernd und nicht schrittweise nahegekommen ist, folgt aus dem inkohärenten Preisbildungsprozess (Maier 1996; Wenzel 1998).

Die Inkongruenz von materieller und finanzieller Planung macht administrative Eingriffe in die wirtschaftlich-organisatorische Selbständigkeit der Kombinate und Betriebe notwendig, die als ein Grundprinzip der wirtschaftlichen Rechnungsführung gilt (Marx et al. 1984, S. 52–57). Die Idee, die Betriebe könnten volle wirtschaftlich-organisatorische Selbständigkeit erhalten und ohne direktive staatliche Planung funktionieren, wird zurückgewiesen: Das sei ein Versuch, eine ‚sozialistische Marktwirtschaft' und ‚demokratischen Sozialismus' einzurichten. Denn damit würden die „unveräußerlichen Wesensmerkmale und entscheidenden Vorzüge des sozialistischen Wirtschaftssystems", die staatliche Planung und der demokratische Zentralismus, aufgegeben. Dann habe „die Betriebswirtschaft ... Vorrang vor den volkswirtschaftlichen Belangen und damit auch die wirtschaftliche Rechnungsführung gegenüber der Planung, speziell der zentralen staatlichen Planung" (Ibid., S. 44–45). Die Autoren hielten offensichtlich nichts von der Theorie der optimalen Planung, die keineswegs die zentrale Planung abschaffen, sondern nur das theoretisch denkbare System von Parametern, Gleichgewichtspreisen, bestimmen wollte, die einen gewinnorientierten Betrieb dazu veranlassen, genau das zu tun, was der Plan vorsieht.

Die Steuerung über ökonomische Hebel war auch die Intention der Wirtschaftsreform der 1960er Jahre, die man nach 1970 aufgegeben hatte. Die ablehnende Gleichsetzung der vollen Selbständigkeit der Betriebe mit einer sozialistischen Marktwirtschaft und dem demokratischen Sozialismus greift noch einmal die Position der Reformkritiker auf. Die Reform sah eine Stärkung der Ware -Geld – Beziehungen vor, worunter marktwirtschaftliche Beziehungen zwischen den Betrieben verstanden wurden, allerdings nicht eine sozialistische Marktwirtschaft mit freier Marktpreisbildung. Das noch unter dem Einfluss der Reformvorstellungen abgefasste und bald eingezogene Lehrbuch von 1969 hatte die Richtung angedeutet: „Die zentrale Planung … und die eigenverantwortliche Planung und Leitung der Betriebe und Kombinate werden zunehmend mit den gleichen Kategorien verwirklicht", nämlich den „grundlegenden Kategorien der wirtschaftlichen Rechnungsführung Selbstkosten, Umsatz, Gewinn, Preis, Lohn und Prämie, Kredit und Zinsen, Grund- und Umlauffonds, Produktionsfondsabgabe". Das führt zu einer „mit der Eigenerwirtschaftung verbundenen eigenverantwortlichen Planung und Leitung des Gesamtprozesses der Reproduktion in Betrieb und Kombinat auf immer höherer Stufenleiter" (Politische Ökonomie 1969, S. 751). Impliziert wird damit auch die „Nutzung aller Vorzüge der sozialistischen Demokratie" (Ibid., S. 752).

Zwei weitere Grundprinzipien der wirtschaftlichen Rechnungsführung neben der wirtschaftlich-organisatorischen Selbständigkeit der Betriebe sind (Marx et al. 1984, S. 52–57):

- das Prinzip der Rentabilität oder Eigenwirtschaftlichkeit
- das Prinzip der materiellen Interessiertheit und materiellen Verantwortlichkeit.

Auch diese Prinzipien können sich bei einer nur relativen Selbständigkeit der Betriebe nicht voll entfalten. Sie müssen mit dem direktiven materiellen Zentralplan in Konflikt geraten. Bei einem nicht-optimalen Preissystem, und das war in der DDR sicher der Fall, wird die obligatorische Erfüllung des direktiven materiellen Plans häufig nur auf Kosten der Rentabilität möglich sein. Dann gibt der Betriebsdirektor aus materieller Interessiertheit ersterem den Vorzug. Denn seine Nicht-Erfüllung verletzt ein Gesetz und Beschlüsse der Partei und ruft entsprechende Sanktionen hervor. Eine geringere Rentabilität reduziert nur seine Aussicht auf Prämien, die angesichts des Kaufkraftüberhangs eher eine schwache Anreizwirkung haben. „Das Prinzip der materiellen Verantwortlichkeit gilt für das Kollektiv einer Wirtschaftseinheit als Ganzes" (Ibid., S. 56). Das impliziert jedoch nicht ein Konkursrisiko. Denn der Staat als Eigentümer sorgt mit weichen Budgetbeschränkungen für das Fortbestehen auch von verlustbringenden Betrieben. Die materielle Verantwortlichkeit des Betriebskollektivs beschränkt sich auf die Zuführungen zu den Prämien- und Leistungsfonds.

4.2.2 Geld, Preise und Wirtschaftsrechnung in Polen

4.2.2.1 Geld bleibt Geld

In der Volksrepublik Polen erhielt das Geld einen ähnlichen Status wie in der Sowjetunion und der DDR. In den frühen 1950er Jahren fand eine Währungsreform statt, in der der Złoty ausgetauscht wurde. Tatsächlich wurde durch den Währungstausch die Mehrheit der polnischen Bevölkerung eines signifikanten Teils ihrer Ersparnisse beraubt, was das Vertrauen in das neu zirkulierende Geld empfindlich störte. Wie die Mark der DDR oder der Rubel war der polnische Złoty offiziell in Gold eintauschbar. Doch in Wirklichkeit gab es wie in der DDR keine Möglichkeit, diese Währung zu ihrem offiziellen Kurs in Gold oder eine andere Währung umzutauschen. Im Laufe der Zeit, und vor allem mit der steigenden Inflation in den 1980er Jahren, führte das im privaten Tauschverkehr zum Gebrauch des US-Dollars als Parallelwährung.

Die Geldtheorie folgte in Polen wie in der DDR dem sowjetischen Vorbild. In ihrem Lehrbuch stellten Brus und Pohorille fest: „Im sozialistischen System drückt das Geld die neuen sozialistischen Produktionsverhältnisse aus. Es repräsentiert unmittelbar die gesellschaftliche Arbeit, die sich in den Gütern niederschlägt“ (Brus und Pohorille 1951, S. 282). Vier Hauptfunktionen des Geldes werden genannt: Wertmaß, Zirkulationsmittel, Wertaufbewahrungsmittel für Ersparnisse und Akkumulation, Zahlungsmittel. Doch diese Funktionen unterscheiden sich in ihrer Bedeutung von ähnlich lautenden im Kapitalismus: „Analoge Bezeichnungen der Funktionen des sozialistischen Geldes verschleiern den fundamental verschiedenen Inhalt gegenüber dem Kapitalismus [...], der sich in der Tatsache manifestiert, dass das sozialistische Geld neue sozialistische Produktionsverhältnisse repräsentiert, dass es seine Funktionen nicht spontan, sondern auf geplante Weise erfüllt, dass es dadurch ein wichtiges Instrument der Leitung der Wirtschaft durch den Staat darstellt“ (Ibid., S. 283). Der führende sowjetische Geldtheoretiker war Ja. A. Kronrod, dessen grundlegende Arbeit 1956 auf Polnisch erschien. Darin erklärte er den Unterschied zwischen Kapitalismus und Sozialismus: „Im Sozialismus wird das Wesen des Geldes durch die Tatsache bestimmt, dass Geld eine spezifische Wertform der sozialistischen Produktionsverhältnisse ist und folglich das ökonomische Grundgesetz und andere ökonomische Gesetze des Sozialismus unterstützt. Darin liegt der wesentliche Unterschied zwischen dem Wesen des Geldes im sozialistischen und im kapitalistischen System“ (Kronrod 1956, S. 143).

Doch schon in der zweiten Hälfte der 1950er Jahre tauchten abweichende Definitionen des Geldes im Sozialismus auf. 1959 wies Fedorowicz (1959, S. 13) darauf hin, dass „die ökonomische Kategorie des Geldes in unterschiedlichen sozio-ökonomischen Systemen im Wesentlichen die gleiche bleibt". Ganz ähnlich äußerte sich B. Minc (1963, S. 337): „Die sozialistische Wirtschaft hat das Geld für ihre Zwecke eingespannt. Doch deshalb wurde der Charakter des Geldes nicht sozialistisch. Man sollte nicht die neue Rolle des Geldes, die darin besteht, Produktion und Verteilung im Sozialismus zu erleichtern, mit einem Wandel in der Natur des Geldes verwechseln. So wie die Warenproduktion Waren hervorbringt, so bleibt Geld Geld unabhängig vom Gesellschafts- oder Wirtschaftssystem."

Nach der sowjetischen Theorie besteht eine wichtige Eigenschaft des Geldes darin, dass sein Wert auf dem Gold beruht. Das sowjetische Lehrbuch der politischen Ökonomie stellt dazu fest: „In der Sowjetunion und den anderen Ländern des sozialistischen Lagers spielt das Gold die Rolle des allgemeinen Äquivalents. [...] Wenn die Planautoritäten den Wert eines Gutes in Geld messen, wenn sie die Kosten der eigenen Produktion planen, wenn sie die Preise der Güter festsetzen, dann wird der Wert der Güter in Gold ausgedrückt, da der Rubel auf dem Gold basiert" (Ekonomia Polityczna 1960, S. 720–721). Ganz ähnlich hatte auch Kronrod (1956, S. 164) formuliert: „Das reale sowjetische Geld ist eine besondere Ware – Gold. Die monetäre Einheit der Sowjetunion repräsentiert den Wert dieser besonderen Ware". Aus beiden Zitaten wird die sowjetische Definition der Beziehung zwischen dem sozialistischen Geld und dem Gold deutlich.

Einige Jahre zuvor hatten sich Brus und Pohorille etwas vorsichtiger zum Verhältnis von Geld zum Gold geäußert: „Das Geld auf Gold zu basieren sollte man nicht mit einer Golddeckung verwechseln. Der wichtigste Faktor, der die Wertstabilität des sozialistischen Geldes garantiert, ist die Masse der Güter, die sich in den Händen des Staates befinden und zu geplanten Preisen verkauft werden. Im heimischen Güterverkehr kommt das Gold nicht vor. Es dient im internationalen Handel als Tauschmittel, wo auf dem Weltmarkt Güter gegen Gold erworben werden können" (Brus und Pohorille 1951, S. 283).

Nach 1956 klärten unter anderen Fedorowicz und B. Minc die tatsächlichen Verhältnisse von Gold und Geld in der realen Wirtschaft. „Die These, dass unter den Bedingungen einer sozialistischen Wirtschaft die Währung eine wirkliche Goldwährung sei, repräsentiert in den in Umlauf befindlichen Geldzeichen, lässt sich kaum rechtfertigen" (Fedorowicz 1960, S. 372). B. Minc betonte, dass das in sozialistischen Wirtschaften zirkulierende Geld nichts gemein habe mit Geld, wie es Marx beschrieben hatte und worauf sich die sowjetische Theorie berufe. Er hob weiter hervor, dass Marx nicht über Fiat-Geld schreiben konnte, so wie es in sozialistischen Wirtschaften besteht. Denn er analysierte die Wirtschaft aus Sicht der Mitte des 19. Jahrhunderts, als es diese Geldform noch nicht gab. Deshalb sei die Theorie von Marx für die bestehenden sozialistischen Wirtschaften nicht adäquat. Geld im Sozialismus „repräsentiert unmittelbar den Wert der verkauften Waren und nicht von Gold“ (B. Minc 1963, S. 361).

Diese Auffassung über das Geld im Sozialismus setzte sich in den folgenden Jahren durch, was besonders in den Arbeiten des eminenten polnischen Finanzökonomen Zdzisław Fedorowicz deutlich wurde. Er verneinte nachdrücklich jegliche Beziehung der polnischen Währung zum Gold und hob den Kreditcharakter des Geldes hervor, das tatsächlich Fiat-Geld sei (Fedorowicz 1962, 1975). In der zweiten Hälfte der 1980er Jahre findet in den Lehrbüchern zur sozialistischen Wirtschaft das Verhältnis von Geld und Gold überhaupt keine Erwähnung mehr (z. B. Mieszczankowski 1987). Auch in früheren Lehrbüchern der 1960er (Brus 1967) und 1970er (Nasiłowski 1977) Jahre fehlt dieses Thema, wobei die beiden Genannten dem Wesen des Geldes generell wenig Aufmerksamkeit schenkten.

Auch in den ökonomischen Debatten nach 1956 spielte das Geld keine besondere Rolle. Das heißt nicht, dass seine Bedeutung für die Wirtschaft völlig vernachlässigt worden wäre. In seinem Buch von 1961 zu den Funktionsproblemen einer zentralgeplanten Wirtschaft erklärte Brus, dass das Geld je nach Situation eine passive oder aktive Rolle einnehme. Die passive Rolle zeige sich im Verhältnis zwischen der Zentrale und den Betrieben und zwischen den Betrieben untereinander. Das bedeutet, Geld hat hier vor allem eine Rechenfunktion. Dagegen sei festzustellen „daß das Geld im zentralistischen Modell eine aktive Rolle auf dem Arbeitsmarkt und auf dem Konsumgütermarkt spielt, in dem Sinne, daß die in ihm zum Ausdruck kommenden ökonomischen Größen (Löhne, Preise) die von den Subjekten der Entscheidungen (Arbeiter, Konsumenten) vorgenommene Wahl beeinflussen, und daß infolgedessen die zentrale Stufe ihre eigenen Präferenzen im Bereich der Beschäftigungs- und Konsumstruktur mittels dieser Größen realisiert“ (Brus 1971 [1961], S. 119).

Eine etwas stärker ausgearbeitete Geldtheorie finden wir bei Alexy Wakar und seinen Schülern (Wakar 1969). Sie fügt sich in seine allgemeine Theorie der Planung und Lenkung der sozialistischen Wirtschaft ein (Bauer et al. 1965; s. auch Abschn. 4.1.2). In der Theorie der Wakar-Schule spielte Geld im parametrischen Modell eine zentrale Rolle als Element des Steuerungsmechanismus für die Betriebe. Mit Hilfe des Geldes sollten die zentralen Autoritäten Einfluss nehmen auf das Funktionieren der Betriebe und so die Planerfüllung stimulieren. Ein besonders wichtiger Aspekt war dabei die Idee, mit Hilfe harter Budgetbeschränkungen könnten die zentralen Autoritäten den Druck der Betriebe eindämmen, das Produktionsvolumen und die Investitionen aufzublasen. (In Wirklichkeit war das genaue Gegenteil der Fall.) Wakars Schüler kamen wie Kornai zu dem Schluss, dass in der sozialistischen Wirtschaft die Betriebe im Rahmen expansiver Planungsansätze in der Lage waren, ihr Potential auszudehnen (weiche

Budgetbeschränkungen), was zu Ungleichgewichten führt (Beksiak und Libura 1969). Diese Beobachtungen von Libura (Grzelońska) und Beksiak fußten auf älteren Überlegungen von Wakar. Doch später stellte Grzelońska (2006, S. 103) fest, dass ihr Ansatz "den Beginn einer kritischen Strömung in der sozialistischen Wirtschaftstheorie darstellte, der nicht der pragmatischen Einstellung von Alexy Wakar entsprach".

Wakars Geldtheorie und die angeführten Auffassungen von Brus waren Teil einer breiteren Diskussion über das Funktionieren der sozialistischen Wirtschaft und die Möglichkeiten ihrer Reform (s. Abschn. 3.3.2). Doch in keinem der Ansätze – mit Ausnahme Wakars – rückte das Geld in den Vordergrund. Geld und Finanzen blieben ein Randthema der Ökonomie außer bei Spezialisten wie dem bereits genannten Fedorowicz. Probleme der Geldzirkulation und des finanziellen Gleichgewichts waren jedoch in Polen immer wieder akut. Denn sie äußerten sich nicht nur in wiederholten Wirtschaftskrisen, sondern vor allem auch in politischen Krisen.

Ausgangspunkt der Geldpolitik blieb die Marxsche Theorie der Geldzirkulation (s. Abschn. 4.2.1). Doch dazu gab es unterschiedliche Auffassungen. B. Minc meinte, die Theorie der Geldzirkulation beziehe sich ausschließlich auf den Bargeldumlauf und schließe das Giralgeld aus. Denn letzteres „stellt eine eigene Sphäre des Geldumlaufs dar, deren Gesetze sich von denen des Bargeldumlaufs unterscheiden" (B. Minc 1965, S. 235; s. auch B. Minc 1963). Fedorowicz (1975) und Kucharski (1972) folgten dem nicht. Ihrer Meinung nach müsse das Giralgeld, das in der Produktionssphäre vorherrschte, in die Analyse des Geldumlaufs einbezogen werden. „Das Gesetz des Geldumlaufs ausschließlich auf Bargeld zu beziehen, entzieht der Erklärung seiner Wirkung die empirische Basis" (Fedorowicz 1975, S. 160). Kucharski und Fedorowicz plädierten dafür, dass einerseits gehortetes Geld aus der Berechnung des Umlaufs ausgeschlossen, während andererseits das Kreditvolumen einbezogen werden müsse. Wie Fedorowicz (1975, S. 171) betonte, "besteht die eigentliche Funktion der Bankkredite in der Sphäre des Einkommensumlaufs nicht darin, den Geldumlauf zu alimentieren, indem sie den Bestand an aktivem Geld erhöhen: die Funktion dieser Kredite besteht darin, die durch die Akkumulation inaktiver Geldmittel verminderte Nachfrage zu ergänzen". Die Schätzung des Umlaufs von aktivem und passivem Geld in der Form von Bargeld und Giralgeld ist aus zahlreichen Gründen ein schwieriges Unterfangen. Am Ende jedoch „ist die Marxsche Theorie des Geldumlaufs – angepasst an die Bedingungen einer sozialistischen Wirtschaft, wobei man sie des ‚goldenen Mantels' entkleidet und die planmäßige Preisbildung sowie die planmäßigen

Regeln des monetären Zahlungsverkehrs und der Kreditierung berücksichtigt – eine praktische Richtlinie für die Organisation des Geldumlaufs“ (Fedorowicz 1975, S. 172).

Die Regelung des Geldumlaufs beruht auf der Emission von Geld in allen Formen, „um eine Geldmenge (einschließlich der Reserve) zu sichern, die vom Umfang der gehandelten Güter und ihrem Wert, der sich aus den herrschenden Preisen ergibt, und von der Umlaufgeschwindigkeit des Geldes bestimmt wird" (Ibid.). Der Staat beherrschte die Preisbildung, er kontrollierte das Bankensystem – ein Monobanksystem mit der Polnischen Nationalbank im Zentrum – und alle übrigen Finanzströme. Das gab den staatlichen Autoritäten theoretisch die Möglichkeit, den Geldumlauf exakt zu planen.

In der Praxis war die Möglichkeit, das finanzielle Gleichgewicht aufrecht zu erhalten, beschränkt, wie es sich insbesondere in den späten 1970er und den 1980er Jahren herausstellte. Das Beispiel von 1970–1971 und 1976 zeigte, dass sich die Konsumgüterpreise nicht einfach bestimmen, und das hieß heraufsetzen ließen, sondern Streiks auslösten, wonach die Autoritäten die beabsichtigten Preiserhöhungen zurückzogen. In der zweiten Hälfte der 1970er Jahre versuchte die Regierung es mit verdeckten Preiserhöhungen. Ein gutes Beispiel waren die sogenannten kommerziellen Fleischläden, in denen die Preise doppelt so hoch waren wie in den anderen Geschäften. Die Finanzbilanz geriet auch durch die überhöhte Investitionsnachfrage der Betriebe, der industriellen Vereinigungen *(zjednoczenia)* und der Industrieministerien aus dem Gleichgewicht. Weiche Budgetbeschränkungen ließen die Ausgaben sprunghaft anwachsen, wodurch die geplanten Größen weit überschritten wurden (Kotowicz-Jawor 1983).

4.2.2.2 Inflation

Die sozialistische Geldtheorie machte auf mögliche Probleme aufmerksam, die sich aus diesen Phänomenen in der Form von Inflationsdruck oder einer inflationären Lücke ergaben. Ein Deflationsproblem existierte dagegen nach Meinung der meisten Ökonomen nicht: „In der sozialistischen Wirtschaft ist inflationärer Druck etwas Reales […] Ein kurzfristiger ‚deflationärer Druck‘ kommt demgegenüber nicht vor […]. Längerfristig könnte man davon im Zusammenhang mit Verlusten sprechen, die sich aus der Überalterung von bestimmten Produkten ergeben. Preisabschläge auf Grund der Marktlage sind nicht festzustellen […]. Solche Vorbehalte lassen ernstliche Zweifel aufkommen, ob das Konzept der Deflation in der sozialistischen Wirtschaft überhaupt anwendbar ist“ (Kucharski 1972, S. 244–245). Fedorowicz nahm eine etwas andere Position ein und meinte, eine deflationäre Lücke müsse man nicht unbedingt mit Preissenkungen verbinden (die im Fall des polnischen Konsumgütermarktes nicht auftraten), sondern eher mit einem Angebotsüberschuss. Das könne sich aus einem Rückgang des Realeinkommens ergeben, z. B. durch ein abgeschwächtes Lohnwachstum bzw. eine Lohnsenkung, oder aus einer rückläufigen Dynamik der Produktion und des Volkseinkommens (Fedorowicz 1975, S. 190–191). Damit blieb er jedoch allein unter den Wissenschaftlern, die sich mit dieser Frage beschäftigten.

Was man suchte, war eine Formel, um die Inflation in der sozialistischen Wirtschaft zu beschreiben. Sulmicki (1957) stellte eine solche Formel für die Änderung der Konsumgüterpreise auf. Die Hauptvariablen waren der Nominallohn, die Arbeitsproduktivität in Abteilung II (Konsumgüterproduktion) und das Verhältnis der Beschäftigten in Abteilung I und II. Kucharski (1972, S. 264–266) basierte einen alternativen Vorschlag auf die Einkommensgleichung. Die zahlreichen Annahmen und Vereinfachungen machten es jedoch schwer, formale Beschreibungen des Gleichgewichts auf dem Konsumgütermarkt bzw. der Inflation in die Praxis umzusetzen. Sie blieben vor allem von theoretischem Interesse.

Der Inflationsdruck brachte nicht nur den Konsumgütermarkt (einschließlich der Rohstoffe und der Investitionen) aus dem Gleichgewicht, sondern drohte ebenso den Finanzmarkt empfindlich zu stören. Nach Minc muss man das Gleichgewicht wahren und inflationäre Phänomene verhindern, indem man deflationäre Maßnahmen vornimmt, worunter er Maßnahmen verstand, Geldüberschüsse aus dem Umlauf entfernen. So ließen sich ein Gleichgewicht zwischen der Geldsumme im Umlauf und der Preissumme der auf dem Markt verfügbaren Güter wiederherstellen und Preissteigerungen vermeiden. Unter den Methoden, um dieses Ziel zu erreichen, führte Minc (1963, S. 347–348) auch solche auf, die von den Regierungen der sozialistischen Länder bereits praktiziert worden waren: Währungsreformen bei gleichzeitiger Kürzung der Geldmenge (so die polnische Reform Anfang der 1950er Jahre), interne Zwangsanleihen, Verringerung des Lohnfonds und anderer Einkommensarten, Einschränkungen der Beschäftigung bzw. ihres Wachstums. Die Möglichkeiten, solche Lösungen auch umzusetzen, blieben äußerst beschränkt, wie sich im Zusammenhang mit den beabsichtigten Reallohnsenkungen 1970 zeigte.

Fedorowicz ging das Problem des Inflationsdrucks Mitte der 1970er Jahre anders an. Wenn auf dem Konsumgütermarkt eine offene inflationäre Lücke, d. h. ein Nachfrageüberschuss vorliege, die über kurz oder lang die Preise nach oben drücke, dann müsse man versuchen, ein erhöhtes Angebot in der Zukunft sicherzustellen und die Investitionen in jenen Sektoren zu steigern, die Konsumgüter herstellen. Damit würde der Inflationsdruck langfristig reduziert. Kurzfristig schlug Fedorowicz vor, Reserven zu mobilisieren, indem vorhandene Lagerbestände reduziert oder Waren importiert werden, was mit Hilfe von staatlichen Finanzreserven oder von Krediten möglich sei. Nur wo alle diese Möglichkeiten nicht gegeben seien, sei es unvermeidlich, Lohnsteigerungen einzuschränken oder Preissteigerungen vorzunehmen, um so die kurzfristige inflationäre Lücke zu schließen (Fedorowicz 1975, S. 222–223). Die Unbrauchbarkeit solcher Maßnahmen erwies sich in der Entwicklung der polnischen Wirtschaft in den 1970er Jahren, die in einer tiefen Wirtschaftskrise, hohen Auslandsschulden und dem Ausbruch einer offenen Inflation Anfang der 1980er Jahre endete.

Die politische und wirtschaftliche Krise im Übergang von den 1970er zu den 1980er Jahren brachte einen Wandel in der Behandlung von Geld und Finanzen. 1982 wurde ein Bankengesetz erlassen, das der Zentralbank *(Narodowy Bank Polski)* eine partielle Autonomie einräumte und gleichzeitig die Praxis beendete, die Betriebe über die Banken zu kontrollieren. Es war dringend erforderlich, Bonitätsprüfungen einzuführen und Kredite an Betriebe davon abhängig zu machen. Zumindest formell erlaubte das Gesetz die Einrichtung von Banken als Aktiengesellschaften mit ausländischer Beteiligung, die nach den Vorschriften des Handelsgesetzbuchs reguliert sind (Bałtowski 2009, S. 160).

Die Anfang der 1980er Jahre eingeführten Neuerungen spiegelten sich auch in Studien zu Geld und Finanzen wider. Der schon häufiger genannte Fedorowicz publizierte eine Arbeit mit dem bezeichnenden Titel „Das rationale Finanzsystem: Die Hauptlinien der Reform" (*Racjonalny system finansowy: główne kierunki reform,* 1984). Darin behandelte er die Grundzüge des staatlichen Finanzsystems und die Beziehungen der Betriebe zu diesem System. Mieszczankowski (1987) begnügte sich in seinem Lehrbuch dagegen mit den allgemeinen Funktionsweisen des Finanzsystems, ohne tiefer in die Feinheiten der neuen Entwicklungen der sozialistischen Wirtschaft einzudringen. Die letzte Entwicklungsstufe des Finanzsystems im sozialistischen Polen war die Ausgründung von acht Handelsbanken aus der polnischen Nationalbank (NBP) Ende der 1980er Jahre. Damit wurde die Liquidierung eines Finanzsystems vollzogen, das auf der Monobank und der durchgehenden Zentralisation von Geld und Finanzen beruhte. Darin hatte eine der wesentlichen Entwicklungsblockaden der sozialistischen Wirtschaft bestanden, wie Brus und Łaski (1989) in ihrem Buch zur Reform dieses Systems festgestellt hatten.

4.2.2.3 Die Preise – ein heiß umstrittenes Thema

Die Preisplanung war eines der größten Probleme, mit denen sich die polnische Regierung immer wieder auseinandersetzen musste. Versuche, die Preise zu ändern, führte mehr als einmal zu tiefen politischen Krisen, zu Streiks und sogar zu Personalwechseln an der Spitze der Partei wie 1970 im Fall von Gomułka. Die Bedeutung der Preisplanung für Polen wird aus der Tatsache deutlich, dass zur

Zeit der größten Krise, die die kommunistische Regierung Polens seit der Mitte der 1970er Jahre erfasst hatte, der Status des Preisamtes ständig erhöht wurde.[40]

Wie in der DDR und anderen kommunistischen Ländern wurden die Preise überwiegend vom Staat festgelegt. Gleichzeitig versuchte man, sie auf einem festen und möglichst niedrigen Niveau zu halten. Die Furcht vor Preissteigerungen war besonders nach 1970 akut, als eine Erhöhung der Fleischpreise blutige Proteste und Arbeiterstreiks ausgelöst hatte. Als Reaktion darauf nahmen Gomułkas Nachfolger Gierek und seine Mitarbeiter die Preiserhöhungen rasch zurück und hielten über die folgenden fünf Jahre ein stabiles Preisniveau aufrecht. Der neuerliche Versuch von 1976, die Preise zu erhöhen, mündete in eine weitere Streikwelle. Versteckte Erhöhungen, vor allem der Fleischpreise, sollten diese auf ein realistischeres Niveau heben. Doch der Effekt blieb gering. Der Ausbruch der Wirtschaftskrise Ende der 1970er Jahre und der Zusammenbruch des politischen Systems 1980 brachten dann die offene Inflation mit sich. Das zwang die Partei, ihre Preispolitik zumindest teilweise zu revidieren, die seit der Einführung des sowjetischen Modells in der Wirtschaft Bestand hatte.

Der Preiserlass von 1982 führte drei Preiskategorien ein: offizielle, regulierte und vertragliche Preise, wobei letztere faktisch unabhängig vom Staat vereinbarte Marktpreise waren. Die offiziellen Preise wurden unmittelbar von der Verwaltung fixiert. Die regulierten Preise konnten die Betriebe auf Grundlage allgemeiner staatlicher Richtlinien setzen. In der Praxis zogen viele Betriebe die vertraglichen Marktpreise vor, die es ihnen dank ihrer Monopolstellungen erlaubten, die Preise für ihre Produkte deutlich heraufzusetzen. Als Reaktion schränkte man 1984 die Möglichkeit wieder ein, Vertragspreise zu wählen, was jedoch den Trend nicht brach, von traditionellen staatlichen Preissetzung in einer sozialistischen Wirtschaft abzuweichen (Bałtowski 2009, S. 261–262). Der endgültige Übergang zu Marktpreisen fand 1988 mit den Reformen der Regierung von Mieczysław Rakowski statt, der letzten polnischen Regierung, die von der kommunistischen Partei dominiert wurde.

Genauso wie die Preispolitik für die Staatsführung überlebenswichtig war, befand sich das Preisproblem auch im Zentrum der Diskussionen der ökonomischen Wissenschaft über das Wirtschaftsmodell und seine Reform. Der Bezugspunkt war in Polen, ähnlich wie in der DDR, das auf dem Konzept der zentralen, materiellen Planung beruhende System, in dem die Preise nur eine

[40] Die Staatliche Preiskommission *(Państwowa Komisja Cen)* wurde 1953 gegründet. Ab 1977 hatte der Vorsitzende der Kommission den Rang eines Ministers. Im Jahr 1981 wurde der neue Leiter des Amtes, Zdzisław Krasiński, zum Minister ernannt und im folgenden Jahr das Amt in ein Ministerium umgewandelt. 1985 löste man das Preisministerium auf und übertrug seine Kompetenzen auf das Finanzministerium.

sekundäre Rolle spielten. Trotzdem gab es unter den Ökonomen eingehende Debatten über die Funktion der Preise in der Wirtschaft und über die Art und Weise, wie sie gebildet werden. Anders als in der DDR gingen die Auffassungen der polnischen Ökonomen weit auseinander, und die Differenzen wuchsen in den aufeinanderfolgenden politischen Krisen, die es so in der DDR nicht gegeben hat. Zusammen mit neuen Ideen für die Gestaltung des Wirtschaftssystems (wie im Konzept von Brus) oder mit neuen Lösungsvorschlägen zur Dynamisierung der Wirtschaft und Verbesserung ihrer Organisation (wie durch Wakar) brachte man auch direkt auf das Preissystem bezogene Reformvorstellungen zur Sprache. Eine wichtige Rolle spielten dabei auch frühere Ansätze polnischer Ökonomen, vor allem Langes Modell der sozialistischen Wirtschaft, in dem die Preise von einem ‚Auktionator' gesetzt werden, der den Markt imitiert.

Das Preisproblem war eines der zentralen Themen in den ökonomischen Debatten nach 1956 und blieb auch danach aktuell. Am weitesten wagten sich Kurowski (1957a) und Popkiewicz (1957) mit ihrem Vorschlag vor, die Preise auf dem Markt von Angebot und Nachfrage bestimmen zu lassen, womit sie der Verfügungsgewalt der politischen Autoritäten entzogen würden. Dieser Vorschlag befand sich allerdings in offenem Widerspruch zur marxistischen Theorie. Die große Mehrheit der Diskussionsteilnehmer ging mit ihren Vorschlägen deshalb nicht so weit, sondern plädierten dafür, dass einige Preise so wie bisher unmittelbar vom Staat fixiert werden sollten und die Zentrale den Rest indirekt durch Regulierung der Produktion und des Marktes beeinflussen könne (Brus 1959; Lange 1956; Fiszel 1958; Mujżel 1966). Abweichend davon tauchte auch die Idee auf, der Staat solle Maximalpreise festlegen und ihre Bestimmung unterhalb dieses Niveaus dem Markt überlassen (z. B. Wilczyński 1965).

Ein weiteres Preisproblem bezog sich auf die Existenz zweier Preisarten. In einer sozialistischen Wirtschaft legen die Planer Preise für Konsumgüter entsprechend ihrem Wert fest, versuchen aber gleichzeitg, wie erwähnt, für eine Reihe von Gütern (Güter des Grundbedarfs und Dienstleistungen wie Wohnungsmieten) diese auf relativ niedrigem Niveau zu halten. Für Rohstoffe und Produktionsmittel wurden die Preise nach dem Kostenprinzip bestimmt, d. h. nach der Summe von Produktionskosten plus Profit. Diese Trennung in die zwei Preisarten hielt eine Reihe von Ökonomen für gerechtfertigt (so z. B. B. Minc 1957 und Fiszel 1956). Andere kritisierten das Verfahren. Zum einen, so führten sie aus, verzerre das Kostenprinzip für die Sphäre der Produktionsmittel die Branchenstruktur der Wirtschaft, es verfälsche die tatsächlichen Kosten der Produktion und behindere die wirtschaftliche Rechnungsführung. Łaski (1957), Wyrozembski (1958a) und

Brus (1959) sprachen sich für ein einheitliches Preissystem und eine einheitliche Preisformel aus, die für Konsumgüter und Produktionsmittel auf dem Wert beruhen solle.

Hinzu kommt die Frage, wie die Kosten, und damit die Preise, zu berechnen seien. Unter anderen gingen Zieliński (1957), Brus (1959) und Lange (1961a) davon aus, dass die Preise auf den Grenzkosten basieren sollten, d. h. den Durchschnittskosten jener Betriebe, die das höchste Kostenniveau aufweisen. Dafür hatte sich auch der Wirtschaftsrat ausgesprochen, der das Reformprojekt vorbereitete (Tezy 1958, S. 12–13). „Die vom Wirtschaftsrat eingesetzte Kommission brachte den Vorschlag ein, bei der Gestaltung der relativen Preise nicht von den Durchschnittskosten für alle Betriebe auszugehen, die ein gegebenes Produkt herstellen, sondern von den Durchschnittskosten der Gruppe der sogenannten teureren Produzenten“ (Brus 1959, S. 301–302). Das waren, wie Brus hinzufügte, ein Drittel aller Produzenten. Kritiker dieses Vorschlags wandten ein, dies führe dazu, dass die Preissumme für alle Betriebe ihre Wertsumme überschreiten würde, d. h. den theoretischen Wert, der das Preisniveau bestimmen sollte. Deshalb traten sie für das Prinzip ein, die Durchschnittskosten aller Betriebe einzusetzen (B. Minc 1958a, Wyrozemski 1958b).

Eine eigene Kontroverse betraf die Preise für Rohstoffe. Kalecki und Polaczek (1957a, 1957b) machten auf die Bedeutung des internationalen Handels aufmerksam und auf die wechselnden Gewinne aus diesem Handel in Abhängigkeit von den Weltmarktpreisen. Daneben übten die Investitionen und die staatliche Außenhandelspolitik darauf einen Einfluss aus. Aus diesen Gründen sollten die Preise der Rohstoffe an die Weltmarktpreise gekoppelt werden, um so ihre effiziente Nutzung in der Wirtschaft zu stimulieren (s. auch Brus 1959). Dagegen wandten sich unter anderen B. Minc (1958b) und Fiszel (1958), denn dieses Verfahren führe dazu, dass Rohstoffe zu Weltmarktpreisen berechnet würden und die Arbeit zu heimischen Preisen.

In den theoretischen Modellen eines sozialistischen Wirtschaftssystems, die die wissenschaftliche Diskussion jener Jahre beherrschten, stellten die Preise eines der wichtigen Instrumente dar, mit denen der Staat die Betriebe beeinflussen konnte. So z. B. im Modell einer dezentralisierten Wirtschaft von Brus (1971 [1961]). „Im Unterschied zum zentralistischen Modell, in dem die Bilanzierung eng mit der Verteilung verbunden ist, kommen im dezentralisierten Modell die Schlußfolgerungen aus der Konfrontation der Bedürfnisse und der Möglichkeiten ihrer Befriedigung in einem System ökonomischer Größen (vorab in einer Struktur der Preise) zum Ausdruck, die durch entsprechende Stimulierung der Lieferanten und Abnehmer zu einem Instrument der Herstellung des

Gleichgewichts im Einklang mit den Planprämissen werden“. Von der Preisstruktur muss gefordert werden, „daß sich in ihr – sowohl bei Konsumgüter-, als auch bei Produktionsmittelpreisen in den zwischenbetrieblichen Transaktionen im staatlichen Sektor – nicht nur die Produktionsbedingungen (die gesellschaftlich notwendige Arbeit je Einheit eines gegebenen Produkts) abbilden, sondern auch die Tauschbedingungen (Verhältnis zwischen Produktionsumfang und Bedarf). Allgemein betrachtet, bedeutet das die strikte Übereinstimmung zwischen der Preisstruktur und der Gesamtheit der ökonomischen Bedingungen, einschließlich des ‚Verknappungs‘-Grads des Produkts“ (Brus 1971 [1961], S. 225–226). Herrscht auf dem Markt Wettbewerb, können die Preise von den Betrieben frei gewählt werden, wohingegen bei Vorliegen monopolistischer Märkte der Staat eingreifen muss, um den parametrischen Charakter der Preise zu sichern.

Im Lenkungssystem, das Wakar und seine Schule vorschlugen, nahmen Preise eine zentrale Position in der sogenannten Management-Formel ein. Ihre Höhe und ihre Struktur standen in einem festen Verhältnis zu den Zielen, die der Zentralplaner den Betrieben setzte. Deren Erfüllung (z. B. Bruttoproduktion oder Gewinnmaximierung) war dann mit Prämien verbunden. „Jedes Bonussystem entspricht […] einem besonderen Preissystem und umgekehrt. Die Änderung eines Elements zieht normalerweise die Änderung des anderen nach sich, wollen wir interne Widersprüche zwischen den Preisen und dem Prämienschema vermeiden, das sich auf die Planerfüllung auswirkt. […] Für sich genommen gibt es kein korrektes Preis- oder Prämiensystem. Vielmehr ist die optimale Kombination zu finden, die die Planerfüllung am besten unterstützt. Die Wechselwirkung von Preisen und Prämiensystem schränkt die Wahlfreiheit des Zentralplaners ein. Die Wahl eines bestimmten Prämiensystems legt weitgehend das adäquate Preissystem fest und umgekehrt. ‚Wertbezogene‘ Preise sind z. B. nicht vereinbar mit Prämien, die an die Ausführung eines Plans für die Bruttoproduktion gebunden sind“ (Bauer et al. 1965, S. 131).

Wakars Entwurf ist nicht nur als einfallsreicher Vorschlag zur Leitung der sozialistischen Wirtschaft interessant, sondern auch weil er die logischen Defizite des herrschenden Systems aufzeigt. Die Autoren beweisen, dass das am häufigsten formulierte Ziel der Zentralplanung, die Maximierung der Bruttoproduktion, zu einem Preissystem führen müsste, in dem knappe Güter einen niedrigen Preis haben und ausreichend angebotene Güter einen hohen Preis. In diesem Fall, so merken sie an, befinden wir uns einer Welt von *Alice im Wunderland.*

Die Idee eines parametrischen Preissystems stieß, wie die Theorie Wakars generell, auf breites Interesse, löste aber auch kritische Stimmen aus. Wie bereits erwähnt (s. Abschn. 4.1.2) glaubten die Kritiker, das System könne unmöglich praktisch implementiert werden. Hinsichtlich der Preise hieß es, ihre Rolle könne nicht auf die Planerfüllung beschränkt bleiben, da sie eine viel breitere Wirkung hätten: auf Lieferanten und Kunden, auf das Realeinkommen der Bevölkerung, auf den Markt und das gesamtwirtschaftliche Gleichgewicht usw. (Lipiński 1978).

Das Interesse an der Preisthematik nahm in den späten 1970er und den 1980er Jahren zu auf Grund der Änderungen in der wirtschaftlichen Situation Polens, d. h. auf Grund der von der Regierung Gierek zu verantwortenden Krise und der wirtschaftspolitischen Maßnahmen zur Preisbildung (die Preisverordnung von 1982). Wie weit sollte die zentrale Preisregulierung reichen? Wilczyński (1981) plädierte für eine Abnahme der zentralen Befugnisse und eine Zunahme des betrieblichen Einflusses auf die Preisbildung, da die Diversifikation der Produkte und ihrer Verarbeitungsstufen im Laufe der Zeit erheblich zugenommen habe. Lipowski (1978) schlug vor, die Zentrale solle sich darauf beschränken, die Preise der wichtigsten Nahrungsmittel und der Rohstoffe zu fixieren. Das sei ausreichend, um die makroökonomischen Prozesse zu koordinieren und das Realeinkommen der Bevölkerung zu regeln. Dieser Vorschlag fand sich später in den Maßnahmen der Preisverordnung von 1982 wieder. Nach Minc (1981) sollten die Preise von den Betrieben festgelegt werden mit Ausnahme monopolistischer Sektoren. Dagegen wurde vorgebracht, die Betriebe würden die Preise unkontrolliert erhöhen, was von der Zentrale nur unterbunden werden könne, wenn sie über weitreichende Kompetenzen in der Preispolitik verfüge. Diese Auffassung nahm die neuerliche Stärkung der zentralen Kompetenz 1984 vorweg (Lipiński 1983).

Ein weiteres Thema im Übergang von den 1970er zu den 1980er Jahren war die Preisbildung auf Basis der Kosten. Ähnlich wie beim Wakar-Modell wurde dagegen die Befürchtung ausgesprochen, dieser Preistyp könne zu Kostensteigerungen führen, da er es ermögliche, höhere Produktionskosten geltend zu machen. Damit werde ein Teufelskreis in Bewegung gesetzt, indem die Kosten wiederum die Preise bestimmen (Minc 1981; Wilczyński 1981; Popkiewicz 1981; Śliwa 1983). Ähnliche Befürchtungen betrafen auch die Einführung von Marktpreisen, die unter den Bedingungen der Mangelerscheinungen Anfang der 1980er Jahre eine rasche Inflation auslösen werde (Śliwa 1983).

Einige Ökonomen besannen sich auch wieder auf Kaleckis Vorschlag, die Rohstoffpreise an die Weltmarktpreise zu binden. Solche Preise würden die Effizienz fördern, da sie die Alternativkosten auf dem heimischen und auf dem Weltmarkt verdeutlichten, und sie würden die heimischen Betriebe an die internationalen Wettbewerbsbedingungen heranführen (Mujżel et al. 1981; Sztyber 1984). Dagegen erhob sich stürmische Kritik. Vor allem, so hieß es, wäre bei einem solchen Preissystem nur der Export von Rohstoffen profitabel, die Preise würden von den Produktionskosten entkoppelt, und eine korrekte Konsumgüterpreisstruktur sei unmöglich, die auf das Einkommen der Bevölkerung abgestimmt sein sollte.

Schließlich würde damit die Theorie der komparativen Kostenvorteile aus den Angeln gehoben, die auf der Differenz zwischen heimischen und internationalen Preisen beruhe (Mieszczankowski 1981; Popkiewicz 1981; Śliwa 198).[41]

Die angeführten Diskussionen geben ein äußerst buntes Bild ab, das sich rasch von der marxistischen Vision der Preisgestaltung entfernte, die in den sozialistischen Ländern nach dem 2. Weltkrieg vorherrschte. Diese Entwicklung in der Theorie wurde ergänzt von der Preispolitik der Regierung, die, wie erwähnt, Anfang der 1980er Jahre die Preisbildung liberalisierte, um am Ende ihrer Herrschaft in Polen endgültig das marxistische Dogma aufzugeben und den Preisbildungsprozess gänzlich frei zu geben.

4.2.2.4 Wirtschaftliche Rechnungsführung als Kontrollinstrument der Zentrale

Wie in der DDR sollte auch in Polen das Wirtschaftssystem, insbesondere die einzelnen Betriebe, in Übereinstimmung mit den Prinzipien der wirtschaftlichen Rechnungsführung arbeiten. Der rechtliche Status eines Betriebes sowie eine Definition der wirtschaftlichen Rechnungsführung waren 1950 im Erlass über Staatsbetriebe[42] festgelegt worden. Der Staat richtet danach Betriebe ein, um Aufgaben ausführen zu lassen, die er ín seinem Wirtschaftsplan formuliert. Der in dem Erlass definierte Status des Betriebes findet sich in den Eigenschaften wieder, die Brus und Pohorille in ihrem Lehrbuch aufführten: „Sozialistische Staatsbetriebe verfügen über einen gewissen Grad an Autonomie in der Verfügung über Produktivvermögen und im wirtschaftlichen und operativen Bereich. Diese Unabhängigkeit drückt sich rechtlich darin aus, dass Staatsbetriebe zu anderen Betrieben […] als eigenständige juristische Personen in Beziehung treten. […] Kein Betrieb ist jedoch Eigentümer des ihm zur Verfügung gestellten Vermögens. Staatseigentum bleibt dem sozialistischen Staat vorbehalten. Im Rahmen strikter Regelungen, die durch Gesetz, Pläne und Direktiven höherer Instanzen festgelegt werden, haben die einzelnen Betriebe und Wirtschaftseinheiten das Recht, die Mittel zu gebrauchen, die für den jeweiligen Zweck explizit vorgesehen sind, um die Aufgaben erfolgreich auszuführen, die der Staat ihnen auferlegt“ (Brus und Pohorille 1951, S. 182–183).

Die Änderungen aus der Zeit nach 1956 (Einführung von Arbeiterräten, Erweiterung der Autonomie des Betriebsmanagements) waren nicht dauerhaft und wurden schon nach wenigen Jahren deutlich reduziert, wie z. B. die Marginalisierung der Arbeiterräte nach 1958 (Tymiński 2001). Im Ergebnis blieb der rechtliche

[41] Wir sehen hier davon ab, die Validität der einzelnen Argumente zu diskutieren.

[42] *Dziennik Ustaw*, 1950, nr 49, poz.439, art.1.1.

Status der Betriebe bis in die 1970er Jahre und WOG-Reform unverändert. Sie waren den Industrieministerien und den Industrievereinigungen *(zjednoczenia)* untergeordnet, die die Zentralverwaltungen *(Centralne Zarządy)* ersetzten. „Die sozialistische Wirtschaft zeichnet sich aus durch das Prinzip einer Mehr-Ebenen Organisationsstruktur, in der der Betrieb sich auf der untersten Ebene befindet und mehr oder weniger der Verwaltungsbürokratie des Staates untergeordnet ist" (Rabska 1990, S. 51).

Der Erlass von 1950 enthielt auch die Definition der wirtschaftlichen Rechnungsführung. Danach besteht diese aus

1. der wirtschaftlichen Eigenständigkeit der Betriebe,
2. dem Prinzip der Entgeltlichkeit von Leistungen zu vorherbestimmten Preisen in den Beziehungen der Betriebe untereinander,
3. der Deckung aller Betriebsausgaben durch eigene Einnahmen,
4. dem Einsatz von Wirtschaftsrechnungen als Grundlage aller Entscheidungen.

In der Praxis waren die Betriebe jedoch vollständig den Entscheidungen der staatlichen Verwaltung (Ministerien und zentrale Leitungsorgane) unterworfen. Damit war ihre Rolle auf die einer Abteilung reduziert, die zugewiesene Aufträge ausführt, und ihre Wirtschaftsrechnung bestand nur darin „Inputs und Outputs zu messen und zu vergleichen, um die von höheren Instanzen auferlegten Aufgaben so wirtschaftlich wie möglich auszuführen" (Jeżowski 1963, S. 36). Das änderte sich mit den Reformen von 1956 nicht wesentlich, schon gar nicht, nachdem Ende der 1950er Jahre die Autonomie der Betriebe wieder eingeschränkt worden war.

Auch wenn die wirtschaftliche Rechnungsführung nicht im Zentrum des Interesses der akademischen Ökonomen stand, wiesen sie jedoch auf die Inkonsistenz in ihrer Konzipierung hin: „Im Konzept der wirtschaftlichen Rechnungsführung gibt es einen internen Widerspruch zwischen der wirtschaftlichen Selbständigkeit der Betriebe und der wirtschaftlichen Einheit der Produktionsmittel, die gesellschaftliches Eigentum sind. Dieser Widerspruch äußert sich auf verschiedene Weise, vor allem aber als Widerspruch zwischen dem allgemeinen gesellschaftlichen Interesse und den spezifischen Interessen der sozialistischen Betriebe" (B. Minc 1963, S. 493). Gleichzeitig räumte Minc jedoch ein, dass es unter den Bedingungen des Sozialismus keine andere Möglichkeit als die wirtschaftliche Rechnungsführung gebe, einen Betrieb zu führen (was den erwähnten Widerspruch nicht auflöst). Minc (Ibid., S. 494) unterscheidet zwei Situationen, in denen die wirtschaftliche Rechnungsführung ihren operativen Zweck verfehlt. Zum einen, wenn ein Betrieb seine Verfügungsmacht soweit ausdehnt, dass er nicht mehr die Interessen des Staates, sondern seine eigenen Interessen verfolgt. Zum anderen, wenn die Autonomie des Betriebes soweit eingeschränkt wird, dass die wirtschaftliche Rechnungsführung einen rein formalen oder symbolischen Charakter annimmt. Die letztere Situation war wohl die längste Zeit die Norm für die sozialistische Wirtschaft in Polen.

Minc wandte sich auch entschieden gegen die Auffassung von Fedorowicz (1957, S. 158–159), wirtschaftliche Rechnungsführung bedeute eine formale Selbständigkeit der Betriebe, indem er betonte, diese müsse ökonomisch und nicht nur formal bestehen. Auch Brus widersprach der Meinung von Fedorowicz und konstatierte divergierende Typen einer technisch-organisatorischen und einer ökonomischen Spezifizierung der Wirtschaftseinheiten: „Darum scheinen mir die Einführung grundsätzlich divergierender Typen von ‚Relationen der Spezifizierung' (Fedorowicz verwendet diesen Terminus) unter dem einheitlichen Begriff ‚wirtschaftliche Rechnungsführung' und der Versuch, ihr allgemeines ‚Wesen' herauszufinden, nicht sehr vielversprechend zu sein. Ich würde die Bezeichnung ‚wirtschaftliche Rechnungsführung' eher für jene Form von ‚Relationen der Spezifizierung' verwenden, die das zentralistische Modell charakterisieren" (Brus 1971 [1961], S. 121 Fn. 18). In diesem Modell bedeutet die ökonomische Spezifizierung allerdings nicht, „dass die in Geldeinheiten ausgedrückten Größen alternative Indizes für das Unternehmen darstellen, gleichgültig, ob diese nun als Käufer von Produktionsmitteln auftritt (und Arbeitskräfte beschäftigt) oder als Verkäufer von Endprodukten. Das sind keine Indizes, da dem einzelnen Unternehmen im Prinzip keine Wahl bleibt. Die ökonomischen Entscheidungen der zentralen Stufe und ihrer untergeordneten Stellen bestimmen über spezifizierte Direktiven alle wichtigen Komponenten der Wirtschaftstätigkeit der Unternehmen, vor allem Volumen und Struktur der Produktion, ihre Produktionsmethoden, Rohstoffversorgung und Absatzbewegung. Daher ist hier das Geld kein aktives Werkzeug, das die Bewegung der realen Faktoren des Reproduktionsprozesses beeinflußt, sondern nur dessen passive Widerspiegelung" (Ibid., S. 121–122). „Das alles bedeutet nicht, daß die wirtschaftliche Rechnungsführung im zentralistischen Modell bedeutungslos ist. […] Ich bin der Meinung, daß sie große Bedeutung hat, jedoch hauptsächlich als Kontrolle der Realisierung zentraler Entscheidungen" (Ibid., S. 123).

Nach Brus bestand also eine enge Verbindung zwischen dem zentralistischen Modell und der wirtschaftlichen Rechnungsführung, wobei sie nur als Kontrollinstrument diente. Die von Brus und Minc kritisierte Auffassung von Fedorowicz sah in der wirtschaftlichen Rechnungsführung mehr als nur ein monetäres Berichtssystem über Einnahmen und Kosten der Betriebe. Nach diesem Ansatz hing die Rolle der Rechnungsführung ab vom Grad der betrieblichen

Autonomie, von der Entwicklung des Einflusses des Geldes und von einem realistischeren Preisniveau. Unter diesem Aspekt gewannen die Maßnahmen der 1970er und 1980er Jahre an Bedeutung, als zuerst anlässlich der WOG-Reform Wirtschaftsorganisationen (in der Regel Industrievereinigungen, die in Kombinate (WOG) umgewandelt worden waren,) eine gewisse Unabhängigkeit zugestanden wurde. Allerdings behielt der Zentralplaner eine starke Position, eine Situation, die der Konstruktion des Wakar-Modells ähnelte. Die Lage änderte sich weiter mit den Reformen Anfang der 1980er Jahre, als man die Unabhängigkeit der Betriebe erheblich erweiterte und zugleich das Finanzsystem und die Preisbildung änderte.

Im Endergebnis sahen sich die Betriebe in einer Position, die der Beschreibung von Minc nahekam, wonach sie ihre Entscheidungen mehr und mehr an den eigenen Interessen ausrichten konnten. Das führte zu Untersuchungen der wirtschaftlichen und finanziellen Beziehungen zwischen Betrieb und Staat. Ein Beispiel dafür ist das Buch von Fedorowicz von 1989, in dem der Autor die Position des Betriebes in diesem System und im Detail die einzelnen Verfahren analysiert, mit denen der Staat die Wirtschaft kontrolliert. Dazu zählen beispielsweise Preissignale, die der Staat unter der Annahme sendet, dass „wir es mit Produktionsbetrieben zu tun haben, die in Eigenverantwortung handeln", und zwar auf Wettbewerbsmärkten mit Wettbewerbspreisen (Fedorowicz 1989, S. 99). Die einzigen Wirtschaftseinheiten, die von der staatlichen Bürokratie geführt werden sollten, sind nach Auffassung von Fedorowicz die öffentlichen Versorgungsbetriebe. An keiner Stelle in dem Buch behandelt er die wirtschaftliche Rechnungsführung, was im Zusammenhang mit den Reformen vor allem Ende der 1980er Jahre konsequent erscheint.

4.3 Betriebswirtschaftslehre als sozialistische Leitungswissenschaft

4.3.1 Auferstanden aus Ruinen: die Wiedergeburt der ostdeutschen BWL[43]

4.3.1.1 Einleitung

Mit der Betriebswirtschaftslehre tat man sich in Ostdeutschland schwer, weil man sich damit schwer tat, die Rolle und die Stellung des Betriebes im sozialistischen Wirtschaftssystem zu bestimmen. In den ersten Jahren herrschte die Überzeugung vor, den Betrieb als selbständige Wirtschaftseinheit gebe es in der

[43] Koautor dieses Teils ist Knut Richter.

zentralgeplanten Wirtschaft nicht mehr und folglich auch keine Lehre, die sich mit seiner Führung beschäftigt. An den Hochschulen wurden die betriebswirtschaftlichen Lehrstühle aufgelöst. Spätestens in der Reformphase der 1960er Jahre, in der eine gewisse Dezentralisierung den Betrieben mehr eigenständige Funktionen zuzuteilen beabsichtigte, brachten die Betriebswirtschaftslehre als sozialistische Wirtschaftsführung oder Leitungswissenschaft zurück in die ökonomischen Curricula (Pieper 1989). Die Betriebsdirektoren und später die Kombinatsdirektoren blieben in der deutschen Tradition technische Fachleute und maßen dem betriebswirtschaftlichen Wissen nur sekundäre Bedeutung zu („das bisschen Ökonomie machen unsere Ingenieure nebenbei" war ein typischer Satz eines Generaldirektors). Doch ein – zumeist kurzes – Studium am Zentralinstitut für sozialistische Wirtschaftsführung wurde für das Führungspersonal zur Pflicht. Als Partei-Institut sorgte diese Einrichtung nebenbei auch für die ideologische Festigung der Kader.

Die Entwicklung der Wirtschaft und die Entwicklung der Wirtschaftswissenschaften verlief unter Rahmenbedingungen und in einzelnen Phasen, die in Kap. 2 etwas ausführlicher beschrieben worden sind. Hier sollen nur vier Punkte noch einmal hervorgehoben werden.

1. Ostdeutschland litt härter als der Westen unter den Demontagen und Zwangsablieferungen an die Sowjetunion und es war von Beginn an schlechter mit Rohstoffen und Industriepotentialen ausgestattet. Das war zumindest das Selbstverständnis der ostdeutschen Wissenschaft. Gewisse Zweifel sind angebracht. Denn zum einen ist Deutschland insgesamt nicht besonders rohstoffreich (die Ruhrkohle bildete da eine Ausnahme) und deshalb auf die verarbeitende Industrie angewiesen. Und zum anderen lagen in Ostdeutschland traditionsreiche Industrieregionen vor allem in Sachsen und Thüringen mit hochentwickelten Branchen (z. B. Textil, Automobilbau, Optik und Feinmechanik, Chemie). Der Strukturwandel, den die stalinistische Industrialisierungspolitik mit ihrer Bevorzugung der Schwerindustrie der DDR wie den übrigen Satellitenstaaten in Ostmitteleuropa aufgezwungen hatte, war der Entwicklung dieses Potentials nicht gerade förderlich.
2. Die ostdeutschen Industrieregionen waren traditionell in ein System der Arbeitsteilung eingebunden, das durch die Teilung des Landes und wohl noch stärker durch den Kalten Krieg empfindlich gestört wurde. Diese Tendenz verstärkte sich durch die Isolationspolitik (Störfreimachung) der sozialistischen Länder, die man auch dort verfolgte, wo sie nicht von außen, d. h. durch westliche Boykottmaßnahmen, erzwungen wurde (Fengler 2013). Die Abschottung vom Westen, was den Handel und, vielleicht noch entscheidender, die wissenschaftlich-technische Kommunikation betraf, konnte nicht durch die

Integration in den sowjetischen Herrschaftsbereich wettgemacht werden. Im Gegenteil, die Ansprüche der sowjetischen oder generell der sozialistischen Abnehmer unterschieden sich fundamental von denen des Weltmarkts. Statt als kleine, offene Wirtschaft auf Innovation und Spezialisierung zu setzen, geriet die DDR immer mehr in einen relativen technologischen Rückstand und war am Ende gezwungen, Produkte und Prozesse nachzuentwickeln *(reverse engineering).*

3. Die politische, ideologische, wissenschaftliche und wirtschaftliche Vorherrschaft der Sowjetunion dauerte bis zum Beginn der Perestrojka. Das war nicht immer von Nachteil. Von der kostengünstigen Bereitstellung von Ressourcen hing Wohl und Weh der DDR ab. Trotz aller Dogmatik war auch die sowjetische Wissenschaft in der Ära nach Stalin pluraler und internationaler als in Ostdeutschland, treu dem alten russischen Spruch: „Der Himmel ist hoch und der Zar ist weit". Die ostdeutsche Wissenschaft nutzte dieses Potential zu ihrem Vorteil. In der Sowjetunion ausgebildete Fachkräfte brachten neue Ideen und Verfahren (Wirtschaftsmathematik, Rechentechnik) mit nach Hause, nicht immer zur Freude der Partei.
4. Die Partei steuerte direkt alle Prozesse in der Gesellschaft, insbesondere in der Personalpolitik – nach dem Motto „Wo ein Genosse ist, da ist die Partei." Die ideologische Linie blieb besonders an den Hochschulen bis zum Ende sehr hart. Auf Grund der streng hierarchischen Zentralplanung bestand die Gestaltung des gesamten Wirtschaftsprozesses unterhalb der zentralen Ebene vor allem in der materiell-technischen Realisierung der Pläne – eine Aufgabe für Ingenieure. Ökonomen blieben in der DDR in der Rolle von Hilfstruppen der Ingenieure und hatten vor allem die Parteibeschlüsse zu erklären und zu rechtfertigen[44]. Die überwiegende Mehrheit der Studierenden in den Wirtschaftswissenschaften waren junge Frauen, was Rückschlüsse auf das Prestige und die Einkommenschancen der Ökonomen erlaubt.

Diese Faktoren wirkten sich in einzelnen historischen Phasen unterschiedlich auf die soziale und wirtschaftliche Entwicklung aus.

Die deutsche Betriebswirtschaftslehre und die amerikanische Managementwissenschaft sind zwei unterschiedliche Forschungsfelder, die in Westdeutschland erst nach dem zweiten Weltkrieg zusammenliefen, aber nicht verschmolzen. Hier ist nicht der Ort, um ins Detail zu gehen (siehe Staehle 1989 und Schneider

[44] Das politische Kabarett empfahl, Dissertationen immer zwischen zwei Parteitagen fertigzustellen, da sich ansonsten die Wahrheiten umdrehten.

2001). Der Unterschied hat vor allem historische Gründe. Die Betriebswirtschaftslehre hat tiefe Wurzeln in der aus dem 18. Jahrhundert stammenden Kameralwissenschaft, die auf die staatlichen Manufakturen, den Staatshaushalt und die Zahlungsbilanz gerichtet war. Die wesentlichen Instrumente waren Buchführung und Rechnungswesen. Die moderne Betriebswirtschaftslehre entwickelte sich in den ersten Jahrzehnten des 20. Jahrhundert an den in Deutschland Ende des 19. Jahrhunderts gegründeten Handelshochschulen außerhalb der traditionellen Universitäten (Zschaler 1997; Schneider 2001; Bea 2009). Die Lehrpläne waren von der Kostenrechnung und der industriellen Organisation geprägt. Diese Entwicklung breitete sich in Nord- und Osteuropa aus, insbesondere in Russland und später der Sowjetunion (Sokolov 2003).

Management Science oder Business Administration sind viel jünger und in einem völlig anderen, amerikanischen Umfeld entwickelt. Forschungs- und Gestaltungsgegenstand sind das Agieren privatwirtschaftlicher Unternehmen unter Konkurrenzbedingungen und scharfen Effektivitätszwängen. Dazu widmete sich die Managementwissenschaft von Anfang an auch den sozialen Aspekten des Handelns der Beteiligten und war somit offen für benachbarte Forschungsfelder. Die Betriebswirtschaft blieb viel länger eher eine Technik, um Produktionsprozesse unter den Bedingungen von Arbeitsteilung rational zu planen und zu organisieren. Aus dieser Sicht war die traditionelle deutsche BWL geeignet, planwirtschaftlichen Systemen als Instrument zu dienen, staatssozialistischen, aber auch nationalsozialistischen (Mantel 2010). Der Umstand, dass die Betriebswirtschaftslehre in Abgrenzung zur Volkswirtschaftslehre auch ‚Privatwirtschaftslehre' genannt wurde, hatte die marxistisch-leninistischen Ideologen möglicherweise auf eine falsche Fährte gesetzt.

Noch 1993 fragte Hermann Simon (1993): Ist die deutsche BWL ein schwarzes Loch? Damit meinte er, dass die deutschen Betriebswirtschaftler internationales Wissen zwar aufnahmen, aber nichts abstrahlten, also außerhalb Deutschlands nicht zu Kenntnis genommen wurden. Das hat sich inzwischen radikal verändert. BWL ist heute nicht nur auf die inneren betrieblichen Prozesse deutscher Unternehmen ausgerichtet, sondern multidisziplinär, global, Netzwerk-, verhaltens-, umwelt- und sozialorientiert, zunehmend englischsprachig aufgestellt und immer weniger vom internationalen Mainstream zu unterscheiden. Es bleibt festzuhalten, dass nach dem zweiten Weltkrieg Wissensstand, Erfahrung und Kompetenz ost- und westdeutscher Betriebswirtschaftler sich wenig unterschieden und dass beide in ihrer Mehrheit gegen Ende der 1980er Jahre, wenn auch in ganz unterschiedlichen Systemen, immer noch eher landesbezogen als international forschten und ihre Ergebnisse und Lehrbücher zu den traditionellen betriebswirtschaftlichen Problemen deutschsprachig publizierten.

Darüber hinaus ist zu erwähnen, dass ostdeutsche Akademiker im Vergleich zu Polen und Ungarn nur begrenzte Möglichkeiten zur Kommunikation und Zusammenarbeit mit internationalen Kollegen hatten. Diejenigen, die fließend Russisch sprachen, hatten Zugang zu der in der Sowjetunion erschienenen Literatur, darunter viele Übersetzungen aus westlichen Sprachen. Die anderen mussten einen persönlichen Antrag stellen, um Zugang zum sogenannten „Giftkabinett" der Bibliotheken und den wenigen vorhandenen westlichen Publikationen zu erhalten. Nur die Zentralinstitute waren reicher bestückt und boten ihren Mitarbeitern bessere Möglichkeiten, in Ausnahmefällen sogar Reisemöglichkeiten in westliche Länder.

4.3.1.2 BWL in der Phase der zunehmenden Sowjetisierung Ostdeutschlands bis Anfang der 1950er Jahre

Als 1945 die sowjetische Armee und damit die Sowjetunion den Osten Deutschlands übernahm, wurden unter der Regie der Sowjetische Militäradministration (SMAD) die größeren Industrie- und Handelsbetriebe und die landwirtschaftlichen Güter beschlagnahmt und zwangsverwaltet. Letztere wurden unter Einzelbauern und Neusiedlern aufgeteilt, erstere nach und nach in die Länderverwaltung, in sogenannte sowjetische Aktiengesellschaften, und schließlich in verschiedene Formen des Volkseigentums überführt. Daneben befand sich bis Anfang der 1970er Jahre ein beachtlicher Teil mittlerer und kleinerer Unternehmen weiterhin in Privatbesitz. Bis Anfang 1960 arbeiteten auch in der Landwirtschaft die Mehrzahl der Bauern nach privatwirtschaftlichen Grundsätzen.

Im Hochschulwesen setzte die SMAD weniger auf Veränderungen der Fächerstruktur, sondern erst einmal auf die umfassende Entnazifizierung des Lehrkörpers, die einfachste Methode, neues Personal in Stellung zu bringen. Mehrere Lehrstühle der Betriebswirtschaftslehre waren von bekannten Wissenschaftlern wie Konrad Mellerowicz (Berlin) und Erich Gutenberg (Jena) besetzt. Sie betonten aus rein logischen Gründen den systemneutralen, technischen Charakter der Betriebswirtschaftslehre. Es gebe keinen Unterschied zwischen kapitalistischer und sozialistischer, sondern nur zwischen guter und schlechter Buchhaltung, wie Mellerowicz es ausdrückte (Pieper 1989, S. 84–85). Die betriebswirtschaftliche Literatur wurde weiterverwendet, und es erschienen sogar Neuauflagen, darunter Werke von Mellerowicz und Schmalenbach. Ihre neuen marxistisch-leninistischen Kollegen warfen ihnen jedoch vor, sich des ‚bürgerlichen' Objektivismus schuldig zu machen und den grundverschiedenen Charakter der zu entwickelnden sozialistischen Wirtschaft und Wissenschaft zu negieren.

Anschaulich wird diese Anfangsphase am Beispiel der Wiedereröffnung der Berliner Universität im Januar 1946 (Geschichte der Wirtschaftswissenschaften

o. J.). Zuerst gründete sich ein Arbeitskreis zur Bildung einer wirtschaftswissenschaftlichen Fakultät. Sie sollte sich aus Mitgliedern der damaligen Wirtschaftshochschule (Handelshochschule) und des wirtschaftswissenschaftlichen Instituts der Rechts- und Staatswissenschaftlichen Fakultät zusammensetzen. Gefördert wurde dieses Projekt von der Deutschen Zentralverwaltung für Volksbildung. Der Gründungsdekan Bruno Gleitze strebte in seinem Entwurf u. a. an, eine Grundlage für den Aufbau der Planwirtschaft zu schaffen. Die Mitglieder des Ausschusses waren Bruno Gleitze und Jürgen Kuczynski von Seiten der Universität sowie Rektor und Prorektor der Wirtschaftshochschule, Bruno Rogowsky und Oswald Schneider. Aufgrund des sich bereits abzeichnenden Bedeutungsverlusts der Betriebswirtschaftler versuchte man vergeblich, ein Gegengewicht mit Hilfe gezielter Berufungen von bekannten Wissenschaftlern wie Walter Le Coutre, Friedrich Henzel und Eugen Schmalenbach zu schaffen. Dies gelang aber nicht, und Dieter Schneider (1978, S. 150) sah bereits darin die praktische Abschaffung der BWL.

Obwohl man laut Wollmann (2010, S. 5) die Fakultät zwischen 1946 und 1951 noch ‚bürgerlich' nennen konnte, vollzog Mellerowicz 1950 als letzter Ökonom (Bruno Gleitze und der Volkswirt Andreas Paulsen waren bereits 1948 gegangen) den Umzug von Ost- nach West-Berlin, da er sich dem Aufgehen der BWL in der Politischen Ökonomie verweigerte. 1947 wurde an der Technischen Hochschule Dresden ein neu eingerichteter Lehrstuhl für Betriebswirtschaftslehre mit Wilhelm Tervooren als erstem Professor besetzt. Doch bald wurde er wieder entlassen, weil er sich nicht dem politischen Druck unterwarf (Wirtschaftswissenschaften in Dresden 2010). Nach der Gründung der DDR wurden in sämtlichen volkseigenen Betrieben, Hochschul- und Forschungseinrichtungen Parteiorganisationen gebildet. Diese bestimmten im Weiteren besonders die ‚Kader-Politik' und garantierten, dass die Dominanz der Partei in allen Bereichen und auf allen Ebenen ausgebaut und gefestigt werden konnte.

Die zweite Hochschulreform 1951 schloss die BWL-Lehrstühle: Man brauchte sie neben der Politischen Ökonomie nicht mehr. Wie schon betont, bestand die Logik darin, dass die gesamte Wirtschaft als ein streng hierarchisches ‚von der Partei klug geführtes' System volkseigener Betriebe organisiert sei. Die Produktion hänge dann nur noch von der zentralen Planung und der unter ‚bewusster Mitwirkung der Werktätigen' erzielten Erfüllung und Übererfüllung der Pläne ab. Die betriebswirtschaftlichen Problemkreise Absatz und Finanzierung lösten sich auf. Dafür sollten sich Betriebswirtschaftler die Theorien von Karl Marx aneignen. Nur so könnten auch sie ein höchstes wissenschaftliches Niveau erreichen. Auf der Parteikonferenz der SED im Juli 1952 verkündete Generalsekretär Walter Ulbricht in seinem Abschlussreferat den planmäßigen Aufbau des Sozialismus in der DDR. Damit war der Weg vorgezeichnet, den die Wirtschaftswissenschaften und die Betriebswirtschaftslehre für die nächsten fast 40 Jahre vor sich hatten.

4.3.1.3 Planwirtschaft bei offener Grenze bis 1961

Natürlich bestand nach wie vor Bedarf an einer ordnungsgemäßen Buchführung und Finanzbuchhaltung. 1952 übernahm die DDR das sowjetische System des Rechnungswesens. Traditionell hatte ein umfangreicher Austausch wirtschaftlicher Ideen und Praktiken zwischen dem vorrevolutionären Russland und Deutschland stattgefunden (Zweynert 2002). Vor allem deutsche Buchhaltung und Buchhalter dominierten seit dem späten 18. Jahrhundert in Russland, wie das russische Wort *buchgalter* (Buchhalter) deutlich macht. Bis in die 1930er Jahre hatten viele russische Ökonomen in Deutschland studiert und viele deutschsprachige Monographien waren übersetzt worden (Sokolov 2003). Der Re-Import des russischen Rechnungswesens entbehrte deshalb nicht einer gewissen Ironie und war gleichzeitig Ausdruck der vollständigen Unterordnung unter die sowjetische Praxis. Unterstützt von sowjetischen Lehrbüchern und anfänglich auch sowjetischen Dozenten folgten die neuen Lehrpläne für Wirtschaftsingenieure und Industrieökonomen dem Vorbild sowjetischer Programme. Sie setzten jedoch eigentlich traditionelle deutsche Ansätze fort, wenn man die ideologischen und planwirtschaftlichen Akzente außer Acht lässt.

Einen Eindruck der BWL-orientierten Lehrprogramme vermittelt der Lehrplan für Diplom-Wirtschaftler (techn.) bzw. Ingenieurökonomie der Technischen Hochschule Dresden (Tab. 4.1). 1952 und 1978 betrug die Studienzeit acht Unterrichtssemester, 1964 zehn. Während in der Reformperiode der 1960er Jahre eine sehr viel stärker naturwissenschaftlich-technisch geprägte Struktur vorgegeben war, auf Kosten vor allem des Studium generale, kehrte man in den 1970er Jahren wie allgemein in der Wirtschaftspolitik zur ‚bewährten' älteren Praxis zurück – einzige Ausnahme: das weiter wachsende Gewicht von Mathematik und Statistik.

Nach sowjetischem Vorbild wurden Lehrprogramme zur Betriebsökonomik entwickelt, deren Inhalt sich auf Betriebsorganisation, Verwaltung und Planung richtete (Arnold et al. 1956). Spezialisierungen gab es zur Finanzökonomik, Arbeitsökonomik usw. Die Studienliteratur bestand in den ersten Jahren hauptsächlich aus Übersetzungen sowjetischer Lehrbücher. Das Rechnungswesen, die sogenannte wirtschaftliche Rechnungsführung (s. Abschn. 4.2.1), wurde als Instrument der politischen Ökonomie gesehen mit dem Ziel, sie als Hebel für die Kontrolle und Durchführung der staatlichen Planung zu nutzen (Pieper 1989, S. 86–87). Sie funktionierte in dieser Hinsicht jedoch nie zufriedenstellend, und während der gesamten sozialistischen Periode gab es vermehrt Diskussionen und

Tab. 4.1 Studienplan für Diplom-Wirtschaftler (techn.) bzw. Ingenieurökonomie an der TH Dresden, 1952, 1964 und 1978, in % der Gesamtstundenzahl[45]. (Quelle: Fakultät Wirtschaftswissenschaften der TU Dresden 2010, S. 18–30)

	1952	*1964*	*1978*
Gesellschaftswiss. Grundstudium	28,6	20,5	26,0
Mathematik und Statistik	4,9	14,2	18,4
BWL	28,6	25,6	29,7
Technik und Naturwissenschaften	17,9	30,3	14,5
Sprachen	9,5	6,3	5,4
Sport	7,6	3,1	6,0

Forderungen, das System des wirtschaftlichen Rechnungswesens und ihre praktische Anwendung zu verbessern. Dafür gab es einen einfachen Grund. Die Planung ließ wirtschaftliche Parameter wie Preis, Kosten, Gewinn, Pacht usw. als Entscheidungsvariable weitgehend unberücksichtigt, von zögerlichen Versuchen während der Reformperiode in den 1960er Jahren abgesehen, sondern konzentrierte sich auf ein hierarchisches System von Materialbilanzen und damit einhergehenden Input und Output-Plänen. Diese mussten erfüllt werden; der Rest war zweitrangig.

Die 1950er Jahre bestimmten ökonomisch die verschiedenen sozialistischen Experimente wie Normerhöhung und deren Rücknahme nach den gesellschaftlichen Unruhen und Streiks und ihrer Niederschlagung durch sowjetische Truppen 1953 und die Zwangskollektivierung der Bauern in Landwirtschaftlichen Produktionsgenossenschaften (LPG). Wichtig waren auch die Aufnahme der DDR in den Rat für gegenseitige Wirtschaftshilfe (RGW), die Entwicklung der Wirtschaft nach Fünfjahrplänen und die Übergabe aller Betriebe der sowjetischen Aktiengesellschaften außer der Wismut AG als volkseigene Betriebe an die DDR. Nach Schätzungen verließen bis 1961 ca. 3 Mill. Menschen die DDR, darunter besonders viele Hochqualifizierte, auch aus den Universitäten. Neue ‚parteitreue Kader'

[45] Diese Verteilung der Stundenzahl lässt sich vergleichen mit den Angaben für den Studiengang Volkswirtschaft an der HfÖ ab den 1970er Jahren, wobei die Pflichtstunden für Sprachen und Sport nicht berücksichtigt sind (Kupferschmidt 2013, S. 13–4):
Gesellschaftswiss. Grundstudium 24 %
Mathematik und Statistik 18 %
Naturwiss. und betriebswirtschaftl.
Grundlagen 15 %
Hauptfach 29 %
Praktika 14 %

strömten in die Hochschulen, um nach dem Mauerbau die ‚noch nicht erschlossenen Potenziale des Sozialismus' nun endlich in der ‚vor dem Kapitalismus geschützten Gesellschaft' zu entwickeln. Bis zum Jahr 1989 waren nun die Einrichtungen der Wirtschaftswissenschaften (Universitäten, Hochschulen, Institute) fest in der Hand der SED.

Jedoch wendete sich das Blatt wieder. Langsam wurde klar, dass auch sozialistische Manager in den Betrieben Unterstützung und Beratung brauchten, um ihre, wenn auch eng begrenzten, Entscheidungsspielräume effektiv zu nutzen. „Die Vielzahl von Betrieben, die Vielfalt an Produkten und die unterschiedlichen technischen und technologischen Bedingungen besonders in der Industrie erforderten und ermöglichten eine eigenständige Organisationsgestaltung." (Tragsdorf 2002, S. 58) Die Forderung nach einer praxisorientierten Wirtschaftswissenschaft und insbesondere einer sozialistischen Managementwissenschaft (Leitungswissenschaft) kam erstmals Ende der 1950er Jahre auf. Aber nur neue Entwicklungen in der Sowjetunion waren in der Lage, den Widerstand der konservativen politischen Ökonomie zu brechen. Die sogenannte Liberman-Diskussion, die Entwicklung der Kybernetik und Systemtheorie und damit der mathematischen Methoden in den Wirtschaftswissenschaften führten zum Reformkurs der 1960er Jahre, der für die sozialistischen Betriebe eine neue Rolle vorsah. Die Idee war, den Betrieben mehr Eigenständigkeit einzuräumen und die Planung und Leitung auf neue, wissenschaftliche Grundlagen zu stellen – aber welche?

4.3.1.4 Wirtschaftliche Experimente (NÖS) bis 1970

Auf dem VI. Parteitag der SED 1963 erfolgte der Beschluss zur Abkehr von der rigiden Planwirtschaft und zur Einführung des Neuen Ökonomischen Systems der Planung und Leitung (NÖS), das eine Verlagerung der Entscheidungsbefugnisse in die Betriebe vorsah und Aspekte wie Wettbewerb, Effizienz, Wirtschaftlichkeit und Gewinn betonte (s. Abschn. 3.3.1). Durch diese marktwirtschaftlichen Elemente hoffte man, das Wachstum zu erhöhen und die Konsummöglichkeiten der Bevölkerung zu verbessern. Zur Lenkung des Wirtschaftsgeschehens waren indirekte, ‚ökonomische' Hebel vorgesehen: Preise, Steuer- und Abschreibungssätzen, Prämien, Leistungslöhne, Lohnzuschläge etc. Die Wirtschaftskonferenz des ZK der SED im Juni 1963 setzte das in eine Wirtschaftsreform um. Das 11. Plenum des ZK der SED (15.–18. Dezember 1965) führte die zweite Etappe des NÖS ein, und 1967 wurden die Reformbemühungen unter der neuen Bezeichnung Ökonomisches System des Sozialismus (ÖSS) modifiziert. In der Folge sollte nur noch eine ausgewählte Anzahl von strukturbestimmenden Betrieben in Schlüssel- und Wachstumsbranchen quantitative und qualitative Planvorgaben erhalten, während in den übrigen Wirtschaftsbereichen die Produktions-, Investitions-, Absatz-

und Beschaffungsplanung den Volkseigenen Betrieben (VEB) weitgehend selbst überlassen bleiben sollte.

Sowohl das NÖS als auch das ÖSS waren zwar in wirtschaftlicher Hinsicht vielversprechend und führten zu einer Aufwertung dezentraler Einheiten, etwa der Betriebsleitungen, zulasten der Zentralverwaltung sowie von Ökonomen zulasten der Politfunktionäre. Das weckte zunehmend Kritik innerhalb der SED, da der absolute Machtanspruch der Partei gefährdet schien. Insbesondere aber wurden die Reformen von Leonid I. Breznev argwöhnisch betrachtet, obwohl (oder vielleicht auch gerade weil) das NÖS Erinnerungen an Lenins Neue Ökonomische Politik (NÖP) wachrief, die eine sozialistische Marktwirtschaft beinhaltet hatte.

Der VII. Parteitag der SED 1967 erhob zum ersten Mal die Forderung nach einer komplexen sozialistischen Betriebswirtschaftslehre und verankerte sie umgehend im Volkswirtschaftsplan für 1968 (Pieper 1989, S. 105). Schon 1965 war unter der Leitung von Helmut Koziolek das *Zentralinstitut für Sozialistische Wirtschaftsführung beim ZK der SED* (ZSW) gegründet worden mit der Aufgabe, die Wirtschaftsleiter der obersten Führungsebene mit modernen Managementmethoden unter sozialistischen Bedingungen vertraut zu machen. Es war offen für westliche Managementmethoden und -techniken. Da die meisten Betriebsdirektoren entsprechend der deutschen Tradition eine technische oder naturwissenschaftliche Ausbildung hatten, war dies für viele von ihnen die erste Begegnung mit modernen Methoden (Operationsforschung, Kybernetik, elektronische Datenverarbeitung, computergestützte Design- und Fertigungsproduktion, Soziologie u. a.). Der Lerneffekt war vielleicht moderat, da die Kurse in der Regel nur einen Monat dauerten. Viele Betriebsmanager nahmen aber die modernen, weniger ideologiebelasteten Methoden der Leitung dankbar auf und versuchten sie mit hohem Einsatz in ihren Betrieben anzuwenden. Noch wichtiger waren Kommunikation und Netzwerkbildung unter Spitzenmanagern. Nicht zu übersehen war aber auch einer gewisse Verflachung des Niveaus der Darstellung dieser Leitungsmethoden, die sich in einer Flut von pseudowissenschaftlichen Block-Schemata und Modell-Darstellungen äußerte nach der damaligen Devise „Mensch sei helle, mach Modelle".

Das ZSW befand sich unter direkter Kontrolle des für die Wirtschaft und damit auch für die Reformen zuständigen Politbüro-Mitglieds Günter Mittag. Der Direktor des Instituts, Helmut Koziolek, und der stellvertretende Direktor für Forschung, Gerd Friedrich, waren aktiv an der Ausarbeitung des Konzepts der Wirtschaftsreform beteiligt gewesen. Beide blieben bis zum Ende der DDR in ihrer Funktion, d. h. sie machten den radikalen Schwenk der Wirtschaftspolitik nach 1970 mit. Das ZSW war über die ganze Zeit nicht nur eine Business School, sondern wurde von Mittag auch als Think Tank genutzt. Die Mitarbeiter berieten

Betriebe und die Planungsabteilungen und erstellten Dokumentationen und Best-Practice-Cases. Die Abteilungsstruktur des Instituts entwickelte sich im Laufe der Zeit. Sie umfasste:

- Sozialistische Wirtschaftsintegration
- Planung und Verwaltung der Reproduktion (hauptsächlich Betriebswirtschaft)
- Personalmanagement (offiziell sozialistische Führung der Menschen)
- Wirtschaftsrecht
- Ökonomisch-mathematische Methoden
- Operations Research (und bis 1970 Kybernetik).

Als die Reformbemühungen in der Honecker-Ära ins Stocken gerieten, konnte das ZSW seine modernen Führungskurse fortsetzen. Nur mussten einige moderne Ansätze, wie die Kybernetik, mit neuen Namen getarnt werden. Seinem ‚Paten', Günter Mittag, gelang es in nur kurzer Zeit vom Chefreformer zum strengen Traditionalisten zu mutieren und die Kontrolle über die Wirtschaft und leider auch über die Wirtschaftswissenschaft zu behalten (Wolf 1991).

Um Spezialisten für die systemtheoretische Gestaltung von Wirtschaftseinheiten auszubilden, schickte die DDR in den Jahren 1962–1964 eine Reihe junger Studenten in die Sowjetunion. Die Aktion wurde am Ende des Jahrzehnts wiederholt. Die meisten von ihnen spielten später eine wichtige Rolle in zentralen Planungsinstitutionen und in der Wissenschaft. Das in der Tauwetterphase der Sowjetunion erworben Wissen konnten sie jedoch häufig in den Planungsinstitutionen kaum anwenden[46]. Es war wieder die Politik, die den Ton der Entwicklung der Wirtschaftspraxis und -wissenschaft vorgab.

1964 startete auch die Konferenzreihe ‚Mathematik und Kybernetik in der Ökonomie' (MKÖ), auf der Wissenschaftler und auch Politiker versuchten, die Potenziale dieser früher ideologisch verfemten und nun in der DDR neu erschlossenen Gebiete für die Wirtschaft auszuloten. Interessanterweise blieb diese Konferenzreihe wie auch ihr Ansatz für Lehre und Forschung unbeschadet vom späteren Anti-Kybernetik-Kurs Honeckers bestehen und konnte 1989 zum neunten Mal durchgeführt werden.

---

[46] Wie einer dieser Studenten der Wirtschaftskybernetik über ein Bewerbungsverfahren an der Universität Jena berichtete, wurde ihm nach seiner Präsentation gesagt, dass „seine Theorien" offenbar keinen Platz für die führende Rolle der Partei hätten.

Mitte der 1960er Jahre begann die SED eine allgemeine Organisationswissenschaft zu etablieren, die auf systemtheoretischen Ideen beruhte: die marxistisch-leninistische Organisationswissenschaft, kurz MLO. Diese Wissenschaft der rationalen Organisation sozialer Prozesse sollte im Einklang mit der allgemeinen Systemtheorie und Kybernetik das gesamte gesellschaftliche Leben abdecken und wissenschaftlich integrieren: Staat, Partei, Wirtschaft, soziale Organisationen (Pieper 1989, S. 102–103; Kluge 2013, S. 225).

Doch während die ökonomische Kybernetik, ähnlich wie die Reform, von vielen als theoretische Grundlage für die Autonomie der Betriebe gesehen wurde (s. Abschn. 4.1.1), sollte die MLO die Rolle der Partei und des Staates in einem allumfassenden System der Planung und Verwaltung stärken. Der konkrete wissenschaftliche Ansatz konnte sich nicht wesentlich von dem unterscheiden, was das ZSW und die akademischen Institutionen zu bieten hatten, d. h. hauptsächlich Systemtheorie und Operationsforschung (Operations-Research). Dies musste zu Konflikten mit der Orthodoxie führen, und mit dem Politikwechsel unter Honecker verschwanden die MLO und die in diesem Zusammenhang gegründete Akademie für marxistisch-leninistische Organisationswissenschaft (AMLO) stillschweigend von der Bildfläche – aber nicht die Operationsforschung und die neu entwickelte Betriebswirtschaft.

Die westliche Managementwissenschaft ist keine geschlossene Theorie, sondern eine interdisziplinäre Methode, um Probleme der Planung und Verwaltung komplexer Organisationen in einem dynamischen und turbulenten Umfeld zu analysieren und Lösungsvorschläge zu entwickeln. Unter dem Sozialismus mag die Umwelt anders sein, aber sie bleibt dennoch dynamisch und turbulent. Daher ist auch dort ein interdisziplinäres Denken notwendig. Einige der relevanten Disziplinen waren jedoch in der Vergangenheit als ‚bürgerlich' bezeichnet worden, z. B. die Soziologie. Sie kehrte erst Mitte der 1960er Jahre an die Universitäten und die Akademie der Wissenschaften zurück. In dieser Phase war es die Industriesoziologie als Wissenschaft des Gruppenverhaltens, die die meiste Aufmerksamkeit auf sich zog.

In ähnlicher Weise rückte auch die ‚bürgerliche' Betriebswirtschaftslehre in den Focus des Interesses. Das konnte nur über eine kritische Bestandsaufnahme geschehen. So erscheint auch die unmittelbare Intention von Franz Rudolphs (1976) Kritik der bürgerlichen Betriebswirtschaftslehre als Hilfswissenschaft des deutschen Monopolkapitals. Das war aber wohl nicht seine einzige Absicht.

Zwar betonte er die „Unvereinbarkeit von bürgerlicher Parteilichkeit und Wissenschaftlichkeit“ (Ibid., S. 1364)[47], doch die praktische Seite der BWL entwickelt „Konzepte, die wichtige Hilfsmittel für die Managementpraxis sind“ und „damit auch für die sozialistische Wirtschaft von Interesse“ (Ibid., S. 1369). Denn „was beiden zugleich gemeinsam ist – die Orientierung auf Rationalität in der modernen Großproduktion“, macht vor allem die moderneren Strömungen der BWL, die auf amerikanische Entwicklungen (z. B. Herbert Simon) zurückgreifen, auch für die sozialistische Lehre wichtig. „Zweifellos bemerkenswert“ (Ibid., S. 1377) sind die verhaltens- und entscheidungsorientierten systemtheoretischen Ansätze von beispielsweise Heinen und Kirsch. Was das konkret beinhaltet, blieb im Dunkeln. Wichtiger war wohl die Berufung auf die oberste sowjetische Autorität in diesen Fragen, Džermen Gvišiani (1974), Mitglied er sowjetischen Akademie der Wissenschaften und einer der Gründungsväter des Laxenburger Internationalen Instituts für Angewandte Systemanalyse (IIASA).

Das Buch von Gvišiani, auf Deutsch herausgegeben von Wolf D. Hartmann und Walter Stock, bleibt nicht bei vagen Andeutungen über das wissenschaftliche Management westlicher Provenienz, sondern ist eine umfangreiche Wiedergabe und Kritik dieser Ansätze. Natürlich muss auch Gvišiani erst einmal die Unterschiede zwischen kapitalistischen und sozialistischen Wirtschaftssystemen hervorheben. Dann aber kann er sich auf Lenin berufen, der bekanntlich vom innovativen wissenschaftlichen Management bei F. W. Taylor fasziniert war. Gvišiani verfolgt die Weiterentwicklung der Organisationstheorie über das 20. Jahrhundert von der soziologisch orientierten Theorie der menschlichen Beziehungen, den empirischen Ansatz vor allem von Peter Drucker, die wiederum soziologisch orientierte Theorie sozialer Systeme bis zu den neuesten Entwicklungen der 1960er Jahre. Das ist *state of the art* und sehr lesenswert vor allem auch, weil Gvišiani dem damals in der Sowjetunion besonders populären kybernetischen Ansatz mit seinen automatisierten Leitungssystemen soziologische und psychologische Verfahren und Theorien an die Seite stellt. Organisation und Leitung haben mit Menschen zu tun, von deren individueller Leistung der Erfolg abhängt. So zitiert Gvišiani (1974, S. 544) zustimmend Norbert Wiener: „Was wir jetzt benötigen, ist eine unabhängige Untersuchung von Systemen, die zugleich menschliche und mechanische Elemente umfassen“. Das dies nur einer durch den Marxismus-Leninismus geschaffenen Wissenschaft möglich sei, ist klar. Doch die kann viel von den ‚bürgerlichen‘ Ansätzen lernen.

---

[47] Schon die kritische Verwendung des Begriffes Parteilichkeit statt der üblichen Apologetik in diesem Zusammenhang ist auffallend.

Direkt anschließend an den Aufsatz von Rudolph machten Lange und Tannhäuser (1976) deutlich, dass es keine systemneutrale Konvergenz der Funktionsprobleme kapitalistischer Unternehmungen und sozialistischer Betriebe geben könne. Auch wenn es mit ihrem Thema, dem sozialistischen Industriebetrieb, wenig zu tun hat, stellten sie Gutenberg und Heinen als Vertreter einer rein kapitalistischen Lehre und nicht etwa einer systemneutralen Organisations- oder Entscheidungstheorie heraus.[48] Es ist vielleicht kein Zufall, dass die beiden Herausgeber der deutschen Übersetzung von Gvišiani (1974) in ihrem Vorwort gerade Heinen und Gutenberg als Vertreter einer entscheidungsorientierten Betriebswirtschaftslehre erwähnt hatten.[49] Gvišiani kann man nicht am Zeug flicken, aber die westliche Organisationswissenschaft und Entscheidungstheorie bleiben in orthodoxen Augen Teufelszeug.

Der sozialistische Industriebetrieb ist keine selbständige Wirtschaftseinheit, sondern ein integrales Element des hierarchisch aufgebauten und zentral geleiteten staatlichen Wirtschaftssystems. Seine Rolle ist politischer Natur. Er erfüllt nach Lange und Tannhäuser (1976) drei Funktionen, eine Schutzfunktion, eine ökonomische Funktion und eine kulturell-soziale Funktion. Die Schutzfunktion steht dabei obenan. Sie impliziert:

- ideologische Geschlossenheit des Kollektivs,
- ein großes Reineinkommen, das zum Teil zentralisiert wird, um den Schutz der Gesellschaft zu finanzieren,
- betriebliche Organe wie Betriebsschutz, Kampfgruppen, Volkspolizei, Zivilverteidigung,
- Besetzung leitender Funktionen durch politisch bewährte Kader.

Was aus der ökonomischen Funktion (Produktion von Gebrauchswerten bei optimalem Mitteleinsatz) für die Entscheidungsfindung und Organisation des sozialistischen Industriebetriebes folgt, wird nicht erklärt. Von hier führt aber

[48] Gvišiani (1974, S. 34) hatte die Praxeologie des polnischen Philosophen Tadeusz Kotarbiński erwähnt, die in russischer Übersetzung vorlag. Eine ostdeutsche Ausgabe sucht man vergeblich.

[49] Wolf D. Hartmann, der eine der beiden Herausgeber, hat 1980 eine eigene Monografie zu den kapitalistischen Führungstechniken publiziert (Hartmann 1980). Dabei stützt er sich vor allem auf die deutschsprachige Literatur. Der Leser wird mit einer unübersichtlichen Fülle von Prinzipien, Schemata und Tabellen überwältigt, deren theoretische Konsistenz und praktische Anwendbarkeit zweifelhaft bleiben, was zum Teil sicher auch auf diese Literatur zurückzuführen ist. Doch irgendetwas muss an den Methoden dran sein angesichts der Innovations- und Wettbewerbsfähigkeit der kapitalistischen Unternehmen, die so die Stagnation und den prognostizierten Zusammenbruch ihres Systems immer weiter hinausschieben.

kein Weg zu angewandter Systemanalyse, ökonomischer Rationalität, Innovation und Effizienzsteigerung. Allerdings gehen die beiden Autoren ein auf die zur damaligen Zeit gerade einsetzende Kombinatsreform nach dem Vorbild der sowjetischen Vereinigung *(obedinenie)*, deren Vorzüge anhand der sowjetischen Literatur ausgeführt werden. Dabei war die Kombinatsidee eine ursprünglich ostdeutsche Entwicklung gewesen.

Die Gegenüberstellung von moderner Organisationstheorie, wie sie Gvišiani vertrat, und der sowjetischen Praxis einer Straffung der Zentralplanung mit Hilfe der Kombinate in den beiden Artikeln der *Wirtschaftswissenschaft* (Rudolph 1976 und Lange und Tannhäuser 1976) deutet einen Meinungsstreit an, der offensichtlich nicht *expressis verbis* ausgefochten werden konnte. Doch scheint klar: Dezentralisierung der Planung und Selbständigkeit der Betriebe auf der einen Seite und strikte Planungspyramiden mit hierarchischer Über- und Unterordnung auf der anderen Seite stellen unterschiedliche Anforderungen an das Managementsystem. Die DDR neigte bis zu ihrem Ende der zweiten Variante zu (Marr 1989).

Am Ende stellt sich die Grundsatzfrage: Wer gibt im Sozialismus den Unternehmer? Das ist der Staat als Gesamtunternehmer: „Die Realisierung grundlegender Innovationen wird in der DDR durch Staatsaufträge gesteuert, die den Hauptbestandteil des Staatsplanes Wissenschaft und Technik bilden" (Haustein et al. 1988, S. 171). Der Zentralplaner muss aus einer Menge möglicher Alternativen die Variante auswählen, die er für erfolgsversprechend hält. Je länger der Planungshorizont ist, desto weniger sicher sind Machbarkeit und Optimalität. Nun ist eine wichtige Funktion der Planung, Kontinuität und Stabilität zu garantieren. Das implizierte fast automatisch Risikoaversion und bürokratische Prozeduren. Die Wettbewerbswirtschaft bewältigt das Problem der enormen Unsicherheit durch Risikostreuung. Dem Zentralplaner steht der Weg des *trial and error* nicht offen. Er hat es mit einer Struktur von Monopolbetrieben (Kombinaten) zu tun, die ebenfalls auf Kontinuität und Stabilität ausgerichtet sind und sich auf Grund ihrer kurzfristigen Zielsetzung (Planerfüllung) risikoavers verhalten. Die hohe Hürde für den kapitalistischen Unternehmer, die Finanzierung, spielt eine untergeordnete Rolle, es sei denn, die Innovation ist mit einem großen Importbedarf aus dem NSW verbunden. Der Planer kann erhebliche Mittel auf ein Schlüsselprojekt konzentrieren. *Venture capital* und *Start-ups* zu Streuung der Innovationsinitiative stehen ihm nicht zur Verfügung. Ein Silicon Valley würde er nie zustande bringen.

4.3.1.5 Neuer Kurs Honeckers bis Anfang der 1980er Jahre

Das 1969 erschienene Lehrbuch *Politische Ökonomie des Sozialismus und ihre Anwendung in der DDR* sollte die Ergebnisse und Erfolge des neuen ökonomischen Systems zusammenfassen und neue Wege der Weiterentwicklung aufzeigen. Der Kurs der relativ selbständigen Entwicklung der Betriebe fand trotz auftretender Disproportionen bei der Bereitstellung von Produkten eine breite Unterstützung. Mit dem Sturz Walter Ulbrichts durch Erich Honecker, unterstützt durch die sowjetische Führung, erfolgte jedoch eine radikale Abkehr von der Strategie einer weichen Dezentralisierung und die Rückkehr zum zentralisierten Planungssystem mit der Schaffung eines straffen hierarchischen Systems, in dem die gesamte Wirtschaft in Kombinaten zusammengefasst wurde.

Die Organisation eines Managementsystems, wie von Marr (1989) und anderen Autoren der 1970er und 1980er Jahre beschrieben, ist streng hierarchisch. Die Managementpyramide steigt vom Arbeitsgruppenleiter über den Abteilungsleiter, den Betriebsdirektor, den Generaldirektor des Kombinats bis hin zum Minister, wobei jeder direkt der nächsthöheren Ebene untergeordnet und persönlich verantwortlich ist. Die von der höheren Ebene erteilten Aufträgen, Direktiven und Anweisungen müssen ausgeführt werden. Parallel zur Führungspyramide erhebt sich die Parteipyramide: Jeder Führungsebene entspricht ein Parteifunktionär mit seiner Parteiorganisation oder -gruppe, der den Wirtschaftsfunktionär beeinflusst, anleitet und kontrolliert. Schließlich gibt es noch eine dritte Pyramide, die durch die ‚Bilanznomenklatur' realisierte Gleichgewichtspyramide (Marr 1989, S. 72). Durch sie wird die Verantwortung für die Rechnungslegung geregelt, insbesondere für (meist materielle) Planbilanzen, d. h. die Festlegung der zugeteilten Ressourcen und der bereitzustellenden Produkte. Ausgehend von den Vorgaben der staatlichen Plankommission über die Hauptbuchhalter, Buchhalter bis zur niedrigsten Ebene usw. ist wiederum der nächsthöheren Ebene dieser Pyramide zu berichten – und nicht dem zugeordneten Wirtschaftsfunktionär. Die Schwierigkeiten, wissenschaftliche Managementmethoden innerhalb dieses streng versäulten Befehls- und Verantwortlichkeitssystems zu entwickeln und anzuwenden, liegen auf der Hand.

Die industrielle Organisation strukturierte die Wirtschaft auf zwei Ebenen, zum einen auf der Ebene der Volkswirtschaft, und zum anderen auf dem Niveau der Kombinate. Jedes Kombinat sollte eine vertikal und horizontal integrierte Gruppe von Betrieben erfassen, die idealerweise einen geschlossenen Reproduktionskreis bilden: Fast alles, was für die Endprodukte benötigt wird, produzieren die Kombinatsbetriebe selbst. Die betriebliche Produktionstiefe wird auf Kosten der gesellschaftlichen Arbeitsteilung gestärkt. Offensichtlich erleichtert dies die Aufgabe eines Zentralplaners, und es gibt dem Generaldirektor des Kombinats Raum, um seine eigenen Aktivitäten zu planen und zu verwalten. Die resultierende Monopolbildung ist allerdings der Innovation wenig zuträglich (s. Abschn. 4.1.1).

Diese Organisationsform scheitert früher oder später aus sehr unterschiedlichen Gründen: u. a. der Mängelverwaltung der vielen nur beschränkt verfügbaren Ressourcen, die sehr oft im SW (Sozialistischen Wirtschaftsraum) nicht zu beschaffen waren, der immer stärker anwachsenden Produktvielfalt, die die DDR-Wirtschaft nicht ignorieren konnte und die jede zentralisierte Ressourcenbudgetierung an ihre Grenzen führt, und schließlich der Dynamik der Prozesse, die bekanntermaßen in inflexiblen Planungssystemen zu nervösen Reaktionen führt.

Das auf dem VIII. Parteitag 1971 beschlossenen politische Programm der Einheit von Wirtschafts- und Sozialpolitik zur weiteren Steigerung des Lebensniveaus der Bevölkerung wurde sehr bald mit den zunehmend erschwerten Bedingungen der Weltwirtschaft, insbesondere der Ölkrisen, konfrontiert. Entgegen den anfänglichen Hoffnungen vergrößerte sich der Abstand zum Konsumniveau der Bundesrepublik weiterhin ständig, was der Bevölkerung nicht verborgen blieb.

Unter diesen Rahmenbedingungen wurde 1973 ein wissenschaftlicher Rat für Fragen der sozialistischen Betriebswirtschaftslehre gegründet. Die Universitäten erhielten etwa zur gleichen Zeit neue Lehrstühle, und 1973 erschien auch ein erstes allgemeines Lehrbuch zur Sozialistischen Betriebswirtschaft (Autorenkollektiv 1973). Die meisten wirtschaftswissenschaftlichen Lehrbücher waren jedoch auf einzelne Branchen, Landwirtschaft, Industrie, Baugewerbe, Verkehr, Handel usw., spezialisiert.

Dieses Lehrbuch definierte sein Thema: „Gegenstand … sind die ökonomischen und sozialen Beziehungen im Reproduktionsprozess der Betriebe, zwischen den Betrieben und zwischen dem betrieblichen und dem gesellschaftlichen Reproduktionsprozess sowie jene politisch-ideologischen Erscheinungen und Prozesse, die diese Beziehungen unmittelbar widerspiegeln" (ebd. S. 23, zitiert in Pieper 1989, S. 107). Die enge Beziehung zwischen sozialistischer Wirtschaftsökonomie und politischer Ökonomie bleibt offenkundig. Die traditionellen betriebswirtschaftlichen Bereiche wie Rechnungswesen, Planung, Beschaffung, Absatz, Finanzierung mussten sich weiter mit der Widerspiegelung der durch die Partei vorgegebenen Ideologie befassen.

Unter dem Einfluss der westlichen Managementlehre bildete sich in den 1970er und 1980er Jahren neben der eigentlichen Betriebswirtschaftslehre eine Leitungswissenschaft heraus (Friedrich et al. 1976; Marr 1989). Statt um die zentralen und betrieblichen Prozesse ging es dabei vor allem um Fragen des Personalmanagements. Doch anders als in der westlichen Managementlehre, in der die

Einzelorganisation zentral steht, geht die sozialistische Leitungswissenschaft von der gesamtgesellschaftlichen Situation aus. Die bereits genannte Entscheidungspyramide rückt ins Zentrum der Analyse und mit ihr die folgenden Aspekte (Pieper 1989, S. 111):

- der demokratische Zentralismus,
- die Einheit von Politik und Ökonomie und
- die Einzelleitung und persönliche Verantwortung des Leiters in Verbindung mit der kollektiven Beratung.

Da für die sozialistische Wirtschaft grundsätzlich von Interessenharmonie aller Beteiligten ausgegangen wird, war die verhaltenswissenschaftliche und empirische Fundierung schwach entwickelt.

Nicht so eindeutig der BWL zurechenbare Gebiete wie Logistik, Produktionsplanung und -steuerung und Forschung und Entwicklung konnten von dem durch das NÖS induzierten langfristig wirkenden Impuls profitieren und in den 1970er Jahren beachtliche Aktivitäten entfalten. Beispiele dafür sind die AG „Lagerhaltungsmodelle“ mit vielen, auch internationalen Konferenzen, oder die IG „Operationsforschung in der metall-verarbeitenden Industrie“ (Richter 1988; Richter und Bachmann 1985). An diesen Veranstaltungen nahmen stets viele Praktiker teil und demonstrierten so, dass aufgrund des Drucks des Faktischen die Betriebe aufgeschlossener gegenüber neuen Instrumenten waren als die akademische Wissenschaft. Eine Zeitlang besuchten auch westdeutsche Kollegen diese Treffen. Ein Besuch in umgekehrter Richtung war kaum möglich.

Ein interessantes Beispiel innovativer, auch marktwirtschaftlich erfolgreicher betriebswirtschaftlicher Forschung und Entwicklung in der DDR stellt die von E. Lassmann und W. Kummerow 1975 an der Universität Halle auf der Basis der linearen parametrischen Optimierung entwickelte Komplexmethode zur betrieblichen Planung und Entscheidungsunterstützung dar (Lassmann und Rogge 1990). Die Autoren verstanden es nicht nur, theoretisch abgesicherte Methoden für die betriebliche Praxis anwendbar zu gestalten, sondern ihr ‚Produkt‘ später auch im NSW (Nichtsozialistischen Wirtschaftsraum) zu vermarkten. Es gelang ihnen sogar, den sowjetischen Nobelpreisträger Leonid Kantorovič für ihre Methode zu interessieren, ihn zum Namenspatron ihres Operations Research Labors zu machen und zusammen mit ihm zu publizieren (Kantorovič 1985).

4.3.1.6 Das letzte Jahrzehnt

Anfang der 1980er Jahre wurde immer deutlicher, dass die DDR sich mit ihrem sozial-politischen Programm wirtschaftlich, finanziell, ideologisch und auch ökologisch übernommen hatte und eine Politik betrieben wurde, die sich immer weiter von den Bedürfnissen der Menschen entfernte. Die Weigerung der politischen Führung, radikale Reformen in allen Bereichen durchzuführen, leitete einen dramatischen Vertrauensverlust in der Bevölkerung ein.

Die Rechentechnik, die auch in der DDR seit den 1960er Jahren die wirtschaftlichen Prozesse zunehmend veränderte, erhielt in diesen Jahrzehnten weltweit einen neuen Schub durch die Entwicklung von Mikroprozessoren, Personalcomputern, Vernetzung und Internet. Das stellte nicht nur für die Wirtschaft der DDR eine große finanzielle Herausforderung aufgrund der erzwungenermaßen autonomen Entwicklung von Hardware und Software dar, sondern auch für die Gestaltung neuer betriebswirtschaftlicher Inhalte in Forschung und Lehre. Auch dafür wurden materielle und personelle Ressourcen benötigt. Die schon erwähnte Konferenzserie MÖK förderte den notwendigen Austausch an Ideen und Konzepten.

Die Schwierigkeiten, mit denen Betriebswirtschaftler zu kämpfen hatten, beschreiben die zwei folgenden Beispiele: Ökonomen in der Provinz, abseits vom polit-ökonomischen Establishment in Ost-Berlin, verstanden natürlich, dass die im vorhergehenden Abschnitt beschrieben Nachteile starrer Planungssysteme nur mit Maßnahmen überwunden werden konnten, die der Dynamik der Prozesse gerecht werden. Begriffe wie Bedarfsdynamik und Reaktionsfähigkeit wurden jedoch als Angriff auf das herrschende Planungssystem verstanden. Auf der technisch-technologischen Ebene der Wirtschaft waren Erneuerungsprozesse jedoch sehr populär und wurden politisch gefördert. So konnte mit dem Zusatz „planmäßig“ und der Einordnung in die Neuerungsprozesse bei der Zentrale erreicht werden, dass Mittel für Forschungsprojekte bereitgestellt und Konferenzen genehmigt wurden.

1984 sollte das Buch *Zufallsabhängige Fertigungsprozesse* von Kluge und Runge im SED-kontrollierten Verlag Die Wirtschaft erscheinen. Es zielte auf die Förderung des stochastischen Denkens von Betriebswirten und Ingenieuren am Beispiel der Steuerung komplizierter Fertigungsprozesse und ging kritisch auf einige traditionelle Grundsätze der Produktionsplanung ein. Die Publikation in dem parteinahen Verlag stockte: Stochastik hat im hierarchischen Planungssystem keinen Platz. Glücklicherweise wurde vorher auf dem 5. Plenum des ZK 1982 ‚von höchster Stelle‘ gefordert, die Produktionskooperation zu verbessern. Indem die Autoren einige Thesen des Plenums dem Text voranstellten und das Vorwort umgeschrieben, erhielten sie das *imprimatur*. Denn die verantwortlichen

Herren im Zentralkomitee (und das waren alles Herren) lasen nur das Vorwort, und so konnte das Buch (Kluge und Runge 1984) erscheinen.

Wenig bekannt ist bisher, wie die Forschungstätigkeit auf dem Gebiet der BWL koordiniert wurde. Grob lief natürlich alles im ZK der SED und im Politbüro zusammen. Doch es herrschte eher das Prinzip ‚management by exception', das Stopfen von Löchern: Bei erkannten Fehlentwicklungen wurde eingegriffen. Dem ist wohl auch die Ernennung von Hans-Peter Kluge, Direktor der Sektion Leitung, Informationsverarbeitung und Statistik an der HfÖ, zum stellvertretenden Vorsitzenden und dann Vorsitzenden des Wissenschaftlichen Beirates für Wirtschaftswissenschaften beim Ministerium für Hoch- und Fachschulwesen zuzuschreiben. Auch die Parteiführung hatte offensichtlich verstanden, dass mit politischer Ökonomie, aus deren Reihen der Vorsitz bisher immer mit einem marxistischen Politökonomen besetzt worden war, Wirtschaft und Wirtschaftswissenschaft nicht zu retten waren.

Insgesamt trat die Wirtschaftswissenschaft und damit auch die Betriebswirtschaft auf der Stelle. Die betriebswirtschaftliche Fachliteratur hatte in den 1980er Jahren das Funktionieren, Leiten, Planen und Organisieren in den Betrieben und Kombinaten bis in jedes Detail ‚vervollkommnet'. Als Gegenstand wurden weiterhin „die ökonomischen und sozialen Beziehungen im Reproduktionsprozess … in der durch den sozialistischen Staat planmäßig geleiteten Volkswirtschaft" genannt. Sie ist „… eine jener Disziplinen der marxistisch-leninistischen Wirtschaftswissenschaften, die den Wirkungs- und Ausnutzungsmechanismus der ökonomischen Gesetze des Sozialismus … erforschen …" (Sozialistische Betriebswirtschaft Industrie 1985, S. 31).

Publikationen wie diese waren vollkommen ahistorisch und unempirisch. Es wird wohl von Weiterentwicklung gesprochen. Worin diese besteht und welche Probleme früher aufgetreten sind, wird allerdings nicht behandelt entsprechend der alten SED-Losung ‚keine Fehlerdiskussion'. So wurden die Konzepte, Aufgaben und Methoden, die sich aus den Parteibeschlüssen ergaben, technologisch und deterministisch beschrieben. Analytische Fundierungen sucht man zumeist vergeblich, aber auch eine empirische Untermauerung. Fand sie dennoch statt, und das war in Dissertationen, Habilitationen und der institutionellen Forschung durchaus der Fall, dann fielen diese Texte in der Regel der strikten Geheimhaltungspflicht zum Opfer.

International waren ostdeutsche Wirtschaftswissenschaftler kaum vertreten, im Unterschied zu ihren polnischen oder ungarischen Kollegen. Hatte man den Mut, eigene Forschungsergebnisse westlichen Zeitschriften anzubieten, wurde dies auf Antrag wohlmöglich sogar gestattet (Richter 1987). Gemeinsame Publikationen mit Betriebswirtschaftlern aus den osteuropäischen Ländern blieben eine Seltenheit. Schon Walter Ulbricht hatte seinerzeit Leonid Brežnev mit seiner Überheblichkeit genervt (Przybylski 1990). Die scheinbar größeren Erfolge der DDR beim Aufbau des Sozialismus und der höhere Lebensstandard ließen auch manchen ostdeutschen Wirtschaftswissenschaftler von oben herab auf seine ärmeren osteuropäischen Kollegen blicken.[50]

Ab Herbst 1989 bis zum Beitritt der wiedergegründeten ostdeutschen Länder zum Grundgesetz eröffnete sich plötzlich mit der Auflösung der SED-Parteiorganisationen an den Hochschulen ein ungeahnter Freiraum für eigene Projekte, besonders in der Zusammenarbeit mit westdeutschen Kollegen. Emsig begannen die ostdeutschen Kollegen die nun verfügbare Literatur aufzuarbeiten, ihre Veranstaltungen umzubenennen und neu zu strukturieren. Die ehemaligen Partei-Verlage öffneten sich für völlig neue Publikationen (z. B. Richter und Reinhardt 1990; Pieper und Richter 1990). Zur Jahreswende 1990/91 wurden dann die bestehenden wissenschaftlichen Einrichtungen ‚abgewickelt' (s. Abschn. 5.3).

4.3.1.7 Zusammenfassung und Epilog

45 Jahre Entwicklung der Betriebswirtschaftslehre im ostdeutschen Staatssozialismus begannen in der zweiten Hälfte der 1940er Jahre mit der Befreiung von der nationalsozialistischen Ideologie. Sehr bald geriet das Fach jedoch in die Fänge einer neuen Ideologie und verlor seine Selbstständigkeit in doppelter Hinsicht: Es verkam zur Lehre der Anwendung der marxistisch-leninistischen politischen Ökonomie im Betrieb, und die Richtung seiner weiteren Entwicklung gab von nun an die Partei vor. Nach den schrecklichen Erlebnissen des Nationalsozialismus und des Krieges war es nicht verwunderlich, dass viele Menschen diese Entwicklung mit neuen Hoffnungen verbanden und unterstützten. Früher oder später erkannte man aber die Effizienzdefizite der überzogenen zentralisierten Steuerung von Gesellschaft und Wirtschaft, die jedoch für den Machterhalt der Parteielite unerlässlich war. So wurde experimentiert, mal mit mehr Marktelementen, dann mit mehr Diktatur. Als das zugehörige ‚theoretische Gebäude', in unserem Fall die Betriebswirtschaftslehre, nach den Vorgaben der Partei perfekt errichtet war, ohne die zugrundeliegenden Prämissen und theoretischen Konstruktionen jemals zu hinterfragen, brach das System zusammen.

Als am 06. Juni 1990 Horst Albach, als Vorsitzender des Verbandes der Hochschullehrer für Betriebswirtschaft e. V. die 52. Wissenschaftliche Jahrestagung des

[50] Umso schmerzlicher muss nach der Wende die Erfahrung dieser ostdeutschen Wissenschaftler gewesen sein, als sie von vielen ihrer westdeutschen Kollegen als Repräsentanten einer obsoleten Wissenschaft und einer maroden Wirtschaft belächelt wurden.

Verbandes in der Universität Frankfurt a.M. eröffnete, begrüßte er auch die erstmalig angereisten 25 ordentlichen Professoren und 27 Assistenzprofessoren der Betriebswirtschaftslehre aus der DDR. Wie er ausführte, hatten die Kollegen aus Polen und Ungarn schon seit Jahren kein großes Interesse mehr, über Fragen der politischen Ökonomie sozialistischer Wirtschaften zu diskutieren. Doch „zeigten sich in der DDR erst im letzten Jahr und da auch nur verhalten, Aufweichungserscheinungen in der harten Linie des Marxismus-Leninismus". Deshalb forderte er, mit der Gestaltung der Wirtschafts- und Währungsunion und der Erreichung der politischen Einheit Deutschlands „auch die Einheit der Wirtschaftswissenschaften, die Einheit der Betriebswirtschaftslehre wiederherzustellen" (Albach, 1991).

Seine Worte nahmen die ostdeutschen Kollegen dankend auf, ahnten sie doch noch nicht, dass sie in ihrer großen Mehrheit demnächst nicht nur den Status ‚ordentlich', sondern auch ihre Professur verlieren würden. Zum Verständnis der Situation gehört, dass viele dieser Professoren der BWL nicht in dem Maße wie ihre westdeutschen Kollegen eine rein akademische Karriere vorweisen konnten, sondern ihre akademische Stelle oft nach längerer Tätigkeit in der Praxis eingenommen hatten. Lehre zur Ausbildung neuer ‚sozialistischer Kader' den Parteitagsbeschlüssen entsprechend und Praxisforschung für die Wirtschaft, und nicht so sehr Forschung im akademischen Elfenbeinturm, hatten ihr Leitbild und ihr Selbstverständnis bestimmt. Wie die Mehrheit der DDR-Bevölkerung waren auch sie hin- und hergerissen zwischen der notwendigerweise ständig darzustellenden Loyalität gegenüber der Staatsmacht und der zunehmenden Erkenntnis, dass das westliche kapitalistische Wirtschaftssystem dem schwerfälligen Planungssystem der DDR bezüglich Produktivität und Innovation immer weiter davoneilte.

Die Mehrzahl der Akteure der BWL in der DDR hatte versucht, unter den gegebenen Umständen, Beschränkungen, Gefahren und Kriterien das Beste zu erreichen. Einige hatten verstanden, trotz der erforderlichen Anpassung diese Beschränkungen partiell zu umgehen. Es ist verständlich, dass die erzielten Ergebnisse aufgrund der radikal geänderten Rahmenbedingungen im geeinten Deutschland nur in Ausnahmefällen (Mathematik, Statistik, Informatik) ihren bleibenden wissenschaftlichen Wert behalten konnten. Die Wissenschaftler sahen sich vor die Wahl gestellt, sich nach der Schließung oder Umstrukturierung ihrer alten Institutionen, wie z. B. der Hochschule für Ökonomie (Kupferschmidt und Zelmer 2013) oder der Akademie der Wissenschaften, neu zu bewerben, oder sich eine andere Tätigkeit zu suchen (Alt 2019). Reale Chancen auf Erfolg im akademischen Bereich bestanden dabei nur für einige jüngere Hochschullehrer, die zudem weniger den klassischen BWL-Bereichen wie Rechnungswesen, Steuern oder Management zuzurechnen waren, sondern unterstützenden Fächern wie Wirtschaftsinformatik und Operations Research. Nach unseren Recherchen haben ca. 15 Hochschullehrer aus Ostdeutschland mit einem BWL-nahen Profil eine (Wieder-) Einstellung an Hochschulen in Deutschland erlangt.

4.3.2 Organisation und Management in Polen

4.3.2.1 Die Entstehung der polnischen Organisationstheorie

Forschung über Organisation und Management setzte in Polen (d. h. den polnischen Ländern in der Teilung) verhältnismäßig früh ein. Anfang des 20. Jahrhunderts begannen Vorläufer des wissenschaftlichen Managements ihre Karriere: Aleksander Rothert, Edwin Hauswald und vor allem Karol Adamiecki. Das waren Ingenieure, darum bemüht, ineffiziente Industrieunternehmen zu reorganisieren. Adamiecki stellte als erster im Königreich Polen und im Russischen Reich derartige Überlegungen an, Hauswald und Rothert in Österreich und Deutschland. Sie beschränkten sich dabei nicht darauf, die Aktivitäten von Unternehmen zu optimieren. Hauswald und Rothert fingen 1904 bzw. 1908 an, Organisationstheorie an der Technischen Universität von Lwów (Lemberg) zu unterrichten. Adamiecki begann 1918 seine Laufbahn an der Technischen Universität von Warschau, wo er seit 1922 den neu gegründeten Fachbereich Arbeitsorganisation in Industrieunternehmen an der Fakultät für Maschinenbau leitete.

Hauswalds wissenschaftliche Beschäftigung mit dem Management fand ihren ersten Niederschlag in einem Artikel von 1904 „Organisation und Management von Unternehmen“ (Hauswald 1904). Damit konnte er als Namenspatron dieses neuen Forschungsfeldes gelten. Czech (2004, S. 39) wies darauf hin, dass Hauswald die Bedeutung der unterschiedlichen Phasen in der Entwicklung eines Betriebes betonte und Unternehmertum als treibende Kraft herausgestrichen hat. Seine Forschung hat er in der 1935 erschienenen Monografie „Organisation und Management“ (Hauswald 1935) zusammengefasst. Auch Alexander Rothert publizierte bereits vor dem ersten Weltkrieg zu Fragen der Betriebsführung. 1910 erschien eine Reihe von Artikeln zur Arbeitsentlohnung im *Przegląd Techniczny* (Technische Revue) und später in Buchform (Rothert 1910). 1913 schrieb er die Einleitung zur ersten polnischen Übersetzung von F. W. Taylors bahnbrechendem Werk (Taylor 1913). Den Höhepunkt seiner wissenschaftlichen Tätigkeit erreichte er in der Zwischenkriegszeit, als er Organisationsprobleme in Krakau lehrte. 1929 wechselte er nach Warschau und unterrichtete an der Handelshochschule (heute nach vielen Änderungen und Transformationen die Warschauer Handelshochschule [Szkoła Główna Handlowa]). Seine Forschung richtete sich vor allem auf Systeme der materiellen Stimulierung von Arbeitern (Löhnen) und ihre Auswirkungen auf die Effektivität der Arbeit. Er unterschied zwei Typen von

Anreizsystemen, solche die auf Zwang (ständige Überwachung und Sanktionen) beruhten und solche die an den materiellen Interessen (Lohn, Prämien, Beförderung) ausgerichtet waren. Er zeigte, dass Stücklohn und Prämiensysteme am wirkungsvollsten waren und dass die Prämien der Vorarbeiter eng an die Prämiensumme und damit an die Leistungen der Arbeiter gekoppelt werden sollten (Rothert 1933; Martyniak 1996, S. 74–81).

Die wichtigste Rolle unter den erwähnten Pionieren des Fachs Organisation und Management spielte jedoch Karol Adamiecki, der sich nicht nur als Wissenschaftler, sondern auch als Organisator einen Namen machte. Auf seine Initiative ging die Gründung des ‚Instituts für wissenschaftliche Arbeitsorganisation' im Jahr 1925 zurück, des ersten Forschungsinstituts auf diesem Gebiet. Gleichzeitig regte er die wichtigste Zeitschrift für Organisationsfragen *Przegląd Organizacji* (Organisationsrevue) an (Heidrich 1971). Bis zu seinem Tod im Jahr 1933 brachte Adamiecki die Forschung und ihre praktische Anwendung in der Wirtschaft voran. Seine wissenschaftliche Arbeit hatte bereits vor dem ersten Weltkrieg begonnen. Sie war auf seine Erfahrung im Maschinenbau gegründet und auf seinen Versuchen, die Arbeitsorganisation zu verbessern. Selbst erinnerte er sich: „Durch einen merkwürdigen Zufall entwickelte ich im Februar des gleichen Jahres [1903] in einem Vortrag, den ich in Ekaterinoslav [heute Dnipro in der Ukraine] hielt, den gleichen Gedanken [wie Taylor] und stellte die Grundideen einer Organisationsmethode für kollektive Arbeit vor. Dieser Vortrag fasste meine ersten Forschungsanstrengungen in dieser Richtung zusammen, die bereits 1895 begonnen hatten" (Adamiecki 1938, S. 238–239). Daraus ging einige Jahre später ein Aufsatz im *Przegląd Techniczny* hervor (Adamiecki 1909). Adamiecki entwickelte Konzepte für eine wissenschaftliche Arbeitsteilung und eine harmonische Zusammenarbeit von Individuen, die eine gemeinsame Aufgabe ausführen. Mit seiner Forschungsarbeit wollte Adamiecki, die Ideen der wissenschaftlichen Betriebsführung, wie sie Taylor formuliert hatte, bekannt machen und sie an polnische Verhältnisse anpassen (s. die Sammlung seiner Aufsätze in Adamiecki 1938).

Bedeutenden Einfluss auf die Entwicklung der wissenschaftlichen Betriebsführung im Nachkriegspolen gewann der enge Mitarbeiter von Adamiecki Zygmunt Rytel, der stellvertretende Direktor des ‚Instituts für wissenschaftliche Arbeitsorganisation'. „Indem er Grundbegriffe des wissenschaftlichen Managements präzisierte, versuchte er, sich von dem traditionellen Industrieansatz zu lösen und ihnen eine universelle Bedeutung zuzumessen, um sie für alle Aktivitäten anwendbar zu machen" (Czekaj 2012, S. 77). Dabei bezog sich Rytel auf frühe Arbeiten des Philosophen Tadeusz Kotarbiński und führte den praxeologischen Ansatz in die Analyse der Arbeitsorganisation ein. Czech (1981, S. 4) sah in dem praxeologischen Hintergrund einen innovativen Ansatz für die Organisationstheorie. Einen ersten Artikel mit dieser Ausrichtung hatte Rytel 1930 veröffentlicht. Die weitere Ausarbeitung erschien nach dem Krieg in Buchform (Rytel 1930, 1947; s. auch Czekaj 1980). Darin führte er das Konzept der *‚Esogramme‘* ein, in denen er eine neutrale Rate des Arbeitsintensitätswachstums dem tatsächlichen Wachstum dieser Intensität gegenüberstellte.

Nach dem zweiten Weltkrieg führte man die Arbeit am praxeologischen Ansatz fort, der zu einer wichtigen Variante der Theorie des wissenschaftlichen Managements wurde. Doch auch die Studien von Adamiecki, Rothert und anderen Vorkriegswissenschaftlern behielten einen gewissen Einfluss auf die Entwicklung der Organisationstheorie, wie sie (besonders nach 1956) in den entsprechenden Fachbereichen der technischen Universitäten und der Wirtschaftshochschulen gelehrt wurde.

4.3.2.2 Die ersten Nachkriegsjahre

Schon 1945 gingen die Organisationswissenschaftler daran, die akademischen Vorkriegsstrukturen wieder aufzubauen. Im März 1945 wurde das ‚Institut für wissenschaftliches Management und Organisation‘ *(Instytut Naukowy Organizacji i Kierowania, INOiK)* unter dem Direktor Stefan Bieńkowski in Krakau reaktiviert, der *Przegląd Organizacji* konnte wieder erscheinen, und es wurden Bücher zur wissenschaftlichen Betriebsführung veröffentlicht (so z. B. 1947 das erwähnte Werk von Zygmunt Rytel). Institutsmitglieder nahmen an internationalen Konferenzen teil, u. a. am *International Congress on Scientific Organization* in Stockholm im Juli 1947 (Heidrich 1971). Ebenfalls 1947 wurde das Institut dann aus Krakau nach Warschau verlegt.

In jenen Jahren setzten noch in der Vorkriegszeit ausgebildete Theoretiker und Praktiker alles daran, die Idee der wissenschaftlichen Arbeitsorganisation zu verbreiten. In Publikationen führten sie gezielt die Prinzipien aus, um damit auch das politische System effektiver zu gestalten. Das INOiK organisierte beispielsweise ein Symposium ‚Zum Wesen der Planung‘. Aus der Verlegung des Instituts nach Warschau ergab sich „eine intensivere Einbeziehung seiner Repräsentanten in die wirtschaftlichen und sozialen Angelegenheiten des Landes. Das manifestierte sich vor allem darin, dass sich das Institut mit Problemen des Arbeitswettbewerbs beschäftigte, mit der Rationalisierungs- und der Innovationsbewegung, mit Standardisierung und Produktivität, der Wirtschaftsplanung usw. Darüber hinaus sind Institutsmitglieder in einer Reihe von Institutionen engagiert, die von staatlichen Stellen eingerichtet wurden“, einschließlich entsprechender Institutionen in anderen Ländern des Sowjetblocks (Heidrich 1971, S. 798). Der *Przegląd Organizacji* „öffnete seine Seiten dem Einsatz der wissenschaftlichen Organisation im Wirtschaftssystem […], um das kapitalistische System in ein sozialistisches zu transformieren" (Głodziński 2016).

Dieser Kreis von Intellektuellen erfuhr im Jahr 1949 einen entscheidenden Rückschlag. Im März dieses Jahres musste sich das INOiK auf höhere Anordnung in ‚Gesellschaft für wissenschaftliches Management und Organisation' (*Towarzystwo Naukowe Organizacji I Kierowania,* TNOiK) umbenennen; denn die Bezeichnung Institut blieb staatlichen Institutionen vorbehalten. Nach weiteren 6 Monaten gab die Gesellschaft dem Druck von oben nach und löste sich auf. „Für die Mitglieder der Gesellschaft kam der Auflösungsbeschluss des Vorstands vom 29. Oktober 1949 als große Überraschung. Auf einer außerordentlichen Mitgliederversammlung am 04. Dezember 1949 wurde der Beschluss gebilligt. […] Zur Begründung des Beschlusses wurde unter anderem die Tatsache angeführt, dass das Erbe der Vergangenheit, die kapitalistische Ideologie, einen zu großen Einfluss auf die Tätigkeit des Instituts habe, […] dass alte Forschungsprogramme sich in den Zielsetzungen bestimmter neuer wissenschaftlicher und sozialer Institute niederschlügen […], dass die sozialistische Wirtschaft eine planmäßige Verteilung aller Ressourcen erfordere, um die Grundlagen des Sozialismus zu schaffen" (Heidrich 1971, S. 798–799). Im Zusammenhang mit dieser Entscheidung wurde der *Przegląd Organizacji* eingestellt, und die Ressourcen des TNOiK gingen ins Eigentum des staatlichen ‚Zentralinstituts für Arbeit' über. Gleichzeitig sagte man den ‚Dritten Polnischen Kongress für Wissenschaftliche Organisation' ab.

Trotz des Engagements der Organisationstheoretiker für den Aufbau des neuen Systems widerfuhr dieser Wissenschaftsdisziplin in den späten 1940er und frühen 1950er Jahren das gleiche Schicksal wie der Ökonomie. Ihre Institutionen wurden der Stalinisierung unterworfen und vom kommunistischen Staat kontrolliert oder liquidiert. Die wissenschaftliche Tätigkeit wurde empfindlich eingeschränkt, wie aus der Schließung des TNOiK und des *Przegląd Organizacji* zu ersehen ist.

In der zweiten Hälfte der 1940er Jahre schwand allmählich das Interesse an westlichen Managementtheorien, und die mit Managementfragen beschäftigten Institute konzentrierten sich auf die sozialistische Organisationstheorie. Auf Grund der Bedeutung bestimmter organisatorischer Lösungen für die Funktionsweise des zentralisierten Systems der Wirtschaftslenkung blieben unter den neuen Bedingungen Elemente der allgemeinen Theorie von Bedeutung. Andrzej Koźmiński (2016, S. 10) hat die Entwicklung der Organisationswissenschaft in den Jahren des Stalinismus wie folgt charakterisiert: „Unter den Bedingungen der ‚Planwirtschaft' wurde die Praxis völlig von bürokratischen Verfahren beherrscht, von politischem Druck und von informellen Spielregeln. Wissenschaft wurde bis zu einem gewissen Grad toleriert vorausgesetzt, sie bezog sich deutlich auf sowjetische Prinzipien des Produktionsmanagements und sie ‚dissoziierte' sich demonstrativ von der westlichen ‚bürgerlichen' Wissenschaft. Dieser Ansatz herrschte allerdings nur für eine relativ kurze Zeit vor, von den späten 1940er Jahren bis zum ‚Tauwetter' im Oktober 1956. Er resultierte jedoch in einer Generation von Ingenieuren, den Kadern, die in den folgenden Jahrzehnten, vor allem in den 1970er Jahren, für die Produktionsorganisation verantwortlich waren".

4.3.2.3 Das Tauwetter und seine Folgen

Die Lage änderte sich mit dem Tauwetter von 1956. Die Transformation der Wissenschaftsorganisation nach 1956, die wir in den vorangegangenen Kapiteln ausgeführt haben, betraf auch die Disziplin des wissenschaftlichen Managements. Das Interesse an den Methoden der Betriebsführung und ihre Bedeutung für die Wirtschaft lebten wieder auf, nicht nur unter Ökonomen, sondern auch unter Soziologen, die sich in diesen Jahren mit Untersuchungen der Industrieunternehmen beschäftigten. Die Liberalisierung der Wissenschaftspolitik erlaubte auch eine schrittweise Rekonstituierung der akademischen Gemeinschaft der Organisationswissenschaftler. 1957 wurde der TNOiK unter der Leitung von Stanisław Guzicki wiederbelebt. Guzicki, ein früherer Mitarbeiter von Adamiecki im INOiK, war eines der führenden Mitglieder der Gesellschaft vor ihrer Liquidierung und bereits in der Vorkriegsperiode ein aktiver Kommunist. Zu den Köpfen der Gesellschaft zählte auch der Gründer der polnischen Praxeologie Tadeusz Kotarbiński, der sich schon in den 1940er Jahren im INOiK und dem TNOiK engagiert hatte. Auf Grund der neuerlichen Aktivität des TNOiK gelang es 1962, den *Przegląd Organizacji* wieder in Druck zu geben, der sich binnen kurzem erneut zur wichtigsten Zeitschrift der polnischen Organisations- und Managementwissenschaft entwickelte (Heidrich 1971).

Głodziński (2016, S. 73) merkt allerdings an, dass die Periode des Stalinismus deutliche Spuren in der Organisations- und Managementwissenschaft hinterlassen hat: „Der TNOiK brachte in den damaligen Tagen Akademiker und Praktiker (hauptsächlich Leitungskader) zusammen, die vor allem auf die sozialistische Organisationstheorie orientiert waren." Das manifestierte sich auch in der Ausrichtung der wiederbelebten Zeitschrift Przegląd *Organizacji*, deren erklärtes Ziel es war, „die Erfüllung der Wirtschaftspläne zu unterstützen, technischen und organisatorischen Fortschritt zu fördern und die Organisation und Leitung der Arbeitsprozesse effizienter zu gestalten" (Od Redakcji 1962, S. 2). Im Ergebnis beschränkten sich die Publikationen auf die sozialistische Wirtschaft, und

Erkenntnisse der westlichen Wissenschaft blieben weitgehend unberücksichtigt. Dagegen traten unter den ausländischen Autoren vermehrt Wissenschaftler aus der Sowjetunion und den Ländern des ‚Sowjetblocks' auf. In der zweiten Hälfte der 1960er Jahre verbesserte sich die Situation, doch Informationen über die Leistungen der westlichen Organisationswissenschaft blieben in den Seiten der Zeitschrift eine Seltenheit (Głodziński 2016, S. 73).

Trotz dieser Einschränkungen fand seit Mitte der 1960er Jahre eine Rezeption der westlichen Forschungstradition statt mittels zahlreicher Übersetzungen und einzelner eigener Veröffentlichungen, die sich damit beschäftigten. „Schon in den 1960er und 1970er Jahren wurden grundlegende Arbeiten auf diesem Gebiet ins Polnische übersetzt, z. B. March und Simon [1964], Haire [1965], Simon [1976], Drucker [1976] oder das richtungweisende Lehrbuch von Koontz und O'Donell [1969]" (Koźmiński 2016, S. 11). Der Wandel nach 1956 wirkte sich im Zusammenspiel mit Westkontakten auch auf die Gründung neuer akademischer Institutionen aus. Ende der 1950er Jahre gründete man zusammen mit dem International Labor Office und der Ford Foundation in Warschau das ‚Zentrum für Management Training' *(Centralny Ośrodek Kształcenia Kadr Kierowniczych).* Seine Bibliothek wurde mit US-amerikanischen Mitteln finanziert und enthielt einen reichen Bestand westlicher Management-Literatur.

Kotarbińskis Forschungsaktivitäten führten 1958 zur Gründung eines ‚Arbeitsbüros für allgemeine Organisationsprobleme an der Polnischen Akademie der Wissenschaft' (POPOP PAN), das 1967 in die Abteilung für Praxeologie der Polnischen Akademie der Wissenschaften umgewandelt wurde. Das wachsende Interesse an der Organisations- und Managementtheorie wie auch die Hoffnung, damit eine höhere Produktivität verbinden zu können, resultierten bald in der Aufnahme dieser Disziplin in die Curricula der Wirtschaftswissenschaften (Kieżun 1978, S. 120; Koźmiński 2016, S. 11–12).

Die schrittweise Renaissance der wissenschaftlichen Betriebsführung (und ihre Evolution von einer einfachen Ergänzung des Ingenieurstudiums zur entwickelten Managementtheorie nach westlichem Muster) stand unter dem Einfluss der Debatten unter polnischen Ökonomen seit Mitte der 1950er Jahre. Darin wurden, wie wir bereits sahen, Reformen des Wirtschaftssystems einschließlich eines Spielraums für organisatorische Autonomie der Betriebe zur Diskussion gestellt. Diese Debatte ging dabei direkt auf Themen ein, die im Geltungsbereich der Organisationstheorie lagen. Die Thesen zu Änderungen des Wirtschaftsmodells von 1957 (Tezy 1957), die einen ersten Reformentwurf enthielten, schlugen einen gegenüber dem stalinistischen Modell geänderten Status der Betriebe vor. Danach sollten die Betriebe eine substantielle Autonomie und ökonomische Anreize (sogenannte materielle Anreize) erhalten. Es waren aus den Gewinnen zu finanzierende Anreizfonds zu schaffen. Als eines der Elemente der Reform schlug man vor, die Bildung des Lohnfonds zu verändern, dessen Umfang nicht mehr an die Bruttoproduktion, sondern an die Nettoproduktion zu koppeln sei. Viele dieser Vorschläge ließen sich auf Arbeiten älterer Managementtheoretiker zurückführen (z. B. auf Rotherts Ideen aus den Vorkriegsjahren), ohne dass man in der Diskussion direkten Bezug darauf nahm.

4.3.2.4 Die Verbreitung des praxeologischen Ansatzes

Ein bestimmender Einfluss auf die Entwicklung der Organisationsforschung in Polen ging aus von den Arbeiten des Philosophen Tadeusz Kotarbiński aus den Vorkriegs- und unmittelbaren Nachkriegsjahren und von Instituten, die er in den 1950 Jahren begründet hatte. Kotarbiński begann seine Studien zur Praxeologie in den 1930er Jahren. Ihre Ergebnisse veröffentlichte er zumeist nach dem zweiten Weltkrieg. Sie bildeten eine Art konzeptuelles Gerüst für das Feld und den methodischen Ansatz der Forschung zu Organisation und Leitung von Betrieben in den 1960er und 1970er Jahren und hatten auch einen signifikanten Einfluss auf die Entwicklung der polnischen Ökonomie. Seine wichtigste Publikation war der 1955 erschienene ‚Traktat über gute Arbeit' (*Traktat o dobrej robocie;* Kotarbiński 1955).[51] Kotarbińskis Konzept legte das Hauptgewicht auf die Idee der guten Arbeit („do-ro" von dobra robota, die sich als Resultat von hoch qualifizierten Handlungssystemen verstehen lässt, wie z. B. die Saratov Methode in der Sowjetunion oder die amerikanische Management-Strategie „zero defects and right first time". Gute Arbeit *(dobra robota)* zeichnet sich aus durch exaktes und einfaches Handeln, das von einer qualifizierten und kompetenten Management-Elite geführt wird. Ziel ist es, die Produktivität zu erhöhen und die Lohnstückkosten zu senken. „So konstituierte sich die ‚polnische praxeologische Schule' in der Management- und Organisationswissenschaft, die auf der Grundlage des ‚Traktats über gute Arbeit' in den Studien von Jan Zieleniewski und seinen Mitarbeitern, z. B. Jerzy Kurnal und Stanisław Kowalewski, weiterentwickelt wurde" (Koźmiński 2016, S. 12).

---

[51] Eine englische Übersetzung erschien 10 Jahre später. Eine deutsche Übersetzung gibt es nicht. In der DDR wurden Kotarbiński und die Praxeologie, die ja auch Mises als Handlungstheorie propagierte, nicht erwähnt. Das *Philosophische Wörterbuch* (Klaus und Buhr 1976) kennt kein entsprechendes Lemma. Der praxeologische Ansatz geht zurück auf den bekannten russischen Mathematiker und Mikroökonomen Eugen Slutsky (1926) mit seinem Aufsatz „Ein Beitrag zur formal-praxeologischen Grundlegung der Oekonomik".

Das ‚Arbeitsbüro für allgemeine Organisationsprobleme an der Polnischen Akademie der Wissenschaft' (POPOP PAN) beschäftigte sich in den 1960er Jahren intensiv mit der Entwicklung und praktischen Anwendung der praxeologischen Konzepte. Mathematiker, Logiker und Ökonomen, darunter Oskar Lange, waren beteiligt. Unter den Gastwissenschaftlern traf man z. B. den eminenten amerikanischen Mathematiker und Systemtheoretiker Anatol Rapoport. Im Ergebnis entstand unter anderem eine mathematische Organisationstheorie (Pawlak 1962). Nachdem das POPOP PAN in eine Akademieabteilung für Praxeologie umgewandelt worden war, übernahm Jan Zieleniewski die Leitung. Seine Lehrbücher *Organizacja zespołów ludzkich* (Die Organisation von Teams; Zieleniewski 1964) und *Organizacja i zarządzanie* (Organisation und Management; Zieleniewski 1975) erlebten zahlreiche Auflagen. Man machte auch Anstrengungen, Kotarbińskis Praxeologie mit der sowjetischen Tradition der Organisationsforschung zu verbinden. Wiesław Krencik suchte nach Quellen in den Schriften von Lenin und Zieleniewski nach Verbindungen zum dialektischen Materialismus. Das führte zu ausgedehnten Untersuchungen über Lenins Einfluss auf die Organisationstheorie und später zu dem etwas pragmatischeren Versuch, ein Modell für die Organisation in einer sozialistischen Wirtschaft zu entwickeln (Kieżun 1978, S. 122–123).

Die betriebswirtschaftliche quantitative Wirtschaftsforschung beschäftigte sich in jenen Jahren mit kybernetischen und informationellen Managementmethoden. Hier war der Einfluss von Oskar Lange maßgeblich. Neben empirischen Studien handelte es sich dabei um die Entwicklung von Instrumenten für die Leitung von sozialistischen Betrieben. Technisch ging es dabei sehr bald um die Konstruktion kybernetischer Algorithmen, um die Arbeit von Organisationen effektiv zu gestalten (z. B. Lange 1968a [1964], 1968b [1965]; Gościński 1977).

Mikro-ökonomische Fragen spielten eine wichtige Rolle in der Forschung von Alexy Wakar und seinen Mitarbeitern (z. B. Jan G. Zieliński, Andrzej Koźmiński[52] und Urszula Grzelońska), die sich auch mit der Theorie und Praxis des Managements beschäftigten (Zieliński 1962; Koźmiński 1966). In späteren Jahren trug das Aufgreifen westlicher Managementtheorien dazu bei, dieses Forschungsfeld von der Organisationswissenschaft, der Wirtschaftstheorie und der Soziologie zu trennen und selbstständig zu institutionalisieren. So entstand die Fakultät für Management an der Universität Warschau. Auch die Soziologen entfalteten ein eigenes Forschungsinteresse am sozialistischen Betrieb. Es umfasste Fragen der sozialen Beziehungen innerhalb des Betriebes und der Strategie und

[52] Koźmińskis Vater Leon war vor und nach dem zweiten Weltkrieg Professor an der Handelshochschule (SGH) bzw. der Hochschule für Planung und Statistik (SGPiS).

Entscheidungsfindung durch Manager und Direktoren. Dieser Strang empirischer Sozialforschung über die Funktionsweise der Betriebe machte über die Zeit praktisch verwertbare Fortschritte.

Immer wieder tauchte die Frage auf, wie ökonomische Anreize materieller und nicht-materieller Art gestaltet und angewendet werden sollten, um die Arbeitsproduktivität zu steigern. Man bezog sich dabei mehr auf sowjetische Diskussionen als auf Vorkriegsanalysen von Rothert, die in Vergessenheit geraten waren. Anfänglich genossen nicht-materielle Anreize (sozialistischer Wettbewerb) den Vorzug, später wurden Prämien für die Beschäftigten zur vorherrschenden Lösung, um Planerfüllungen und -übererfüllungen zu stimulieren. Oskar Lange schrieb, „es gibt ein Anreizsystem, um die Mitarbeiter zur Ausführung des Wirtschaftsplans anzuspornen", und er fügte hinzu, dazu gehörten auch „soziale und kulturelle Anreize". „In einer sozialistischen Gesellschaft ist ein hohes Leistungsbewußtsein eine bürgerliche Tugend", für deren Erfüllung man Preise und Auszeichnungen erhalten solle (Lange 1961, S. 200–202). Damit wird die Existenz des sozialistischen Arbeitswettbewerbs begründet. Wiesław Krencik (1958, S. 125) rechtfertigte das nicht-sozialistische Konzept materieller Anreize, indem er sie zur Ergänzung der Palette nicht-materieller Anreize erklärte und das Prinzip des sozialistischen Arbeitswettbewerbs hervorhob. Der Konflikt zwischen dem Gleichheitsgedanken, der dem Sozialismus zugrunde liegt, und dem Einsatz materieller Anreize, die sich positiv auf die Arbeitsproduktivität auswirken, tritt hier offen zu Tage. Doch auch die Reaktion der Beschäftigten gilt es zu berücksichtigen: „Ein fehlerhaftes Anreizsystem kann Quelle der Unzufriedenheit sein, den Leistungswillen schwächen und ein Gefühl der Ungerechtigkeit vermitteln" (Marciszewski 1984, S. 83).

4.3.2.5 Der Aufstieg der modernen Managementwissenschaft auf dem Weg in die Transformation

Nach 1970 führte Witold Kieżun[53] die Akademieabteilung. Er hatte bis dahin an der Polnischen Nationalbank ein Büro für Organisationsstudien organisiert. Die politischen Autoritäten erwarteten von der Abteilung für Praxeologie die Ausbildung von Fachleuten, die wissenschaftliche Betriebsführung voranbringen und vermitteln und vor allem die akademische Forschung stärken konnten. Kieżun

[53] Kieżun war während des zweiten Weltkriegs Soldat der *Armia Krajowa* im Untergrund. Er nahm am Warschauer Aufstand teil und wurde nach dem Krieg vom sowjetische NKWD in den Gulag geschickt. Nach Polen kehrte er 1946 zurück und wurde Mitglied der *Stronnictwo Demokratyczne*, der Demokratischen Allianz, der Partei des Handwerks und Kleinbürgertums, die zusammen mit der Bauernpartei eine Koalition mit den Kommunisten bildete. Man sah in ihm keinen voll vertrauenswürdigen sozialistischen Wissenschaftler.

bot sich die Möglichkeit, Wissenschaftler zu beschäftigen, die nach 1968 aus der Universität Warschau und anderen akademischen Einrichtungen entlassen worden waren, unter anderen Jadwiga Staniszkis. Er konnte einen akademischen Austausch mit den USA ins Leben rufen, wobei die US Information Agency sein wichtigster Partner war. Diese Initiativen stießen jedoch bald auf das Missfallen der Politik, und die Aktivitäten und Reden der Institutsleitung wurden als parteifeindlich angesehen. Das führte zur Entlassung von Kieżun aus seinem Amt.

Die Leitung der Abteilung ging über an Wojciech Gasparski und Tadeusz Pszczółkowski. Ihre Bedeutung nahm ab, das Personal wurde reduziert. Die Forschung richtete sich mehr an philosophischen und theoretischen Fragen aus. Untersuchungen zur Organisation von Betrieben wurden auch weiterhin in der Abteilung angestellt und später im Institut für automatische Kontrolle (1954–1971) und dem Institut für angewandte Kybernetik der Polnischen Akademie der Wissenschaften (1971–1973). Doch sie blieben praktischer Natur. Das Institut für angewandte Kybernetik wurde in das Institut für Organisation und Management umgewandelt, das die Akademie der Wissenschaften und die Universität Warschau gemeinsam trugen, und schließlich 1976 in das Systemforschungsinstitut der Akademie (IFiS PAN) (Kieżun 1978, S. 125–128; Kieżun o. D.).

In den späten 1960er und frühen 1970er Jahren begann man, Fakultäten für Organisationstheorie, Arbeitsorganisation, Managementtheorie und ähnliche Fachrichtungen an den Universitäten und an den ökonomischen Hochschulen einzurichten, einschließlich der Hochschule für Planung und Statistik (SGPiS). Die Universität Warschau gründete 1972 das Institut für Management, das später in dem bereits erwähnten Institut für Organisation und Management aufging. Der an der Akademie der Wissenschaften angesiedelte Teil dieses Instituts ging, wie erwähnt, in dem Systemforschungsinstitut der Akademie auf, und der universitäre Teil wurde zur Fakultät für Management der Universität Warschau. In dieser Periode verstärkte sich die Rezeption der westlichen Managementtheorien, die praktisch zum Prüfstein für die wachsenden Widersprüche in der polnischen Wirtschaft wurden.

Vor allem die Theorie der Spiele in Organisationen, angestoßen von Crozier und Simon, und das Konzept des organisatorischen Gleichgewichts, das Andrzej Koźmiński mit seinen Kollegen entwickelte, ging über die polnische Tradition hinaus, die sich auf die Praxeologie gründete (Koźmiński 1974; Koźmiński und Zawiślak 1979; Koźmiński und Tropea 1982; Koźmiński und Obłój 1989). Dieser Ansatz beruhte auf nicht-marxistischen ökonomischen und soziologischen Ideen, griff zu einem gewissen Grad auf Arbeiten von Aleksy Wakar zurück (Wakar war Doktorvater von Koźmiński) und versuchte, die sozialistische Erfahrung mit den westlichen Erkenntnissen der Managementwissenschaft zu verbinden. Unter einem organisatorischen Gleichgewicht verstanden Koźmiński und Obłój (1989, S. 23) „ein dauerhaftes, aber flexibles Beziehungsgeflecht innerhalb der Organisation und zwischen Organisation und Umgebung". Diese Ordnung „kann die Organisation selbst kontrollieren (indem sie Ziele formuliert und ihre Ausführung überwacht) und ihre Struktur als ein Element aufrechterhalten, das sich deutlich von seiner Umwelt unterscheidet". Das Gleichgewicht wird in einem Prozess des Austauschs und der gegenseitigen Anpassung erlangt.

Das führte im Weiteren zu empirischen Untersuchungen der Funktionsweise und Leitung von Betrieben. Vor allem Wissenschaftler aus der Wakar-Schule analysierten die Beziehungen zwischen Betrieben und Vereinigungen und ihrer Umgebung, sowohl die vertikalen Beziehungen mit den vorgelagerten Instanzen als auch die horizontalen Beziehungen mit den Lieferanten und Abnehmern. Ein herausragendes Beispiel sind die Arbeiten von Janusz Beksiak und seinem Team aus den späten 1970er und frühen 1980er Jahren über Produktionsstätten im Konsumgütersektor, die in vier Bänden veröffentlicht wurden (Beksiak 1978–1990). Daneben ging es um aktuelle Mechanismen der Ressourcenverteilung in einer Planwirtschaft. In empirischen Studien über die Industrievereinigungen *(zjednoczenia)* fand das Verfahren der sogenannten Planausschreibung besonderes Interesse. Denn dabei handelte es sich um zum Teil informelle Prozesse der Aushandlung von Planvorgaben, die zwischen unterschiedlichen Ebenen der Leitungshierarchie, den Betrieben und Ministerien, stattfanden. Eine Zusammenfassung dieser Studien bietet die Monografie von Ewa Balcerowicz (1990).

Die Soziologen arbeiteten mit quantitativen und qualitativen Methoden zur Position der Betriebe in der Praxis der sozialistischen Planung und Leitung und zur Arbeitsweise der Führungskader und den sozialen Beziehungen innerhalb der Betriebe. Damit fanden die industriesoziologischen Arbeiten von Maria Hirszowicz eine Fortsetzung, die nach den Ereignissen vom März 1968 Polen verlassen musste und ihre Karriere im Vereinigten Königreich fortsetzte. Jadwiga Staniszkis, Witold Morawski und Jacek Tarkowski sind vor allem zu nennen. Sie analysierten das Wirtschaftssystem als Subsystem der Gesellschaft und die Position der Betriebe darin. Dabei wiesen sie auf die Bildung informeller horizontaler Beziehungen und die Bedeutung lokaler politischer Instanzen, um systemische Blockaden zu überwinden (Staniszkis 1972, 1980; Tarkowski 1994a, 1994b). Die informelle Dezentralisierung ermöglichte eine spontane Machtverlagerung in den Entscheidungsstrukturen einer zentral geplanten Wirtschaft und stärkte die unteren Ebenen der regionalen und sektoralen Managementhierarchie (Kolarska-Bobińska 1980). Auf diese Forschung griff Jadwiga Staniszkis (1989) in ihrer einflussreichen Arbeit zum Herrschaftssystem im Kommunismus noch einmal zurück.

Während der gesamten Periode 1945–1989 unternahm man Versuche, die Produktqualität zu verbessern. Beim Polnischen Komitee für Normung wurde 1958 ein Büro für Qualitätszeichen eingerichtet. Es zertifizierte Produkte, die dem Qualitätsniveau führender ausländischer Hersteller bzw. dem Weltstandard entsprechen sollten. Produkte für den heimischen Markt wurden in drei Qualitätsklassen unterteilt (Kamosiński 2007, S. 221 et seq.). Unter den Bedingungen einer nicht-marktlichen Mangelwirtschaft brachte das Qualitätsmanagement allerdings keine signifikanten Effekte für die Produktqualität oder die Ausrichtung der Nachfrage auf höherwertige Güter. Darüber hinaus blieb der private Sektor, der sich seit den 1970er Jahren entwickelte, außerhalb der Zertifizierung.

Die Betriebsdirektoren, ihre Herkunft, Ausbildung usw. wurden im Rahmen von soziologischen Elitestudien analysiert. Die ersten Studien in dieser Richtung gehen auf die Pionierarbeiten von Halina Najduchowska (1969a, 1969b und 1984, die Publikation dieser letzten Arbeit wurde lange Zeit verhindert) aus den späten 1960er Jahre zurück. Danach analysierte vor allem Jacek Wasilewski (1978, 1981, 1990) die Zusammensetzung und Karrieren der Management- und Bürokratieeliten. Wasilewski und Wnuk Lipiński (1995) untersuchten schließlich das Schicksal der Nomenklatura nach dem Fall des Kommunismus im Rahmen eines vergleichenden Projekts zu den Eliten im Sozialismus, das von Iván Szelényi geleitet wurde (Szelényi, Wnuk-Lipiński und Treiman 1995).

Die organisatorische Transformation und Institutionalisierung der Managementwissenschaften war in den 1970er Jahren abgeschlossen. In den akademischen Strukturen setzten sie sich deutlich von der Ökonomie ab, was sich an der Universität Warschau in getrennten Fakultäten manifestierte. 1984 wurde auch an der Hochschule für Planung und Statistik (SGPiS) eine eigene Fakultät für Management eingerichtet, und betriebswirtschaftliche Studien gewannen allgemein an den Hochschulen mehr und mehr Bedeutung.

In den 1980er Jahren verabschiedete man sich zusehends von der einseitigen sozialistischen Organisationstheorie, und Forschung und Praxis betonten die vielfältige Natur der unterschiedlichen Ansätze, wobei vor allem die westlichen Erkenntnisse Aufmerksamkeit gewannen. Die Forschung konzentrierte sich auf die Probleme, einen Betrieb unter Bedingungen des anhaltenden Mangels und zunehmender technologischer Rückständigkeit zu führen. In der zweiten Hälfte des Jahrzehnts rückte dann der Prozess der Transformation und die Organisation eines Betriebes in einer nicht-sozialistischen Wirtschaft ins Zentrum des Interesses. Vor allem die selbstverwaltete und managementgeführte Unternehmung galt es zu verstehen (Głodziński 2016).

Zu dieser Zeit kamen Diskussionen darüber auf, eine Business School nach westlichem Muster in Warschau zu gründen als Reaktion auf den Transformationsprozess, der bereits eingesetzt hatte. Wasilewski und Wnuk Lipiński (1995) zeigten, dass die Direktoren der großen staatlichen Unternehmen 1988 und 1993 überwiegend einen Universitätsabschluss besaßen, 40 % davon in Ökonomie. Allerdings war nur ein geringer Teil dieser 40 % auf modernen Management-Fakultäten ausgebildet, während die kommunistischen Parteischulen, deren Bedeutung seit den 1970er Jahren abnahm, moderne Managementmethoden nicht unterrichteten. Das änderte sich mit dem Systemwechsel radikal. Der Einfluss der führenden betriebswirtschaftlichen Fakultät der Universität Warschau auf die übrigen Hochschulen nahm schlagartig zu. Kooperationen mit westlichen MBA-Programmen, die in den 1970er und 1980er Jahren ihre ersten Anfänge hatten, erlaubten eine rasche Verbesserung der Ausbildung von Managern. Die stürmische Entwicklung betriebswirtschaftlicher Studien in den 1990er Jahren belegt ihre große Popularität. Auf diesen rasch wachsenden Markt stießen zahlreiche private Hochschulen vor. Dabei war die Qualität der Lehre sehr unterschiedlich: Neben sehr guten Schulen gab es auch solche mit gering qualifiziertem Personal und schwachen Lehrprogrammen.

Andrzej Koźmiński[54] stellte fest, dass im Einflussbereich der Sowjetunion der enge Kontakt Polens mit der westlichen Tradition von Organisation und Betriebsführung einmalig gewesen sei. Damit waren Bedingungen geschaffen, eine marktorientierte Betriebswirtschaftslehre bereits zu Beginn der Transformation anbieten zu können: „Entgegen den Erwartungen der zahlreichen ‚Missionare‘ der Marktwirtschaft, die nach dem Regimewechsel zu uns kamen und scherzhaft die Marriott-Brigade genannt wurden [nach dem Warschauer Hotel, in dem sie residierten], war Polen mitnichten eine intellektuelle Wüste im Bereich der Management- und verwandter Wissenschaften. Dieser Vorteil ließ nach 1989 den umfangreichsten Sektor betriebswirtschaftlicher Ausbildung in der postsozialistischen Region entstehen. Zu Beginn der Transformation bestand natürlich das Problem, Erkenntnisse der Theorie in die Management-Praxis einer ‚sozialistischen Wirtschaft‘ umsetzen zu können. Die Praktiker fingen fast bei null an“ (Koźmiński 2016: 11).

[54] Koźmiński richtete in Warschau Anfang der 1990er Jahre die einflussreichste private Business School in Polen ein *(Wyższa Szkoła Przedsiębiorczości i Zarządzania)*, die heute Leon Koźmiński Akademie *(Akademia Leona Koźmińskiego)* heißt.

4.3.2.6 Zusammenfassung

Der Versuch, die polnische Tradition der Organisationswissenschaft nach dem Krieg wieder aufleben zu lassen, ist gescheitert. An ihre Stelle rückte in den 1950er Jahren eine technische Ingenieursausbildung nach sowjetischem Muster. Die liberalere Atmosphäre und die Diskussionen über Wirtschaftsreformen nach 1956 führten innerhalb der Organisations- und Managementtheorie zu einer Reihe von Ansätzen, die sich auf den Marxismus gründeten. Wie der einflussreiche Organisationssoziologe K. Doktór (1976) erläuterte, verwendeten diese Theorien den dialektischen Materialismus als Ausgangshypothese und koppelten Regeln des sozialistischen Managements mit der marxistischen Basis und mit Grundsätzen der gesellschaftlichen Entwicklung (zur Ideologie hinter den Organisations- und Managementstudien s. auch Kania 2019).

Die Nachkriegsgeschichte der sozialistischen Managementwissenschaft wird durch drei Richtungen charakterisiert, die zum Teil auf ältere Traditionen zurückgreifen und sich aus der Forschungsarbeit zeitgenössischer Ökonomen ergeben:

1. Der praxeologische Ansatz mit dem Versuch, unterschiedliche Theoriestränge miteinander zu verbinden, die marxistische Ökonomie, Soziologie und Psychologie, die polnische Tradition der wissenschaftlichen Betriebsführung, und dies im Wettbewerb mit den beiden anderen sozialistischen Ansätzen und der westlichen Managementwissenschaft.
2. Der kybernetische Ansatz von Lange und seinen Schülern, der sich rasch zu einem technischen Instrument für die Leitung der sozialistischen Unternehmung entwickelte.
3. Die Theorie des organisatorischen Gleichgewichts von Koźmiński und anderen, die Arbeiten der Wakar-Schule mit soziologischen Analysen und westlichen Ansätzen kombinierte. Auf dieser Grundlage wurde das erste Ausbildungsprogramm für Manager im Ostblock entwickelt (in den 1970er Jahren an der betriebswirtschaftlichen Fakultät der Universität Warschau und danach auch an den Handelshochschulen, insbesondere der Hochschule für Planung und Statistik).

Daneben sind Forschungsaktivitäten zu erwähnen, die nicht auf eine konkrete Theorie zurückgreifen, sondern empirisch die Funktionsweise der Betriebe in der Zentralplanwirtschaft untersuchen oder mit soziologischen Methoden das Handeln der Führungskader im sozialistischen Wirtschaftssystem analysieren.

Trotz umfangreicher Forschung und der Entwicklung der Lehre im Fach Organisation und Management blieb der Einfluss dieser Bemühungen auf Polen beschränkt. Ansätze und Erkenntnisse der Vorkriegsperiode wurden, wie erwähnt, nicht weiterentwickelt und gerieten in Vergessenheit. Auf der anderen Seite erwiesen sich Theoriestränge, die im Sozialismus für wichtig gehalten wurden, als wenig brauchbar im Transformationsprozess. Krisen der kollektivistischen Wirtschaft, die seit 1950 wiederholt auftraten, brachten die Schwächen der damals entwickelten Instrumente und Verfahren mehr und mehr ans Tageslicht. Deshalb stieß die Evaluierung der polnischen Organisationswissenschaft und des Erbes des Marxismus in den 1990er Jahren auf Widerspruch. Die Diskussion über die Errungenschaften der Organisationswissenschaften zusammenfassend bemängelt S. Duchniewicz (2012) das Fehlen eines allgemein akzeptierten und klar definierten Forschungsgegenstands, die unzulängliche Logik in der Theorieentwicklung und die nicht-funktionale Beliebigkeit der Begriffsbildung in der Managementwissenschaft. Trotzdem sollte man hervorheben, dass dank der Bemühungen der polnischen Wissenschaftler der Kontakt zwischen der polnischen und der westlichen Organisationswissenschaft aufrecht erhalten geblieben war. Das erleichterte die Entwicklung der Disziplin nach 1989 und beschleunigte ihre Anpassung an die neue Situation.

4.4 Zusammenfassender Vergleich: Planungsutopie – Planungsaporie

Als Ende der 1940er Jahre ein planwirtschaftliches System in Ost-Mitteleuropa eingeführt wurde, hätte es verschiedene Optionen gegeben, die in den Jahren zuvor theoretisch diskutiert oder praktisch angewendet worden waren. Die historische Situation erlaubte allerdings nur eine Wahl: die stalinistische Planwirtschaft sowjetischer Prägung. Diese war geschaffen worden, um aus der agrarischen und in vielerlei Hinsicht unterentwickelten Sowjetunion in kürzester Zeit einen Industriestaat zu machen, der sich auch gegenüber feindlichen Mächten behaupten konnte. Typisch für dieses System war eine direktive Zentralplanung der Industriebetriebe, die sich in uneingeschränktem Staatseigentum befanden. Schon sehr bald stellte sich heraus, dass sich das System für Wirtschaft und Gesellschaft der ost-mitteleuropäischen Länder wenig eignete. Vierzig Jahre theoretischer Diskurs über die Planwirtschaft bedeuteten vierzig Jahre kritische Auseinandersetzung mit dem Modell.

In Polen zeigte sich das besonders deutlich nach 1956, als in der Tauwetterperiode das herrschende Modell der Planung und Leitung in Frage gestellt wurde. Die Debatten unter den Ökonomen kreisten um die Idee der selbstverwalteten Unternehmung und eine zumindest partielle Dezentralisierung der Planung. Einzelne

Vorschläge gingen noch weiter und plädierten dafür, den Markt wiedereinzuführen (Witczak-Haugstad 2008). In dieser Zeit veröffentlichte Brus (1971 [1961]) sein Konzept einer dezentralisierten sozialistischen Wirtschaft, und Kalecki entwickelte in der Plankommission Vorschläge für einen Perspektivplan, der von den Annahmen des traditionellen Sowjetmodells abwich. In den 1960er Jahren zeigten dann Wakar und seine Schüler die Absurdität einer Maximierung des Bruttoprodukts unter Vernachlässigung des Gewinns als Planungsziel (Bauer et al. 1965). Solche Erkenntnisse und Überlegungen führten jedoch nicht zu einem Systemwechsel innerhalb des sozialistische Grundkonzepts, weder in Polen noch in der DDR, wo die kritischen Stimmen bereits 1957 im Keim erstickt worden waren.

1971 fand ein Politikwechsel statt. Nach dem Aufbau des Sozialismus, d. h. der Priorität des Wirtschaftswachstums, wurde die ‚Einheit von Wirtschafts- und Sozialpolitik' propagiert. Wirtschaftspolitik stand dabei für die Reproduktion, d. h. für Wachstums- und Strukturpolitik, Sozialpolitik für Förderung des Konsums, Wohnungsbau und sozialpolitische Maßnahmen. Die Grundidee war nicht so sehr gleichgewichtiges Wachstum, wie es der Begriff ‚Einheit von Wirtschafts- und Sozialpolitik' vermuten ließe. Vielmehr herrschte die Erwartung vor, dass eine Steigerung der Wohlfahrt die Arbeitsmotivation und damit das Wirtschaftswachstum stimulieren werde. So hatte Behrens (1966) bereits das Reformkonzept von 1963 verstanden (s. Abschn. 3.3.1). Insofern war der Strategiewechsel in der Reform vorgezeichnet und die gleichzeitige Abschaffung der Reform mit dem Strategiewechsel ein Paradoxon.

Die neue ‚Hauptaufgabe' wurde auf dem VIII. Parteitag der SED im Juni 1971 fixiert als weitere „Erhöhung des materiellen und kulturellen Lebensniveaus des Volkes auf der Grundlage eines hohen Entwicklungstempos der sozialistischen Produktion, der Erhöhung der Effektivität des wissenschaftlich-technischen Fortschritts und des Wachstums der Arbeitsproduktivität" (Protokoll 1971, S. 61–62). Diese Formulierung ist eine wortwörtliche Übernahme der auf dem XXIV. Parteitag der KPdSU zweieinhalb Monate zuvor verabschiedeten Hauptaufgabe für den 9. 5-Jahrplan der Sowjetunion (KPdSU 1971). Honecker machte klar, dass er im Gegensatz zu Ulbricht wortgetreu den Vorgaben Moskaus folgen werde.

Der gleichzeitig mit Honecker in Polen an die Macht gekommene Edward Gierek vollzog ebenfalls den angezeigten Politikwechsel. Die Motive hierfür waren in Polen allerdings komplexer. Ausschlaggebend für Giereks Politik war die dramatische Situation im Lande nach den Arbeiterunruhen vom Dezember 1970 und ihrer blutigen Niederschlagung. Es drohte ein allgemeiner sozialer Aufstand. Dem wollte man mit der gleichzeitigen Erhöhung des Konsums und einem Programm zur Modernisierung der Wirtschaft zuvorkommen, zu deren Finanzierung auch Kredite im Westen aufgenommen wurden (Kuczyński 1981 [1979]; Fallenbuchl 1983).

In beiden Fällen handelte es sich um den überfälligen Wechsel von der extensiven zur intensive und von der asketischen zur konsumorientierten Entwicklung. Denn die Bevölkerung war nicht mehr bereit, länger zu warten. Häufig ist zu lesen, die ostdeutsche Politik der Einheit von Wirtschafts- und Sozialpolitik sei eine wirtschaftspolitische Fehlentscheidung und der Beginn des Niedergangs der DDR gewesen. Das ist so kaum haltbar. Denn eine Optimierung von Wirtschaftswachstum und Wohlfahrtssteigerung ist Ziel jeder Wirtschaftspolitik und sollte es sicher auch im Sozialismus sein. Nichts anderes postulierte die neue ‚Hauptaufgabe'. Problematisch waren die Erwartung, eine Wohlfahrtssteigerung werde einen merklichen Wachstumsschub auslösen, und die Planung und Implementierung des Ziels. Sie hat langfristig zu erfolgen. 1963 hatten die Richtlinien für das NÖS festgestellt: „Bislang gibt es keinen wissenschaftlich begründeten Perspektivplan" (Richtlinien 1963, S. 482). Hier sollte die Reform zu Änderungen führen, wofür sie nicht den Raum erhielt. Wie schon zuvor im Fall von Kaleckis Langfristplanung wollte sich auch die ostdeutsche politische Führung nicht einem „wissenschaftlich begründeten Perspektivplan" unterwerfen und auf ihre unmittelbare Machtausübung und Schwerpunktsetzungen in den jährlichen Plankampagnen verzichten.

Für eine wissenschaftliche Vorbereitung oder gar für eine strategische Planung des Politikwechsels war bei der spontanen Entscheidung für die Einheit von Wirtschafts- und Sozialpolitik keine Zeit. Die Sache hatte erst einmal deklaratorischen Charakter. Die SED versprach eine schöne neue Welt, in der „das Glück des Volkes" oberstes Ziel der Wirtschaftspolitik sei. Die in der Spitze unverändert gebliebene Sowjetführung machte klar, dass Förderung des Konsums nicht auf Kosten der Verteidigungsfähigkeit des Landes gehen dürfe, d. h. der militär-industrielle Komplex und seine Repräsentanten im Politbüro hätten keine Einschränkungen zu befürchten (Meissner 1975). Die Erwartungen an die neuen Parteiführer in Polen und Ostdeutschland waren dagegen hoch. Hier mussten kurzfristig Verbesserungen im Lebensstandard spürbar werden.

Einheit von Wirtschafts- und Sozialpolitik impliziert eine höchst diffizile Planungssituation. Eine Zielfunktion mit zwei konfligierenden Zielen, Konsum und Akkumulation, erfordert einen komplexen Optimierungskalkül. Da in der Ausgangssituation Wachstum und Akkumulation Priorität genossen hatten, ist das Problem nur über intertemporalen Strukturwandel auf längere Sicht zu lösen. 13 Jahre zuvor hatte Kalecki mit dem polnischen Perspektivplan 1960–1975 bereits einen ähnlichen Politikwechsel ins Auge gefasst. Ziel war es, Wachstum mit einer Steigerung des Lebensstandards zu verbinden, wobei Investitionen in den sogenannten ‚nicht-produktiven' Sektor, vor allem in den Wohnungsbau, eine wichtige Rolle spielten. Kalecki hatte klargemacht, dass eine solche Strategie mit einer gewissen Verringerung der Wachstumsrate einhergehe und dass es Ressourcenbeschränkungen gebe. Wir haben gesehen, dass die polnische Parteipolitik und konservative Ökonomen mit ungebremstem Optimismus der Meinung waren: „höhere Wachstumsraten der Produktion, höhere Investitionen und ein höherer Lebensstandard können gleichzeitig erzielt werden" (s. oben S. 270). Eine ähnlich realitätsfremde Haltung ist auch für die ostdeutsche Planpolitik typisch.

Dabei hatte man sich dort in der zweiten Hälfte der 1960er Jahre im Rahmen des NÖS und der damit intendierten Akzentverschiebung auf mittel- und langfristige Planung um die theoretischen und organisatorischen Voraussetzungen einer strategischen Planung bemüht (Steinitz und Walter 2014, S. 73–94). Das Gerüst der mittel- und langfristigen Planung bildeten „vor allem das Wachstum des Nationaleinkommens und der industriellen Warenproduktion, die Beziehungen zwischen produziertem und für die Inlandsverwendung verfügbarem Nationaleinkommen, zwischen Konsumtion und Akkumulation, zwischen individueller und gesellschaftlicher Konsumtion sowie zwischen Neuinvestitionen und Ersatzinvestitionen" (Ibid., S. 79). Damit lassen sich die Eckpunkte einer mittel- und langfristigen Planung fixieren. Allerdings genügt es nicht, wie die ostdeutsche Wachstumstheorie (Heinrichs und Maier 1976; Heinrichs 1982) Verhältniszahlen zwischen diesen Größen zu berechnen und eine höhere Effizienz zu fordern. Für eine effektive Planung ist ein evidenzbasiertes Funktionsmodell von Wachstum und Konsum notwendig, wie es zumindest ansatzweise von Kalecki und der polnischen Wachstumsschule in seiner Nachfolge ausgearbeitet worden war.[55]

Je länger der Zeithorizont, desto mehr sind Unsicherheit und Risiko zu berücksichtigen, d. h. diese Planung setzt belastbare Prognosen voraus (Haustein 1970). Man installierte Prognosegruppen, die sich – wie die Planung generell – bevorzugt mit den Bedingungen der materiellen Produktion beschäftigten. Auffällig ist die geringe Aufmerksamkeit, die Konsum, öffentliche Daseinsvorsorge und Infrastrukturentwicklung in der Reformphase der 1960er Jahre erhalten hatten. Der Politikwechsel zur Einheit von Wirtschafts- und Sozialpolitik wurde damals offensichtlich nicht antizipiert. Doch als er dann stattfand, wendete man sich von dem geschaffenen Instrumentarium und Wissen ab: „die umfassende, systematische und staatlich zentral geleitete Ausarbeitung von Prognosen, vor

[55] Wir haben bereits angemerkt, dass Kalecki und seine Schule (z. B. Łaski, Gomulka, Józefiak, Nasiłowski, W. Sadowski) von den ostdeutschen Ökonomen nicht wahrgenommen wurden. Das ist umso bedauerlicher, als Osiatyński (1987, S. 126, Fn. 10) wohl nicht zu Unrecht bemerkt: „Thus Kalecki's growth theory seems more applicable, for instance, to the East German economy than to the Polish one, in which total chaos and disintegration already in the 1970s made relations between investment and output, or capital per employee and labour productivity, wholly haphazard or even negative".

allem in den zentral festgelegten Ständigen Prognosegruppen wurde mit dem Abbruch des NÖS 1970/71 auch weitgehend beendet" (Steinitz und Walter 2014, S. 79). Für einen wissenschaftlich begründeten Perspektivplan fehlten weiterhin die Voraussetzungen.

In der ostdeutschen Wachstumstheorie fand der Politikwechsel im Gegensatz zu Polen wenig Widerhall. Die Theoretiker des Akademieinstituts für Wirtschaftswissenschaften gingen bei ihrer Analyse der weiteren Gestaltung der entwickelten sozialistischen Gesellschaft nicht explizit auf die Einheit von Wirtschafts- und Sozialpolitik und den damit verbundenen Strukturwandel ein und betonten „Kontinuität und Stabilität der ökonomischen Entwicklung" (Heinrichs und Maier 1976, S. 100). Zwar trifft sicher zu, dass „der bestehende Produktionsorganismus mit seinen vielfältigen Verflechtungen [...] sich kurzfristig nur in relativ engen Grenzen verändern" lasse (Ibid., S. 394). Doch wenn man unterstellt: „Strukturveränderungen unter den Bedingungen der Intensivierung sind deshalb vor allem über Produktivitäts- und Effektivitätsentwicklung im eigenen Bereich zu erreichen und nicht durch eine quantitative Ausdehnung ihres Beschäftigungs- und Grundfondspotentials" (Ibid., S. 158), dann verzichtet man auf die Kapital- und Arbeitskräftemobilität, die für eine längerfristige dynamische Entwicklung unumgänglich sind. Zu einer modellmäßigen Erfassung der Prozesse von Wachstum und Strukturwandel, wie von Kalecki und seinen Nachfolgern vorgelegt, kommt es nicht. Angesichts dynamischer multisektoraler Verflechtungsbilanzen ist es für die Planung völlig irrelevant, sich mit den Proportionen zwischen den Abteilungen I und II der gesellschaftlichen Produktion zu beschäftigen und festzustellen, "daß beim Übergang zur vorwiegend intensiv erweiterten Reproduktion das vorrangige Wachstum der Produktionsmittel grundsätzlich erhalten bleibt" (Heinrichs 1982, S. 192–194 und S. 275).

So musste die langfristige Optimierung der Planung mit Blick auf ein gleichgewichtiges Wachstum von Wirtschaft und Lebensstandard der Wahrung der bestehenden Proportionen und einer kurzfristigen *ad-hoc* Planung weichen, in der bei der Vorlage der Jahrespläne im Politbüro regelmäßig verlangt wurde, unrealistische Effektivitätssteigerungen anzunehmen und höhere Wachstumsraten vorzusehen, als die Wirtschaft nach Ansicht der Planer hergab. Die von den führenden Wirtschaftspolitikern unter Leitung von Gerhard Schürer, dem Chef der Plankommission, Ende 1989 vorgelegte „Analyse der ökonomischen Lage der DDR mit Schlußfolgerungen" konstatierte lapidar: „Die Feststellung, daß wir über ein funktionierendes System der Leitung und Planung verfügen, hält jedoch einer strengen Prüfung nicht stand" (Hertle 1996, S. 450).

Weder in Polen noch in der DDR waren in den 1970er Jahren der Zeithorizont eines Perspektivplans, d. h. 15 Jahre, und die Aussicht auf eine Maximierung des Lebensstandards über diesen Zeitraum für die Bevölkerung eine akzeptable Perspektive. Da wurden unmittelbarere Verbesserungen erwartet. Das stellte Wirtschaftspolitik und Planung vor schwierige Probleme: Kurzfristig lässt sich intern eine Konsumsteigerung nur durch Einschränkung der Akkumulation finanzieren, und das auf Grund der materiellen Rigiditäten in der Produktion auch nur in beschränktem Umfang. Dadurch wird allerdings das langfristige Wachstum, auch des Konsums, in Mitleidenschaft gezogen. Das einheitliche sozialistische Finanzsystem erlaubte dem Zentralplaner grundsätzlich einen Zugriff auf alle verfügbaren Mittel. So konnte man eigentlich notwendige Investitionen, z. B. in die Infrastruktur, unterlassen und die Mittel auf Schwerpunktprojekte, z. B. die Mikroelektronik, konzentrieren oder Abschreibungsmittel zentralisieren und Ersatzinvestitionen verschieben. Die Folgen für eine kontinuierliche Entwicklung sind abzusehen.

Schließlich bestand die Möglichkeit, Kredite im Ausland aufzunehmen. Davon versuchten sowohl Polen wie die DDR in den 1970er Jahren ausgiebig Gebrauch zu machen. Die Sowjetunion als Lieferant zusätzlicher Ressourcen war ebenso wie die übrigen RgW-Länder angebotsbeschränkt, worauf Kalecki schon 1959 aufmerksam gemacht hatte. Die ständigen Forderungen der DDR-Führung stießen in Moskau mehr und mehr auf taube Ohren. Es blieb nur der Weg zu den westlichen Banken offen, die in den 1970er Jahren über reichliche Mittel verfügten und niedrige Zinsen verlangten. Kurzfristig waren eine Steigerung des Lebensstandards und wachstumsorientierte Investitionen vereinbar. Ob eine solche Politik über längere Sicht nachhaltig sein würde, hing vor allem von der Verwendung der Kredite ab. Wurden sie konsumtiv verwendet oder für Investitionen mit geringer Produktivität, dann waren Rückzahlungsschwierigkeiten abzusehen, wie sie sich Anfang der 1980er Jahre nach einer signifikanten internationalen Zinserhöhung auch einstellten. Typisch für die Investitionspolitik der DDR waren aufwendige Schwerpunktprojekte, wie der Wohnungsbau, die Erdölablösung oder das Mikroelektronikprogramm, die in dem getätigten Umfang auf Kosten ‚normaler', aber rentablerer Investitionen gehen mussten. Anstelle einer konsequenten mittel- und langfristigen Planung lebte die DDR über ihre Verhältnisse. Nicht nur um die internationale Zahlungsfähigkeit aufrecht zu erhalten, sondern auch um die unterlassenen Ersatz- und Infrastrukturinvestitionen nachzuholen, wäre am Ende eine Reallohnsenkung von 25–30 % erforderlich gewesen, wie die Analyse von Schürer et al. (Hertle 1996, S. 454) meinte. In Polen war die Situation keineswegs besser, und die entsprechende Reallohnsenkung fand in den ersten Jahren der Transformation dann tatsächlich statt.

Die Wirtschaftspolitik in Polen und Ostdeutschland hat offensichtlich sehr unzureichenden Gebrauch vom Instrumentarium und von den Möglichkeiten der

Planung gemacht. Oder war da nichts Besseres zu erwarten? Die ersten Ansätze zur Zentralplanung (z. B. bei Rathenau und Neurath) hatten bewiesen, dass es sich um ein machbares Projekt handelte und dass es unter bestimmten Umständen zielführend sein konnte. Nur waren diese Umstände kriegsbedingt: die Konzentration aller verfügbaren Mittel auf ein materiell vorgegebenes Ziel und nicht die optimale Allokation knapper Ressourcen für die Realisierung alternativer Ziele, was das eigentliche ökonomische Problem ist. In diesem Sinn war das stalinistische Planungsmodell eine Kriegswirtschaft und zeitweise wohl auch adäquat für die Situation der Sowjetunion. Konsistenz und Optimalität einer Zentralplanung unter ‚normalen' Bedingungen, das ist eine ganz andere Frage, die die Ökonomie praktisch über das ganze 20. Jahrhundert beschäftigt hat.

Hier ist nicht der Ort, die damit verbundenen spannenden Debatten nachzuzeichnen. Seit Pareto (1906) ist bekannt, dass die optimalen Bewertungen (Gleichgewichtspreise) der Wirtschaftsgüter in einem zentralistischen (planwirtschaftlichen) System und einem dezentralen (marktwirtschaftlichen) System unter sonst gleichen Bedingungen identisch sind. Der Unterschied besteht im Verfahren ihrer Ermittlung. Mises' Behauptung, das gehe nur in einer Marktwirtschaft, ist theoretisch widerlegt, wohingegen bis zu 60 Jahre Erfahrung mit der Planwirtschaft sowjetischen Typs die Zweifel an der praktischen Durchführbarkeit nicht ganz ausräumen konnte. Das bringt die Kritik von Hayek (1935) ins Spiel: die Datenmenge, die eine zentrale Ermittlung der Gleichgewichtspreise erfordert, ist einfach zu umfangreich.

Hayek wies darauf hin, dass die relevanten Daten, nämlich die individuellen Präferenzen, Produktionsmöglichkeiten und verfügbaren Ressourcen, lokal bekannt sind. „It is probably evident that the mere assembly of these data is a task beyond human capacity" (Ibid., S. 211). Für eine Wirtschaftsrechnung, die eine systemweite Optimierung der Allokation ermöglicht, bedarf es einer externen Information, der einheitlichen Bewertung der Wirtschaftsgüter (Gleichgewichtspreise). Léon Walras hat in seiner allgemeinen Gleichgewichtstheorie die Modellfigur eines zentralen Auktionators eingeführt, der die lokalen Informationen nicht zu wissen braucht und im Informationsaustausch mit den Betrieben einen Preis vorschlägt und ihn so lange variiert, bis sich ein Marktgleichgewicht einstellt. Oskar Lange (1936, 1937) übernahm das Verfahren und ersetzte den virtuellen Auktionator durch den realen Zentralplaner. Das löste Hayeks Problem nicht wirklich, was wohl auch der Grund dafür ist, warum Langes Verfahren nie in die Praxis umgesetzt wurde. Denn nicht nur blieb die Menge der zu kommunizierenden Informationen hoch. Auch theoretisch weist das Verfahren Schwächen auf: Sobald es nicht idealtypisch momentan, sondern real im Zeitablauf stattfindet, ist ein stabiles Resultat nicht mehr gewährleistet, wie der Schweinezyklus deutlich macht.

Kurz vor seinem Tod hatte Lange (1967b [1965]) dann die momentane Lösung des Problems durch elektronische Datenverarbeitung und den Computer als geeignete Instrumente zur zentralen Ermittlung optimaler Preise aufgegriffen (s. Abschn. 3.1.2). Das wurde zu seiner Zeit als Computopia belächelt (Neuberger 1966), was den damaligen Kapazitäten dieser Geräte sicher entsprach. Auch in der Sowjetunion hatte man sich in den 1960er Jahren Gedanken zu automatischen Systemen der Plankalkulation gemacht (Cave 1980; Sutela 1984, S. 130–136). Die praktischen Möglichkeiten der Kybernetik und der Informationstechnologie, die dem Optimismus von Lange zugrunde lagen, blieben aber weit hinter den Erwartungen zurück. Ein gutes halbes Jahrhundert später hat sich die Situation grundlegend geändert. Hardware und Software haben eine rasante Entwicklung durchlaufen. Rechenleistung, Miniaturisierung der Mikroprozessoren, Cloud computing, Quantencomputer, Algorithmus-Entwicklung – die Fortschritte der letzten fünfzig Jahre sind unglaublich, so dass Erfassung und Verarbeitung von Big Data selbstverständlich geworden sind und künstliche Intelligenz selbstlernende Algorithmen zum Einsatz bringen kann. Der terrestrische Markt wird effektiv durch die virtuelle Plattformökonomie ergänzt. Die Digitalisierung schafft fast perfekte, aber auch beängstigende Überwachungs- und Kontrollmöglichkeiten. Ist das, was für Hayek „beyond human capacity" schien, inzwischen mehr oder weniger „within machine capacity" gerückt? Diese Frage lässt sich zur Zeit nur schwer eindeutig beantworten.

Ob und wie die sozialistischen Planwirtschaften von den Möglichkeiten moderner IT-Technologie Gebrauch gemacht hätten, würden sie diese Zeit erlebt haben, bleibt eine spekulative Frage, die hier nicht zu beantworten ist.[56] Zu ihrer Zeit hat die ideologische Verhärtung und Inkompetenz der Politik sie an der Umsetzung des damals von der Wissenschaft Angebotenen gehindert. Die Chancen der modernen Technologie und der damit verbundenen Forschung wurden von der Politik unterschätzt (nicht so durch Ulbricht, s. Abschn. 2.1.1). Eine neue Generation, die Intelligenz auf dem Weg zur Klassenmacht (Konrád und Szelényi),

---

[56] Das System des allgemeinen Gleichgewichts und der optimalen Planung kann bei einer gegebenen Zielfunktion unter Einsatz eines geeigneten Algorithmus und einer hinreichend starken Rechenkapazität die optimale Allokation der Ressourcen automatisch bestimmen. Man könnte meinen, Engels (1948 [1878], S. 386) habe so etwas vor Augen gestanden, als er feststellte, der Plan werde das Allokationspuzzle problemlos lösen: „Die Leute machen alles sehr einfach ab, ohne Dazwischenkunft des vielberühmten ‚Werts'", d. h. ohne Vermittlung des Markttauschs. Eine solche Vision könnte auch Rosa Luxemburg und Nikolaj Bucharin vorgeschwebt sein, als sie für den Sozialismus das Ende der politischen Ökonomie postulierten (s. Abschn. 3.1.1). Mit einer ähnlichen Vision hatte Schumpeter (1942) die Funktion des Unternehmers für obsolet erklärt und damit automatisierbare, rationale Planung für das System der Zukunft.

hätte eine neue Einstellung mitbringen müssen. Die Priorität des Machtkalküls hat Planung immer top – down strukturiert: Das (politische) Zentrum beanspruchte absolute Kontrolle über die Wirtschaft. Ob und wann sich das auch mit Hilfe der modernen IT-Technologie effektiv durchsetzen lässt, ist angesichts der Komplexität und Unsicherheiten noch immer eine offene Frage.

Das Informationsproblem, das Hayek und Lange beschäftigt hat, ist ein Problem der Quantität der erforderlichen Informationen. Daneben besteht auch ein qualitatives Informationsproblem: Wie gut sind die Informationen, die der Planer von den unteren Ebenen der Organisation erhält? Kann er erwarten, dass man ihm wahrheitsgemäß berichtet, was Sache ist? Schließlich schlagen diese Informationen am Ende wieder zurück auf die unteren Ebenen in der Form von Prämien für Planerfüllung oder von Planauflagen für die nächste Periode. „It has been conjectured […] that the amount and quality of information percolating to power holders will vary inversely with the political coercion and restrictions they impose upon society“ (Montias 1976, S. 37).

Planung auf betrieblicher Ebene ist eine Selbstverständlichkeit. Die Einheiten, die dabei der Planung unterworfen werden, können einen gewaltigen Umfang annehmen (z. B. General Electric, Toyota, Volkswagen, Siemens). Dabei wird nicht nur der jeweilige Konzern zentral geleitet, sondern es werden auch zahlreiche eigenständige Zuliefer- und Absatzbetriebe netzwerkmäßig einbezogen, zum Teil ebenfalls Großkonzerne. Das dafür erforderliche Informations- und Koordinationsmanagement stützt sich mehr und mehr auf die fortgeschrittene IT-Technologie. Auch in der DDR wurden, wie wir sahen, auf der Ebene der Betriebe und der Zweige schon in den 1970er und 1980er Jahren algorithmische Ansätze (Operations-Research) erfolgreich für die Planung und Leitung verwendet. Das Kombinat stellt allerdings nur bedingt eine entsprechende Entwicklung dar. Denn es hat die Tendenz zur betrieblichen Autarkie und verzichtet deshalb auf die effiziente Arbeitsteilung und Spezialisierung. Reformansätze, die die Planung auf die Selbständigkeit der Betriebe und ihre Wirtschaftlichkeitsrechnung zu gründen versuchten, wurden allerdings abgeblockt: Die Autorität der Zentrale ging vor (s. Abschn. 4.2.1). Ähnliche Ansätze, die das Team von Gierek mit den Großen Wirtschaftsorganisationen (WOG) in Polen eingeführt hatte, wiesen auch ähnliche Schwächen wie die ostdeutschen Kombinate auf. Die Autonomie dieser Betriebe wurde deshalb sehr rasch zurückgefahren. Etwas dauerhaftere Veränderungen der Unternehmensselbständigkeit traten erst Anfang der 1980er Jahre auf. Doch auch ihre Effektivität konnte nicht überzeugen (Grala 2005).

Mit dem Fortschritt der Technologie gehen auch Fortschritte in den Einsatzmöglichkeiten einher. Effektive rationale Planung konnte sich, wie kurz gezeigt, auch bottom – up entwickeln. Flexible Cluster eng vernetzter Betriebe, die intern auf regionaler oder sektoraler Ebene zu koordinieren sind, stellen für die lineare Programmierung und das Operations Research keine unüberwindbaren Probleme. In diesem Bereich haben Kantorovič und seine Adepten in Halle die größten Erfolge erzielt. Hier hätte der Fortschritt in der IT-Technologie sicher organisatorische Innovationen und algorithmisch gesteuerte Planungsabläufe ermöglicht. Sie wären durch makro-ökonomische Planung zu ergänzen gewesen.[57] So weit ist es jedoch nicht gekommen.

Ein notorisches Problem sozialistischer Wirtschaftssysteme war die Inflation. Notorisch deshalb, weil Inflation geleugnet wurde. Denn schließlich unterschied sich der Sozialismus vom Kapitalismus unter anderem dadurch, dass dank der umfassenden zentralen Kontrolle des Wirtschaftsprozesses und seiner rationalen Planung solche unerfreulichen Begleiterscheinungen der spontanen kapitalistischen Entwicklung vermieden werden konnten. Diese Behauptung ließ sich bis Ende der 1950er Jahre aufrechterhalten. Danach setzte eine schleichende Inflation ein, die sich vor allem in verdeckten Preiserhöhungen durch Einführung „neuer" Produkte und Verschiebungen in der Angebotsstruktur äußerte. Der mit einer gewissen zeitlichen Verzögerung auch die sozialistischen Länder treffende Ölpreisschock brachte dann das stabil gehaltene Gefüge der Produktionsmittelpreise durcheinander und löste Inflationsschübe aus. Darauf reagierten die einzelnen Länder sehr unterschiedlich. Grundsätzlich versuchte man überall, das Thema ‚Inflation' aus der öffentlichen Kommunikation fernzuhalten und ihre Folgen für den Lebensstandard durch steigende Nominaleinkommen und Subventionen für die Güter und Dienstleistungen des Grundbedarfs zu kompensieren. Das belastete zusehends den Staatshaushalt.

In Polen und Ungarn, wo die offene Inflation in den 1980er Jahren 10 % und mehr betrug, stieß die staatliche Wirtschaftsplanung auf den wachsenden Unmut der Bevölkerung. Der wurde durch den Umstand verstärkt, dass allfällige Preiserhöhungen in einer Planwirtschaft durch diskrete Preissprünge vorgenommen

[57] Ein kurzer Blick auf die westliche Theorie der Planung sei in diesem Zusammenhang gestattet. Sie hat vor allem das Problem von Zentralisierung und Dezentralisierung und Planung unter Unsicherheit auf formal hohem Niveau behandelt. Einen zusammenfassenden Vergleich mit Ansätzen aus dem sozialistischen Lager bietet Leif Johansen (1977, 1978). Johansen geht dabei vor allem auf sowjetische und ungarische, aber auch auf polnische und tschechoslowakische Beiträge ein. Einen DDR-Autor sucht man in seinem Personenindex – mit Ausnahme des Wirtschaftshistorikers Jürgen Kuczynski – vergeblich. Das ist kein einmaliger Befund. In der 45-seitigen Literaturliste seines Standardwerks *The Socialist System* führt János Kornai (1992) aus dem sozialistischen Lager ebenfalls vor allem sowjetische und ungarische Veröffentlichungen an. Doch immerhin werden 25 (englischsprachige) Publikationen von polnischen (einschließlich exil-polnischer) Autoren genannt (Kornai las nicht Polnisch). Aus der DDR taucht nur ein Name auf: Bert Brecht.

wurden und nicht wie in einer Marktwirtschaft kontinuierlich erfolgten. Zu dem Preisschock kam hinzu, dass die Leute bei einem erwarteten Preissprung Spontan- und Hortungskäufe vornahmen, wodurch Mangelerscheinungen in der Versorgung auftraten.

Vor allem in Polen führten die Preissprünge zu manifesten politischen Krisen und Wechseln in der Partei- und Staatsführung 1970 und 1980. Das verhinderte nicht, dass die Geldpolitik in den 1980er Jahren aus den Fugen geriet und die Inflation rasch zunahm. In Ungarn war die Situation insofern anders, als das Land 1982 dem Internationalen Währungsfonds und der Weltbank beigetreten war, um besseren Zugang zu internationalen Krediten zu erhalten und seinen steigenden Westhandel finanzieren zu können. Die internationalen Finanzinstitutionen machten Kredite von einer kontrollierten Staatsverschuldung abhängig. Damit war das Land praktisch gezwungen, die Preissubventionierung aufzugeben und die Konsumgüterpreise in der zweiten Hälfte der 1980er Jahre weitgehend freizugeben.

Polen hatte noch vor Ungarn einen Antrag auf (Wieder-)Aufnahme in den Währungsfonds gestellt. Auf Grund des Kreditausfalls und der Einführung des Kriegsrechts wurde dem allerdings nicht vor 1986 stattgegeben. Inwieweit die Bemühungen um Mitgliedschaft im IWF auf die Geldpolitik der polnischen Regierung Einfluss hatten, wäre näher zu untersuchen. Doch kamen offensichtlich andere Faktoren hinzu, die den Unterschied in der politischen Reaktion auf die Währungskrise in beiden Ländern erklären können.

Die Tschechoslowakei und die DDR waren demgegenüber Horte der Geldwertstabilität – zumindest auf dem Papier. Der offizielle Konsumgüterpreisindex der DDR zeigte absolute Preisstabilität an. Da mögen statistische Tricks (z. B. Beschränkung des Warenkorbs, Einführung „neuer" Produkte) mitgeholfen haben. Doch im Vergleich zu Polen und Ungarn blieb die Inflation schleichend. Dass die Lieferfrist für ein Auto z. B. zehn Jahre und mehr betrug, stand auf einem anderen Blatt. Die Nominaleinkommen und die Geldmenge stiegen rascher als das Güterangebot: Die Inflation äußerte sich in einem Kaufkraftüberhang. Über die Produktionsmittel- und Außenhandelspreise sprach man nicht. Doch wir sahen, dass der implizite Wechselkurs (der durchschnittliche Richtungskoeffizient) sich kontinuierlich verschlechterte, was u. a. auf Inflation schließen lässt.

Geld- und Preistheorie waren unterentwickelte Felder der sozialistischen Ökonomie, die sich nun einmal auf die Planung der materiellen Produktion konzentrierte. In Polen haben sich einige kritische Ökonomen mit Fragen des makroökonomischen Gleichgewichts beschäftigt. In der DDR blieben solche Studien Mangelware. Das musste sich mit dem Systemwechsel radikal ändern. Liberalisierung und Stabilisierung waren die Kernthemen der ersten Transformationsphase.

Sie wurden in Polen um einiges radikaler als in anderen sozialistischen Ländern Ostmitteleuropas durchgeführt (Schocktherapie) und waren mit drastischen Reallohnsenkungen, einer gewaltigen Anpassungsinflation und Arbeitslosigkeit verbunden. In Ostdeutschland verhinderte die Politik der Bundesregierung und der Bundesbank die entsprechenden Prozesse über Lohn und Inflation. Hier erfolgte die Anpassung allein über die Arbeitslosigkeit.

Die Vision Lenins von der sozialistischen Wirtschaft als eines voll integrierten, zentral geführten Gesamtbetriebs hatte für Theorie und Praxis der Betriebsführung einschneidende Folgen.[58] Einerseits schuf sie ein gewaltiges Organisationsproblem, wie dieses Monster zu planen und zu lenken sei. Andererseits konnte es neben dem Staat als Gesamtunternehmer keine eigenständigen Unternehmen geben, und damit wurde eine einzelwirtschaftliche Betriebswirtschaftslehre überflüssig. Es war nur konsequent, dass im Stalinismus, als die Vision Lenins unangefochten Gültigkeit hatte, betriebswirtschaftliche Studien und Forschung in Polen und in der DDR abgeschafft bzw. von der gesamtwirtschaftlichen Planungs- und Organisationstheorie absorbiert worden sind.

Die Frage, wie das gesamtwirtschaftliche Organisationsproblem zu lösen sei, hatte Lenin mit Verweis auf Frederick Winslow Taylors wissenschaftliches Management beantwortet. Der Taylorismus war in der ersten Hälfte des 20.Jahrhunderts die modernste Errungenschaft der kapitalistischen Organisationswissenschaft. „Das letzte Wort des Kapitalismus in dieser Hinsicht, das Taylorsystem, vereinigt in sich – wie alle Fortschritte des Kapitalismus – die raffinierte Bestialität der bürgerlichen Ausbeutung und eine Reihe wertvollster wissenschaftlicher Errungenschaften" (Lenin 1960 [1918], S. 249). Letztere habe der Sozialismus zu adaptieren. (Eine eingehende Darstellung des Taylorismus aus sowjetischem Blickwinkel bietet Gvišiani 1974, S. 261–296).

Taylor (1911) hatte ein Unternehmen als strikt top-down geplantes System beschrieben. Der Manager legt für jeden Arbeiter ein Aufgabenpaket (einen Plan) fest, das dann mehr oder weniger mechanisch ausgeführt werden kann. Diese ‚Planung' beruht auf folgenden Prinzipien:

- Wissenschaftlichkeit: Jeder Handgriff ist exakt geplant und folgt nicht mehr der Intuition und Erfahrung; der Arbeiter wird zur Maschine (die Karikatur von Charly Chaplin in *Modern Times* ist bekannt);

[58] Walter Eucken (1943, S. 150) hat eine ähnliche Vorstellung von der zentralgeleiteten Wirtschaft gehabt, von der er meinte „Einzelwirtschaft und Sozialwirtschaft sind hier identisch".

- Harmonie: Es gibt keine Gegensätze (Klassengegensätze, Interessengegensätze) im Betrieb. Das erlaubt
- Kooperation: Management und Belegschaft kooperieren in einer kollektiven Gemeinschaft und führen so den wissenschaftlich bestimmten Plan aus; individuelle Selbständigkeit ist kontraproduktiv,
- Gleichverteilung von Arbeit und Verantwortung zwischen Management und Belegschaft, wobei das Management alles übernimmt, wofür es besser qualifiziert ist, d. h. Entwicklung, Planung und Leitung; dem Arbeiter bleibt nur der Vollzug seiner ‚Aufgabe‘,
- Wissenschaftliche Auswahl und Ausbildung der Arbeiter, d. h. nicht der Arbeiter bestimmt, welche Aufgabe er übernehmen kann und wie er sich qualifiziert.

Die technisch-organisatorische Wissenschaftlichkeit der Betriebsführung macht den ‚Unternehmer‘ überflüssig. Wie die marxistisch-leninistische Gesellschaftstheorie versuchte Taylor, Vergesellschaftung und Vergemeinschaftung miteinander zu verbinden, um soziale Konflikte zu vermeiden, die in einer rein technisch-organisatorischen Welt kontraproduktiv sind. Eine bessere Beschreibung der marxistisch-leninistischen Leitungswissenschaft kann man sich kaum vorstellen, nur dass im wissenschaftlichen Sozialismus die Organisation die gesamte Volkswirtschaft umfasst und das Management in den Händen der Partei liegt. Die Grundprinzipien stimmen miteinander überein: Wissenschaftlichkeit, gesellschaftliche Harmonie und Kooperation bei gleichzeitigem Paternalismus (Prinzip der Einzelleitung, top-down Management), wissenschaftliche Rekrutierung (konsequent zentralisierte Kaderpolitik). Offensichtlich ergänzen Kotarbińskis praxeologischer Ansatz und Konzept der ‚guten Arbeit‘ diese Sichtweise der Betriebsführung.

Die Vision blieb Utopie.[59] Doch sie behielt eine erstaunliche Wirkungsmacht, auch als das Wirtschaftssystem stufenweise dezentralisiert wurde und sich ein Zwei-Ebenen-System der Planung, wie auch immer beschränkt, durchsetzte: die zentrale Ebene und die betriebliche Ebene. Damit kehrte der Bedarf an Wissen und Ausbildung zur Betriebsführung zurück. An den Hochschulen oder in eigenen Instituten, wie dem *Zentralinstitut für sozialistische Wirtschaftsführung*

[59] Was vom Taylorismus in der ostdeutschen Praxis übrigblieb, war der von den Arbeitern immer gehasste Akkord- bzw. Stücklohn (‚Akkord ist Mord‘). Die ostdeutsche Politik musste die größten ideologischen Verbiegungen vornehmen, um Ende der 1940er Jahre dieses Lohnsystem als sozialistischen Fortschritt zu propagieren und einzuführen. Der Aufstand am 17. Juni 1953 war dafür die Quittung (Roesler 2004; Geerling und Magee 2011).

beim ZK der SED, wurden seit Mitte der 1960er Jahre entsprechende Fachbereiche und Lehrgänge eingerichtet. Hier ging es nicht nur um Fachwissen, sondern auch um Kaderpolitik. Das erforderte eine strikte politisch-ideologische Kontrolle. Die institutionelle Anbindung des ostdeutschen *Zentralinstituts* und die Ablösung von Witold Kieżun als Leiter der polnischen Akademieabteilung für Praxeologie belegen das.

Trotzdem nahmen die Managementwissenschaft in Polen und die sozialistische Leitungswissenschaft in der DDR eine unterschiedliche Entwicklung. Letztere lehnte sich eng an sowjetische Vorbilder an. Die amerikanische Management- und Organisationstheorie, die nach dem Krieg international den Maßstab vorgab, konnte trotz einiger Übersetzungen ins Deutsche vor allem auf dem Umweg über die Sowjetunion (z. B. Gvišiani 1974) rezipiert werden. Polnische Betriebswirte hatten demgegenüber unmittelbaren Zugang dazu: Mit Unterstützung der Ford Foundation und der US-Information Agency wurden ein Institut und eine Bibliothek finanziert und Studienaufenthalte ermöglicht. So wurde die marxistisch-leninistische Leitungswissenschaft mit Erkenntnissen der amerikanischen Management Science angereichert. Das gab jenen polnischen Betriebswirten, die eine entsprechende Ausbildung genossen hatten, einen gewissen Vorsprung beim Übergang zur Marktwirtschaft. Ihre ostdeutschen Kollegen brachten in diesen Prozess ihre solide Ausbildung in Operations Research und anderen quantitativen Methoden ein.

Abschluss: Die verpasste Modernisierung 5

Eine Regierung, die auf dem Prinzip des Wohlwollens gegen das Volk als eines Vaters gegen seine Kinder errichtet wäre, d. i. eine väterliche Regierung (imperium paternale), wo also die Untertanen als unmündige Kinder, die nicht unterscheiden können, was ihnen wahrhaftig nützlich oder schädlich ist, sich bloß passiv zu verhalten genötigt sind, um, wie sie glücklich sein sollen, bloß von dem Urteile des Staatsoberhaupts, und, daß dieser es auch wolle, bloß von seiner Gütigkeit zu erwarten: ist der größte denkbare Despotismus. Kant 1968 [1793], S. 145–146.

Das kollektivistische Modernisierungsprojekt prägte das kurze 20. Jahrhundert. Im Anschluss an Marx und Engels waren die sozialistischen Theoretiker überzeugt, dass die kapitalistische ‚bürgerliche' Gesellschaft in ihrer wettbewerblichen Hochphase zwar eine ungeahnte Modernisierungsdynamik an den Tag gelegt habe. Auf Grund ihrer inneren Widersprüche (Klassenantagonismus, Ausbeutung, Krisenanfälligkeit, Ressourcenverschwendung) und ihrer Degeneration (Staatsmonopolisierung) seien ihre Tage jedoch gezählt. Eine klassenlose Gesellschaft und eine Wirtschaftsordnung, die Produktion, Verteilung und Konsum rational zentral plane, seien klar überlegen und würden sich als moderner, produktiver und gerechter erweisen. Diese Überzeugung saß fest in den Köpfen der allermeisten Intellektuellen des sozialistischen Lagers. Noch 1981 zog der 93-jährige Edward Lipiński, der alle Höhen und Tiefen des sozialistischen Jahrhunderts durchlebt und durchleuchtet hatte, eine am Ende optimistische Bilanz: „In der Geschichte werden unsere Ideen nie genau so verwirklicht, wie wir es gewünscht hätten, doch

H.-J. Wagener et al., *Sozialistische Ökonomie im Spannungsfeld der Modernisierung*, https://doi.org/10.1007/978-3-658-35045-1_5

etwas davon wird immerhin Realität. Die Zukunft, zwar nicht exakt vorherzusehen und zu planen, hängt zu einem gewissen Grad von unseren Intentionen ab" (Lipiński 1981, S. 27).

Am Vorabend des Zusammenbruchs des Staatssozialismus haben Brus und Łaski (1989, S. 5–13) die erwarteten Transformationsleistungen des kollektivistischen Projekts noch einmal zusammengefasst:

- Von privater Rationalität zu sozialer Rationalität (d. h. keine Externalitäten);
- von Rivalität zu Kooperation (d. h. keine unproduktiven Aktivitäten und damit niedrigere Kosten);
- von Ausbeutung zum freiwilligen Beitrag bzw. von einer Gesellschaft von Prinzipalen und Agenten (Herren und Knechten nach Hegel) zu einer Gesellschaft von Quasi-Prinzipalen (d. h. höhere Motivation und damit Produktivität);
- von der Unterauslastung von Arbeit und Kapital zur Vollbeschäftigung der Ressourcen bzw., nach Kalecki, von der Anpassung des Outputs an eine gegebene Verteilung zur Anpassung der Verteilung an den Vollbeschäftigungs-Output (d. h. weniger Ressourcenverschwendung);
- von der Gewinnmaximierung zur maximalen Bedürfnisbefriedigung (d. h. keine Klassenkonflikte);
- von einer institutionell eingeschränkten zur entfesselten Innovation (d. h. dynamische Effizienz).

Dieses Versprechen einer idealen Gesellschaft konnte nicht eingelöst werden. Die Gründe dafür sind vielfältiger Natur. Die Analyse der Blockaden der erwarteten Modernisierungsleistungen wäre Aufgabe der Wirtschafts- und Sozialwissenschaften gewesen.

Das ließen die marxistisch-leninistische Ideologie und die Partei als ihr Vertreter auf Erden nicht zu: ‚keine Fehlerdiskussion!' lautete die Parole in der DDR. So blieb das Ideal am Horizont, was für die schlichte Behauptung der Überlegenheit des kollektivistischen Systems ausreichte. Und die Wissenschaft hatte sich mit den Widrigkeiten und Mühen des täglichen Geschäfts auseinanderzusetzen – Arbeit genug.

Inwieweit diese Situation und damit das kollektivistische Modernisierungsprojekt von der Bevölkerung in den sozialistischen Ländern getragen worden ist, blieb auch im Nachhinein umstritten. Für die DDR spricht Martin Sabrow von der „Konsensdiktatur": „Das schärfste Instrument diktatorischer Herrschaft des 20. Jahrhunderts war auch in der DDR nicht die Repression, sondern das – suggerierte, inszenierte, erzwungene oder freiwillige – Einverständnis [... der] Glauben an die Legitimität des sozialistischen Gesellschaftsprojekts" (Sabrow 1999, S. 90). Detlef Pollack kommt in demselben Sammelband zu genau der gegenteiligen Einschätzung: „Das zeigt noch einmal, worauf die jahrelange Stabilität der DDR beruhte: Sie war nicht gegründet auf die Akzeptanz der sozialistischen Ideologie, auf die Bejahung einer sozialistischen Zielkultur oder auf einen kollusiven Wertekonsens, sondern auf Abgrenzung und Repression" (Pollack 1999, S. 70).

Doch wie Pollack selber deutlich macht, hatten die Bevölkerung und die intellktuelle Elite in Wissenschaft und Kultur, aus der sich am Ende die relativ kleinen Bürgerrechtsbewegungen rekrutierten, unterschiedliche Einstellungen: passiv bis ablehnend die einen, reformorientiert die anderen mit einer noch immer lebendigen Vision eines demokratischen Sozialismus. Damit waren die Zielvorstellungen in der ‚Wende' auch nicht in Übereinstimmung zu bringen, so dass die sozio-politische Neukonstituierung nach dem Zusammenbruch des alten Regimes nicht auf einem breiten konsensualen internen Fundament aufbauen konnte, sondern starken externen Kräften ausgesetzt war.

Ganz anders in Polen, wo die Intellektuellen während der Tauwetterperiode nach 1956 Brücken zur breiten Bevölkerung schlugen. Zwanzig Jahre später, nach den Streiks von 1976, wurden diese Aktivitäten in einer Reihe von Organisationen institutionalisiert, unter denen das ‚Komitee zur Verteidigung der Arbeiter' (KOR) eine herausragende Position einnahm.[1] Daraus ging die unabhängige Gewerkschaftsbewegung *Solidarność* hervor, die Anfang der 1980er Jahre ungefähr 10 Mio. Mitglieder zählte. Sie leitete nach ihrer Unterdrückung in der Periode des Kriegsrechts zusammen mit der intellektuellen Elite die Neugestaltung Polens in die Wege und stellte 1989 mit Tadeusz Mazowiecki den ersten nicht-kommunistischen Ministerpräsidenten und mit Leszek Balcerowicz einen der bestimmenden Gestalter der Transformation des Wirtschaftssystems.

5.1 Politisch-ideologische Modernisierungsblockaden

Das kollektivistische Modernisierungsprojekt, das sich im real existierenden Sozialismus institutionalisierte, gründete seine Fortschrittserwartung auf den Rationalitätsoptimismus der Aufklärung. Dabei handelte es sich um den Rationalismus, den Hayek konstruktivistischen oder cartesianischen Rationalismus nannte. Er beruht auf „dem Glauben, daß die Vernunft fähig sei, alle Einzelheiten

[1] Neben dem KOR sind die Bewegung zur Verteidigung der Menschen- und Bürgerrechte (ROPCiO) zu nennen, die freien Gewerkschaften und unabhängige politische Parteien wie die Konföderation des Unabhängigen Polens (KPN).

einer komplexen Gesellschaft unmittelbar bestimmen zu können“, worin Hayek „eine kolossale Überschätzung unseres intellektuellen Vermögens“ (Hayek 1969, S. 82, 84) sah.

Der Rationalitätsoptimismus erfuhr in den 1960er Jahren noch eine Steigerung, als die mathematischen Modelle von Kybernetik und Optimalplanung die Störungen, die menschliche Schwächen immer wieder im System verursachten, durch exakte abstrakte Algorithmen zu beseitigen versprachen. Diese Hoffnung hat sich als unrealistisch erwiesen. Doch dem Überlegenheitsgefühl der politischen und planerischen Eliten des Sozialismus tat das keinen Abbruch. Bewusste Steuerung und Kontrolle waren schließlich rationaler als chaotische Spontaneität. „The great illusion of communist ruling elites was to believe that the communist leviathan that they controlled could collect sufficient information, process it, and come up with adequately complex plans on that basis to politically prescribe – from the outside and from above – the optimal selective performance of social subsystems“ (Merkel et al. 2019, S. 25).

Mit anderen Worten: Das kollektivistische Modernisierungsprojekt überschätzte Machbarkeit, Konsistenz und Optimalität seiner Steuerungsmechanismen. Das kurze zwanzigste Jahrhundert war dadurch gekennzeichnet, dass praktisch die halbe Welt das Projekt zu realisieren versuchte. Und es endete mit dem Scheitern dieses Versuchs. Nach Hayek war das Projekt von Beginn an zum Scheitern verurteilt, da es von falschen Voraussetzungen, eben dem konstruktivistischen Rationalismus ausging. Nun ist der ‚real existierende Sozialismus‘, wie ihn Hayek immer vor Augen hatte, nur eine, wenn auch die historisch vorherrschende Ausprägung des kollektivistischen Modernisierungsprojekts. Alternativen sind denkbar und wurden von sozialistischen Reformökonomen auch angedacht.

Den entscheidenden Bruch mit dem sowjetischen Modell hat China nach 1978 vollzogen und damit eine Entwicklung ausgelöst, die in der Geschichte einmalig ist, „China in an economy of the triple mix: mix between plan and market, between public and private ownership of the means of production, between centralized and decentralized economic decisions, though the state, controlled by the Chinese communist party, maintained a strict control on the main economic strategies“ (Valli 2021, S. 333). Die Bedingungen, unter denen das möglich war, brauchen uns hier nicht näher zu beschäftigen. Wichtig in unserem Zusammenhang ist allein die Tatsache, dass Kommunisten – und Deng Hsiao Ping war ein alterfahrener Kommunist – die Modernisierungsblockaden sprengen und sich aus den Fesseln eines offensichtlich ineffizienten Systems befreien konnten.

Nach der Wende treffen wir zahlreiche kritische Analysen des marxistisch-leninistischen Dogmas und des daraus abgeleiteten politischen und Wirtschaftssystems an (z. B. Krüger 1990; Ettl und Jünger 1994), die zusammenzufassen hier nicht der Ort ist. Es ist kaum zu vermuten, dass die Gruppe der kritischen ostdeutschen Philosophen und Sozialwissenschaftler am 9. November 1989 ein Damaskus-Erlebnis gehabt haben und von plötzlicher Erleuchtung erfasst wurden. Sie werden sich auch in den Jahren zuvor mit dem System und dem es tragenden Dogma auseinandergesetzt haben – das allerdings hinter verschlossenen Türen und nicht in wissenschaftlichen Publikationen dokumentiert. Es fand in den DDR-Sozialwissenschaften kein freier und offener wissenschaftlichen Diskurs statt, anders als in den Naturwissenschaften. Anzumerken ist allerdings, dass es keine nennenswerten Samizdat-Schriften gab, die einen Untergrund-Diskurs belegen würden. Nach der Wende wurden aus den Schubladen auch keine Beiträge herausgezogen, die alternative theoretische Überlegungen entwickelt oder eine kritische Auseinandersetzung mit dem bestehenden System ans Licht gebracht hätten, mit Ausnahme von Behrens (1992).

Das war in den sozialistischen ‚Bruderländern' anders. Die polnischen Ökonomen erfreuten sich, wie wir sahen, in den meisten Jahren einer liberaleren Einstellung der Politik und konnten, wenn das offiziell nicht der Fall war, im Untergrund diskutieren, publizieren und sogar eine ‚fliegende Universität' unterhalten. Die 1970er und mehr noch die 1980er Jahre sahen ein schrittweises Einsickern westlichen ökonomischen Denkens in Polen. Einzelne Ökonomen gingen auf solche Ansätze ein und regten an, von der starren Planwirtschaft abzuweichen. Der Preis dafür – und möglicherweise auch eine der Ursachen für die Modernisierungsblockade – war der begrenzte Einfluss der Ökonomen, selbst der treuesten, auf die tatsächlichen wirtschaftlichen Entscheidungen. Ab 1956 ging die Regierung nur noch selten auf Ratschläge der Ökonomen ein (Bobrowski 1985). Das wissenschaftliche Humankapital lag gleichsam brach. Das führte in den 1970er Jahren zu riskanten Maßnahmen, die Parteiökonomen *ex post* zu rechtfertigen versuchten, während Kritiker des Systems (wie Kurowski und Kuczyński) auf die Risiken hinwiesen. Im letzten Jahrzehnt des Staatssozialismus geriet das Wirtschaftssystem in Polen praktisch außer Kontrolle. Die letzten Entscheidungen der Regierung (das Wilczek-Gesetz des Kabinetts Rakowski) sahen eine fast vollständige Deregulierung vor, damit das System aus eigener Kraft ein neues Gleichgewicht finde.

Die schwächere Bindung der Ökonomen an den Machtapparat und die größere Freiheit im Vergleich zu Ostdeutschland erlaubten vielen, nach dem Systemwechsel einen reibungsloseren Übergang zu den neuen wissenschaftlichen Paradigmen zu finden. In der Tschechoslowakei hatte nach 1968 die repressive Periode der ‚Normalisierung' eingesetzt. Trotzdem haben sich einzelne Vertreter der älteren Generation (z. B. Šulc, Turek, Mlčoch) und der mittleren Generation (z. B. Ježek,

Klaus, Zeman) gegen allen Widerstand von Seiten der Partei bemüht, die wissenschaftliche Diskussion nicht abbrechen zu lassen und einer jüngeren Generation alternative Sichtweisen zu vermitteln (Myant 2021). Die ungarische Ökonomie hatte 1968 den ‚Neuen ökonomischen Mechanismus' auf den Weg gebracht, der ebenfalls eine Öffnung nach dem Westen beinhaltete. Das fand nicht ohne zeitweise Rückschläge statt. Doch die Tatsache, dass János Kornai sechs Monate im Jahr in Budapest und sechs Monate in Harvard lehren konnte, war zwar ein Einzelfall, belegt aber eine Haltung der Partei, die in der DDR undenkbar gewesen wäre. Kurzum, als es zur großen Transformation kam, gab es in den drei genannten Ländern Wissenschaftler und Wirtschaftspolitiker, die theoretisch auf einen Systemwechsel vorbereitet waren, denen Keynes, Eucken, Hayek, Samuelson, Friedman keine Unbekannten waren. In der DDR gab es sie nicht.[2]

Ein Wirtschaftssystem, das von Beginn an dem Entwicklungsstand der ostdeutschen bzw. generell der ostmitteleuropäischen Gesellschaften nicht angemessen war und dann rigoros gegen kritische Analysen abgeschirmt wurde, kann sich nicht entwickeln, produktiv und innovativ sein. Auch – oder gerade – der universalistische, die gesamte Gesellschaft mit planmäßiger Rationalität erfassende Ansatz des kommunistischen Modernisierungsprojekts braucht unvoreingenommene Forschung, um sich einerseits produktiv entfalten und andererseits an eine dynamische und turbulente Umgebung anpassen zu können. Hier taucht ein Dilemma auf, nämlich der Konflikt zwischen den Interessen der Politik, die im Marxismus-Leninismus der Monopolpartei vorbehalten ist, und der Freiheit der Wissenschaft. Kritische Theoriebildung und voraussetzungslose Forschung setzen intellektuelle Autonomie voraus. Modernisierung, das haben wir in der Einleitung festgestellt, beinhaltet generell die Ausdifferenzierung mehr oder minder autonomer Gesellschaftsbereiche, die jedoch in einer fruchtbaren Wechselbeziehung zueinander stehen können – hier Politik, Wirtschaft und Wissenschaft. Es war der Primat der Politik, das Erbe Lenins, der das im realen Sozialismus behindert oder sogar unterbunden hat.

In der DDR mehr als in anderen sozialistischen Staaten. Denn hier bestimmte über die gesamten vierzig Jahre ihrer Existenz eine Clique von Parteiführern die Geschicke des Landes, die unter Stalin an die Macht gekommen waren und ihre stalinistische Grundeinstellung bis zum Ende durchsetzen konnten. Honecker war früh in Ulbrichts Führungsriege aufgestiegen, und der Wechsel von Ulbricht zu Honecker brachte keine neuen politischen Persönlichkeiten oder Ideen nach oben.

[2] Das 1989 publizierte *Ökonomenlexikon* (Krause et al. 1989) stellte die fünf Genannten neben anderen ‚bürgerlichen' Theoretikern mit ihren Kernthesen vor. Es wäre aber keinem ostdeutschen Ökonomen je eingefallen, diese Theorien als relevant für die sozialistische Wirtschaft zu betrachten. Das war eine ‚Ökonomie ohne Perspektive' (Meißner 1976).

Die personelle und inhaltliche Kontinuität kannte ein Hauptziel: den Erhalt der Macht, nicht nur allgemein der Partei, sondern auch der persönlichen Macht ihrer Führer. Polen erlebte drei Machtwechsel in der Partei (von Bierut auf Gomułka, von Gomułka auf Gierek und von Gierek auf Jaruzelski, wenn wir die kurzen Amtsperioden von Ochab, Kania und Rakowski vernachlässigen). Diese Wechsel waren begleitet von mächtigen Wellen sozialer Unruhe, was die Führung dazu zwang, wenn auch nur kurzfristig, die Zügel zu lockern. Der Erhalt der Macht der Partei war allerdings auch dort obligatorisch. Schließlich folgte das aus der Dominanz Moskaus (Moskauer Erklärung 1957, Brežnev-Doktrin 1968), die erst von Gorbačev aufgegeben wurde.

Hier lokalisieren wir eine äußerst einflussreiche Modernisierungsblockade im staatssozialistischen System. Die Fokussierung aller gesellschaftlichen Aktivitäten auf das politische Zentrum in der Partei und die damit einhergehende Unterordnung aller übrigen Gesellschaftsbereiche, aber auch aller persönlichen Karrieren (Nomenklatura) und individuellen Anschauungen unter Vorgaben der Partei verhinderten in der DDR selbständige, ergebnisoffene Aktivitäten, in der Wirtschaft wie in der Wissenschaft. Die Aufgabe der Wirtschafts- und Sozialwissenschaft war nicht etwa die Aufdeckung von Zusammenhängen und Widersprüchen, von Verhaltensweisen und Einstellungen, von Entwicklungstrends und institutionellen Einflüssen oder ganz allgemein eben von Modernisierungsblockaden. Wichtige Aufgabe der Wirtschafts- und Sozialwissenschaften – natürlich nicht die einzige – war die *ex post* Rationalisierung von Parteibeschlüssen und ihre propagandistische Verbreitung. In Polen waren solche Anforderungen an die Wissenschaft schwächer ausgeprägt als in der DDR: Die Freiheit der Forschung war größer. Doch gab es auch hier Grenzen, die man nicht überschreiten durfte. Versuchte man es trotzdem, dann führte das zum Bruch oder zumindest zur Verlangsamung der wissenschaftlichen Karriere wie im Fall von Stefan Kurowski.

„Social sciences undoubtedly serve as an instrument of forming social consciousness and as such perform important ideological functions. This has frequently led and still leads to the degeneration of the social sciences into mere apologetics of social systems or social movements. Whole periods and schools of political economy, for instance, are of this character“ (Lange 1964, S. 525). Lange stellte dies bei der Vorbereitung des systemübergreifenden UNESCO Surveys über die Sozialwissenschaften fest (s. Abschn. 2.4). Er verzichtete auf die Angabe von Beispielen, die er auch im Westen gefunden hätte. Doch es ist klar, wen er vor allem damit meinte.

Lange hatte in der stalinistischen Periode hohe Staatsämter bekleidet und die stalinistische Transformation der Wissenschaft mitgestaltet. Doch nach 1956 setzte er sich dafür ein, westliche Methoden der quantitativen Ökonomie zu verbreiten. Er und Kalecki haben zusammen mit ihren Kollegen und Schülern das theoretische Denken und die empirische Forschung hochgehalten und so dazu beigetragen, eine Degeneration der Ökonomie zu verhindern. Denn es bedarf originären Wissens, um soziale Prozesse erfolgreich kontrollieren zu können.[3] Eine Einschränkung und Gängelung der Wissensproduktion wird früher oder später zur Stagnation des Wirtschaftssystems führen – ganz sicher, wenn dieses nicht wie in der Wettbewerbswirtschaft auf spontane Prozesse vertraut, sondern auf rationale Planung und Kontrolle. Dass die Politik auch in Polen wenig mit den Analysen und Reformvorstellungen der Wissenschaft anzufangen wusste, steht auf einem anderen Blatt. Eine solidere ökonomische Wissenschaft hat die Stagnation und Krisen nicht verhindern können, die in Polen in den 1970er und 1980er Jahren dramatischer waren als in der DDR.

In der Sicht von Marx und Engels konnte sinnvoller Kommunismus nur wissenschaftlicher Kommunismus sein im Gegensatz zum kritisch-utopistischen Kommunismus. Das bedeutet, die Wissenschaft hat einen besonders hohen Stellenwert im kommunistischen Modernisierungsprojekt. Dass sie dem Diktat der Partei unterworfen und damit behindert wurde, ist auf den ersten Blick paradox.[4] In der von uns betrachteten Region und Periode trifft das vor allem auf die Sozialwissenschaften zu. Doch die Lysenko-Affäre und Stalins Vorbehalte gegen die Quantenphysik und die Relativitätstheorie zeigen, dass es Zeiten gab, in denen auch die Naturwissenschaften von ideologischen Eingriffen betroffen waren (Pollock 2006).

Nun wäre es sicher nicht richtig zu behaupten, in der DDR habe es keine empirisch fundierte Wirtschafts- und Sozialwissenschaft gegeben. Ohne eine solche Forschung kann ein System nicht vierzig Jahre lang ökonomisch eine zumindest im Rahmen der sozialistischen Welt führende Rolle spielen. Diese Forschung konzentrierte sich auf praktische Probleme wie Strukturentwicklung, Bildungsökonomie, Industrie- und Jugendsoziologie, Operations Research. Das schloss

---

[3] Lange war wie alle Kommunisten überzeugt, dass dies grundsätzlich möglich sei. Damit befand er sich wieder im Gegensatz zu seinem alten Kontrahenten aus den 1930er Jahren Hayek, der das für eine Illusion hielt.

[4] Die oberste Parteiführung pflegte jedoch einen Anti-Intellektualismus, was keine Besonderheit sozialistischer Politiker ist (man erinnere sich nur an Ludwig Erhards „Pinscher"). Schon Lenin meinte zur „Frage des wissenschaftlich ausgebildeten Personals, der Ingenieure, Agronomen u. a.: Diese Herrschaften arbeiten heute und fügen sich den Kapitalisten, sie werden morgen noch besser arbeiten und sich den bewaffneten Arbeitern fügen" (Lenin 1974 [1918], S. 487).

auch die Identifizierung von Modernisierungsbarrieren ein. Wo ein Modernisierungsdefizit nicht mehr zu übersehen war, weil sich z. B. die internationale Wettbewerbsfähigkeit auf Grund fehlender Entwicklungen in der Mikroelektronik verschlechterte, da konnte die Strukturforschung den Finger darauf legen und die Planung alle Mittel konzentrieren, um den Rückstand aufzuholen. Das ging allerdings auf Kosten von Investitionen in andere Sektoren, d. h. das Defizit wurde nur verschoben. Eine kritische Analyse der Funktionsprobleme des Systems – und da lagen die entscheidenden Modernisierungsbarrieren – das war der Wissenschaft weitgehend versagt.

Die empirische Wirtschaftsforschung war in Polen breiter angelegt als in der DDR. Denn es kamen auch Soziologen zum Zuge. Schon 1956 gingen Vertreter der rehabilitierten Soziologie daran, eingehende Studien in Betrieben durchzuführen, z. B. in der Warschauer Automobilfabrik *(Fabryka Samochodów Osobowych)*, dem Zentrum des Aufstands von 1956. In den folgenden Jahren untersuchte man Struktur und Verhalten der Arbeitskollektive, die Aktivitäten der lokalen Verwaltung und generell die Arbeit der Betriebe im Rahmen des Systems der Planung und Leitung, wobei Formen der informellen Dezentralisierung aufgedeckt wurden (Staniszkis 1972; Kolarska 1980). Die polnischen Soziologen machten auch nicht vor den Karrierewegen der Betriebsdirektoren und der Nomenklatura halt (Najduchowska 1984; Wasilewski 1978, 1981, 1990).

Grundsätzlich genossen Technik- und Naturwissenschaften größere Freiheit. Denn sie unterstützten die produktiven Bereiche der Wirtschaft. Das äußerte sich auch im Studienangebot. So stellte der ehemalige DDR-Soziologe Hans-Günter Meyer (1993, S. 28) fest: „während in der DDR der Anteil der technischen/ingenieurwissenschaftlichen Fachrichtungen am Studienangebot 68,7 % betrug, lag in der BRD bei etwas über 40 %. [...] Das Zielgebiet der Bildungsexplosion in der BRD lag also deutlich stärker beim Tertiär-Sektor der Volkswirtschaft als bei den produktiven und unmittelbar technologischen Bereichen". Noch drei Jahre nach der Wende war der tertiäre Sektor für ihn unproduktiv und damit der Strukturwandel zugunsten dieses Sektors auch im Bildungsbereich problematisch. Dies zeigt, wie theoretische Auffassungen der politischen Ökonomie, hier die Überhöhung der materiellen Produktion als ausschließlich produktiver Sektor, zur Unterschätzung des Strukturwandels führen und sich damit als Modernisierungsbarrieren auswirken konnten.

Trotz der Bemühungen der Regierung, auf der Grundlage des Ingenieurstudiums eine neue Schicht der sozialistischen Intelligenz zu schaffen, blieb in Polen der Anteil der technisch-ingenieurwissenschaftlichen Studierenden im Vergleich zur DDR sehr niedrig. 1966–1967 betrug dieser Anteil 35 %, 1982–1983 30 % und 1987–1988 schließlich nur noch 22 %. Über die gesamte Periode studierten etwa 7–10 % der Jugendlichen landwirtschaftliche Fächer und ungefähr ebenso viele mathematisch-naturwissenschaftliche Fächer (GUS 1967, S. 30, 68, 94; GUS 1983, S. 14; GUS 1988, S. 14).

Noch folgenreicher wird man die Vernachlässigung des subjektiven Faktors, des Unternehmertums, in der wirtschaftlichen Entwicklung einschätzen müssen. Denn was nützen viele Ingenieure, wenn sie nicht in den Prozess der Innovation eingespannt werden? Schumpeters *Theorie der wirtschaftlichen Entwicklung* datiert von 1912. Sie wurde von der marxistischen Wirtschaftstheorie bis in die späten 1980er Jahre völlig übergangen. Das sozialistische Ordnungskonzept sah keine selbständigen Unternehmen vor, sondern konzentrierte die strategischen Entscheidungsbefugnisse auf der obersten Planungsebene, und das hieß bei der der politischen Führung. Für Unternehmer gab es da kein Betätigungsfeld. Selbst die übriggebliebenen kleinen Unternehmer im Segment der mittleren und kleinen Betriebe hatte die DDR 1972 enteignet, zu einer Zeit, als Polen ihnen wieder gewisse Freiheiten gewährte.

Der Aufstand von 1956 hatte in Polen zu einer Explosion des kleinen Unternehmertums in Handel und Handwerk geführt. Doch wurde es in den folgenden Jahren von der Politik Gomułkas wieder eingeschränkt. Erst mit Einsetzen der Wirtschaftskrise unter Gierek räumte man dem Privatsektor größere Freiheiten ein. Der Prozess verlief langsam, und in den 1980er Jahren tauchten dann die sogenannten *Polonia* Unternehmen auf, Joint Ventures mit ausländischem Kapital und oft geführt von Unternehmern aus der polnischen Diaspora *(Polonia).* Der definitive Durchbruch fand schließlich 1988 mit dem Herrschaftsende der Polnischen Vereinigten Arbeiterpartei (PVAP) statt. Neben den neuen Privatunternehmern waren die führenden Persönlichkeiten Nomenklaturmitglieder, die sich aktiv an der Privatisierung beteiligten.

Die marxistisch-leninistische Theorie, die sich in der Wirtschaftswissenschaft in der politischen Ökonomie des Sozialismus niederschlug, beanspruchte für sich, der Gipfel – und zwar der höchste im ganzen Gebirge – der Philosophie und der Sozialwissenschaften zu sein. Genau das war der Inhalt der Disziplin ‚wissenschaftlicher Kommunismus'. Das führte zu einer extremen Form geistiger Autarkie, die, wie wirtschaftliche Autarkie, Entwicklung, Innovation, Produktvielfalt und Modernisierung behindert. Das staatliche Außenhandelsmonopol wurde ergänzt durch die strenge Parteikontrolle des wissenschaftlichen Lebens. „Soviet socialism was both a rigorous theory and a living, creative practice. And it was all-encompassing […] there was not a subject in the universe beyond the reach of the Party doctrine" (Pollock 2006, S. 212). Die Interpretationshoheit dieser Theorie lag bei der Partei mit der Folge, dass das Diktat der Partei Ausdruck der Wissenschaftlichkeit des Kommunismus war. Der führende Philosoph der DDR

Manfred Buhr hatte das, wie bereits zitiert, prägnant formuliert: „Unser Maßstab ist nicht das Urmeter von Paris, sondern die Beschlüsse der Partei" (Rauh 1991, S. 247): *extra ecclesiam nulla salus.*

Die Lagermentalität, die sich in dieser Haltung äußerte, war sicher auch eine Folge des Kalten Krieges. Das erklärt die besondere Rigidität, mit der sie in der DDR als einem Frontstaat an den Tag trat: Alles, was die westliche Praxis repräsentierte oder was aus dem Westen kam, war Teufelswerk – vor allem natürlich das kapitalistische System und seine konstitutiven Elemente Pluralismus und Marktwirtschaft und die damit befasste Sozialwissenschaft. Hier hatte Marx den Takt vorgegeben. Einerseits hatte er den Kapitalismus als dynamisches und produktives, wenn auch unsoziales System diagnostiziert, das in den Sozialismus münden werde. Andererseits fiel die Negation dieses Systems radikal aus: Marktwirtschaft und Kapitalismus werden abgeschafft, nicht „aufgehoben". Damit konnte die Dialektik in einen kruden Manichäismus entarteten: Gut und Böse. Ebenso erging es der Ökonomie nach Ricardo: Sie galt nur noch als apologetische Vulgärökonomie.

Lange und Kalecki waren zu sehr in der westlichen akademischen Welt verwurzelt, als dass sie ein solches Schwarz-Weiß-Bild übernommen hätten. Sie hielten selbst in der Periode des Stalinismus den Kontakt mit ihren westlichen Kollegen aufrecht, der dann nach 1956 wieder vertieft werden konnte. Lokale Aktivitäten wurden von amerikanischen Programmen mit Geldern der Ford und der Fulbright Stiftung unterstützt. Das schloss den Erwerb der neuesten amerikanischen Veröffentlichungen ein. Die amerikanische Botschaft in Warschau bot eine umfangreiche Bibliothek an. Beziehungen zu polnischen Kollegen in der Emigration ermöglichten der akademischen Elite in der Ökonomie und generell in den Sozialwissenschaften an wichtigen internationalen Konferenzen teilzunehmen. All das konnte nicht verhindern, dass die Qualität der wissenschaftlichen Forschung mit der Zeit abnahm. Denn die produktivste Generation, die Schüler und Nachfolger von Lange und Kalecki, wurde 1968 dezimiert, und viele ihrer prominentesten Vertreter (z. B. Łaski, Zieliński und Brus) fanden sich im Exil wieder.

Die Krise der Sozialwissenschaften, die sich trotz der Kontakte mit dem Westen in den 1970er und 1980er Jahren ausbreitete, kann als Symptom einer Modernisierungsblockade gesehen werden, die sich aus der Kontrolle des wissenschaftlichen Diskurses und der Unterfinanzierung der Wissenschaft ergab. Lange und Kalecki hatten an Schlüsseldebatten teilgenommen oder in ihnen sogar den Ton angegeben. Die Folgegeneration sozialistischer Intellektueller wie Bauman und Brus verbanden die wissenschaftlichen Erfahrungen des Ostens und des Westens. Die nächste Generation beschränkte sich darauf, Leistungen ihrer Lehrer zu reproduzieren und neue Trends in den Sozialwissenschaften nur oberflächlich zu rezipieren. Schmale Budgets, ein trotz allem eingeschränkter Zugang zur Literatur und mangelnde Anreize, Kontakte zum Westen zu knüpfen, lassen sich als Ursachen für diese Situation ausmachen.

Genau darin ist eine weitere Modernisierungsblockade zu sehen: Wissenschaft ist zu allen Zeiten eine internationale Veranstaltung und kann ohne den Austausch von Ideen über Grenzen hinweg nicht fruchtbar sein. Die Einsicht setzte sich leider erst nach der Wende durch, als der altgediente DDR-Ökonom Hans Luft zusammen mit einem Kollegen im letzten Jahrgang der Zeitschrift *Wirtschaftswissenschaft* eine Übersicht über die Wirtschaftsnobelpreise präsentierte, was noch ein Jahr zuvor ein Sakrileg gewesen wäre: „Insgesamt war […] die pauschale Abwertung der Erkenntnisse nicht-marxistischer Wissenschaftler als Apologetik ein verhängnisvoller Irrtum der etablierten DDR-Wissenschaft" (Becker und Luft 1990, S. 1434).[5]

Wenn man die Ost-West Konfrontation und den Kalten Krieg schon als ideelle Einflussfaktoren auf Modernisierungsbarrieren erwähnt, sollte man ihre materiellen Auswirkungen auf die Entwicklung der staatssozialistischen Länder in Osteuropa nicht ganz außer Acht lassen – auch das war eine Modernisierungsbarriere. Nur zwei Beispiele seien erwähnt: das CoCom-Embargo und das Militärbudget. Das *Coordinating Committee on Multilateral Export Controls* (Koordinationsausschuss für multilaterale Ausfuhrkontrollen) wurde 1949 von den USA ins Leben gerufen mit dem Ziel zu verhindern, dass hochtechnologische Hardware und Software in den sowjetischen Einflussbereich, praktisch in die Mitgliedländer des RgW, exportiert werden. Damit wurde die Ausbreitung innovativer Technologie effektiv behindert. In der Folge mussten diese Länder entweder aufwendige Importsubstitution betreiben, d. h. die entsprechenden Technologien selbst zu entwickeln versuchen (so z. B. das kostspielige Mikroelektronikprogramm der DDR), oder sie mussten nicht minder kostspielig das Embargo zu umgehen versuchen. In der DDR war das eine der Aufgaben des berüchtigten, 1966 gegründeten Bereichs Kommerzielle Koordinierung, kurz *KoKo* genannt. Daneben brachte der Kalte Krieg immense Militärausgaben mit sich, die die Warschauer Pakt-Länder auf Grund ihres geringeren wirtschaftlichen Potentials

[5] Ostdeutsche Ökonomen setzten sich nicht einmal mit wichtigen Beiträgen zur sozialistischen Wirtschaftstheorie aus den ‚Bruderländern', mit Ausnahme der Sowjetunion, auseinander. Wir haben gesehen, dass beispielsweise Brus' (1971 [1961]) Idee der Dezentralisierung und Kaleckis (1982d [1963]) Wachstumstheorie in der DDR unübersetzt und damit unbekannt blieben – zu einer Zeit, als man sich mit Reformgedanken trug.

ungleich stärker belasteten als die NATO-Staaten. Das Embargo und das Wettrüsten haben den ökonomischen Niedergang des sozialistischen Systems nicht unwesentlich beeinflusst.

5.2 Organisation als Modernisierungsbarriere

Die mangelnde Differenzierung und Eigenständigkeit gesellschaftlicher Bereiche äußerte sich auch in der Organisation der Wirtschaft. Damit rühren wir an den ordnungspolitischen Kern des marxistisch-leninistischen Modernisierungsprojekts. Insofern ist es vielleicht nicht angebracht, von einer Modernisierungsbarriere zu sprechen. Es handelt sich eher um eine ordnungspolitische Fehlentwicklung, die allerdings die Modernisierung in Wirtschaft und Wissenschaft erheblich beeinträchtigte. Was ist gemeint? Hegels (1999 [1821]) Modell der modernen Gesellschaft wies der Familie (und der Korporation als der „zweiten Familie") die Aufgabe der Vergemeinschaftung zu und dem Staat in Verbindung mit der bürgerlichen Gesellschaft die Aufgabe der Vergesellschaftung. Marx wollte alle drei Säulen dieses Modells stürzen. Die Organisation seines „Vereins freier Menschen" überließ er aber künftigen Generationen. Lenins Idealbild der sozialistischen Wirtschaft war schließlich ihre Organisation als *eine* Fabrik und *ein* Büro – die Gesellschaft als bürokratische Hierarchie.[6] Das Management, die Parteiführung, stellt den Unternehmensplan auf und kontrolliert seine Ausführung. Die Fundierung dieser Utopie im *scientific management* F. W. Taylors haben wir in Abschn. 4.4 kennengelernt.

Die zwei Grundelemente der marxistisch-leninistischen Ordnung folgten daraus: bedingungsloses Staatseigentum und allumfassende Zentralplanung. Darin manifestiert sich – so das Dogma – die evolutorische Entwicklung der Vergesellschaftung im Sozialismus. Vergesellschaftung im Zusammenhang einer fortschreitenden Differenzierung und Individualisierung, wie sie von Max Weber beschrieben worden war, stellte sich im Kollektivismus nicht als Problem, ging es

[6] In *Staat und Revolution* war Lenins Haltung zur Organisationsfrage ambivalent. Einerseits polemisierte er gegen staatliche Bürokratie und favorisierte Rätedemokratie und Arbeiterselbstverwaltung. Andererseits spricht er von der „Staatsmaschine": „*Alle* Bürger werden Angestellte und Arbeiter *eines* das gesamte Volk umfassenden Staats„syndikats"" (Lenin 1974 [1918], S. 488). Diese Ambivalenz drückt sich in den von Lenin entwickelten Prinzipien des demokratischen Zentralismus und der strikten Einzelleitung in der Wirtschaft aus, die am Ende auf den Primat der Politik, d. h. der Partei hinausliefen. (Ausführlich zu Lenins Organisationtheorie Gvišiani 1974, S. 88–124).

doch um die Vergesellschaftung der Produktion, allerdings auch der wissenschaftlichen. Je weiter diese einem einheitlichen, rationalen Gesamtplan unterworfen war, desto weiter war die Vergesellschaftung entwickelt. Damit konnte sie auch nicht in Konflikt zur Vergemeinschaftung geraten. Beide Prozesse postulierte man paradoxerweise in der sozialistischen Gesellschaft als harmonisch miteinander verbunden. Der Gegensatz war „aufgehoben" – auf Kosten der Differenzierung und Individualisierung und damit von Innovation und Modernisierung.

Jeder Schritt in Richtung auf Lenins Ideal wurde als Fortschritt der Vergesellschaftung der Produktion gesehen, so z. B. die Kombinatsbildung bzw. die Bildung entsprechender Großorganisationen in Polen. Alternative Vergesellschaftungsformen, wie die Koordination eigenständiger Unternehmen über den Markt, galten als überwunden. Reformvorstellungen, die Dezentralisierung und Selbstverwaltung der Betriebe propagierten, konnten sich in der DDR nicht durchsetzen, in Polen erst gegen Ende der sozialistischen Periode. Vorbild der hochkonzentrierten Kombinate waren die kapitalistischen Großkonzerne – die, wie schon von Lenin, einerseits als Repräsentanten des staatsmonopolistischen Kapitalismus verteufelt wurden, aber andererseits als höchste Ausprägung effizienter wissenschaftlicher Betriebsführung galten. Dabei übersah man, dass diese Großkonzerne auf einer breiten Basis von mittleren und kleinen Unternehmen ruhten. Ein solches Segment, möglichst auch noch in privater Hand, vertrug sich nicht mit dem Vergesellschaftungsideal und den Kontrollphantasien der Zentralplaner. Es wurde in der DDR Anfang der 1970er Jahre völlig abgeschafft, in Polen aber gerade wieder aufgebaut.

Die Monopolstruktur der zentralistisch-bürokratischen Ordnung bildete am Ende eine bedeutende Modernisierungsblockade. Innovationsschwäche, mangelnde Flexibilität, strukturelle Rigidität, fehlender Anreiz zur Effizienz, unzureichende Leistungsmotivation, Mangelwirtschaft – das sind nur einige der Defizite dieses Systems, die immer wieder, auch von offizieller Seite, beklagt wurden. In Polen entwickelte sich das Segment der mittleren und kleinen Unternehmen, von der Landwirtschaft abgesehen, nur am Rande des Systems, obwohl es eindeutig produktiver als die Staatsbetriebe war. Erst am Ende der sozialistischen Periode und im Angesicht einer sich verschärfenden Wirtschaftskrise gewährte man diesem Segment größere Entfaltungsmöglichkeiten, wenn auch nur unter strikten Regulierungen und staatlicher Kontrolle.

Auch in der Wissenschaft herrschte das gleiche Organisationsprinzip. Was Jürgen Kaube (1998, S. 262–3) für die Soziologie konstatiert hat, nämlich eine soziale Arbeitsteilung innerhalb eines organisatorisch einheitlichen Gebildes anstelle einer funktionalen Differenzierung, das gilt für die Wirtschafts- und Sozialwissenschaften generell. Einzelne Forschungsfelder wurden planmäßig auf jeweils eine Institution verteilt, z. B. die Wachstums- und Strukturforschung auf das Ökonomieinstitut der AdW. Dieses Organisationsprinzip spiegelt sich auch in der sonst merkwürdig anmutenden Trennung von politischer Ökonomie und Wirtschaftswissenschaft (s. Abschn. 3.1.1) wider. Die politische Ökonomie schuf den ideologischen Überbau über das einheitliche Gebilde, die sozialistische Gesellschaft. Damit war sie für alle Ausbildungsrichtungen obligatorisch. Die Wirtschaftswissenschaft bzw. ihre einzelnen Fächer hatten spezifische Erkenntnisleistungen zu erbringen, die der Planung und Leitung des Wirtschaftssystems dienlich waren. Hier drangen, wie wir sahen, moderne Methoden der empirischen Forschung und der mathematischen Analyse ein, die in den sozialistischen Ländern ein beachtliches Niveau erreichen konnte.

Die Vermeidung von Parallelentwicklungen in Wirtschaft und Wissenschaften ergab eine Art monopolistischer Alleinvertretungsanspruch der jeweiligen Wissenschaftler für die Themenstellung und Publikation konkreter Forschungen. Lehrbücher erschienen in der DDR in der Regel ohne Konkurrenz (Kaube 1998, S. 278). Ihr autoritativer Charakter manifestierte sich häufig darin, dass sie von einem Autorenkollektiv verfasst wurden. Eine derartige Anonymisierung der Lehrinhalte machte es quasi automatisch unmöglich, kritische Positionen einzunehmen und anderen Meinungen zu widersprechen. Mit einer großen Ausnahme: Alles, was als ‚bürgerliche' Ökonomie zählte, war als Apologetik strikt zu negieren. Ganz anders in Polen, wo einzelne Ökonomen oder Autorenteams „ihre" politische Ökonomie verfassten und die meisten Universitäten eigene Lehrbücher auflegten. Sie glichen einander in wesentlichen Zügen, doch konnte die Behandlung einzelner Themen voneinander abweichen. Westliche Ansätze galten als diskussionsfähig, auch wenn sie zumeist als irreführend kritisiert wurden.

Die Vermeidung von Redundanz und damit von Wettbewerb in der Organisation von Wirtschaft und Wissenschaft folgte aus dem grenzenlosen Planungsoptimismus, worin man eine weitere Modernisierungsbarriere zu sehen hat. Gerade die Wirtschafts- und Sozialwissenschaften hatten diesem Planungsoptimismus zu dienen – und zwar auf zweierlei Weise. Im Zusammenhang mit ihrer strikten Unterordnung unter den Marxismus-Leninismus, der sich als exklusives gesellschaftswissenschaftliches Paradigma verstand, wurden von ihnen propagandistisch-agitatorische Leistungen verlangt. Dafür sorgten die in allen Einrichtungen installierten Parteileitungen, aber natürlich auch die Unterbringung großer Kontingente dieser Wissenschaften und ihrer Steuerungs- und Kontrollinstanzen in Form von wissenschaftlichen Räten bei Parteiinstituten (s. Abschn. 2.3.1). Die zweite Leistungserwartung war funktionaler Natur: Aufgabe der Gesellschaftswissenschaften war es, die Planung und Leitung der sozialistischen Wirtschaft und Gesellschaft und ihre Entwicklung inhaltlich und organisationstechnisch voranzubringen. Ein abstraktes Erkenntnisinteresse wäre ein kostspieliger Luxus gewesen. Wo diese Erwartung enttäuscht wurde, schwanden Aufmerksamkeit und Förderung für die jeweilige Disziplin. So erging es zum Beispiel der Kybernetik, der mathematischen Ökonomie und der Soziologie, die in den 1960er Jahren mit hohen Erwartungen in die akademische Arena geschickt worden waren, die aber keine unmittelbaren Leistungssteigerungen vorweisen konnten und im Übrigen der marxistisch-leninistischen Doktrin suspekt geblieben waren.

Die Entwicklungsdiktatur auf der Basis der marxistisch-leninistischen Ideologie hat als Modernisierungsstrategie in der Sowjetunion eindrucksvolle Ergebnisse erzielt: Industrialisierung, Urbanisierung, Bildung breiter Volksmassen, Sicherung eines auskömmlichen Lebens, dazu Atommacht und Weltraummacht – ob all das mit einer alternativen, liberaleren Strategie erreicht worden wäre, lässt sich historisch nicht ergründen. Der Schritt an die vorderste Front des technisch-organisatorischen Fortschritts, das ursprüngliche Ziel des Sozialismus, ist allerdings, von Einzelphänomenen in Rüstung und Raumfahrt abgesehen, nicht erfolgt. Mit den Institutionen und Instrumenten der real-sozialistischen Ordnung nach sowjetischem Muster, die Ostmitteleuropa hegemonial oktroyiert wurden, konnte das Ziel in diesen höher entwickelten Ländern erst recht nicht erreicht werden. Eine nachholende Modernisierung nach der These Gerschenkrons (s. Kap. 1) ist dort, wo noch ausreichender Raum dafür bestand, d. h. wo relative Rückstände zu verzeichnen waren, durchaus erfolgt, z. B. Industrialisierung, Urbanisierung und breite Bildung in Polen. Allerdings nicht zu vergleichen mit den Entwicklungssprüngen, die beispielsweise Japan in den 1950er und 1960er, Südkorea in den 1970er und 1980 Jahren und im europäischen Süden vor allem Italien und Spanien in den 1960er Jahren erzielten. Wo der entsprechende Entwicklungsrückstand nicht gegeben war, wie in der DDR und der Tschechoslowakei, ist ein stetiges Zurückfallen gegenüber den Nachbarländern festzustellen, mit denen man sich in der Ausgangslage mehr oder minder auf gleicher Höhe befand, d. h. mit Westdeutschland und Österreich, die in der gleichen Zeit zuerst einen stürmischen, dann einen kontinuierlichen Modernisierungsprozess durchmachten.

Die Modernisierungsbarrieren und -blockaden, die in diesem Zusammenhang aufgetreten sind, lassen sich an den Eigenschaften moderner Gesellschaften festmachen (s. Kap. 1): Individualisierung, funktionale Differenzierung, Autonomie der gesellschaftlichen Teilsysteme, Wettbewerb, Offenheit, Rationalisierung. Defizite in diesen Bereichen beeinträchtigen Innovation, Kreativität, Flexibilität, Selbständigkeit, Verantwortung. Sie sind aber nicht notwendigerweise verbunden mit dem kollektivistischen Modernisierungsprojekt an sich, obwohl einige

Gründe durchaus dafür sprechen. Denn die für das sowjetische Modell charakteristischen Governance-Verfahren, Diktatur des Proletariats, Primat der Politik, demokratischem Zentralismus, uneingeschränktes Staatseigentum und bürokratische zentrale Planung, haben sich als Quellen für Modernisierungsbarrieren erwiesen. Man kann sich jedoch kollektivistische Systeme vorstellen, die anders regiert und koordiniert werden. Reformorientierte Politik- und Sozialwissenschaftler hatten da diskussionswürdige Vorstellungen, in manchen Ländern des sozialistischen Lagers mehr als in anderen. Die auf paternalistische Bevormundung und den Machterhalt gerichtete Inflexibilität der politischen Klasse des real existierenden Sozialismus, die sich damit als völlig reformunfähig erwies, ist wohl als die größte Modernisierungsblockade zu identifizieren.

Nun ist es keineswegs der Fall, dass Modernisierung ein uneingeschränkter Segen wäre. Von Smith über Hegel, Marx und Durkheim bis zur modernen Soziologie und Ökologie sind die Probleme und Kollateralschäden dieses Prozesses aufgelistet worden: Entfremdung, Anonymität, Fragmentierung, Ausbeutung von Mensch und Natur, Verarmung bei gleichzeitiger Akkumulation von Reichtum, Anomie, Unsicherheit usw. Das kollektivistische Modernisierungsprojekt hatte sich vorgenommen, die Dinge besser zu machen. Das ist in einzelnen Bereichen auch gelungen, in anderen jedoch nicht. Beispiel für ein völliges Versagen ist der Schutz der Natur sowohl in Polen wie in der DDR. Die Überbetonung einer auf veralteten Technologien beruhenden Schwerindustrie und chemischen Industrie und die übermäßige Ausbeutung von Rohstoffen führten in vielen Regionen zu manifesten Umweltproblemen.

Der Rückzug ins Private lässt auf Entfremdung im Arbeitsprozess schließen. Andere Errungenschaften des Sozialismus waren ambivalenter Natur: Die absolute Arbeitsplatzsicherheit wurde mit Effizienzverlusten und strukturellen Rigiditäten erkauft. Es gab bei allgemeinem Arbeitskräftemangel eine sogenannte verborgene Arbeitslosigkeit. Doch im gesellschaftlichen Bereich gab es auch uneingeschränkt positive Entwicklungen, die eine moderne Gesellschaft auszeichnen, beispielsweise die Inklusion aller Schichten in die Bildung und Gesundheitsfürsorge für alle. Oft wird auch die Emanzipation der Frauen hervorgehoben, die durch zahlreiche Einzelmaßnahmen in der Arbeitsorganisation, im schulischen Bereich, in der Familienpolitik und durch die rechtliche Stellung der Frauen gefördert wurde. Das ist allerdings ein nicht ganz unumstrittenes Thema. Zum einen war die Partizipation der Frauen an der Entscheidungsmacht minimal: In 40 Jahren DDR hatte das Politbüro kein einziges weibliches Mitglied und im Sekretariat des ZK, dem zweiten Machtzentrum, gab es über die ganze Periode zwei Frauen, eine ZK-Sekretärin für Frauenfragen und Edith Baumann, die zweite Frau Honeckers. Die dritte, Margot Honecker, war nach der

Absetzung Hilde Benjamins 1967 bis zum Mauerfall als Ministerin für Volksbildung einziges weibliches Mitglied des Ministerrates. Ähnlich verhielt es sich in Polen. Die erste Frau im Politbüro war 1981–1986 Zofia Grzyb. In der zweiten Hälfte der 1980er Jahre kamen drei weitere Frauen ins Politbüro. Zum anderen ist die extrem hohe Arbeitsmarktpartizipation der Frauen Ergebnis des notorischen Arbeitskräftemangels, und die formale Gleichstellung in Beruf und Bezahlung wird zumindest in Polen nicht als wirklich erfolgreich gesehen.[7]

5.3 Abwicklung und Entwicklung

Der radikale Systemumbruch nach 1989 wirft generell die Frage auf, was da mit den Eliten geschehen ist, den politischen, den ökonomischen und den kulturellen. Relativ kurz nach der Wende, d. h. bereits im Jahr 1993, wurde eine vergleichende Studie für sechs post-sozialistische Länder (Russland, Polen, Ungarn, Tschechien, Slowakei, Bulgarien) erarbeitet und die Ergebnisse für die ersten drei publiziert (Szelényi und Szelényi 1995). Ostdeutschland zählte nicht dazu. Die Kernfrage lautete, ob es zu einer Reproduktion oder zu einer Zirkulation der Eliten gekommen sei. Für die ökonomische Elite hätten die Ergebnisse nicht weiter auseinander liegen können: Während in Russland über 80 % der alten Nomenklatura weiterhin Führungspositionen einnahmen und nur 3 % in den Ruhestand gegangen waren, befanden sich in Ungarn nur noch knapp 30 % in der Elite und 48 % im Ruhestand. Polen nahm eine mittlere Position ein mit immerhin 57 % der alten Nomenklatura in führenden Positionen und 24 % im Ruhestand (Ibid., S. 627). Ähnliche, wenn auch nicht so stark differenzierte Unterschiede zeigten sich bei den kulturellen Eliten. Kurzum, eine Zirkulation der Eliten fand vor allem in Ungarn statt, während die Situation in Russland für das etablierte Personal stabil blieb, natürlich auch deshalb, weil die Transformation zu diesem Zeitpunkt dort noch nicht in Fahrt gekommen war. Hätten wir vergleichbare Daten für Ostdeutschland, dann würde sich wahrscheinlich eine besonders hohe Mobilität gezeigt haben. Denn die politische Transformation und die Privatisierung der größeren Unternehmen mit westlichem Kapital brachten mit der Wiedervereinigung eine neue Führungsschicht an die Spitze. In den anderen Ländern

[7] Michael Wyrwich (2021) hat gezeigt, dass die nach der Wiedervereinigung höhere Arbeitsmarktpartizipation der Frauen in Ostdeutschland nicht auf ein im Sozialismus mit seiner extrem hohen Frauenbeschäftigung erworbenes Verhalten zurückzuführen ist, sondern einen vor-sozialistischen Trend fortsetzt.

des ehemals sozialistischen Lagers stand eine vergleichbare externe „Kaderreserve“ nicht zur Verfügung, und so herrschten Pfadabhängigkeit und „a somewhat accelerated move from the ‚middle‘ to the ‚top‘" vor (Ibid., 636).

Was nach dem Zusammenbruch des real existierenden Sozialismus in der DDR mit dem Wissenschaftssystem passierte, ist historisch nicht ganz ohne Beispiel. Man könnte da die Säkularisierung mit der Auflösung der Klöster und Zerstörung von Archiven und Bibliotheken zum Vergleich heranziehen. Unmittelbare Erfahrungen bot die Transformation der ‚bürgerlichen‘ Wissenschaft zum Marxismus-Leninismus in Ostmitteleuropa 1945–1952. Doch während in den meisten dieser Länder nach 1990 vor allem die Rechts-, Geistes- und Sozialwissenschaften von den Beschränkungen und Einseitigkeiten der marxistisch-leninistischen Doktrin zu reinigen waren, mussten in Ostdeutschland darüber hinaus die Wissenschaftssysteme Ost- und Westdeutschlands, die sich fundamental unterschieden, integriert werden. Der Einigungsvertrag von 1990 wählte für das Verfahren die kryptische Formulierung der „Einpassung von Wissenschaft und Forschung […] in die gemeinsame Forschungsstruktur der Bundesrepublik Deutschland“ (Art. 38.1 EinigVtr 1990). Das kann mit feinmechanischem Fingerspitzengefühl erfolgen oder auch nach dem Verfahren von Prokrustes. Der sehr komplexe und auch sehr unterschiedlich bewertete Prozess ist ein eigenes historisches Thema und kann hier nicht nachgezeichnet werden. Worum es uns geht, sind einige für die ostdeutschen Wirtschafts- und Sozialwissenschaften relevante Ergebnisse und die ganz anders gelagerten Probleme in Polen.

Dabei könnte die Behandlung der ostdeutschen Wirtschafts- und Sozialwissenschaften durch ihre westdeutschen Fachkollegen nicht unterschiedlicher gewesen sein. Führende westdeutsche Soziologen gingen schon zu Beginn des Jahres 1990 auf die Reise in die DDR und machten sich dort vertraut mit den Sozialwissenschaftlern, ihren Forschungsinteressen und ihren Arbeitsbedingungen (z. B. Lepsius 1990). Auf einer Konferenz in Berlin im November 1990 diskutierte die soziologische Elite der BRD mit ihren ostdeutschen Kollegen wissenschaftliche Interessen, Forschungserfahrungen, Strukturprobleme und Kooperationswege (Zapf und Thurn 1990). In der interdisziplinären Arbeitsgruppe der Berlin-Brandenburger Akademie der Wissenschaften, die den Umbruch der Disziplinen im Wiedervereinigungsprozess analysierte (Kocka und Mayntz 1998), erhielt die eigentlich marginale DDR-Soziologie ein eigenes Kapitel (Kaube 1998). Nichts von alledem trifft auf die Wirtschaftswissenschaft zu. Eine Evaluierung der Disziplin fand nicht statt. Der Kontakt zu den ostdeutschen Kollegen wurde eher gemieden – sie galten als ideologisch und politisch verseucht. Einige prominente westdeutsche Ökonomen stellten sich als Gründungsdekane für die neuen Fakultäten zur Verfügung. Da hatten sie aber nichts mehr mit den alten Fachvertretern zu tun. Denn die waren bereits „abgewickelt", d. h. entlassen. „[I]n der Sache zählten sie [die westdeutschen Ökonomen] sich zu den absoluten Siegern und hatten kein Problem damit, naiv tabula rasa zu machen – es konnte doch per definitionem keine relevanten Denktraditionen geben, wozu also danach suchen" (Ziegler 2005, S. 5).

In der Zusammenschau stellt sich der Prozess der „Einpassung" als eine drastische Reduzierung des ostdeutschen wissenschaftlichen Personals in Forschung und Entwicklung dar (s. Abb. 5.1). Vergleichbare Daten für Polen sind nicht publiziert. Hierzu sind mehrere Anmerkungen erforderlich. Zum einen handelt es sich um das reine Forschungspersonal, nicht das wissenschaftliche Personal generell. Denn die Hochschulen der DDR hatten etwas über 100.000 Angestellte, deren Zahl durch die Reorganisation erheblich zurückgefahren wurde. Das F&E Personal des Staates betrifft nur die drei Akademien (Akademie der Wissenschaften, Bauakademie und Akademie der Landwirtschaftswissenschaften). Daneben gab es aber z. B. bei den Ministerien weitere Forschungsabteilungen, vor allem das Ökonomische Forschungsinstitut der Staatlichen Plankommission

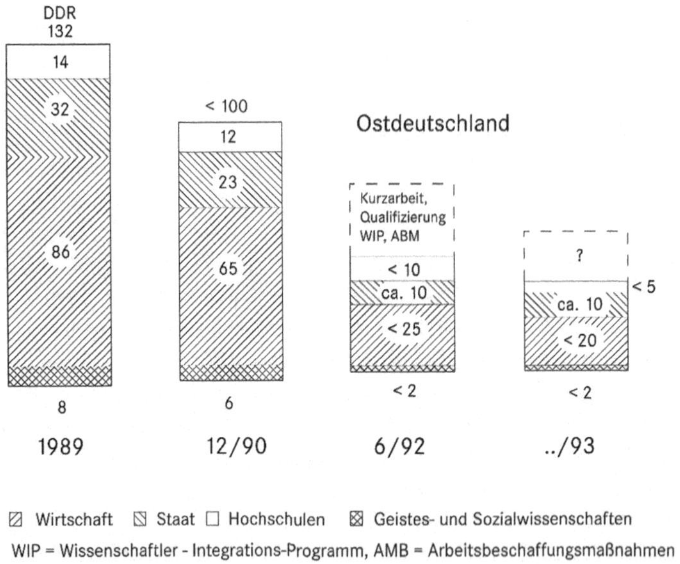

Abb. 5.1 F&E Personal in Ostdeutschland nach Sektoren (in 1000 Personen in Vollbeschäftigteneinheiten berechnet). (Quelle: Meske 1993, S. 7)

(ÖFI), die mit ihren Trägerinstitutionen geschlossen wurden. Zum dritten werden hier, wie allgemein in der Literatur zur Abwicklung (aber s. Kollmorgen 1996), die Parteiinstitute nicht berücksichtigt, die in den Wirtschafts- und Sozialwissenschaften einen bedeutenden Anteil an der wissenschaftlichen Produktion hatten (s. Abschn. 2.2.1).

Die Zuständigkeiten für die einzelnen Sektoren waren unterschiedlich verteilt. Die Industrieforschung, die die größten Einschnitte erlitt, lag mit den Industriebetrieben in der Entscheidungskompetenz der Treuhand. Diese hatte einen besonders kurzen Entscheidungshorizont: möglichst umgehende Privatisierung. Das bedeutete radikale Kostensenkungen durch Sanierung, um eine positive Rentabilität auszuweisen. Dem fielen die Entwicklungsabteilungen zum Opfer, deren Profitabilität sich erst in Laufe der Zeit einstellt. Soweit die ostdeutschen Betriebe von westdeutschen oder ausländischen Unternehmen übernommen wurden, galten ähnliche Überlegungen: F&E war am Hauptsitz der Unternehmung bereits vorhanden. So wurden die ostdeutschen Betriebe mit einer deutlichen Reduzierung ihres Modernisierungspotentials in den internationalen Wettbewerb geschickt.

Soweit es sich um staatliche Institutionen handelte, waren zahlreiche Akteure mit den unterschiedlichsten Motiven an dem Prozess beteiligt: Wissenschaftsrat, Landesgesetzgeber, Hochschulstrukturkommissionen, Personal- und Fachkommissionen, Gründungskommissionen. Galt das Interesse der einen dem Erhalt qualifizierter Forschung, sahen die anderen die finanziellen Belastungen der Haushalte. Wollten die einen so wenig wie möglich in wissenschaftliche Karrieren und persönliche Lebenslagen eingreifen, hielten andere „politik-“ oder gar „systemnahe“ Dozenten für unzumutbar. Wo der Bedarf wegfällt, können auch die Stellen wegfallen, und der Bedarf an einer marxistisch-leninistischen Wissenschaft war verschwunden.

Hochschulpolitik ist in Deutschland grundsätzlich Ländersache. Die Länder, die zum 03. Oktober 1990 wieder eingerichtet wurden, mussten auch in diesem Bereich erst einmal funktionstüchtige Verwaltungsstrukturen aufbauen. Die Aufgabe, das Wissenschaftssystem von Grund auf nach den Maßstäben des Nachbarlandes zu reorganisieren, machte es erforderlich, auf Akteure aus diesem Nachbarland, Westdeutschland, die mit diesen Maßstäben vertraut waren, zurückzugreifen. Die Herangehensweise konnte sich dabei von Bundesland zu Bundesland unterscheiden. Doch das Verfahren war generell ähnlich: man „wickelte“ bestehende Sektionen oder Institute ab, d. h. man löste die Einrichtung auf und entließ alle Mitarbeiter. Und wenn die Institution grundsätzlich erhalten bleiben sollte, gründete man gleichzeitig eine neue Fakultät, wobei es den alten Professoren offenstand, sich auf die neuen Stellen zu bewerben. Das erlaubte zum einen eine durchgreifende strukturelle Reorganisation und zum anderen den

Austausch des Personals. Der fiel bei den Geistes- und Sozialwissenschaften drastischer aus als bei Natur- und Technikwissenschaften und Medizin, wo die alten Strukturen mehr oder minder unverändert beibehalten werden konnten (s. Abb. 5.1).

Zwei Prozesse sind vor allem für die Rechts-, Wirtschafts- und Sozialwissenschaften charakteristisch. Zum einen der Austausch der Lehrinhalte (und damit verbunden auch der Forschungsschwerpunkte): Sozialistische Leitungswissenschaft und marktwirtschaftliche Managementlehre haben z. B. wenig miteinander gemein; der Bedarf an politischer Ökonomie des Sozialismus oder wissenschaftlichem Kommunismus fiel fort; dafür waren Lehrstühle für Mikro- und Makroökonomie einzurichten bzw. ein neues Fach „Politikwissenschaften" zu etablieren. In Ostdeutschland war das damit verbundene Personalproblem einfach zu lösen: „Verwestlichung" nicht nur der Inhalte, sondern auch des Personals. In Polen gab es diese Möglichkeit nicht.

Während alte Strukturen abgebrochen wurden, waren mit der „Verwestlichung" der Inhalte allerdings auch neue Kapazitäten zu schaffen. Nahm die Soziologie z. B. in der Hochschullandschaft der DDR eine marginale Position ein, gehörte sie nach westlichen Vorstellungen als vollwertige Sozialwissenschaft zum akademischen Standardprogramm und musste mit entsprechenden Instituten und Lehrstühlen ausgerüstet werden (Lepsius 1993). Der personale Zusatzbedarf ließ sich adäquat zumeist nur im Westen decken. Von 53 bis 1997 an ostdeutsche Universitäten berufenen Soziologie-Professoren, waren 11 in der DDR promoviert oder habilitiert worden (Kaube 1998, S. 297). In der Politikwissenschaft gab es praktisch keine geeigneten ostdeutschen Kandidaten. Für die Ökonomie haben wir nur für die BWL vergleichbare Daten gefunden (Abschn. 4.3.1).

Die Abwickelung der Akademien der Wissenschaft, in denen sich die ostdeutsche Forschung nach sowjetischem Vorbild konzentrierte und die rund 35.000 Beschäftigte hatten, war das einschneidendste Ereignis im außeruniversitären Bereich. Sie wurden aufgelöst und das Personal teilweise in Nachfolgeorganisationen (z. B. sogenannte Blaue Liste Institute) überführt. Die Institute für Wirtschaftswissenschaften und Soziologie und Sozialpolitik zählten nicht zu den Glücklichen. Eine Ausnahme bildet das Institut für Wirtschaftsforschung in Halle, in dem einige empirisch erfahrene Wissenschaftler des ÖFI der Planungskommission und des Ökonomieinstituts der AdW weiterarbeiten konnten. Auch der historische Kern der AdW, die Gelehrtengesellschaft, musste 1992 einer Neugründung weichen, der Berlin-Brandenburgischen Akademie der Wissenschaften, die sich auf die Tradition der von Leibniz gegründeten Preußischen Akademie der Wissenschaften beruft. Die freigesetzten Wissenschaftler schufen sich eine

„zweite Wissenschaftskultur“, wie Helmut Steiner (2006) es nannte, die *Leibniz-Sozietät*, die schon mit der Namengebung die gleiche Tradition, allerdings ergänzt um die Tradition der AdW der DDR, für sich in Anspruch nimmt.

Großes Gewicht hatten in den Wirtschafts- und Sozialwissenschaften, wie gezeigt (s. Abschn. 2.2.1), die Partei-Institute, allen voran die Akademie für Gesellschaftswissenschaften beim ZK der SED (AfG) und das Zentralinstitut für sozialistische Wirtschaftsführung beim ZK der SED (ZSW). Diese Institute fielen durch das Raster der staatlichen Wissenschafts- und Hochschulpolitik mit den entsprechenden „Einpassungsmaßnahmen“ wie das Wissenschaftler-Integrationsprogramm (WIP). Damit waren ihre Mitarbeiter, wenn sie keine externen neuen Beschäftigungsmöglichkeiten fanden, auf die Arbeitsmarktpolitik angewiesen.

Träger dieser Institute war die SED, die mächtigste Institution in der DDR. Die nach der Wende in PDS umbenannte Partei verfügte nicht mehr über die gleiche Macht und die gleichen Mittel. Das war den Mitarbeitern der Institute klar, und sie gingen, soweit sie konnten, ihrer eigenen Wege, z. B. gründeten 24 Mitarbeiter der AfG aus den Bereichen Politik und Soziologie im März 1990 das *Berliner Institut für sozialwissenschaftliche Studien* (BISS). Die AfG löste sich schrittweise auf. Formal wurde das von der PDS im Oktober 1990 beschlossen. Die in diesem Zusammenhang gegründete Stiftung für Gesellschaftsanalyse, der nur noch wenige Mitarbeiter der AfG angehörten, ging 1999 in die parteinahe Rosa Luxemburg Stiftung über. Bibliothek und Archiv der AfG, wie die der übrigen Partei-Institutionen, wurde der 1992 im Bundesarchiv gegründeten *Stiftung Archiv der Parteien und Massenorganisationen der DDR* (SAPMO) einverleibt.

Hier, wie auch anderswo, spielte der Umstand eine Rolle, dass die führenden Positionen von der Aufbaugeneration, d. h. den um 1930 Geborenen, besetzt wurden, die in der ersten Hälfte der 1990er Jahre in den Ruhestand gegangen wären und problemlos früh verrentet werden konnten. Bei der AfG betraf das z. B. 42 % der Professoren und Dozenten (Mertens 2004, S. 111). Die volle Härte der Abwicklung traf dagegen die mittlere und jüngere Generation, die schon zu DDR-Zeiten von der geschlossenen Phalanx der Aufbaugeneration blockiert worden war und jetzt in der Regel mit ihrer wissenschaftlichen DDR-Sozialisation und fehlenden Kontakten gegenüber der anrückenden Westkonkurrenz den Kürzeren zog. Denn die neuen Professoren aus dem Westen brachten ihre Mitarbeiter mit: „Hier kam zum Zuge, was Ethnologen Tribalismus nennen: ‚eine Verhaltenstendenz der Bevorzugung von Kontakten zu Mitgliedern der eigenen Kulturgruppe‘ (Pasternack 2010, S. 180). Ähnlich wie in Polen gelang es einer Reihe abgewickelter ostdeutscher Wissenschaftler, sich mit Lehraufträgen an privaten Bildungseinrichtungen über Wasser zu halten. Auch die Berufsakademien, wie sie in Sachsen und

Thüringen existieren, haben eine solche Auffangfunktion erfüllt und behielten bis zu einem gewissen Grad einen ostdeutschen Charakter.

Die verschiedenen Maßnahmen zur „Einpassung" der ostdeutschen Wissenschaftler, wie z. B. das WIP, haben am Ende nur schwach gegriffen, weil die Mittel dazu nicht bereitgestellt wurden. Sowohl an den Hochschulen wie an den Akademien haben ungefähr 60 % der 1989 dort Beschäftigten ihr Tätigkeitsfeld verloren oder sind in den (Vor-)Ruhestand gegangen. Diese Zahlen variierten stark nach Region und Disziplin (Ibid., S. 178–179). Gerade in den Rechts-, Wirtschafts- und Sozialwissenschaften, aber auch in einigen geisteswissenschaftlichen Fächern, waren die Einschnitte besonders tief auf Grund ihrer starken Ideologielastigkeit.

In Polen passten sich die Sozialwissenschaften erstaunlich rasch an die neue akademische Situation an. Die Wissenschaftler ließen zumeist ihre bisherigen Paradigmen und die polit-ökonomischen Themen fallen, die sie in Arbeit hatten, und transformierten sich in Vertreter der modernen Ökonomie. Dieser Prozess wurde von einer massenhaften Ausweitung des Sektors der höheren Bildung begleitet, vor allem einer dynamischen Entwicklung der privaten Institutionen. Hunderte von Schulen entstanden sogar in kleineren Provinzstädten, in denen Marketing, Management, Logistik, Versicherungsökonomie, Bankwirtschaftslehre usw. unterrichtet wurden. Nur wenige darunter konnten eine qualifizierte Ausbildung anbieten. Doch alle gaben den Eltern der Studierenden die Hoffnung auf sozialen Aufstieg, der in den späten Jahren der Volksrepublik nur schwer zu erreichen gewesen war, als junge Leute aus den Häusern der Intelligenz die Universitäten dominierten.

Über die gesamten 1990er Jahre blieb die Wissenschaft von öffentlicher Seite unterfinanziert. Der Sektor der Privatschulen spielte für die Einkommen der Akademiker eine wichtige ergänzende Rolle, vor allem in der Ökonomie und angrenzenden Fächern. Für Dozenten war es keineswegs ungewöhnlich, an mehreren, hunderte von Kilometern voneinander entfernten Schulen zu unterrichten. Statt sich in Forschungsarbeiten und wissenschaftliche Diskussionen zu vertiefen, bestand das akademische Leben daraus, von Schule zu Schule zu reisen und die gleichen Vorlesungen zu halten. Viele der jüngeren Ökonomen übernahmen auch Positionen in der Wirtschaft. Im Ergebnis verbesserte sich für Ökonomen die wirtschaftliche Lage, während der Standard ihres Outputs sich in entgegengesetzter Richtung entwickelte.

Erst um die Jahrtausendwende zeigten sich erste Anzeichen für eine Besserung. Die Struktur der Wirtschaftsschulen und -fakultäten glich sich westlichen Mustern an. Gleichzeitig geriet die Tradition der polnischen Wirtschaftswissenschaft, die Lange, Kalecki und ihre Nachfolger aufgebaut hatten, mehr und mehr in Vergessenheit und wurde nicht mehr unterrichtet. Schlagartig änderten sich die Curricula und bestanden nur noch aus Inhalten, die an westlichen Universitäten gelehrt wurden. Das Lehrpersonal, vor allem an kleineren Universitäten, entsprechend auszubilden, erforderte etwas mehr Zeit, ebenso wie die Anpassung der Lehrbücher. Doch es lässt sich feststellen, dass die ökonomische Ausbildung in Polen seit der Mitte der 1990er Jahre weitgehend dem westlichen Vorbild entsprach.

Literatur

Wir haben die Literaturliste zur leichteren Auffindung in zwei Blöcke unterteilt, einen für die Ostdeutschland betreffenden Teile und einen für die Polen betreffenden Teile. Die Literatur der gemeinsam verfassten Teile (Kap. 1, 2.4, 3.4, 4.4 und 5) ist, soweit sie in polnischer Sprache verfasst ist, im polnischen Teil zu finden, der Rest im deutschen Teil.

Literatur der deutschen Teile

Aganbegjan, Abel G. und Konstatin K. Waltuch Hg. 1972.*Gesellschaftlicher Wohlstand und Volkwirtschaftsplanung*. Übers. a. d. Russischen. Berlin: Die Wirtschaft.

Akademie der Wissenschaften der UdSSR Institut für Ökonomie Hg. 1955 (1954). *Politische Ökonomie. Lehrbuch*. Übers. a. d. Russischen. Berlin: Dietz.

Albach Horst. 1991. Ansprache anlässlich der Eröffnung der 52. Wissenschaftlichen Jahrestagung des Verbandes der Hochschullehrer für Betriebswirtschaft in der Universität Frankfurt am 6. Juni 1990. In: Dieter Ordelheide et al. Hg. *Betriebswirtschaftslehre und Ökonomische Theorie*, 3–9. Stuttgart: Poeschel.

Alt, Peter-André. 2019. Wende an Universitäten und Bibliotheken. Viele DDR-Wissenschaftler verloren ihre Stelle. *Berliner Zeitung*. https://www.berliner-zeitung.de/wissen/wende-an-universitaeten-und-bibliotheken-viele-ddr-wissenschaftler-verloren-ihre-stelle-33423158?dmcid=sm_em. (14. 1. 2020).

Ambrée, Kurt et al. Hg. 1977. *Grundfragen der sozialistischen Preistheorie*. Berlin: Die Wirtschaft.

Anders et al. 1974. Probleme der Modellierung einer sozialistischen Nutzensfunktion. In Hans-Dieter Anders et al. *Zum Bewertungsproblem im Sozialismus*. Forschungsberichte des Zentralinstituts für Wirtschaftswissenschaften der Akademie der Wissenschaften der DDR, Nr. 12, 15–86. Berlin: Akademie-Verlag.

H.-J. Wagener et al., *Sozialistische Ökonomie im Spannungsfeld der Modernisierung*, https://doi.org/10.1007/978-3-658-35045-1

Anders, Hans-Dieter et al. 1976. *Theorie und Praxis der Entwicklung einer sozialistischen Nutzensfunktion.* Unveröffentl. Ms. Zentralinstitut für Wirtschaftswissenschaften der Akademie der Wissenschaften der DDR. Berlin.

Arnason, Johann P. 2000. Communism and Modernity. *Daedalus* 129, 61–90.

Arnold, Hans et al. 1956. *Ökonomik der sozialistischen Industrie in der Deutschen Demokratischen Republik.* Berlin: Die Wirtschaft.

Augustine, D.L. 2013. Innovation and Ideology. Werner Hartmann and the Failure of the East German Electronic Industry. In Hartmut Berghoff und Uta A. Balbier Hg. *The East German Economy, 1945–2010. Falling Behind or Catching Up?* 95–110. New York: Cambridge University Press.

Autorenkollektiv. 1981. *Planungs- und Prognosemodelle. Erfahrungen, Probleme, Entwicklungstendenzen,* Berlin: Akademie-Verlag.

Autorenkollektiv. 1985. *Sozialistische Betriebswirtschaft Industrie. Hochschullehrbuch.* Berlin: Die Wirtschaft.

Autorenkollektiv. 1990. Zum Konzept einer Wirtschaftsreform in der DDR. *Wirtschaftswissenschaft* 38–3: 321–41.

Bader, Heinrich und Siegbert Fröhlich. 1964. *Mathematik für Ökonomen. Einführung.* Berlin: Verlag Die Wirtschaft.

Badstübner, Rolf et al. 1987. *Geschichte der DDR.* 3. Aufl. Berlin: Verlag der Wissenschaften.

Bahro, Rudolf. 1977. *Die Alternative. Zur Kritik des real existierenden Sozialismus.* Köln: Europäische Verlagsanstalt.

Bauman, Zygmunt. 1964. Economic growth, social structure, élite formation: the case of Poland. *International Social Science Journal* 16, 203–16.

Bea, Franz Xaver und Marcell Schweitzer Hg. 2009. *Allgemeine Betriebswirtschaftslehre Band 1: Grundfragen.* 9. Auflage. Stuttgart: Lucius & Lucius.

Beck, Ulrich. 1986. *Risikogesellschaft. Auf dem Weg in eine andere Moderne.* Frankfurt a. M.: Suhrkamp.

Becker, Jürgen und Hans Luft. 1990. Nobelpreise auf dem Gebiet der Wirtschaftswissenschaften. Zur Geschichte des Nobelpreises. *Wirtschaftswissenschaft* 38, 1432–40.

Becker, Susanne und Heiko Dierking. 1989. *Die Herausbildung der Wirtschaftswissenschaften in der Frühphase der DDR.* Köln: Verlag Wissenschaft und Politik.

Behrens, Friedrich. 1938. Die Produktivität und ihre Messung. *Jahrbücher für Nationalökonomie und Statistik* 148, 416–29.

Behrens, Friedrich.1941. Zusammenhang zwischen betriebswirtschaftlicher und volkswirtschaftlicher Statistik. *Allgemeines Statistisches Archiv* 30, 246–63.

Behrens, Fritz. 1950. Bemerkungen zur Theorie des Volkseinkommens und der Akkumulation. *Finanzarchiv* N.F. 12, 49–60.

Behrens, Fritz. 1957. Zum Problem der Ausnutzung ökonomischer Gesetze in der Übergangsperiode. *Wirtschaftswissenschaft 5 – Sonderheft 3,* 105–40.

Behrens, Fritz. 1961. *Ware, Wert und Wertgesetz. Kritische und selbstkritische Betrachtungen zur Werttheorie im Sozialismus.* Berlin: Akademie Verlag.

Behrens, Fritz. 1966. Ursachen, Merkmale und Perspektiven des neuen Modells der Leitung der sozialistischen Wirtschaft. *Sitzungsberichte der Deutschen Akademie der Wissenschaften zu Berlin* Jg. 1966 Nr. 1.

Behrens, Fritz. 1968. Kritik der politischen Ökonomie und ökonomische Theorie des Sozialismus. In Walter Euchner und Manfred Schmidt Hg. *Kritik der politischen Ökonomie heute. 100 Jahre „Kapital“*. 288–99. Frankfurt a. M.: Europäische Verlagsanstalt.

Behrens, Fritz. 1992. *Abschied von der sozialen Utopie*. Berlin: Akademie Verlag

Benary, Arne. 1957. Zu Grundproblemen der politischen Ökonomie des Sozialismus in der Übergangperiode. *Wirtschaftswissenschaft* 5 – Sonderheft 3, 62–94.

Berger, Wolfgang und Otto Reinhold. 1966. *Zu den wissenschaftlichen Grundlagen des neuen ökonomischen Systems. Das neue ökonomische System der Planung und Leitung – ein wichtiger Beitrag der Sozialistischen Einheitspartei Deutschlands zur marxistisch-leninistischen Theorie*. Berlin: Dietz.

Biebler, Edith. 1981. Bestimmung der Produktionsnachfrage im systemdynamischen Modell auf der Grundlage der Bedürfnisentwicklung. In: Autorenkollektiv 1981, 185–98.

Bilow, Wolfram et al. 1974. Erfahrungen und Probleme bei der Nutzung mathematisch-statistischer Methoden für die mittel- und langfristige Planung. *Wirtschaftswissenschaft* 22, 58–75.

Bilow, Wolfram et al. 1981. Das ökonometrische Modell DÖM-2 – ein Modell für die Analyse und Prognose der Volkswirtschaft der DDR. In: Autorenkollektiv 1981, 56–63.

Blagich, Ivan A. und Aleksandr Dubjanskij. 2014. *Istoriya ekonmičeskich učenii*. (Geschichte der ökonomischen Lehre). Moskau: Yurajt.

Bock, Hans M. 1973. *Syndikalismus und Linkskommunismus von 1918 bis 1923*. Darmstadt: Wissenschaftliche Buchgesellschaft.

Böhm-Bawerk, Eugen von. 1914. Macht oder ökonomisches Gesetz. *Zeitschrift für Volkswirtschaft, Sozialpolitik und Verwaltung* 23: 205–71.

Böick, Marcus. 2016. Das letzte Gefecht? Die ökonomischen Debatten über eine „Wirtschaftsreform“ innerhalb der DDR um die Jahreswende 1989/90. In Gloe, Markus et al. Hg. *Standortbestimmung Deutschlandforschung*, 113–132. Berlin: Duncker & Humblot.

Böick, Marcus. 2018. *Die Treuhand. Idee – Praxis – Erfahrung. 1990–1994*. Göttingen: Wallstein.

Boldyrev, Ivan und Till Düppe. 2020. Programming the USSR: Leonid V. Kantorovich in context. *The British Journal for the History of Science*, 1–24. doi:https://doi.org/10.1017/S0007087420000059.

Braunreuther, Kurt. 1964. Max Weber (1864-1920) – der bedeutendste Vertreter der bürgerlichen Soziologie in Deutschland. Eine wissenschaftsgeschichtliche Studie. *Probleme der politischen Ökonomie* 7, 337–69.

Brie, André et al. 1990. Elf Thesen zur Krise der DDR und SED In: Rainer Land. 1990, 147–56.

Brie, Michael et al. 1989. *Studie zur Gesellschaftsstrategie*. Berlin: Dietz.

Brie, Michael und Rainer Land, 1989. Aspekte der Krise – Wege der Lösung. *Einheit* 44, 1084–89.

Brus, Wlodzimierz. 1955. Zu einigen Problemen der Einwirkung des Wertgesetzes auf die sozialistische Produktion. *Wirtschaftswissenschaft* 3, 510–28.

Brus, Włodzimierz. 1971 (1961). *Ogólne problemy funkcjonowania gospodarki socjalistycznej* (Allgemeine Funktionsprobleme der sozialistischen Wirtschaft). Warszawa: Państwowe Wydawnictwo Naukowe 1961. Deutsch: *Funktionsprobleme der sozialistischen Wirtschaft*. Frankfurt a. M.: Suhrkamp.

Brus, Włodzimierz. 1977. Stalinism and the „Peoples Democracies“. In Robert C. Tucker Hg. *Stalinism. Essays in Historical Interpretation.* 239–56. New York: W.W. Norton.

Brus, Wlodzimierz. 1986. Institutional change within a planned economy. In Michael. C. Kaser Hg. *The Economic History of Eastern Europe, 1919–1975*, 40–69. Oxford: Clarendon.

Brus, Wlodimierz. 1987. A Note on Socialism's Claim to Rationality. In Gerhard Fink et al. Hg. *Economic Theory, Political Power and Social Justice. Festschrift Kazimierz Laski*, 345–57. Wien: Springer.

Brus, Włodzimierz. 1999. Great Debt and a Few Grievances: a note on Michal Kalecki as my adopted mentor. *Review of Political Economy* 11: 257–60.

Brus, Włodzimierz und Kazimierz Łaski. 1964. The law of value and the problem of allocation in socialism. In *On Political Economy and Econometrics. Essays in honour of Oskar Lange*, 45–59. Warszawa: Państwowe Wydawnictwo Naukowe – Polish Scientific Publishers.

Brus, Wlodzimierz und Kazimierz Laski. 1989. *From Marx to the Market. Socialism in Search of an Economic System.* Oxford: Clarendon Press.

Bucharin, Nikolaj und Evgenij Preobraschensky. 1920. *Das ABC des Kommunismus.* Wien: Verlag der Arbeiter-Buchhandlung.

Buck, Hannsjörg F. 1990. Der Wandel der sozialistischen Geldtheorie. In: Hans-Jürgen Wagener Hg. *Monetäre Steuerung und ihre Probleme in unterschiedlichen Wirtschaftssystemen*, 31–55. Berlin: Duncker & Humblot.

Buhr, Manfred et al. 1975. *Theoretische Quellen des wissenschaftlichen Sozialismus. Studien zur klassischen englischen Ökonomie, zum frühen Sozialismus und Kommunismus und zur klassischen bürgerlichen Philosophie.* Frankfurt a. M.: Athenäum Fischer.

Busch, Ulrich. 1990. Monetäre Stabilität. In Michael Heine et al. Hg. *Die Zukunft der DDR-Wirtschaft*, 124–38. Reinbek: Rowohlt.

Caldwell, Peter C. 2003. *Dictatorship, State Planning, and Social Theory in the German Democratic Republic.* Cambridge: Cambridge University Press.

Cave, Martin. 1980. *Computers and Economic Planning.* Cambridge: Cambridge University Press.

Chaloupek, Günther. 2007. Otto Neurath's Concepts of Socialization and Economic Calculation and his Socialist Critics. In: Elisabeth Nemeth et al. Hg. *Otto Neurath's Economics in Context. Vienna Circle Institute Yearbook* Vol. 13, 61–76. Wien: Springer.

Coase, Ronald H. 1988 (1937). The Nature of the Firm. In R. H. Coase. *The Firm the Market and the Law*, 33–55. Chicago: University of Chicago Press.

Crome, Erhard et al. O. J. *Abschlußbericht zum DFG-Projekt CR 93/1-1 Der SED-Reformdiskurs der achtziger Jahre. Dokumentation und Rekonstruktion kommunikativer Netzwerke und zeitlicher Abläufe. Analyse der Spezifik und der Differenzen zu anderen Reformdiskursen der SED.* https://www.rosalux.de/fileadmin/rls_uploads/pdfs/sonst_publikationen/Bericht_SED-Reformdiskurs.pdf.

Dadajan, Vladislav S. 1973 (1970). *Ökonomische Gesetze des Sozialismus und optimale Entscheidungen.* Übers. a. d. Russischen. Berlin: Akademie Verlag.

Damaschun, Heide et al. Hg. 1993. *„Sowjetwissenschaft/Gesellschaftswissenschaftliche Beiträge“ (1948–1989). Eine Bibliographie.* Berlin: Gesellschaft für sozialwissenschaftliche Forschung und Publizistik.

Davies, Rupert W. 1989. *The Industrialization of Soviet Russia 3: The Soviet Economy in Turmoil, 1929–1930.* Basingstoke: Macmillan.

Dietzenbacher, Erik und Hans-Jürgen Wagener. 1999. Prices in the Two Germanies. *Journal of Comparative Economics* 27, 131–49.

Discussion. 1989. Discussion on Socialist Market Economy. *Acta Oeconomica* 40: 179–283.

Dittmann, Frank und Rudolf Seising eds. 2007. *Kybernetik steckt den Osten an. Aufstieg und Schwierigkeiten einer interdisziplinären Wissenschaft in der DDR.* Berlin: trafo Verlag.

Dittmann, Frank. 2007. Kybernetik in der DDR – eine Einstimmung. In: Dittmann und Seising,13–42.

Dittmann, Gabriele. 1986. Zum Gegenstand der politischen Ökonomie des Sozialismus und ihrer Stellung im System der Wirtschaftswissenschaften – Entwicklung der Auffassungen in der DDR-Literatur in den 50er Jahren. *Wirtschaftswissenschaft* 34, 1348–62.

Düppe, Till. 2020. *How Western Science Corrupts Class Consciousness. East Germany's Presence at IIASA.* Ms.

Dürkop, Oliver und Michael Gehler Hg. 2018. *In Verantwortung. Hans Modrow und der deutsche Umbruch 1989/90.* Innsbruck: Studienverlag.

Ebert, Georg et al. 1969. *Ökonomische Gesetze im gesellschaftlichen System des Sozialismus.* Berlin: Dietz.

Ebert, Georg. 2006. Die Arbeitsgruppe bzw. der Lehrstuhl Politische Ökonomie des Sozialismus an der Parteihochschule „Karl Marx" in den 60er und 70er Jahren. In Möller und Preußer, 142–58.

Edemariam, Aida. 2007. Professor with the Past. *Guardian* 28.04.2007. https://www.theguardian.com/books/2007/apr/28/academicexperts.highereducation (15. 8. 1919).

Ehlert, Willi et al. 1982. *Geldzirkulation und Kredit im Sozialismus.* Berlin: Dietz.

Eichholtz, Dietrich. 2003 (1969–1996). *Geschichte der deutschen Kriegswirtschaft 1939–1945.* Reprint. München: K.G. Saur.

EinigVtr 1990. *Vertrag zwischen der Bundesrepublik Deutschland und der Deutschen Demokratischen Republik über die Herstellung der Einheit Deutschlands (Einigungsvertrag)*http://www.gesetze-im-internet.de/einigvtr/BJNR208890990.html (26. 9. 2020).

Eisenstadt, Shmuel N. 2000. Multiple Modernities. *Daedalus* 129.1, 1–29.

Ekonomičeskaja teorija 1968. Ekonomičeskaja teorija i chozjajstevennaja praktika (Wirtschaftstheorie und wirtschaftliche Praxis). 1968. *Planovoe chozjajstvo* 45–11: 3–10.

Engels, Friedrich. 1948 (1878). *Herrn Eugen Dührings Umwälzung der Wissenschaft („Anti-Dühring").* Berlin: Dietz.

Engels, Friedrich. 1957 (1845). Zwei Reden in Elberfeld. In: *Marx-Engels Werke* Bd. 2, 536–57. Berlin: Dietz.

Engels, Friedrich. 1961 (1859). Karl Marx, „Zur Kritik der Politischen Ökonomie". *Marx-Engels Werke* Bd. 13, 468–77. Berlin: Dietz.

Espenhayn, Rolf. 1990. „Die ordnungspolitische Rolle kleiner und mittlerer Unternehmen beim Übergang zur Marktwirtschaft in der DDR." *Wirtschaftswissenschaft*, 38: 1089–1108.

Ettl, Wilfried et al. 1990. Grundgedanken einer Wirtschaftsreform in der DDR – Thesen zur Diskussion. *Wirtschaftswissenschaft*, Vol. 38: 164–83.

Ettl, Wilfried und Jürgen Jünger. 1994. „Marxistisch-leninistische Politische Ökonomie des Sozialismus". Postume Besichtigung eines Ideologems. In: Wolfgang Bialas und Ralf Possekel Hg. *Der Blick zurück nach vorn. Geschichtsdenken im osteuropäischen Umbruch*, 95–115. Hagen: Margit Rottmann.

Euchner, Walter und Alfred Schmidt Hg. 1968. *Kritik der politischen Ökonomie heute. 100 Jahre „Kapital“*. Frankfurt: Europäische Verlagsanstalt.

Eucken, Walter. 1943. *Die Grundlagen der Nationalökonomie.* Jena: Fischer.

Eucken, Walter. 1990 (1952). Grundsätze der Wirtschaftspolitik. 6. Aufl. Tübingen: Mohr (Siebeck).

Evstigneeva, Ljudmila und Ruben Evstigneev. 1996. Ekonomičeskaja mysl v stranach centralnoj vostočnoj Evropi (1955–1995) (Ökonomisches Denken in den Ländern Ostmitteleuropas (1955-1995)). *Vestnik naučnoj informacii* 2. Moskau: Rossiskaja akademija nauk.

Fakultät Wirtschaftswissenschaften der TU Dresden. 2010. *Wirtschaftswissenschaften in Dresden. Von der technischen Bildungsanstalt bis zur Technischen Universität.* https://tu-dresden.de/bu/wirtschaft/ressourcen/dateien/archiv/fakultaet/broschuere-zur-geschichte-der-fakultaet?lang=de#page=1&zoom=auto,-215,686. (6. 1. 2020).

Faude, Eugen et al. Hg. 1984. *Sozialistische Aussenwirtschaft. Lehrbuch.* Berlin: Die Wirtschaft.

Feldman, Grigory A. 1969 (1929). *Zur Wachstumstheorie des Nationaleinkommens.* Übers. aus dem Russischen. Berlin: Akademie Verlag.

Fengler, Silke. 2013. Innovation in a Centrally Planned Economy: The Case of the Filmfabrik Wolfen. In Hartmut Berghoff und Uta Andrea Balbier Hg. *The East German Economy, 1945 – 2010. Falling Behind or Catching Up?* 145–60. Cambridge: Cambridge University Press.

Fleissner, Peter und Udo Ludwig. 1992. *Ostdeutsche Wirtschaft im Umbruch. Computersimulation mit einem systemdynamischen Modell.* Braunschweig: Vieweg.

Föhl, Carl. 1955 (1937). *Geldschöpfung und Wirtschaftskreislauf*. 2. Aufl. Berlin: Duncker & Humblot.

Fourcade, Marion et al. 2015. The Superiority of Economists. *Journal of Economic Perspectives* 2, 89–114.

Freimüller, Helmut et al. 1972. Probleme bei der Bestimmung von Varianten der Entwicklung materieller Strukturen der Volkswirtschaft mit Hilfe dynamischer Verflechtungsbilanzen. *Wirtschaftswissenschaft* 20, 696–721.

Friedrich, Gerd et al. Hg. 1976. *Leitung der sozialistischen Wirtschaft. Einführung.* Berlin: Die Wirtschaft.

Friedrich, Goetz D. und Wolf D. Hartmann. 1979. *Innovation contra Krise? Zur Kritik bürgerlicher Innovationstheorien.* Berlin: Akademie-Verlag.

Friedrich, Horst. 1981. *Die Produktionsverhältnisse.* Berlin: Dietz.

Gabor, I. R. 1979. The Second (Secondary) Economy: Earning Activity and Regrouping of Income outside Socially Organized Production and Distribution. *Acta Oeconomica* 22, 291–311.

Galasi, P. und G. Sziráczki Hg. 1985. *Labour Market and Second Economy in Hungary.* Frankfurt a. M.: Campus.

Geerling W. und G.B. Magee. 2011. *Tayloristic rather than Taylorists: The Influence of Taylor on the East German Communists, 1945–51.* Discussion Paper 22/11. Monash University.

Gerfin, Harald. 1964. *Langfristige Wirtschaftsprognose.* Tübingen: Mohr (Siebeck).

Gerovitch, Slava. 2008. InterNyet: why the Soviet Union did not build a nationwide computer network. *History and Technology* 24: 335–50.

Gerschenkron, Alexander. 1962. *Economic backwardness in historical perspective*. Cambridge, MA.: Harvard University Press.
Geschichte der politischen Ökonomie des Sozialismus. Grundrisse. 1973 (1972). D.K. Trifonow und L.D. Schirokorad Hg. Übers. a. d. Russischen. Berlin: Die Wirtschaft.
Geschichte der Wirtschaftswissenschaften an der Humboldt-Universität zu Berlin. o. J. http://hicks.wiwi.hu-berlin.de/history/ (28. 2. 2019).
Gesetz über die Bildung eines Sachverständigenrates zur Begutachtung der gesamtwirtschaftlichen Entwicklung. 1963. https://www.sachverstaendigenrat-wirtschaft.de (10.4.2019).
GESIS Hg. 1998. *Materialien zur Erforschung der DDR-Gesellschaft. Quellen. Daten. Instrumente*. Wiesbaden: Springer Fachmedien.
Goskomstat Rossii. 1926. *Balans narodnogo chozjaistva Sojuza SSR 1924–1926 (Die Volkswirtschaftsbilanz der UdSSR 1924–1926)*, pod redakciej P. I. Popova, Moskva (Reprint 1993).
Graichen, Dieter. 1980. *Sozialistische Betriebswirtschaft. Lehrbuch*. Berlin: Die Wirtschaft.
Granberg, Aleksander G. 1972. Die Zielfunktion des gesellschaftlichen Wohlstands und die Optimalitätskriterien in angewandten Modellen der Volkswirtschaft. In Abel G. Aganbegjan und Konstatin K. Waltuch 1972, 11–58.
Grote, Gerhard. 1964. Probleme der Durchsetzung des neuen ökonomischen Systems der Planung und Leitung der Volkswirtschaft im Außenhandel. *Wirtschaftswissenschaft* 12, 1233–46.
Grote, Gerhard. 1966. Problems of Foreign Trade in the German Democratic Republic. *Economics of Planning* 6, 68 ff.
Grünig, Ferdinand. 1933. *Der Wirtschaftskreislauf*. München: C. H. Beck.
Gündel, Rudi, et al. 1967. *Zur Theorie des staatsmonopolistischen Kapitalismus*. Berlin: Akademie-Verlag.
Gvišiani, Džermen M. 1974. *Management. Eine Analyse bürgerlicher Theorien der Organisation*. Übers. a.d. Russ. Berlin: Akademie Verlag.
Hager, Kurt. 1987. *Wissenschaft und Wissenschaftspolitik im Sozialismus, Vorträge 1972–1987*. Berlin: Dietz.
Harrod, Roy F. 1951. *The Life of John Maynard Keynes*. New York: Harcourt, Brace & Co.
Hartmann, Wolf D. 1980. *Management. Kapitalistische Führungstechniken im kritischen Überblick*. Berlin: Akademie Verlag.
Haustein, Heinz Dieter. 1969. *Wirtschaftsprognose. Grundlagen – Elemente – Modelle*. Berlin: Die Wirtschaft.
Haustein, Heinz-Dieter. 1970. *Prognoseverfahren in der sozialistischen Wirtschaft*. Berlin: Die Wirtschaft.
Haustein, Heinz-Dieter und Harry Maier. 1980. Basic improvement and pseudo-innovations and their impact on efficiency. *Technological Forecasting and Social Change* 16, 243–265.
Haustein, Heinz-Dieter et al. 1981. *Innovation and Efficiency*. IIASA Research Report 81–7.
Haustein, Heinz-Dieter. 1982. *Upgrading through innovation: An economic challenge. (Innovativeness and Kilo-prices of export commodities)*. IIASA WP-32–63.
Haustein, Heinz-Dieter und Harry Maier. 1985. *Innovation and Efficiency. Strategies for a Turbulent World*. Berlin: Akademie-Verlag.
Haustein, Heinz-Dieter et al. 1988. *Innovationen in der sozialistischen Volkswirtschaft. Grundlagen, Wirkungsweise, Effektivität*. Berlin: Die Wirtschaft.

Haustein, Heinz-Dieter. 1998. Karl Marx und evolutorische Ökonomik. In Camilla Warnke und Gerhard Huber Hg. *Die ökonomische Theorie von Marx – was bleibt? Reflexionen nach dem Ende des europäischen Kommunismus*, 151–78. Marburg: Metropolis.

Hayek, Friedrich A. von. 1935. The Present State of the Debate. In F. A. von Hayek Hg. *Collectivist Economic Planning*, 201–243. London: Routledge.

Hayek, Friedrich A. von. 1969. Der Wettbewerb als Entdeckungsverfahren. In: *Freiburger Studien*, 249–65. Tübingen: Mohr.

Hayek, Friedrich A. von. 1969. Arten des Rationalismus. In: *Freiburger Studien*, 75–89. Tübingen: Mohr (Paul Siebeck).

Hedeler, Wladislaw und Mario Keßler Hg. 2015. *Reformen and Reformer im Kommunismus*. Hamburg: VSA Verlag.

Hegel, Georg, Wilhelm, Friedrich. 1999 (1821). *Grundlinien der Philosophie des Rechts*. Hamburg: Meiner.

Hein, Ralf. 1988. Zu einigen aktuellen Fragen der volkswirtschaftlichen Gesamtrechnung in der Staatlichen Zentralverwaltung für Statistik der DDR. In Zentralinstitut für Wirtschaftswissenschaften der Akademie der Wissenschaften der DDR. *Volkswirtschaftliche Gesamtrechnung der DDR. Karl-Marx-Symposium 1987*. Studien, Forschungsberichte, Kolloquien, Heft 3, 171–81.

Heinrichs, Wolfgang Hg. 1982. *Grundfragen der sozialistischen Reproduktionstheorie*. Berlin: Dietz.

Heinrichs, Wolfgang und Harry Maier Hg. 1976. *Gesetzmäßigkeiten der intensiv erweiterten Reproduktion bei der weiteren Gestaltung der entwickelten sozialistischen Gesellschaft*. Berlin: Akademie-Verlag.

Heinrichs, Wolfgang und Wolfram Krause. 1989. Wirtschaftsreform – Element der Erneuerung des Sozialismus. *Neues Deutschland* 3. 11. 1989.

Henrich, Rolf. 1989. *Der vormundschaftliche Staat. Vom Versagen des real existierenden Sozialismus*. Reinbek: Rowohlt.

Hensel, K. Paul. 1954. *Einführung in die Theorie der Zentralverwaltungswirtschaft*. Stuttgart: Gustav Fischer.

Hertle, Hans-Herrmann. 1995. Die Diskussion der ökonomischen Krisen in der Führungsspitze der SED. In Theo Pirker et al. *Der Plan als Befehl und Fiktion. Wirtschaftsführung in der DDR*. 309–45. Opladen: Westdeutscher Verlag.

Hertle, Hans-Herrmann. 1996. *Der Fall der Mauer. Die unbeabsichtigte Selbstauflösung des SED-Staates*. Opladen: Westdeutscher Verlag.

Herzberg, Guntolf und Klaus Meier Hg. 1992. *Karrieremuster. Wissenschaftlerporträts*. Berlin: Aufbau.

Herzberg, Guntolf. 2006. *Anpassung und Aufbegehren. Die Intelligenz der DDR in den Krisenjahren 1956/58*. Berlin: Ch. Links.

Heske, Gerhard. 2009. Volkswirtschaftliche Gesamtrechnung DDR 1950–1989: Daten, Methoden, Vergleiche. *Historical Social Research*, Supplement 21.

Hirsch, Hans. 1957. *Mengenplanung und Preisplanung in der Sowjetunion*. Tübingen: Mohr (Siebeck).

Hirschman, Albert O. 1970. *Exit, Voice and Loyalty. Responses to Decline in Firms, Organizations and States*. Cambridge MA: Harvard University Press.

Hirszowicz, Maria. 1980. *The Bureaucratic Leviathan: A Study in the Sociology of Communism*. New York: New York University Press.

Höschel, Hans Peter.1986. Ein ökonometrisches Modell für Analysen und Vorausberechnungen des Nationaleinkommens der DDR. *Österreichische Zeitschrift für Statistik und Informatik* 4, S. 213–39.

Ilf, Ilja und Jewgeni Petrow. 2011 (1937). *Das eingeschossige Amerika: Eine Reiseerzählung.* Frankfurt a. M.: Eichborn.

Jäger, Manfred et al. 1963. Zu einigen Ergebnissen der Verflechtungsbilanz des Gesamtprodukts der DDR. *Wirtschaftswissenschaft* 11, 1374–99.

Janson, Carl-Heinz. 1991. *Totengräber der DDR. Wie Günter Mittag den SED-Staat ruinierte.* Düsseldorf: Econ.

Johansen, Leif. 1977–78. *Lectures on macroeconomic planning.* 2 Bde. Amsterdam: North Holland.

Jünger, Ernst. 1932. *Der Arbeiter. Herrschaft und Gestalt.* Hamburg: Hanseatische Verlagsanstalt.

Kalecki, Michał. 1935. A Macrodynamic Theory of Business Cycles, 1935, *Econometrica* 3, 327–344.

Kalecki, Michał. 1938. The Determinants of Distribution of the National Income. *Econometrica* 6, 97–112.

Kalecki, Michał 1982d (1963). *Zarys teorii wzrostu gospodarki socjalistycznej* (Umriss der Wachstumstheorie der sozialistischen Wirtschaft). Warszawa: Państwowe Wydawnictwo Naukowe 1963. Deutsch: *Theorie des Wachstums und der Planung in der sozialistischen Volkswirtschaft.* Baden-Baden: Nomos 1982. English: *Introduction to the Theory of Growth in a Socialist Economy.* In J. Osiatyński Hg. *Collected Works of Michal Kalecki Volume IV Socialism: Economic Growth and Efficiency of Investment.* Oxford: The Clarendon Press. 1993.

Kalweit, Werner et al.1966. Thesen zur Konferenz „Das neue ökonomische System der Planung und Leitung beim umfassenden Aufbau des Sozialismus unter den Bedingungen der technischen Revolution". *Wirtschaftswissenschaft* 14, 177–98.

Kant, Immanuel. 1968 (1793). Über den Gemeinspruch: das mag in der Theorie richtig sein, taugt aber nicht für die Praxis. In *Werke* Band 9, 125–72. Darmstadt: Wissenschaftliche Buchgesellschaft.

Kantorovič, Leonid V. 1959. *Ekonomičeskij rasčet nailučego ispolzovanija resursov* (Wirtschaftsrechnung der optimalen Ressourcennutzung). Moskau: State Publishing House. Engl. Übers. The Best Use of Economic Resources. Oxford: Pergamon. 1965.

Kantorovič, Leonid V. et al. 1985. *Ökonomie und Optimierung.* Werner Lassmann und Hans Schilar Hg. Berlin: Akademie Verlag.

Kaube, Jürgen. 1998. Soziologie. In Jürgen Kocka und Renate Mayntz Hg. *Wissenschaft und Wiedervereinigung. Disziplinen im Umbruch*, 255–301. Berlin: Akademie-Verlag.

Kautsky, Karl. 1892. *Das Erfurter Programm in seinem grundsätzlichen Teil erläutert.*https://www.marxists.org/deutsch/archiv/kautsky/1892/erfurter/index.htm (26. 7. 2019)

Kautsky, Karl. 1902. *Die Soziale Revolution. Bd. II Am Tage nach der sozialen Revolution.* Berlin: Vorwärts. www.marxists.org/deutsch/archiv/kautsky/1902/sozrevolution/index.htm. (20-06-2018).

Kaser, Michael. 2008. The Debate on the Law of Value in the USSR, 1941–53. In Vincent Barnett und Joachim Zweynert Hg. *Economics in Russia. Studies in Intellectual History.* 141–55. Aldershot: Ashgate.

Keren, Michael. 1973. The New Economic System in the GDR: An Obituary. *Soviet Studies* 24: 554–87.

Keynes, John M. 1936.*The General Theory of Employment Interest and Money*. London: Macmillan.

Kindelberger, Albert. 1970. 25 Jahre staatliche Statistik – eine Chronik. Zweiter Teil 1955 bis 1962. *Statistische Praxis* 11, 621–62.

Kinze, Hans-Heinrich et al. Hg. 1975. *Volkswirtschaftsplanung*. Berlin: Die Wirtschaft.

Kinze, Hans-Heinrich et al. Hg. 1981. *Langfristige Planung*. Berlin: Die Wirtschaft.

Klaus, Georg. 1961. *Kybernetik in philosophischer Sicht*. Berlin: Dietz.

Klaus, Georg. 1969. *Wörterbuch der Kybernetik*. Frankfurt a. M.: Fischer.

Klaus, Georg und Heinz Liebscher. 1974. *Systeme, Informationen, Strategien. Eine Einführung in die kybernetischen Grundgedanken der System- und Regelungstheorie, Informationstheorie und Spieltheorie*. Berlin: VEB Verlag Technik.

Klaus, Georg und Manfred Buhr Hg. 1976. *Philosophisches Wörterbuch*. 2 Bde. 12. Aufl. Leipzig: VEB Bibliographisches Institut.

Kluge, Paul Dieter und Walter Runge. 1984. *Zufallsabhängige Fertigungsprozesse. Methoden zu ihrer Beherrschung*. Berlin: Die Wirtschaft.

Kluge, Paul-Dieter et al. 2013. Lehre und Forschung zu quantitativen Methoden. In Kupferschmidt und Zellmer, 221–45.

Kocka, Jürgen und Renate Mayntz Hg. 1998. *Wissenschaft und Wiedervereinigung. Disziplinen im Umbruch*, 255-301. Berlin: Akademie-Verlag.

Kohlmey, Gunther. 1956. Einige Fragen der planmäßigen Ausnutzung der Wertformen und des Wertgesetzes in der Periode des Übergangs zum Sozialismus. *Wirtschaftswissenschaft* 3, 445–63.

Kohlmey, Gunther. 1960. Das Debakel der antisozialistischen und antimarxistischen Konzeption von der Unmöglichkeit der Wirtschaftsrechnung im Sozialismus. In *Neue Erscheinungen in der modernen bürgerlichen politischen Ökonomie* I. Halbband, 273–85. Berlin.

Kohlmey, Gunter. 1965. Eröffnung. In: *Mathematik und Kybernetik in der Ökonomie*. Teil I. Berlin: Akademie Verlag.

Kohlmey, Gunther. 1966. *Zielfunktionen des sozialistischen Wirtschaftens*. Sitzungsberichte der Deutschen Akademie der Wissenschaften zu Berlin. Jg. 1966, Nr. 4.

Kohlmey, Gunther. 1968. Planen als Regeln und Steuern. In Karl Bichtler Hg. *Wirkungsmechanismus des ökonomischen Wachstums* Bd. II, 41-65. Berlin: Akademie Verlag.

Kohlmey, Gunther. 1973.*Vergesellschaftung und Integration im Sozialismus*. Berlin: Akademie Verlag.

Kolakowski, Leszek. 1979 (1976–78). *Die Hauptströmungen des Marxismus. Entstehung, Entwicklung, Zerfall*. 3 Bde. München: Pieper.

Kolář, Pavel. 2016. *Der Poststalinismus. Ideologie und Utopie einer Epoche*. Köln: Böhlau.

Kollmorgen, Raj. 1996. Außeruniversitäre Soziologie und Einheit. *Berliner Journal für Soziologie* 6: 391–406.

Kopf, Elke. 1976. Reaktionen bürgerlicher Ökonomen auf die Wirkung des „Kapitals" von Karl Marx in der deutschen Arbeiterbewegung (1867–1897). *Wirtschaftswissenschaft 24*, 1660–83.

Kornai, Janos. 1959. *Overcentralisation in economic administration, a critical analysis based on experience in Hungarian light industry*. Oxford: Oxford University Press.

Kornai, János. 1967. *Mathematische Methoden bei der Planung der ökonomischen Struktur*. Berlin: Die Wirtschaft.
Kornai, János. 1968. Theoretische Probleme bei Modellsystemen. *Wirtschaftswissenschaft* 16, 543–52.
Kornai, János. 1980. *Economics of Shortage*. Amsterdam: North Holland.
Kornai, János. 1992. *The Socialist System. The Political Economy of Communism*. Oxford: Clarendon Press.
Koryś, Piotr. 2018. *Poland from Partitions to EU Accession. Modern Economic History 1772–2004*. London: Palgrave.
Kosel, Gerhard. 1957. *Produktivkraft Wissenschaft*. Berlin: Die Wirtschaft.
Kotow, I. W. 1974. *Mathematische Methoden in der Ökonomie und politische Ökonomie des Sozialismus*. Übers. a. d. Russischen. Berlin: Die Wirtschaft.
Koziolek, Helmut. 1959. Zu Behandlung des Nationaleinkommenskreislaufs bei Marx und die „Synthese", die Oskar Lange zwischen Marx und Leontief herstellte! *Wissenschaftliche Zeitschrift der Hochschule für Ökonomie* 1/1959.
Koziolek, Helmut Hg. 1976. *Probleme der Beschleunigung des wissenschaftlich-technischen Fortschritts. Abhandlungen der Akademie der Wissenschaften der DDR: Veröffentlichungen der Wissenschaftlichen Räte*. Jahrgang 1976, Nr. W 3. Berlin: Akademie-Verlag.
Koziolek, Helmut. 1979. *Reproduktion und Nationaleinkommen. Probleme und Zusammenhänge*. Berlin: Die Wirtschaft.
Koziolek, H., 1996, Hatte das Neue Ökonomische System eine Chance? *Sitzungsberichte der Leibniz-Sozietät* 10 (1996) 1/2: 129–53.
Koziolek, Helmut und Otto Reinhold. 1987. Über die schöpferische theoretische Arbeit in der politischen Ökonomie bei der Gestaltung des entwickelten Sozialismus in der DDR. *Neues Deutschland* 11. März 1987, 3–4.
KPdSU. 1971. *XXIV. Parteitag der Kommunistischen Partei der Sowjetunion. 30. März–9. April 1971. Schlußworte Direktiven Resolutionen*. Moskau und Berlin: APN und Dietz.
Krause, Günter. 1996. Die „Revisionismusdebatte" in den Wirtschaftswissenschaften der DDR. *Discussion Papers* 2/96. Frankfurter Institut für Transformationsstudien.
Krause, Günter. 1998. *Wirtschaftstheorie in der DDR*. Marburg: Metropolis.
Krause, Werner et al. Hg. 1989. *Ökonomenlexikon*. Berlin: Dietz.
Kröber, Günter und Harry Maier Hg. 1985. *Innovation und Wissenschaft*. Berlin: Akademie-Verlag.
Krömke, Claus. 2006. Betriebe und Kombinate im Wirtschaftssystem der DDR. In *Erfahrungen und Probleme der Planung und der wirtschaftlichen Entwicklung in der DDR.Schlussfolgerungen für die Zukunft*. Workshop, 63–9. Berlin: Rosa Luxemburg Stiftung.
Krüger, Hans-Peter. 1984. *Werte und Weltmarkt. Zur Bildung und Realisierung internationaler Werte*. Berlin: Akademie-Verlag.
Krüger, Hans-Peter. 1990. Moderne Gesellschaft und "Marxismus-Leninismus" schließen einander aus. *Berliner Debatte Initial* 1: 149–154.
Kuczynski, Jürgen und Helmut Koziolek. 1962. Verflechtungsbilanz – Generalstabskarte der Wirtschaft. *Neues Deutschland* 17.11.1962.
Kuczynski, Thomas. 2015. Fritz Behrens und seine rätekommunistische Kritik sozialistischer Reform. In Hedeler und Keßler, 36–52.

Kupferschmidt, Walter und Gernot Zellmer Hg. 2013. *Hochschule für Ökonomie „Bruno Leuschner“*. Zielona Góra: Wydawnictwo Zakladu Controllingu i Informatyki Ekonomicznej.

Kupferschmidt, Walter. 2013. 41 Jahre Hochschule für Ökonomie – eine Bilanz. Lehre – Forschung – Internationale Beziehungen. In Kupferschmidt und Zellmer, 7–40.

Laitko, Hubert. 2005. Produktivkraft Wissenschaft, wissenschaftlich-technische Revolution und wissenschaftliches Erkennen. In Hans-Christoph Rauh und Peter Ruben Hg. *Denkversuche. DDR-Philosophie in den 60er Jahren*, 459–540. Berlin: Christoph Links Verlag.

Land, Rainer Hg. 1990. *Das Umbaupapier (DDR). Argumente gegen die Wiedervereinigung*. Berlin: Rotbuch.

Land, Rainer und Ralf Possekel. 1994. *Namenlose Stimmen waren uns voraus. Politische Diskurse von Intellektuellen in der DDR*. Bochum: Verlag Dr. Dieter Winkler.

Lange, Herbert und Siegfried Tannhäuser. 1976. Rolle und Aufgabe der sozialistischen Industriebetriebe. *Wirtschaftswissenschaft* 24, 1381–94.

Lange, Oskar. 1936. On the economic theory of socialism, Part I. *Review of Economic Studies* 4, 53–71.

Lange, Oskar, 1937. On the economic theory of socialism, Part II. *Review of Economic Studies* 4, 123–42.

Lange, Oskar. 1942. The foundations of welfare economics. *Econometrica* 10, 215–28.

Lange, Oskar. 1964. Note on ideology and tendencies in economic research. *International social science journal* 16: 524–8.

Lange, Oskar. 1966. *Ganzheit und Entwicklung in kybernetischer Sicht*. Berlin: Akademie Verlag.

Lange, Oskar. 1967a. Quantitative Relationen in der Produktion. *Wirtschaftswissenschaftliche Informationen*, Heft 55. Deutsche Akademie der Wissenschaften.

Lange, Oskar. 1967b (1965). Maszyna licząca i rynek (Computer und Markt). *Życie Gospodarcze* 43 (24 October 1965), 1–2. (English: The Computer and the Market. In Charles H. Feinstein Hg. *Socialism, Capitalism and Economic Growth. Essays Presented to Maurice Dobb*, 158–61. Cambridge: Cambridge University Press. 1967. Deutsch: Computer und Markt. In: *Ökonomisch-theoretische Studien*, 323–27. Frankfurt a. M.: Europäische Verlagsanstalt. 1977).

Lange, Oskar. 1968a (1964). *Optymalne decyzje* (Optimale Entscheidungen). Warszawa: Państwowe Wydawnictwo Naukowe 1964. Deutsch: *Optimale Entscheidungen. Grundriss der Optimierungsrechnung*. Berlin: Akademie Verlag. 1968.

Lange, Oskar. 1968b (1965). *Wstęp do cybernetyki ekonomicznej* (Einführung in die ökonomische Kybernetik). Warszawa: Państwowe Wydawnictwo Naukowe. Deutsch: *Einführung in die ökonomische Kybernetik*. Berlin: Akademie Verlag. 1968.

Lange, Oskar. 1968c. (1958). *Wstęp do ekonometrii* (Einführung in die Ökonometrie). Warszawa: Państwowe Wydawnictwo Naukowe 1958. Deutsch: *Einführung in die Ökonometrie*. Berlin: Akademie Verlag. 1968.

Lange, Oskar. 1968d (1935). Marxian Economics and Modern Economic Theory. *The Review of Economic Studies* 2: 189–201. Wieder abgedruckt in David Horowitz Hg. *Marx and Modern Economics*, 68–87. London: Mac Gibbon & Kee. 1968.

Lange, Oskar. 1969 (1959). *Ekonomia polityczna* (Politische Ökonomie). T. I *Zagadnienia ogólne* (Allgemeine Fragestellungen). Warszawa: Państwowe Wydawnictwo Naukowe

1959. Deutsch: *Politische Ökonomie.* 2 Bde. Berlin: Akademie Verlag, und Frankfurt: Europäische Verlagsanstalt. 1969.

Lange, Oskar. 1970a. The Political Economy of Socialism. In: *Papers in Economics and Sociology*, 85–98. Oxford: Pergamon.

Lange, Oskar. 1970b. The role of science in the development of socialist society. In *Papers in economics and sociology 1930–1960.* Oxford, Warszawa: Pergamon/Państwowe Wydawnictwo Naukowe.

Lange, Oskar et al. 1970, Economics. In Unesco Hg. *Main trends of research in the social and human sciences.* Mouton/Unesco: 283–350.

Lange, Oskar et al. 1972. *Wirtschaftswissenschaft. Hauptströmungen der sozialwissenschaftlichen Forschung.* Frankfurt a. M.: Ullstein.

Lange, Oskar und Fred M. Taylor. 1938. *On the economic theory of socialism.* Minneapolis: University of Minnesota Press.

Lassmann, Werner. 1985. Die Entwicklung und Anwendung von Optimierungsmethoden in der DDR. In: Kantorovič et al.: 97–193.

Lassmann, Wolfgang und Hans Schilar Hg. 1985. *Ökonomie und Optimierung*, Berlin: Akademie-Verlag.

Lassmann, Wolfgang und Rolf Rogge. 1990. Die Komplexmethode in der computergestützten Planoptimierung und Entscheidungsvorbereitung, *Operations-Research-Spektrum* 12, 25–34.

Lavoie, Don. 1985. *Rivalry and Central Planning. The Socialist Calculation Debate Reconsidered.* New York: Cambridge University Press.

Leeds, Adam E. 2016. Dreams in Cybernetic Fugue: Cold War Technoscience, the Intelligentsia, and the Birth of Soviet Mathematical Economics, *Historical Studies in the Natural Sciences* 46, 633–668.

Lehmann, Hermann. 1968a. *Grenznutzentheorie.* Berlin: Dietz.

Lehmann, Hermann. 1968b. Zur Rationalität des Wirtschaftens. In Karl Bichtler Hg. *Wirkungsmechanismus des ökonomischen Wachstums. Theoretische Probleme des ökonomischen Wachstums im Sozialismus und Kapitalismus.* Bd. II, 269–82. Berlin: Akademie Verlag.

Lehrbuch Politische Ökonomie. Sozialismus. 1972 (1970). Hg. unter Leitung von Nikolaj A. Cagolov. Übers. a. d. Russischen. Berlin: Die Wirtschaft.

Lenin, Wladimir I. 1948 (1918). *Staat und Revolution. Die Lehre des Marxismus vom Staat und die Aufgaben des Proletariats in der Revolution.* Berlin: Dietz.

Lenin, Vladimir I. 1956 (1899). *Die Entwicklung des Kapitalismus in Russland.* Werke Bd. 3. Berlin: Dietz.

Lenin, Wladimir I. 1959 (1920). Der „Linke Radikalismus", die Kinderkrankheit im Kommunismus. In *Werke*, Bd. 31, 1–105. Berlin: Dietz. http://www.marxists.org/deutsch/archiv/lenin/1920/linksrad/ (1. 9. 2019).

Lenin, Vladimir I. 1960 (1918). Die nächsten Aufgaben der Sowjetmacht. In *Werke* Band 27, 225–68. Berlin: Dietz.

Lenin, Vladimir I. 1974 (1918). Staat und Revolution. In *Werke* Band 25, 391–537. Berlin: Dietz.

Lenin, Wladimir I. 1984 (1919). Die Große Initiative. In *Werke* Band 29, 397–429. Berlin: Dietz.

Lepsius, M. Rainer. 1990. Zur Lage der Soziologie an den Universitäten der DDR. *Kölner Zeitschrift für Soziologie und Sozialpsychologie* 42: 313–23.

Lepsius, M. Rainer. 1993. Zum Aufbau der Soziologie in Ostdeutschland. *Kölner Zeitschrift für Soziologie und Sozialpsychologie* 45: 305–37.

Lepsius, M. Rainer. 1994. Die Institutionenordnung als Rahmenbedingung der Sozialgeschichte der DDR. In: Hartmut Kaelble et al. Hg. *Sozialgeschichte der DDR*, 17–30. Stuttgart: Klett-Cotta.

Lepsius, M. Rainer. 1995. Handlungsräume und Rationalitätskriterien der Wirtschaftsfunktionäre in der Ära Honecker. In Theo Pirker et al. Hg. *Der Plan als Befehl und Fiktion. Wirtschaftsführung in der DDR*, 347–62. Opladen: Westdeutscher Verlag.

Lewin, Moshe. 1991 (1974). *Stalinism and the Seeds of Soviet Reform. The Debates of the 1960s*. London: Pluto Press.

Lewin, Moshe. 2005. *Lenin's Last Struggle*. Ann Arbor: University of Michigan Press.

Lewin, Moshe. 2016. *The Soviet Century*. London: Verso.

Liberman, Evsej. G. 1966 (1956). Planning industrial production and material stimuli for its development. In: Myron E. Sharpe Hg. *Planning, Profit and Incentives in the USSR*. White Plains, NY: International Arts & Science Press. Bd. I, 20–45.

Liberman, Evsej G. 1972 (1962). Plan, pribyl i premija. *Pravda* 9. September. Engl. Übers. The Plan, Profits and Bonuses. In Alec Nove und Domenico M. Nuti Hg. *Socialist Economics*, 309–18. Harmondsworth: Penguin.

Liberman, Evsej. 1974 (1970). *Methoden der Wirtschaftslenkung im Sozialismus. Ein Versuch über die Stimulierung der gesellschaftlichen Produktion*. Frankfurt a. M.: Suhrkamp.

Liebscher, Heinz. 1995. *Fremd- oder Selbstregulation? Systemisches Denken in der DDR zwischen Wissenschaft und Ideologie*. Münster: Lit Verlag. Letzte Fassung: http://www.heinzliebscher.de/Publikationen/Fremd_oder_Selbstregulation.pdf (20. 8. 2017).

Liebscher, Heinz. 2005. Systemtheorie und Kybernetik in der philosophischen Sicht von Georg Klaus. In Hans-Christoph Rauh und Peter Ruben Hg. *Denkversuche. DDR-Philosophie in den 60er Jahren*, 157–75. Berlin: Chr. Links.

Ludwig, Udo. 1988. Die volkswirtschaftliche Gesamtrechnung – ein Instrument zur statistischen Darstellung, Analyse und Prognose der intensiv erweiterten Reproduktion in der DDR. In Zentralinstitut für Wirtschaftswissenschaften der Akademie der Wissenschaften der DDR. *Volkswirtschaftliche Gesamtrechnung der DDR. Karl-Marx-Symposium 1987*. Studien, Forschungsberichte, Kolloquien, Heft 3, 1–48.

Luft, Hans. 1982. Sozialistisches Eigentum an den Produktionsmitteln als gesellschaftliches Eigentum, seine Formen und seine Entwicklung. *Wirtschaftswissenschaft* 30: 823–37.

Luft, Hans. 1990. Probleme des gesellschaftlichen Eigentums in der DDR. *Wirtschaftswissenschaft*, Vol. 38, No. 7, 1027–35.

Luhmann, Niklas. 1984. *Soziale Systeme. Grundriß einer allgemeinen Theorie*. Frankfurt a. M.: Suhrkamp.

Luhmann, Niklas. 1990. Das Moderne der modernen Gesellschaft. In Zapf 1990, 87 – 108.

Luxemburg, Rosa. 1925. *Einführung in die Nationalökonomie*. Berlin: E. Laub'sche Verlagsbuchhandlung.

Maier, Harry und Heinz-Dieter Haustein. 1980. Innovation, Efficiency Cycle, and Strategy Implications. *Technological Forecasting and Social Change* 17, 35–49.

Maier, Wilfried. 1996. Zur Preispolitik der DDR. In: Ludwig Elm et al. Hg. *Ansichten zur Geschichte der DDR*, Bd. VI, 243–98. Eggersdorf: Verlag Matthias Kirchner.

Main trends of research in the social and human sciences. Part one: Social sciences. 1970. Paris: Unesco.

Majakowski, Wladimir. 1960 (1925). *Meine Entdeckung Amerikas.* Zürich: Arche.

Malycha, Andreas. 2012. Der „Konsumsozialismus" der Honecker-Ära und der Eklat um die Erhöhung der Verbraucherpreise im Herbst 1979. *Deutschland Archiv* 45, 305–18.

Mantel, Peter. 2010. *Betriebswirtschaftslehre und Nationalsozialismus. Eine institutionen- und personengeschichtliche Studie.* Wiesbaden: Gabler.

Marr, Rainer. 1989. Zur Entwicklung der Leitungswissenschaft in der DDR. In Pieper, 37–77.

Marx, Karl o. J. (1857–58) *Grundrisse der Kritik der politischen Ökonomie.* Frankfurt a.M.: Europäische Verlagsanstalt.

Marx, Karl. 1952 (1875). Randglossen zum Programm der deutschen Arbeiterpartei. In: *Marx – Engels Ausgewählte Schriften II*, 11–29. Berlin: Dietz.

Marx, Karl. 1961 (1859). Zur Kritik der Politischen Ökonomie. *Marx-Engels Werke* Bd. 13, 1–160. Berlin: Dietz.

Marx, Karl. 1962 (1867). *Das Kapital. Erster Band.* Berlin: Dietz.

Marx, Karl. 1964 (1894). *Das Kapital. Dritter Band.* Berlin: Dietz.

Marx, Karl. 1972 (1847). Das Elend der Philosophie. In: Marx-Engels *Werke*, Bd. 4, 63–182. Berlin: Dietz.

Mathematik und Kybernetik in der Ökonomie. Internationale Tagung – Berlin, Oktober 1964. Konferenzprotokoll. 1965. Berlin: Akademie-Verlag.

Meissner, Boris. 1969. *Die „Breshnew-Doktrin". Das Prinzip des „proletarisch-sozialistischen Internationalismus" und die Theorie von den „verschiedenen Wegen zum Sozialismus". Dokumentation.* Köln: Verlag Wissenschaft und Politik.

Meissner, Boris. 1975. *Die Sowjetunion zwischen dem XXIV. und XXV. Parteikongreß der KPdSU. Osteuropa* 25, 897–915.

Meißner, Herbert. 1976. *Bürgerliche Ökonomie ohne Perspektive.* Berlin: Dietz.

Meißner, Herbert Hg. 1978. *Geschichte der politischen Ökonomie. Grundriß.* Berlin: Dietz.

Merkel, Wolfgang et. al. 2019. System. In Wolfgang Merkel et al. Hg. *The Handbook of Political, Social, and Economic Transformation,* 16–29. Oxford: Oxford University Press.

Mertens, Lothar. 2004. *Rote Denkfabrik?: die Akademie für Gesellschaftswissenschaften beim ZK der SED.* Münster: LIT Verlag.

Meske, Werner. 1993. *Die Umgestaltung des ostdeutschen Forschungssystems – eine Zwischenbilanz.* WZB Discussion Paper, No.P 93–401. Wissenschaftszentrum Berlin für Sozialforschung.

Meuschel, Sigrid. 1990. Revolution in der DDR. Versuch einer sozialwissenschaftlichen Interpretation. In Zapf 1990, 558–75.

Meuschel, Sigrid. 1992. *Legitimation und Parteiherrschaft in der DDR. Zum Paradox von Stabilität und Revolution in der DDR 1945–1989.* Frankfurt a. M.: Suhrkamp.

Meyer, Christian. 1984. *Die volkswirtschaftliche Gesamtrechnung der DDR. Methodik, Inkonsistenzen, Ideologie,* München: V. Florentz.

Meyer, Hansgünter. 1990. Die Soziologie in der DDR im Prozeß der Vereinigung der beiden deutschen Staaten. In Zapf 1990, 69–86.

Meyer, Hansgünter. 1991. Worte der Begrüßung für das neugegründete Berliner Journal für Soziologie. *Berliner Journal für Soziologie* 1: 1–3.

Meyer, Hansgünter. 1993. *Neugestaltung der Hochschulen in Ostdeutschland: Szenarien – Friktionen – Optionen – Statistik.* WZB Discussion Paper, No. P93–402, Wissenschaftszentrum Berlin für Sozialforschung (WZB), Berlin.

Mittag, Günter. 1968. Meisterung der Ökonomie ist für uns Klassenkampf. *Neues Deutschland*, 27. 10. 1968, 4–5.

Mittag. Günter. 1970. *Die Bedeutung des Buches „Politische Ökonomie des Sozialismus und ihre Anwendung in der DDR“.* Berlin: Dietz.

Möller, Uwe und Bernd Preußer Hg. 2006. *Die Parteihochschule der SED – ein kritischer Rückblick.* Schkeuditz: GNN Verlag.

Montias, John M. 1959. Planning with Material Balances in Soviet-Type Economies. *American Economic Review* 49, 963–85.

Montias, John M. 1976. The Structure of Economic Systems. New Haven: Yale University Press.

Müller-Engbers, Helmut et al. Hg. 2010. *Wer war wer in der DDR? Ein Lexikon ostdeutscher Biographien.* 2 Bde. 5. Aufl. Berlin: Chr. Links Verlag.

Myant, Martin. 2021. The Development of Thinking on the Czechoslovak Economic Transformation. In Wladimir Andreff Hg. *Comparative Economic Studies in Europe. A Thirty Year Review*, 35–56. o. O. (London): Palgrave Macmillan.

Naphtali, Fritz, Hg. 1928. *Wirtschaftsdemokratie: Ihr Wesen, Weg und Ziel.* Berlin: Verlagsgesellschaft des Allgemeinen Deutschen Gewerkschaftsbundes GmbH.

Nemtschinow (Nemčinov), Vasily S. 1965. Die Modellierung ökonomischer Prozesse. In: *Mathematik und Kybernetik in der Ökonomie*, 22–30.

Neuberger, Egon. 1966. Libermanism, Computopia, and Visible Hand: The Question of Informational Efficiency. *American Economic Review* 56, No. 1/2: 131–44.

Neues Forum. 1990. *Wirtschaftsreform der DDR.* Berlin: Nicolai.

Neurath, Otto. 1919. *Durch die Kriegswirtschaft zur Naturalwirtschaft.* München: Callwey. Auszüge in Neurath and Nemeth 1994.

Neurath, Paul and Elisabeth Nemeth Hg. 1994. *Otto Neurath oder Die Einheit von Wissenschaft und Gesellschaft.* Wien: Böhlau.

Nick, Harry. 1968. *Warum fondsbezogener Preistyp?* Berlin: Dietz.

Nick, Harry. 2011. *Ökonomendebatten in der DDR.* Schkeuditz: GNN Verlag.

Nove, Alec. 1980. *Das sowjetische Wirtschaftssystem.* Baden-Baden: Nomos.

Novožilov, Viktor V. 1926. Nedostatok tovarov (Warenmangel). *Vestnik finansov* 2. https://seinst.ru/page75/ (8. 5. 2020)

Nowoshilow (Novožilov), Viktor V. 1970 (1967). *Die Messung von Aufwand und Ergebnis. Probleme der Messung von Aufwand und Ergebnis in der optimalen Planung.* Übers. a. d. Russischen. Berlin: Die Wirtschaft.

Nützenadel, Alexander. 2005. *Stunde der Ökonomen. Wissenschaft, Politik und Expertenkultur in der Bundesrepublik 1949–1974.* Göttingen: Vandenhoek & Ruprecht.

Ökonomenlexikon. 1989. Hg. Werner Krause et al. Berlin: Dietz.

Ökonomisches Forschungsinstitut der Staatlichen Plankommission (Hg.). 1973. *Thesaurus Ökonomie.* 2 Bde. Berlin.

Ökonomisches Lexikon. 3 Bde. 1978–80. 3. neu bearbeitete Auflage. Berlin: Die Wirtschaft.

Okun, Arthur M. 1975. *Equality and efficiency, the big tradeoff,* Washington, DC: Brookings Institution.

Oppenheimer, Franz. 1896. *Die Siedlungsgenossenschaft. Versuch einer positiven Überwindung des Kommunismus durch Lösung des Genossenschaftsproblems und der Agrarfrage.* Leipzig: Duncker & Humblot.

Osiatyński, Jerzy. 1987. Kalecki's school in the theory of growth of a socialist economy. In Gerhard Fink et al. Hg. *Economic Theory, Political Power and Social Justice. Festschrift Kazimierz Laski*, 113–35. Wien: Springer.

Otto, Wilfriede. 1992. Die Geschichte eines braunen Kalbslederbandes. *Neues Deutschland* 29. 8. 1992.

Pareto, Vilfredo. 1966 (1906). *Manuel d'économie politique*. Genf: Droz.

Pasternack, Peer. 2010. Transformationsfolgenanalyse. Die Ergebnisse des ostdeutschen Wissenschaftsumbaus aus der Perspektive des Jahres 2009. *Denkströme. Journal der Sächsischen Akademie der Wissenschaften* Heft 4: 176–87. file:///C:/Users/mail/AppData/Local/Temp/denkstroeme-heft4.pdf (19.9.2020)

Peche, Norbert et al. 1990. Konzept einer radikalen Wirtschaftsreform. In *Was heißt radikale Reform*, 7–64. Berlin: Die Wirtschaft.

Pieper, Rüdiger Hg. 1989a. *Westliches Management – östliche Leitung. Ein Vergleich von Managementlehre und DDR-Leitungswissenschaft.* Berlin: Walter de Gruyter.

Pieper, Rüdiger. 1989b. Rekonstruktion der Geschichte von Betriebswirtschaftslehre und Leitungswissenschaft in der DDR. In Pieper, 79 – 124.

Pieper, Rüdiger und Knut Richter Hg. 1990. *Management, Erfahrungen, Bedingungen, Perspektiven.* Wiesbaden: Gabler.

Pokrytan, A. K. 1973 (1971). *Produktionsverhältnisse und ökonomische Gesetze des Sozialismus.* Übers. a. d. Russischen. Berlin: Akademie Verlag.

Polanyi, Karl. 1979 (1944). *The Great Transformation.* Frankfurt a. M.: Suhrkamp.

Politische Ökonomie des Sozialismus und ihre Anwendung in der DDR. 1969. Berlin: Dietz.

Pollack, Detlef. 1999. Der Zusammenbruch der DDR als Verkettung getrennter Handlungslinien. In Konrad H. Jarausch und Martin Sabrow Hg. *Wege in den Untergang. Der innere Zerfall der DDR,* 41–81. Göttingen: Vandenhoek & Ruprecht.

Pollack, Detlef. 2001. *Wie modern war die DDR?* F.I.T. Discussion Paper no. 4/01. Frankfurt (Oder): Frankfurter Institut für Transformationsstudien.

Pollack, Detlef. 2016. Modernisierungstheorie – revised. Entwurf einer Theorie moderner Gesellschaften. *Zeitschrift für Soziologie* 45: 219–40.

Pollock, Ethan. 2006. *Stalin and the Soviet Science Wars.* Princeton: Princeton University Press.

Porwit, Krzysztof. 1970. *Die Optimierung des Volkswirtschaftsplanes.* Übers. a. d. Polnischen. Berlin: Die Wirtschaft.

Protokoll. 1971. *Protokoll der Verhandlungen des VIII. Parteitages der SED, 15. bis 19. Juni 1971.* Berlin: Dietz.

Przybylski, Peter. 1990. *Tatort Politbüro.* Berlin: Rowohlt.

Putnam, Robert D. 1993. *Making Democracy Work. Civic Traditions in Modern Italy.* Princeton, N.J.: Princeton University Press.

Raiffa, Howard. 1992. The founding of the institute. http://www.iiasa.ac.at/web/home/about/whatisiiasa/history/founding/the_founding_of_the_institute.html (5. 6. 2019).

Rathenau, Walther. 1918. *Die neue Wirtschaft.* Berlin: S. Fischer.

Rauh, Hans Peter Hg. 1991. *Gefesselter Widerspruch. Die Affäre um Peter Ruben.* Berlin: Dietz.

Reich, Jens. 1992. *Abschied von den Lebenslügen. Die Intelligenz und die Macht.* Berlin: Rowohlt.

Richta, Radovan et al. o.J. *Zivilisation am Scheideweg (Richta Report). Soziale und menschliche Zusammenhänge der wissenschaftlich-technischen Revolution.* (Übers. der 2. Ausgabe 1968). Freiburg: Verlag an der Basis.

Richter, Helmut. 1957. Wertgesetz und Spontaneität in der Übergangsperiode. *Wirtschaftswissenschaft* 5, Sonderheft 3, 44–61.

Richter, Horst et al. Hg. 1986. *Politische Ökonomie des Kapitalismus und des Sozialismus.* 12. Aufl. Berlin: Dietz.

Richter, Knut. 1987. Stability of the constant cost dynamic lot size model. *European Journal of Operational Research* 31, 61–65.

Richter, Knut. 1998. Die AG/IG Lagerhaltung in der BRD und der DDR. *OR News*, 64–67.

Richter, Knut und Peter Bachmann. 1985. Optimierung von Montagetechnologien beim Einsatz von Industrierobotern. Vortragsauszüge, 33. Tagung der Informationsgemeinschaft Operationsforschung in der metall-verarbeitenden Industrie, 142–144. Greifswald.

Richter, Knut und Anatolij Petrovic Pavlov. 1990. Simulation und Optimierung in der Organisation der Textilproduktion. *Wissenschaftliche Schriftenreihe der TU Chemnitz*, Nr. 2. Russ. Ausgabe: Moskau 1991.

Richter, Knut und Gisela Reinhardt.1990. *Haben Sie heute richtig entschieden? Grundzüge der Entscheidungstheorie für den Betriebswirt.* Berlin: Die Wirtschaft.

Richtlinie. 1963. Richtlinie für das neue ökonomische System der Planung und Leitung der Volkswirtschaft. *Gbl. der DDR.* Teil II. Nr. 64: 453–98.

Ritschl, Albrecht und Mark Spoerer. 1997. Das Bruttosozialprodukt in Deutschland nach den amtlichen Volkseinkommens- und Sozialproduktsstatistiken 1901–1995. *Jahrbuch für Wirtschafsgesichte* 1997-2, 27-55.

Roesler, Jörg. 1998. Ulbricht im Kampf um die Verbreitung und Bewahrung des DDR-Wirtschaftsreformkonzepts. Die Auseinandersetzungen des Jahres 1968. BISS public, Heft 26, 8. Jg., 191–212. http://biss.bplaced.net/downloads/PUB26-98.pdf. (20. 11. 2019).

Roesler, Jörg. 2004. „Akkord ist Mord, Normenerhöhung ist das Gleiche“: eine Tradition des ökonomischen Kampfes der deutschen Arbeiterklasse und der 17. Juni 1953. *Jahrbuch für Forschungen zur Geschichte der Arbeiterbewegung,* 2: 4–17.

Rosenstein-Rodan, Paul. 1943. Problems of industrialization of eastern and southeastern Europe. *Economic Journal* 53, 202–11.

Rothschild, Kurt W. 1969. *Wirtschaftsprognose. Methoden und Probleme.* Berlin: Springer.

Ruben, Peter und Hans Wagner. 1980. Sozialistische Wertform und dialektischer Widerspruch. Überlegungen zur entwicklungstheoretischen Auffassung des Arbeitswerts in der sozialistischen Produktion. *Deutsche Zeitschrift für Philosophie* 28, 1218–30.

Rudolph, Franz. 1976. Die bürgerliche Betriebswirtschaftslehre – Funktion, Inhalt und Entwicklungstendenzen einer direkten Hilfswissenschaft des deutschen Monopolkapitals. *Wirtschaftswissenschaft* 24, 1363–80.

Rudolph, Johannes. 1962a. Planen auf neue Art. Durch Verflechtungsbilanzen zur besseren proportionalen Entwicklung. *Neues Deutschland* 27.10.1962.

Rudolph, Johannes. 1962b. *Die Optimierung des volkswirtschaftlichen Produktionsplanes mit Hilfe der Volkswirtschaftsbilanz.* Berlin: Die Wirtschaft.

Rudolph, Johannes und Gerd Friedrich Hg. 1957. *Grundriss der Volkswirtschaftsplanung.* Berlin: Die Wirtschaft.

Sabrow, Martin. 1999. Der Konkurs der Konsensdiktatur. Überlegungen zum inneren Zerfall der DDR aus kulturgeschichtlicher Perspektiven. In Konrad H. Jarausch und Martin Sabrow Hg. *Wege in den Untergang. Der innere Zerfall der DDR,* 83–116. Göttingen: Vandenhoek & Ruprecht.

SAPMO. 2016. Institut für Marxismus-Leninismus beim ZK der SED. 1949–1992. Bearbeitet von Sylvia Gräfe. http://www.argus.bstu.bundesarchiv.de/dy30iml/index.htm (13. 3. 2019).

Scherer, Klaus-Jürgen. 1991. Gab es eine DDR-Identität? In Rolf Reißig und Gert-Joachim Glaeßner Hg. *Das Ende eines Experiments,* 296–316. Berlin: Dietz.

Schilar, Hans. 1983. Problem und Methode in den Wirtschaftswissenschaften – interdisziplinäre Aspekte einer Entwicklungsgeschichte der ökonomisch – mathematischen Modellierung. In Heinrich Parthey und Klaus Schreiber Hg. *Interdisziplinarität in der Forschung. Analysen und Fallstudien,* 257–76. Berlin: Akademie-Verlag.

Schilar, Hans. 1986. Intensivierung und ökonomische Bewertung. *Jahrbuch für Politische Ökonomie* 1, 38–59.

Schirdewan, Karl. 1994. *Aufstand gegen Ulbricht. Im Kampf um politische Kurskorrektur, gegen stalinistische, dogmatische Politik.* Berlin: Aufbau Taschenbuch Verlag.

Schliesser, Waldfried und Gerhard Schulz. 1986. *Gegenstand, Aufgaben und Methode der politischen Ökonomie des Sozialismus.* 3. Aufl. Berlin: Dietz.

Schneider, Dieter. 1978. *Allgemeine Betriebswirtschaftslehre.* München: Oldenbourg.

Schneider, Dieter. 2001. *Betriebswirtschaftslehre. Band 4: Geschichte und Methoden der Wirtschaftswissenschaft.* München: Oldenbourg.

Scholz, Michael F. 1997. *Bauernopfer der deutschen Frage. Der Kommunist Kurt Vieweg im Dschungel der Geheimdienste.* Berlin: Aufbau Verlag.

Schumpeter, Joseph A. 1950 (1942). *Capitalism, Socialism, and Democracy.* 3rd ed. New York: Harper.

Schürer, Gerhard et al. 2006 (1989). Analyse der ökonomischen Lage der DDR mit Schlußfolgerungen. In Hertle 2006, 448–60.

Seefried Elke und Dierk Hoffmann. Hg. 2018. *Plan und Planung. Deutsch-Deutsche Vorgriffe auf die Zukunft.* Berlin: De Gruyter.

Segal, Jérome. 2001 Kybernetik in der DDR. Begegnung mit der marxistischen Ideologie. *Dresdener Beiträge zur Geschichte der Technikwissenschaften* 27: 47–75.

Segert, Dieter. 2008. *Das 41. Jahr. Eine andere Geschichte der DDR.* Wien: Böhlau.

Šik, Ota. 1966 (1962). *Ökonomie – Interessen – Politik.* Berlin: Dietz.

Šik, Ota. 1967 (1965). *Plan und Markt im Sozialismus.* Wien: Molden.

Šik, Ota. 1972. *Der dritte Weg. Die marxistisch-leninistische Theorie und die moderne Industriegesellschaft.* Hamburg: Hoffmann und Campe.

Simon, Hermann. 1993. Die deutsche Betriebswirtschaftslehre im internationalen Wettbewerb – ein Schwarzes Loch? In Horst Albach und Klaus Brockhoff Hg. *Die Zukunft der Betriebswirtschaftslehre in Deutschland.* ZfB-Ergänzungshefte, Band 3. Wiesbaden: Gabler.

Singh, Vijay. 1998. Stalin and the Making of the Political Economy of Socialism. *Revolutionary Democracy* Vol. IV, No. 2, 1–34. www.revolutionarydemocracy.org/rdv4n2/polecon.htm. (10-12-2015).

Sleifer, Jaap. 2006. *Planing Ahead and Falling Behind. The East German Economy in Comparison with West Germany 1936–2002*. Jahrbuch für Wirtschaftsgeschichte. Beiheft 8.

Slutsky, Eugen. 1926. Ein Beitrag zur formal-praxeologischen Grundlegung der Ökonomik. *Bulletins de la classe des sciences sociales-économiques*, 238–49. Kiev: Académie ourcainienne des sciences.

Sokolov, Jaroslav. 2003. Der Einfluss der deutschen buchhalterischen Gedankenwelt auf die Entwicklung des Rechnungswesens in Russland. In Knut Richter und Barbara Gobsch Hg. Proceedings des 2. deutsch-russischen Workshops zum Thema: „Aktuelle Fragen und Trends der Wirtschaftswissenschaften", *Diskussionspapier* Nr. 193, 39–47. Europa-Universität Viadrina Frankfurt (Oder).

Sraffa, Piero. 1968. *Warenproduktion mittels Waren. Einleitung zu einer Kritik der ökonomischen Theorie*. Berlin: Akademie Verlag.

Staatliche Zentralverwaltung für Statistik. 1956. *Statistisches Jahrbuch der DDR 1955*. Erster Jahrgang. Berlin: Deutscher Zentralverlag.

Staatliche Zentralverwaltung für Statistik. 1989. *Statistisches Jahrbuch 1989 der DDR*. Berlin: Staatsverlag der DDR.

Staehle, Wolfgang H. 1987. *Management*. München: Vahlen.

Stalin, Iosif V. 1952. *Ökonomische Probleme des Sozialismus in der UdSSR*. Berlin: Dietz.

Statistisches Amt der DDR 1990. *Statistisches Jahrbuch der DDR '90*. Berlin: Rudolf Haufe Verlag.

Statistisches Amt der DDR.1990. *Statistisches Jahrbuch des gesellschaftlichen Gesamtprodukts und des Nationaleinkommens 1989*. Berlin.

Steiner, André. 1999. *Die DDR-Wirtschaftsreform der sechziger Jahre. Konflikt zwischen Effizienz und Machtkalkül*. Berlin: Akademie Verlag.

Steiner, André. 2004. *Von Plan zu Plan. Eine Wirtschaftsgeschichte der DDR*. München: Deutsche Verlags-Anstalt.

Steiner, Helmut. 2000. Das Akademie-Institut für Wirtschaftswissenschaften im Widerstreit wissenschaftlicher, ideologischer und politischer Auseinandersetzungen. *Sitzungsberichte der Leibniz-Societät* 36, 89–124

Steiner, Helmut. 2006. Gesellschaftsanalyse und Ideengeschichte – aus biographischer Perspektive, *WZB Discussion Paper*, No. P 2006-008. Wissenschaftszentrum Berlin für Sozialforschung (WZB), Berlin.

Steinitz, Klaus und Dieter Walter. 2014. *Plan – Markt – Demokratie. Prognose und langfristige Planung in der DDR – Schlussfolgerungen für morgen*. Hamburg: VSA Verlag.

Stoph, Willi, 1948. Probleme der Wirtschaftsplanung. *Einheit* 3-12, 1138–48.

Studienhinweise für Teilnehmer der Zirkel zum Studium von Grundlehren des wissenschaftlichen Sozialismus. Berlin: Dietz.

Sutela, Pekka. 1984. *Socialism, Planning and Optimality. A Study in Soviet Economic Thought*. Helsinki: Societas Scientiarum Fennica.

Sutela, Pekka und Vladimir Mau. 1998. Economics under socialism: the Russian case. In Hans-Jürgen Wagener Hg. *Economic Thought in Communist and Post-Communist Europe*, 33–79. London: Routledge.

Szelényi, Iván und Szonja Szelényi. 1995. Circulation or reproduction of elites during the postcommunist transformation of Eastern Europe. *Theory and Society* 24, 615–38.

Tannert, Karlheinz Hg. 1990. *Geld, Kredit, Finanzen aus neuer Sicht*. Berlin: Die Wirtschaft.

Taylor, Frederick W. 1911. *The principles of scientific management.* London: Harper & Brothers. https://www.marxists.org/reference/subject/economics/taylor/principles/ch02.htm (14. 2. 2021).

Tellenback, Sten. 1975. *The social structure of socialist society – the Polish interpretation.* Lund: Studentlitteratur.

Thesaurus Ökonomie. 2 Bde. 1973. Hg. vom Ökonomischen Forschungsinstitut der Staatlichen Plankommission. Berlin.

Tinbergen, Jan. 1959. The Theory of the Optimum Regime. In *Selected Papers*, 264–304. Amsterdam: North Holland.

Tinbergen, Jan. 1961. Do Communist and Free Economies Show a Converging Pattern? *Soviet Studies* 12, 333–41.

Tirole, Jean. 1988. *The Theory of Industrial Organization.* Cambridge, Mass.: MIT Press.

Tönnies, Ferdinand. 1979 (1887). *Gemeinschaft und Gesellschaft. Grundbegriffe der reinen Soziologie.* Darmstadt: Wissenschaftliche Buchgesellschaft.

Tooze, Adam J. 2001. *Statistics and the German State, 1900–1945: The Making of Modern Economic Knowledge.* Cambridge: Cambridge University Press.

Tragsdorf, Klaus. 2002. Organisationsarbeit in Industriekombinaten und – betrieben der DDR. *Journal for East European Management Studies* 7–1, 57–78.

Tymiński, Maciej. 2018. From Soviet-Type Ownership through Self-Management to Privatization: Debating Ownership in Communist Poland. In János Mátyás Kovács Hg. *Populating No Man's Land. Economic Concepts of Ownership under Communism*, 173–205. Lanham: Lexington Books.

Universität Leipzig. 2009. *600 Jahre Alma mater Lipsiensis. Zur Geschichte der Universität Leipzig.* http://research.uni-leipzig.de/agintern/uni600/ug263.htm (28. 2. 2019).

Valli, Vittorio. 2021. The Power of Technology in the US and China: A Comparison. In Wladimir Andreff Hg. *Comparative Economic Studies in Europe. A Thirty Year Review*, 321–54. o. O. (London): Palgrave Macmillan.

Verfassung 1968. Verfassung der Deutschen Demokratischen Republik vom 6. April 1968. http://www.documentarchiv.de/ddr/verfddr.html (31. 3. 2019).

Verfassung der Deutschen Demokratischen Republik vom 9. April 1968, geändert durch Gesetz vom 7. Oktober 1974. http://www.verfassungen.de/ddr/verf68-i.htm (31. 3. 2019).

Vieweg, Kurt. 1997 (1956). Entwurf. Neues Agrarprogramm für die Entwicklung der Landwirtschaft beim Aufbau des Sozialismus in der DDR. In Scholz 1997, 235–42.

Volkswirtschaftsplanung. Ausgewählte Studientexte. 1974. 3. Aufl. Berlin: Die Wirtschaft.

Wachowitz, Heinz et al.. 2006. Worin wir die Ursachen unseres Scheiterns sehen. In Möller und Preußer, 235–65.

Wachowitz, Heinz und Uwe Möller. 2006. Wie wir den Kapitalismus einschätzten – und wie wir ihn heute sehen. In Möller und Preußer, 107–41.

Wagener, Hans-Jürgen. 1979. *Zur Analyse von Wirtschaftssystemen.* Berlin: Springer.

Wagener, Hans-Jürgen. 1996. Zur Innovationsschwäche der DDR-Wirtschaft. In Johannes Bähr und Dietmar Petzina Hg. *Innovationsverhalten und Entscheidungsstrukturen. Vergleichende Studien zur wirtschaftlichen Entwicklung im geteilten Deutschland 1945–1990*, 21–48. Berlin: Duncker & Humblot.

Wagener, Hans-Jürgen. 1997. Second Thoughts? Economics and Economists under Socialism. *Kyklos* 50, 165–87.

Wagener, Hans-Jürgen Hg. 1998. *Economic Thought in Communist and Post-Communist Europe*. London: Routledge.

Wagener, Hans-Jürgen. 2004. De la rivalité dans l'historisme: la science économique dans la RDA et comme elle a traité l'école historique. In: Hinnerk Bruhns Hg. *Histoire et économie politique en Allemagne de Gustav Schmoller à Max Weber*, 255–74. Paris: Éditions de la Maison des sciences de l'homme.

Wagener, Hans-Jürgen. 2021. The Political Econoym of Socialism Revisited. In Wladimir Andreff Hg. *Comparative Economic Studies in Europe. A Thirty Year Review*, 13–33. o. O. (London): Palgrave Macmillan.

Wagener, Hans-Jürgen und Franz Rudolph. 2018. Ownership under East-German Communism – A One-Way Street. In János Mátyás Kovács Hg. *Populating No Man's Land. Economic Concepts of Ownership under Communism*, 113–41. Lanham: Lexington Books.

Waltuch, Konstatin K. 1972. *Entwicklungsproportionen und Befriedigung der Bedürfnisse*. Übers. a. d. Russischen. Berlin: Die Wirtschaft.

Warnke, Camilla. 2017. *Zur Geschichte des Zentralinstituts für Philosophie an der Akademie der Wissenschaften der DDR – Bericht und Reflexionen*. Berlin: Online Edition peter-ruben.de.

Watts, Nita G.M. ed. 1978. *Economic Relations between East and West. Proceedings of a Conference held by the International Economic Association at Dresden, GDR*. London: Macmillan.

Webb, Sidney und Beatrice Webb. 1897. *Industrial Democracy*. London: Longmans, Green & Co.

Webb, Beatrice und Sidney Webb. 1944. *Soviet Communism: A New Civilization*. London: Longmans.

Weber, Hermann. 2012. *Die DDR 1945–1990*, 5. Aufl. München: Oldenbourg.

Weber, Max. 2014 (1921). *Wirtschaft und Gesellschaft. Soziologie*. Studienausgabe. Tübingen: Mohr-Siebeck.

Weidig, Rudi. 1997. *Soziologische Forschung in der DDR Einige Aspekte der Arbeit des Wissenschaftlichen Rates*. FS III 97–407. Berlin: Wissenschaftszentrum Berlin für Sozialforschung.

Weisheimer, Martin.1969. Volkswirtschaftliche Preismodelle im Großeinsatz. *Die Wirtschaft* 44.

Wenzel, Siegfried. 1998. *Plan und Wirklichkeit. Zur DDR-Ökonomie*. St. Katharinen: Scripta Mercaturae.

Wilke, Manfred. 2010. Ulbricht, East Germany, and the Prague Spring. In Günter Bischof et al., *The Prague Spring and the Warsaw Pact Invasion of Czechoslovakia in 1968*. 341–370. Lanham: Lexington Books.

Wolf, Herbert. 1957. Zu einigen aktuellen Problemen der Theorie der politischen Ökonomie des Sozialismus. *Wirtschaftswissenschaft* 5, 1032–53.

Wolf, Herbert. 1991. *Hatte die DDR je eine Chance?* Hamburg: VSA Verlag.

Wolf, Herbert. 1996. Verhältnis von Ökonomie und Politik in der DDR. Möglichkeiten und Realitäten ihrer Entwicklung. In: Ludwig Elm et al. Hg. *Ansichten zur Geschichte der DDR*. Bd. VI, 9–88. Eggersdorf: Matthias Kirchner.

Wölfling, Manfred et al. 1977. Ein ökonometrisches Modell der Volkswirtschaft der DDR. *Forschungsberichte des Zentralinstituts für Wirtschaftswissenschaften der Akademie der Wissenschaften der DDR*, Nr. 21. Berlin: Akademie-Verlag.

Wölfling, Manfred. 1981. Eine systemdynamische Modellkonzeption für die langfristige Planung. In: Autorenkollektiv 1981, 143–84.

Wolle, Stefan. 2013. *Die heile Welt der Diktatur. Alltag und Herrschaft in der DDR 1971–1989*, 4. Aufl. Berlin: Ch. Links.

Wollmann, Hellmut. 2010. Soziologie an der Humboldt-Universität unter dem SED-Regime und in der Wende (1945–1990). https://amor.cms.hu-berlin.de/~h0598bce/docs/HW-2010-HU-SED-Wende.pdf. (16.1.2020).

Wyrwich, Michael. 2021. *Historical episodes and their legacies across space: A famous case revisited*. Groningen: Ms.

Zamagni, Stefano. 2008. Economic laws. In *The New Palgrave Dictionary of Economics*. 2nd ed. Steven N. Durlauf und Lawrence E. Blume Hg. Vol. 2, 697–700. Basingstoke: Macmillan.

Zapf, Wolfgang Hg. 1990. *Die Modernisierung moderner Gesellschaften*. Frankfurt a. M.: Campus.

Zapf, Wolfgang und Georg Thurn Hg. 1990. *Zur Lage der sozialwissenschaftlichen Forschung in der ehemaligen DDR: Wissenschaftliche Interessen, Forschungserfahrungen, Strukturprobleme, Kooperationswege. Konferenzbericht*. Wissenschaftszentrum Berlin für Sozialforschung. P 90-008.

Ziegler, Hansvolker. 2005 *Sozialwissenschaften und Politik bei der deutschen Wissenschafts-Vereinigung. Der Fall der „Kommission für die Erforschung des sozialen und politischen Wandels in den neuen Bundesländern" (KSPW) – Bericht eines engagierten Beobachters*. Wissenschaftszentrum Berlin für Sozialforschung (WZB) P 2005-008.

Zimmermann, Horst et al. 1957. *Geld und Kredit in der Deutschen Demokratischen Republik*, Berlin: Die Wirtschaft.

Zschaler, Frank. 1997. *Vom Heilig-Geist-Spital zur Wirtschaftswissenschaftlichen Fakultät. 110 Jahre Staatswirtschaftlich-Statistisches Seminar an der vormals königlichen Friedrich-Wilhelms-Universität. 90 Jahre Handelshochschule Berlin*. Berlin: Springer.

Zumpe, Lotte. 1980. *Wirtschaft und Staat in Deutschland 1933 bis 1945*. Berlin: Akademie-Verlag.

Zweynert, Joachim. 2002. *Eine Geschichte des ökonomischen Denkens in Russland*. Marburg: Metropolis.

Zweynert, Joachim und Ivan Boldyrev. 2017. Conflicting Patterns of Thought in the Russian Debate on Modernisation and Innovation 2008–2013. *Europe-Asia Studies* 69: 921–39.

Literatur der polnischen Teile

Wörtliche Zitate aus den Schriften polnischer Autoren sind unterschiedlich gehandhabt worden. Wo die Autoren eine englische Version höchstwahrscheinlich selbst verfasst haben (z.B. Lange und Brus), wählen wir diese. Wo eine deutsche Übersetzung vorliegt, wird diese angeführt. Die übrigen Zitate wurden von den Autoren dieses Buches ins Deutsche übertragen.))

Abramowski, Edward. 2012. *Braterstwo, solidarność, współdziałanie*. (Brüderlichkeit, Solidarität, Zusammenarbeit). Łódź: Stowarzyszenie „Obywatele Obywatelom."

Adamiecki, Karol. 1909. Metoda wykreślna organizowania pracy zbiorowej w walcowni (Schematisches Zeichnen bei der Organisation von kollektiver Arbeit in einem Walzwerk). *Przegląd Techniczny* 17: 197–201, 18: 213–216, 19: 228–231, 20: 239–241.

Adamiecki, Karol. 1938. Harmonizacja jako jedna z głównych podstaw organizacji naukowej (Harmonisierung als eine der wichtigsten Grundlagen der wissenschaftlichen Organisation). In Karol Adamiecki. *O istocie naukowej organizacji pracy: zbiór prac z zakresu nauki i kierownictwa* (Über das Wesen der wissenschaftlichen Organisation der Arbeit: Sammlung von Aufsätzen aus dem Bereich der Wissenschaft und Verwaltung). Warszawa: Koło Naukowej Organizacji Studentów Politechniki Warszawskiej.

Baka, Władysław. 1973. Unowocześnianie systemu planowania ogólnogospodarczego. Elementy diagnozy. (Modernisierung des Systems der allgemeinen Wirtschaftsplanung. Elemente der Diagnose). In J. Lewandowski Hg. *System funkcjonowania gospodarki socjalistycznej* (Funktionssystem der sozialistischen Wirtschaft).Warszawa: Państwowe Wydawnictwo Ekonomiczne.

Baka Władysław. 1999. *U źródeł wielkiej transformacji* (An der Quelle der großen Transformation). Warszawa: Oficyna Naukowa.

Baka Władysław. 2000. Reformy gospodarcze lat 80 (Wirtschaftsreformen der 1980er Jahre). In: M. Rakowski Hg. *Polska pod rządami PZPR* (Polen unter der Regierung der PVAP). Warszawa: Profi.

Balcerowicz Ewa. 1990. *Przetarg planistyczny. Mechanizm i skutki społeczno-gospodarcze* (Ausschreibungsplanung. Mechanismus und sozio-ökonomische Auswirkungen). Warszawa: Państwowe Wydawnictwo Ekonomiczne.

Balcerowicz, Leszek. 1992a. The ‚Socialist Calculation' Debate and Reform Discussions in Socialist Countries. In János M. Kovács und MártonTardos Hg. *Reform and Transformation: Eastern European Economics on the Threshold of Change*, 5–17. London: Routledge.

Balcerowicz, Leszek. 1992b. *800 dni: szok kontrolowany* (800 Tage: kontrollierter Schock). Warszawa: BGW.

Balcerowicz, Leszek. et al. 2009. *800 Dni: Krótka Historia Wielkiej Zmiany 1989–1991* (800 Tage: Eine kurze Geschichte des großen Wandels 1989–1991).Wyd. 2. Biblioteka Polityki. Warszawa: Polityka Spółdzielnia Pracy.

Bałtowski, Maciej. 2009. *Gospodarka socjalistyczna w Polsce. Geneza – rozwój – upadek* (Sozialistische Wirtschaft in Polen. Genese – Entwicklung – Zusammenbruch). Warszawa: Państwowe Wydawnictwo Naukowe.

Barczak Andrzej, Barbara Ciepielewska, Tadeusz Jakubczyk und Zbigniew Pawłowski. 1964. Próba budowy prostych ekonometrycznych równań wzrostu na przykładzie gospodarki Polski (Der Versuch, einfache ökonometrische Wachstumsgleichungen aufzustellen – am Beispiel der polnischen Wirtschaft). *Ekonomista* 3,545–564

Barczak Andrzej, Barbara Ciepielewska, Tadeusz Jakubczyk und Zbigniew Pawłowski. 1968. *Model ekonometryczny gospodarki Polski Ludowej* (Ökonometrisches Modell der polnischen Wirtschaft). Warszawa: Państwowe Wydawnictwo Naukowe.

Bauer, Romuald et al.1965. *Zarys teorii gospodarki socjalistycznej* (Ein Abriss der sozialistischen Wirtschaftstheorie). Warszawa: Państwowe Wydawnictwo Naukowe.

Bauer, Romuald et al.1972. *Ekonomia polityczna socjalizmu* (Die politische Ökonomie des Sozialismus). Warszawa: Państwowe Wydawnictwo Naukowe.

Beksiak , Janusz et al.1978–90. *Zarządzanie przedsiębiorstwami uczestnikami rynku dóbr konsumpcyjnych* (Die Verwaltung von Unternehmen, Teilnehmern des Konsumgütermarkts). Vol. 1–4. Warszawa: Państwowe Wydawnictwo Naukowe.

Beksiak, Janusz. 1982. *Zmiany w gospodarce* (Veränderungen in der Wirtschaft). Warszawa: Państwowe Wydawnictwo Naukowe.

Beksiak, Janusz und Urszula Libura. 1969. *Równowaga gospodarcza w socjalizmie* (Wirtschaftliches Gleichgewicht im Sozialismus). Warszawa: Państwowe Wydawnictwo Naukowe

Belka Marek. 1986. *Doktryna ekonomiczno-społeczna Miltona Friedmana* (Die sozialwirtschaftliche Doktrin von Milton Friedman). Warszawa: Państwowe Wydawnictwo Naukowe.

Bień, W. 2017. *Jak doszło do zadłużenia Polski za granicą w latach 1970–1985. Wspomnienia uczestnika wydarzeń* (Wie es zur Auslandsverschuldung Polens in den Jahren 1970–1985 kam. Erinnerungen eines Zeugen). Warszawa: Difin

Bilans. 1966. *Bilans przepływów międzygałęziowych w gospodarce narodowej Polski–1962* (Bilanz der branchenübergreifenden Richtungen in der Volkswirtschaft Polens – 1962). Warszawa: GUS.

Bobrowski, Czesław. 1981. *Planowanie gospodarcze* (Wirtschaftliche Planung). Warszawa: Wiedza Powszechna.

Bobrowski, Czesław. 1985. *Wspomnienia ze stulecia* (Erinnerungen aus dem Jahrhundert). Lublin: Wydawnictwo Lubelskie

Boczar, Kazimierz. 1986. *Spółdzielczość: Problematyka społeczna i ekonomiczna* (Genossenschaftsbewegung: Soziale und wirtschaftliche Problematik). Warszawa: Państwowe Wydawnictwo Ekonomiczne.

Brus, Włodzimierz. 1951. O Stanie Nauk Ekonomicznych w Polsce. (Über den Stand der Wirtschaftswissenschaften in Polen.) *Ekonomista* (Der Ökonom) 1, 8–46.

Brus Włodzimierz. 1956. *Prawo wartości a problematyka bodźców ekonomicznych* (Das Wertgesetz und die Problematik der materiellen Anreize). Warszawa: Państwowe Wydawnictwo Naukowe.

Brus, Włodzimierz. 1959. Niektóre problemy teorii cen w gospodarce socjalistycznej (Einige Probleme der Preistheorie in einer sozialistischen Wirtschaft). In Oskar Lange Hg. Zagadnienia ekonomii politycznej socjalizmu (Fragestellungen der politischen Ökonomie des Sozialismus), 284–355. Warszawa: Książka i Wiedza.

Brus, Włodzimierz. 1971 (1961). *Ogólne problemy funkcjonowania gospodarki socjalistycznej* (Allgemeine Funktionsprobleme der sozialistischen Wirtschaft). Warszawa: Państwowe Wydawnictwo Naukowe 1961. Deutsch: *Funktionsprobleme der sozialistischen Wirtschaft*. Frankfurt a.M.: Suhrkamp. 1971.

Brus, Włodzimierz Hg. 1967. *Ekonomia polityczna socjalizmu (*Die politische Ökonomie des Sozialismus).Warszawa: Państwowe Wydawnictwo Naukowe.

Brus, Włodzimierz. 1975a. *Socialist Ownership and Political Systems.* London: Routledge. Deutsch: *Sozialisierung und politisches System.* Frankfurt a. M.: Suhrkamp. 1975.

Brus, Włodzimierz. 1975b. *Uspołecznienie a ustrój polityczny* (Sozialisation und das politische System). Uppsala: Polnischer Wissenschaftskreis ‚Annex'.

Brus, Włodzimierz. 1979. The East European Reforms: What Happened to Them? *Soviet Studies* 31, 2, 257–267.

Brus, Włodzimierz. 1989. From Revisionism to Pragmatism: Sketches to a Self-portrait of a Reform Economist. *Acta Oeconomica* 40, 204–10.

Brus, Włodzimierz. 1993. The Bane of Reforming the Socialist Economic System, *PSL Quarterly Review* Vol. 46, 187, 363–405.

Brus, Włodzimierz, und Maksymilian Pohorille. 1951. *Zarys ekonomii politycznej socjalizmu: skrypt wykładów* (Ein Abriss der politischen Ökonomie des Sozialismus: Vorlesungsskript). Warszawa: Państwowe Wydawnictwo Naukowe.

Brus, Włodzimierz und Kazimierz Łaski. 1964. The law of value and the problem of allocation in socialism. In *On Political Economy and Econometrics. Essays in honour of Oskar Lange*, 45–59. Warszawa: Państwowe Wydawnictwo Naukowe.

Brus, Włodzimierz und Kazimierz Łaski. 1989. *From Marx to the Market: Socialism in Search of an Economic System.* Oxford: Clarendon Press. Polnisch: Brus, Włodzimierz und Kazimierz Łaski. 1992. *Od Marksa do rynku* (Von Marx zum Markt). Warszawa: Państwowe Wydawnictwo Naukowe.

Brzechczyszyn, Krzysztof. 2010. Program i Myśl Polityczna NSZZ Solidarność. (Programm und politische Gedanken des Unabhängigen Selbstverwalteten Gewerkschaftsbund Solidarność) In Łukasz Kamiński and Grzegorz Waligóra Hg. *NSZZ „Solidarność" 1980–1989.* Vol. 2: *Ruch Społeczny* (Soziale Bewegung).13–74. Warszawa: IPN.

Bukowski, Maciej und Wojciech Maciejewski. 2022. Between Rationality and Reality Economics and Central Planning in Poland (1945–1989). Im Erscheinen.

Charemza Wojciech. 1981. *Ekonometryczne modele równowagi. Problemy specyfikacji i estymacji* (Ökonometrische Bilanzmodelle. Spezifikations- und Schätzungsprobleme). Gdańsk: Uniwersytet Gdański.

Charemza Wojciech. und Mirosław Gronicki. 1985. *Ekonometryczna analiza nierównowagi gospodarki Polski* (Ökonometrische Analyse des Ungleichgewichts der polnischen Wirtschaft). Warszawa: Państwowe Wydawnictwo Naukowe.

Cholewicka-Goździk, Krystyna, Hg. 1977. *Wielkie Organizacje Gospodarcze: doświadczenia z lat 1973–1975* (Große Wirtschaftsorganisationen: Erfahrungen aus den Jahren 1973–1975). Warszawa: Państwowe Wydawnictwo Ekonomiczne.

Chumiński, Jędrzej. 1999. *Ruch zawodowy w Polsce w warunkach kształtującego się systemu totalitarnego 1944–1956* (Die Gewerkschaftsbewegung in Polen unter den Bedingungen des sich herausbildenden totalitären Systems 1944–1956). Wrocław: Wydawnictwo Akademii Ekonomicznej im. Oskara Langego.

Connelly, John. 2000. *Captive University: The Sovietization of East German, Czech and Polish Higher Education, 1945-1956.* Chapel Hill: University of North Carolina Press.

Connelly, John. und Michael. Grüttner. 2010. *Universities Under Dictatorship.* Penn State Press.

Czarny Bogusław. 2014a. On Economics in Poland in 1949–1989: Introduction. *International Journal of Management and Economics*, 41, 92–112.

Czarny, Bogusław. 2014b. *Max Weber, Oskar Lange i epigoni o racjonalności gospodarowania (Ekonomia w państwie totalitarnym)* (Max Weber, Oskar Lange und die Epigonen über die rationale Bewirtschaftung (Ökonomie in einem totalitären Staat). Warszawa: Oficyna Wydawnicza SGH.

Czarny Bogusław. 2015. Wpływ aspirantów Katedry Ekonomii Politycznej w Instytucie Kształcenia Kadr Naukowych w Warszawie na polską ekonomię po II wojnie światowej (Der

Einfluss der Aspiranten des Lehrstuhls für Politische Ökonomie des Instituts für Bildung des Wissenschaftlichen Kaders in Warschau auf die polnische Wirtschaft nach dem Zweiten Weltkrieg). *Ekonomia* (Ökonomie) 41, 25-57.

Czarny, Bogusław. 2016. *Szkice o ekonomii w Polsce w latach 1949–1989 (ekonomia w państwie totalitarnym)* (Skizzen zur Wirtschaft in Polen in den Jahren 1949–1989 ((Ökonomie) in einem totalitären Staat). Warszawa: Oficyna Wydawnicza SGH.

Czech, Alojzy. 1981. *Zygmunt Rytel – życie i dzieło* (Zygmunt Rytel – Leben und Werk). Katowice: TNOiK.

Czech, Alojzy. 2004. *Adamiecki-Hauswald-Rothert w 100-lecie nauki organizacji i zarządzania w Polsce* (Adamiecki-Hauswald-Rothert zum 100-jährigen Bestehen der Wissenschaft über Organisation und Verwaltung in Polen). Katowice: Akademia Ekonomiczna.

Czekaj, Janusz. 1980. *Esogramy jako technika organizowania pracy w czasie* (Esogramme als Technik zur zeitlichen Organisation der Arbeit). Zeszyty Naukowe Akademii Ekonomicznej w Krakowie, vol. 133. Kraków: Akademia Ekonomiczna.

Czekaj, Janusz. 2012. Zygmunt Rytel. Prekursor prakseologicznej teorii organizacji (Zygmunt Rytel. Wegbereiter der praxeologischen Organisationstheorie). *Studia Ekonomiczne/Akademia Ekonomiczne w Katowicach* (Ökonomische Studien/Akademie für Ökonomie in Katowice) 118: *Nauki o zarządzaniu – u początków i współcześnie* (Managementlehre – in den Anfängen und heute), 77–97.

Czernecki, Igor. 2013. An Intellectual Offensive: The Ford Foundation and the Destalinization of the Polish Social Sciences. *Cold War History* 13, 3, 289–310.

Davis Christopher und Wojciech Charemza Hg. 1989. *Models of Disequilibrium in Centrally Planned Economies*, London: Chapman and Hall.

Dobieszewski, Adolf. 1977. Przemiany własności chłopskiej w Polsce. (Umwandlungen des bäuerlichen Eigentums in Polen.) In Stanisław Kozyr-Kowalski Hg. *Własność: gospodarka a prawo. Studia o marksistowskiej teorii własności*, (Eigentum: Wirtschaft und Recht. Studien zur marxistischen Eigentumstheorie), 497–526. Warszawa: Państwowe Wydawnictwo Naukowe.

Doboszyński, Adam. 1934. *Gospodarka narodowa.* (Die Volkswirtschaft). Warszawa: Tow. Wydawn. „Patria“ .

Doktór, Kazimierz. 1977. Marksistowska a burżuazyjna teoria organizacji i kierowania (Marxistische versus bürgerliche Theorie der Organisation und der Verwaltung). In Stanisław Zalewski Hg. *Podstawy marksistowskiego zarządzania i kierowania* (Grundlagen des marxistischen Managements und der Führung), 156–172. Warszawa: Książka i Wiedza.

Domański, Ryszard et al. 2011. 85 Lat Uniwersytetu Ekonomicznego w Poznaniu: Uniwersytet Ekonomiczny w Poznaniu (1926–2011) (85 Jahre Wirtschaftsuniversität in Posen: Wirtschaftsuniversität in Posen 1926–2011) *Gospodarka Narodowa* (Volkswirtschaft) 80/21, 9(241), 103–26.

Domińczyk, Tadeusz. 2008. Regulacja prawa własności w Polsce przed i po 1989. (Regulierung der Eigentumsrechte in Polen vor und nach 1989.) In: Ewa Kozerska, Piotr Sadowski und Andrzej Szymański Hg. *Problemy własności w ujęciu historyczno-prawnym* (Eigentumsprobleme in historischer und rechtlicher Hinsicht), 154–66. Opole: Wydawnictwa Uniwersytetu Opolskiego.

Drewnowski, Jan. 1947. *Próba ogólnej teorii gospodarki planowej* (Ein Versuch der allgemeinen Planwirtschaftstheorie). Warszawa: Trzaska, Evert i Michalski

Drewnowski, Jan. 1961. The Economic Theory of Socialism: A Suggestion for Reconsideration. *Journal of Political Economy* 69, 4, 341–354.

Drewnowski Jan. 1974. Proces Centralnego Urzędu Planowania w 1948 (Prozess des Zentralen Planungsbüros 1948), *Zeszyty Historyczne* (Historische Hefte) 28, 39–60.

Drewnowski Jan. 1979. The Central Planning Office on Trial: An Account of the Beginnings of Stalinism in Poland. *Soviet Studies* 31, 1, 23–42.

Drewnowski, Jan. 1990. Autobiografia naukowa (Wissenschaftliche Autobiographie), *Kwartalnik Historii Nauki i Techniki* (Quartalsschrift der Wissenschafts- und Technikgeschichte), 35, 4, 451–490.

Drucker, Peter F. 1976. *Skuteczne zarządzanie: zadania ekonomiczne a decyzje związane z ryzykiem* (Effektives Management: Wirtschaftliche Aufgaben versus Risikoentscheidungen). Warszawa: Państwowe Wydawnictwo Naukowe.

Duchniewicz Stanisław. 2012. Polskie dylematy zarządzania państwem (Polnische Dilemmas bei der Staatsführung) *Zarządzanie. Teoria i Praktyka* 2, 97–107.

Dudek, Antoni. Hg. 2003. *Stan Wojenny w Polsce 1981–1983* (Das Kriegsrecht in Polen 1981–1983). Rzeszów: IPN.

Dudek, Antoni. 2004. *Pierwsze Lata III Rzeczypospolitej: 1989–2001* (Die ersten Jahre der Dritten Polnischen Republik: 1989–2001). Kraków: Wydawnictwo Arcana.

Dudek, Antoni. 2013. *Historia polityczna Polski: 1989–2012* (Die politische Geschichte Polens: 1989–2012). Kraków: Wydawnictwo Znak.

Dudek, Antoni. 2014. *Reglamentowana Rewolucja: dyktatury komunistycznej w Polsce 1988–1990* (Reglementierte Revolution: Der Zerfall der kommunistischen Diktatur in Polen 1988–1990). Znak Historia. Kraków: Wydawnictwo Znak.

Dwilewicz, Łukasz. 2008. Polityka selektywnego rozwoju w latach 1968–1970 (Die Politik der selektiven Entwicklung der Jahre 1968–1970). In Katarzyna Żukrowska Hg. *Nauki ekonomiczno-społeczne i rozwój* (Die Wirtschafts- und Sozialwissenschaften und die Entwicklung), 331–352. Warszawa: Kolegium Ekonomiczno-Społeczne SGH.

Dwilewicz, Łukasz. 2011. Reformy Bolesława Jaszczuka i polityka gospodarcza epoki gierkowskiej – zwrot i ciągłość (Die Reformen von Bolesław Jaszczuk und die Wirtschaftspolitik der Gierek Ära). In Krzysztof Rybiński Hg. *Dekada Gierka. Wnioski dla obecnego okresu modernizacji Polski* (Die Gierek Dekade.Schlussfolgerungen für die derzeitige Modernisierungsperiodein Polen). 73–120.Warszawa: Uczelnia Vistula.

Dwilewicz, Łukasz und Wojciech Morawski Hg. 2015. *Historia polskich okręgów i regionów przemysłowych* (Die Geschichte der polnischen städtischen und ländlichen Industriegebiete).Vol. 1. Warszawa – Zalesie Górne: Pracownia Wydawnicza & Akant.

Dyskusja. 1957. *Dyskusja o polskim modelu gospodarczym* (Diskussion über das polnische Wirtschaftsmodell). Warszawa: Książka i Wiedza.

Dyskusji. 1957. *Dyskusji o prawie wartości ciąg dalszy* (Diskussion über das Wertgesetz, eine Fortsetzung). Warszawa: Książka i Wiedza.

Dyskusja. 1960. Dyskusja nad 1200 książ˙ką *Ekonomia polityczna* tow. Prof. O. Langego (Diskus sion über das Buch *Politische Ökonomie* von Gen. Prof. O. Lange). *Nowe Drogi* (Neue Wege) 3, 116–49.

Dzielski, Mirosław [Adolf Romański]. 1980. Jak zachować władzę w PRL: Życzenia noworoczne Adolfa Romańskiego dla por. Jerzego Borewicza (Wie man die Macht in der Volksrepublik Polen behält: Neujahrswünsche von Adolf Romański an den Oberleutnant Jerzy Borewicz). *Merkuriusz Krakowski i Światowy* 2, 6, 28–43.

Eisler, Jerzy. 2000. *Grudzień 1970: geneza, przebieg, konsekwencje* (Dezember 1970: Genese, Verlauf, Konsequenzen). Warszawa: Wydawnictwo Sensacje XX Wieku.

Eisler, Jerzy. 2006. *Polski rok 1968* (Das polnische Jahr 1968), Warszawa: IPN.

Ekonomia polityczna. 1955. *Ekonomia polityczna. Podręcznik* (Politische Ökonomie. Handbuch). Akademia Nauk ZSRR, Instytut Ekonomiki, wyd. 1. Hg. von Seweryn Żurawicki et al. Warszawa: Książka i Wiedza.

Ekonomia polityczna. 1960. *Ekonomia polityczna. Podręcznik* (Politische Ökonomie. Handbuch). Akademia Nauk ZSRR, Instytut Ekonomiki, wyd. 4. Hg. von: Jan Dziewulski. Warszawa: Książka i Wiedza.

Ekonomiści.1956. *Ekonomiści dyskutują o prawie wartości* (Ökonomen diskutieren über das Wertgesetz). Warszawa: Książka i Wiedza .

Fallenbuchl, Zbigniew. 1980. *Polityka gospodarcza PRL.* (Wirtschaftspolitik der Volksrepublik Polen). London: Odnowa.

Fallenbuchl, Zbigniew. 1983. *East-West Technology Transfer. Study of Poland*. Paris: OECD.

Fallenbuchl, Zbigniew. M. 1985. National Income Statistics for Poland, 1970–1980. *World Bank Staff Working Papers*, no. 776. Washington, D.C., U.S.A: World Bank.

Fedorowicz, Zdzisław. 1957. *O prawie wartości i rozrachunku gospodarczym* (Über das Wertgesetz und wirtschaftliche Rechnungsführung). Warszawa: Państwowe Wydawnictwo Naukowe.

Fedorowicz, Zdzisław. 1959. *Zagadnienia równowagi monetarnej w socjalizmie* (Aspekte des Währungsgleichgewichts im Sozialismus). Warszawa: Państwowe Wydawnictwo Naukowe.

Fedorowicz, Zdzisław. 1960, *Finanse w gospodarce socjalistycznej* (Finanzen in einer sozialistischen Wirtschaft).Warszawa: Państwowe Wydawnictwo Naukowe.

Fedorowicz, Zdzisław. 1962. *Pieniądz w gospodarce socjalistycznej* (Geld in einer sozialistischen Wirtschaft). Warszawa: Państwowe Wydawnictwo Naukowe.

Fedorowicz, Zdzisław. 1975. *Podstawy teorii pieniądza w gospodarce socjalistycznej* (Grundlagen der Geldtheorie in einer sozialistischen Wirtschaft). Warszawa: Państwowe Wydawnictwo Ekonomiczne.

Fedorowicz, Zdzisław. 1984. *Racjonalny system finansowy: główne kierunki reformy* (Ein rationales Finanzsystem: Hauptrichtungen der Reform).Warszawa: Państwowe Wydawnictwo Ekonomiczne.

Fedorowicz, Zdzisław. 1989. *Mechanizm ekonomiczno-finansowy sterowania jednostkami gospodarczymi* (Der Mechanismus wirtschaftlicher und finanzieller Kontrolle von Wirtschaftseinheiten). Warszawa: Państwowe Wydawnictwo Ekonomiczne.

Fiszel, Henryk. 1956. *Prawo wartości a problematyka cen w przemyśle socjalistycznym* (Das Wertgesetz und das Problem der Preise in der sozialistischen Industrie). Warszawa: Państwowe Wydawnictwo Naukowe.

Fiszel, Henryk. 1958. *Zagadnienie cen i rachunku ekonomicznego* (Die Frage der Preise und der Wirtschaftsrechnung). Warszawa: Państwowe Wydawnictwo Naukowe.

Friedman, Milton. 1985. *Wolność ekonomiczna, wolność polityczna* (Wirtschaftliche Freiheit, Politische Freiheit). Warszawa: Rytm.

Friedman, Milton und Rose Friedman 1985. *Wolny wybór* (Freie Wahl). Warszawa: Kurs.

Friszke, Andrzej. 1994. *Opozycja polityczna w PRL 1945–1980* (Die politische Opposition in der Volksrepublik Polen 1945–1980). Londyn: Aneks.

Friszke, Andrzej. 2002. Nad genezą Marca 1968. Konflikt w PZPR na Uniwersytecie Warszawskim 1965–1967 (Über die Genese des März 1968. Der Konflikt in der PVAP an der Warschauer Universität 1965–67). In W. Brus et al. *Polskie przemiany. Uwarunkowania i spory* (Polnischer Wandel. Bedingungen und Auseinandersetzungen), 32–66. Warszawa: Stowarzyszenie Studiów i Inicjatyw Społecznych.

Głodziński, Eryk. 2016. „Przegląd Organizacji" – wczoraj i dziś. Rola czasopisma w rozwoju nauk o zarządzaniu („Przegląd Organizacji" – Gestern und heute. Die Rolle der Zeitschrift in der Entwicklung der Verwaltungswissenschaften), Teil 1. *Przegląd Organizacji* 3, 70–76.

Gomułka, Stanisław und Jacek Rostowski. 1984.The Reformed Polish Economic System 1982–1983. *Soviet Studies* 36, 3, 386–405.

Górska, Grażyna. 1982. Zastosowanie metod ekonometrycznych do oszacowania dochodu narodowego według województw za 1978 r. (Anwendung ökonometrischer Methoden zur Schätzung des Volkseinkommens nach Woiwodschaften für das Jahr 1978). *Z Prac Zakładu Badań Statystyczno-Ekonomicznych* (Auszug aus den Untersuchungen der Abteilung für statistische und wirtschaftliche Forschung). Heft 123. Warszawa: GUS.

Gorzelak, Eugeniusz. 2010. Polskie Rolnictwo w XX Wieku: Produkcja i Ludność (Polnische Landwirtschaft im 20. Jahrhundert: Produktion und Bevölkerung). *Prace i Materiały Instytutu Rozwoju Gospodarczego SGH*, Heft 84. Warszawa: Szkoła Główna Handlowa.

Gościński, Janusz. 1977. *Zarys teorii sterowania ekonomicznego* (Grundzüge der ökonomischen Steuerungstheorie). Warszawa: Państwowe Wydawnictwo Naukowe.

Grala, Dariusz. 2004. System docelowy gospodarki PRL w projektach reform gospodarczych z lat 1980-1981 (Das Zielsystem der Wirtschaft der Volksrepublik Polen in den Wirtschaftsreformprojekten von 1980-1981). *Dzieje Najnowsze* (Neuere Geschichte) 36, 1, 135-150.

Grala, Dariusz. 2005. *Reformy gospodarcze w PRL (1982–1989). Próba uratowania socjalizmu* (Wirtschaftsreformen in der Volksrepublik Polen (1982–1989). Ein Versuch den Sozialismus zu retten). Warszawa: Trio.

Gruszecki, Tomasz. 1984. Ewolucja resortowa układu zarządzania w latach 1948–1980 (Abteilungsentwicklung des Verwaltungssystems in den Jahren 1948–1980). *Gospodarka Planowa* (Planwirtschaft) 2, 66–70.

Grzelońska, Urszula. 2006a. Aleksy Wakar. *Gospodarka Narodowa* (Die Volkswirtschaft) 1-2(205), 97-107.

Grzelońska, Urszula. 2006b. 100 lat SGH i polska ekonomia (100 Jahre SGH und die polnische Wirtschaft). *Bank i Kredyt* (Bank und Kredit) 37, 52-59.

GUS 1967. *Szkoły wyższe w roku szkolnym 1966/7* (Hochschulen im Schuljahr 1966/7). Warszawa: GUS,

GUS. 1971. Dochód narodowy Polski w latach 1966–1970 (Das polnische Nationaleinkommen in den Jahren 1966–1970).*Z Prac Zakładu Badań Statystyczno-Ekonomicznych* (Auszug aus den Untersuchungen der Abteilung für statistische und wirtschaftliche Forschung) Heft 37. Warszawa: GUS

GUS. 1972a. Dochód narodowy Polski według województw w 1970 r.: (szacunek). Produkcja czysta, spożycie i akumulacja dóbr materialnych. (Polnisches Nationaleinkommen nach Woiwodschaften im Jahr 1970: (Schätzung). Nettoproduktion, Konsum und Akkumulation von materiellen Gütern). *Z Prac Zakładu Badań Statystyczno-Ekonomicznych* (Auszug aus den Untersuchungen der Abteilung für statistische und wirtschaftliche Forschung). Heft 51. Warszawa: GUS.

GUS. 1972b. Spożycie przez ludność dóbr materialnych i usług niematerialnych według województw w 1970 r.: (szacunek). (Konsum von Sachgütern und immateriellen Dienstleistungen durch die Bevölkerung nach Woiwodschaften im Jahr 1970: (Schätzung). *Z Prac Zakładu Badań Statystyczno-Ekonomicznych* (Auszug aus den Untersuchungen der Abteilung für statistische und wirtschaftliche Forschung). Heft 56. Warszawa: GUS.

GUS. 1973a. Studium porównawcze dochodu narodowego Polski w 1970 r. (w dolarach USA z 1970 r.) (Vergleichende Studie des polnischen Nationaleinkommens im Jahre 1970. (in US-Dollar im Jahr 1970). *Z Prac Zakładu Badań Statystyczno-Ekonomicznych* (Auszug aus den Untersuchungen der Abteilung für statistische und wirtschaftliche Forschung). Heft 60. Warszawa: GUS.

GUS 1973b. *Szkoły wyższe w roku szkolnym 1972/3* (Hochschulen im Schuljahr 1972/3). Warszawa: GUS

GUS 1983. *Szkoły wyższe w roku szkolnym 1982/3* (Hochschulen im Schuljahr 1982/3). Warszawa: GUS

GUS 1988. Szkoły wyższe w roku szkolnym 1987/8 (Hochschulen im Schuljahr 1987/8). Warszawa: GUS

GUS und Instytut Planowania. 1976. Studium porównawcze dochodu narodowego Polski w dolarach USA za lata 1974 i 1975. (Vergleichende Studie des polnischen Nationaleinkommens in US-Dollar für die Jahre 1974 und 1975). *Z Prac Zakładu Badań Statystyczno-Ekonomicznych* (Auszug aus den Untersuchungen der Abteilung für statistische und wirtschaftliche Forschung) Heft 89. Warszawa: GUS.

GUS and Austrian Statistical Office. 1982. Porównanie cen i dochodu narodowego podzielonego brutto między Polską a Austrią za lata 1975 i 1978. (Vergleich der Preise und des Nationaleinkommens brutto geteilt zwischen Polen und Österreich für die Jahre 1975 und 1978). *Z Prac Zakładu Badań Statystyczno-Ekonomicznych* (Auszug aus den Untersuchungen der Abteilung für statistische und wirtschaftliche Forschung) Heft 128. Warszawa: GUS.

Gwaroński, Jan. 1988. Europejskie porównania produktu krajowego brutto za 1985 rok. (Europäische Vergleiche des Bruttoinlandsprodukts für das Jahr 1985). *Z Prac Zakładu Badań Statystyczno-Ekonomicznych* (Auszug aus den Untersuchungen der Abteilung für statistische und wirtschaftliche Forschung) Heft 174. Warszawa: GUS.

Hauswald, E. 1904. Organizacja i zarząd przedsiębiorstw (Organisation und Verwaltung von Unternehmen). *Czasopismo Techniczne* (Technische Zeitschrift) 6, 7 und 8.

Hauswald, Edwin. 1935. *Organizacja i zarząd: zasady, umiejętna organizacja produkcji i pracy, administracja, dynamika kosztów* (Organisation und Verwaltung: Regeln, geschickte Organisation von Produktion und Arbeit, Administration, Kostendynamik). Lwów: Komisja Wydawnicza Kół Naukowych i Tow. Bratniej Pomocy przy Tow. Bratniej Pomocy Studentów Politechniki Lwowskiej.

Hayek Fridrich A. von. 1987. *Konstytucja wolności* (Die Verfassung der Freiheit). Warszawa-Wrocław: Wers.

Heidrich, Zbigniew. 1971. Towarzystwo Naukowe Organizacji i Kierownictwa. Zarys historyczny 1925–1970 (Wissenschaftliche Gesellschaft für Organisation und Verwaltung. Historischer Abriss 1925–1970). *Kwartalnik Historii Quartalsschrift der Wissenschafts- und Technikgeschichte Nauki i Techniki* 16, 4, 789–804.

Herczyński, Ryszard. 2008. *Spętana Nauka: Opozycja Intelektualna w Polsce 1945–1970* (Die gefesselte Wissenschaft: Intellektuelle Opposition in Polen 1945–1970). Warszawa: Wydawnictwo Naukowe Semper.

Hicks, John R. 1975. *Wartość i kapitał: studia nad kilkoma podstawowymi zagadnieniami w teorii ekonomii* (Wert und Kapital: Studien über einige Grundsatzfragen in der Wirtschaftstheorie). Warszawa: Państwowe Wydawnictwo Naukowe.

Hicks, John R. 1978. *Kapitał i wzrost* (Kapital und Wachstum). Warszawa: Państwowe Wydawnictwo Naukowe

Hicks, John R. 1988. *Perspektywy ekonomii: szkice z teorii pieniądza i teorii wzrostu* (Wirtschaftsperspektiven: Skizzen zur Geldtheorie und Wachstumstheorie). Warszawa: Państwowe Wydawnictwo Naukowe.

Hirszowicz, Maria. 1973. *Komunistyczny Lewiatan.* (Kommunistischer Leviathan). Paryż: Instytut Literacki.

Historia WKP(b).1949. *Historia WKP(b). Krótki kurs* (Kurzer Kurs), Warszawa: Książka i Wiedza.

Holzer, Jerzy. 1990. *Solidarność 1980–1981. Geneza i historia* (Solidarność 1980–1981. Genese und Geschichte). Warszawa: Agencja Omnipress.

Hübner, Piotr. 1983. *I Kongres Nauki Polskiej jako forma realizacji założeń polityki naukowej państwa ludowego* (Der erste Kongress der Polnischen Wissenschaft als Ausführungsform für politische Richtlinien der Wissenschaftspolitik einer Volksrepublik). Wrocław: Zakład Narodowy im. Ossolińskich.

Hübner, Piotr. 1987. *Nauka polska po II wojnie światowej — idee i instytucje* (Die polnische Wissenschaft nach dem Zweiten Weltkrieg – Ideen und Institutionen), Warszawa: Centralny Ośrodek Metodyczny Studiów Nauk Politycznych.

Hübner, Piotr. 1992. *Polityka naukowa w Polsce w latach 1944–1953: geneza systemu* (Die Wissenschaftspolitik in Polen in den Jahren 1944–1953: die Entstehung eines Systems). Wrocław: Zakład Narodowy im. Ossolińskich.

Ignatowicz, Jerzy. 1972. *Kodeks cywilny: Komentarz* (Bürgerliches Gesetzbuch: Kommentar). Vol. 1. Warszawa: Wydawnictwo Prawnicze.

Inklaar, Robert et al. 2018. „Rebasing ‚Maddison': New Income Comparisons and the Shape of Long-Run Economic Development." GGDC Research Memorandum GD-174. Groningen Growth and Development Centre, University of Groningen. Digital: https://ideas.repec.org/p/gro/rugggd/gd-174.html (13.01.2021).

Iwanowska, Anna. 1982. *Dynamika systemu zarządzania gospodarką: analiza socjologiczna* (Die Dynamik des Systems der Wirtschaftsverwaltung: Eine soziologische Analyse). Warszawa: Książka i Wiedza.

Janowski, Włodzimierz et al. 2000. *Informator o Strukturze i Obsadzie Personalnej Centralnego Aparatu PZPR 1948–1990* (Eine Broschüre über die Struktur und Personalbesetzung des zentralen Apparates der PVAP 1948–1990). Warszawa: Instytut Studiów Politycznych Polskiej Akademii Nauk.

Jedlicki, Witold. 1962. Chamy i Żydy (Rüpel und Juden), *Kultura* (Kultur), 12(182), 3-41.

Jedlicki, Witold. 1963. *Klub Krzywego Koła* (Der Klub des schiefen Kreises), Paryż: Instytut Literacki.

Jezierski, Andrzej. 1999. *Transformacja systemu gospodarczego Polski w latach 1944–1948* (Die Transformation des Wirtschaftssystems in Polen in den Jahren 1944–1948). Referat wygłoszony w Katedrze Historii Gospodarczej Wydziału Nauk Ekonomicznych

UW (Ein Referat, gehalten am Lehrstuhl für Wirtschaftsgeschichte an der Fakultät der Wirtschaftswissenschaften der Warschauer Universität), Warszawa.

Jezierski, Andrzej und Barbara Petz. 1988. *Historia gospodarcza Polski Ludowej 1944–1985* (Die Wirtschaftsgeschichte der Volksrepublik Polen 1944–1985), Warszawa: Państwowe Wydawnictwo Naukowe.

Jezierski, Aandrzej und Cecylia Leszczyńska. 2001. *Narodowy Bank Polski 1948–1970* (Die Nationalbank Polens 1948–1970), Warszawa: Narodowy Bank Polski.

Jeżowski, Krzysztof. 1963. *Zarządzanie przemysłem* (Industrieverwaltung). Warszawa: Państwowe Wydawnictwo Ekonomiczne.

Józefiak, Cezary. 1971. *Optimum techniczno-renowacyjne w gospodarce socjalistycznej* (Das technische und Umbau – Optimum in der sozialistischen Wirtschaft). Warszawa: Państwowe Wydawnictwo Ekonomiczne.

Józefiak, Cezary. 1982. *Problemy całościowej reformy gospodarczej*. (Die Probleme einer umfassenden Wirtschaftsreform). Warszawa: PTE.

Józefiak, Cezary. 1984. Tradycyjny system planowania centralnego i kierunki jego ewolucji (Traditionelles zentrales Planungssystem und Richtungen seiner Entwicklung). In Jan Mujżel und Szymon Jakubowicz Hg. *Funkcjonowanie gospodarki polskiej. Doświadczenie, problemy, tendencje* (Funktionsweise der polnischen Wirtschaft. Erfahrungen, Probleme, Tendenzen). 123–151. Warszawa: Państwowe Wydawnictwo Ekonomiczne.

Kalecki, Michał. 1956a. Rady robotnicze i centralne planowanie. (Arbeiterräte und zentrale Planung). *Nowe Drogi* (Neue Wege) 11–12, 38–45.

Kalecki, Michał. 1956b. Dynamika inwestycji i dochodu narodowego w gospodarce socjalistycznej. (Dynamik der Investitionen und des Nationaleinkommens in der sozialistischen Wirtschaft). *Ekonomista* 5, 61–70.

Kalecki, Michał. 1958. Kilka uwag o planie perspektywicznym 1961–1975 (Einige Bemerkungen zum Perspektivplan 1961–1975). *Życie Warszawy* 25, 29 Januar 1958.

Kalecki, Michał. 1963b. O podstawowych zasadach planowania wieloletniego (Zu den Grundprinzipien der Mehrjahresplanung). *Życie Gospodarcze* (Wirtschaftliches Leben) 24(16 June), 1–2.

Kalecki, Michał. 1964a (1963). Zarys metod konstruowania planu perspektywicznego (Skizze der Methoden zur Erstellung des Prognoseplans). In: Michał Kalecki. *Z zagadnień gospodarczo-społecznych Polski Ludowej* (Zu wirtschaftlichen und sozialen Problemstellungen Volkspolens). 49–60. Warszawa: Państwowe Wydawnictwo Naukowe.

Kalecki, Michał. 1964b. Uwagi o społeczno-gospodarczych aspektach „ustrojów pośrednich" (Anmerkungen zu den sozio-ökonomischen Aspekten der 'intermediären Systeme'). *Prace i Materiały* (Arbeiten und Materialien) 4, 55–61.

Kalecki, Michał. 1964c. Uwagi o planie gospodarczym na lata 1966–1970 (Anmerkungen zum Wirtschaftsplan für die Jahre 1966–1970). *Życie Gospodarcze* (Wirtschaftliches Leben) 15(12 April), 1–2.

Kalecki, Michał. 1968. Trends and Business Cycles Reconsidered. *The Economic Journal* 78 (310), 263–276.

Kalecki, Michał. 1982a (1956). Bodźce w gospodarce socjalistycznej (Anreize in der sozialistischen Wirtschaft): In: Michał Kalecki. *Dzieła* (Werke), vol. 3: *Socjalizm. Funkcjonowanie i długoletnie planowanie* (Sozialismus. Funktionsweise und langfristige Planung). Jerzy Osiatyński Hg. 86–91. Warszawa: Państwowe Wydawnictwo Ekonomiczne.

Kalecki, Michał. 1982b (1957). Koncern pionowy jako element nowego modelu gospodarczego (Der vertikale Konzern als Teil eines neuen Wirtschaftsmodells). In: Michał Kalecki, *Dzieła* (Werke), vol. 3: *Socjalizm. Funkcjonowanie i długoletnie planowanie* (Sozialismus. Funktionsweise und langfristige Planung). Jerzy Osiatyński Hg. 110–112. Warszawa: Państwowe Wydawnictwo Ekonomiczne.

Kalecki, Michał. 1982c (1942). Podstawowe warunki powstania demokratycznej gospodarki planowej (Grundvoraussetzungen für die Entstehung einer demokratischen Planwirtschaft). In: Michał Kalecki. *Dzieła* (Werke), vol. 3: *Socjalizm. Funkcjonowanie i długoletnie planowanie* (Sozialismus. Funktionsweise und langfristige Planung). Jerzy Osiatyński Hg. 75–81. Warszawa: Państwowe Wydawnictwo Ekonomiczne.

Kalecki, Michał 1982d (1963). *Zarys teorii wzrostu gospodarki socjalistycznej* (Umriss der Wachstumstheorie der sozialistischen Wirtschaft). Warszawa: Państwowe Wydawnictwo Naukowe 1963. Deutsch: *Theorie des Wachstums und der Planung in der sozialistischen Volkswirtschaft*. Baden-Baden: Nomos 1982. English: *Introduction to the Theory of Growth in a Socialist Economy*. In J. Osiatyński Hg. *Collected Works of Michał Kalecki Volume IV Socialism: Economic Growth and Efficiency of Investment*. Oxford: The Clarendon Press. 1993.

Kalecki, Michał. 1984 (1964). Głos w dyskusji o perspektywach rozwoju rolnictwa. (Eine Stimme in der Diskussion über die Entwicklungsperspektiven der Landwirtschaft) In Michał Kalecki. *Dzieła* (Werke), vol. 4: *Socjalizm. Wzrost gospodarczy i efektywność inwestycji* (Sozialismus. Wirtschaftswachstum und Investitionseffizienz). Jerzy Osiatyński Hg. 231–35. Warszawa: Państwowe Wydawnictwo Ekonomiczne.

Kalecki, Michał. 1985 (1969). Ekonomia Edwarda Lipińskiego. (Die Ökonomie von Edward Lipiński) In Michał Kalecki. *Dzieła* (Werke), vol. 5: *Kraje rozwijające się. Studia varia:o ekonomii i ekonomistach* (Entwicklungsländer. Studien varia:on Ökonomie und Ökonomen). Jerzy Osiatyński Hg. 230–73. Warszawa: Państwowe Wydawnictwo Ekonomiczne.

Kalecki, Michał. 1990–97. *Collected Works of Michal Kalecki*. J. Osiatynski Hg. 7 Bde. Oxford: The Clarendon Press.

Kalecki, Michał und Ludwik Landau. 1934. *Szacunek dochodu społecznego w Polsce w r. 1929* (Schätzung des Sozialeinkommens in Polen im Jahre 1929).Warszawa: Instytut Badania Koniunktur i Cen.

Kalecki, Michał und Ludwik Landau. 1935. *Dochód społeczny w r. 1933 i podstawy badań periodycznych nad zmianami dochodu* (Sozialeinkommen im Jahre 1933 und die Grundlagen für periodische Untersuchungen über Einkommensänderungen). Warszawa: Instytut Badania Koniunktur i Cen.

Kalecki, Michał und Stanisław Polaczek. 1957a. Uwagi w sprawie ustalania cen surowców podstawowych (Anmerkungen zur Preisgestaltung von Grundstoffen). *Gospodarka Planowa* (Planwirtschaft) 4, 18–22.

Kalecki, Michał und Stanisław Polaczek. 1957b. Dyskusja o cenach surowców podstawowych (Eine Diskussion über die Grundstoffpreise). *Gospodarka Planowa* (Planwirtschaft) 9, 66–68.

Kaliński, Janusz. 1970. *Bitwa o handel 1947–1948* (Die Handelsschlacht 1947–1948). Warszawa: Książka i Wiedza.

Kaliński, Janusz. 2007. Między „dyskusją modelową“ a reformą „trzech S“. Zapomniane próby reformowania gospodarki centralnie kierowanej w Polsce (Zwischen der „Modelldiskussion“ und der „Drei-S-Reform“. Vergessene Versuche, die zentral verwaltete Wirtschaft in Polen zu reformieren). In E. Kościk und T. Głowiński Hg. *Gospodarka i społeczeństwo w czasach PRL-u (1944–1989)* (Wirtschaft und Gesellschaft in der kommunistischen Ära Volksrepublik Polen (1944–1989), 286–297. Wrocław: Gajt.

Kaliński, Janusz. 2011. Gomułkowskie dylematy modernizacji gospodarki (Dilemmata der Modernisierung der Wirtschaft unter Gomulka). *Annales Universitatis Paedagogicae Cracoviensis Studia Politologica* 5, 41–50.

Kaliński, Janusz. 2015. Kiedy rozpoczęło się odradzanie gospodarki rynkowej w Polsce? (Wann hat die Wiederbelebung der Marktwirtschaft in Polen begonnen?) *Optimum – Studia Ekonomiczne* (Optimum – Wirtschaftliche Studien) 1(73), 3–13.

Kamiński, Bartłomiej und Aleksander Łukaszewicz Hg. 1980. *Racjonalność gospodarowania w socjalizmie* (Rationalität der Verwaltung im Sozialismus). Warszawa: Państwowe Wydawnictwo Ekonomiczne.

Kamosiński, Sławomir. 2007. *Mikroekonomiczny obraz przemysłu Polski Ludowej w latach 1950–1980 na przykładzie regionu kujawsko-pomorskiego* (Mikroökonomisches Bild der Industrie der Volksrepublik Polen in den Jahren 1950–1980 am Beispiel der Region Kujawsko-Pomorskie). Poznań: Wydawnictwo Poznańskie.

Kania, Rafał. 2019. Między ideologią i praktyką. Organizacja socjalistyczna w PRL w latach 1956–1981 (Zwischen Ideologie und Praxis. Sozialistische Organisation in der Volksrepublik Polen 1956-1981). *Studia nad Autorytaryzmem i Totalitaryzmem* 4, 205–231.

Kantorovicz, Leonid. 1961. *Rachunek ekonomiczny optymalnego wykorzystania zasobów* (Die wirtschaftliche Kalkulation optimaler Nutzung von Ressourcen) Übers. a. d. Russ. Warszawa: Państwowe Wydawnictwo Naukowe.

Kantorowicz, Leonid und Aleksandr Gorstko. 1976.*Optymalne decyzje ekonomiczne* (Optimale wirtschaftliche Entscheidungen) Übers. a. d. Russ.Warszawa: Państwowe Wydawnictwo Naukowe.

Karpiński, Jakub. 2001. *Wykres Gorączki: Polska Pod Rządami Komunistycznymi* (Fieberdiagramm: Polen unter der kommunisitischen Regierung). Lublin: Wydawnictwo Uniwersytetu Marii Curie- Skłodowskiej.

KC PZPR. 1958. *XII Plenum Komitetu Centralnego PZPR* (XII. Plenum des Zentralkomitees der PVAP). Warszawa: Książka i Wiedza.

Kemp-Welch, Anthony. 2008. *Poland under Communism. A Cold War History*, Cambridge: Cambridge University Press.

Kersten, Krystyna. 1990. *Narodziny systemu władzy Polska 1943 – 1948* (Der Beginn des Machtsystems Polen 1943–1948), Poznań: Kantor Wydawniczy SAWW.

Keynes, John M. 1956. *Ogólna teoria zatrudnienia, procentu i pieniądza* (Allgemeine Theorie der Beschäftigung, des Zinses und des Geldes). Warszawa: Państwowe Wydawnictwo Naukowe.

Kierunki. 1981. *Kierunki reformy gospodarczej: projekt* (Richtungen der Wirtschaftsreform: ein Projekt). Komisja ds. Reformy Gospodarczej (Komission für Wirtschaftsreform). Warszawa: Książka i Wiedza.

Kieżun, Witold. 1978. *Ewolucja sprawnego zarządzania* (Die Entwicklung effizienter Verwaltung). Warszawa: Państwowe Wydawnictwo Ekonomiczne.

Kieżun, Witold. o. D. *Tadeusz Kotarbiński twórca idei DOBREJ ROBOTY* (Tadeusz Kotarbiński Schöpfer der Idee von GUTER ARBEIT). Mimeo.

Kilias, Jarosław. 2017. *Goście ze wschodu: socjologia polska lat sześćdziesiątych XX wieku a nauka światowa* (Gäste aus dem Osten: Polnische Soziologie der 60er-Jahre des 20. Jahrhunderts und die Weltwissenschaft). Kraków: Zakład Wydawniczy Nomos.

Kisielewski, Stefan. [Kisiel]. 1978. W sprawie reklamy (Über die Werbung). *Kultura* (Die Kultur) 32, 10, 38–43.

Kisielewski, Stefan. 1979. Czy geopolityka straciła znaczenie? (Hat die Geopolitik an Bedeutung verloren?) *Res Publica,* 1, 1, 56–76.

Kisielewski, Stefan. 2001. *Dzienniki* (Tagebücher). Warszawa: Iskry.

Klarner, Czesław. 1937. *Dochód społeczny wsi i miast w Polsce w okresie przesilenia gospodarczego 1929–1936* (Sozialeinkommen der Dörfer und Städte in Polen während des Wirtschaftsumschwungs 1929–1936). Lwów: Polskie Towarzystwo Ekonomiczne.

Kloc, Kazimierz. 1997. Rady robotnicze kontra socjalizm rynkowy. (Betriebsräte gegen Marktsozialismus). *Polska 1944/45–1989. Studia i materiały* (Polen 1944/45–1989 Studien und Materialien) 3, 119–136.

Knyt, Agnieszka und Alicja Wancerz-Gluza Hg. 2004. *Prywaciarze 1945–89* (Private Unternehmer 1945–89). Wyd. 2. Warszawa: Karta.

Kołakowski, Leszek. 1988 (1976–78). *Główne nurty marksizmu: powstanie, rozwój, rozkład.* (Die Hauptströmungen des Marxismus. Entstehung, Entwicklung, Zerfall). Londyn: Wydawnictwo Aneks.

Kolarska-Bobińska, Lena. 1980. Centralizacja a niedostateczny zasób środków (Zentralisierung und unzureichende Menge an Ressourcen). *Gospodarka Planowa* (Planwirtschaft) 50, 1, 16–22.

Komisja. 1981. *Podstawowe założenia reformy gospodarczej: projekt* (Grundannahmen der Wirtschaftsreform: ein Projekt) Komisja ds. Reformy Gospodarczej (Komission für Wirtschaftsreform). Warszawa: Książka i Wiedza.

Konferencja. 1958. Konferencja w sprawie wytycznych planu perspektywicznego PRL na lata 1961–1975 (Konferenz über die Richtlinien für den Perspektivplan von Volkspolen 1961–1975). *Z Prac Zakładu Nauk Ekonomicznych PAN* (Auszug aus den Untersuchungen der Abteilung für Wirtschaftswissenschaften der Polnischen Akademie der Wissenschaften) 7, 1–9.

Koontz, Harold und Cyril O'Donnell. 1969. *Zasady zarządzania: analiza funkcji kierowniczych* (Management-Prinzipien: Analysen von Management Funktionen). Warszawa: Państwowe Wydawnictwo Naukowe.

Kornai, Janos. 1973. *Anti-equilibrium: teoria systemów gospodarczych, kierunki badań* (Anti-Äquilibrium: Über die Theorien der Wirtschaftssysteme und die damit verbundenen Forschungsrichtungen). Warszawa: Państwowe Wydawnictwo Naukowe.

Kornai, János. 1980. *Economics of Shortage.* Amsterdam: North Holland

Kornai, János. 1985 (1980). *Niedobór w gospodarce* (Mangel in der Wirtschaft). Warszawa: Państwowe Wydawnictwo Ekonomiczne.

Koryś, Piotr. 2007. Idea nowoczesności w działaniach i planach partii komunistycznej w Polsce 1945–1980. Przegląd problematyki (Die Idee der Modernität in den Aktivitäten und Plänen der Kommunistischen Partei in Polen 1945–1980. Ein Überblick über die Problematik). In Elżbieta Kościk und Tomasz Głowiński Hg. *Gospodarka i społeczeństwo w czasach PRL-u (1944–1989)* (Wirtschaft und Gesellschaft in der Volksrepublik Polen (1944–1989)), 440–455. Wrocław: Gajt.

Koryś, Piotr. 2015. The state as an entrepreneur: reorientation of the economic policy of the Republic of Poland in late 1930s and the development of state capitalism. *Ekonomia. Rynek, Gospodarka, Społeczeństwo* (Ökonomie. Markt, Wirtschaft, Gesellschaft) 42, 109–132.

Koryś, Piotr. 2018. *Poland From Partitions to EU Accession: A Modern Economic History, 1772–2004*. Cham: Palgrave Macmillan

Koryś, Piotr. 2019. By odbudować wolność. Polski liberalizm lat 80. XX wieku i jego spuścizna. (Die Freiheit wiederherstellen. Der polnische Liberalismus der 1980er Jahre und sein Erbe) *Teologia Polityczna* (Politische Theologie), 11, 131–140.

Koryś, Piotr. 2020. Ekonomia doby socjalizmu (Die Wirtschaft der sozialistischen Ära). Wydział Ekonomii w latach 1953–1981, in Marek Wąsowicz Hg. *Monumenta Universitatis Varsaviensis. Nauki Społeczne na Uniwersytecie Warszawskim* (Sozialwissenschaften an der Warschauer Universität), 41–61. Warszawa: WUW.

Koryś, Piotr und Maciej Tymiński. 2016. Od socjalizmu do socjalizmu. Koncepcje reform gospodarczych w PRL po wybuchach społecznych w 1956 i 1980 r. (Vom Sozialismus zum Sozialismus. Konzepte von Wirtschaftsreformen in der Volksrepublik Polen nach den gesellschaftlichen Umbrüchen von 1956 und 1980), *Dzieje Najnowsze* (Neueste Geschichte) 4, 125–140.

Kotarbiński, Tadeusz. 1955. *Traktat o dobrej robocie* (Traktat über gute Arbeit). Łódź: Ossolineum. Engl. Übersetzung: *Praxiology: An Introduction to the Science of Efficient Action.* Oxford: Pergamon Press. 1965.

Kotowicz-Jawor, Joanna. 1983. *Presja inwestycyjna w latach siedemdziesiątych* (Investitionsdruck in den 1970er Jahren).Warszawa: Państwowe Wydawnictwo Naukowe.

Kowalik, Tadeusz. 1976. Racjonalność gospodarcza i historyzm (Wirtschaftliche Rationalität und Historismus). *Ekonomia* (Ökonomie) 36, 45–64.

Kowalik, Tadeusz. 2006a. Michał Kalecki, kim był, jakim go znałem i podziwiałem (Michał Kalecki, wer er war, wie ich ihn kannte und bewunderte). In Grażyna Musiał Hg. *Twórczość naukowa Michała Kaleckiego i jej znaczenie w teorii ekonomii* (Das wissenschaftliche Werk von Michał Kalecki und dessen Bedeutung in der Wirtschaftstheorie). 67–92. Katowice: Wydawnictwo Akademii Ekonomicznej w Katowicach.

Kowalik, Tadeusz. 2006b. *Spory o ustrój społeczno-gospodarczy w Polsce. Lata 1944–1948* (Streitigkeiten über das Sozial- und Wirtschaftssystem in Polen. Die Jahre 1944–1948). Warszawa: Key Text

Koziarski, Stanisław. 1993. *Sieć kolejowa Polski w latach 1918–1992* (Das Schienennetz Polens in den Jahren 1918–1992).Opole: Państwowy Instytut Naukowy.

Koźmiński, Andrzej K. 1966. *Dyrektorzy współczesnych przedsiębiorstw kapitalistycznych* (Direktoren der modernen kapitalistischen Unternehmen). Warszawa: Książka i Wiedza.

Koźmiński, Andrzej K. 1974. *Zarządzanie – analiza systemowa procesów i struktur* (Verwaltung – Systemanalyse von Prozessen und Strukturen). Warszawa: Państwowe Wydawnictwo Ekonomiczne.

Koźmiński, Andrzej K. 2016. Polskie zarządzanie: kontredans nauki i praktyki (Polnisches Management: Kontratanz von Wissenschaft und Praxis.). *Praktyczna teoria: Kwartalnik nauki o przedsiębiorstwie* (Practical Theory: A Quarterly Journal of Business Science) 3, 9–20.

Koźmiński, Andrzej K. und Andrzej M. Zawiślak. 1979. *Pewność i gra* (Sicherheit und Spiel). Warszawa: Państwowe Wydawnictwo Ekonomiczne.

Koźmiński Andrzej K. und Joseph L. Tropea. 1982. Negotiation and command. Managing in the public domain. *Human System Management* 3, 1, 21–31.

Koźmiński, Andrzej K. und Krzysztof Obłój. 1989. *Zarys teorii równowagi organizacyjnej* (Abriss über die Theorie des organisatorischen Gleichgewichts). Warszawa: Państwowe Wydawnictwo Ekonomiczne.

Krawczyk, Rafał (Hg,) 1981. *Reforma gospodarcza — propozycje, tendencje, kierunki dyskusji* (Wirtschaftsreform— Vorschläge, Tendenzen, Richtungen der Diskussion), Warszawa: Państwowe Wydawnictwo Ekonomiczne.

Krawczyk, Rafał. 1985. Jaki powinien być rynek (Wie der Markt sein sollte). *Tygodnik Mazowsze* (Wochenblatt Mazowsze) 4, 148, 3.

Krencik, Wiesław. 1958. *Płaca jako bodziec wzrostu wydajności pracy* (Löhne als Treiber des Arbeitsproduktivitätswachstums). Warszawa: Państwowe Wydawnictwo Naukowe.

Kronrod, Jakov A. 1956. *Pieniądz w społeczeństwie socjalistycznym* (Das Geld in der sozialistischen Gesellschaft). Übers. a. d. Russ. Warszawa: Państwowe Wydawnictwo Gospodarcze. Deutsch: *Das Geld in der sozialistschen Gesellschaft. Theoretischer Grundriß*. Berlin: Akademie-Verlag. 1958

Kucharski, Mieczysław. 1972. *Pieniądz, dochód, proporcje wzrostu* (Geld, Einkommen, Wachstumsproportionen). Warszawa: Państwowe Wydawnictwo Ekonomiczne.

Kuczyński, Waldemar. 1981 (1979). *Po wielkim skoku* (Nach dem Großen Sprung). Warszawa: Państwowe Wydawnictwo Ekonomiczne.

Kurowski, Stefan. 1957a. Rynek i plan (Markt und Planung).*Trybuna Ludu* 36, 7 Februar 1957.

Kurowski, Stefan. 1957b. Model a cele gospodarki narodowej (Modell und Ziele der nationalen Wirtschaft). In: *Dyskusja o polskim modelu gospodarczym* (Diskussion über das polnische Wirtschaftsmodell), 76–102. Warszawa: Książka i Wiedza.

Kurowski, Stefan. 1957c. Wsprawie modelu gospodarczego (Unterstützung für das Wirtschaftsmodell). *Za i Przeciw* (Dafür und dagegen) 24 März 1957.

Kurowski, Stefan. 1963. *Historyczny proces wzrostu gospodarczego* (Historischer Prozess des Wirtschaftswachstums). Warszawa: Państwowe Wydawnictwo Naukowe.

Kurowski, Stefan. 1968. Zagadnienia planu i rynku (Planungs- und Marktfragen). *Życie Warszawy*, 2. Oktober 1968.

Kurowski, Stefan. 1972. Rachunek ekonomiczny na szczeblu pojedynczego podmiotu gospodarczego. Teoria ogólna (Volkswirtschaftliche Gesamtrechnung auf der Ebene einer einzelnen Wirtschaftseinheit. Allgemeine Theorie). *Ekonomista* (Der Ökonom) 2, 288–290.

Kurowski, Stefan [Andrzej Skrzętny]. 1977. Obecna sytuacja gospodarcza. Strukturalne przyczyny kryzysu (Die aktuelle wirtschaftliche Situation. Strukturelle Ursachen der Krise). *Opinia*, 4 (August).

Kurowski, Stefan. 1980. *Doktrynalne uwarunkowania obecnego kryzysu gospodarczego PRL* (Die doktrinäre Bedingtheit der gegenwärtigen Wirtschaftskrise der Volksrepublik Polen). Referat wygłoszony na konferencji Polskiego Towarzystwa Socjologicznego w dniu 12.05.1979. Wrocław: Kooperatywa Wydawnicza Wyzwolenie.

Kurowski, Stefan. 2001. *Od Października do Sierpnia: moje ćwierć wieku dyskusji o gospodarce* (Von Oktober bis August: mein Vierteljahrhundert der Disskusion über die Wirtschaft). Warszawa: Elipsa.

Kurowski, Stefan. 2007. Obecne spojrzenie na II Zjazd Ekonomistów Polskich w 1956 r. (Gegenwärtiger Blick auf den zweiten Kongress der polnischen Ökonomen 1956) In Zdisław Sadowski Hg. *Przełomowy rok 1956 a współczesność* (Das Durchbruchsjahr 1956 und die Gegenwart), 40–52. Warszawa: PTE.

Kuznets, Simon. 1976. *Wzrost gospodarczy narodów: produkt i struktura produkcji* (Das Wirtschaftswachstum der Nationen: Produkt und Struktur der Produktion). Warszawa: Państwowe Wydawnictwo Ekonomiczne.

Kwiatkowski, Eugeniusz. 1932. *Dysproporcje: rzecz o Polsce przeszłej i obecnej* (Disproportione: die Vergangenheit und Gegenwart von Polen). Kraków: Towarzystwa Szkoły Ludowej.

Landau, Zbigniew. 1969. Tempo wzrostu gospodarki Polski Ludowej. (Das Tempo des Wirtschaftswachstums der Volksrepublik Polen) *Kwartalnik Historyczny* (Historische Quartalsschrift) 76, 2, 300–318.

Landau, Zbigniew. 1973. Badania nad dochodem narodowym II Rzeczypospolitej i ich przydatność do analiz historyczno-gospodarczych (Forschungen zum Nationaleinkommen der Zweiten Republik Polen und ihre Nützlichkeit für historische und wirtschaftliche Analysen). *Przegląd Historyczny* (Historischer Rückblick) 64, 3, 529–547.

Lange, Oskar. 1936. On the Economic Theory of Socialism. Part 1. *Review of Economic Studies* 4–1, 53–71.

Lange, Oskar. 1937. On the Economic Theory of Socialism. Part 2. *Review of Economic Studies* 4–2, 123–142.

Lange, Oskar. 1951. Zagajenie (Eröffnung) *Ekonomista* (Der Ökonom) 1, 3–7.

Lange, Oskar. 1954. Walka o Marksistowską Naukę Ekonomiczną w Polsce Ludowej. (Der Kampf um die Marxistische Wirtschaftstheorie in der Volksrepublik Polen) *Nauka Polska* (Polnische Wissenschaft) 2, 28–79.

Lange, Oskar. 1956. Budowa nowego modelu gospodarczego musi oprzeć się na dynamice klasy robotniczej i socjalistycznej inteligencji (Der Aufbau eines neuen Wirtschaftsmodells muss sich auf die Dynamik der Arbeiterklasse und der sozialistischen Intelligenz stützen). *Nowe Drogi* (Neue Wege) 11–12, 25–30.

Lange, Oskar. 1961a. *Pisma ekonomiczne i społeczne 1930–1960* (Wirtschaftliche und soziale Schriften 1930–1960). Warszawa: Państwowe Wydawnictwo Naukowe.

Lange, O. 1961b. *Teoria reprodukcji i akumulacji* (Theorie der Reproduktion und Akkumulation). Warszawa: Państwowe Wydawnictwo Naukowe.

Lange, Oskar. 1967b (1965). Maszyna licząca i rynek (Computer und Markt). *Życie Gospodarcze* 43 (24 October 1965), 1–2. (English: The Computer and the Market. In Charles H. Feinstein Hg. *Socialism, Capitalism and Economic Growth. Essays Presented to Maurice Dobb,* 158–61. Cambridge: Cambridge University Press. 1967. Deutsch: Computer und Markt. In: *Ökonomisch-theoretische Studien,* 323–27. Frankfurt a. M.: Europäische Verlagsanstalt. 1977).

Lange, Oskar. 1968a (1964). *Optymalne decyzje* (Optimale Entscheidungen). Warszawa: Państwowe Wydawnictwo Naukowe 1964. Deutsch: *Optimale Entscheidungen. Grundriss der Optimierungsrechnung.* Berlin: Akademie Verlag 1968.

Lange, Oskar. 1968b (1965). *Wstęp do cybernetyki ekonomicznej* (Einführung in die ökonomische Kybernetik). Warszawa: Państwowe Wydawnictwo Naukowe. Deutsch: *Einführung in die ökonomische Kybernetik*. Berlin: Akademie Verlag 1968.

Lange, Oskar. 1968c. (1958). *Wstęp do ekonometrii* (Einführung in die Ökonometrie). Warszawa: Państwowe Wydawnictwo Naukowe 1958. Deutsch: *Einführung in die Ökonometrie*. Berlin: Akademie Verlag 1968.

Lange, Oskar. 1969 (1959). *Ekonomia polityczna* (Politische Ökonomie). T. I *Zagadnienia ogólne* (Allgemeine Fragestellungen). Warszawa: Państwowe Wydawnictwo Naukowe 1959. Deutsch: *Politische Ökonomie*. 2 Bde. Berlin: Akademie Verlag, und Frankfurt: Europäische Verlagsanstalt 1969.

Lange, Oskar. 1973 (1938). Istota socjalizmu (Das Wesen des Socialismus). In Oskar Lange. *Dzieła*, Tadeusz Kowalik Hg., Vol. 2. 130–36. Warszawa: Państwowe Wydawnictwo Ekonomiczne.

Łaski, Kazimierz. 1956. *Akumulacja i spożycie w procesie uprzemysłowienia Polski Ludowej* (Akkumulation und Konsum im Prozess der Industrialisierung von Volkspolen). Warszawa: Książka i Wiedza.

Łaski, Kazimierz. 1957. Uwagi polemiczne w sprawie cen (Polemische Bemerkungen über Preise). *Życie Gospodarcze* 33, 18. August 1957.

Łaski, Kazimierz. 1965. *Zarys teorii reprodukcji socjalistycznej* (Umriss der Theorie der sozialistischen Reproduktion). Warszawa: Książka i Wiedza.

Lesiakowski, Krzysztof. 1999. *Mieczysław Moczar „Mietek". Biografia polityczna* (Mieczysław Moczar „Mietek". Eine Politische Biographie). Warszawa: Oficyna Wydawnicza „Rytm".

Leszczycki, Stanisław, Teofil Lijewski, und Jerzy Grzeszczak Hg. 1974. *Geografia przemysłu Polski* (Die Geografie der Industrie Polens). Wyd. 2 popr. Warszawa: Państwowe Wydawnictwo Naukowe.

Leszczyńska, Cecylia. 2013. *Księga jubileuszowa Wydziału Nauk Ekonomicznych Uniwersytetu Warszawskiego 1953–2013* (Festschrift der wirtschaftswissenschaftlichen Fakultät der Universität Warschau 1953–2013). Warszawa: WUW.

Lewandowski, Janusz und Jan Szomburg. 1985. *Samorząd w dobie "Solidarności": współpraca samorządów pracowniczych Pomorza Gdańskiego na tle sytuacji w kraju w latach 1980/81* (Selbstverwaltung in der Ära der "Solidarność": die Zusammenarbeit der pommerschen Arbeiterselbstverwaltungen in Danzig im Hintergrund der Situation im Land 1980/81). Londyn: Odnowa.

Lewandowski, Janusz [J. Branecki]. 1986. Ordoliberałowie i niemiecki cud gospodarczy (Die Ordoliberalen und das deutsche Wirtschaftswunder). *Przegląd Polityczny* (Politischer Rückblick) 4, 8, 73–107.

Lewandowski, Janusz und Jan Szomburg. 1989. Uwłaszczenie jako fundament reformy społeczno-gospodarczej: Zarys programu (Die Privatisierung als Fundament der gesellschaftswirtschaftlichen Reform: Ein Abriss des Programms). In: *Propozycje przekształceń polskiej gospodarki* (Vorschläge zur Umwandlung der polnischen Wirtschaft), 61–83. Warsawa: PTE.

Lijewski, Teofil. 1978. *Uprzemysłowienie Polski 1945–1975: Przemiany strukturalne i przestrzenne* (Die Industrialisierung Polens 1945–1975: Struktureller und räumlicher Wandel). Warszawa: Państwowe Wydawnictwo Naukowe.

Lipiński, Edward. 1956.Model' gospodarki socjalistycznej. (Das ‚Modell' der sozialistischen Wirtschaft). *Nowe Drogi* (Neue Wege) 11–12, 31–37.

Lipiński, Edward. 1969. *Karol Marks i zagadnienia współczesności* (Karl Marx und die zeitgenössischen Fragestellungen). Warszawa: Państwowe Wydawnictwo Naukowe.

Lipiński, Edward. 1970. Wspomnienie o Michale Kaleckim (Erinnerungen an Michał Kalecki), *Ekonomista* (Der Ökonom) 4, 684.

Lipiński, Edward. 1981. Problemy, pytania, wątpliwości. Z warsztatu ekonomisty (Probleme, Fragen, Zweifel. Aus der Werkstatt eines Ökonomen). Warszawa: Państwowe Wydawnictwo Ekonomiczne.

Lipiński, Jan. 1978. Kierunki racjonalizacji cen – dalsza perspektywa (Wege zur Rationalisierung der Preise – zukünftige Perspektiven). In Jan Mujżel und Szymon Jakubowicz Hg. *Problemy funkcjonowania gospodarki*, vol. II: *Centralne kierowanie organizacjami gospodarczymi* (Probleme des Funktionierens der Wirtschaft, vol II: Zentrale Verwaltung der wirtschaftlichen Organisationen). 115–180. Warszawa: Instytut Planowania.

Lipiński, Jan. 1983. *Funkcjonowanie rynku w nowym systemie gospodarowania* (Funktionsweise des Marktes im neuen Landwirtschaftssystem). Warszawa: PTE.

Lipowski, Adam. 1978. Wybrane problemy racjonalizacji cen (Ausgewählte Probleme der Preisrationalisierung). In Jan Mujżel und Szymon Jakubowicz Hg. *Problemy funkcjonowania gospodarki*, vol. II: *Centralne kierowanie organizacjami gospodarczymi* (Probleme des Funktionierens der Wirtschaft vol. II: Zentrale Verwaltung der wirtschaftlichen Organisationen). 181–200. Warszawa: Instytut Planowania.

Lipowski, Adam. 1991. Gospodarka socjalistyczna czyli kryzys tożsamości (Die sozialistische Wirtschaft d.h. die Identitätskrise). In Elżbieta Domańska Hg. *Pamięci Edwarda Lipińskiego. Szkice ekonomiczne.* (Zum Gedenken an Edward Lipiński. Wirtschaftliche Skizzen). 205–224. Warszawa: Państwowe Wydawnictwo Ekonomiczne.

Lopez Julio G. und Michael Assous. 2010. *Michal Kalecki*. Basingstoke: Palgrave Macmillan

Luksemburg, Róża. 2005 (1922). *Rewolucja rosyjska.* (Russische Revolution) Warszawa: Studenckie Koło Filozofii Marksistowskiej Uniwersytet Warszawski.

Luszniewicz, Jacek. 2007. Postulaty gospodarcze Sieci Organizacji Zakładowych NSZZ ‚Solidarność' wiodących zakładów pracy z 1981 r.: Reformy czy transformacja systemu? (Wirtschaftspostulate der Netzwerke der Betriebsorganisationen der NSZZ ‚Solidarność' in den führenden Unternehmen aus dem Jahr 1981: Reformen oder Systemtransformation?) In Elżbieta Kościk und Tomasz Głowiński Hg. *Gospodarka i społeczeństwo w czasach PRL-u (1944–1989)* (Wirtschaft und Gesellschaft in Volksrepublik Polen (1944–1989)), 298–325.Wrocław: GAJT.

Luszniewicz, Jacek. 2008. Ewolucja koncepcji ekonomicznych liberałów gdańskich na łamach ‚Przeglądu Politycznego' w latach 1983–1989 (na tle ogólnopolskim). (Die Entwicklung der Wirtschaftskonzepte der Danziger Liberalen in der Zeitung ‚Przegląd Polityczny' in den Jahren 1983–1989 (vor dem nationalen Hintergrund) *Pamięć i Sprawiedliwość* (Erinnerung und Gerechtigkeit)13, 2, 179–209.

Luszniewicz, Jacek. 2009. Wizje reformy gospodarczej w koncepcjach pierwszej Solidarności 1980–1981. (Visionen von Wirtschaftsreformen in den Konzepten der ersten Solidarność 1980–1981) In: Elżbieta Kościk und Tomasz Głowiński Hg. *Między zacofaniem a modernizacją: Społeczno-gospodarcze problemy ziem polskich na przestrzeni wieków* (Zwischen Rückständigkeit und Modernisierung: Sozioökonomische Probleme der polnischen Gebiete im Laufe der Jahrhunderte), 261–78. Wrocław: GAJT.

Łukaszewicz, Aleksander. 1980. Racjonalnos´c´ gospodarowania a cele rozwoju (Rationalität der Bewirtschaftung und die Entwicklungsziele). In Aleksander Łukaszewicz Hg. *Pro1772 blemy planowania i polityki społeczno-gospodarczej.* (Probleme der Planung und der sozioökonomischen Politik), 48–59. Warszawa: Pan´stwowe Wydawnictwo Ekonomiczne.

Łukawer, Edward. 1996. *Z historii polskiej mys´li ekonomicznej 1945–1995* (Aus der Geschichte des polnischen Wirtschaftsdenkens 1945–1995). Warszawa: Key Text.

Łukawer, Edward. 2008. *O tych z najwyz˙szej Pólki, czyli rzecz w sprawie naszego s´rodowiska ekonomicznego* (Vom Allerfeinsten, das heißt: eine Abhandlung über unser wirtschaftli1778 ches Umfeld). Warszawa: PTE.

Machcewicz, Paweł. 1993. *Polski rok 1956* (Das polnische Jahr 1956). Warszawa: Mówią Wieki.

Machnikowska, Anna. 2010. *Prawo własności w Polsce w latach 1944–1981: Studium historyczno-prawne* (Eigentumsrecht in Polen in den Jahren 1944–1981: Historische und juristische Studien). Gdańsk: Wydawnictwo Uniwersytetu Gdańskiego.

Maciejewski, Wojciech. Hg. 1968. *Zastosowanie metod matematycznych do analizy ekonomicznej* (Anwendung mathematischer Methoden zur ökonomischen Analyse). Warszawa: Zakład Badań Koniunktur i Cen Handlu Zagranicznego.

Maciejewski Wojciech. 1976. *Ekonometryczne modele gospodarki narodowej* (Ökonometrische Modelle der Volkswirtschaft). Warszawa: Państwowe Wydawnictwo Ekonomiczne.

Maciejewski Wojciech und Józef Zajchowski. 1974. *Econometric Model of the Polish Economy KP-2.* Warszawa: KPZK PAN

Madej, Zbigniew. 1963. *Zysk w gospodarce w socjalistycznej* (Profit in der sozialistischen Wirtschaft). Warszawa: Państwowe Wydawnictwo Ekonomiczne.

March, James G. und Herbert A. Simon. 1964. *Teoria organizacji* (Organisationtheorie). Warszawa: Państwowe Wydawnictwo Naukowe.

Marciszewski, Edward. 1984. Funkcjonowanie bodźców ekonomicznych i pozaekonomicznych w socjalistycznym przedsiębiorstwie przemysłowym (Die Funktionsweise ökonomischer und nicht-ökonomischer Anreize in einem sozialistischen Industrieunternehmen). *Zeszyty Naukowe WSP w Bydgoszczy. Studia z Nauk Społecznych* 7, 77–93.

Marer, Paul und Włodzimierz Siwiński. 1988. *Creditworthiness and Reform in Poland: Western and Polish Perspectives.* Indiana University Press.

Martyniak, Zbigniew. 1996. *Historia myśli organizatorskiej* (Geschichte des organisatorischen Denkens). Kraków: Akademia Ekonomiczna w Krakowie.

Mieszczankowski, Mieczysław. 1965. On the control of production and investment in socialism. In: *On Political Economy and Econometrics. Essays in honour of Oskar Lange.* Warsaw: Państwowe Wydawnictwo Naukowe.

Mieszczankowski, Mieczysław. 1981. Miraże cen światowych (Trugbild der Weltmarktpreise). *Życie Gospodarcze* 17, 26. April 1981.

Mieszczankowski, Mieczysław. 1987. *Ekonomia: zarys popularny* (Ökonomie: allgemeiner Überblick). Warszawa: Książka i Wiedza.

Miłkowski, Stanisław. 1934. *Agraryzm jako forma przebudowy ustroju społecznego.* (Der Agrarismus als Form der Rekonstruktion des Geselschafts systems). Kraków: Związek Młodzieży Wiejskiej Spółdzielni Oświatowej.

Miłosz, Czesław. !989 (1953). *Zniewolony umysł* (Verführtes Denken). Kraków: KAW.

Minc, Bronisław. 1950. *Wstęp do nauki planowania gospodarki narodowej* (Einführung in die Forschung zur Planung einer Volkswirtschaft). Warszawa: Polskie Wydawnictwo Gospodarcze.

Minc, Bronisław. 1954. O tempie wzrostu produkcji środków wytwórczości i tempie wzrostu produkcji środków spożycia (Über die Wachstumsrate der Produktion von Produktionsmitteln und die Wachstumsrate der Produktion von Konsumtionsmitteln).*Ekonomista* (Der Ökonom) 1-2, 152–168.

Minc, Bronisław. 1956. *Aktualne zagadnienia ekonomii politycznej socjalizmu* (Aktuelle Fragen der politischen Ökonomie des Sozialismus). Warszawa: Państwowe Wydawnictwo Naukowe.

Minc, Bronisław. 1957. W sprawie tez o cenach (Zu den Preisthesen). *Życie Gospodarcze* 27, 7. Juli 1957.

Minc, Bronisław. 1958a. Ceny i koszty krańcowe (Preise und Grenzkosten). *Życie Gospodarcze* 18, 1. Mai 1958.

Minc, Bronisław. 1958b. Ceny surowców krajowych (Inländische Rohstoffpreise). *Życie Gospodarcze* 27, 6. Juli 1958.

Minc, Bronisław. 1963 (1961). *Ekonomia polityczna socjalizmu* (Die politische Ökonomie des Sozialismus). Warszawa: Państwowe Wydawnictwo Naukowe.

Minc, Bronisław. 1965. *Problemy i kierunki rozwoju ekonomii politycznej* (Probleme und Richtungen der Entwicklung der politischen Ökonomie). Warszawa: Państwowe Wydawnictwo Naukowe.

Minc, Bronisław. 1970. *Zarys systemu ekonomii politycznej* (Überblick über das System der politischen Ökonomie). Warszawa: Państwowe Wydawnictwo Naukowe.

Minc, Bronisław. 1975. *Systemy ekonomiczne* (Wirtschaftssysteme). Bd. 1 und 2. Warszawa: Państwowe Wydawnictwo Naukowe.

Minc, Bronisław. 1981. Zasadnicze problemy reformy gospodarczej (Grundlegende Probleme der Wirtschaftsreform). *Literatura* (Literatur) 2, 1 und 8–9.

Minc, Hilary. 1948. O właściwej metodzie planowania w Polsce (Über die richtige Planungsmethode in Polen). *Nowe Drogi* (Neue Wege) 8, 17–38.

Młynarski, Feliks. 1957. Funkcja trzeciego sektora w gospodarce socjalistycznej. (Funktion des dritten Sektors in der sozialistischen Wirtschaft) In: *Dyskusje o polskim modelu gospodarczym* (Diskussionen über das polnische Wirtschaftsmodell), 234–246. Warszawa: Książka i Wiedza.

Morawski, Witold. Hg. 1983. *Demokracja i gospodarka* (Demokratie und Wirtschaft). Warszawa: Uniwersytet Warszawski, Instytut Socjologii.

Morawski, Witold und Wiesława Kozek Hg. 1988. *Załamanie porządku etatystycznego* (Der Zusammenbruch der etatistischen Ordnung). Warszawa: Uniwersytet Warszawski, Instytut Socjologii.

Morawski, Wojciech. Hg. 2007. *Tradycje szkolnictwa ekonomicznego w Polsce po 1945 roku* (Die Traditionen des Wirtschaftsunterrichts in Polen nach 1945). Warszawa: SGH.

Mujżel, Jan. 1961. *Ekonomia polityczna* (Politische Ökonomie). Warszawa: PTE

Mujżel, Jan. 1963. *Stosunki towarowe w gospodarce socjalistycznej* (Warenbeziehungen in der sozialistischen Wirtschaft). Warszawa: Państwowe Wydawnictwo Ekonomiczne.

Mujżel, Jan. 1966. *Przedsiębiorstwo socjalistyczne a rynek* (Das sozialistische Unternehmen und der Markt). Warszawa: Państwowe Wydawnictwo Ekonomiczne.

Mujżel, Jan, Marek Misiak, Michał Malicki und Tadeusz Smuga. 1981. Kierunki przebudowy systemu funkcjonowania gospodarki polskiej w latach osiemdziesiątych (Richtungen der Rekonstruktion des Funktionssystems der polnischen Wirtschaft in den 1980er Jahren). *Ekonomista* (Der Ökonom) 6, 1059–1121.

Mujżel, Jan. 1987. Demokracja czy technokracja (Demokratie oder Technokratie). *Życie Gospodarcze* (Wirtschaftsleben) 28 (12 Juni), 5.

Müller, Aleksander Hg. 1985. *U źródeł polskiego kryzysu: społeczno-ekonomiczne uwarunkowania rozwoju Polski w latach osiemdziesiątych* (Im Ursprung der polnischen Krise: Die gesellschaftsökonomische Bedingtheit der Entwicklung Polens in den 80-er Jahren).Warszawa: Państwowe Wydawnictwo Naukowe.

Mycielski, Jerzy und Wacław Piaszczyński. 1966. *A Mathematical Model of International Economic Co-operation.* Warszawa: KPZK PAN.

Najduchowska, Halina. 1969a. Dyrektorzy przedsiębiorstw przemysłowych. (Direktoren von Industrieunternehmen*).* In Jan Szczepański Hg. *Przemysł i społeczeństwo w Polsce Ludowej* (Industrie und Gesellschaft in Volkspolen). 79–103. Wrocław: Zakład Narodowy im. Ossolińskich.

Najduchowska, Halina. 1969b. Drogi zawodowe kadry kierowniczej (Karrierewege von Führungskräften). *Studia Socjologiczne* (Soziologische Studien) 34,3, 25–73.

Najduchowska, Halina. 1984. *Kwalifikacje i drogi zawodowe dyrektorów przedsiębiorstw przemysłowych: studium socjologiczno-historyczne* (Qualifikationen und Karrierewege der Direktoren von Industrieunternehmen: eine soziologisch – historische Studie).Warszawa: Państwowe Wydawnictwo Naukowe.

Narojek, Winicjusz. 1991. *Socjalistyczne „Welfare State": Studium z Psychologii Społecznej Polski Ludowej* (Sozialistischer „Wohlfahrtsstaat": Studie zur Gesellschaftspsychologie der Volksrepublik Polen). Warszawa: Państwowe Wydawnictwo Naukowe.

Nasiłowski, Mieczysław Hg. 1977. *Ekonomia polityczna socjalizmu* (Die politische Ökonomie des Sozialismus). Warszawa: Książka i Wiedza.

Nitschke, Bernadetta. 2011. Firmy polonijno-zagraniczne jako przejaw rozwoju sektora prywatnego u schyłku PRL. (Auslandspolnische Firmen als Ausdruck der Entwicklung der Privatwirtschaft zum Ende der Volksrepublik Polen) *Annales Universitatis Paedagogicae Cracoviensis. Studia Politologica* 5, 91–103.

Od Redakcji. 1962. *Od Redakcji* (Von der Redaktion). *Przegląd Organizacji* (Überblick über die Organisation) 1, 2.

Ogólnokrajowa. 1958. Ogólnokrajowa konferencja w sprawie planu perspektywicznego (Nationale Konferenz zum Perspektivplan). *Gospodarka Planowa* (Planwirtschaft) 12, 37–40.

Osiatyński, Jerzy. 1982. Przypisy i dodatki (Fußnoten und Zusätze). In: Michał Kalecki. *Dzieła* (Werke), Jerzy Osiatyński Hg., vol. 3: *Socjalizm. Funkcjonowanie i długoletnie planowanie* (Sozialismus. Funktionsweise und langfristige Planung). 299–472. Warszawa: Państwowe Wydawnictwo Ekonomiczne.

Osiatyński, Jerzy. 1988. *Michał Kalecki on Socialist Economy.* London: Macmillan.

Osiatyński, Jerzy. 2017. Michał Kalecki – a Pionier of Modern Macroeconomics. *Economics and Business Review,* 17, 3, 7–31.

Paczkowski, Andrzej. 1993. *Referendum z 30 czerwca 1946. Przebieg i wyniki* (Volksabstimmung vom 30. Juni 1946. Verlauf und Ergebnisse). Warszawa: Instytut Studiów Politycznych PAN

Paczkowski, Andrzej. 1995. *Pół wieku dziejów Polski 1939 – 1989* (Ein halbes Jahrhundert der Geschichte Polens 1939–1989), Warszawa: Państwowe Wydawnictwo Naukowe.

Paczkowski, Andrzej. 1999.Polacy pod własną i obcą przemocą (Polen unter eigener und fremder Gewalt), in: S. Courtois et al., *Czarna księga komunizmu. Zbrodnie, terror, prześladowania* (Das Schwarzbuch des Kommunismus: Verbrechen, Terror, Unterdrückung), Warszawa: Prószyński i S-ka.

Paczkowski, Andrzej. 2002. *Droga Do „Mniejszego Zła": Strategia i Taktyka Obozu Władzy, Lipiec 1980 – Styczeń 1982* (Der Weg des „kleineren Übels". Strategie und Taktik des Regierungslagers Juli 1980-Januar 1982) Kraków: Wydaw. Literackie.

Paczkowski, Andrzej. 2009. *Trzy twarze Józefa Światły: przyczynek do historii komunizmu w Polsce* (Drei Gesichter des Józef Światło: Beitrag zur Geschichte des Kommunismus in Polen) Warszawa: Prószyński i S-ka.

Paczkowski, Andrzej. 2015. *Revolution and Counterrevolution in Poland, 1980–1989: Solidarity, Martial Law, and the End of Communism in Europe.* Rochester Studies in East and Central Europe. Rochester: University of Rochester Press; Warsaw: Institute of Political Studies of the Polish Academy of Sciences.

Paga, Lesław. A., und Michał Zieliński. 1987. Sektor prywatny (wczoraj – dziś – jutro). (Der private Sektor (gestern – heute – morgen) *Res Publica* 1, 4, 104–107.

Pajeska, Józef. 1954. O tempie rozwoju środków produkcji i produkcji środków spożycia (Über die Entwicklungsgeschwindigkeit der Produktionsmittel und der Produktion von Konsumtionsmitteln). *Ekonomista* (Der Ökonom) 3, 272–299.

Pajestka Józef. 1961, *Zatrudnienie i inwestycje a wzrost gospodarczy* (Beschäftigung und Investitionen vs. Wirtschaftswachstum). Warszawa: Państwowe Wydawnictwo Naukowe.

Pajestka , Józef. 1969. Planowanie, centralne kierowanie i mechanizm rynkowy w gospodarce socjalistycznej (Planung, zentrale Verwaltung und Marktmechanismus in der sozialistischen Wirtschaft). In *Plan a rynek* (Der Plan und der Markt). 7–35. Warszawa: Książka i Wiedza.

Pajestka, Józef. 1970. Strategia rozwoju i metody budowy planu 5-letniego 1971–1975 (Entwicklungsstrategie und Methoden zur Erstellung eines 5-Jahrplans 1971–1975). In *Strategia intensywnego rozwoju gospodarki* (Strategie der intensiven wirtschaftlichen Entwicklung). Warszawa: Państwowe Wydawnictwo Ekonomiczne.

Pajestka, Józef. 1975. *Determinanty postępu: czynniki i współzależności rozwoju społeczno-gospodarczego* (Determinanten des Fortschritts: Faktoren und Zusammenhänge der sozioökonomischen Entwicklung). Warszawa: Państwowe Wydawnictwo Ekonomiczne.

Pajestka, Józef. 1979. *Sposób funkcjonowania gospodarki socjalistycznej. Determinanty postępu* (Die Funktionsweise der sozialistischen Wirtschaft. Determinanten des Fortschritts).Warszawa: Państwowe Wydawnictwo Ekonomiczne.

Pajestka, Józef. 1983. *Kształtowanie procesu rozwoju. Racjonalność i manowce polityki* (Gestaltung des Entwicklungsprozesses. Rationalität und die Irrwege der Politik). Warszawa: Państwowe Wydawnictwo Ekonomiczne.

Pajestka, Józef. 1988. Postawy cywilizacyjne w procesie rozwoju (Einstellungen der Zivilisation im Prozess der Entwicklung). *Ekonomista* (Der Ökonom) 2, 271-292.

Pajestka, Józef und Kazimierz Secomski. 1968. *Doskonalenie planowania i funkcjonowania gospodarki w Polsce Ludowej* (Verbesserung der Planung und des Funktionierens der Wirtschaft in Volkspolen). Warszawa: Państwowe Wydawnictwo Ekonomiczne.

Wakar, Aleksy und Janusz G. Zielin´ski. 1963. Socialist Operational Price System, *American Economic Review*, 53, 109–127.

Pawlak Zdzisław. 1962. Zarys matematycznej teorii organizacji. (Ein Abriss der mathematischen Theorie der Organisation). *Materiały prakseologiczne* (Praxeologische Materialien) 7.

Pawłowski Zbigniew. 1961. *Ekonometryczne metody badania popytu konsumpcyjnego* (Ökonometrische Methoden zur Untersuchung der Verbrauchernachfrage). Warszawa: Państwowe Wydawnictwo Naukowe.

Persak, Krzysztof. 2003. „Troskliwy opiekun i światły doradca Polski Ludowej" – poprawki Józefa Stalina do Konstytucji PRL z 22 lipca 1952 r. (Der fürsorgliche Beschützer und aufgeklärte Berater der Volksrepublik Polen – Änderungsvorschläge von Josef Stalin zur Verfassung der Volksrepublik Polen vom 22. Juli 1952), In Dariusz Stola und Marcin Zaremba Hg. *PRL. Trwanie i zmiana* (Die Volksrepublik Polen. Dauer und Veränderung). 187–209. Warszawa: Wydawnictwo Wyższej Szkoły Przedsiębiorczości i Zarządzania im. Leona Koźmińskiego.

Piwowarun, Tomasz. 1977. Co to jest własność? Spory we współczesnej myśli ekonomicznej. (Was ist Eigentum? Auseinandersetzungen im modernen Wirtschaftsdenken.) In Stanisław Kozyr-Kowalski Hg. *Własność: gospodarka a prawo. Studia o marksistowskiej teorii własności* (Eigentum: Wirtschaft und Recht. Studien zur marxistischen Eigentumstheorie), 19–46. Warszawa: Państwowe Wydawnictwo Naukowe.

Pleskot, Patryk und Tadeusz Rutkowski. 2009. *Spętana Akademia. Polska Akademia Nauk w dokumentach władz PRL. Materiały Służby Bezpieczeństwa (1967–1987)* (Die gefesselte Akademie. Die Polnische Akademie der Wissenschaften in den Dokumenten der Behörden der Volksrepublik Polen. Unterlagen der Sicherheitsbehörden 1967–1987), vol. 1. Warszawa: IPN.

Pohorille, Maksymilian.1953. *Zagadnienia budowy ekonomicznych podstaw socjalizmu* (Die Fragestellungen beim Aufbau der wirtschaftlichen Grundlagen des Sozialismus). Warszawa: Państwowe Wydawnictwo Naukowe.

Pohorille, Maksymilian. 1955. O prymacie środków produkcji w stosunku do produkcji środków konsumpcji (Über den Vorrang der Produktionsmittel vor der Produktion der Konsumtionsmittel). *Ekonomista* (Der Ökonom) 3, 52–74.

Pohorille, Maksymilian. 1961. *Mała Encyklopedia Ekonomii* (Kleine Enzyklopädie der Wirtschaftswissenschaften). Warszawa: Państwowe Wydawnictwo Ekonomiczne.

Pohorille, Maksymilian. 1981. Preferencje społeczne jako przesłanka wyboru w planie centralnym (Soziale Präferenz als Voraussetzung für die Auswahl im Zentralplan). In: Grzelońska-Libura, U. Hg. *Cele i zakres reformy gospodarczej* (Ziele und Umfang der Wirtschaftsreform). 65–87.Warszawa: Państwowe Wydawnictwo Ekonomiczne.

Popkiewicz, Józef. 1957. Prawdziwa rentowność (Wahre Rentabilität). *Trybuna Ludu* (Volkstribune) 4, 5. Januar 1957.

Popkiewicz, Józef. 1981. Racjonalny model ekonomiczno-finansowy przedsiębiorstwa socjalistycznego a system cen (Das rationale Wirtschafts- und Finanzmodell des sozialistischen Unternehmens und das Preissystem). In Urszula Libura-Grzelońska Hg. *Drogi i dylematy reformy gospodarczej* (Wege und Dilemmata der Wirtschaftsreform). 95–100. Warszawa: Państwowe Wydawnictwo Ekonomiczne.

Popławski, Błażej. 2012. Polska szkoła rozwoju – zapomniany paradygmat studiów nad transformacją globalnego południa (Die polnische Schule der Entwicklung – ein vergessenes Paradigma der Studien über die Transformation des globalen Südens), *Kultura współczesna* (Gegenwartskultur) 3, 184–196.

Porwit, Krzysztof. 1966. Regional Models and Economic Planning. *Papers of the Regional Science Association* 16, 43–61.

Porwit, Krzysztof. 1969. Metody planowania długookresowego (Langfristige Planungsmethoden). *KPZK PAN. Studia* (Studien von KPZK PAN) 28, 14-22.

Rabska, Teresa. 1990. *Prawny mechanizm kierowania gospodarką i działalność prawodawcza administracji i jej uwarunkowania* (Der rechtlicher Mechanismus der Wirtschaftsführung und die gesetzgebende Tätigkeit der Verwaltung und ihre Voraussetzungen). Wrocław: Zakład Narodowy im. Ossolińskich.

Rafalska, Dominika. 2008. *Między marzeniami a rzeczywistością. Tygodnik „Po prostu" wobec głównych problemów społecznych i politycznych Polski w latach 1955–1957* (Zwischen Träumerei und Realität. Das Wochenblatt „Po prostu" in Anbetracht der gesellschaftlichen und politischen Problemen Polens in den Jahren 1955–1957) Warszawa: Neriton.

Rakowski, Mieczyslaw. 1958. O tempie wzrostu gospodarki w planie perspektywicznym (Über das Wachstumstempo der Wirtschaft im Perspektivplan). *Gospodarka Planowa* (Planwirtschaft) 10, 29–35.

Rothert, Aleksander. 1910. *O systemach płacy mających na celu podniesienie produkcyjności robotnika.* (Über Lohnsysteme, die darauf abzielen, die Produktivität des Arbeiters zu erhöhen). Warszawa: Nakładem Przeglądu Technicznego.

Rothert, Aleksander. 1933. Wydajność pracy, zmęczenie i wynagrodzenie. (Arbeitsleistung, Müdigkeit und Bezahlung). *Przegląd Techniczny* (Technischer Rückblick) 72, 14, 351–355.

Rozwój i doskonalenie. 1982. Rozwój i doskonalenie własności socjalistycznej w PRL. (Entwicklung und Verbesserung des sozialistischen Eigentums in Volksrepublik Polen) *Monografie i Opracowania* (Monografien und Studien), 115.

Rurarz, Zdzisław. 1990. *Byłem doradcą Gierka* (Ich war Giereks Berater). Warszawa: Andy Grafik.

Rychard, Andrzej. 1980. *Reforma gospodarcza. Socjologiczna analiza związków polityki i gospodarki* (Wirtschaftsreform. Soziologische Analyse der Beziehungen zwischen Politik und Wirtschaft). Wrocław: Zakład Narodowy im. Ossolińskich.

Rychlewski, Eugeniusz. 2007. II Zjazd jako przełom w myśleniu ekonomicznym. (II. Kongress als Durchbruch im wirtschaftlichen Denken) In Z. Sadowski Hg.*Przełomowy rok 1956 a współczesność* (Durchbruchsjahr 1956 und heute), 11–17. Warszawa: PTE.

Rytel, Zygmunt. 1930. Współczynnik obiegowy jako kryterium oceny pracy fabryki i esogramy (Umwälzfaktor als Kriterium für die Bewertung von Fabrikleistungen und Esogrammen). *Przegląd Organizacji* (Überblick über die Organisation), 1.

Rytel, Zygmunt. 1947. *Teoretyczne podstawy organizacji* (Theoretische Grundlagen der Organisation). Kraków-Poznań: Instytut Naukowej Organizacji i Kierownictwa.

Sachs, Ignacy. 1963. Stal, muchy i socjalizm (Na marginesie książki Stefana Kurowskiego) (Stahl, Fliegen und Sozialismus (Am Rande des Buches von Stefan Kurowski)). *Nowe Drogi* (Neue Wege) 8, 117–127.

Sachs, Ignacy. 1964. W sprawie istoty ustroju społeczno-gospodarczego współczesnego Egiptu (Über das Wesen des sozioökonomischen Systems des modernen Ägyptens). *Prace i Materiały* (Arbeiten und Materialien) 4.

Sadowski, Władysław. 1956. Proporcje między działem I i II w produkcji społecznej(Proportionen zwischen Abteilung I und II in der gesellschaftlichen Produktion). *Ekonomista* (Der Ökonom) 6, 26–58.

Sadowski, Władysław. 1968. Wzrost równomierny (Das stetige Wachstum). *Ekonomista* (Der Ökonom) 4, 833–863.

Sadowski, Zdzisław. 1978. Zasada racjonalności a społeczna efektywność gospodarowania (Das Prinzip der Rationalität und sozialen Wirksamkeit der Bewirtschaftung). *Ekonomista* (Der Ökonom) 5, 1127–1145.

Sadowski, Zdzisław. 1987. Zasada racjonalności w Ekonomii Politycznej Oskara Langego w świetle aktualnych dyskusji (Das Prinzip der Angemessenheit in Oskar Langes Politischer Ökonomie vor dem Hintergrund aktueller Diskussionen). *Ekonomista* (Der Ökonom) 4, 729–733.

Sadowski, Zdzisław. Hg. 2007. *Przełomowy rok 1956 a współczesność* (Das bahnbrechende Jahr 1956 und die Gegenwart). Warszawa: PTE.

Samuelson, Paul. 1959. *Zasady analizy ekonomicznej* (Grundlagen der Wirtschaftsanalyse). Warszawa: Państwowe Wydawnictwo Naukowe.

Schaff, Adam und Leon Brum. 1947. *Pogadanki Ekonomiczne* (Populärwissenschaftlicher Austausch zur Wirtschaft).Warszawa: SW Książka.

Siewierski, Jacenty. 1994. Modernizacja (Modernisierung). In Jolanta Polakowska-Kujawa Hg. *Socjologia ogólna. Wybrane problem.* (Allgemeine Soziologie. Ausgewählte Probleme). Warszawa: Szkoła Główna Handlowa.

Simatupang, Batara. 2003. *The Polish Economic Crisis: Background, Circumstances and Causes.* London: Taylor & Francis.

Simon, Herbert A. 1976. *Działania administracji: proces podejmowania decyzji w organizacjach administracyjnych* (Administrative Maßnahmen: der Prozess des Entscheidungstreffens in administrativen Organisationen). Warszawa: Państwowe Wydawnictwo Naukowe.

Simon, Herbert A. 1982. *Podejmowanie decyzji kierowniczych: nowe nurty* (Entscheidungsprozesse auf der Führungsebene: neue Trends). Warszawa: Państwowe Wydawnictwo Naukowe.

Skąpski, J. 1992. Kodeks cywilny z 1964 r.: Blaski i cienie kodyfikacji oraz jej perspektywy. (Bürgerliches Gesetzbuch von 1964: Glanz und Schatten der Kodifizierung und ihre Perspektiven) *Kwartalnik Prawa Prywatnego* (Vierteljahresschrift für Privatrecht) 1, 4, 57–90.

Slay, Ben. 1994. *The Polish Economy: Crisis, Reform, and Transformation.*Princeton, N.J: Princeton University Press.

Śliwa, Jan. 1983. *Reforma systemu cen* (Reform des Preissystems). Warszawa: PTE.

Slutsky, Eugen. 1926. Ein Beitrag zur formal- praxeologischen Grundlegung der Ökonomik. *Bulletins de la classe des sciences sociales-économiques* 4, 238–49. Kiev: Académie oucrainienne des sciences.

Sobczak Tomasz. 2015. Polskie podręczniki akademickie ekonomii w XX w. i na początku XXI w. Analiza porównawcza (Polnische akademische Lehrbücher zur Wirtschaft im 20. Jhd. und zu Beginn des 21. Jhd. Eine Vergleichsanalyse). In Artur Pollok Hg.

Edukacja dla zrównoważonego i trwałego rozwoju oraz społecznie odpowiedzialnego biznesu (Bildung für eine nachhaltige und beständige Entwicklung sowie für ein gesellschafts-verantwortliches Business), 54–76. Warszawa: PTE.

Solow, Robert M. 1967. *Teoria kapitału i stopa przychodu* (Die Kapitaltheorie und die Profitrate). Warszawa: Państwowe Wydawnictwo Ekonomiczne.

Stalin, Józef. 1952, *Ekonomiczne problemy socjalizmu w ZSRR* (Ökonomische Probleme des Sozialismus in der Sowjetunion). Warszawa: Książka i Wiedza.

Staniszkis, Jadwiga. 1972. *Patologie struktur organizacyjnych. Próba podejścia systemowego.* (Pathologien von Organisationsstrukturen. Der Versuch eines systemischen Ansatzes). Wrocław: Zakład Narodowy im.Ossolińskich.

Staniszkis, Jadwiga. 1980. Systemowe uwarunkowania funkcjonowania przedsiębiorstwa przemysłowego w Polsce (Systembedingungen des Funktionierens eines Industrieunternehmen in Polen). *Przegląd Socjologiczny* (Soziologische Rundschau), 32, 2, 119–139.

Staniszkis, Jadwiga. 1984. Własność, racjonalność, dynamika, struktura. (Eigentümerschaft, Rationalität, Dynamik, Struktur) *Przegląd Polityczny* (Politischer Rundschau) 2, 4, 21–34.

Staniszkis, Jadwiga. 1989. *Ontologia socjalizmu* (Die Ontologie des Sozialismus). Warszawa: Wydawnictwo In Plus.

Staniszkis, Jadwiga. 1990. „Political Capitalism" in Poland, *East European Politics & Societies* 5, 1, 127–141

Stankiewicz, Wacław. 2007. *Historia myśli ekonomicznej* (Geschichte des wirtschaftlichen Denkens). Warszawa: Państwowe Wydawnictwo Ekonomiczne.

Statut. 1981. Statut. *Statut. Uchwała Programowa z Aneksem. Dokumenty Zjazdu* (Programmbeschluss mit Anhang. Dokumente des Kongresses) BIPS 1981 (digital.: http://www.wszechnica.solidarnosc.org.pl/?page_id=2569).

Stypułkowski, Cezary. 1986. *Samodzielne i samorządne przedsiębiorstwo* (Das unabhängige und selbstverwaltete Unternehmen). Warszawa: Państwowe Wydawnictwo Ekonomiczne.

Sulmicki, Paweł. 1957. Pojęcie Inflacji w gospodarce socjalistycznej (Der Begriff der Inflation in einer sozialistischen Wirtschaft). *Myśl Gospodarcza* (Wirtschaftlicher Gedanke) 5, 129–142.

Sulmicki, Paweł. 1973. *Planowanie i zarządzanie gospodarcze* (Wirtschaftliche Planung und Wirtschaftsverwaltung). Warszawa: Państwowe Wydawnictwo Ekonomiczne.

Szambelan, Marek. 1982. Kooperacja pozioma i pionowa w rolnictwie polskim a przemiany stosunków własnościowych. (Horizontale und vertikale Zusammenarbeit in der polnischen Landwirtschaft und Veränderungen in den Eigentumsverhältnissen) In Rozwój i doskonalenie własności socjalistycznej w PRL. (Entwicklung und Verbesserung des sozialistischen Eigentums in der Volksrepublik Polen) *Monografie i Opracowania* (Monographien und Studien) 115, 212–36.

Szelényi, Ivan, Edmund Wnuk-Lipiński und Donald J. Treiman Hg. 1995. Circulation of Elites? Old and New Elites in Post-Communist Societies. *Theory and Society* 24, 615–800.

Sztyber Władysław. 1967. *Teoria i polityka cen w gospodarce socjalistycznej* (Theorie und Politik in der sozialistischen Wirtschaft). Warszawa: Państwowe Wydawnictwo Naukowe.

Sztyber Władysław. 1973. *Rachunek ekonomiczny w gospodarce socjalistycznej* (Wirtschaftsrechnung in der sozialistischen Wirtschaft). Warszawa: Państwowe Wydawnictwo Ekonomiczne.

Sztyber, Władysław. 1984. Ceny a mikro- i makroekonomiczna efektywność (Preise vs. mikro- und makroökonomische Effizienz).In J. Lewandowski und M. Socha Hg. *Ekonomia polityczna wobec problemów współczesności* (Politische Ökonomie angesichts der Probleme der Gegenwart). 93–112. Warszawa: Książka i Wiedza.

Szumiłło, Mirosław. 2014. *Roman Zambrowski 1909–1977. Studium z dziejów elity komunistycznej w Polsce* (Roman Zambrowski 1909–1977. Das Studium der Geschichte kommunistischer Eliten in Polen), Warszawa: IPN.

Tanewski, Paweł. 2014. *Polska myśl ekonomiczna w latach 1956–1989* (Polnisches Wirtschaftsdenken in den Jahren 1956–1989). Warszawa: SGH.

Tarkowski, Jacek. 1994a. *Socjologia świata polityki*, vol. 1:*Władza i społeczeństwo w systemie autorytarnym* (Soziologie der politischen Welt, Bd. 1: Macht und Gesellschaft in einem autoritären System). Warszawa: Instytut Studiów Politycznych Polskiej Akademii Nauk.

Tarkowski, Jacek. 1994b. *Socjologia świata polityki*, vol. 2: *Patroni i klienci* (Soziologie der politischen Welt, Bd. 2: Schirmherren und Klienten).Warszawa: Instytut Studiów Politycznych Polskiej Akademii Nauk.

Taylor, Frederick W. 1913. *Zasady organizacji naukowej zakładów przemysłowych* (Regeln der wissenschaftlichen Organisation in den Industriebetrieben). Warszawa: Biblioteka Techniczno-Przemysłowa.

Tezy 1957. Tezy Rady Ekonomicznej w sprawie niektórych zmian modelu ekonomicznego (Thesen des Wirtschaftsrates zu manchen Veränderungen des Wirtschaftsmodells). In: *Dyskusje o polskim modelu gospodarczym* (Diskussionen über das polnische Wirtschaftsmodell). 261–278. Warszawa: Książka i Wiedza.

Tezy. 1958. Tezy Rady Ekonomicznej w sprawie zasad kształtowania cen (Thesen des Wirtschaftsrates zu den Prinzipien der Preisgestaltung). In *Spór o ceny* (Streit um Preise). 9–26. Warszawa: Książka i Wiedza.

Tezy Sekcji.1957. Tezy Sekcji Ekonomiki Rolnictwa PTE w sprawie polityki rolnej w Polsce. (Die Thesen der agrarökonomischen Sektion der PTE zur Agrarpolitik in Polen). *Zagadnienia Ekonomiki Rolnej* (Themen der Agrarökonomie) 23, 5, 122–125.

Tomaszewicz, Łucja. 1983. *Zintegrowane modele gospodarki narodowej* (Integrierte Modelle der Nationalwirtschaft). Warszawa: Państwowe Wydawnictwo Ekonomiczne.

Toporowski, Jan. 2018. *Michał Kalecki: An Intellectual Biography*. Vol. II By *Intellect Alone 1939–1970*. Cham: Palgrave Macmillan.

Tymiński, Maciej. 2001. *PZPR i przedsiębiorstwo: nadzór partyjny nad zakładami przemysłowymi 1956-1970* (PVAP und Unternehmen: die Parteiaufsicht über die Industriebetriebe in den Jahren 1956–1970). Warszawa: Trio.

Urban, Stanisław. 2010. Twórczość naukowa profesora Wincentego Stysia (Das wissenschaftliche Werk des Professors Wincent Styś), *Roczniki Nauk Rolniczych* (Jahrbücher der Agrarwissenschaften) Serie G, 97, 1, 7–13.

Uwagi. 1979. *Uwagi o sytuacji gospodarczej kraju* (Anmerkungen zur wirtschaftlichen Situation des Landes).Warszawa: Aneks.

Wakar, Aleksy. 1963. *Morfologia bodźców ekonomicznych* (Morphologie der wirtschaftlichen Anreize). Warszawa: Państwowe Wydawnictwo Naukowe.

Wakar, Aleksy Hg. 1969. *Teoria pieniądza w gospodarce socjalistycznej* (Theorie des Geldes in einer sozialistischen Wirtschaft). Warszawa: Państwowe Wydawnictwo Naukowe.

Walasek, Mateusz. 2005. Etyczne problemy transformacji ustrojowej w myśli Mirosława Dzielskiego. (Ethische Probleme der politischen Transformation im Denken von Mirosław

Dzielski.) *Annales: Etyka w życiu gospodarczym (*Annalen: Ethik im Wirtschaftsleben), 8/1, 145–56.
Wasilewski, Jacek. 1978. Społeczne mechanizmy selekcji na wyższe stanowiska kierownicze (Soziale Mechanismen der Auswahl für höhere Führungspositionen). *Studia Socjologiczne* (Soziologische Studien), 2, 181–207.
Wasilewski, Jacek. 1981. *Kariery społeczno-zawodowe dyrektorów.* (Sozial-berufliche Karrieren von Direktoren) Wrocław: Zakłak Narodowy im. Ossolińskich.
Wasilewski, Jacek. 1990. The Patterns of Bureaucratic Elite Recruitment in Poland in the 1970s and 1980s. *Soviet Studies* 42, 743–57.
Wasilewski, Jacek und Edmund. Wnuk-Lipiński. 1995. Poland: Winding Road from the Communist to the Post-Solidarity Elite. *Theory and Society* 24, 669–96.
Welfe, Wladysław. 1973. A Medium-Term Econometric Model of Polish Economy, *Prace IEiS UŁ,* (Werke von IEiS UŁ) Nr. 8.
Welfe, Władysław. 1983. Models of the Socialist Economy. In Lawrence R. Klein Hg. *Lectures in Econometric.* 197-227. Amsterdam: North-Holland.
Welfe, Władysław. 1986. Model W-5 of the Polish Economy: General Assumptions and the First Empirical Results. *Acta Universitatis Lodziensis, Folia Oeconomica* 54, 93–124.
Werblan, Andrzej. 2009. *Stalinizm w Polsce* (Stalinismus in Polen). Warszawa: Przegląd.
Wiącek-Orłowska, Janina and Tadeusz Orłowski. 1987. *Zarys historii Polskiego Towarzystwa Ekonomicznego: w stulecie społeczno-zawodowego ruchu ekonomistów w Polsce 1887–1987* (Ein Abriss der Geschichte des Polnischen Vereins der Wirtschaftswissenschaft: zum hundertjährigen Jubiläum der gesellschaftlichts-beruflichen Bewegung der Wirtschaftswissenschaftler in Polen 1887–1987).Warszawa: PTE.
Wierzbicki, Marek. 2006. *Związek Młodzieży Polskiej i jego członkowie* (Der kommunistische Jugendverband Polens und seine Mitglieder). Warszawa: Wydawnictwo Trio.
Wilczyński, Wacław. 1965. *Rachunek ekonomiczny a mechanizm rynkowy* (Wirtschaftsrechnung und Marktmechanismus). Warszawa: Państwowe Wydawnictwo Ekonomiczne.
Wilczyński, Wacław. 1973. Bodźce, parametry rachunku ekonomicznego i mierniki oceny w funkcjonowaniu gospodarki socjalistycznej (Anreize, ökonomische Berechnungsparameter und Bewertungsmaße für die Funktionsweise der sozialistischen Wirtschaft). In Jędrzej Lewandowski Hg. *System funkcjonowania gospodarki socjalistycznej.*(Das Funktionssystem der sozialistischen Wirtschaft). 168–201. Warszawa: Państwowe Wydawnictwo Ekonomiczne
Wilczyński, Wacław. 1981. Reforma a dylematy centralnego regulowania cen (Reform und die Dilemmata der zentralen Preisregulierung). In Urszula Libura-Grzelońska Hg. *Drogi i dylematy reformy gospodarczej* (Wege und Dilemmata der Wirtschaftsreform). 53–83. Warszawa: Państwowe Wydawnictwo Ekonomiczne.
Wilkin, Jerzy Hg. 2013. *Historia Wydziału Nauk Ekonomicznych we wspomnieniach jego pracowników* (Die Geschichte der wirtschaftswissenschaftlichen Fakultät in den Erinnerungen ihrer Mitarbeiter), Wydział Nauk Ekonomicznych, Warszawa: Katedra Ekonomii Politycznej WNE UW (mimeo).
Witczak Haugstad, Aleksandra. 2008. *A Discipline Divided: Polish Economists and the Communist Regime, 1945–1960.* Trondheim: NTNU.
Wykłady z ekonomii politycznej (Vorlesungen zur Politischen Ökonomie). Bde. 1–4. 1951. Romuald Sławiński Hg. Warszawa: Książka i Wiedza.

Wyrozembski, Zygmunt. 1958a. Zalety i wady Projektu (Vor- und Nachteile eines Projekts). *Życie Gospodarcze* (Wirtschafliches Leben) 10, 9. März 1958.

Wyrozembski, Zygmunt. 1958b. Problem ceny wyjściowej (Das Problem des Ausgangspreises). *Życie Gospodarcze* (Wirtschafliches Leben) 11, 16. März 1958.

Ząbkiewicz, Anna. 1992. *Koncepcja zagranicznej polityki kredytowej w Polsce w latach 1970-1980* (Konzept der Auslandskreditpolitik in Polen in den Jahren 1970–1980). Wrocław: Zakład Narodowy im. Ossolinskich

Zaręba, Janusz. 1985. Reforma w testamencie. *Rzecz o Oskarze Langem* (Reform im Testament. Abhandlung über Oskar Lange). Warszawa: MAW.

Zasztowt, Leszek und Joanna Schiller-Walicka. 2015. *Historia nauki polskiej. 1944-1989* (Die Geschichte der polnischen Wissenschaft. 1944–1989). vol. 1. Warszawa: Ad Astra.

Zawadzki, Józef. 1954. *Materiały do studiowania ekonomii politycznej* (Materialien für das Studium der politischen Ökonomie). Warszawa: Wydział Propagandy i Agitacji KC PZPR.

Zieliński, Janusz G. 1957. Wartość a problem ustalania cen w gospodarce socjalistycznej (Der Wert und das Problem der Preisbestimmung in der sozialistischen Wirtschaft). *Gospodarka Planowa* (Planwirtschaft) 7–8, 17–22.

Zieliński, Janusz G. 1962. *Big business. Z problematyki nowych technik zarządzania* (Big Business. Aus der Problematik der neuen Verwaltungstechniken). Warszawa: Książka i Wiedza.

Zysiak, Agata. 2016. *Punkty za pochodzenie: powojenna modernizacja i uniwersytet w robotniczym mieście* (Punkte für die Herkunft: Nachkriegsmodernisierung und die Universität in einer Arbeiterstadt). Kraków: Nomos.

Printed by Printforce, the Netherlands